Sarah Strauß

Peer Education & Gewaltprävention

Reihe Pädagogik
Band 44

Sarah Strauß

Peer Education & Gewaltprävention

Theorie und Praxis dargestellt am Projekt Schlag.fertig

Centaurus Verlag & Media UG

Zur Autorin:
Sarah Strauß ist Diplom-Pädagogin und hat zu den Themen Peer Involvement und Gewaltprävention promoviert. Neben ihrer Mitarbeit im Peer-Projekt Schlag.fertig zur Gewaltprävention verfügt sie über mehrjährige Berufserfahrung in der Beratung. Zur Zeit arbeitet sie als wissenschaftliche Mitarbeiterin an der Universität zu Köln, Humanwissenschaftliche Fakultät in einem Projekt zur Bildungsplanung und -beratung.

Diese Arbeit wurde von der Humanwissenschaftlichen Fakultät der Universität zu Köln als Dissertation angenommen. Die mündliche Prüfung (Disputatio) fand am 27.06.2012 statt. Die Gutachter der Dissertation waren Herr Prof. Dr. Jörg Fengler (Erstgutachter) und Herr Prof. Dr. Philipp Walkenhorst (Zweitgutachter).

An die Stiftung „Frauen und Hochschulkarriere" der Universität zu Köln erfolgt ein herzlicher Dank für die Förderung der Druckkosten.

Bibliografische Informationen der Deutschen Nationalbibliothek
Die Deutsche Nationalbibliothek verzeichnet diese Publikation in der Deutschen Nationalbibliografie; detaillierte bibliografische Daten sind im Internet über http://dnb.d-nb.de abrufbar.

ISBN 978-3-86226-189-5   ISBN 978-3-86226-982-2 (eBook)
DOI 10.1007/978-3-86226-982-2

ISSN 0930-9462

Gedruckt auf säurefreiem und chlorfrei gebleichtem Papier.

Alle Rechte, insbesondere das Recht der Vervielfältigung und Verbreitung sowie der Übersetzung, vorbehalten. Kein Teil des Werkes darf in irgendeiner Form (durch Fotokopie, Mikrofilm oder ein anderes Verfahren) ohne schriftliche Genehmigung des Verlages reproduziert oder unter Verwendung elektronischer Systeme verarbeitet, vervielfältigt oder verbreitet werden.

© *CENTAURUS Verlag & Media KG, Freiburg 2012*
www.centaurus-verlag.de

Umschlaggestaltung: Jasmin Morgenthaler, Visuelle Kommunikation
Satz: Vorlage der Autorin

Inhaltsverzeichnis

1	**Einleitung**	**9**
2	**Fragestellungen**	**12**
3	**Stand der Forschung**	**14**

3.1 Jugend und Gewalt 14
   3.1.1 Begriffsbestimmungen 14
   3.1.2 Allgemeine Erklärungsansätze und Theorien 18
   3.1.3 Aktuelle Jugendgewalt 25
   3.1.4 Spezifik von Jugendgewalt 29
      3.1.4.1 Persistente und jugendtypische Jugenddelinquenz 30
      3.1.4.2 Einflussfaktoren und Begründungsmuster 31
   3.1.5 Gewalt in der Schule 47
3.2 Gewaltprävention 53
   3.2.1 Ebenen von Prävention 53
   3.2.2 Definition von Gewaltprävention 55
   3.2.3 Schule als Ort der Gewaltprävention 56
   3.2.4 Die Konfrontative Pädagogik als Methode der Gewaltprävention 59
      3.2.4.1 Glen Mills 60
      3.2.4.2 Trainingsformen 63
      3.2.4.3 Theoretischer Bezug und Methoden 73
      3.2.4.4 Kritische Anmerkungen 78
3.3 Der Peer-Ansatz 87
   3.3.1 Terminologie 87
      3.3.1.1 Peer Involvement 88
      3.3.1.2 Peer Education 89
      3.3.1.3 Peer Counseling 91
      3.3.1.4 Peer Mediation 92
      3.3.1.5 Peer Tutoring 93
      3.3.1.6 Peer Support 93
   3.3.2 Historische Entwicklung und aktuelle Verbreitung 96
   3.3.3 Beteiligte 100
      3.3.3.1 Erwachsene Fachkräfte 100
      3.3.3.2 Peers 103
      3.3.3.3 Adressaten 109
      3.3.3.4 Institution 110
   3.3.4 Ziele 112

	3.3.5 Theoretische Fundierungen	118
	3.3.5.1 Entwicklungspsychologische Aspekte	119
	3.3.5.2 Two step flow of communication	126
	3.3.5.3 Diffusionstheorie	128
	3.3.5.4 Theorie der sozialen Impfung	127
	3.3.5.5 Modelllernen	126
	3.3.5.6 Partizipation und Empowerment	131
	3.3.5.7 Weitere Ansätze	137
	3.3.5.8 Exkurs: Jugendsprache	138
	3.3.6 Kritische Anmerkungen	140
	3.3.7 Empfehlungen	152
4	**Das Projekt 'Schlag.fertig'**	**158**
4.1	Hintergrund und Entstehung	158
4.2	Zielgruppen	160
4.3	Phasen	163
4.4	Methoden	167
4.5	Zeitlicher Ablauf	168
4.6	Ziele	169
4.7	Wissenschaftliche Begleitung und Evaluation	170
4.8	Projektpraxis: Herausforderungen und Erfolge	172
4.9	Einordnung in die Peer-Terminologie	176
5	**Hypothesen**	**177**
5.1	Hypothesen zum Wissen	179
5.2	Hypothesen zur Einstellung	180
5.3	Hypothesen zu Verhalten und Verhaltensabsicht	182
5.4	Hypothesen zum Peer Involvement	190
5.5	Hypothesen zu Opfererfahrungen	192
5.6	Hypothesen zur Schul- und Klassensituation	194
6	**Untersuchungsmethodik**	**198**
6.1	Untersuchungsdesign	198
6.2	Erhebungsinstrument	199
6.3	Stichprobengewinnung	206
6.4	Zeitplanung	207
6.5	Auswertungsmethodik	208
7	**Untersuchungsverlauf**	**214**
7.1	Kurzbeschreibung der Intervention	214
7.2	Zeitlicher Ablauf	215
7.3	Durchführung der Datenerhebung	216
7.4	Abweichungen vom geplanten Untersuchungsablauf	220
7.5	Datenauswertung	224

8	**Ergebnisse**	**226**
8.1	Stichprobenbeschreibung	227
	8.1.1 Merkmale der Gesamtstichprobe	227
	8.1.2 Vergleich der Schulformen	231
8.2	Hypothesenprüfung	232
	8.2.1 Hypothesen zum Wissen	233
	8.2.2 Hypothesen zur Einstellung	236
	8.2.3 Hypothesen zu Verhalten und Verhaltensabsicht	243
	8.2.4 Hypothesen zum Peer Involvement	261
	8.2.5 Hypothesen zu Opfererfahrungen	269
	8.2.6 Hypothesen zur Schul- und Klassensituation	272
8.3	Nicht hypothesengebundene Ergebnisse	279
	8.3.1 Bewertung der Intervention	280
	8.3.2 Wissen zum Thema Gewalt	283
	8.3.3 Kommunikationsverhalten	287
	8.3.4 Beurteilung der Peer Educators	295
	8.3.5 Gewalterfahrungen	300
	8.3.6 Schul- und klassenbezogene Fragen	319
	8.3.7 Geschlechtsunterschiede	329
	8.3.8 Unterschiede zwischen den Schulformen	336
	8.3.9 Gewalterfahrungen und Alter	349
8.4	Zusammenfassung der Ergebnisse	351
9	**Diskussion und Ausblick**	**367**
10	**Literaturverzeichnis**	**379**
11	**Abbildungsverzeichnis**	**403**
12	**Tabellenverzeichnis**	**404**
13	**Anhang**	**410**

1 Einleitung

In den letzten Jahren ist im deutschsprachigen Raum vermehrt die Methode des Peer Involvements besonders für die präventive Arbeit mit Jugendlichen in den Blick geraten. Diese ursprünglich besonders in den USA und im Bereich der Krankheitsprävention verbreitete Methode, findet mehr und mehr in unterschiedlichsten Praxisprojekten, angefangen von Aidsprävention und Sexualaufklärung über Streitschlichtung bis hin zur Suchtprävention oder Projekten zur Berufsvorbereitung, Anwendung. Dabei werden ‚Betroffene' beziehungsweise zumeist mit der Zielgruppe einer Präventionsaktion gleichaltrige Jugendliche dahingehend geschult, dass sie die Zielgruppe auf einer präventiven Basis gezielt informieren und beraten können. Durch die Gleichaltrigkeit und einen ähnlichen Entwicklungsstand soll eine Vermittlung von Präventionsbotschaften besonders effektiv sein. Besonders für die Altersgruppe der Jugendlichen, die in ihrem Verhalten zumeist noch empfänglich für Präventionsbotschaften sind und in Verbindung mit den Besonderheiten der Entwicklungsphase Jugend und dem Bedürfnis von Jugendlichen nach Unabhängigkeit und Abgrenzung von Erwachsenen, sowie der großen Bedeutung der Peer Group in der Jugendphase, scheint diese Methode vielversprechend zu sein. Bereits vorhandene Kommunikationswege und -strukturen, Prozesse des Modelllernens und die symmetrische Beziehung zwischen gleichaltrigen Jugendlichen sollen gezielt für die Vermittlung von Wissen und die Veränderung von Einstellung und Verhalten genutzt werden. Die Flexibilität des Peer-Ansatzes im Hinblick auf die Übertragbarkeit auf verschiedenste Inhalte hat in der Praxis zu einer Anwendung in einer Vielzahl von Projekten geführt. Die unterschiedlichen Möglichkeiten der breiten praktischen Verwendung dieser Methode haben im Umkehrschluss dazu geführt, dass die theoretische Fundierung in Umfang und Inhalt zwischen verschiedenen Praxisprojekten stark variiert und eine Adaption an verschiedene Inhalte, Methoden und strukturelle Gegebenheiten zum Teil ohne ausreichende Überprüfung von Effekten oder eine systematische Evaluation geschieht. Der derzeitige Stand zu empirischen Daten von Peer-Projekten lässt weitere Evaluationen, vor allem auch für die Gruppe der Adressaten der (Präventions)Interventionen, notwendig erscheinen, um beurteilen zu können, inwieweit dieser Ansatz tatsächlich zu den beabsichtigten Ergebnissen führt.

Eine weitere Entwicklung im Bereich der Jugendarbeit und -forschung in den vergangenen Jahren ist die gesteigerte Auseinandersetzung mit dem Thema Jugendgewalt, welche vermehrt auch in den Fokus von Öffentlichkeit und Medien geraten ist. Durch die Darstellung in den Medien wird schnell der Eindruck erweckt, dass es zu einem massiven Anstieg von Jugendgewalt und einer zunehmenden Brutalisierung der Übergriffe gekommen sei. Gewalt an Schulen ist dabei eine Seite dieses umfangreichen Themenfeldes und nicht zuletzt durch die Amokläufe ebenfalls medienpräsent und in aller Munde. Schule stellt einen wichtigen Lebensbereich von Jugendlichen dar; sie verbringen einen Großteil ihrer Zeit in der Schule und Gewalt kann an Schulen in verschiedenen Bereichen und Formen stattfinden. Sogenannte Spaßkämpfe oder Prügeleien auf dem Schulhof, die Sicherheit des Schulweges, Mobbing, Sachbeschädigung oder das aktuelle Thema ‚Abziehen' sind nur einige Beispiele. Als eine aktuelle Entwicklung hat sich in den letzten Jahren an vielen Schulen in Deutschland ein Streitschlichter- oder Mediationsprogramm etabliert, welches helfen soll, Konflikte und Gewalt in der Schule zu vermeiden beziehungsweise frühzeitig zu klären. Die Lösung der Konflikte liegt dabei in den Händen der beteiligten Kinder und Jugendlichen sowie der geschulten gleichaltrigen Streitschlichter und Streitschlichterinnen[1]. Die Beteiligung von Lehrpersonal ist nicht beziehungsweise nur in sehr schwerwiegenden Fällen vorgesehen. Dies ist ein aktuelles Beispiel für die Umsetzung von Peer Involvement und Gewaltprävention.

Vor allem von Lehrpersonal sowie von verschiedenen Fachstellen wird ein Bedarf an weiteren Maßnahmen im Bereich Gewaltprävention für Schulen geäußert. Vorhandene Angebote beziehungsweise die Möglichkeiten in der Schule werden personell und strukturell als nicht ausreichend wahrgenommen.

Auf dieser Grundlage und nach der Auseinandersetzung mit der Fragestellung, wie an Schulen mehr Gewaltprävention praktiziert werden kann und aufbauend auf verschiedenen theoretischen und praktischen Erfahrungen mit unterschiedlichen Peer-Projekten an der Universität zu Köln wird 2006 ein auf der Methode des Peer Involvements basierendes Konzept für den Bereich Gewaltprävention entwickelt und unter dem Namen ‚Schlag.fertig' in Köln umgesetzt. Dabei steht der Peer-Gedanke im Fokus und das ‚Fachwissen' von Jugendlichen zu dem Thema Gewalt soll genutzt werden. Als ‚Experten' für dieses Thema werden Jugendliche mit dem Ziel der Weitergabe ihres Wissens im Rahmen von Präventionsaktionen für Schulklassen gewonnen, die bereits Erfahrungen als Täter und Opfer von Gewalt gesammelt haben. Ob sich dieser Ansatz tatsächlich für Gewaltprävention in unterschiedlichen Schulkulturen eignet und auf welchen theoretischen Grundlagen dieses Projekt aufbaut, steht im Zentrum der vorliegenden Arbeit.

Die Arbeit gliedert sich inhaltlich in insgesamt neun Kapitel. Nachdem im kommenden *Kapitel 2* die *Fragestellungen* der Arbeit dargestellt werden, wird in

---

[1] In dieser Arbeit wird in der Regel von ‚Schülerinnen und Schülern', ‚Lehrerinnen und Lehrern' usw. sowohl in der weiblichen als auch in der männlichen Form gesprochen. Aufgrund der besseren Lesbarkeit wird in einigen Fällen nur die männliche Form verwendet, gemeint sind jedoch immer beide Geschlechter.

Kapitel 3 der aktuelle *Stand der Forschung* für die zugrunde liegenden Themengebiete dargestellt. Dabei steht zunächst das Thema Gewalt im Fokus: in *Kapitel 3.1* liegt der Schwerpunkt auf der Darstellung von *Jugend und Gewalt*, in *Kapitel 3.2* wird näher auf den Bereich *Gewaltprävention* eingegangen. Anschließend steht der *Peer-Ansatz* (3.3) im Mittelpunkt. Neben einer Betrachtung der Entwicklung dieses Ansatzes, der Ziele und theoretischen Grundlagen, werden auch einige kritische Aspekte und Empfehlungen erarbeitet. Auf der Basis dieses aktuellen Forschungsstandes wird anschließend in *Kapitel 4* das *Projekt Schlag.fertig*, das heißt, die der Evaluation dieser Arbeit zugrundeliegende Intervention, vorgestellt. Darauf aufbauend werden in *Kapitel 5* die *Hypothesen* dargestellt. Die zugrundeliegende *Untersuchungsmethodik* sowie der tatsächliche *Untersuchungsverlauf* folgen in *Kapitel 6* und *7*. In *Kapitel 8* werden die *Ergebnisse* der Evaluation aufgeführt: neben der *Stichprobenbeschreibung (8.1)* werden die statistische *Hypothesenprüfung (8.2)*, einige *nicht hypothesengebundene Ergebnisse (8.3)* sowie abschließend eine *Zusammenfassung (8.4)* dieser Befunde dargestellt. In *Kapitel 9 Diskussion und Ausblick* werden diese Befunde und die zugrundeliegende Untersuchung kritisch diskutiert und im Hinblick auf ihre praktische Relevanz betrachtet.

2 Fragestellungen

Ein mit ‚Schlag.fertig' vergleichbares Projekt, welches Gewaltprävention auf der Grundlage des Peer-Ansatzes umsetzt und dabei ehemalige jugendliche Täter einbezieht und diese zu Trainern für andere Gleichaltrige schult, ist deutschlandweit nicht bekannt. So steht vor allem die Frage im Vordergrund, ob ein solches Peer-Projekt für den Bereich Gewaltprävention in der Praxis ‚funktioniert'. Aufbauend auf der Erarbeitung der theoretischen Fundierung von Peer Involvement steht die Evaluation der Effekte bei den Adressaten der Interventionen im Zentrum der vorliegenden Arbeit. Hieraus ergeben sich Fragestellungen auf zwei Ebenen. Zunächst ist es auf einer theoretischen Ebene Ziel der vorliegenden Arbeit, einen Überblick über die Methode ‚Peer' zu geben. Es soll herausgearbeitet werden, was Peer Involvement auszeichnet, welche theoretische Fundierung vorhanden ist, welche unterschiedlichen Methoden es von Peer Education über Peer Support bis zu Peer Counseling gibt und wie diese sich voneinander abgrenzen. Die sehr unterschiedlich benutzten Begriffe und Terminologien sollen zusammengefasst und wenn möglich vereinheitlicht werden. Im Zuge der weitläufigen Verbreitung von Projekten, die sich selbst dem Bereich ‚Peer' zuordnen, sollen auch kritische Aspekte und Schwierigkeiten sowie Schlussfolgerungen für die Praxis erarbeitet werden. Im Rahmen der Evaluation soll der Vermutung nachgegangen werden, dass Gleichaltrige füreinander bei der Auseinandersetzung mit dem Thema Gewalt eine wichtige Rolle spielen.

Der konkrete empirische Untersuchungsgegenstand der vorliegenden Arbeit ist das Projekt ‚Schlag.fertig', es handelt sich um eine Programmevaluation beziehungsweise Wirkungsevaluation dieses Treatments. Konkret auf die praktische Umsetzung des Projektes ‚Schlag.fertig' bezogen, soll erforscht werden, ob und welche gewaltpräventive Effekte bei der Zielgruppe auftreten. Im Fokus stehen vor allem Fragen nach veränderten Einstellungen und verändertem Verhalten sowie nach einem themenspezifischen Wissenszuwachs bei der Zielgruppe der Präventionsaktion. Zudem soll eine größere Sensibilität für das Thema Gewalt erreicht werden. Durch ein Eingruppen-Pretest-Posttest-Plan mit insgesamt drei Messzeitpunkten soll gemessen werden, ob bei den Adressaten Unterschiede vor und nach der Intervention zu beobachten sind und die im Vorfeld formulierten Ziele erreicht werden.

Neben der Gewinnung von allgemeinen Daten zur Gewalt- und Klassensituation der befragten Jugendlichen, einer Bewertung der Intervention und eine Einschätzung der Peer Educators durch die Adressaten der Präventionsintervention, stehen folgende übergeordnete Fragestellungen bezogen auf das Themenfeld Gewalt im Zentrum der vorliegenden Untersuchung:

1. Verfügen die Teilnehmer nach der Intervention über ein größeres Wissen als vor der Intervention?
2. Zeigen die Teilnehmer nach der Intervention eine veränderte Einstellung als vor der Intervention?
3. Zeigen die Teilnehmer nach der Intervention ein verändertes Verhalten als Täter, Opfer und passiv Beteiligte als vor der Intervention?

Bevor diesen Fragestellungen nachgegangen wird, wird zunächst der aktuelle Stand der Forschung für die Themenfelder Gewalt und Peer vor dem Hintergrund der Lebens- und Entwicklungsphase Jugend dargestellt.

3 Stand der Forschung

In diesem Kapitel wird der aktuelle Stand der Forschung zu den der vorliegenden Untersuchung grundlegenden Themen dargestellt. Dabei wird zunächst in Kapitel 3.1 auf das Thema Jugend und Gewalt eingegangen, anschließend wird das Themenfeld Gewaltprävention (3.2) dargestellt. In Kapitel 3.3 folgt die intensive Auseinandersetzung mit dem Peer-Ansatz. Dem Thema Schule ist kein eigenes Kapitel gewidmet sondern es findet sich als Querschnittsthema jeweils als eigenes Unterkapitel in jedem Kapitel (3.1.5, 3.2.3, 3.3.3.4).

3.1 Jugend und Gewalt

Dieses Kapitel widmet sich dem Thema Gewalt im Jugendalter. Auf der Basis einiger Begriffsbestimmungen (3.1.1) und allgemeiner Erklärungsansätze für die Entstehung von Gewalt (3.1.2) wird die aktuelle Jugendgewalt anhand von Ergebnissen aus Hell- und Dunkelfeldstudien dargestellt (3.1.3). Daraufhin wird Jugendgewalt hinsichtlich ihrer besonderen Merkmale und verschiedener Einflussfaktoren (3.1.4) untersucht, bevor abschließend Gewalt in der Schule (3.1.5) näher beleuchtet wird.

3.1.1 Begriffsbestimmungen

Rund um das Thema Gewalt gibt es eine Vielzahl unterschiedlicher Begriffe und Definitionen, die auf verschiedenen theoretischen Zugängen und methodischen Hintergründen beruhen und durch eine unterschiedliche Verwendung nicht trennscharf sind oder synonym verwendet werden. Für die vorliegende Arbeit sollen die zentralen Begriffe kurz umschrieben und definiert werden: Gewalt, Aggression, Kriminalität, Delinquenz, Devianz und Jugendgewalt. Der Fokus liegt auf Begriffsbestimmungen und Definitionen, die vor dem Hintergrund der Evaluation des Projektes ‚Schlag.fertig' bedeutsam und anwendbar sind und sich besonders auf Phänomene im Jugendalter beziehen. Verzichtet wird auf die explizite Darstellung von fremdenfeindlich motivierter sowie sexueller Gewalt als eigene Bereiche.

Gewalt

Gewalt ist ein historisch veränderbares Konstrukt, für das keine eindeutige und allgemeingültige Definition vorhanden ist. Es gibt eine Vielzahl von verschiedenen, sich zum Teil widersprechenden Definitionen vor unterschiedlichen wissenschaftlichen Hintergründen sowie Definitionen von gesetzlicher Seite, im politischen Zusammenhang und aus verschiedenen Perspektiven, zum Beispiel aus Opfer- und Tätersicht. Letztendlich hat jeder Mensch eine eigene subjektive (Alltags)Definition von Gewalt. Für eine wissenschaftliche Auseinandersetzung mit dem Thema ist jedoch eine Operationalisierung des Begriffs notwendig.

Ein Blick in das Herkunftswörterbuch zeigt, dass sich das Wort *Gewalt* im Deutschen von dem Verb *walten* ableitet, was so viel bedeutet wie ‚stark sein', und ‚(be)herrschen' (Alsleben et al. 2007). Der Brockhaus definiert Gewalt als

> „die Anwendung von physischem oder psychischem Zwang gegenüber Menschen. Gewalt umfasst 1) die rohe, gegen Sitte und Recht verstoßende Einwirkung auf Personen, 2) das Durchsetzungsvermögen in Macht- und Herrschaftsbeziehungen" (F.A. Brockhaus 2002-2006).

Hier wird eine Unterscheidung von Gewalt (1) als personales Phänomen und Gewalt (2) auf struktureller Ebene und im Zusammenhang mit politischer Macht und eines staatlichen Gewaltmonopols deutlich. Da im Zentrum der vorliegenden Arbeit Jugendgewalt steht, wird im Folgenden der zweite Punkt außer Acht gelassen und der Fokus auf Gewalt als personales Phänomen gerichtet. Vor dem Hintergrund von Gewaltprävention definiert die Weltgesundheitsorganisation (WHO) Gewalt wie folgt:

> „Der absichtliche Gebrauch von angedrohtem oder tatsächlichem körperlichem Zwang oder physischer Macht gegen die eigene oder eine andere Person, gegen eine Gruppe oder Gemeinschaft, der entweder konkret oder mit hoher Wahrscheinlichkeit zu Verletzungen, Tod, psychischen Schäden, Fehlentwicklung oder Deprivation führt" (Krug 2002, WHO S. 6).

Auch diese Definition ist sehr weit gefasst, beinhaltet jedoch ausführlich die Folgen, die durch Gewaltanwendung entstehen können. Gewalt wird durch die Beschreibung als ‚absichtlich' als ein bewusster Akt beschrieben. Als Gewaltformen werden physische Macht und körperlicher Zwang beschrieben. Dies reicht jedoch für die Betrachtung von Jugendgewalt noch nicht weit genug. Die Arbeitsstelle Kinder- und Jugendkriminalitätsprävention definiert Gewalt im Zusammenhang mit Strategien zur Gewaltprävention im Kindes- und Jugendalter „im Sinne eines auf Personen zielgerichteten physisch, psychisch, sozial bzw. materiell schädigenden Handelns von Kindern und Jugendlichen bzw. Kinder und Jugendliche betreffend" (2007, S. 20). Hierbei werden neben physischer Gewalt, mit psychischem, sozialem und materiell schädigendem Handeln drei weitere Gewaltformen benannt. Diese bewusst offene Definition soll hier übernommen werden.

Trotz der konkreten Nennung der vier Gewaltformen können diese wiederum sehr unterschiedlich interpretiert werden. Dies variiert beispielsweise bereits darin, ob Mobbing unter psychischer oder sozialer Gewalt subsumiert wird. Die Interpretation variiert zusätzlich abhängig von weiteren Faktoren. Was für einen Jugendlichen eine normale Ansprache mit einem Gleichaltrigen sein kann, wird von einem Erwachsenen möglicherweise bereits als Beleidigung aufgefasst; das Raufen im Kindesalter kann in einer anderen Entwicklungsphase, zum Beispiel als erwachsener Mann, bereits eine Form der körperlichen Gewalt sein; der verbale Umgangston innerhalb einer Familie ist in der einen Kultur alltäglich und stellt nichts Außergewöhnliches dar, wird in einer anderen Kultur jedoch möglicherweise schon als Form der (verbalen) Gewalt interpretiert. Diese unterschiedlichen Bedeutungszuschreibungen von Gewalt sind nicht nur abhängig von Entwicklung und Alter, sondern vor allem Ausdruck heterogener kultureller Milieus (ebd., S. 21). Die Übergänge zwischen gesellschaftlich akzeptierten und nicht-akzeptierten Formen sind dabei nicht starr und müssen von Kindern und Jugendlichen erst erlernt werden (ebd.).

Für die vorliegende Untersuchung wird eine bewusst offene Definition gewählt, welche eine subjektive Interpretation durch die befragten Jugendlichen zulässt. Welche Gewaltformen Jugendliche als Gewalt empfinden ist unter anderem Untersuchungsinteresse der vorliegenden Evaluation (vgl. Kap. 8.3.5).

Aggression und Aggressivität

Eng verbunden mit dem Gewaltbegriff sind die Begriffe *Aggression* und *Aggressivität*, die ebenfalls nicht eindeutig zu definieren sind und in verschiedenen Kontexten unterschiedlich verwendet werden. Im deutschen Sprachgebrauch ist Aggression und Aggressivität negativ besetzt, obwohl „der Aggressionstrieb als lebensnotwendige Triebanlage zur Grundausstattung der menschlichen Natur gehört" (Fichtner 1994, S. 95). *Aggressivität* soll im Folgenden vor dem Hintergrund von Jugendgewalt als Disposition zu aggressivem Verhalten gegen Menschen oder Sachen verstanden werden (Oerter & Montada 2008, S. 107ff); die *Aggression* ist das Verhalten, welches einem anderen Menschen im Sinne der oben genannten Definition Gewalt zufügt (Gerrig et al. 2008). Darüber hinaus erweitern Scheithauer et al. den Begriff Aggression um „Haltung, Einstellung oder Emotion gegenüber Menschen, Tieren, Dingen oder Einrichtungen, mit dem Ziel sie zu beherrschen, zu schädigen oder zu vernichten" (2008, S. 9).

Kriminalität

Kriminalität meint „die Gesamtheit strafrechtlich missbilligter Verhaltensweisen, die in einer Gesellschaft tatsächlich aufgetreten sind" (Gräber-Seißinger 2005, Brockhaus). Alle aufgetretenen und vor allem erfassten Taten auf der Grundlage des aktuellen Strafrechts werden unabhängig von Merkmalen der Täter unter diesem Begriff zusammengefasst. Kriminalität umfasst die Gesamtheit aller mit Strafe bedrohten Verhaltensweisen (ebd.). Dies sind verschiedenste Einzeldelikte von Rauschgiftdelikten über Vermögensdelikte bis hin zu Diebstahl und Körperverletzung, Gewaltkriminalität ist nur ein Teil davon. Insgesamt ist der Begriff Kriminalität veränderbar und stets durch die aktuelle gesellschaftliche Entwicklung und das gegenwärtige Strafgesetz geprägt. Um von einer *Straftat* sprechen zu können, muss eine Tat einem rechtlich definierten Straftatbestand entsprechen (Greve & Montada 2008, S. 837). Strafgesetze definieren dabei, was eine Straftat ist; diese Gesetze unterscheiden sich in verschiedenen (Bundes-) Ländern, sind unter anderem durch gesellschaftliche und kulturelle Gegebenheiten veränderbar und werden abhängig von Alter des Tatverdächtigen unterschiedlich umgesetzt. Jugendkriminalität wird im Gegensatz zur Erwachsenenkriminalität durch das Jugendgerichtsgesetz geahndet, hier steht der Erziehungs- und nicht der Sanktionsgedanke im Vordergrund.

Delinquenz

Delinquenz bezeichnet straffälliges Verhalten und wird vor allem für die Beschreibung von Straffälligkeit im Jugendalter verwendet, bei Erwachsenen herrscht im Sprachgebrauch hierfür der Begriff Kriminalität vor (Scheithauer et al. 2008, S. 13). Zu Delinquenz zählen sowohl die tatsächlich erfassten Delikte als auch die nicht strafrechtlich erfassten aber trotzdem begangenen Delikte (ebd., S. 14). Hierzu gehören Verletzungen expliziter Normen sowohl im Bereich Gewalt, als auch anderes strafrechtlich verbotenes Verhalten wie Drogenkonsum, Einbruch oder Diebstahl. „Delinquentes Handeln ist antisozial in dem Sinne, dass die soziale Ordnung nicht beachtet wird, wodurch andere verletzt, beeinträchtigt, benachteiligt oder gefährdet sind" (Greve & Montada 2008, S. 838).

Devianz

Devianz bezeichnet von der Norm abweichendes Verhalten, welches jedoch nicht zwangsläufig einen Verstoß gegen das Gesetz darstellt. Jugendtypisches Risikoverhalten, zum Beispiel übermäßiger Alkoholkonsum, kann ein Beispiel für deviantes, jedoch nicht strafrechtlich bedeutsames und somit delinquentes Verhalten sein. Verhaltensweisen, die in einer Kultur normal sind, können in einer anderen ein deviantes Verhalten darstellen (Oerter et al. 2008). Delinquenz ist deviantes Verhalten, doch deviantes Verhalten ist nicht zwangsläufig delinquent.

Jugendgewalt

Der Terminus *Jugendgewalt* soll im Folgenden als Oberbegriff für Jugenddelinquenz und Jugenddevianz im Bereich der Gewalttätigkeit verstanden werden und bezieht sich sowohl auf strafrechtlich relevantes Verhalten als auch auf jugendtypische Erscheinungsformen (s.o.). Gewalt umfasst dabei körperliche, psychische, soziale und materielle Gewalt, zu denen insbesondere als häufig in der Jugend auftretende Gewaltformen körperliche und verbale Gewalt, Mobbing sowie Vandalismus zählen. Jugendgewalt bezieht sich dabei auf individuelles Verhalten und nicht auf strukturelle Gewaltformen.

Im Anschluss an diese Begriffsklärungen wendet sich das folgende Kapitel Ansätzen und Theorien zu, die dazu beitragen können, die Entstehung und Ausübung von Gewalt zu erklären.

3.1.2 Allgemeine Erklärungsansätze und Theorien

Im Folgenden werden einige der bekanntesten Erklärungsansätze und Theorien, die zur Erklärung der Entwicklung und Ausübung von Gewalt und Aggressionen herangezogen werden, mit einem Hinweis auf die Relevanz für die Prävention von Jugendgewalt kurz dargestellt.

Für die Erklärung von Gewalt und abweichendem Verhalten gibt es zahlreiche Erklärungsansätze und Theorien in den verschiedenen Wissenschaftsgebieten. Dabei gibt es je nach Erklärungshintergrund eine Vielzahl unterschiedlicher Klassifikationen und Typologien. Einen guten und auch historischen Überblick über verschiedene Erklärungsansätze und Theorien bietet zum Beispiel Lamnek (2007).

In den letzten Jahren stehen vermehrt nicht mehr einzelne Theorien im Interessenfokus, sondern es haben sich mehr und mehr empirisch orientierte Strategien zur Erklärung von aggressivem Verhalten vor allem im Jugendalter durchgesetzt (Scheithauer 2007, S. 32), wobei häufig multifaktorielle Ansätze und Aspekte verschiedener Theorien verbunden werden. Die Nutzung und Entwicklung von Präventionsmaßnahmen steht dabei häufig mehr im Fokus als ausschließlich die Erklärung von Gewalt und aggressivem Verhalten. Im Folgenden wird ein kurzer Abriss über verschiedene Theorien und Erklärungsansätze, aufgeteilt nach einer biologischen, soziologischen oder psychologischen Sichtweise, gegeben, die in der aktuellen Diskussion eine Rolle spielen. Dies ist jedoch nur als kleiner, grober Auszug zu verstehen, der zum Verständnis der Entstehung von (Jugend)Gewalt beitragen soll. Letztendlich ist besonders Jugendgewalt vor allem im Zusammenspiel von gesellschaftlichen und sozialen Bedingungen, situativen Kontexten, individueller Sozialisation, Erziehung und Disposition sowie aktuellen zwischenmenschlichen Beziehungen vor dem Hintergrund von entwicklungsbedingten Gegebenheiten zu betrachten. Isolierte und ursächliche Faktoren sind nur schwer zu bestimmen und machen effektive Prävention schwierig.

Biologische Theorien

Historisch am Anfang stehen etwa gegen Ende des 19. Jahrhundert die *biologisch orientierten Theorien* zur Kriminalität, zum Beispiel von Cesare Lombroso (1876), der eine Theorie über den geborenen Verbrecher aufstellte (Lamnek 1999, S. 57). Kriminelles Verhalten wird durch verschiedene körperliche Merkmale, zum Beispiel die Schädelform oder den Körperbau erklärt und vorhergesagt. Im Zentrum des Interesses steht ganz die Person des Täters, die von ihren genetischen Anlagen und körperlichen Merkmalen zu kriminellem Verhalten ‚getrieben' wird, biologische Faktoren determinieren je nach Theorie mehr oder weniger stark das individuelle Verhalten (ebd., S. 73). Aufgrund ihrer unzureichenden Erklärungsmöglichkeiten und mangelnden empirischen Belege, findet dann jedoch eine vermehrte Hinwendung zu multifaktoriellen Ansätzen statt, welche neben den biologischen auch psychologische und soziologische Konzepte integrieren und somit die Möglichkeit von Therapie und Resozialisation ins Blickfeld nehmen (ebd., S. 77).

Biologische beziehungsweise physiologische Faktoren und Bedingungen stehen auch in der aktuellen Forschung im Fokus, wobei vor allem einzelne genetische Komponenten oder der Einfluss von Neurotransmittern auf impulsives Verhalten beziehungsweise aggressives Verhalten untersucht werden. Diese stehen jedoch nicht mehr wie bei den historischen biologischen Theorien in einem direkten Zusammenhang zur Kriminalität und Gewalttätigkeit, sondern ihnen wird vor allem ein indirekter Einfluss im Zusammenhang mit anderen Faktoren zugeschrieben. Hierzu gehören auch verschiedene Untersuchungen zum Einfluss von Hormonen, zum Beispiel die Wirkung des männlichen Hormons Testosteron. Um angeborene Faktoren zu spezifizieren gibt es eine Reihe von Zwillingsstudien, die zum Teil einen nicht unwesentlichen Teil von Aggressionen über biologische Komponenten erklären (Gerrig et al. 2008).

Für die Erklärung von Jugendgewalt spielen körperliche Veränderungen und der körperliche Entwicklungsstand eine nicht unerhebliche Rolle, denn im Jugendalter findet eine Vielzahl rasanter körperlicher Veränderungen statt. Al-Diban weist kritisch darauf hin, dass jedoch besonders in der pädagogischen Forschungstradition biologische Voraussetzungen und Eigenschaften gar nicht oder zu wenig einbezogen werden (2000, S. 29).

Im Hinblick auf die Erklärung von Gewalt muss jedoch vor dem Hintergrund biologischer und physiologischer Theorien darauf geachtet werden, dass solche Bedingungsfaktoren nicht als entscheidende und ausschließliche Merkmale herangezogen werden, da dies die Gefahr der Unveränderbarkeit und Stigmatisierung von Verhalten in sich birgt.

Psychologische Theorien

Einen Übergang von den biologischen zu den psychologischen Erklärungsansätzen bietet die Annahme, dass Aggression ein biologisch dem Mensch und Tier angeborener Instinkt beziehungsweise Trieb ist. Verfolgt beispielsweise Konrad Lorenz (1964) die verhaltensbiologische Sichtweise von Aggression als angeborener Trieb, der wesentlich für das Überleben ist und instinktiv abläuft, so steht zu Beginn der psychologischen Theorien vor allem die *Triebtheorie* Freuds (1915), wobei diese zunächst ein allgemeines Konzept der Persönlichkeit darstellte. Auch in dem Konzept Freuds handelt es sich um einen angeborenen Ur-Trieb, den er Todestrieb nennt, und der bei jedem Menschen die aggressiven und destruktiven Verhaltensweisen steuert und dem Lebenstrieb gegenüber steht. Energien aus beiden Trieben werden über die Steuerung von Ich, Es und Über-Ich möglichst in sozial akzeptierte Bahnen gelenkt. Dieser Gedanke ist vor dem Hintergrund der Triebtheorie vor allem für die Prävention von Gewalt in der Hinsicht wichtig, dass er die Notwendigkeit von sozial akzeptiertem aggressiven Verhalten beziehungsweise den regelgeleiteten Abbau von Aggression thematisiert (Scheithauer 2007, S. 20).

Die *Frustrations-Aggressions-Hypothese,* entwickelt von John Dollard et. al (1939), stellt ursprünglich die Behauptung auf, dass auf jede Frustration Aggression erfolgt und umgekehrt jedes aggressive Verhalten seinen Ursprung in einer Frustration hat. Hiermit können jedoch nicht alle Formen von Aggressionen erklärt werden, da zum Beispiel aggressives Verhalten auch auf Schmerzreize erfolgen kann (Scheithauer 2007, S. 21) und umgekehrt Frustrationen nicht zwangsläufig immer zu Aggressionen führen, sondern zum Beispiel Resignation hervorrufen können. Aus diesen Gründen wurde die Frustrations-Aggressions-Hypothese insofern weiterentwickelt, dass Frustrationen zu verschiedenen Reaktionen führen können, von denen *eine* Aggression sein kann; Frustrationen erhöhen jedoch die Wahrscheinlichkeit von aggressivem Verhalten (Scheithauer & Hayer 2004, S. 17). Für Menschen, die besonders häufig und zeitüberdauernd aggressives Verhalten zeigen, wird zusätzlich die Vermutung aufgestellt, dass sie eine besonders niedrige Frustrationstoleranz haben, zum Teil kombiniert mit einer Antizipationsschwäche, die zu einer stärkeren Gegenwartsorientierung und dem Ausblenden von zukünftigen negativen Konsequenzen führt (Lamnek 1999, S. 91).

Dieser eher monokausale Erklärungsansatz bietet vor allem in Kombination mit anderen Theorien für die Prävention hilfreiche Hinweise. Übertragen auf gewalttätige Jugendliche besagt dieser Ansatz, dass gewalttätige Jugendliche mehr Frustrationen erfahren als nicht gewalttätige Jugendliche. Besonders für Gewalt in der Schule, die für Jugendliche eine Hauptquelle von Frustrationen sein kann, kann diese Theorie zur Erklärung beitragen (Schubarth 2000b, S. 17). Daraus ergibt sich das Ziel, vermeidbare Frustrationen zum Beispiel auf institutioneller oder personeller Ebene zu reduzieren (Scheithauer & Hayer 2004, S. 17). Neben Frustrationserlebnissen müssen vermehrt Möglichkeiten gegeben werden, in denen Erfolge und Anerkennung gefördert sowie ein Umgang mit Frustrationen erlernt wird (Schubarth 2000b). Dies können zum Beispiel Maßnahmen zur Emotionsregulierung und Impulskontrolle sein (Scheithauer 2007, S. 21).

Aggression als Folge von Lernprozessen betrachten die *lerntheoretisch orientieren Theorien*, deren bekanntester Vertreter Albert Bandura ist. Lernen ist dabei vor allem durch drei verschiedene Prozesse möglich: Lernen am Modell (vgl. Kap. 3.3.5.5), Lernen an Erfolg und Misserfolg und kognitives Lernen (Bandura 1979).

Beim *Lernen am Modell* erfolgt das Lernen durch Beobachtung und Nachahmung, der Erwerb von neuen Verhaltensweisen steht im Mittelpunkt. Dies kann sich sowohl auf Personen beziehen zu denen ein persönlicher Kontakt besteht, wie Freunde oder Familienmitglieder, als auch auf in Medien dargestellte Personen wie Prominente oder imaginäre Personen in einem Computerspiel. Darüber hinaus können auch andere Medien, zum Beispiel Bücher, zum Modelllernen anregen. Es hat sich gezeigt, dass aggressive Modelle besonders von Personen nachgeahmt werden, die selbst bereits aggressive Verhaltensweisen zeigen und dass Jungen häufiger als Mädchen aggressive Modelle imitieren (Scheithauer & Hayer 2004, S. 17).

Das *Lernen an Erfolg und Misserfolg* orientiert sich insbesondere an den Folgen von aggressivem Verhalten und hat Bedeutung für die Ausbildung von Verhaltensgewohnheiten. Folgt auf aggressives Verhalten eine positive Konsequenz oder eine negative Situation wird beendet beziehungsweise negative Konsequenzen unterbleiben, so wird aggressives Verhalten als ‚erfolgreiches' Verhalten erlernt und kann sich verfestigen. Selbst von außen gesetzte negative Konsequenzen auf ein solches Verhalten führen nicht unbedingt zur Unterlassung, da die negativen Konsequenzen im Sinne von erhöhter Aufmerksamkeit weiterhin aggressionsfördernd wirken können. Für die Prävention sollten deshalb vermehrt Ansätze in den Vordergrund rücken, die Verhaltensweisen vermitteln und verstärken, die ebenfalls zu Erfolgserlebnissen und erhöhter Aufmerksamkeit führen, jedoch mithilfe nichtaggressiven Verhaltens (Scheithauer & Hayer 2004, S. 18).

Das *kognitive Lernen* beschäftigt sich im Zusammenhang mit aggressivem Verhalten unter anderem mit den persönlichen Bedeutungszuweisungen von bestimmten Begriffen und dem individuellen Verständnis und der Interpretation sozialer Normen, welche durch verschiedene Erfahrungen kognitiv gespeichert werden sowie dem bewussten Planen und Steuern des eigenen Handelns auf der Grundlage von Wissen. Kognitive Strukturen und Wissen haben dabei einen direkten Einfluss auf das Verhalten.

Der lerntheoretische Ansatz bietet für die Prävention eine breite Basis an Anknüpfungspunkten und dient häufig als Grundlage vor allem für sekundärpräventive Ansätze. Durch andere (prosoziale) Modelle oder differentielle Verstärkung können zum Beispiel alternative nicht-aggressive Denk- und Verhaltensweisen, Problemlösetechniken oder die Kommunikation über eigene Emotionen erlernt werden (Schubarth 2000b, S. 20).

Soziologische Theorien

Steht bei den psychologischen Theorien die Verortung der Ursache für aggressives Verhalten überwiegend innerhalb des Individuums im Mittelpunkt (Scheithauer 2007, S. 18), so wird durch die soziologischen Theorien der Fokus mehr auf gesellschaftliche und sozialstrukturelle Bedingungen gelenkt. Grob unterteilt werden können die soziologischen Theorien in zwei Gruppen: a) die *ätiologischen Theorien*, welche sich mit der Frage nach den Ursachen beschäftigen und b) die *interaktionistischen Theorien*, die in ihrer extremsten Form die Ursachenforschung ablehnen und Abweichung als das Produkt eines Zuschreibungsprozesses verstehen, genauer gesagt die Definition und Bezeichnung eines Verhaltens als abweichend dieses erst zu einem solchen macht (Lamnek 1999, S. 95; Scherr 2009, S. 204). Beiden Theorierichtungen können eine Vielzahl verschiedener soziologischer Ansätze zugeordnet werden. Im Folgenden werden exemplarisch die Grundzüge und Ursprünge beider Richtungen dargestellt. Im Gegensatz zu psychologischen Theorien wird bei soziologischen Theorien die Formulierung ‚abweichendes Verhalten' bevorzugt.

Ätiologische Theorien
Zentral für diese Sparte soziologischer Theorien, die sich mit abweichendem Verhalten beschäftigen, ist der von Emile Durkheim bereits 1893 eingeführte Begriff der *Anomie*, der als Norm- oder Regellosigkeit verstanden werden kann (Lamnek 1999, S. 108f). Durkheim führt diesen Begriff in die Soziologie als Beschreibung für die Folgen von gesellschaftlichen Umbrüchen und sozialen Krisen ein, aufgrund derer die bestehenden gesellschaftlichen Normen und Werte an Bedeutung verlieren und beim Individuum zu Anomie führen, was sich in erhöhter Kriminalität oder erhöhten Selbstmordraten widerspiegeln kann. Damit stellt Durkheim soziale Sachverhalte als Ursache für soziale Tatbestände und nicht psychologische individuelle Faktoren in den Vordergrund (Lamnek 1999, S. 97). Robert K. Merton (1938) erweitert und verfeinert den Anomie-Begriff besonders im Hinblick darauf, dass er Anomie als Folge einer Diskrepanz von gesellschaftlichen Zielen und dem Zugang zu den dafür notwendigen Mitteln beschreibt.

(Jugend)Gewalt kann als Folge von gesellschaftlichen Umbruchsituationen und daraus resultierender Desorientierung und Desintegration (Heitmeyer 1995) sowie als Kompensationsreaktion auf die Schwierigkeit der modernen Gesellschaft, zum Beispiel im Hinblick auf gesellschaftlich vermittelte Ziele und den tatsächlich begrenzten Möglichkeiten diese zu erreichen, auftreten. Bezüglich Prävention spielt vor allem die Untersuchung von anomiefördernden Strukturen, zum Beispiel der Abbau von sozialen Ungleichheiten an Schulen, sowie die Bewusstmachung und Wahrnehmung der bestehenden Widersprüche und deren Bearbeitung eine wichtige Rolle (Scheithauer & Hayer 2004, S. 19).

Zwei weitere bekannte ätiologische Theorien sind die Subkulturtheorie und die Theorie der differentiellen Assoziation. Aufgrund der Darstellung der Subkulturtheorie in Kapitel 3.3.5.7, wird hier nur auf die Theorie der differentiellen Assoziation eingegangen. Die *Theorie der differentiellen Assoziation* (auch Theorie der differentiellen Kontakte) geht auf Edwin H. Sutherland und David R. Cressy (1955) zurück und ist im Bereich der individualistischen Theorien im Grenzbereich zu den psychologischen Theorien anzusiedeln (Lamnek 1999, S. 99). Zentral ist der Gedanke, dass kriminelle Verhaltensweisen ähnlich wie andere Verhaltensweisen in Interaktion mit der sozialen Umgebung, meist in intimen persönlichen Gruppen, erlernt werden (ebd., S. 189). Differentielle Assoziationen werden dabei als differentielle Kontakte in Form von Kontakten mit kriminellen und nicht-kriminellen Personen und Verhaltensmustern verstanden (ebd.). Jemand wird dann kriminell, wenn positive Einstellungen in Bezug auf Gesetzesverletzungen gegenüber negativ bewerteten Einstellungen überwiegen (ebd., S. 99). Entscheidend ist dabei, ob die soziale Umgebung so ist, dass kriminelles Verhalten begünstigt und ermutigt wird oder nicht (Giddens et al. 1999, S. 192). Ausschlaggebend sind daneben die Lebensgeschichte, zu der Persönlichkeitsmerkmale, soziale Verhältnisse und die Beherrschung eines entsprechenden Verhaltensrepertoires gehören sowie die aktuellen situativen Umstände (Lamnek 1999, S. 189). Grundlegend für die Ausübung von kriminellem Verhalten ist das Kennenlernen konkurrierender Situationsdefinitionen und Verhaltensmustern; wenn jemand noch keinen direkten Kontakt mit kriminellen Verhaltensweisen oder Personen hatte, kann er solche auch nicht ausüben (ebd., S. 190ff). Zahlreiche weitere Theorien, wie zum Beispiel die Theorie der differentiellen Identifikation (Glaser 1956), die Theorie der Neutralisierungstechniken (Skyes & Matza 1957) oder die Theorie der differentiellen Gelegenheiten (Cloward & Ohlin 1960) haben sich aus dieser Theorie weiterentwickelt (Lamnek 1999, S. 187).

An der Theorie von Sutherland hat sich besonders die Betonung von Kriminalität als gesellschaftliches Phänomen als richtungsweisend erwiesen. Für die Prävention von Gewalt wird die wichtige Rolle von Bezugspersonen wie Familienmitgliedern und Freunden betont. Gewalt entsteht nicht einfach aus dem Nichts, sondern ist ein Produkt der Sozialisation (Schubarth 2000b, S. 33). Der Wechsel des Umfelds oder die Veränderung von Kontakten kann zu Veränderungen von kriminellem Verhalten führen. Institutionelle Bedingungen, zum Beispiel in Schule, Kindergarten, Freizeit- oder Jugendhilfeeinrichtungen, können hinsichtlich ihrer gewaltfördernden und gewalthemmenden Bedingungen untersucht und verändert werden. Vor dem Hintergrund dieser Theorie ergibt sich die Möglichkeit, durch veränderte Bedingungen in der sozialen Umwelt Einfluss auf das Verhalten gewalttätiger oder gefährdeter Personen zu nehmen: Gewaltkarrieren können unterbrochen werden.

Interaktionistische Theorien
Sind die Anomietheorien dem ätiologischen Bereich klar zuzuordnen, so fällt der *labeling approach* oder auch *Etikettierungsansatz* in den Bereich der interaktionistischen Theorien. Zurück geht der Ansatz auf Frank Tannenbaum (1938) und wurde von Edwin M. Lemert (1964) erweitert. Der labeling approach fasst abweichendes Verhalten als Folge der Etikettierung als abweichend auf: Keine Handlung ist aus sich heraus abweichend, sondern immer nur durch die Definition als abweichend. Definitionen von Abweichung oder Kriminalität werden von den ‚Mächtigen', zum Beispiel durch die Formulierung von Gesetzen und die Umsetzung durch Polizei oder Gerichte verfasst und sind variabel. Zudem kann dasselbe Verhalten in einem Fall als kriminell eingestuft werden, in einem anderen jedoch nicht, auch abhängig vom sozialen Hintergrund, dem Alter oder der Herkunft des Täters. Die Etikettierung als Krimineller kommt vor diesem Hintergrund einer Stigmatisierung gleich. In diesem Zusammenhang wird auch die Unterscheidung von primärer und sekundärer Devianz eingeführt (Lamnek 1999, S. 220). Primäre Devianz ist zunächst eine einmalige oder vorübergehende deviante Handlung, die als solche wahrgenommen wird und verschiedene Ursachen haben kann. Als sekundäre Devianz werden die weiteren abweichenden Handlungen bezeichnet, die aufgrund der Zuschreibung und darauf aufbauend der Verinnerlichung des Etiketts ‚abweichend' erfolgen. Das kann exemplarisch bedeuten, dass ein Jugendlicher die Zuschreibung und Meinung anderer als ‚schwierig' oder ‚kriminell' annimmt, möglicherweise Anschluss an andere kriminelle Jugendliche sucht, durch eine Hilfe-Maßnahme mit anderen kriminellen Jugendlichen zusammenkommt oder durch den Verlust eines Arbeitsplatzes insgesamt einen verringerten Handlungsspielraum hat und zu weiteren kriminellen Handlungen angeregt wird. Abweichungen werden als Ergebnis von Zuschreibungs- und Stigmatisierungsprozessen gesehen (Scherr 2009, S. 205), es handelt sich dabei um einen Prozess der Interaktion.

In der pädagogischen Praxis mit Jugendlichen hat sich gezeigt, dass Zuschreibungen Problemverhalten aufrecht erhalten und verstärken können (Scherr 2009, S. 205). Für die Prävention ergibt sich aus dem labeling approach-Ansatz die wichtige Handlungsrichtung, Stigmatisierungsprozesse in Institutionen und von Fachkräften zu untersuchen und möglichst zu umgehen und Strukturen, die diese fördern aufzudecken. Der Blick rückt ab von den Handlungen der Jugendlichen und wendet sich dem Interaktionsprozess der Umwelt zu (Scheithauer & Hayer 2004,

S. 21). Die Beteiligung von Eltern, Lehrern und Pädagogen an ‚kriminellen Karrieren' von Jugendlichen oder allgemein an der Verfestigung aggressiver Verhaltensmuster wird durch diese Theorie betont. In der alltäglichen Arbeit mit Jugendlichen sollte ein besonderer Fokus auf der Vermeidung von stigmatisierender und zuschreibender Sprache durch Erwachsene liegen.

Die zum Teil sehr unterschiedlichen soziologischen Erklärungsansätze eint die Tatsache, dass sie alle abweichendes Verhalten als prinzipiell verursacht durch veränderbare soziale Bedingungen sehen, was die Verantwortlichkeit der Gesellschaft betont und somit durch die Veränderungen von gesellschaftlichen und sozialen Bedingungen Einflussmöglichkeiten für die Prognose, Prävention und Resozialisierung bietet (Lamnek 1999, S. 104).

Über die hier dargestellten klassischen Theorien hinaus existiert eine Vielzahl weiterer Erklärungsansätze, auf die hier jedoch nicht näher eingegangen wird. Auf die Bedeutsamkeit entwicklungspsychologischer Ansätze vor dem Hintergrund des Jugendalters wird in Kapitel 3.1.4 näher eingegangen. Zunächst wird jedoch die tatsächliche Prävalenz von Jugendgewalt betrachtet.

3.1.3 Aktuelle Jugendgewalt

Jugendgewalt ist in aller Munde und durch öffentliche Berichterstattung sehr präsent, die Anzahl der wissenschaftlichen Publikationen zu dem Thema steigt. Es wird schnell der Eindruck vermittelt, dass Gewalt von Jugendlichen immer häufiger wird und extremere Formen annimmt. Tatsache ist, dass Delinquenz im Jugendalter ein weit verbreitetes Phänomen ist und hier in der Regel seinen Höhepunkt hat. Greve & Montada zeigen auf, dass drei Viertel aller Jugendlichen mindestens einmal ein strafrechtlich bedeutsames Delikt begehen, wozu jedoch auch Bagatelldelikte wie Schwarzfahren oder kleine Ladendiebstähle gehören (2008, S. 847). Zur Überprüfung der Annahme, ob Jugendgewalt als eine Form der Jugenddelinquenz tatsächlich in den letzten Jahren gestiegen ist und immer extremere Formen annimmt, werden im ersten Teil dieses Kapitels bei der Darstellung der Ergebnisse Daten aus der aktuellen polizeilichen Kriminalstatistik[2] (PKS 2009) dargestellt. In der polizeilichen Kriminalstatistik werden jedoch nur Daten aus dem Hellfeld, also nur Straftaten, die der Polizei bekannt geworden sind und durch sie bearbeitet wurden, aufgeführt. Deshalb wird ergänzend im zweiten Teil auf die Studie ‚Jugendliche in Deutschland als Opfer und Täter von Gewalt' ebenfalls aus dem Jahr 2009 zurückgegriffen, die eine deutschlandweite repräsentative Untersu-

---

[2] Um eine Vergleichbarkeit zu der Evaluation des Projektes ‚Schlag.fertig' zu erleichtern sowie die Daten der beiden dargestellten Untersuchungen vergleichen zu können, werden aus der PKS ausschließlich Ergebnisse dargestellt, die sich auf die Gruppe der Jugendlichen (14 bis 18 J.) beziehen.

chung zum Thema Jugendkriminalität im Dunkelfeld darstellt (Baier et al. 2009). Mit Dunkelfeld ist dabei die der Polizei beziehungsweise nicht offiziell bekannt gewordene Kriminalität gemeint (PKS 2009, S. 3). Da beide Studien auf bundesweiten Daten und einer sehr großen Stichprobe basieren, werden sie als repräsentativ für die tatsächliche Entwicklung eingestuft. Ergänzend dazu werden Ergebnisse aus der aktuellen Shell Jugendstudie 2010 (Albert et al. 2010) sowie dem Zweiten Periodischen Sicherheitsbericht des Bundesministerium des Inneren und Bundesministerium der Justiz (Bundesministerium des Inneren et al. November 2006) dargestellt.

Ergebnisse aus dem Hellfeld
Gewaltkriminalität allgemein

Gewaltkriminalität stellt in Deutschland bei weitem nicht den größten Kriminalitätsbereich dar, sondern hier dominieren Diebstahldelikte, die knapp 40 % aller Kriminalität ausmachen. Gewaltkriminalität ist mit knapp 10 % vertreten. Wurde bereits für das Jahr 2008 (erstmals seit 1999) ein Rückgang der Gewaltkriminalität insgesamt festgestellt, so hat sich dieser Trend bestätigt und für 2009 konnte ein weiterer Rückgang festgestellt werden. Nur im Bereich der vorsätzlichen leichten Körperverletzung ist ein Anstieg von 0,7 % festzustellen. Entgegen dieser positiven Veränderungen in den letzten Jahren ist bei der langfristigen Kriminalitätsentwicklung im Bereich Gewalt seit 1993 ein Anstieg um fast ein Drittel zu beobachten.

Die PKS begründet den bis 2007 angestiegenen Teil der Gewaltkriminalität einerseits mit einem gestiegenen Gewaltpotenzial und führt andererseits ein erhöhtes Anzeigeverhalten durch eine größere Sensibilität für das Thema auf. Ein Rückgang der Gewaltkriminalität insgesamt wird schon länger durch Ergebnisse im Dunkelfeld vermutet, der nun auch verzögert in den Hellfeld-Daten der PKS zu beobachten ist.

Jugendliche als Tatverdächtige und Opfer von Gewaltkriminalität

Doch wie genau sieht die Beteiligung von Jugendlichen im Bereich der Gewaltkriminalität aus? Entgegen einer öffentlichen Wahrnehmung geht parallel zur Entwicklung der Gewaltkriminalität insgesamt auch die Zahl von Jugendlichen als Tatverdächtige seit 2008 zurück, 2009 bestätigte sich dieser Trend. Von allen Tatverdächtigen sind 11,4 % Jugendliche. Hauptsächlich treten Jugendliche in den Bereichen Körperverletzung, Sachbeschädigung und Ladendiebstahl in Erscheinung. Einen Großteil der Straftaten tragen Jugendliche in der Öffentlichkeit aus. Männliche Jugendliche überwiegen mit 70,9 % deutlich gegenüber weiblichen Jugendlichen. Im Hinblick auf die Staatsangehörigkeit haben 17,3 % der tatverdächtigen Jugendlichen keine deutsche Staatsangehörigkeit. Insgesamt sind 11,9 % aller

Tatverdächtigen aller Altersklassen deutsche Jugendliche. Von den nicht-deutschen Tatverdächtigen aller Altersklassen sind nur 9,3 % Jugendliche. Hinsichtlich der Schwere der ausgeübten Taten kommt das Bundesministerium des Inneren/Bundesministerium der Justiz (BMI/BMJ) zu folgendem Schluss:

> „Anhaltspunkte für eine Brutalisierung junger Menschen sind ebenfalls weder den Justizdaten noch den Erkenntnissen aus Dunkelfeldstudien oder den Meldungen an die Unfallversicherer zu entnehmen. Es zeigt sich vielmehr im Gegenteil, dass in zunehmendem Maße auch weniger schwerwiegende Delikte, die nur geringe Schäden und keine gravierenderen Verletzungen zur Folge hatten, zur Kenntnis der Polizei gelangen" (Bundesministerium des Inneren et al. November 2006, S. 354).

Jugendliche als Opfer sind vor allem bei Raub (14,1 %), Sexualdelikten (25,1 %) und Körperverletzung (12,2 %) im Vergleich zu den anderen Altersgruppen überdurchschnittlich häufig betroffen.

Die PKS verweist auch im Bereich Jugendkriminalität auf Ergebnisse aus dem Dunkelfeld, die eine rückläufige Entwicklung bereits seit längerer Zeit anzeigen. Ob es sich tatsächlich um eine Trendwende im Hinblick auf die Gewaltbereitschaft Jugendlicher handelt, kann noch nicht abschließend beantwortet werden. Die Wichtigkeit weiterer vor allem präventiver Maßnahmen wird betont.

Ergebnisse aus dem Dunkelfeld

Die folgenden dargestellten Ergebnisse sind, wenn nicht anders ausgezeichnet, dem Forschungsbericht von Baier et al. (2009) entnommen. Die Stichprobe dieser Untersuchung besteht aus 62.508 Schülerinnen und Schüler der neunten Jahrgangsstufe in ganz Deutschland. Ergänzend werden Daten aus weiteren Untersuchungen herangezogen.

Im Hinblick auf die Entwicklung der längerfristigen Jugendgewalt insgesamt werden die Daten und die Vermutungen für das Dunkelfeld aus der PKS bestätigt. Es zeigt sich, dass die Anzahl der ausgeübten Taten innerhalb der letzten zwölf Monate insgesamt seit 1998/99 eine gleichbleibende und zum Teil rückläufige Tendenz zeigt. Für den Bereich Körperverletzung gibt es jedoch uneinheitliche Ergebnisse. Im Jahr 2009 geben mehr als zwei Drittel der befragten Jugendlichen an, mindestens einmal im letzten Schuljahr an einer der beschriebenen Taten – von Sachbeschädigung über verbale bis hin zu körperlicher Gewalt – beteiligt gewesen zu sein.

Der in der PKS festgestellte Anstieg der registrierten Jugendkriminalität zwischen 1998 und 2008 kann, wie bereits in der PKS vermutet, durch ein erhöhtes Anzeigeverhalten der Gewaltopfer erklärt werden, das sich in dieser Zeit um 20 % bis 50 % erhöht hat. Dies gilt vor allem für Städte, in ländlichen Gebieten ist die Anzeigebereitschaft deutlich niedriger. Durch den tatsächlichen Anstieg der Anzeigebereitschaft kann jedoch nicht der gesamte langfristige in der PKS registrierte

Anstieg der Jugendkriminalität erklärt werden, so dass hier ein realer Anstieg vorhanden sein muss. Interessanterweise gibt es in Bezug auf das Anzeigeverhalten einen deutlichen Zusammenhang mit der ethnischen Zugehörigkeit der Täter, so dass junge Menschen mit Migrationshintergrund als Täter weitaus häufiger als deutsche Jugendliche angezeigt werden und damit in Hellfeld-Statistiken im Vergleich deutlich überrepräsentiert sind. Hinzu kommt, dass nicht deutsche Jugendliche häufiger einer gesteigerten polizeilichen Kontrolle unterliegen. Jugendliche mit Migrationshintergrund begehen dennoch auch nach Abzug der erhöhten Anzeigebereitschaft häufiger als deutsche Jugendliche Gewalttaten. „Sowohl aus Opfer- wie aus Tätersicht zeigen die Daten zur selbstberichteten Jugendgewalt, dass Jugendliche mit Migrationshintergrund häufiger Gewalttaten begehen als deutsche Jugendliche" (Baier et al. 2009, S. 11). Die Ursachen dafür liegen jedoch nicht ursächlich im Migrationshintergrund selbst, sondern in einer Kumulierung von Belastungsfaktoren, wozu an erster Stelle die eigene Erfahrung als Opfer innerfamiliärer Gewalt zählt. Darüber hinaus spielen die Akzeptanz gewaltorientierter Männlichkeitsnormen, das Schulschwänzen, die Nutzung gewalthaltiger Medieninhalte und der Alkohol- und Drogenkonsum eine wichtige Rolle für die Häufigkeit der Ausübung von Gewalt. Verbesserte Bildungschancen werden in diesem Zusammenhang als Schutzfaktoren genannt: „Je größer (...) der Anteil von jungen Migranten ausfällt, die den Realschulabschluss oder das Abitur anstreben, um so niedriger fällt ihre Gewaltrate aus" (Baier et al. 2009, S. 12).

Die Ergebnisse der Shell Jugendstudie 2010 zeigen im Vergleich zur letzten Befragung 2006 keine wesentlichen Veränderungen beim Thema Jugendgewalt (Albert et al. 2010, S. 163f). Insgesamt rund ein Viertel (23 %) der Jugendlichen berichtet davon, in den letzten zwölf Monaten in eine gewaltsame Auseinandersetzung verwickelt gewesen zu sein, was sowohl die Rolle als Täter und/oder als Opfer mit einschließt (ebd.). Am häufigsten treten gewaltsame Auseinandersetzung in der Altersklasse der 15- bis 17-Jährigen auf, hier ist im Vergleich zu den anderen Altersgruppen ein größerer Anstieg von 27 % (2006) auf 31 % (2010) zu verzeichnen (ebd.). Ein enger Zusammenhang zwischen der Häufigkeit der gewaltsamen Auseinandersetzungen ist mit dem Bildungshintergrund und der sozialen Lebenslage zu finden (ebd.).

Zusammenfassung

Aus den Ergebnissen der drei genannten Studien kann zusammenfassend festgehalten werden, dass der öffentlich wahrgenommene Anstieg der Jugendgewalt in den letzten 15-20 Jahren faktisch nicht in dem öffentlich wahrgenommen Maße stattgefunden hat. Besonders eine erhöhte Sensibilität für das Thema sowie eine deutlich gestiegene Anzeigebereitschaft haben zu dem Eindruck einer subjektiv wahrgenommenen Verschärfung der Jugendgewalt geführt. Beachtenswert ist in diesem

Zusammenhang die Rolle der Medien und der öffentlichen Berichterstattung. Sie haben vermutlich in einem hohen Maße zu der aktuellen Wahrnehmung von Jugendgewalt beigetragen und mit beeinflusst, dass sich diese von einer öffentlichen Diskussion auf den professionellen Fachbereich der Jugendhilfe und auch auf die Bereitstellung von (neuen) Angeboten auswirkt:

> „Wie jede Diskussionswelle in der Jugendhilfe hat auch die konzentrierte Beschäftigung mit dem Thema Jugendgewalt zu teilweise hektischen Aktivitäten auf sämtlichen der verschiedenen beteiligten Handlungsebenen geführt. Diese reichen vom Bundesprogramm über regionale Hearings bis hin zum individuellen Training des Umgangs mit ‚gewaltbereiten' Jugendlichen" (Kilb 2004a, S. 32).

In Befragungen hat sich herausgestellt, dass tatsächlich an einen starken Anstieg gefährlicher und schwerer Kriminalität geglaubt wird, was den tatsächlichen Fallzahlen jedoch in keiner Weise entspricht (Arbeitsstelle Kinder- und Jugendkriminalitätsprävention 2007, S. 208). Trotzdem weisen einige Ergebnisse, besonders bei der längerfristigen Betrachtung und im Bereich Körperverletzung, auf eine tatsächlich angestiegene Gewalttätigkeit hin. Die öffentlich sehr präsenten Fälle von Amokläufen an Schulen wie zum Beispiel in Winnenden und Erfurt sind zwar nur Einzelfälle, dürfen jedoch nicht mit einer solchen Begründung als unwichtige Ausnahmen, als nicht wesentlich für eine Entwicklung im Bereich Jugendkriminalität abgetan werden. Der öffentlichen Berichterstattung kommt dabei eine zweigeteilte Rolle zu: einerseits bietet sie die Möglichkeit wichtigen Themen ein angemessenes Maß an Aufmerksamkeit zu schaffen, andererseits besteht die Gefahr einer übertriebenen Schwarzmalerei.

Im kommenden Kapitel steht Jugendgewalt mit ihren (entwicklungspsychologischen) Besonderheiten und verschiedenen Einflussfaktoren im Mittelpunkt.

3.1.4 Spezifik von Jugendgewalt

Das Jugendalter ist eine Phase vielfacher Veränderungen, sowohl körperlicher als auch psychischer Art. Aus diesem Grund muss im Vergleich zur Gewalt und Kriminalität von Erwachsenen für die Betrachtung der Ursachen, Entstehung und Prävention von Jugendgewalt der spezielle Entwicklungsstand mit eingeschlossen werden. Zunächst wird ein Blick auf die Unterscheidung von stabiler und vorübergehender Jugendgewalt (3.1.4.1) geworfen, anschließend wird auf die Bedeutsamkeit von verschiedenen Einflussfaktoren für Jugendgewalt vor einem entwicklungspsychologischen Hintergrund (3.1.4.2) eingegangen.

3.1.4.1 Persistente und jugendtypische Jugenddelinquenz

Aggressives Verhalten im Jugendalter kann zunächst einmal als ubiquitär und transistorisch betrachtet werden (Scherr 2009). Damit ist gemeint, dass solches Verhalten im Jugendalter gehäuft anzutreffen ist und keine Ausnahme darstellt, jedoch auch als vorübergehend und episodisch zu betrachten ist. Die Anzahl der Gewalttaten und Delinquenz erreicht in der Regel im Jugendalter ihren Höhepunkt und sinkt danach kontinuierlich ab, hier wird auch von einem ‚Aging-out-Phänomen' gesprochen. Es hat sich jedoch gezeigt, dass dies für eine kleine Gruppe von Jugendlichen nicht zutrifft (Greve & Montada 2008, S. 848). Diese Teilgruppe, Greve & Montada gehen von circa fünf Prozent aus, begeht den größten und zugleich den gravierendsten Teil aller Delikte, auch über die Jugendphase hinaus (ebd.).

Terrie E. Moffit stellt vor diesem Hintergrund eine duale Taxonomie auf und unterscheidet zwei Arten von Jugenddelinquenz: *life-course-persistent antisocial behavior* und *adolescence-limited antisocial behavior* (1993). Bei der jugendtypischen und vorübergehenden Delinquenz handelt es sich um Auffälligkeiten, die sich auf eine bestimmte Altersspanne während der Adoleszenz beziehen und danach durch prosoziale Verhaltensweisen abgelöst und ersetzt werden. Ursächlich sind die Spannungen zwischen dem biologischen Entwicklungsalter und mangelnden gesellschaftlichen Beteiligungsmöglichkeiten beziehungsweise der Wunsch nach einem höheren sozialen Status (ebd., S. 692). Das Verhalten ist zudem auf bestimmte Bereiche, meist den Freizeitbereich, begrenzt. Die persistente Jugenddelinquenz hingegen hat ihren Ursprung bereits in der frühen Kindheit und entwickelt sich aus der Kombination einer neuropsychologischen Vulnerabilität und einem kriminogenen Lebensumfeld und bleibt über die Jugendphase hinweg stabil vorhanden (ebd., S. 679).

Diese Unterscheidung von zwei Arten von Jugenddelinquenz konnte in verschiedenen Untersuchungen nachgewiesen werden und hat sich als bedeutsam und zutreffend für die Erscheinungsformen von Gewalt im Jugendalter erwiesen (Greve & Montada 2008, S. 850). Besonders für die Gruppe der Jugendlichen mit persistentem auffälligem Verhalten haben sich verschiedene Risikofaktoren wie bestimmte Temperamentmerkmale oder eine Reihe von Entwicklungs- und Sozialisationsproblemen, oft bereits in der frühen Kindheit, nachweisen lassen. Misst Moffit biologischen Risikofaktoren eine besondere Bedeutung zu und betont die Notwendigkeit von möglichst frühzeitigen Interventionen, so betonen andere Ansätze, dass es sich eher um verschiedene unspezifische Faktoren handelt, die sich gegenseitig bedingen und verstärken und in der Adoleszenz unter anderem besonders in der Orientierung an gewalttätigen Peers münden. Für den Großteil der Jugendlichen gilt jedoch, dass gewalttätiges Verhalten als eine Form des abweichenden Verhaltens nicht dauerhaft ist.

3.1.4.2 Einflussfaktoren und Begründungsmuster

Im Folgenden werden einige Einflussfaktoren für Jugendgewalt und Jugenddelinquenz aufgeführt. Für das Auftreten von gewalttätigem Verhalten in der Jugend spielen verschiedenste Faktoren eine Rolle. Je nach theoretischer Basis oder Erkenntnisinteresse können diese unterschiedlich hergeleitet und unterschiedlich strukturiert werden. Der Einfluss der Gleichaltrigengruppe ist dabei der bestuntersuchte Einflussfaktor auf Jugenddelinquenz (Greve & Montada 2008, S. 849). Unumstritten ist jedoch, dass darüber hinaus verschiedene andere Faktoren Einfluss üben. Nachdem zunächst als Grundlage eine Betrachtung von Jugend als spezielle Entwicklungsphase ansteht, wird der Einfluss der Gleichaltrigen und der Familie betrachtet, woraufhin der Fokus auf der Bedeutung der Geschlechtszugehörigkeit liegt, um abschließend auf den Einfluss der Massenmedien einzugehen. Die Bedeutung von Schulerfolg ist Gegenstand eines Exkurses zur Statusmotivhypothese.

Entwicklungsphase Jugend

Für die Betrachtung von Jugendgewalt ist als Ausgangsbasis die Betrachtung des Jugendalters vonnöten. Um zu verstehen, warum es im Jugendalter gehäuft zu Gewalttätigkeit kommt, müssen diese Entwicklungsphase und ihre Besonderheiten genauer beleuchtet werden.

Das Jugendalter stellt eine Phase vieler Entwicklungen und Veränderungen dar. Wurde die Adoleszenz in der Vergangenheit häufig nur als Übergangsphase zwischen der Kindheit und dem Erwachsenenalter beschrieben, so gilt das Jugendalter heute als eigene Entwicklungsphase, die nicht nur der Vorbereitung auf das Erwachsenenalter dient, sondern Raum für eigenständige Interessen und Betätigungen lässt und eine eigenständige Entwicklungsphase darstellt. Die Jugendphase stellt keine klar definierte Altersphase dar, sondern hat sich in den vergangenen Jahrzehnten mehr und mehr, auch parallel zur Verlängerung der Ausbildungsphase, ausgedehnt und orientiert sich weniger an strikten Altersmarken, als an zu bewältigenden Entwicklungsaufgaben und Rollenübergängen. Entwicklungsaufgaben, mit denen sich ein Jugendlicher auseinandersetzen muss, betreffen zum Beispiel die zunehmende Ablösung vom Elternhaus, den Aufbau neuer und reifer Kontakte zu Gleichaltrigen beider Geschlechter, die Entwicklung einer (beruflichen) Zukunftsperspektive, die Auseinandersetzung mit der eigenen Sexualität, die Auseinandersetzung mit der Rolle als Mann / Frau, die Aufgabe eigene Moral- und Wertehaltungen zu entwickeln oder das eigene Selbstbild weiter auszuformen (Oerter & Dreher 2008, S. 279). Zu beachten sind darüber hinaus die Konzepte von Piaget (1954) und Kohlberg (1974) zur moralisch-kognitiven Entwicklung, die ebenfalls Hinweise zur Erklärung von gewalttätigem Verhalten im Jugendalter liefern können.

Der Beginn der Adoleszenz ist mit dem körperlichen Eintreten der Pubertät relativ klar eingrenzbar. Das Ende lässt sich jedoch nicht durch Altersmarken festlegen, sondern eher anhand der Lösung von Entwicklungsaufgaben, der Identitätsentwicklung oder der Übernahme von Selbstbestimmung und bestimmten gesellschaftlichen Rollen. Wobei es durchaus sein kann, dass sich in einigen Lebensbereichen, zum Beispiel in der Freizeitgestaltung, noch jugendtypische Verhaltensweisen bis zum Ende des zweiten Lebensjahrzehnts oder länger zeigen können, während in anderen Bereichen bereits Erwachsenenstatus erreicht wurde. Zu beachten ist, dass *die* Jugend an sich so nicht vorhanden ist. Je nach sozialem Hintergrund steht jungen Menschen beispielsweise ein jugendliches Moratorium durch einen notwendigen frühen Einstieg ins Erwerbsleben, nur begrenzt zur Verfügung. Kilb stellt fest, dass in unserer Gesellschaft zur Zeit weder eindeutige Rituale noch gesellschaftlich orientierte Rollenmuster vorhanden sind, welche den Übergang vom Jugendlichen zum Erwachsenen begleiten und dadurch in Verbindung mit rasanten gesellschaftlichen Veränderungen das Jugendalter zu einer sehr instabilen Entwicklungsphase machen (2006a, S. 75). Die Pluralisierung von Lebensformen bei gleichzeitiger Individualisierung, die medialen Einflüsse auf Jugendliche sowie verschiedene gesellschaftliche Anforderungen treffen mit körperlichen und kognitiven Veränderungen in der Jugendphase zusammen und können zu vielfältigen Verunsicherungen in verschiedenen Lebensbereichen führen, die in sozial unangepasstem Verhalten Ausdruck finden können.

Typisch für die Entwicklungsphase Jugend ist ein gesteigertes *Risikoverhalten*, welches sich unter anderem in Alkohol- und Drogenkonsum, riskantem Sexualverhalten oder delinquentem Verhalten wie Verkehrs- und Diebstahldelikten oder Gewalttätigkeit zeigen kann. Dieses Verhalten ist zunächst jugendtypisch und verschwindet im Sinne der oben betrachteten jugendtypischen Jugenddelinquenz mit dem Eintritt ins Erwachsenenalter. Auch Mutproben in Form von Verhaltensweisen, wie ‚Straßenbahn-Surfen', ‚Gleisroulette'[3] usw. sind Verhaltensweisen, die in der Regel fast ausschließlich in der Jugend auftreten. Zur Erklärung werden verschiedene Ausgangslagen und Ansätze wie das Konzept der Entwicklungsaufgaben, der kognitive Entwicklungsstand, verschiedene Stressbewältigungstheorien oder auch das persönlichkeitspsychologische Konzept des sensation seekings herangezogen. Jugendliches Risikoverhalten kann eine positive Funktionalität im Alltag des Jugendlichen haben und im Sinne eines Anpassungsversuchs an eine spezifische Situation interpretiert werden (Oerter et al. 2002, S. 867). Hurrelmann geht davon aus, dass Risikoverhalten im Jugendalter das Resultat einer Überforderung im Sinne von Stress sein kann, hervorgerufen durch psychosoziale Belastun-

---

[3] Eine Form der Mutprobe, bei der sich Jugendliche auf Bahngleise stellen und erst kurz bevor der Zug sie erreicht, von den Gleisen springen. Am ‚mutigsten' ist derjenige, der am längsten stehen bleibt.

gen, für die keine adäquaten Bewältigungsressourcen vorhanden sind (2010, S. 88ff). Fend sieht die Funktion von risikoreichen und antisozialen Verhaltensweisen darin, Unabhängigkeit von Erwachsenen zu demonstrieren und stuft solches Verhalten entwicklungsbedingt als ‚normal' ein, so lang es nicht zu früh und über verschiedene Lebensbereiche hinweg gehäuft auftritt (2003, S. 439.)

Deviantes Verhalten ist in der Adoleszenz besonders an Gruppen gebunden, die sowohl „Auditorium" als auch „Trainingslager" von Devianz sind (ebd., S. 451), weshalb die Gleichaltrigengruppe und ihr Einfluss auf gewalttätiges Verhalten im Folgenden näher betrachtet wird. Bandura stellt zudem die These auf, dass der Einfluss der Gleichaltrigen in den letzten Jahren zunehmend größer geworden ist und vor dem Hintergrund des großen Einflusses der Medien weiter an Bedeutung für die Entwicklung gewinnt (Bandura in Krohn 2006, S. 224). Auf die allgemeine Bedeutsamkeit der Gleichaltrigen in der Entwicklung und einzelne Funktionen, die sie übernehmen, wird ausführlich in Kapitel 3.3.5.1 eingegangen. Im folgenden Abschnitt liegt der Fokus auf dem Einfluss für gewalttätiges Verhalten.

Gleichaltrige

In vielen Veröffentlichungen und auch in den Medien werden gewalttätige Freunde beziehungsweise Freundeskreise und Cliquen als negativer Einfluss häufig für die Erklärung von gewalttätigem Verhalten herangezogen. Inwieweit das zutreffend ist und welche wissenschaftlichen Ergebnisse es hierzu gibt, ist Gegenstand dieses Abschnittes.

Insgesamt ist es immer noch so, dass der Gleichaltrigeneinfluss auf Delinquenz und gewalttätiges Verhalten im Jugendalter vor allem negativ bewertet wird. Greve & Montada legen dar, dass es mittlerweile als empirisch gut nachgewiesen gilt, dass die Zugehörigkeit zu antisozialen Gruppen die Jugenddelinquenz fördern und aufrechterhalten kann:

> „Antisoziale Verhaltensweisen und darauf bezogene Etikettierungen des Umfeldes erhöhen die Wahrscheinlichkeit des Zusammenschlusses mit Gleichaltrigen, die sich ebenfalls abweichend verhalten und entsprechende Einstellungen als normative Orientierungen der Gruppe vertreten. Die Zugehörigkeit zu solchen Gruppen fördert und stabilisiert im weiteren Fortgang die Aufrechterhaltung delinquenter Einstellungen und Verhaltensweisen" (ebd., S. 849).

Der Kontakt mit delinquenten Jugendlichen ist eindeutig als Risikofaktor zu bewerten. Auch Baier et al. kommen zu dem Ergebnis, dass die Zahl der delinquenten Freunde in einem starken Zusammenhang mit der eigenen Gewalttätigkeit steht und sogar den stärksten Einfluss ausübt (2009, S. 12). Unklar ist jedoch generell, ob die Zugehörigkeit Folge oder Ursache des delinquenten Verhaltens ist oder ob es sich um eine Wechselwirkung handelt. Baier et al. stellen einen Zusammenhang mit anderen Belastungsfaktoren wie zum Beispiel der Nutzung gewalthaltiger Medien oder der Schulform fest, jedoch benennen sie die Anzahl der delinquenten Freunde im sozialen Netzwerk als besten Prädiktor für die eigene Gewalttätigkeit (ebd.). Dodge et al. weisen ausführlich darauf hin, dass besonders die Separierung und das Zusammenfassen von jugendlichen Delinquenten deviante Orientierungen verstärkt und stabilisiert (2007). Die Trennung von ‚normalen' Jugendlichen und auffälligen Jugendlichen fördert den Zusammenschluss von devianten Jugendlichen und damit das deviante Verhalten dieser (ebd.). Es scheint besonders die Qualität der vorhandenen sozialen Beziehungen ausschlaggebend zu sein, weniger die Quantität. So finden Jugendliche mit abweichendem Verhalten vermehrt Freunde, die bereits ein solches Verhalten zeigen (Greve & Montada 2008, S. 849). „Aggressive Kinder sind dem Risiko ausgesetzt, von ihren Peers zurückgewiesen zu werden und sich stattdessen sozial wenig kompetenten, ebenfalls aggressiven ‚Außenseitern' anzuschließen" (Scheithauer et al. 2008, S. 52). Selbst das Zusammensein in einer Gleichaltrigengruppe, die sich zunächst nicht über gewalttätiges Verhalten zusammengefunden hat, ist nicht generell und ausschließlich durch Harmonie und Spaß gekennzeichnet, Gruppendruck, Zwang, Stigmatisierung oder auch Aggression können durchaus Bestandteil des Gruppenlebens sein. So weist Hurrelmann darauf hin, dass bis zu 10 % aller Jugendlichen Opfer von Aggressionen und Stigmatisierung in ihrer Gruppe sind (2004, S. 129).

Mittlerweile wird in Untersuchungen zum Thema Jugendgewalt und Prävention von Jugendgewalt der Einfluss von Gleichaltrigen jedoch auch unter positiven Gesichtspunkten betrachtet und eine ausschließlich negative Darstellung wird kritisiert: „Too often the peer group has viewed only as a liability; too seldom has it been seen as a resource" (Vorrath & Brendtro 1985, S. XX). Neben einer Aufzählung aufseiten der Risikofaktoren findet sich der Einfluss der Gleichaltrigen auch zunehmend aufseiten der Schutzfaktoren und die fehlende Einbindung in Gleichaltrigenbeziehungen wird ebenfalls als Risikofaktor gewertet. In einer Metaanalyse des Deutschen Forums für Kriminalprävention werden als risikoerhöhende Bedingungen neben dem Kontakt zu delinquenten Gleichaltrigen, wenige soziale Beziehungen und die Ablehnung durch Peers ebenfalls als Risikofaktoren benannt (Scheithauer et al. 2008, S. 44). Als Schutzfaktoren innerhalb des sozialen Umfeldes werden positive Freundschaftsbeziehungen, positive Gleichaltrigenbeziehungen und soziale Unterstützung benannt (ebd., S. 46). Es wird deutlich, dass die Gruppe der Gleichaltrigen somit sowohl zu gewaltauffälligem Verhalten beitragen kann, als auch durch ihre zahlreichen entwicklungsfördernden Aufgaben und Funktionen (vgl. 3.3.5.1) davor schützen kann. Zusammenfassend zeigt sich, dass es nicht einzelne personen- oder situationsspezifische Merkmale gibt, die gewalttätiges Verhalten per se erhöhen, sondern dass es sich um eine kumulative Wirkung und komplexe Wirkzusammenhänge handelt, die alters- und entwicklungsbedingt zu sehen sind und deren genaues Zusammenspiel unklar ist (ebd., S. 47ff). Tatsächlich ist es so, dass so gut wie alle Schutz- und Risikofaktoren nicht isoliert betrachtet werden können, sondern immer in Abhängigkeit zu anderen persönlichen und sozialen Gegebenheiten stehen.

Gewalttätiges Verhalten im Jugendalter, wie zum Beispiel das oben betrachtete Risikoverhalten, wird zumeist in Gruppensituationen begangen. Stoner weist auf das ‚Risky-Shift-Phänomen' hin, welches beschreibt, dass kollektiv von Gruppen gefällte Entscheidungen riskanter ausfallen, als die Entscheidungen jedes einzelnen Gruppenmitgliedes (1961). Hier scheint besonders das männliche Geschlecht anfällig für den negativen Einfluss der Peer-Group, männliche Jugendliche schließen sich auch eher zu devianten Gruppen zusammen. In diesem Zusammenhang ist besonders das Phänomen des ‚Happy slappings'[4] eine neue negative Erscheinung, die von einer Gruppe meist männlicher Jugendlicher gemeinsam begangen wird: Gegen eine in der Regel unbeteiligte Person wird ohne Anlass Gewalt ausgeübt, sie wird zum Beispiel ins Gesicht geschlagen, angespuckt oder geschubst. Neben dem aktiven Täter gibt es eine Gruppe von Jugendlichen, welche die Tat mit dem Handy filmen. Wesentlicher Bestandteil ist das anschließende gemeinsame Gucken dieses Videos und eine mögliche Veröffentlichung im Internet.

Generell bieten Gruppenzusammenhänge Jugendlichen die Gelegenheitsstruktur für Gewalthandeln, hier können sie Gewalt erlernen und finden in anderen Gleichaltrigen Modelle (ebd.). Kilb weist in diesem Zusammenhang darauf hin, dass es in unserer Gesellschaft einen Mangel an ritualisierten Angeboten für Gruppen gibt, die eine Aggressionsabfuhr verbunden mit Selbstbewertungs- und Verortungsmöglichkeiten und geschlechtsbezogenen Identitätsaspekten bieten (2006a, S. 84).
Wetzstein & Eckert fassen vier Hauptfunktionen von Gewalt in jugendlichen Gruppierungen zusammen (2000). Zunächst einmal kann (a) Gewalt auf der Suche nach Spannung und Aktivität als Selbstzweck dienen: „Gewalt steht für einen Gefühlszustand, der aktiv aufgesucht wird, weil er Aufregung, Abenteuer und Risiko verspricht. Sie hat für manche Gruppen einen Eigenwert" (ebd.). Hier kann das Phänomen des ‚Happy slappings' eingeordnet werden. Darüber hinaus kann (b) Gewalt als Reaktion auf Benachteiligungsgefühle zum Beispiel aufgrund fehlender ökonomischer und kultureller Ressourcen auftreten (ebd.). Gewalttätiges Verhalten kann durch Anerkennung von anderen Gleichaltrigen in der Gruppe verstärkt werden und bietet Kompensationsmöglichkeiten für persönliche Schwächen, Gefühle des Versagens oder andere erfahrene soziale Benachteiligungen (Höynck 1999, S. 75). Besteht in anderen Bereichen nicht die Möglichkeit, so kann in der Gleichaltrigengruppe durch riskantes Verhalten Wertschätzung erlangt werden, die in anderen Bereichen versagt bleibt (Kühnel 1995b, S. 27). Im Sinne von Durchsetzung und Abgrenzung gegenüber anderen kann (c) Gewalt als Mittel zur Selbstbe-

---

[4] auch unter ‚Snuff-Videos' bekannt.

hauptung in Gruppen angewendet werden (Wetzstein & Eckert 2000). Dabei kann gewalttätiges Verhalten für den Gruppenzusammenhang identitätsstiftend sein und den Gruppenzusammenhalt durch aggressives Verhalten gegenüber Nicht-Mitgliedern stärken und scheinbaren Respekt und Ansehen erzeugen. Als vierte Funktion kann (d) Gewalt ideologisch legitimiert im Sinne eines notwendigen Schritts zur Erkämpfung einer besseren Zukunft Bestandteil einer gewalttätigen Gruppe sein (ebd.).

Der Zusammenschluss in jugendliche Gruppierungen allein ist jedoch nicht ausreichend, damit es tatsächlich zu gewalttätigem Handeln in der Gruppe kommt. Kühnel kommt in einer Untersuchung zu dem Ergebnis, dass Jugendliche dann in stärkerem Maße zu Gewalt neigen, wenn neben der Einbindung in einförmige (uniplexe) oder vielfältige (multiplexe) Beziehungen in der Gleichaltrigenwelt mit der Erwachsenwelt nur uniplexe Beziehungen bestehen (1995a, S. 141ff). Sind in beiden Bereichen multiplexe Beziehungsnetzwerke vorhanden, so stellt dies einen breiten Ressourcenfundus bereit, der zur Herausbildung vielfältiger Optionsmöglichkeiten führt, gewaltförmiges Risikohandeln tritt wenn, dann lediglich als Episodenphänomen auf (ebd.). Die Gleichaltrigengruppe hat folglich abhängig von der Einbindung in weitere, vor allem familiäre Beziehungen und Strukturen, einen eher förderlichen oder eher schädigenden Einfluss. Auf den Zusammenhang zwischen einem problematischen Einfluss der Peer-Group und familiären Bedingungsfaktoren wurde in verschiedensten Studien hingewiesen (vgl. z. B. Heitmeyer 1995, S. 23; Kühnel 1995b, S. 15), weshalb im folgenden Abschnitt der Einfluss der Familie näher beleuchtet wird.

Familie

Die Familie wird heute als ‚unvollständiges Curriculum' bezeichnet, da sie im Rahmen der Ausdifferenzierung des Wirtschafts- und Bildungssystems und anderen Veränderungen einen Teil ihrer Aufgaben vermehrt an andere Institutionen, zum Beispiel Schulen oder Freizeiteinrichtungen, abgegeben hat und nicht mehr alle Kompetenzen, die in anderen Lebensbereichen vonnöten sind, vermitteln kann. Durch den Funktionswandel der Familie und die Ausdifferenzierung von verschiedensten Familienformen sind Belastungen entstanden, die sich wiederum im Bereich der sozialen Beziehung und emotionalen Bindungen innerhalb der Familie auswirken (Kühnel 1995b, S. 21). Trotzdem ist die Familie der wichtigste prägende Faktor für das Sozialverhalten (Baier et al. 2009, S. 80). Hier lernt das Kind die Grundlagen des menschlichen Miteinanders und kann Urvertrauen entwickeln. Und hier macht es in der Regel auch die ersten Erfahrungen mit Gewalt im weiteren Sinne. „Demnach wird Gewalt vor allem in der Familie erfahren, erlernt und als Mittel z. B. zur Durchsetzung eigener Interessen oder der Erreichung spezifischer Ziele in andere Handlungskontexte übertragen" (Raithel & Mansel 2003, S. 26).

Die Eltern haben dabei wesentliche Vorbildfunktion, Fähigkeiten zur Konfliktlösungen werden durch Nachahmung ebenso erlernt wie bestimmte Streitstile. Die Qualität des Bindungsverhaltens zwischen Eltern und Kind ist dabei wesentlich für den Aufbau späterer Beziehungen.

Ähnlich wie bei dem Einfluss der Gleichaltrigen, können je nach Voraussetzungen individuelle Problemlagen durch die Familie aufgefangen oder verstärkt werden (Raithel & Mansel 2003, S. 26). Besonders dem Zusammenspiel von familiären Einflüssen und gegenseitigen Verstärkungsprozessen in der Gleichaltrigengruppe kommt bei der Entwicklung und Verfestigung von antisozialen Verhaltensweisen große Bedeutung zu (Greve & Montada 2008, S. 846). Davon unabhängig stehen jedoch einige familiäre Risikofaktoren in direkter Beziehung zur Gewalttätigkeit des Kindes. Hierzu gehören vor allem die Erfahrung innerfamiliärer Gewalt (Baier et al. 2009, S. 80), körperliche Misshandlung, antisoziales und kriminelles Verhalten der Eltern, Vernachlässigung, inkonsistentes Erziehungsverhalten (Greve & Montada 2008, S. 844) sowie eine negative Eltern-Kind-Beziehung (Scheithauer et al. 2008, S. 44ff). Der direkte Zusammenhang zwischen gewalttätigen Misshandlungen durch die Eltern und dem eigenen gewalttätigen Verhalten konnte auch in der aktuellen Studie von Baier et al. nachgewiesen werden (2009, S. 80). Hierbei zeigten diejenigen Jugendlichen selbst die niedrigsten Gewalttäterraten, die während der Kindheit keine körperliche Gewalt von ihren Eltern erfahren haben (ebd.). Die höchsten Gewalttäterraten zeigten die Jugendlichen, die sowohl in der Kindheit als auch in der Jugend schwerer körperlicher Gewalt durch die Eltern ausgesetzt waren (ebd.). Niedriger sozioökonomischer Status ist ebenfalls ein häufig dargestellter Risikofaktor, der jedoch eher einen moderierenden Effekt hat. Das Risiko selbst gewalttätig zu werden, steigt, wenn mehrere dieser Faktoren zusammenkommen (Lösel 1993, S. 117). Als wesentliche Faktoren, die zu einer erhöhten Resilienz führen, sind unter anderem elterliche Fürsorge, eine positive Beziehung zu mindestens einem Elternteil, eine stabile Bindung, ein stabiles soziales Umfeld, die positive Beziehung zu Erwachsenen und Modelle positiven Bewältigungsverhaltens zu nennen (Scheithauer et al. 2008, S. 44ff).

Kommt den Gleichaltrigen mehr eine Bedeutung für die jugendtypische Delinquenz und die Schaffung von Gelegenheiten für gewalttätiges Verhalten zu, kann bei den familiären Bedingungen davon ausgegangen werden, dass hier besonders das Fundament für das persistente delinquente Verhalten, welches sich in verschiedenen Lebensbereichen zeigt und in der Regel früh beginnt, geliefert wird. Hinzu kommt, dass es durch die oben genannten Risikofaktoren vermehrt zu Fehlentwicklungen in verschiedenen Bereichen kommen kann, von denen gewalttätiges Verhalten jedoch nur eine mögliche Ausdrucksform ist.

Jugendliche, die in ihrer Kindheit elterlicher Gewalt ausgesetzt waren, zeigen eine stärkere Zustimmung zu Gewalt legitimierenden Männlichkeitsnormen, welche wiederum selbst hoch mit gewalttätigen Verhalten korreliert (Baier et al. 2009, S. 81). Im folgenden Abschnitt wird deshalb der Zusammenhang zwischen Gewalt und Geschlecht näher erörtert.

Geschlecht

Bei der Aufzählung von Risikofaktoren für delinquentes und gewalttätiges Verhalten ist fast immer das männliche Geschlecht zu finden, das weibliche Geschlecht ist im Gegensatz dazu bei der Aufzählung der Schutzfaktoren zu finden (vgl. z. B. Greve & Montada 2008, S. 844; Scheithauer et al. 2008, S. 44ff). Wie im Kapitel zur aktuellen Jugendgewalt (3.1.3) dargestellt, sind weibliche Jugendliche mit 29,1 % tatsächlich auch weitaus seltener tatverdächtig als männliche Jugendliche. Differenziert nach den Altersgruppen sind Mädchen als Tatverdächtige mit 33,5 % am häufigsten in der Altersklasse der 14- bis 16Jährigen zu finden, Jungen sind jedoch auch in dieser Altersklasse noch rund doppelt so häufig tatverdächtig. Ebenfalls in der Studie von Baier et al. sind Jungen in den verschiedenen Bereichen der Gewalttätigkeit deutlich häufiger Täter als Mädchen (2009, S. 38ff) und die Shell-Studie stellt fest, dass männliche Jugendliche mehr als doppelt so häufig in Schlägereien verwickelt sind als Mädchen (Albert et al. 2010, S. 163). Schlussendlich überwiegen auch bei der Betrachtung der Prävalenz der Störung des Sozialverhaltens im Jugendalter deutlich die Jungen (Comer & Sartory 2001, S. 463). Diese Ergebnisse beziehen sich zwar zum Teil auf verschiedene Aspekte von Devianz, weisen jedoch alle in dieselbe Richtung und zeigen deutlich, dass männliche Jugendliche erheblich häufiger gewalttätig sind.

Aufgrund dessen war die Forschungssituation zur Betrachtung von Gewalt lange Zeit dadurch geprägt, dass fast ausschließlich Jungen im Fokus standen und Mädchen vernachlässigt wurden (Fend 2003, S. 440). Mädchen und Frauen wurden, wenn, dann eher als Opfer von Gewalt untersucht, bei Jungen und Männern stand die Täterschaft im Mittelpunkt. Dies ist zum Teil immer noch so, es hat jedoch in den letzten Jahren eine vermehrte Hinwendung sowohl der Forschung als auch der praktischen Angebote zu Geschlechtsunterschieden im Allgemeinen und darauf aufbauend zu Mädchengewalt stattgefunden. Bemängelt wird allerdings, dass zwar das Geschlecht mehr in den Mittelpunkt von Untersuchungen gerückt ist, weibliche Gewalt jedoch häufig nur in Relation zu männlicher dargestellt wird und selten allein im Mittelpunkt des Forschungsinteresses steht. In der Praxis werden Angebote für Mädchen geschaffen, die jedoch zum Teil lediglich aus der Jungenarbeit übernommen werden (vgl. z. B. Kap. 3.2.4.4), was als nicht ausreichend zu bewerten ist. Teilweise werden jedoch auch völlig neue Angebote ins Leben gerufen, die speziell auf Mädchen zugeschnitten sind. Gleichzeitig ergeben sich auf der praktischen Ebene bei der Betrachtung von Angeboten für Mädchen und Jungen bereits kritische Rufe über zu wenig jungenspezifische Angeboten, die immer noch die

Hauptgruppe der gewalttätigen Jugendlichen sind (Holthusen & Schäfer 2007, S. 148ff), wobei insbesondere bemängelt wird, dass die männliche Geschlechtsrolle nicht ausreichend reflektiert wird (Heitkötter et al. 2007). Der Bedarf nach unterschiedlichen Maßnahmen für Jungen und Mädchen setzt voraus, dass es tatsächliche Unterschiede zwischen Mädchen und Jungen hinsichtlich der Formen, Anlässe, Begründungsmuster, Verarbeitungsformen und Erscheinungsbilder von Gewalt gibt, worauf in den kommenden Absätzen näher eingegangen wird.

Zunächst einmal muss auch hier festgehalten werden, dass die Erforschung und Interpretation von geschlechtsspezifischem gewalttätigem Verhalten aus verschiedensten Perspektiven und mit unterschiedlichstem Forschungsinteresse geschieht. Es gibt keine abschließenden und allumfassenden Ergebnisse und die aktuelle Forschungssituation muss als derzeitiger ‚Zwischenstand' betrachtet werden.

Grundlegend müssen zunächst biologische Unterschiede zwischen den Geschlechtern betrachtet werden: Der Einfluss von Hormonen sowie neurowissenschaftliche Unterschiede in den Hirnstrukturen von Männern und Frauen weisen auf offensichtliche Unterschiede besonders im Bereich der Emotionsregulation und Stressverarbeitung hin, wodurch das männliche Geschlecht als aggressiver eingestuft wird (Gerrig et al. 2008, S. 403ff). Wobei Aggressivität in diesem Sinne zunächst wertfrei als (überlebens)notwendiges Verhaltensrepertoire bewertet werden muss.

Einen wesentlichen Einfluss auf aggressives Verhalten hat die Kultur, in der Mädchen und Jungen aufwachsen. In Vergleichen hat sich gezeigt, dass es Kulturkreise gibt, in denen gewalttätiges Verhalten in unterschiedlichem Maß Bestandteil der jeweiligen Kultur und bestimmter gesellschaftlicher Rollen ist und entsprechend mehr toleriert wird als in anderen (vgl. dazu Scheithauer 2007, S. 29; Gerrig et al. 2008, S. 638f). Darüber hinaus gehend zeigen jedoch Jungen kulturübergreifend aggressiveres Verhalten als Mädchen (ebd.). Gewalttätigkeit kann folglich nicht ausschließlich als biologisches Merkmal betrachtet werden, sondern unterliegt auch kulturellen Einflüssen. Für die Bewertung von und die Arbeit mit gewaltauffälligen Jugendlichen mit Migrationshintergrund spielt die Betrachtung des jeweiligen kulturellen Hintergrunds eine entscheidende Rolle, da die Geschlechtsrollen zum Beispiel in der islamischen Kultur häufig starrer sind und bestimmte Aspekte wie zum Beispiel das Ehrgefühl oder Männlichkeit im Sinne von Härte und Unnachgiebigkeit eine wichtige Rolle spielen.

Nicht nur für das Verständnis von Jugendlichen mit anderen kulturellen oder ethnischen Hintergründen ist die Berücksichtigung der Kultur wichtig, sondern auch für die Entwicklung eines Verständnisses für die Geschlechtsrollen in unserer Gesellschaft. In Abgrenzung zum biologischen Geschlecht hat sich für die Bezeichnung der kulturell und durch Erziehung und Sozialisation geprägten Geschlechtsrolle als psychologisches und soziales Phänomen der Begriff ‚gender' etabliert (Gerrig et al. 2008, S. 403). Die Herausbildung einer Geschlechtsidentität unterscheidet sich bei Mädchen und Jungen wesentlich und hat mit den gesellschaftlich vermittelten Rollenbildern von Weiblichkeit und Männlichkeit einen entscheidenden Einfluss auf gewalttätiges Verhalten. Im Forschungsmittelpunkt steht dabei insbesondere das Männlichkeitsbild, welches immer noch vor allem mit traditionellen Attributen wie Durchsetzungskraft, Stärke, Mut, körperlicher Überlegenheit etc. assoziiert wird. In diesem Rahmen kann Kriminalität und Gewalttätigkeit als Mittel zur Stabilisierung männlicher Identität angesehen werden (Heinemann 2011, S. 68). Gewalt dient dabei als männliche Form der Konfliktlösung und Selbstdarstellung (Scheithauer & Hayer 2004, S. 23). In der Jugend geschieht die Konstruktion von Männlichkeit vor allem in einem kollektiven Prozess in der Gruppe der Gleichaltrigen (Reh & Schawohl 2003), was möglicherweise einen Teil der in Jugendgruppen begangenen kollektiven Gewalttaten erklären kann. In der männlichen Lebenswelt haben Aggressivität und Zwänge nach wie vor auch eine positivere Bedeutung: Jemand, der Aggressionen zielgerichtet einsetzt und damit seine Überlegenheit demonstriert, wird in der männlichen Lebenswelt tendenziell mit einem hohen sozialen Status ‚belohnt' (Weidner et al. 2003, S. 40). Holthusen & Schäfer bemängeln alternative Rollenvorbilder für Jungen und stellen eine direkte Verbindung zur Gewalttätigkeit her:

> „Jungen können kaum eine eigenständige und selbstbewusste männliche Rolle finden, denn außerhalb der traditionellen männlichen Rolle gibt es nur wenige Vorbilder, fehlen weitgehend Anregungen und Unterstützung. Jungen lernen noch immer vor allem körperliche Kraft und Stärke zur Lösung von Konflikten einzusetzen. Damit sichern sie zwar ihren Rang in der Gruppe der männlichen Gleichaltrigen, werden aber außerhalb der Gruppe für das gleiche Verhalten bestraft" (2007, S. 139).

Da Männlichkeit im Sinne von gender als gesellschaftlich konstruiert gilt, ist sie zugleich auch der Reflektion zugänglich und prinzipiell veränderbar (Arbeitsstelle Kinder- und Jugendkriminalitätsprävention 2007, S. 339). Weidner & Malzahn fordern, dass Maskulinität und ihre Inszenierung auf ein stärkeres Forschungsinteresse stoßen muss, wenn Aggressivität und Gewalt realistisch erfasst werden sollen (2004, S. 48). Dabei ist jedoch auch eine Reflektion der Geschlechtsrollen der professionellen Fachkräfte vonnöten (Holthusen & Schäfer 2007, S. 143), womit auch die Auseinandersetzung mit der ganz persönlichen eigenen Geschlechtsrolle aller Beteiligten verbunden ist. Besonders im Rahmen der wissenschaftlichen Diskussion zum Thema Jugend- und Jungengewalt ist auffällig, dass diese zum großen Teil aus männlicher Perspektive geführt wird und gesellschaftliche und soziale Veränderungen vor allem zuungunsten von Jungen interpretiert und dargestellt werden. So stellt Tischner als negative Entwicklung für Jungen eine zunehmende Feminisierung der Pädagogik fest, die er im Übergewicht weiblicher Fachkräfte und einer Verschiebung im pädagogischen Denken sieht (2004, S. 25ff), was sich jedoch faktisch sowohl auf Mädchen als auch auf Jungen auswirkt. Weidner et al. meinen, dass Intensität und zeitlicher Umfang erzieherischer Anleitung und Begleitung bei Jungen wesentlich geringer ausfällt als bei Mädchen (2003, S. 40) und Sommerfeld bemängelt, dass Interessen von Jungen sowie männliche Attribute und Symbole in pädagogischen Angeboten in Form von Räumen und Materialien zu wenig berücksichtigt werden (2007, S. 88). Entsprechende Bemängelungen oder Forderungen aufseiten der Mädchenarbeit sind kaum zu finden. Dies kann mit der niedrigeren Präsens von weiblichen Fallzahlen in Statistiken zur Gewalt zusammenhängen, vermag aber dadurch nicht vollständig erklärt werden.

In unterschiedlichen Untersuchungen wird zunehmend darauf hingewiesen, dass Mädchen und Frauen ebenfalls gewalttätig sind, dabei jedoch eher indirekte Formen der Gewalt anwenden, die somit nicht so gut beobachtbar und damit weniger zählbar sind (Scheithauer et al. 2008). Im Bereich der verbalen Gewalt gibt es deutlich geringere Unterschiede zwischen den Geschlechtern als bei körperlich ausgeübter Gewalt (Raithel & Mansel 2003, S. 34). Darüber hinaus muss mit einbezogen werden, dass Mädchen und junge Frauen Gewalt zum Teil über männliche Jugendliche stellvertretend ausüben lassen (Bruner & Dannenbeck 1995, S. 70). Interessanterweise lassen sich bei Mädchen nicht entsprechend dem männlichen Geschlecht zwei Entwicklungspfade, das persistente gewalttätige Verhalten, welches bereits in der Kindheit beginnt (‚childhood-onset') und das jugendtypische abweichende Verhalten, bei dem erste Verhaltensauffälligkeiten erst in dieser Lebensphase auftreten (‚adolescent-onset'), finden, sondern bei Mädchen findet sich nur ein Pfad (‚delayed-onset'), bei dem Risikofaktoren aus der Kindheit erst in der Adoleszenz zum Tragen kommen und Ausdruck finden:

> „This model rests on the assumption that many of the putative pathogenic mechanisms that contribute to the development of antisocial behavior in girls, such as cognitive and neuropsychological deficits, a dysfunctional family environment, and/or the presence of a callous and unemotional interpersonal style, may be present in childhood, but they do not lead to severe and overt antisocial behavior until adolescence. Therefore, we propose that the delayed-onset pathway for girls is analogous to the childhood-onset pathway in boys and that there is no analogous pathway in girls to the adolescent-onset pathway in boys" (Silverthorn & Frick 1999, S. 101).

Hier stellt sich die Frage, warum bei ähnlichen risikoerhöhenden Bedingungen Jungen bereits in der Kindheit erste Auffälligkeiten zeigen, Mädchen aber nicht. Als Erklärung werden unter anderem die in der weiblichen Sozialisation geförderten stereotypen weiblichen nicht-aggressiven Verhaltensmuster herangezogen, die zunächst das aggressive Verhalten von Mädchen unterdrücken und dieses erst in der Pubertät zulassen (Scheithauer et al. 2008, S. 54f).

Die Annahme, dass Mädchen weniger Risikofaktoren unterliegen als Jungen und deshalb seltener gewalttätig werden, kann nicht bestätigt werden. Jedoch unterscheiden sich Mädchen und Jungen hinsichtlich der Bedingungen unter denen sie Gewalt ausüben. In einer Untersuchung von Günter zeigten sich zum Beispiel neben einer deutlich höheren Belastung durch psychische Erkrankungen bei gewalttätigen Mädchen die spezielle Beziehungsdynamik zwischen den Mädchen als Tätern und ihren Opfern (2011, S. 23). Emotionale und Beziehungskonflikte spielen innerhalb der Tatdynamik eine zentrale Rolle, bei Jungen signifikant seltener (ebd.). Für Mädchen scheinen besonders frühe Gewalterfahrungen und ungünstige familiäre Faktoren prägend zu sein (Scheithauer et al. 2008, S. 54).

Warum Mädchen seltener gewalttätig werden als Jungen, kann neben biologischen Faktoren vor allem durch die unterschiedlichen Bedingungen des Aufwachsens und möglicherweise einen breiteren Spielraum in der Auslegung der weiblichen Geschlechtsrolle erklärt werden. Conrads et al. kommen in einer Untersuchung zu dem Ergebnis, dass unter vergleichbaren Bedingungen Männer eher zu gewaltbefürwortenden Einstellungen als Frauen neigen (1995, S. 277). Frauen verarbeiten Gewalterfahrungen eher internalisierend und orientieren sich dabei eher an weiblichen Tugenden (ebd.), was möglicherweise einen Teil der höheren Belastung durch psychische Erkrankungen erklären kann. Auch Collmann kommt in einer Erhebung zu dem Ergebnis, dass der Hauptunterschied zwischen Mädchen und Jungen darin liegt, dass Mädchen auf Schläge häufiger als Jungen weder mit einer Täterrolle noch mit einer Opferrolle reagieren (1995, S. 187).

Insgesamt hat sich in verschiedenen Forschungsergebnissen gezeigt, dass es zwischen Täter- und Opferrolle eine starke Verbindung gibt und die meisten Täter zugleich Opfererfahrungen gemacht haben, weshalb hier nicht generell von zwei unterschiedlichen Gruppen gesprochen werden kann (vgl. z. B. Melzer 2000). Baier et al. kommen in ihrer Untersuchung über Jugendliche als Täter und Opfer von Gewalt zu dem Ergebnis, dass männliche Jugendliche zum Beispiel in der Schule deutlich häufiger Opfererfahrungen machen (2009, S. 58) und auch in anderen Bereichen, die stark mit Gewalttätigkeit korrelieren, deutlich höhere Werte aufweisen als Mädchen. Hierzu gehören neben Alkohol- und Drogenkonsum auch ausländerfeindlichen Einstellungen (ebd.). Interessanterweise ist für weibliche Täterinnen die Wahrscheinlichkeit angezeigt zu werden jedoch etwas höher als für männliche Gewalttäter (ebd., S. 46), was wiederum mit gesellschaftlich akzeptiertem beziehungsweise toleriertem männlichem aggressivem Verhalten in Zusammenhang stehen kann.

Zusammenfassend kann festgestellt werden, dass Mädchen seltener gewalttätig sind als Jungen, generell jedoch auch mehr indirekte Formen der Gewalttätigkeiten anwenden, was eine Vergleichbarkeit schwierig macht. Wesentlich für beide Geschlechter ist die sozial vermittelte Geschlechterrolle, wobei diese bei Mädchen eher zur (zeitweiligen) Unterdrückung von Gewalttätigkeit führt, bei Jungen diese hingegen fördert. Darüber hinaus ist ein biologischer Unterschied grundlegend mit zu beachten und ein in verschiedenen Studien nachgewiesener entwicklungspsychologischer Vorsprung von Mädchen im Hinblick auf alternative Formen körperlicher Gewalt sowie im Bereich der sozialen Kompetenzen (Gollwitzer 2007, S. 30). Besonders für die Prävention (vgl. Kap. 3.2) ergeben sich hieraus wichtige Anknüpfungspunkte. Ob Mädchen tatsächlich, wie häufig dargestellt, vermehrt gewalttätig werden und hinsichtlich ihrer Gewalttätigkeit ‚aufholen', oder ob es sich nur um die Veränderung eines Blickwinkels handelt, kann nicht abschließend beurteilt werden.

Ein weiterer Unterschied zwischen Mädchen und Jungen liegt im Konsum gewalthaltiger Medien, der ein Bedingungsfaktor für eine eigene höhere Gewalttätigkeit darstellt und bei Jungen deutlich höher liegt als bei Mädchen (Baier et al. 2009, S. 85). Da der Einfluss der Medien, zum Beispiel in Form von Computerspielen, häufig als Einflussfaktor für die Gewalttätigkeit von Jugendlichen benannt wird, ist dieser Gegenstand des folgenden Abschnitts.

Massenmedien

Bei der Sichtung von Literatur und Forschungsergebnissen zum Thema Mediennutzung und Gewalt ist kein einheitlicher Forschungsstand zu finden, je nach Studie und Autor wird von gar keinen, einem schwachen oder einem deutlichen Zusammenhang gesprochen. Der Zusammenhang zwischen Gewalttätigkeit und Medien ist durch die öffentliche Berichterstattung jedoch besonders ins Zentrum gerückt: Häufig wird bei der Darstellung von einzelnen Gewalttaten von Jugendlichen die Nutzung von Medien wie zum Beispiel gewalthaltigen Videospielen in einem Atemzug genannt. Trenz weist in diesem Zusammenhang auf einen Belohnungseffekt von aggressivem Verhalten durch die öffentliche Berichterstattung und damit einem besonderen Maß an Aufmerksamkeit für die Täter hin (1991). In bestimmten Szenen ist es durchaus üblich Zeitungsartikel etc. über selbst begangene Gewalttaten zu sammeln und sich damit zu brüsten. Ein direkter Zusammenhang zwischen Medienkonsum und eigener Gewalttätigkeit kann jedoch empirisch nicht nachgewiesen werden. Bevor auf mögliche indirekte Zusammenhänge eingegangen wird, wird ein kurzer Überblick über die Entwicklung der Medien in den letzten Jahren gegeben.

Neben den ‚klassischen' Medien wie TV, Radio und diversen Printmedien wie Zeitungen und Büchern, werden von Jugendlichen besonders die ‚neuen' Medien genutzt. Hierzu zählen vor allem elektronische und digitale Medien, angefangen beim Internet über MP3-Player, Handy, DVD/BlueRay, Computer und Computerspiele, Spielekonsolen und als neuste Entwicklung Smartphones. War die Nutzung des Internets noch vor wenigen Jahren eine Frage der sozialen Schicht, so ist im Jahr 2010 mit 96 % das Internet bei fast allen Jugendlichen vorhanden (Albert et al. 2010, S. 101). Die durchschnittliche wöchentliche Verweildauer von Jugendlichen im Internet liegt im Jahr 2010 bei 12,9 Stunden (ebd.) und ist möglicherweise durch die Verbreitung von Smartphones bis heute erneut angestiegen. Dabei nutzen

Jugendliche das Internet an erster Stelle im Rahmen von digitalen Netzwerken, wie Facebook, Stayfriends oder SchülerVZ, gefolgt von der Nutzung des Internets als Bibliothek zur Sammlung von Informationen für Schule und Studium oder private Interessen (ebd., S. 104f). Von den aktuell rund 20 Millionen Facebook-Nutzern in Deutschland, dem größten digitalen Netzwerk, sind rund zwei Drittel der Nutzer bis 29 Jahre alt (vgl. Wikipedia). Im Bereich der neuen Medien zeigt sich ein Wissensvorsprung der jüngeren gegenüber der älteren Generation sowie ein deutliches Mehr an tatsächlicher Erfahrung mit verschiedensten Medien. Die Nutzung von Medien ist heute wichtiger Bestandteil der Entwicklung und nimmt einen nicht unerheblichen Anteil der Alltagsaktivitäten von Kindern und Jugendlichen ein. Die Entwicklung und Verbreitung des Web 2.0 ermöglicht (weltweite) Partizipationsmöglichkeiten, die so bisher nicht gegeben waren. Gegebenenfalls spielt der Unterschied zwischen der Generation der aktiven und eher jüngeren Mediennutzer und der eher älteren und weniger medienaffinen Generation bei der zum Teil kritischen Darstellung der Mediennutzung von Kindern und Jugendlichen durch die weniger medienaffine Altersgruppe eine Rolle. Interessant ist, dass zum Teil eine Verringerung der Nutzung von Medien gefordert wird, es gleichzeitig aber im pädagogischen Bereich als besonders rühmlich dargestellt wird, wenn zunehmend Angebote in eben diesen Bereichen neu implementiert werden.

Unbestreitbar ist, dass durch diese Veränderungen Gewalt und Gewaltdarstellungen fast überall verfügbar sind und über das Medium des Bildes wesentlich eindringlicher und emotional wirksamer sind, als beispielsweise in gedruckter Form (Günter 2011, S. 16). Hinzu kommt, dass im Rahmen der technischen Perfektion eine sehr realistische und detaillierte Darstellung möglich ist (Sandkühler 2002, S. 1053). Kinder und Jugendliche finden in den Medien zahlreiche Modelle für gewalttätiges Verhalten (vgl. z. B. Bandura 1959, 1979, 2001) und kommen hier mit Verhaltensweisen in Kontakt, die nur über die Medien, nicht aber im alltäglichen Leben zugänglich sind. Die lange Verweildauer im Internet oder die zeitlich andauernde Beschäftigung mit Computerspielen und der entsprechenden Thematik kann zu einem Realitätsverlust führen. Es gibt verschiedene Hinweise, dass in Computerspielen eingeübte aggressive Handlungsdispositionen in die Realität umgesetzt werden können (Günter 2011, S. 18). Durch einen häufigen Konsum gewalthaltiger Medien kann die Fähigkeit zum Mitleiden verloren gehen und es kann zu einem Gewöhnungseffekt kommen (Trenz 1991). Insgesamt kann davon ausgegangen werden, dass Kinder und Jugendliche sich durch den Konsum von medial vermittelter Gewalt einen Vorrat an aggressionsbezogenen Wissensstrukturen anlegen (Gerrig et al. 2008, S. 695). Ob diese dann tatsächlich in die Realität umgesetzt werden, hängt von verschiedenen anderen Faktoren ab:

> „Alle vorliegenden Daten und Erfahrungen sprechen stattdessen dafür, dass biografische Hintergründe, das familiale und die anderen sozialen Umfelder, die aktuelle Le-

benslage und die Art und Weise, wie die medial vermittelten Bilder und impliziten Deutungsmuster individuell und in der Gruppe verarbeitet und eingebettet werden, neben der Ausschließlichkeit, der Intensität und Kontinuität der Mediennutzung entscheidende vermittelnde Faktoren sind" (Heitkötter et al. 2007, S. 313).

In Studien zum Zusammenhang zwischen selbst ausgeübter Gewalt und dem Medienkonsum wird zumeist zwischen dem Einfluss des Fernsehens und dem Einfluss gewalthaltiger Computerspiele unterschieden. Eine eindeutige Trennung von TV, Video, Computer und Internet wird jedoch mittlerweile schwieriger, da es zunehmend multifunktionale Geräte gibt, die für verschiedene Funktionen parallel genutzt werden können. Bezüglich des Fernsehkonsums liegen mittlerweile verschiedene Ergebnisse vor, die einen Zusammenhang mit dem Erwerb aggressiver Handlungsmuster und Problemlösestrategien, antisozialen Tendenzen und aggressivem Verhalten belegen (Six 2008, S. 905). Im Hinblick auf gewalthaltige Computerspiele sind die Wirkungen geringer und beziehen sich weniger auf aggressives Verhalten als auf physiologische Erregung, antisoziale Kognitionen und Emotionen (ebd.). Für den Bereich TV und Video existieren zahlreiche Studien vor allem mit Kindern, die nach dem Konsum gewalthaltiger Inhalte zum Beispiel im Umgang mit Puppen nachahmendes Verhalten überprüfen und in der Regel zu dem Ergebnis kommen, dass aggressives Verhalten häufiger gezeigt wird, wenn es zuvor beobachtet wurde (Oerter & Montada 2008). Insgesamt ist von einem Zusammenhang zwischen dem Konsum gewalthaltiger Medien und eigenen gewalttätigen Verhalten auszugehen. Allerdings handelt es sich nicht um einem direkten Zusammenhang, da nicht alle Jugendlichen, die Gewaltfilme oder gewalthaltige Videospiele konsumieren tatsächlich gewalttätig werden:

> „Pauschale und einseitige Kausalattributionen, die den Medien ein direktes und nahezu unbegrenztes Wirkungspotential zuweisen, werden der Thematik nicht gerecht. Stattdessen ist von einem komplexen Wirkungszusammenhang auszugehen zwischen Merkmalen des Medienangebots und einzelner Inhalte, einem breiten Spektrum an Aktivitäten und Prozessen aufseiten des Mediennutzers und einer Vielzahl an Bedingungs- und Einflussfaktoren für Medienpräferenzen und -zuwendungen wie auch für ebenjene medienbezogenen Aktivitäten und Prozesse" (Six 2008, S. 909).

Häufig verloren geht bei der Diskussion um den Einfluss der Medien, dass diese durchaus auch prosoziale und entwicklungsfördernde Effekte haben.

Im folgenden Abschnitt wird in einem kurzen Exkurs die Statusmotivhypothese und damit der Zusammenhang von Schulerfolg, Status und Delinquenz dargestellt.

Exkurs: Statusmotivhypothese

Hurrelmann und Engel (1992) untersuchten den Zusammenhang von Jugenddelinquenz und sozialem Status und stellten dabei die Hypothese auf, dass „deviant behavior does not arise from the pursuit of deviant values (…), it is a result of an orientation toward goals that are central to society's functioning: success, status, and prestige" (ebd., S. 121). Ergebnisse bestätigen diese Hypothese und stellen einen positiven Zusammenhang zwischen Statusdefiziten und der selbstberichteten Delinquenz fest. Schulerfolg ist für Jugendliche mit sonst begrenzten Möglichkeiten eine wesentliche Gelegenheit Status und Anerkennung im sozialen Umfeld zu erlangen. Für die Peer-Group spielen zusätzlich materielle Statussymbole eine wichtige Rolle. Mangelnder Status kann über Delinquenz kompensiert werden, vorhandener Status kann als Schutzfaktor für Delinquenz gewertet werden. Jugendliche, die höhere Schulformen besuchen oder gute Schulleistungen erbringen, zeigen niedrigere Delinquenzraten als Jugendliche an Förder- und Hauptschulen und Jugendliche mit schlechteren Schulleistungen (Greve & Montada 2008, S. 848).

Mithilfe der Statusmotivhypothese kann zum Beispiel erklärt werden, dass Abiturienten und Studierende in der Kriminalitätsstatistik deutlich unterrepräsentiert sind, obwohl sie wirtschaftliche Unabhängigkeit als wichtiges Statussymbol erst spät erreichen (Oerter et al. 2002, S. 865). Dies wird dadurch erklärt, dass Studierende ihren Status aus ihrer höheren Bildung beziehungsweise ihren intellektuellen Fähigkeiten beziehen (ebd.). Daneben besteht ein Zusammenhang zwischen dem selbst eingeschätzten Mangel an materiellen Statusgütern, zum Beispiel Kleidung oder CDs und einer höheren Delikthäufigkeit (Hurrelmann & Engel 1992, S. 129).

Deutlich wird, dass bestimmte Formen der Jugendgewalt durch die Statushypothese mit erklärt werden können. Die Funktion des gewalttätigen auffälligen Verhaltens ist vor dem Hintergrund der Statusmotivhypothese mit dem Mangel an anderen Möglichkeiten für Jugendliche, Anerkennung und Beachtung zu finden, zu erklären. Sobald sich andere ‚erwachsene' Beteiligungs- und Anerkennungsmöglichkeiten bieten, fällt diese Form der Jugendgewalt weg, wodurch ein Teil der jugendtypischen Delinquenz erklärt werden kann.

Anhand der in diesem Kapitel zusammengefassten Einflussfaktoren ist deutlich geworden, dass die Entwicklung von gewalttätigem Verhalten und insbesondere von stabilem überdauernden devianten Verhalten mit verschiedenen Faktoren zusammenhängt und von diesen beeinflusst wird, wobei weniger einzelne Risikofaktoren von Bedeutung sind, als die Anzahl verschiedener Faktoren, die sich gegenseitig beeinflussen und kumulativ wirken (Scheithauer et al. 2008, S. 47). Bei den hier aufgezählten Bereichen handelt es sich jedoch um die wichtigsten Einflussfaktoren, die insbesondere in der Prävention berücksichtigt werden müssen.

Im nächsten Kapitel steht die Schule im Blickpunkt. Genauer gesagt werden wichtige Einflussfaktoren auf das Gewaltvorkommen in der Schule sowie die Betrachtung der tatsächlichen Prävalenz und einige zentrale Merkmale betrachtet.

3.1.5 Gewalt in der Schule

Insgesamt handelt es sich bei dem Thema Gewalt in der Schule um kein neues Thema, Gewalt in der Schule spielte auch bereits in der historischen Vergangenheit häufig eine Rolle. War in den 1960er bis 1980er Jahren zum Beispiel Gewalt durch Lehrkräfte besonders im Fokus, infolge dessen 1972 die Prügelstrafe in Deutschland abgeschafft wurde (in Bayern 1980), wird in der aktuellen Debatte Gewalt in der Schule in der Regel mit Gewalt durch Schülerinnen und Schüler gleichgesetzt (Klewin &, Popp 2000, S. 43). Gewalt durch Lehrkräfte oder durch die Institution Schule wird eher vernachlässigt.

Die wissenschaftlichen und öffentlichen Diskussionen über das Ausmaß von Gewalt in der Schule sind eng mit der Jugendgewalt-Debatte insgesamt verwoben. Ein Anstieg wird öffentlich wahrgenommen und als Reaktion auf Gewalttaten in Schulen, die breit in der Öffentlichkeit diskutiert wurden, hat es in den letzten 15 bis 20 Jahren vermehrt empirische Studien zu Gewalt in Schulen gegeben, sowie darauf aufbauend einige Metaanalysen (vgl. z. B. Melzer & Schwind 2004). Auch auf politischer Ebene wurden oft kurzfristig Projekte ins Leben gerufen oder Gelder für verschiedene Präventionsmaßnahmen bereit gestellt, die häufig vorübergehend umgesetzt aber selten langfristig implementiert wurden. Insgesamt ist das Thema Gewalt in der Schule in den meisten Schulen heute präsent und Bestandteil des Schulalltags, es hat sich ein Bewusstsein für die Problematik entwickelt, welches idealerweise in Form von verschiedenen Maßnahmen umgesetzt wird. Zum Teil ist eine Vergleichbarkeit der vorliegenden Daten, die sich häufig auf einzelne Bundesländer oder Städte beziehen, schwierig und es existieren wenige Studien, die einen längerfristigen Zeitvergleich ermöglichen. Zudem hängen Forschungsergebnisse und die aktuelle Wahrnehmung stets mit dem gerade aktuellen Gewaltverständnis und einer möglichen Sensibilisierung sowohl aufseiten des Forschers als auch der Befragten zusammen und lassen sich von öffentlichen, politischen und fachlichen Diskussionen nicht völlig trennen. Darüber hinaus weist Melzer darauf hin, dass die Botschaft der Jugendforschung, dass es nicht *die* Jugend gibt, sondern verschiedene Gruppen auch für die Gewaltdebatte in der Schule festgehalten werden muss (2000, S. 11).

Die Hauptergebnisse der verschiedenen in den letzten Jahren entstandenen und gesammelten Untersuchungen weisen trotz einiger Unterschiede überwiegend in dieselbe Richtung und werden im Folgenden kurz zusammenfassend dargestellt.

Tatsächliches Gewaltvorkommen in der Schule

Es stellt sich die Frage, ob es, so wie öffentlich dargestellt und häufig wahrgenommen, tatsächlich einen Anstieg von Gewalt in der Schule gegeben hat. Für die Gesamtzahlen von Jugendgewalt wurde bereits in Kapitel 3.1.3 aufgeführt, dass dies so nicht generell zutrifft. Eine Untersuchung des Bundesverbandes der Unfallkassen, welche die gemeldeten Raufunfälle an Schulen zusammenfasst, kommt zu dem Schluss, dass zwischen 1993 und 2003 bundesweit kein Anstieg körperlicher Gewalt an Schulen zu verzeichnen ist, tendenziell ist hier sogar eine Abnahme festzuhalten (Kliegel et al. 2009, S. 11). Auch Finze kommt in seiner Untersuchung (N=1000, Zeitraum 1999-2002) zu dem Ergebnis, dass Aggressionen und Gewalt in der Schule im Laufe der Zeit nicht zugenommen haben, im Gegenteil sogar eine Tendenz zur Abnahme erkennbar ist (2004, S. 38ff). Zu einem ähnlichen Ergebnis kommen das BMI / BMJ: „Weder für die Gewalt an Schulen noch für die Gewalt junger Menschen im öffentlichen Raum sind Zuwächse zu erkennen" (2006, S. 354).

Fuchs et al. kommen zu dem Ergebnis, dass Gewalt von Schülern seit Anfang der 1980er Jahre insgesamt relativ konstant ist, es jedoch zu einer Zunahme verbaler Gewalt bei gleichzeitiger, durch das frühere Einsetzen der Pubertät erklärbarer, Zunahme von Gewalt im Alter von zehn bis dreizehn Jahren gekommen ist (2005, S. 26ff). Schulen mit häufiger und intensiver Gewaltanwendung sind jedoch nach wie vor die Ausnahme (ebd., S. 21). Melzer hält dagegen fest, dass Forschungsergebnisse auf eine moderate Steigerungsrate hinweisen, insbesondere an bestimmten Schulformen (s. u.) (2000, S. 9). Gleichzeitig beschreibt er Gewalt vor allem als Kommunikations- und Interaktionsproblem, da die Definition des Gewaltbegriffs zwischen Lehrkräften und Schülern sehr unterschiedlich ist (Melzer 2004, S. 36). So nehmen Lehrerinnen und Lehrer subjektiv einen Anstieg von Gewalt in der Schule wahr, was möglicherweise auf eine erhöhte Sensibilisierung zurück zu führen ist (Schwind et al. 2009, S. 92). Alles in allem stimmen die Studien jedoch im Folgenden überein:

> „Das Ausmaß schulischer Gewalt und die Gewaltbelastung der Schulen sind nicht so gravierend, wie häufig angenommen. Es gibt dort die größten Probleme, wo Schüler mit schlechten Startbedingungen und schlechten Zukunftsperspektiven versammelt sind" (Melzer 2000, S. 13).

Ein deutlicher Anstieg von Gewalt in der Schule kann empirisch nicht bestätigt werden. Die eigentliche Problemgruppe ist ein ‚kleiner harter Kern' der ähnlich wie in der Gesamtkriminalität einen Großteil und den massivsten Teil der Taten verübt (Fuchs et al. 2005, S. 25).

Betroffene Schulformen

Sehr übereinstimmend sind die Ergebnisse hinsichtlich der besonders von Gewalt betroffenen Schulformen. Die meisten aggressionsbedingten Raufunfälle registriert der Bundesverband der Unfallkassen an Hauptschulen, gefolgt von Förder- und Realschulen; Gymnasium und Grundschulen sind am seltensten betroffen (Kliegel et al. 2009, S. 11). Fuchs et al. kommen zu einem ähnlichen Ergebnis, bei dem

Gewalt häufiger an Haupt-, Förder- und Berufsschulen als an Realschulen und vor allem Gymnasien vorkommt (2005, S. 22). Tillmann kommt zu dem Ergebnis, dass bei körperlicher Aggressivität die Förderschule an der Spitze liegt, gefolgt von der Hauptschule; Real- und Gesamtschule liegen im Mittelfeld und am Gymnasium zeigen sich die niedrigsten Werte (1999, S. 17). Haupt- und Förderschulen sind je nach Untersuchung am stärksten belastet, Gymnasien am wenigsten. Interessanterweise fanden Baier et al. keine Unterschiede zwischen den Schulformen in Bezug auf die Mobbingerfahrung aus Perspektive der Opfer (2009, S. 59).

Die Problematik liegt jedoch nicht in der Schulart selbst begründet, sondern die soziale Zusammensetzung der Schülerschaft und deren soziale Herkunft sowie damit verbunden die Kumulierung von Problembelastungen werden als ausschlaggebende Faktoren benannt (Fuchs et al. 2005, S. 22).

Einflussfaktoren

Die Verbindungen zwischen Ursache und Wirkung von Gewalt in der Schule herauszufinden ist nicht einfach, denn es spielen Faktoren aus verschiedenen Bereichen eine Rolle, die nicht einfach in einen Kausalzusammenhang gebracht werden können. Unbestreitbar ist jedoch, dass die Schule in Form des Lehrpersonals, durch die Schulstruktur und durch Merkmale ihrer Institution gewaltfördernd sein kann:

> „Insgesamt lässt sich festhalten, dass Gewalt nicht einfach von außen in die Schule hinein schwappt und ihre Ursachen gänzlich außerhalb der Schule liegen, sondern dass die Schule durch ihre innere Ausgestaltung mit zur Entstehung gewalttätiger Handlungsformen beiträgt" (Melzer & Ehninger 2002, S. 41).

Als schulspezifischer Einflussfaktor ist vor allem die Rolle der Lehrkräfte zu nennen. Melzer hält innerhalb der Schulkultur die Lehrerprofessionalität für den mit Abstand wichtigsten Faktor (2000, S. 12). Hinzu kommen die Beziehung zwischen Lehrer und Schüler, Faktoren der Gestaltung der schulischen Umwelt (Schulleben, AGs), Partizipationsmöglichkeiten, Klassenkohäsion und Schülerbefindlichkeiten (Melzer 2004, S. 40). Melzer weist auf eine kleine Gruppe von Pädagogen in der Schule hin, die selbst aggressiv ist und zu Verletzungen und Abwertungen der Schülerinnen und Schüler neigt (2000, S. 14). Auch Singer weist auf die ‚heimliche Gewalt der Schule' hin, in Form von zum Teil strafrechtlich bedeutsamer Lehrergewalt, zum Beispiel in Form von Beleidigungen oder über Nachrede und kritisiert, dass hier wenig bis gar nichts unternommen wird, dies gleichzeitig jedoch großen negativen Einfluss auf die Schülerschaft hat (2002, S. 1057ff). In einer bundesweiten Schülerbefragung 2007/2008 geben mehr als ein Viertel aller befragten Schülerinnen und Schüler an, von Lehrern lächerlich gemacht beziehungsweise gemein behandelt worden zu sein (Baier et al. 2009, S. 57).

Als schulimmanente Faktoren für Gewalt benennen Rostampour & Melzer ebenfalls Lehrerverhalten und darüber hinaus Leistungsdruck, Leistungsattribuierung und Desintegration (2009, S. 189). Das Schulpersonal selbst, angefangen beim Lehrpersonal über Sekretariatsmitarbeiter und Hausmeister, sieht jedoch die Ursachen für Gewalt primär in den gesellschaftlichen Verhältnissen außerhalb des Einwirkungsbereichs der Schule (Schwind et al. 2009, S. 94).

Hinsichtlich des Einflusses der Klassengröße unterscheiden sich die Standpunkte. Melzer kommt zu dem Ergebnis, dass sie nicht ausschlaggebend ist (2004, S. 40), Schwind dagegen sieht einen Zusammenhang zwischen der Klassengröße und dem Gewaltvorkommen (2004, S. 27). Als äußerer Faktor ist besonders das Schuleinzugsgebiet als wichtig zu erachten (ebd.), was wiederum in enger Verbindung mit der sozialen Herkunft der Schülerinnen und Schüler steht. Tillmann sieht zudem eine enge Verbindung mit schulischen Leistungsproblemen (1999, S. 17).

Als Einflussfaktoren außerhalb der Schule werden am häufigsten die Familie und die Anbindung an delinquente Gleichaltrigengruppen angeführt (Melzer 2000, S. 12; Schwind 2004, S. 26; Rostampour & Melzer 2009, S. 188f). Des Weiteren konnte ein Zusammenhang zu Drogenkonsum, Medienkonsum und Schulleistungsversagen hergestellt werden (Schwind 2004, S. 26). Schülerinnen und Schüler selbst nennen als Ursachen eher alterstypische Angebereien und Provokationen und keine schulische Überforderung oder Perspektivlosigkeit (Finze 2004, S. 54).

Häufigste Gewaltformen

Übereinstimmend kommen zahlreiche Studien zu dem Ergebnis, dass die häufigste Gewaltform in der Schule verbale Gewalt, vor allem in Form von Beschimpfen, Beleidigen, Hänseln und Verspotten, ist (Baier et al. 2009, S. 86; Finze 2004, S. 38; Fuchs et al. 2005, S. 21; Melzer 2000, S. 9; Schwind et al. 2009, S. 87). Darauf folgen je nach Untersuchungen Vandalismus (Finze 2004, S. 38), sogenannte Spaßkämpfe, leichtere Prügeleien und verbale Aggressionen gegenüber Lehrern (Melzer 2004, S. 37f). Nach Fuchs et al. praktizieren dies inbegriffen rund 9/10 aller Schülerinnen und Schüler irgendeine Form der Gewalt (2005, S. 21), Baier et al. berichten von 67,7 % (2009, S. 86). Allerdings muss hier ergänzt werden, dass beleidigende Äußerungen zwar häufiger Bestandteil des Schullalltags sind, jedoch von der Mehrheit der Schülerinnen und Schüler nicht als Gewalt eingestuft werden und ohne Verletzungsabsicht praktiziert werden (Schwind et al. 2009, S. 87) (vgl. hierzu Kap. 3.3.5.8 Exkurs zur Jugendsprache). Als häufigste Form der körperlichen Gewalt ist Treten oder Schlagen an erster Stelle zu nennen (Baier et al. 2009, S. 87).

Ebenfalls übereinstimmend sind die Ergebnisse hinsichtlich härterer und schwerwiegenderer aggressiver Handlungen, die nur sehr selten vorkommen (z. B. Melzer 2000, S. 9; Finze 2004, S. 45).

Merkmale der Täter und Opfer

Was das Verhältnis von Mädchen und Jungen und ihrem gewalttätigen Verhalten in der Schule betrifft, so ist ganz eindeutig eine Jungendominanz zu finden (Baier et al. 2009, S. 87; Fuchs et al. 2005, S. 23; Melzer 2000, S. 13; Schwind et al. 2009, S. 93; Tillmann 1999, S. 16). Der Gesamttäteranteil der Jungen ist rund 7,3mal so hoch wie der der Mädchen (Baier et al. 2009, S. 87). Bis auf die Ausnahme bei verbaler Gewalt, bei der die Mädchen je nach Studie näher als sonst an den Jungen (Tillmann 1999, S. 16) oder gleichauf liegen (Fuchs et al. 2005, S. 23), betrifft dies alle anderen Gewaltformen. Die Unterschiede zwischen den Geschlechtern sind sowohl in der aktiven Gewaltbeteiligung als auch bei der allgemeinen Gewaltbilligung zu finden (Tillmann 1999, S. 16). Klewin & Popp fanden heraus, dass sich Mädchen und Jungen jedoch nicht dahingehend unterscheiden, was sie jeweils als Gewalt definieren (2000, S. 55).

Die höchste Gewaltbelastung ist sowohl bei Jungen als auch bei Mädchen im Alter von dreizehn bis fünfzehn Jahren zu finden, das heißt in den Klassen sieben bis neun, insbesondere jedoch in der Klasse acht (Rostampour 2000, S. 21; Tillmann 1999, S. 17). In Bezug auf die Staatsangehörigkeit beziehungsweise einen Migrationshintergrund gibt es unterschiedliche Ergebnisse. Fuchs findet nur wenige Unterschiede zwischen deutschen und ausländischen Schülern und Schülerinnen und erachtet diese als nicht bedeutsam (2009, S. 134f). Dem widerspricht das Ergebnis von Baier et al. 2009, die einen deutlichen Zusammenhang zwischen Migrationshintergrund und Gewalterfahrungen sowohl als Täter als auch als Opfer sehen, allerdings nicht explizit auf die Schule bezogen. Insgesamt stellen sie jedoch fest, dass Angehörige von Minderheiten unabhängig von ihrer Staatsangehörigkeit, dies können also auch deutsche Schüler in einer Klasse mit einer Mehrheit von Jugendlichen mit Migrationshintergrund sein, eher Opfer von Übergriffen werden, als Angehörige der jeweiligen Mehrheit (2009, S. 63).

Verhältnis Täter/Opfer

Es hat sich gezeigt, dass die Jungendominanz hinsichtlich ihrer Beteiligung an Gewalt in der Schule sowohl für ihre Rollen als Täter als auch als Opfer gilt (Melzer 2000, S. 13). Es ist keineswegs so, dass Jungen vermehrt Täter und Mädchen vermehrt Opfer sind. Eine einzige Ausnahme sehen Schwind et al. im Bereich der sexuellen Belästigung, bei der Mädchen als Opfer überwiegen (2009, S. 93). Generell ist die Mehrzahl der Täter zugleich Opfer und umgekehrt (Melzer 2004, S. 39). Dies gilt im besonderen Maße bei körperlicher Gewalt, hier sind Täter- und Opfersein keine getrennten Erscheinungen, sondern es handelt sich um ein reziprokes Verhältnis (Fuchs et al. 2005, S. 24). Statt einer Unterscheidung in eine Gruppe Täter und eine Gruppe Opfer, die so faktisch nicht vorhanden ist, bietet sich vielmehr eine Unterscheidung zwischen zwei informellen ‚Kulturen' in der Schule an: (a) die Gruppe der Schülerinnen und Schüler, die sich von gewalthaltigen Auseinandersetzungen fernhalten und (b) die Gruppe die sowohl als Täter als auch als Opfer in Erscheinungen treten (Tillmann 1999, S. 17f). Die zweite Gruppe ist besonders häufig an Haupt- und Förderschulen zu finden, besteht überwiegend aus Jungen und zeigt eine besondere Einbindung in Jugendcliquen (ebd.). Melzer stellt die Vermutung auf, dass der Opferstatus in der Schule jedoch häufig nachhaltiger ist, da dieser eher versteckt ist und nicht so häufig von Lehrern Aufmerksamkeit erfährt wie das Tätersein (2000, S. 12).

Stabiles oder passageres Phänomen

Schlussendlich kann festgehalten werden, dass Gewalt in der Schule analog zu den Ergebnissen aus der Delinquenzforschung unabhängig von ihrer Form in der Regel ein vorübergehendes und kein zeitlich stabiles Verhalten ist (Fuchs et al. 2005, S. 23f; Melzer 2004, S. 40; Rostampour 2000, S. 26). Es gibt erhebliche Fluktuationen zwischen den Gruppen der Unbeteiligten, Täter und Opfer innerhalb von kurzer Zeit und für die meisten Jugendlichen handelt es sich bei gewalttätigem Verhalten um ein passageres (entwicklungsbedingtes) Verhalten (Melzer 2004, S. 40).

Zusammenfassung

Hinsichtlich des Gewaltvorkommens in der Schule lassen sich deutliche Parallelen zum Gewaltaufkommen im Jugendalter im Allgemeinen feststellen. Insgesamt ist empirisch kein oder nur ein kleiner Anstieg von Gewalt in der Schule zu verzeichnen, besonders die erhöhte Sensibilität des Lehrpersonals durch eine öffentliche Diskussion dieses Themas scheint Einfluss auf die Wahrnehmung auszuüben. Die von Gewalt am häufigsten betroffenen Schulformen sind die Haupt- und Förderschulen, in denen sich Schülerinnen und Schüler mit besonderen Problemlagen beziehungsweise schwierigen sozialen Hintergründen kumulieren. Wichtige Einflussfaktoren auf die Gewalt in der Schule sind schulische Faktoren, wie die Schulstruktur oder das Lehrpersonal sowie Einflüsse aus dem familiären Hintergrund der Jugendlichen und deviante Gleichaltrigengruppen. Verbale Gewalt ist die mit Abstand häufigste Gewaltform in der Schule, die fast gleich häufig von Mädchen und Jungen ausgeübt wird. Hierin ist die überwiegende Mehrheit aller Schülerinnen und Schüler involviert. Bei allen anderen Gewaltformen überwiegen Jungen sowohl als Täter als auch als Opfer. Gewalttätiges Verhalten ist auch in der Schule zu einem überwiegenden Teil als passageres Phänomen einzuschätzen.

Bevor die Schule als Ort der Gewaltprävention erneut in Kapitel 3.2.3 ins Blickfeld rückt, ist zunächst Gewaltprävention auf allgemeiner Basis Gegenstand des folgenden Kapitels.

3.2 Gewaltprävention

Im Folgenden steht weniger die Kriminalitätsprävention als vielmehr die Gewaltprävention im Fokus und es werden die drei Bereiche primäre, sekundäre und tertiäre Prävention kurz vorgestellt. Diese Unterteilung stammt ursprünglich aus dem Bereich der Gesundheitsförderung und wurde für den Bereich Gewalt adaptiert. Zum Teil werden in der Literatur synonym für die Bezeichnungen primäre, sekundäre und tertiäre die Begriffe universelle, selektive und indizierte Präventionsmaßnahmen verwendet (Scheithauer et al. 2008, S. 59). Der Begriff Prävention stammt von dem lateinischen ‚praevenire' und bedeutet ‚zuvorkommen', ‚verhüten'. Allgemein richtet sich Prävention auf einen erwünschten Zielzustand, der zumeist die Abwesenheit von etwas beschreibt, einem unerwünschten Zustand soll vorgebeugt werden. Kritisch hinterfragt werden kann hier, wer eben jenen ‚richtigen' Zielzustand definiert beziehungsweise wer Interesse daran hat, dass ein bestimmtes Verhalten nicht auftritt.

Gewaltprävention ist kein fest umschriebener Begriff und kann eine Vielzahl von Maßnahmen, Programmen oder Strategien umfassen. Im Zuge der Popularisierung des Themas Gewalt und der gestiegenen Implementierung und Durchführung von verschiedenen Maßnahmen, wird kritisiert, dass es durch die Ausweitung von Gewaltprävention als gesamtgesellschaftliche Aufgabe, die durchaus zu befürworten ist, zu einer inflationären Erweiterung des Präventionsbegriffs gekommen und es somit ein Leichtes ist, diverse Veranstaltungen und Programme als gewaltpräventiv auszuweisen (Heitkötter et al. 2007, S. 16). Der Begriff Gewaltprävention tritt „eher als Schlagwort denn als klar definierter Terminus" (Schubarth 2000b, S. 128) auf, was eine präzise Definition notwendig macht. Im Anschluss an die Erläuterung der drei genannten Ebenen von Prävention (Kap. 3.2.1), wird eine Definition von Gewaltprävention (Kap. 3.2.2) vorgestellt.

3.2.1 Ebenen von Prävention

Primärprävention

Primärpräventive Maßnahmen richten sich an die Allgemeinheit und an alle Personen, sie setzen ein, bevor es zu Auffälligkeiten kommt. Ziel ist es, positive Verhaltensweisen zu fördern, um so dem Auftreten negativer Verhaltensweisen vorzubeugen und aggressives Verhalten dadurch bereits vor dem ersten Auftreten zu verhindern (Kliegel et al. 2009, S. 11). Es sollen die Voraussetzungen beeinflusst werden, aus denen sich Gewalt entwickeln könnte (Bundesministerium des Inneren et al. November 2006, S. 667). Hierzu können Maßnahmen zur Vermeidung von Benachteiligungen im Schul- und Bildungswesen oder der Jugendhilfe (ebd.) ebenso gehören wie die Förderung sozial-emotionaler Kompetenzen im frühen Kindesalter (Scheithauer et al. 2008, S. 61).

Wichtig für den Bereich der Primärprävention ist der grundlegende Gedanke, dass Gewaltprävention nicht erst dann ansetzt, wenn es bereits zu Auffälligkeiten gekommen ist, sondern davor und möglichst früh: Primärpräventive Maßnahmen beginnen häufig bereits im Kindesalter. Scheithauer et al. sprechen sich für eine entwicklungsorientierte Prävention aus, die sich auf die Reduzierung von risikoerhöhenden und die Förderung von risikomildernden Bedingungen vor dem Hintergrund der Entwicklungsphasen von Kindern und Jugendlichen konzentriert (2008, S. 60). Dabei betonen sie die Wichtigkeit von frühen, auch unspezifischen, Förderangeboten und definieren so ein breites Präventionsverständnis, da für sie auch solche Maßnahmen unter Gewaltprävention fallen, die universell ausgerichtet sind und bei denen sich später nicht mehr feststellen lässt, ob sich die Kinder und Jugendlichen auch ohne diese Maßnahme positiv/normal entwickelt hätten beziehungsweise sie hierunter auch Maßnahmen subsumieren, die ‚nur' indirekt gewaltpräventiv wirken (ebd., S. 64f). Die Arbeitsstelle Kinder- und Jugendkriminalitätsprävention definiert dagegen solche Maßnahmen, die möglicherweise und wenn überhaupt indirekt wirken, nicht im Sinne einer Primärprävention von Gewalt, damit eine Definition von Gewaltprävention nicht zu weit ausfällt (2007, S. 18).

Sekundärprävention

Sekundärprävention richtet sich speziell an Gruppen und Personen, bei denen bestimmte Risikofaktoren vorliegen (Kliegel et al. 2009, S. 11f) beziehungsweise die als besonders gefährdet hinsichtlich der Entwicklung von gewalttätigem Verhalten eingeschätzt werden. Das Ziel ist die Vermeidung der tatsächlichen Tat und von gewalttätigem Verhalten beziehungsweise der Abbau von Risikoverhalten. Hierzu gehören folglich Maßnahmen, die auf die Reduktion problematischer Verhaltensweisen zielen (ebd.), die Reduzierung von tatfördernden Bedingungen oder auch Maßnahmen des Opferschutzes (Bundesministerium des Inneren et al. 2006, S. 668). Konkret können das zum Beispiel Maßnahmen der Straßensozialarbeit mit auffälligen Jugendlichen, Selbstbehauptungskurse oder das Verbot von Alkoholausschank bei Fußballspielen sein (ebd.).

Tertiärprävention

Die Tertiärprävention richtet sich an Personen, die bereits ein (verfestigtes) problematisches Verhalten zeigen (Kliegel et al. 2009, S. 12), das heißt bereits gewalttätig waren und möglicherweise schon strafrechtlich in Erscheinung getreten sind. Das Ziel ist die Vermeidung einer Verfestigung und vor allem einer Wiederholung dieses Verhaltens. Maßnahmen um einen Rückfall zu vermeiden können zum Beispiel therapeutische Angebote, repressive und sanktionierende Maßnahmen oder auch Resozialisierung sein. Da sich die Tertiärprävention vor allem auf bereits manifestiertes Verhalten bezieht, spielt sie in der allgemeinen Kinder- und Jugendpräventionsarbeit eine untergeordnete Rolle und ist eher bei speziellen Maßnahmen für (einzelne) bereits auffällige Jugendliche von Bedeutung

Über diese dreiteilige Aufteilung hinaus, ist eine Unterscheidung in kontext- und personenorientierte Präventionsmaßnahmen sinnvoll (Scheithauer et al. 2008, S. 59; Schubarth 2000b, S. 129f). Kontextbezogene Maßnahmen richten sich auf die Verbesserung des sozialen Umfeldes, während personenzentrierte Maßnahmen das Individuum mit seinen Einstellungen, Handlungen und Überzeugungen fokussiert (Scheithauer et al. 2008, S. 59f).

3.2.2 Definition von Gewaltprävention

Es gibt keineswegs eine feste Definition des Gewaltpräventionsbegriffs, fast jede Arbeit und jedes Projekt hat eine eigene Definition. Welche Maßnahmen unter den Bereich Gewaltprävention subsumiert werden, ist unterschiedlich. Im Rahmen der kritischen Betrachtung einer Entwicklung in der immer mehr Angebote sich selbst dem Bereich der Gewaltprävention zuordnen, wird für diese Arbeit eine eher enge Definition präferiert. Im Sinne der Schaffung und Erhaltung gewisser Qualitätsstandards und der Förderung von Maßnahmen, die ganz gezielt im Sinne der Gewaltprävention arbeiten und deren Effekte möglichst nachweisbar sind, soll die folgende Definition von der Arbeitsstelle Kinder- und Jugendkriminalitätsprävention übernommen werden:

> „Als gewaltpräventiv können jene Programme, Strategien, Maßnahmen bzw. Projekte bezeichnet werden, die direkt oder indirekt die Verhinderung bzw. die Reduktion von Gewalt zum Ziel haben. Gewaltprävention (...) zielt also auf die Verhinderung bzw. Reduzierung gewalttätigen Handelns durch Kinder und Jugendliche" (Arbeitsstelle Kinder- und Jugendkriminalitätsprävention 2007, S. 18).

Der Kritik an dieser Definition, dass allgemein gehaltene primärpräventive Ansätze in dieser Definition nicht berücksichtigt werden (Scheithauer et al. 2008, S. 63), kann ich mich nicht anschließen, da neben direkten Maßnahmen auch indirekte Maßnahmen in der Definition ebenfalls als gewaltpräventiv bezeichnet werden.

Unter eben diese indirekte Maßnahmen können auch primärpräventive Maßnahmen fallen, die sich auf eine allgemein Förderung von zum Beispiel wichtigen sozialen Kompetenzen beziehen. Wesentlich ist dabei jedoch,

> „dass sie in einem begründbaren und nachvollziehbaren Zusammenhang vorrangig darauf abzielen, Gewalt im Kindes- und Jugendalter zu verhindern bzw. zu reduzieren – entweder auf der Basis überzeugender empirischer Belege bzw. Erfahrungen oder an Hand von plausiblen theoretischen Annahmen" (Arbeitsstelle Kinder- und Jugendkriminalitätsprävention 2007, S. 18).

Es wird sich Wolters Meinung angeschlossen, dass Wollen und das ehrliche Engagement allein nicht ausreichen, um Gewaltprävention zu betreiben (2009, S. 40).

3.2.3 Schule als Ort der Gewaltprävention

Wurde in Kapitel 3.1.5 bereits die Prävalenz von Gewalt in der Schule dargestellt, so wird in diesem Kapitel die Schule vor dem Hintergrund ihrer Möglichkeiten für Gewaltprävention betrachtet.

Ähnliches wie für die ganze Debatte rund um das Thema Jugendgewalt gilt auch für Schule und Gewaltprävention. Im Zuge der öffentlichen Diskussion des Themas sind in den letzten Jahren eine Vielzahl von Maßnahmen in und für Schulen entstanden, die sich selbst als gewaltpräventiv bezeichnen. Es gibt in Deutschland nicht ein spezielles Konzept, was für die Institution Schule grundlegend ist, sondern sehr unterschiedliche Ansätze mit verschiedenen Adressaten und Zielebenen sowie unterschiedlichen Inhalten und Methoden. Hierzu existieren zahlreiche Sammelbände, die einen Überblick über verschiedenste Projekte geben (vgl. z. B. Kliegel et al. 2009; Balser 1997; Melzer et al. 2004a; Melzer et al. 2004b).

Möglichkeiten auf der Ebene der Lehrkräfte, der Schülerinnen und Schüler sowie der Institution Schule gewaltpräventiv Einfluss auszuüben werden in den folgenden Abschnitten dargestellt. Daneben üben weitere Gruppen und Faktoren einen Einfluss auf Gewaltprävention in der Schule aus, die hier jedoch vernachlässigt werden. Zu nennen sind beispielsweise die Eltern, die Öffentlichkeit oder die Kultusministerien.

Gewaltprävention durch Lehrkräfte

Es wurde bereits dargestellt, dass die Rolle der Lehrkräfte als wesentlicher schulimmanenter Faktor für das Auftreten von Gewalt in der Schule betrachtet wird (Kap. 3.1.5). Das Lehrpersonal ist die eigentlich ausführende Gruppe von Gewaltprävention vor Ort (Hanke 2007, S. 108). Im Schulalltag hängt die Verwirklichung von gewaltpräventiven Maßnahmen in der Regel vom Engagement der Schulleitung und einzelner Lehrkräfte ab, selten finden sich Maßnahmen, in die alle Lehrer involviert sind. Es spielt sowohl die Haltung des gesamten Lehrerkollegiums eine entscheidende Rolle als auch die jeder einzelnen Lehrkraft. Durch das eigene Verhalten stehen sie den Schülerinnen und Schülern als Vorbild gegenüber und prägen durch ihr Verhalten in Konfliktsituationen wesentlich den Ausgang einer solchen und des Klassen- und Schulklimas im Allgemeinen. In vielen Fachberichten und Ergebnisdarstellungen aus Fachtagungen finden sich wiederholt Vorschläge, die ‚Hinsehen statt Wegsehen' – also eine stärkere Einmischung der Lehrer – einfordern. Auf der anderen Seite besteht die Notwendigkeit eine bewusst gestaltete ‚Streit-Kultur' zuzulassen, aufzubauen und zu pflegen, um so bestimmte Formen der Auseinandersetzungen und Aushandlungen in den Schulalltag zu integrieren (Zahn 2002, S. 1072f).

Konkrete Strategien der Gewaltprävention für Lehrkräfte sollten zunächst auf umfangreichen Lehrerfortbildungen und Qualifikationen fußen (Hanke 2007, S. 115f). Büchele weist sogar auf die Notwendigkeit neuer Methodik und Didaktik für Lehrer hin, die eine Veränderung der Curricula der Hochschulen voraussetzt (2010, S. 1068). Für sie beruht der Erfolg von Präventionsmaßnahmen nicht darauf, dass Schüler sich ändern, sondern Lehrer (ebd.). Ohne Veränderungen auf Ebene der Lehrkräfte ist es schwierig bis unmöglich gewaltpräventive Maßnahmen in der Schule durchzuführen. Die Einstellung und das Handeln der Lehrkräfte stellt somit einen Dreh- und Angelpunkt jeglicher Prävention in der Schule dar.

Gewaltprävention durch die Institution Schule

Eng verwoben mit der Ebene des Lehrpersonals sind Strukturen und Mechanismen auf der Ebene der Schule als Institution. Hier müssen die Voraussetzungen für Maßnahmen für Lehrer und Schüler bereitgestellt werden. Zunächst einmal gibt es eine Vielzahl von schulbezogenen Rahmenbedingungen, die einen direkten Einfluss auf das Verhalten in der Schule und auf die Gewalttätigkeit haben: Hierzu gehören zum Beispiel das Schulgebäude, die Klassengröße oder die Ausstattung der Klassenräume und des Pausenhofs (Hanke 2007, S. 106). Im Gegensatz zu diesen potentiell beeinflussbaren Faktoren, gibt es bestimmte Elemente des Schulsystems wie zum Beispiel die zehnjährige Schulpflicht oder die Notengebung, die sich ebenfalls auf das Gewaltklima auswirken, jedoch zunächst nicht veränderbar sind (ebd.).

Von der Schule als wichtigste Erziehungs- und Bildungsinstitution wird im Rahmen von Gewaltprävention eine verstärkte Öffnung nach außen eingefordert (Schubarth 2000a). Eine engere Kooperation mit der Polizei (Wolke 2006) und besonders mit der Jugendhilfe ist gefordert, denn „erfolgreiche Schulentwicklung ist in diesem Sinne immer zugleich auch Gewaltprävention" (Schubarth 2000a, S. 101). Verschiedene Aufgaben können dadurch sowohl ausgelagert, als auch ein umfassenderes lebensweltorientiertes Konzept in der Schule verwirklicht werden. Eine regionale Vernetzung und die Unterstützung durch verschiedene Kooperationspartner können dabei schulinterne Defizite ausgleichen und eröffnen die Möglichkeit schulexterner Erfahrungsfelder (Meier et al. 1997, S. 175; Hanke 2007, S. 110). Dabei ist die Entwicklung eines eigenen gewaltpräventiven Profils jeder Schule vor dem Hintergrund der regionalen Einbettung und von vorhandener Ressourcen wünschenswert (Büchele 2010, S. 1069). Die meisten Konzepte zur Prävention von Gewalt in der Schule betonen das Prinzip einer demokratischen Schule, wofür jedoch grundlegende Veränderungen im Bereich der Schulentwicklung vonnöten sind (Schwind 2004, S. 32) und Schülerinnen und Schüler deutlich mehr aktiven Anteil an der Gestaltung des Schulalltags nehmen sowie mehr partizipative Strukturen geschaffen werden müssen. Aktuelle Entwicklungen, zum Beispiel die mangelnde Anbindung von schulschwachen Jugendlichen, zeigen, dass Schule mehr und mehr ihre Aufgaben über die rein lehrende Tätigkeit ausweiten muss.

Gewaltprävention durch Schülerinnen und Schüler

Zu guter Letzt gibt es eine Reihe von Strategien, die konkret mit Schülerinnen und Schülern arbeiten und bereits in einer Vielzahl von Projekten umgesetzt, jedoch von keiner zentralen Stelle aus koordiniert werden. Geht es um die konkrete Arbeit mit den Schülerinnen und Schülern, so können zunächst allgemeine Angebote geschaffen werden, die sich auf die gesamte Schülerschaft beziehen. Darüber hinaus hat es sich im Sinne der Freiwilligkeit und der Passgenauigkeit als positiv erwiesen, für spezielle Subgruppen innerhalb der Schule Programme und Maßnahmen anzubieten. Dies können zum Beispiel eine Gruppe von Jugendlichen mit Migrationshintergrund, eine Sport- oder Musikgruppe oder, wie bereits häufig verwirklicht, Jugendliche sein, die sich für den Bereich Streitschlichtung interessieren (Hanke 2007, S. 109). Ebenfalls vorstellbar sind Maßnahmen für einzelne Schüler, die jedoch in der Praxis zumeist im Sinne von Sekundär- oder Tertiärprävention angewendet werden, wenn es bereits zu Auffälligkeiten gekommen ist.

Viele Präventionsmaßnahmen in der Schule beziehen sich auf eine allgemeine Förderung der Sozialkompetenz und vermitteln Fähig- und Fertigkeiten im Bereich der Prosozialität, sie sind im Bereich der Primärprävention anzusiedeln. Sozialtrainings, Streitschlichterprogramme und Selbstbehauptungstrainings sind dabei häufig vertreten (Hanke 2007, S. 116ff). Ein Mangel besteht im Bereich der Sekundärprävention, hier muss einerseits konkret beleuchtet werden, worin der genaue Bedarf der jeweiligen Schule besteht, andererseits gibt es bisher wenig problem- und anlassbezogene Konzepte, so dass hier Entwicklungsbedarf besteht (ebd.). Darüber hinaus verfügt die Schule über eine Reihe disziplinarischer Maßnahmen von der Schulkonferenz bis zum Schulverweis, mit denen im Sinne von Gewaltprävention zum Beispiel durch Abschreckung gearbeitet wird.

Grenzen und Ausblick

Es gibt theoretisch eine Vielzahl an Möglichkeiten, wie die Schule (vermehrt) gewaltpräventiv auf verschiedenen Ebenen arbeiten kann. Gleichzeitig sind der Schule Grenzen durch Einflussfaktoren gesetzt, auf die sie wenig bis keinen Einfluss ausüben kann. Schlechte Aussichten auf dem Ausbildungsmarkt, veränderte Bedingungen des Aufwachsens sowie konkrete familiäre Probleme spielen eine erhebliche Rolle für das Thema Gewalt in der Schule, liegen jedoch zum größten Teil außerhalb des Einflussbereichs der Schule. Trotzdem muss sich Schule vermehrt ihrer Verantwortlichkeit für die Kinder und Jugendlichen stellen, die mindestens zehn Jahre, häufig länger von ihr betreut werden, indem sie ihre Aufgaben über die reine Vermittlung von Lehrstoffen hinaus ausweitet.

Insgesamt werden mehr längerfristige und nachhaltige Konzepte gefordert (Melzer 2004, S. 48). Obwohl die meisten Konzepte schlüssig und plausibel klingen, sind die wenigsten tatsächlich hinsichtlich ihrer Wirkungen überprüft, was aktuell und zukünftig einen Bedeutungszuwachs der Evaluationsforschung für diesen Bereich zur Folge hat (Schubarth 2000b, S. 163f; Melzer 2004, S. 48). Gleichzeitig besteht für den Bereich Gewaltprävention die Schwierigkeit des Theorie-Praxis-Transfers, auf den Schubarth intensiv eingeht (2000b, S. 118ff). Im Ganzen sollte Gewaltprävention „sowohl noch stärker als Teil der Schulsystemstruktur etabliert, als auch von Ministerien, Fachaufsichten und Schulleitungen verpflichtend als zu fördernder inhaltlicher Bereich festgelegt werden" (Hanke 2007, S. 126).

Von einer allgemeinen Ebene in diesem Kapitel wendet sich die Darstellung im Folgenden einer spezielle Methode der Gewaltprävention zu: der Konfrontativen Pädagogik. Die Konfrontative Pädagogik ist Bestandteil des Projektes Schlag.fertig (vgl. Kap. 4) und wird aufgrund dessen im Folgenden ausführlich dargestellt.

3.2.4 Die Konfrontative Pädagogik als Methode der Gewaltprävention

In diesem Kapitel wird die Konfrontative Pädagogik als aktuelle Entwicklung im Bereich der Prävention von Jugendgewalt vorgestellt. Es handelt sich um einen pädagogischen Ansatz beziehungsweise um den Zusammenschluss verschiedener primär-, sekundär- und tertiärpräventiver Methoden für die Arbeit mit gewaltauffälligen Jugendlichen und jungen Erwachsenen. Seit der ersten Durchführung 1987 in Hameln und besonders in den letzten zehn Jahren hat die Konfrontative Pädagogik mit den zwei bekanntesten Methoden Anti-Aggressivitäts-Training (AAT) und Coolness-Training (CT) einen Aufschwung in Deutschland erlebt. Das betrifft sowohl die Anzahl der Veröffentlichungen als auch die von den Begründern initiierte Vermarktungswelle, einschließlich der Patentierung von AAT und CT, sowie die

Polarisierung der Meinungen über moralische Legitimierung, Wirkung und Ergebnisse von Konfrontativer Pädagogik. Dabei ist die Konfrontative Pädagogik weniger eine eigene Pädagogik (Walkenhorst 2004), als ein Konglomerat konfrontativer Methodik und bezeichnet sich selbst als ‚pädagogischen Handlungsstil' (Kilb 2006b, S. 28). Die theoretische Fundierung ist eng mit den Inhalten und angewandten Methoden verknüpft und diese lassen sich nicht völlig trennscharf voneinander darstellen.

Im Folgenden wird die Glen Mills School mit ihren Grundsätzen und einigen exemplarischen Maximen zum besseren Verständnis der Grundeinstellung der Konfrontativen Pädagogik dargestellt (3.2.4.1). Die drei Haupttrainingsformen – Anti-Aggressivitäts-Training, Coolnesstraining und Konfrontatives Soziales Training – sind Bestandteil des Kapitels 3.2.4.2 und weitere theoretische Bezüge werden in Kapitel 3.2.4.3 dargestellt. Abschließend wird hierzu kritisch Stellung genommen und es wird darauf eingegangen, welche Reaktionen die Konfrontative Pädagogik in der Fachöffentlichkeit hervorgerufen hat und wie die zum Teil starke Ablehnung begründet wird (3.2.4.4).

3.2.4.1 Glen Mills

Die Konfrontative Pädagogik und ihre Methoden Anti-Aggressivitäts-Training (AAT) und Coolness-Training (CT) stehen besonders in der Öffentlichkeit in enger Verbindung zu dem Mitbegründer der Konfrontativen Pädagogik in Deutschland, Jens Weidner. Er selbst war als Praktikant sechs Monate in Glen Mills, einem offenen, stationären Jugendvollzug in den USA, Philadelphia. Glen Mills wird in der Literatur häufig als Beispiel für erfolgreiche Tertiärprävention mit straffälligen Jugendlichen herangezogen und gilt als eine der bedeutsamen Wurzeln der Konfrontativen Pädagogik. Aus Glen Mills hat Weidner einige Grundgedanken und Erfahrungen mitgebracht und auf die Konfrontative Pädagogik in Deutschland übertragen, so dass Glen Mills häufig für die theoretische Herleitung als Grundlage herangezogen wird. Zu dem wichtigsten übernommenen Grundgedanken zählt der grundsätzlich konfrontative Umgang mit dissozialen und gewaltbereiten Jugendlichen, da Konfrontieren und Schikanieren auch fest zum Handlungsrepertoire dieser Jugendlichen gehört (Geretshauser et al. 2001, S. 20). Als übergeordnetes wesentliches gemeinsames Element mit dem Ursprung in Glen Mills wird von Weidner „der engagierte, leidenschaftliche und konfrontative Erziehungsstil" genannt (2006, S. 38).

Die Glen-Mills-School ist ein privater, nicht-geschlossener Jugendstrafvollzug für gewalttätige Jugendliche und besteht bereits seit 1826. Glen Mills versteht sich selbst als Schule, die Jugendlichen, die dort untergebracht sind, werden als ‚students' bezeichnet (Colla 2007, S. 44). Das Bekanntwerden des Konzeptes von Glen Mills ist maßgeblich an die Leitung und Veränderung der Einrichtung durch Cosimo D. Ferrainola (1975-2007) gebunden, der durch die Aussage „The students are not bad boys, they may have done bad things, but are not instrinsically bad" die Philosophie in Glen Mills stark prägte (ebd.).

Glen Mills stellt eine Männerwelt dar. Dies wird betont und als wesentlich für den Erfolg des Programmes bewertet. Alle Jugendlichen sind männlich, ebenso wie fast ausnahmslos das Personal. Die Figur des Leiters Ferrainola gilt als Vorbild für die Jugendlichen, häufig wird er als eine typische Vaterfigur dargestellt, der zwar streng war, aber die Jugendlichen mit einem hohen Lebensstandard ausstattete (Tischner 2004, S. 39). Tischner sieht in diesen Elementen ein wichtiges väterliches Korrektiv in der Erziehung und Sozialisation der Jugendlichen, besonders für solche, die mit einem väterlichen Erziehungsdefizit aufwachsen mussten (ebd.). Er bemängelt, dass die heutige Pädagogik von einem Übergewicht der mütterlichen Seite der Erziehung geprägt ist, er spricht von wachsender Feminisierung der Pädagogik (ebd., S. 26ff). Dies zeigt sich neben der Dominanz von weiblichem Personal im pädagogischen Arbeitsfeld in einem Wandel der allgemeinen pädagogischen Grundhaltung, die betont distanziert zu Elementen der Konfrontation steht und emotionale, warme, empathische Beziehungsaspekte in den Vordergrund rückt (ebd.). Herman Nohl spricht in diesem Zusammenhang bereits 1933 vom Zurückdrängen der väterlichen Seite der Erziehung (vgl. Nohl 1933 in Tischner 2004). „Die Erfolge von Glen Mills sind wesentlich darauf zurückzuführen, dass diese Einrichtung dem väterlichen Prinzip in der Erziehung konsequent Geltung verschafft" (Tischner 2007, S. 141). Dies wird in Glen Mills durch folgende, als besonders väterlich oder männlich attribuierte Sachverhalte erreicht: Vorrang der Gemeinschaft vor dem Individuum, eine klare Rangordnung mit gleichen Aufstiegschancen für alle, ein absolut gültiger und klarer Regelkodex, der Stolz auf eigene Leistungen in Schule und Sport, eine Zukunftsorientierung statt Rückwärtsgewandtheit sowie das konsequente Konfrontieren bei Normverletzungen (ebd.).

Ziel in Glen Mills ist die Schaffung eine subkulturfreien Milieus, jegliche privaten Kontakte unter den Jugendlichen außerhalb der dafür vorgesehenen Strukturen sind nicht erlaubt, Ansehen und Status sollen ausschließlich durch das Einhalten der Regeln und den Aufstieg in der anstaltseigenen Hierarchie erreicht werden (Weidner 2001, S. 130). Es soll ein bewusstes Gegengewicht zu den jugendlichen Subkulturen und Gangstrukturen aufgebaut werden, in denen die Jugendlichen bisher gelebt haben. Als Gegenmodell zu den jugendlichen Subkulturen wird die ‚positive peer-group' angeführt (Weidner 2004c, S. 70) beziehungsweise ‚positive peer culture', ein Gruppenverfahren, welches betont, dass Jugendliche sich gegenseitig bei einer Weiterentwicklung fördern und unterstützen können und sich dadurch selbst weiterentwickeln (Vorrath & Brendtro 1985). In Glen Mills soll dies vor allem durch die Vorbildfunktion der ranghöheren Jugendlichen auf der Basis eines identischen Werte- und Normensystems der Jugendlichen mit denen der Einrichtung erreicht werden. Es soll erzielt werden, dass „durchsetzungsstarke, gewalttätige Jugendliche positives und friedfertiges Verhalten demonstrieren, wenn sie ihren Sozialstatus nicht verlieren und einen größeren Nutzen im prosozialen Engagement erkennen können" (Weidner 2001, S. 66). Alle Jugendlichen, aber im besonderen Maße die ranghöheren Jugendlichen sind dafür zuständig, dass die Regeln in Glen Mills eingehalten werden. Bei kleinsten Abweichungen ist es ihre Aufgabe, die regelbrechenden Jugendlichen nach einem festen Ablauf mit ihrem Fehlverhalten zu konfrontieren und so der Entwicklung möglicher Untergruppen und Abweichungen frühzeitig entgegen zu wirken. Wesentlich sind hierfür die sieben Stufen der Konfrontation, die bei jedem Regelverstoß unmittelbar angewendet werden müssen, sowohl von den Mitarbeitern als auch von den Jugendlichen selber, die einen Regelverstoß mitbekommen. Die sieben Stufen gehen von einem freundlichen Hinweis bis zum möglichen massiven körperlichen Eingreifen und folgen einem strengen, stets gleichen Ablauf, bei dem immer Jugendliche und Mitarbeiter anwesend sind und einen geschlossenen Gegenpart zu dem regelverletzenden Jugendlichen bilden (Weidner et al. 2004, S. 71f). Es gehört zur Verpflichtung jedes Jugendlichen die Gruppe bei diesem Verfahren zu unterstützen, sonst wird er selber mit seinem abweichenden Verhalten konfrontiert und verliert gegebenenfalls seine bereits erarbeitete Position. Der Druck, sich entsprechend der Regeln zu verhalten, soll vor allem von den Gleichaltrigen selbst kommen, da die delinquenten und gewalttätigen Jugendlichen in der Regel weniger auf Erwachsene hören als auf ihresgleichen (vgl. Scholz 2008, S. 116). Durch die Konfrontation mit Gleichaltrigen soll den Jugendlichen die Möglichkeit genommen werden, das eigene abweichende Verhalten als normal darzustellen (ebd.). Die Jugendlichen, die sich analog zu den Anstaltsregeln verhalten, steigen schnell im Hierarchiesystem auf, als Anreizsystem dienen zum Beispiel mehr Freiheiten im Tagesablauf oder eine gehobenere Unterbringung.

Obwohl Glen Mills ein wichtiger Grundstein der theoretischen Fundierung von Konfrontativer Pädagogik ist, gilt es einige grundsätzliche Unterschiede zwischen Glen Mills und der Konfrontativen Pädagogik zu benennen. So dienen die konfrontativen Elemente in Glen Mills der Durchsetzung der alltäglichen anstaltsinternen Regeln und Pflichten, in der Arbeit mit den Jugendlichen wird die Vergangenheit bewusst ausgeklammert und es wird ausschließlich zukunftsorientiert gearbeitet (Holthusen 2001, S. 413). In der Konfrontativen Pädagogik dient die Konfrontation, die besonders im Rahmen des heißen Stuhls (s. Kap. 3.2.4.3) eingesetzt wird, jedoch der Auseinandersetzung mit den zurückliegenden Taten der Jugendlichen (ebd.). Als weiteres Unterscheidungsmerkmal weist Holthusen darauf hin, dass die Settings sehr unterschiedlich sind (ebd.). Bei Glen Mills handelt es sich um ein stationäres Setting, in dem die Jugendlichen in der Regel über ein Jahr wohnen, die Maßnahmen der Konfrontativen Pädagogik sind jedoch ambulant und deutlich kürzer. Des Weiteren arbeitet Glen Mills nicht deliktspezifisch und die für die Konfrontative Pädagogik wesentliche Methode des heißen Stuhls wird nicht eingesetzt. Seit 1996 gibt es in Deutschland den German Mills e.V., der deutschen jugendlichen Straftätern einen Aufenthalt in Glen Mills vermittelt (vgl. Scholz 2008, S. 106ff).

Im nächsten Kapitel werden die wesentlichen Trainingsformen der Konfrontativen Pädagogik dargestellt. Dies sind das Anti-Aggressivitäts-Training, das Coolnesstraining und das Konfrontative Soziale Training.

3.2.4.2 Trainingsformen

Im Großen und Ganzen sind drei Gruppentrainingsformen wesentlich für die Konfrontative Pädagogik. Zunächst wird das Anti-Aggressivitäts-Training (AAT) als Methode im Bereich der Tertiärprävention vorgestellt, welches die ‚ursprüngliche' Trainingsform der Konfrontativen Pädagogik darstellt. Da auch die Grundzüge der anderen Trainingsformen eng an die Merkmale des AATs angelehnt sind, wird das AAT ausführlich beschrieben. Anschließend steht das Coolness-Training (CT) als sekundärpräventive Maßnahme, vor allem angewendet mit Schulklassen, im Mittelpunkt. Kurz erwähnt wird anschließend das Konfrontative Soziale Training (KST), zu dem es jedoch wenig veröffentlichtes Material gibt. Die Schilderung der verschiedenen Trainingsformen ist dabei jeweils unterteilt in die Bereiche *Zielgruppe*, *Ziele* und *Curricula* einschließlich der jeweils typischen methodischen Zugänge. Die drei Bereiche sind nicht trennscharf voneinander und zeigen deutliche Überschneidungen.

Seit 1995 können sich pädagogische Fachkräfte am Institut für Sozialarbeit und Sozialpädagogik Frankfurt (ISS) in einer berufsbegleitenden Zusatzausbildung zum Anti-Aggressivitäts- und Coolness-Trainer ausbilden lassen, um diese Methoden in ihrer eigenen Institution anzuwenden.

Allgemein für die Konfrontative Pädagogik geltende Methoden und deren theoretischer Ursprung, unabhängig von einzelnen Trainingsformen, werden anschließend in Kapitel 3.2.4.3 dargestellt.

Das Anti-Aggressivitäts-Training (AAT)

Im Jahr 1987 wird in der Jugendanstalt Hameln ein neues Programm für die dort inhaftierten Gewaltstraftäter implementiert. Zu Beginn wird das Training als Antagonisten-Training bezeichnet. ‚Antagonist' bedeutet ‚Gegner, Widersacher' (Baer et al. 2002) und dies spiegelt die Grundhaltung der Trainer gegenüber den Teilnehmern wieder, die sich als friedfertige Gegenspieler zu den gewalttätigen Jugendlichen sehen (Weidner 2001, S. 138). Die Zielgruppe dieses Trainings sind männliche gewalttätige Wiederholungstäter im Jugend- oder jungen Erwachsenenalter, die aufgrund von Delikten im Bereich Körperverletzung und Totschlag inhaftiert sind. Dieses Programm ist heute unter dem Begriff Anti-Aggressivitäts-Training, kurz AAT bekannt. Seit Beginn hat sich das AAT als Methode für die Arbeit mit gewaltauffälligen Jugendlichen in Deutschland verbreitet und weiterentwickelt. Als Basis für die praktische Entwicklung des AATs werden die in der Jugendanstalt Hameln durchgeführten Geschlechtsrollenseminare für Sexualstraftäter und die Erfahrungen aus der Glen Mills School herangezogen. Was genau das AAT ist, für wen es sich eignet und wie es aufgebaut ist, wird in den folgenden Abschnitten näher erläutert.

Zielgruppe

„Die Zielgruppe des Anti-Aggressivitäts-Trainings sind gewalttätige Wiederholungstäter, Hooligans, Skinheads, so genannte stadtbekannte Schläger bzw. Jugendliche, die noch präventiv zu erreichen sind, aber als Jackenabzieher, Geldeintreiber oder Bedroher in offenen Einrichtungen oder Schulen Anlass zur Sorge geben" (Weidner & Malzahn 2004, S. 47).

Dies sind Jugendliche, die Spaß an Gewalt haben und „die Gewalt als eine einfache, unkomplizierte, ökonomische und Erfolg versprechende Form der Interaktion betrachten" (ebd.). Diese Jugendlichen werden als zahlenmäßig kleine, aber sehr konfliktträchtige Gruppe in der Gruppe der Jugendlichen und jungen Erwachsenen beschrieben (ebd.). Dies gilt auch für die Medienpräsenz von jugendlichen Gewalttätern, da diese einen geringen Anteil aller Jugendlichen darstellen, in den Medien diese Fälle aber überrepräsentiert werden und so der Eindruck entstehen kann, die Jugend allgemein sei heute extrem gewalttätig. Dies lässt sich jedoch durch aktuelle Statistiken widerlegen (vgl. Kapitel 3.1.3). „Es ist eine kleine Anzahl von Mehrfachauffälligen (,Mehmet'), die das argumentative Futter für mediale Überrepräsentanz liefert" (Weidner 2002, S. 39).

Das AAT wird überwiegend im justiziellen Bereich eingesetzt, das heißt für Jugendliche und junge Erwachsene, die bereits inhaftiert sind oder waren, denen eine Inhaftierung droht oder die das AAT als richterliche Auflage als Alternative zu einer Inhaftierung bekommen haben. Folglich ist das AAT im Bereich der Tertiärprävention einzuordnen und praktisch bei der Bewährungs- oder Jugendgerichtshilfe oder im Strafvollzug zu finden. Darüber hinaus findet es vereinzelt Anwendung in der Jugendarbeit mit gewalttätigen und gewaltbereiten Jugendlichen, zum Beispiel für rechtsradikale Jugendliche.

Das Gruppentraining wird von einer Reihe von Trainern geleitet. Diese werden je nach Phase des Trainings durch Co-Trainer, wie zum Beispiel Kampfsportler, erfolgreiche Absolventen des AATs oder andere Gäste, unterstützt, um einerseits eine zahlenmäßig gleichstarke Gruppe zu den Teilnehmern zu schaffen und andererseits Verhaltens- und Meinungsalternativen zu denen der Teilnehmer und pädagogischen Mitarbeiter aufzuzeigen (Weidner 2001, S. 138f). Bei der Durchführung im Vollzug gehört es zum festen Bestandteil, dass die Teilnehmer vollzugliche Lockerungen erfahren, wie Ausgänge, Heimfahrten oder gemeinsame Aktivitäten mit der Gruppe. Dies dient als Ausgleich zum Training, der Beziehungsförderung von Teilnehmern und Professionellen sowie zum Erproben neu gelernter Verhaltensweisen und ist auch als Konsequenz der Kritik der gewaltfördernden Bedingungen im Vollzug (s.u.) zu verstehen (ebd., S. 139).

Ursprünglich war das AAT nur auf männliche Jugendliche ausgerichtet. Mittlerweile gibt es auch Angebote für Mädchen und junge Frauen, diese stellen aber einen sehr geringen Anteil dar. So waren 2001 mit 6% in Deutschland erstmals auch Mädchen als Zielgruppe eines AATs vertreten (Kilb & Weidner 2003a, S. 40). Allerdings besteht die Vermutung, dass das AAT eine betont männlichkeitsorientierte Form der Gewaltprävention darstellt (ebd., S. 41), Kilb stellt die Vermutung auf, dass die angewandten Methoden kommunikationskulturell eher männlichen Geschlechtsstereotypen entsprechen (2003b, S. 89).

Ziele

Übergeordnetes Ziel des AATs im Sinne der Tertiärprävention ist letztendlich, den Tätern ein straffreies Leben zu ermöglichen (Rau 2006, S. 38). Daneben liegt ein besonderer Schwerpunkt der Konfrontativen Pädagogik auf dem Opferschutz. So bezeichnet sich das AAT selbst als radikal opferorientiert, da zwar am Täter, aber immer und grundsätzlich im Auftrag des Opfers gearbeitet wird (Heilemann & Fischwasser-von Proeck 2001, S. 67). Das primäre Ziel der Verhaltens- und Einstellungsveränderung soll wesentlich durch die Förderung und den Ausbau zentraler Dimensionen der Handlungskompetenz bei den Tätern erreicht werden, da diese oft nur sehr marginal ausgebaut oder gar nicht vorhanden sind. Den Jugendlichen wird ein interaktiver Kompetenzmangel zugeschrieben, so dass wenige Konfliktbewältigungsstrategien vorhanden sind. Das eigene aggressive Verhalten wird aus Sicht der Täter als ein Verhalten mit überwiegend positiven Konsequenzen erlebt (Steinhauer 2004, S. 210). Diese Einstellungen zu verändern ist primäres Ziel des AATs. Als wichtigste zu fördernde Dimensionen werden Empathie, Frustrationstoleranz, Ambiguitätstoleranz und Rollendistanz genannt (Kilb & Weidner 2003a, S. 39). Weitere Ziele sind die Festigung des moralischen Bewusstseins sowie die Förderung von prosozialem Verhalten (ebd.). „Beim AAT handelt es sich um eine deliktspezifische, sozialpädagogisch-psychologische Behandlungsmaßnahme für aggressive Wiederholungstäter" (Burschyk et al. 2004, S. 79). Das Delikt des Täters steht im Mittelpunkt und wird bis ins kleinste Detail bearbeitet, nicht der Täter selbst.

Curriculum

Als wesentliche curriculare Bestandteile, welche die Lerninhalte des AATs umfassen, werden folgende acht Punkte aufgeführt, Methoden und Inhalte sind dabei vermischt:

1. Aggressivitätsauslöser,
2. Aggressivität als Vorteil,
3. Selbstbild zwischen Ideal- und Realselbst,
4. Neutralisierungstechniken,
5. Opferperspektive,
6. Provokationstests,
7. Institutionelle Gewalt,
8. Subkultur (Weidner 2000 S. 35f; Weidner 2001, S. 147ff).

1. Die Bearbeitung der individuellen *Aggressivitätsauslöser* stellt einen wesentlichen Teil der Arbeit im AAT dar. Nach der Analyse von aggressivitätsauslösenden Situationen werden diese im Sinne einer systematischen Desensibilisierung solange durchgespielt, bis diese nicht mehr zu aggressivem Verhalten führen (Weidner 2000, S. 148). Solche Aggressivitätsauslöser können zum Beispiel Provokationen und Beschimpfungen sein, auch Alkoholkonsum ist hier ein wichtiger Punkt, da viele Gewaltstraftaten unter Alkoholeinfluss ausgeübt werden.

2. Überlegenheit, Macht, Nützlichkeit und Respekt sind für viele Gewalttäter positive Merkmale, die sie selbst mit der Ausübung von Gewalt verbinden, sie empfinden *Aggressivität als Vorteil*. Negative Folgen wie zum Beispiel eigene körperliche Verletzungen, Anzeigen, Verurteilungen oder Inhaftierungen werden meist nicht direkt mit der eigenen Gewalttätigkeit in Verbindung gebracht oder heruntergespielt, zumal die strafrechtlichen Folgen oft erst mit einer großen zeitlichen Verzögerung von mehreren Monaten auf die Täter zukommen. Im AAT wird thematisiert, dass die gewalttätige Unterwerfung anderer der Erhöhung des eigenen Selbstwertgefühls dient. Als Lernziel gilt es, den Teilnehmern eine realistische Kosten-Nutzen-Rechnung vor Augen zu führen und zu verdeutlichen, dass jede weitere Straftat zu erneuter Haft oder anderen negativen Konsequenzen führen kann (Weidner 2000, S. 35).

3. Ein weiteres Lernziel des AATs besteht darin, dass die Teilnehmer ein *realistisches Selbstbild* entwickeln. Die inhaftierten jugendlichen Gewalttäter definieren sich häufig als eine Art harte und gnadenlose negative Elite, ihr Idealbild ist unbeugsam und stark (Weidner 2001, S. 146). Dies steht in großer Differenz zu ihrem Realselbst, welches meist leicht kränkbar, wenig selbstbewusst und von zahlreichen Enttäuschungen geprägt ist. Die Teilnehmer sollen zur Widerlegung der Annahme gelangen, dass Härte unangreifbar macht, kränkbare Persönlichkeitsanteile sollen gesehen und anerkannt werden (Weidner 2000, S. 36).

4. Die Bearbeitung der eigenen *Neutralisierungstechniken* stellt einen der wesentlichsten Punkte dar und wird als eines der Oberziele im AAT betrachtet. Die Arbeit von Kühnel (1979) über die Techniken der Neutralisation bei delinquenten Jugendlichen stellt die theoretische Grundlage dar. In der Regel versuchen Gewalttäter ihre Taten vor sich und anderen zu rechtfertigen, zum Beispiel durch das Umdefinieren der Tat als Racheaktion, die Schuldzuweisung zum Opfer, scheinbar objektive Erklärungen oder durch die Bagatellisierung der Tat. Die Neutralisierungstechniken mit denen Täter ihr aggressives Verhalten rechtfertigen, werden von Bandura aus kognitiver Perspektive durch drei Mechanismen, die moralische Rechtfertigung, die Verschiebung sowie die Verwischung der Verantwortung, erklärt, durch welche das destruktive Verhalten in moralisches umgekehrt wird (Bandura in Krohn 2006, S. 232f). Das Verleugnen der Realität durch diese Neutralisierungstechniken bewahrt die Täter vor Schuld- und Schamgefühlen und einer Verantwortungsübernahme für die Tat, die bewusste Wahrnehmung genau dieser Gefühle ist jedoch ein Ziel des AATs (Weidner 2001, S. 150ff). Die detaillierte Auseinandersetzung mit der Tat bis ins kleinste Detail und die massive Konfrontation mit Widersprüchen während des AATs soll dazu führen, dass sich das Selbstbild vom souveränen Kämpfer hin zum entschuldigenden Versager verändert (ebd., S. 146). Stiels-Glenn weist darauf hin, dass die beschönigende Beschreibung eigener Taten nicht ausschließlich bewusst so wiedergegeben wird, sondern beispielsweise durch selektive Wahrnehmung, die Anpassung von Darstellungen an das eigene Selbstkonzept oder die Einpassung von Erinnerungen in einen den eigenen Denkmustern entsprechenden Handlungsablauf begünstigt wird (2004, S. 264ff). Burschyk et al. sehen einen Zusammenhang zwischen der Stärke eines Verstoßes und der kognitiven Anstrengung diesen zu rechtfertigen (2004, S. 84). Für das Erlernen von Neutralisierungstechniken sieht Weidner die Gruppe der Gleichaltrigen als ursächlich (2001, S.57). Neben der Relativierung von Schuldgefühlen und der Opferperspektive mindern Neutralisierungstechniken die Angst vor Sanktionen und können bereits als Vorbedingung für delinquentes Verhalten gesehen werden (ebd.).

5. Das Einbeziehen der *Opferperspektive* in die Bearbeitung der Tat stellt einen weiteren wichtigen Baustein des AATs dar. Die differenzierte Betrachtung der Opferfolgen wie Ängste und Schmerzen stehen hierbei im Fokus. Dies geschieht anhand verschiedener Methoden, wie zum Beispiel durch Interviews und Tonaufzeichnungen oder einen Entschuldigungsbrief des Täters an das Opfer, der jedoch nicht real verschickt wird, denn als oberste Prämisse gilt, dass das Opfer nicht als Werkzeug für die Behandlung des Täters missbraucht werden darf (Weidner 2001, S. 153). Nur auf ausdrücklichen Wunsch des Opfers kommt es zu einem direkten Gespräch. Durch die Auseinandersetzung mit der Opferperspektive wird erhofft, dass die Täter Mitgefühl und Betroffenheit entwickeln und in ihrer Empathiefähigkeit gestärkt werden (ebd., S. 146).

„Ziel ist es, die Gewaltverherrlichung der Täter zu erschüttern, ihre Schuldgefühle zu wecken und Mitleid mit den Opfern zu fördern, denn ein Gewalttäter, der sich in das Leid der Opfer einfühlen kann, verliert seinen Spaß an der Gewalt und entwickelt Aggressivitäts-Hemmungen" (Weidner 2001, S. 13).

Dem deutschen Strafvollzug wird häufig ein Ausblenden der Opferperspektive vorgehalten, da im Strafvollzug selbst der Täter, nicht aber das Opfer oder das Delikt im Mittelpunkt stehen (Heilemann 2004, S. 53). Nach Heilemann ist das Beziehungsdreieck zwischen Täter, Opfer und Strafjustiz durch mangelndes Aufgabenverständnis und mangelnde Mandatstreue des Strafvollzugs gegenüber dem Opfer gekennzeichnet (ebd., S. 55). Durch die Akzentuierung der Opferperspektive im AAT soll diesem Manko Rechnung getragen werden.

6. In Form von unangekündigten *Provokationstests* während der Gruppensitzungen wird der Täter mit Situationen konfrontiert, die bei ihm in der Regel Aggressionen und Gewalt auslösen. Lernziel ist hierbei trotz vehementer Herausforderungen gelassen zu bleiben beziehungsweise sich ausschließlich verbal zu wehren. Durch eine vorangehende Verhaltensanalyse werden die auslösenden Reize isoliert und dann in Form von Rollenspielen wiederholt, um dem Täter kathartisch das Durchleben dieser für ihn schwierigen Situationen zu ermöglichen (Weidner 2001, S. 144). Ferner sollen die Jugendlichen und jungen Erwachsenen lernen, dass die größte Niederlage für einen Provokateur das Ignorieren der Provokation ist (ebd., S. 147). Die Diskrepanz zwischen dem eigenen, sehr sensiblen Reagieren auf bereits leichte Provokationen gegenüber der eigenen Person und auf der anderen Seite dem Fehlen jeglicher Sensibilität für das Opfer soll durch ein erhöhtes Einfühlungsvermögen und ein niedrigeres Kränkungsniveau ausgeglichen werden (ebd., S. 157).

7. Für die Durchführung des AATs im Jugendvollzug stellt die gemeinsame Bearbeitung des Themas *institutionelle Gewalt* einen weiteren inhaltlichen Punkt dar. Der Vollzug wird als eine tendenziell gewaltfördernde Institution im Sinne einer sekundären Zusatzschädigung der Inhaftierten betrachtet (ebd., S. 160). Gemeinsame Gespräche zwischen den Inhaftierten und den Mitarbeitern können zu weniger Konflikten und mehr Verständnis, beispielsweise im Hinblick auf Handlungszwänge und Ängste der Mitarbeiter oder subkulturelle Zwänge in der Gruppe der Inhaftierten führen (ebd., S. 160).

8. Der *Subkultur* der Gleichaltrigen beziehungsweise den Mitinhaftierten, wird eine wichtige Rolle für die Entstehung und Aufrechterhaltung von Aggressivität zugesprochen. Die Analyse von Gruppenstrukturen und das Erkennen von gruppendynamischem Verhalten sowie Gruppenzwängen sind die Lernziele in diesem curricularen Bestandteil (ebd., S. 147). Im AAT soll der gewaltfördernden Subkultur das prosoziale Verhaltensmodell der Positiven Peer-Gruppe gegenübergestellt werden (ebd., S. 158). Besonders durchsetzungsstarke Insassen werden als besonders geeignet für die Durchsetzung prosozialen Verhaltens angesehen, da sie in der

Regel eine Führungsrolle einnehmen und die anderen Insassen ihrem Verhalten folgen. Für gewaltförderndes Verhalten in der Subkultur sieht das AAT ein dreistufiges Reaktionssystem von einer Verwarnung bis hin zum Aktenvermerk und Sanktionen durch Mitarbeiter des Vollzugs vor (ebd.).

Das AAT gliedert sich insgesamt in vier Phasen, in denen diese Inhalte bearbeitet werden (Weidner 2001, S. 143ff). Die *Integrationsphase* dient vor allem der Thematisierung der Teilnahmemotivation und der Beschäftigung mit biographischen Gewaltschilderungen und dem Herausarbeiten von typischen Situationen, in denen der Teilnehmer gewalttätig geworden ist. In der *Konfrontationsphase* wird der Teilnehmer mit den in der ersten Phase herausgearbeiteten, für ihn besonders provozierenden Situationen beziehungsweise auslösenden Reizen konfrontiert. Hier findet die Methode des heißen Stuhls (s.u.) Anwendung. Des Weiteren werden die beschönigenden Erklärungen, mit denen er seine Taten rechtfertigt, so lange hinterfragt, bis der Jugendliche bereit ist den realen Tathergang und seine Motive offen zu schildern und vor sich selbst realistisch einzugestehen. Die anschließende *Gewaltverringerungsphase* hat eine kognitive Neubewertung von typischen Leitsätzen im Bereich Gewalt zu Ziel. Im Wesentlichen geht es darum, Friedlichkeit nicht als Schwäche, sondern als Stärke und die Ausübung von körperlicher Gewalt nicht als Stärke zu verstehen. Nach erfolgreichem Abschluss des AATs besteht für die Teilnehmer in der *Nachbetreuungsphase* die Möglichkeit als Tutor an weiteren AATs teilzunehmen. Einerseits sollen sich hierdurch die erarbeiteten Einstellungs- und Verhaltensveränderungen festigen und ausbauen, andererseits können die Tutoren in besonderer Weise die Probleme der neuen Teilnehmer verstehen.

Für die Durchführung des AATs ist eine Dauer von vier bis sechs Monaten festgelegt und umfasst wöchentlich ein- bis dreistündige Sitzungen, das heißt insgesamt ca. 60 Stunden bei fünf Teilnehmern (Weidner 2010).

Das Coolnesstraining (CT)

Das Coolnesstraining (CT) stellt die zweite bekannte Methode der Konfrontativen Pädagogik dar und entspricht dem AAT in der zugrundeliegenden konfrontativen Grundhaltung, auch die angewendeten Methoden sind zu einem großen Teil deckungsgleich. Das CT ist jedoch insgesamt mit vielen Rollen- und Aktionsspielen mehr kind- und jugendspezifischer ausgerichtet. Entspannungsübungen wie zum Beispiel die progressive Muskelentspannung nach Jacobson sind Bestandteil jeder Sitzung im CT. Die Konfrontation auf dem heißen Stuhl (s.u.) hingegen stellt eine Ausnahme dar und wird in einer abgemilderten Form und nur bei besonders massiven Regel- und Normverletzungen für Jugendliche ab 14 Jahren durchgeführt (Gall 2005, S. 32).

Als oberster Leitsatz für die Durchführung des Coolnesstrainings gilt: „Niemand hat das Recht, den anderen zu beleidigen, zu verletzten oder auszugrenzen. Geschieht dies dennoch, erfolgt Konfrontation" (ebd.).

Zielgruppe

Das CT wird vor allem in Schulen, Institutionen der Jugendhilfe oder im Bereich Streetwork für die Arbeit mit Gruppen eingesetzt und gründet dabei auf einer freiwilligen Teilnahme. Als Zielgruppe werden gewaltbereite Kinder und Jugendliche, deren potentielle und tatsächlichen Opfer, die Beobachter und letztendlich auch die Einrichtung, in der es zu gewalttätigen Übergriffen kommt, genannt (Weidner et al. 2003, S. 10). Alle Beteiligten dieses Handlungsvierecks sind mitverantwortlich für die Entstehung und Ausübung von Gewalt, folglich sollen gemeinsam Verhaltensalternativen erarbeitet werden. Ein wesentlicher Unterschied zum AAT besteht demnach darin, dass nicht ausschließlich deliktbezogen mit dem Täter gearbeitet wird, sondern umfassend mit allen Beteiligten (Gall 2005, S. 29).

Der *Täter* wird als meist männlich mit dem Hintergrund sozialer oder familiärer Benachteiligung beschrieben, durch Unterwerfung des Opfers kommt es zu einer Erhöhung des eigenen Selbstwertgefühls und mitbeeinflusst durch Reaktionen des Opfers und der Umwelt kommt er zu der Annahme, dass mit Gewalt Probleme zu lösen und Ansehen zu gewinnen ist (ebd., S. 30). Das *Opfer* ist häufig dadurch gekennzeichnet, dass es durch Schuld- und Schamgefühle zur Geheimhaltung und dadurch zum Schutz des Täters beiträgt (ebd., S. 31). Vermehrt geraten Jungen und Mädchen in die Opferrolle, weil sie über keinen ausreichenden Selbstschutz verfügen oder bestimmte Verhaltensmuster in der Gruppe nicht durchschauen (ebd., S. 30). Der *Gruppe* beziehungsweise den Zuschauern wird zugeschrieben, dass sie die Faktoren Auslöser und Gelegenheit hinsichtlich einer Gewaltförderung begünstigen, indem sie zum Beispiel nicht eingreifen oder durch gruppendynamische Prozesse Konflikte fördern (ebd., S. 31). Der *Institution* selbst wird ebenfalls ein gewaltförderndes Moment beigemessen. Gall benennt hier als Beispiele eine kollektive Problemverleugnung oder Verdrängung vonseiten des Personals (ebd.).

Ziele

Das Coolnesstraining ist im Gegensatz zum AAT konfrontativ-prophylaktisch ausgerichtet und im Bereich der Sekundärprävention anzusiedeln (Kilb et al. 2004, S. 275). Dabei stehen die Ursachen, Auslöser und Gelegenheiten für gewalttätiges Verhalten mit dem obersten Ziel der Opfervermeidung im Vordergrund (Weidner et al. 2003, S. 10).

Curriculum

Weidner et al. stellen insgesamt zwölf Module für das Curriculum des Coolnesstrainings dar (2003, S. 11f). Diese sind relativ allgemein gehalten und stellen eine Mischung aus Inhalten und Methoden dar, die in der Regel für sich sprechen oder aus dem Curriculum des AATs übernommen wurden:

1. Das Prinzip Konfrontation,
2. Kämpfen als pädagogische Disziplin,
3. Analyse der Stärken und Schwächen,
4. Visualisierung von Meinungen, Denkmustern usw.,
5. Körpersprache,
6. Mediation,
7. Opferperspektive,
8. Heißer Stuhl,
9. Provokationstests,
10. Deeskalation,
11. Interaktionspädagogische Übungen,
12. Theaterpädagogik (ebd.).

Gall stellt im Vergleich dazu ein umfassenderes Curriculum einschließlich der detaillierten und separierten Beschreibung von Lernzielen, Lerninhalten und der Methoden und Medien zum Teil inklusive des theoretischen Ursprungs dar (2005, S. 32ff). Auch er beschreibt insgesamt zwölf Punkte, wobei diese einerseits mit denen von Weidner et al. (2003, S. 11f) genannten identisch sind, andererseits jedoch Aspekte umfassen, die mehr auf die subjektive Förderung und Weiterentwicklung jedes einzelnen Teilnehmers ausgerichtet sind (2005, S. 32ff). Hierzu gehören beispielsweise die Wahrnehmung eigener Täter- und Opferdispositionen, die Akzeptanz der Begrenztheit der eigenen Kommunikation oder sinnvolles Verhalten in Bedrohungssituationen (ebd., S. 35). Des Weiteren ergänzt Gall die individuelle und gruppenbezogene Arbeit um den Aspekt der Auseinandersetzung der Kinder und Jugendlichen mit widersprüchlichen Signalen und Anforderungen vonseiten der Erwachsenen (ebd.). Darüber hinaus bezieht sich ein Ausschnitt besonders auf Modelle von Kooperation, Stärkung der Gruppenkohäsion und Aspekte von Peer Education (ebd.).

Dauer und Umfang eines Coolnesstrainings sind variabel, an einer Schule kann ein solches beispielsweise drei bis fünf Monate circa zwei Schulstunden je Woche umfassen (ebd., S. 33).

Das Konfrontative Soziale Training (KST) und das Konfrontative Soziale Kompetenz Training (KSK)

Das Konfrontative Soziale Training (KST) wird als dritte bekannte Methode Konfrontativer Pädagogik in der Literatur genannt (Kilb et al. 2006, S. 38). Das Training stellt das neueste dar, ist allerdings bisher in der Literatur wenig beschrieben. Nicht deutlich davon trennbar, wird zusätzlich das Konfrontative Soziale Kompetenz Training (KSK) beschrieben. Hierbei liegt ein besonderer Schwerpunkt auf der Förderung der sogenannten Soft Skills. Möglicherweise stellt das KSK eine Spezifikation des KST mit dem Schwerpunkt auf den Bereich Kompetenzen dar.

Zielgruppe

Konzipiert wurde dieses Gruppentraining speziell für den schulischen Bereich (Weidner 2006, S. 39). Jugendliche Erst-, Mehrfach- oder Intensivtäter sind die Hauptzielgruppe.

Ziele

Anzusiedeln ist dieses Training allgemein im Bereich Sekundärprävention (Weidner 2006, S. 39), darüber hinaus kann es im Rahmen von Tertiärprävention auch in Bereichen der Bewährungs- und Jugendgerichtshilfe angewendet werden (Institut für Sozialarbeit und Sozialpädagogik e.V. 2011, S. 8). Neben handlungsnahen Zielen, wie der Bewusstmachung der Verantwortung für die eigene Lebenssituation und dem Entwickeln und Üben individueller Handlungsalternativen, stehen mit der Förderung der Opferperspektive und des moralischen Bewusstseins sowie der Förderung prosozialen Verhaltens ähnliche Ziele wie im AAT und CT im Fokus (ebd.).

Im schulischen Bereich hat das Konfrontative Soziale Training seinen Schwerpunkt im Aufbau moralischen Bewusstseins mit dem Ziel eines verbesserten Miteinanders in der Klasse und folglich einer entspannteren Unterrichtsgestaltung (Kilb et al. 2006, S. 39).

Curriculum

Beide Trainings finden gemeinsam in einer Gruppe statt und der zeitliche Rahmen umfasst beispielsweise beim Konfrontativen Sozialen Kompetenz Training zwei- bis dreistündige Sitzungen pro Woche mit einem Gesamtumfang von 40 Schulstunden im Halbjahr und wird durch Einzelgespräche und erlebnispädagogische Aktionen erweitert (Büchner & Ziegler 2005, S. 59). Der Einsatz konfrontativer und provokativer Methoden ist fester Bestandteil, der heiße Stuhl findet in diesem Training jedoch keine Anwendung.

Im Fokus des Konfrontativen Sozialen Kompetenz Trainings stehen die Förderung von sozialen, interkulturellen und berufsbezogenen Fähig- und Fertigkeiten sozial benachteiligter Jugendlicher, wie zum Beispiel die Entwicklung von eigenverantwortlichem Handeln, Konflikt-, Team- und Kommunikationsfähigkeit sowie die Entwicklung und das Erleben der eigenen Selbstwirksamkeit (Büchner & Ziegler 2005, S. 61; Büchner 2006, S. 190f).

Nachdem die drei Haupttrainingsformen der Konfrontativen Pädagogik dargestellt wurden, wird im kommenden Kapitel detaillierter auf die theoretische Fundierung und einige ausgewählte Hauptmethoden der Konfrontativen Pädagogik eingegangen.

3.2.4.3 Theoretischer Bezug und Methoden

In der theoretischen Darstellung der Konfrontativen Pädagogik in der Literatur durchmischen sich zum Teil die konkreten Methoden und deren theoretische Herleitung und werden nicht trennscharf dargestellt. In diesem Kapitel werden jeweils die wichtigsten methodischen Zugänge in Verbindung mit ihrem theoretischen Ursprung dargestellt.

Konfrontativer Gesprächsstil

Insgesamt ist ein konfrontativ-provokativer Gesprächsstil der Trainer mit den Jugendlichen der wesentliche methodische Zugang (Kilb & Weidner 2003a, S. 38). „Dahinter steht auch die Gewissheit, dass die Machtspiele der jungen Männer nicht allein durch Empathie und pädagogisch strenge, kognitive Ermahnungen aufgelöst werden können" (Weidner 2004c, S. 75). Der konfrontative Gesprächsstil und die Bezeichnung als *konfrontative* Pädagogik sind an der ‚Konfrontativen Therapie' Raymond Corsinis angelehnt (1994). Als weiteres methodisches Vorbild nennt Weidner die ‚Provokative Therapie' Frank Farrellys (Farrelly & Brandsma 1986). Provokationen und (verletzender) Humor werden als Mittel besonders betont, um den Jugendlichen aus der Reserve zu locken (Weidner 2004a, S. 14). Farrely entwickelte insgesamt zehn Postulate, von denen für das Selbstverständnis der Konfrontativen Pädagogik eines besonders häufig herangezogen wird: Die Angst des Professionellen, der Jugendliche könnte zusammenbrechen, wenn er mit den Folgen seiner Taten konfrontiert wird. Dies sei übertrieben, da die psychische Fragilität der Betroffenen häufig überschätzt werde (Kilb et al. 2006, S. 40). Trotzdem wird in der Theorie der Konfrontativen Pädagogik Wert darauf gelegt, dass Konfrontation nur mit Erlaubnis des Jugendlichen stattfindet. So ist es Ziel, vom Interventionsrecht durch Dritte, zum Beispiel durch eine richterliche Auflage, zu einer Interventionserlaubnis durch den Jugendlichen selbst zu gelangen (Kilb & Weidner

2000, S. 33). Die ersten Sitzungen im AAT dienen vorwiegend der Motivationsarbeit, um die Sekundärmotivation der Jugendlichen hin zu einem eigenen Interesse zu wandeln, so dass sie die Interventionserlaubnis an die Trainer geben (ebd.). Jegliche Konfrontation – auch im Rahmen des heißen Stuhls – darf nach den Prinzipien der Konfrontativen Pädagogik nur nach einer erfolgten Interventionserlaubnis erfolgen (Weidner et al. 2003, S. 14). Der gelungene Beziehungsaufbau einschließlich Sympathie und Respekt soll der Konfrontation vorausgehen (Weidner 2004b, S. 11). „Respekt und Sympathie sowie Transparenz sind gleichsam dogmatische Termini. Konfrontation ohne Kooperation ist nicht möglich" (Schawohl 2003, S. 273). Diesem so stark betonten Grundsatz widerspricht jedoch Wolters, der die Rücksichtnahme auf die Einsicht und Einwilligung der Klienten als Voraussetzung für eine Intervention als unprofessionell betrachtet und folglich auch ohne diese ein Eingreifen legitimiert:

> „Welch unprofessionelle Haltung liegt unserem ‚Wohlfahrtsstaat' und seinen zuständigen Sozialarbeitern da zugrunde, die gebotene Hilfe von der Einsicht und Kooperation ihrer doch dazu leider gerade unfähigen Adressaten abhängig zu machen" (2004b, S. 117).

Ein optimistisches Menschenbild als Grundhaltung in der Konfrontativen Pädagogik wird stark betont und stellt sogar einen der sieben Punkte der Qualitätsstandards (Kilb & Weidner 2000, S. 35) sowie einen der zwölf Eckpfeiler (s.u.) dar, auf die sich die Konfrontative Pädagogik stützt (Weidner et al. 2004b, S. 5f). Das Mögen des Täters als Person bei gleichzeitig massiver Ablehnung seiner Gewaltbereitschaft und seiner Taten steht im Mittelpunkt (Kilb et al. 2004, S. 277). Dies entspricht dem Leitsatz aus Glen Mills „There is no bad boy" (Weidner et al. 2004a, S. 15). Kilb schränkt dies jedoch darauf hin ein, dass er ein formales Auftragsverhältnis als Handlungsberechtigung als ausreichend für eine gelingende Konfrontation hält (2006b, S. 33). Die Konfrontation legitimiert sich seiner Meinung nach dadurch, dass sonst möglicherweise später sehr viel repressivere Maßnahmen auf den Jugendlichen zukommen könnten (ebd.). Damit relativiert er den so oft betonten Grundsatz der Konfrontativen Pädagogik.

Das lerntheoretisch-kognitive Paradigma

Für die Erklärung der eigenen theoretischen Fundierung, insbesondere für das AAT und das CT, bezieht sich die Konfrontative Pädagogik auf ein lerntheoretisch-kognitives Paradigma als Basis ihrer Arbeit (Weidner 2004b, S. 19). Die lerntheoretischen Aspekte orientieren sich dabei vor allem an der Sozialen Lerntheorie Banduras und an seinen Ausführungen zur Aggression. Die für die Konfrontative Pädagogik wichtigen Aspekte beziehen sich unter anderem auf die Erklärung der Entstehung aggressiver Verhaltensweisen und sind auf die Veränderungsmöglichkeiten von erlerntem aggressiven Verhalten ausgerichtet. Das lerntheoretisch-kognitive Paradigma hinter der Konfrontativen Pädagogik eignet sich einerseits zur Erklärung von aggressivem Verhalten und zeigt andererseits Möglichkeiten auf, dieses Verhalten zu ändern. Konkret berücksichtigt werden in der Konfrontativen Pädagogik unter anderem Aspekte des *Modelllernens*, der *differenziellen Bekräftigung*, des *instrumentellen Lernens* und der *systematischen Desensibilisierung*. Hierdurch sollen das gewalttätige Verhalten der Teilnehmer abtrainiert beziehungsweise wieder verlernt werden.

Dem *Modelllernen* wird in der Konfrontativen Pädagogik ein besonderer Stellenwert eingeräumt, da es Sozialisationsprozesse und zum Teil die Entwicklung von aggressivem Verhalten erklärt. Durch das Mitwirken von ehemaligen Teilnehmern an Sitzungen des AATs oder CTs dienen diese als positive Rollenmodelle und sind durch ihr Alter und vor allem die gemeinsamen Auffälligkeiten im Bereich Gewalt den aktuellen Teilnehmern sehr ähnlich und können ihnen somit als Rollenmodelle dienen. Darüber hinaus können zum Beispiel im Gefängnis prosozial orientierte Mitinsassen in das Training einbezogen werden (Weidner 2001, S. 133). Gleichzeitig wird versucht, neben diesen positiven Vorbildern, die Entstehung negativer Vorbilder strikt zu unterbinden beziehungsweise konsequent zu bestrafen. Darüber hinaus sollen im Sinne des Modelllernens die Trainer in den verschiedenen Trainingsformen der Konfrontativen Pädagogik als Modelle für sozial erwünschtes Verhalten dienen (Büchner & Ziegler 2005, S. 66). Auch soll der Trainer den meist männlichen Teilnehmern als Vorbild dafür dienen, dass souveräne Männlichkeit nicht zwangsläufig mit aggressivem Verhalten verbunden ist, sondern sich durch andere Aspekte definiert.

In Form von positiver und negativer Verstärkung sowie Belohnungs- und Bestrafungssystemen findet in der Praxis der Konfrontativen Pädagogik vor allem das *instrumentelle Lernen* und die *differentielle Bekräftigung* Anwendung. So erfahren Teilnehmer des AATs im Gefängnis bei regelkonformem Verhalten vollzugliche Lockerungen oder bekommen bei Verstößen gegen Vereinbarungen stärkere Einschränkungen zu spüren. Die Motivation der Teilnehmer für gewaltfreies Verhalten soll durch konsequentes Belohnen von erwünschtem Verhalten verstärkt werden. Gleichzeitig wird die positive Reaktion von anderen Teilnehmern auf gewalttätiges Verhalten konsequent unterbunden, so dass diese Form der Verstärkung wegfällt. Problematisch ist hier die Übertragbarkeit des Verhaltens auf andere Situationen außerhalb des Trainings, weshalb dem konkreten Einüben und der Stabilisierung von sozial erwünschtem Verhalten in Alltagssituationen innerhalb der Konfrontativen Pädagogik ein großer Raum gegeben wird. Hierfür werden die Teilnehmer beispielsweise bei Discobesuchen begleitet.

Eine Form der *systematischen Desensibilisierung* findet in Form der Bearbeitung der eigenen Aggressivitätsauslöser Anwendung (s. AAT). Die Teilnehmer werden so lange mit Reizen konfrontiert, die bei ihnen Wut und Aggressionen erzeugen, bis diese kein aggressives Verhalten mehr auslösen.

Der heiße Stuhl

Im Zusammenhang mit der Konfrontativen Pädagogik und besonders dem AAT rückt der sogenannte *heiße Stuhl* häufig als (Haupt-)Methode in den Mittelpunkt und wird kontrovers diskutiert. Der heiße Stuhl in der Konfrontativen Pädagogik orientiert sich dabei an Fritz Perls *hot seat* und Jacob L. Morenos *Hinter-dem-Rücken-Technik*, wurde aber für die Konfrontative Pädagogik abgewandelt. Bei dem Gestalttherapeuten Fritz Perls ist der *heiße Stuhl* der Stuhl direkt neben ihm und die Person, die in einer Gruppensitzung an sich arbeiten möchte, kann auf diesem speziellen Sitz Platz nehmen (Reimer & Rüger 2003, S. 223). Bei Morenos *Hinter-dem-Rücken-Technik* verlässt eine Person, nachdem sie ihr Verhalten erklärt und gerechtfertigt hat, nur symbolisch den Raum, so dass die anderen Anwesenden die Möglichkeit haben die Rechtfertigungen und Einstellungen der Person zu diskutieren und zu hinterfragen, so als ob diese nicht da wäre. Hierbei kann es zu harten Aussagen für den Betroffenen kommen, diese werden anschließend gemeinsam besprochen. Ziel ist es, offenere Aussagen der restlichen Gruppenmitglieder zu erhalten, als bei einem direkten Feedback.

Im AAT ist es fester Bestandteil, dass jeder Teilnehmer mindestens eine Sitzung auf dem heißen Stuhl verbringen muss. Dabei sitzt der Jugendliche auf einem Stuhl in der Mitte der Gruppe und Trainer, Jugendliche und möglicherweise andere Gäste befragen und konfrontieren ihn mit seinen Taten. In der Konfrontativen Pädagogik gehen Sinn und Zweck des heißen Stuhls über Perls ursprüngliche Intention hinaus, der Person auf dem Stuhl eine optimale Hilfestellung zu geben, denn Provokationen sind im AAT wesentlicher Bestandteil und gefordert: „Es geht nicht mehr darum, dem Klienten in einer Gruppensitzung ein ruhiges, sachliches Feedback zu geben. Es geht darum, ihn zu attackieren und so zum Nachdenken zu zwingen" (Weidner 2004a, S. 16).

Einmassierung des Realitätsprinzips

Als weitere theoretische Anleihe wird häufig das *Life-Space-Interview* von Fritz Redl genannt (Weidner 2001, S. 19). Hierbei geht es um das Aufnehmen und Sprechen über ein Erlebnis unmittelbar in der Situation selber, so dass spätere Umdeutungen oder falsches Erinnern an die Situation nicht möglich sind (Redl & Fatke 1987, S. 52). Ziele und Aufgaben sind dabei die sofortige emotionale erste Hilfe und die therapeutische Auswertung von Ereignissen (ebd., S. 53). In der Konfrontativen Pädagogik wird besonders dem zweiten Punkt eine große Bedeutung zugesprochen. Der *Einmassierung des Realitätsprinzips* (ebd., S. 55f) also der Wahrnehmung und Anerkennung einer Situation so wie sie wirklich war, ohne Fehleinschätzungen oder falsch Erinnertes, wird als sehr wichtig erachtet (Weidner et al. 2003, S. 30). Diese Einmassierung gilt insbesondere für die Opferperspektive, die von den Tätern häufig gar nicht gesehen wird, bzw. ein Tabuthema ist (Weidner 2004b, S. 13).

Leitsatz und Erziehungsstil

Die Konfrontative Pädagogik favorisiert den Leitsatz: „Professionelle der Sozialen Arbeit sollten pädagogisch (nicht polizeilich/juristisch!) auf Kleinigkeiten reagieren, damit Großes erst gar nicht passiert" (Weidner 2004b, S. 20) und plädiert damit für einen Paradigmenwechsel, da aus ihrer Sicht in der Vergangenheit in Deutschland pädagogisch umgekehrt gearbeitet wurde, indem über Kleinigkeiten hinweg gesehen und erst auf Großes reagiert wurde (ebd.). Insgesamt fasst Weidner über die Konfrontative Pädagogik zusammen:

> „Das Motto lautet: den Menschen mögen und verstehen, aber mit seinem (abweichenden bis kriminellen) Handeln nicht einverstanden sein! Dahinter steht ein Professionalitäts-Verständnis, das – pointiert formuliert – 80% Empathie um 20% Konfrontation (in Konfliktsituationen) ergänzt, eben eine ‚klare Linie mit Herz'!" (2004a, S. 7).

Diese ‚klare Linie mit Herz' sieht die Konfrontative Pädagogik in dem von ihr favorisierten Erziehungsstil verwirklicht, dem autoritativen Erziehungsstil. Die hohe Kommunikations- und Aushandlungsbereitschaft wird als besondere Stärke dieses Stils und damit als besonders geeignet für die Konfrontative Pädagogik gesehen, da diese sich für mehr Streitkultur und ein engagiertes Aushandeln einsetzt (Weidner & Gall 2003, S. 18ff).

> „Konfrontative Pädagogik grenzt sich ab von einem autoritär-patriarchalischen Erziehungsstil, ebenso von einem ausschließlich akzeptierenden Begleiten und einem rein permissiven Verständnis, das die Ursachen abweichenden Verhaltens primär im gesellschaftlichen Kontext, bzw. als Ausdruck von Labeling-Prozessen sieht und den Abweichler damit von seiner Verantwortung freizusprechen scheint" (Weidner 2004b, S. 16).

Bevor abschließend auf einige kritische Aspekte hingewiesen wird, werden die zwölf Eckpfeiler der Konfrontativen Pädagogik dargestellt.

Zusammenfassung: Die zwölf Eckpfeiler

Die folgenden zwölf Eckpfeiler umfassen sowohl theoretische als auch praktische Elemente und sollen kurz und knapp ausdrücken, als was die Konfrontative Pädagogik sich selbst sieht:

„1. Erziehungs-ultima-ratio, als ‚letztes Mittel', nachdem akzeptierende Interventionen nicht fassen konnten
2. interventionistisch und um den Probanden werbend und ihn zur Veränderung motivierend
3. Ansatz für Mehrfachauffällige, die Freundlichkeit als Schwäche werten
4. direkt, konfrontativ, normativ und Grenzen ziehend
5. delikt- und defizitspezifisch als Basis für eine Lebensweltorientierung (Prinzip: vom Speziellem zum Allgemeinen)
6. Ansatz mit einem optimistischen Menschenbild
7. primäre (Eigenmotivation) und sekundäre (äußerer Druck) Veränderungsmotivationen akzeptierender Ansatz
8. polizei- und justizkooperativ
9. gesellschaftskritisch (3/4 winner-looser-Gesellschaft, mangelnde soziale Gerechtigkeit)
10. Ansatz, der ohne die Interventionserlaubnis des Betroffenen nicht konfrontativ arbeitet
11. den pädagogischen Bezug und Beziehungsarbeit favorisierend
12. Erziehungsziel orientiert: Förderung des pro sozialen Verhaltens, des moralischen Bewusstseins und der Handlungskompetenz" (Weidner et al. 2004b, S. 5f).

3.2.4.4 Kritische Anmerkungen

In diesem Kapitel wird auf einige kritische Aspekte der Konfrontativen Pädagogik eingegangen, die zu insgesamt sieben Blöcken zusammengefasst sind. Dies geschieht mit der Absicht sich vor Augen zu halten, dass die Konfrontative Pädagogik nicht vorbehaltlos und unkritisch im Zuge der starken Verbreitung dieser übernommen werden darf, sondern stets gut durchdacht und kritisch hinterfragt werden muss. Dies gilt auch übertragen auf das Projekt ‚Schlag.fertig', welches einen Ursprung in der Konfrontativen Pädagogik hat.

Die Konfrontative Pädagogik mit ihren Methoden und Ansätzen hat in der Fachöffentlichkeit eine breite Diskussion hervorgerufen. In der Regel sind die dort vertretenen Meinungen stark polarisiert, das heißt entweder sehr für diesen Ansatz oder oft sehr vehement dagegen. Die Konfrontative Pädagogik stellt für viele – vor allem Praktiker – ein zunächst sehr schlüssiges und sinnvolles Konzept dar, mit der schwierigen Zielgruppe von gewalttätigen Jugendlichen umzugehen. ‚Traditionelle' Konzepte reichen oft nicht aus, um den pädagogischen Alltag mit diesen Jugendlichen zu bestreiten. Es gibt jedoch einige kritische Stimmen, die auf Defizite und Kritikpunkte dieses Ansatzes hinweisen beziehungsweise es werden bei näherer Betrachtung des zugrunde liegenden Konzeptes und der eigenen Darstellung in (Fach-)Presse und Öffentlichkeit einige kritische Aspekte deutlich.

Vermarktung

Die Begriffe AAT und CT sind von den Begründern durch das Patent- und Markenamt geschützt worden, so dass die rechtlich korrekte Form jeweils *Anti-Aggressivitätstraining®* und *Coolnesstraining®* lauten sollte. Als Begründung für diesen im pädagogischen Bereich eher unüblichen Schritt wird angeführt, dass nur so gewisse Qualitätsstandards erfüllt werden können (Weidner 2010). Das Schützen der Namen wird von einigen Kritikern jedoch als Bestandteil einer „offensiven Öffentlichkeitsarbeit" (Plewig 2007, S. 364) und Vermarktung des Konzeptes gesehen, die Gefahr läuft ohne ausreichende Berücksichtigung eines wissenschaftlichen pädagogischen Anspruchs hinaus in den Bereich der (reinen) Wirtschaftlichkeit abzutreiben.

> „Es scheint, als ob die Moderne in der Sozialen Arbeit soweit angekommen ist, dass um ihrer Marktgängigkeit willen soziale, kulturelle, vor allem moralische Vergewisserung obsolet werden" (Simon et al. 2003, S. 45).

> „Kritisch an der noch jungen Entwicklung einer ‚Konfrontativen Pädagogik' ist der Ökonomisierungsgrad einzelner Modelle" (Trapper 2007a, S. 101).

Ein ähnlicher Kritikpunkt bezieht sich darauf, dass die Patentierung vor allem eine Reaktion auf ein aktuelles In-Thema darstellt, welches zur Zeit in den Medien umfassend diskutiert wird und auf das mit dem Konzept der Konfrontativen Pädagogik reagiert wird, da zur Zeit die Aufmerksamkeit für das Thema sehr groß ist und nicht umgekehrt.

> „AAT und CT entsprechen der Dramaturgie unserer Zeit, sind eine der zahlreichen Reaktionen auf allgemeines Krisengeschrei, dem Ruf nach klaren Antworten und Eindeutigkeit" (Simon et al. 2003, S. 39).

Darüber hinaus wird kritisch angemerkt, dass durch das Patent kein neues Konzept geschützt wurde, sondern dass die hinter dem Patent stehenden Personen sich „einen wenigstens seit dreißig Jahren im deutschsprachigen Raum verwendeten Begriff samt dahinter stehender Praxis patenrechtlich schützen ließen" (Simon et al. 2003, S. 38). Simons Fazit dazu lautet: „Die ach so neue Methode ist dabei sehr alt" (ebd., S. 41).

Die Einprägsamkeit und der Bekanntheitsgrad der Konfrontativen Pädagogik wird zum Teil durch den verwendeten Sprachstil, einen ganz bestimmten Jargon und sich wiederholende Phrasen und Leitsätze in ihrer Marktgängigkeit gefördert. Bei der Literaturstudie der Veröffentlichungen trifft man immer wieder auf gleiche Sätze und Formulierungen, die sich sehr häufig wiederholen. Es scheint weniger um die Beleuchtung verschiedener Aspekte zu gehen, als vielmehr um eine möglichst breite Publizierung. So finden sich beispielsweise in verschiedensten Abhandlungen „eine klare Linie mit Herz" (Weidner et al. 2004a, S. 7), „eine gerade Linie mit Herz" (Kilb et al. 2006, S. 29), „Grenzziehung mit Herz" (Weidner et al. 2003, S. 26) oder „Konfrontation mit Herz" (Weidner et al. 2006, S. 11) als sehr häufig wiederholte Schlagsätze, die zum Teil den Eindruck eines eingängigen Werbeslogans vermitteln. Der verwendete Sprachstil in den wissenschaftlichen Bereichen ist zudem zum Teil sehr alltagsnah und eingängig, so wird von „harten Jungs" oder „Schlägern" gesprochen (z. B. Weidner et al. 2004).

Eng mit dem Bereich Sprache hängt der nächste Kritikpunkt zusammen, der sich detaillierter mit der Selbstpräsentation der Konfrontativen Pädagogik auseinandersetzt.

Selbstpräsentation und Darstellung der pädagogischen Praxis

„Verliebt in das eigene Programm", so beanstanden Simon et al. die Selbstdarstellung der Konfrontativen Pädagogik (2003, S. 44). Auch Walkenhorst benennt die Selbstdarstellung als „unkritische Selbstinszenierung", die Gefahr läuft „in selbstgerechter Weise zu einer generellen Abwertung der bislang geleisteten pädagogischen Arbeit im Bereich der Prävention und Intervention bei gewalttätigem und politisch extremistischem Verhalten beizutragen" (2004, S. 74).

Im gleichen Atemzug, in dem die Besonderheit und Wichtigkeit des eigenen Ansatzes betont wird, werden andere Pädagogen und Handlungsansätze abgewertet beziehungsweise als zu nachgiebig und zu ausweichend für die Arbeit mit der beschriebenen Zielgruppe dargestellt. Einige Kritikpunkte an der Jugendhilfe haben durchaus ihre Berechtigung, dennoch schließt die Konfrontative Pädagogik die Lücke oder den Bedarf an veränderten oder zusätzlichen Angeboten und Umstrukturierungen nicht vollständig und stellt auch keine Pauschallösung für die Arbeit mit gewaltbereiten Jugendlichen dar.

Die Konfrontation wird als wesentliches Merkmal der Konfrontativen Pädagogik beschrieben und allen anderen pädagogischen Settings und Methoden abgeschrieben. Hier ist jedoch zu betonen, dass grundsätzlich jede pädagogische Situation auch konfrontative Elemente zwischen Educans und Educandus beinhalten kann und Konfrontation im pädagogischen Alltag, besonders im Umgang mit schwieriger Klientel, an der Tagesordnung ist. Grenzen in der Arbeit mit Jugendlichen zu ziehen ist kein pädagogisches Mittel, welches nur die Konfrontative Pädagogik anwendet, dies zum Teil jedoch so darstellt.

Sprachlich ungünstig kann die wiederholte Selbstpräsentation durch ein Vokabular wie *anti* oder *Bekämpfung von Gewalt* erscheinen, wenn sich darauf beschränkt wird, immer gegen etwas zu sein. Kunstreich betont, dass weniger Anti-Programme aufgestellt werden sollten, sondern mehr Programme für Teilhabe und Partizipation und zur Entwicklung und Erweiterung von Handlungsspielräumen (2000, S. 39). Außerdem bleibt zum Teil unklar, was genau erlernt werden soll, vielmehr steht das Abtrainieren von bestimmten Handlungsmustern im Fokus. In der Arbeit mit gewalttätigen Jugendlichen sollte jedoch immer bedacht werden, dass anstelle des vergangenen Verhaltens idealerweise etwas Neues, Positives erlernt werden soll.

Insgesamt zeigt sich die Selbstpräsentation der Konfrontativen Pädagogik durch ihre verschiedenen Vertreter nicht einheitlich. Die Unklarheit betrifft zum Beispiel unterschiedlich dargestellte Inhalte und Curricula sowie die Darstellung der Konfrontativen Pädagogik als eigene Pädagogik, was der Name vermuten lässt, das Konzept jedoch nicht hergibt:

> „Die ‚Konfrontative Pädagogik' als ausgearbeitetes, umfassendes pädagogisches Handlungskonzept lässt sich nicht finden. Wie sollte dies auch möglich sein, da sich keine sinnvolle pädagogische Konzeption auf lediglich ein Merkmal – auch nicht auf die Konfrontation – reduzieren lässt" (Trapper 2007a, S. 101).

Dem Merkmal Konfrontation wird ein sehr großer Stellenwert zugeschrieben, ein großer Teil der theoretischen Darstellung und Erläuterung der Durchführung bezieht sich auf dieses eine Merkmal. „Zentrales ideologisches Moment des AAT/CT ist die Selbststilisierung als konfrontative Pädagogik" (Simon et al. 2003, S. 42). Auch die Benennung als *Konfrontative* Pädagogik legt die Wichtigkeit dieses Aspektes für den Ansatz dar. Diesem widerspricht jedoch der häufig angeführte Leitsatz, dass das Professionalitätsverständnis 80% Empathie und ‚nur' 20% Konfrontation umfasst.

Des Weiteren fällt auf, dass die Konfrontative Pädagogik sich betont männlich gibt. Durchsetzungsvermögen sowie hartes und konsequentes Auftreten werden als typische Männlichkeitsattribute dargestellt und betont. Simon et al. bewerten einen Grundlagentext der Konfrontativen Pädagogik als „penetrant männlich" (2003, S. 45). Darüber hinaus gibt es nur wenige Veröffentlichungen von Frauen zu diesem Thema. Bausmann & Frenking sind einige der Wenigen, die sich in ihrem Artikel ‚Mann kann mit dem AAT arbeiten! – Frau auch?' mit den Geschlechtsrollen kritisch auseinandersetzen (2003). Daran anknüpfend wird insbesondere die Rolle des leitenden (männlichen) Pädagogen sehr stark betont, er wird „zu einer dominanten und bestimmenden Figur des Settings hochstilisiert" (Walkenhorst 2004, S. 69). Andere Aspekte werden vernachlässigt. Für Walkenhorst reichen einige Selbstdarstellungen bereits an die Grenzen der Seriosität (ebd., S. 70). Diese starke Betonung der Pädagogenrolle steht zudem konträr zu der betonten Wichtigkeit der gleichaltrigen Vorbilder und deren Einfluss.

Theoretische Fundierung

Die Konfrontative Pädagogik beruft sich in ihrer theoretischen Herleitung auf eine Vielzahl von Theorien und Theoretikern. Eine Zusammenführung beziehungsweise direkte Adaption auf das eigene Konzept findet nur partiell statt.

> „Die schriftlichen Darstellungen der wenigen in der Öffentlichkeit auftretenden Verfechter des Ansatzes verwenden eine kaum überschaubare Anzahl von Begriffen, the-

oretischen Perspektiven und Autoren. Die dafür erforderliche Zusammenführung der Perspektiven und sorgfältige Übertragung auf das eigenen Konzept unterbleibt" (Plewig 2007, S. 364).

Wie unter dem Punkt *Selbstpräsentation* bereits angedeutet, richtet sich ein weiterer Kritikpunkt auf die Frage, ob die Konfrontative Pädagogik eine eigene Pädagogik darstellt oder nicht. Trapper äußert sich hierzu folgenderweise: „Weidners pädagogische Leitvorstellung (…), bietet allenfalls grobe Orientierungspunkte" (2007a, S. 101). Tischner sieht zwar eine wichtige Funktion, darüber hinaus jedoch keinen übergeordneten Bedarf:

„Die Konfrontative Pädagogik ist aufgrund ihres ausgeprägt ‚väterlichen' Charakters geeignet, ein wirksames Gegengewicht zu der seit mehr als 30 Jahren in Deutschland ‚mütterlich' dominierten Pädagogik darzustellen; darüber hinaus gibt es für sie – womöglich als eigenständige pädagogische Richtung – keine genuine Existenzberechtigung" (2007, S. 144).

Darüber hinaus wird kritisiert, dass die als Grundlage herangezogenen Theorien nicht so verwendet werden, wie sie ursprünglich konzipiert sind. Für die als wesentlich genannte provokative Therapie Farrelys, bemängelt Plewig in Hinblick auf die Übertragung in die Konfrontative Pädagogik: „'Ein bisschen Humor' und ‚Herumprovozieren' von Strafgefangenen im AAT sind aber noch keine Provokative Therapie im Sinne FARELLYS" (2007, S. 368). In Bezug auf Banduras Lerntheorie beanstandet Plewig des Weiteren, dass die Steigerung der Selbstwirksamkeitserwartungen vor allem durch ermutigende Äußerungen erreicht werden soll. Dies stimmt jedoch nicht mit den in der Konfrontativen Pädagogik praktizierten Maßnahmen überein, die das Ziel haben das Selbstbild der Beteiligten durch massive Konfrontation zu erschüttern (ebd., S. 367).

Als eine weitere grundlegende Veränderung kann der Umgang mit dem Platznehmen auf dem heißen Stuhl genannt werden. Bei Perls ist dies eine freiwillige Entscheidung, in der Konfrontativen Pädagogik hingegen ist es Pflicht und wird auch gegen den Willen der Beteiligten ausgeführt. Die Beschreibung der Funktion des heißen Stuhls in der Konfrontativen Pädagogik von Weidner unterstützt die Frage, ob dies in der theoretischen Darstellung den Bezug auf Perls noch zulässt.

Im Hinblick auf die in konfrontativen Trainings angestrebte moralische Entwicklungsstufe stellt Walkenhorst fest, dass diese nicht allein durch außengeleiteten Konformitätsdruck mit vorgefundenen Normen erreicht werden kann, sondern dass vielmehr Erziehungsziele wie Mündigkeit oder Verselbständigung angestrebt werden sollten (2004, S. 72). Diese haben jedoch in der theoretischen Fundierung der Konfrontativen Pädagogik keine eigene Bedeutung.

Durch diese Beispiele wird deutlich, dass die Theorie der Konfrontativen Pädagogik keine direkte Übertragung der von ihr angeführten Theorien darstellt, jedoch durch die ausbleibende Zusammenführung zu einer neuen Theorie auch kein durchsichtiges Konzept als Basis der Arbeit vorhanden ist. Simon et al. weiten dies noch aus, indem sie kritisch bemängeln, dass ebenfalls keine systematische Auseinandersetzung mit den Ergebnissen der sozialwissenschaftlichen Studien der Gewaltforschung stattfindet und die Gewalttätigkeit der teilnehmenden Jugendlichen aus ihren sozialen und gesellschaftlichen Kontexten herausgelöst wird (2003, S. 42). Die ausschließliche Bearbeitung des gewalttätigen Verhaltens der Teilnehmer ohne Berücksichtigung ihrer Wurzeln und sozialer, kultureller und gesellschaftlicher Zusammenhänge ist bei der Intensität und Schwere der Taten bei der anvisierten Zielgruppe, insbesondere im AAT, zu wenig.

Wirkannahmen

Im Rahmen einer doch recht großen Nachfrage nach der Konfrontativen Pädagogik, wird von Kritikern immer wieder darauf hingewiesen, dass es zurzeit keine ausreichenden empirischen Ergebnisse über die Wirksamkeit dieses Ansatzes gibt. Simon et al. stellen fest, dass der einzige empirische Indikator die tatsächliche Nachfrage nach dem Programm ist (2003, S. 44). Weidner selbst räumt ein, dass die Ergebnisse der konfrontativen Arbeit sich nicht von denen der Kontrollgruppe unterscheiden (Weidner 2010).

Simon et al. sehen keinen Vorteil der Konfrontativen Pädagogik gegenüber anderen Konzepten der Gewaltprävention. „Die Frage, ob konfrontative Techniken tatsächlich anderen Formen der pädagogischen und therapeutischen Intervention überlegen sind, kann zum jetzigen Zeitpunkt nur verneint werden" (ebd., S. 40). Walkenhorst bemängelt das Fehlen an ausreichenden empirischen Ergebnissen insbesondere hinsichtlich der Langzeitwirkung der Methode. „Die vorliegenden Statements geben nur ansatzweise Auskunft darüber, wie der Wirkmechanismus konfrontativer Konzepte hinsichtlich einer Langzeitwirkung beschaffen sein soll" (2004, S. 70). Des Weiteren werden von Vertretern der Konfrontativen Pädagogik zum Teil Effekte erwartet, die möglicherweise in Einzelfällen realistisch sind, darüber hinaus jedoch sehr idealistisch scheinen.

> „Der veränderte, friedliche Täter emanzipiert sich zum 'Opferanwalt' und entwickelt Schutzfunktion für hilflose und schwache Mitmenschen. Im Rahmen des Gewalt-Recycling-Modells verwirklicht er im Sinne seines lebenslangen Wiedergutmachungsauftrages Friedensarbeit und gibt so die Investitionen der Institution Strafvollzug an die Gesellschaft zurück" (Heilemann & Fischwasser-von Proeck 2001, S. 67).

Diese (Wunsch)Vorstellung erscheint wenig realistisch und vor allem nicht generalisierbar. Insbesondere wie solche Ziele konkret erreicht werden sollen, findet in der theoretischen Beschreibung einen nur sehr geringen Stellenwert. Das Thema Nachhaltigkeit der erzielten Ergebnisse findet ebenso keinen Platz in dem Konzept. Toprak erweitert diese Kritik um den Punkt, dass insbesondere die Anwendung des heißen Stuhls im pädagogischen Alltag praktisch unmöglich ist (2005, S. 82).

Folgen für die Teilnehmer

Die Konfrontative Pädagogik möchte Gewalt und Aggressionen verringern, gezielt dagegen vorgehen. Umso härter wirkt der Vorwurf, sie selbst übe aktiv Gewalt aus: „Die Praktizierung des ‚heißen Stuhls' im Strafvollzug ist Gewaltanwendung gegenüber Abhängigen" (Plewig 2007, S. 366). Simon konstatiert ironisch: „Immerhin ist Gewalt dann zwar nur noch geil, wenn sie am heißen Stuhl praktiziert wird" (2003, S. 45). Das Verhalten der Trainer und vor allem der heiße Stuhl stehen hier im Zentrum der Kritik. Eigentlich sollen die Trainer ein Vorbild für souveräne Männlichkeit und für gewaltfreies Argumentieren liefern, im Rahmen des heißen Stuhls ist verbal jedoch fast alles erlaubt und erwünscht. Plewig merkt an, dass dieses negative Vorbild-Sein überhaupt nicht thematisiert wird und eine gemeinsame Reflektion dieses Verhaltens ausbleibt (2007, S. 367).

Walter fragt zu Recht nach, wie verhindert werden kann, „dass Personen, die im Rahmen von Konfrontation legitim Gewalt ausüben, ihrerseits zum aggressiven Modell werden?" (2007, S. 214). Dies ist insbesondere kritisch zu sehen, als dass sich die Konfrontative Pädagogik bewusst der Methode der positiven Rollenvorbilder in Form von ehemaligen Teilnehmern und den Trainern bedient. „Der Logik der sozial-kognitiven Lerntheorie folgend, stellen die Trainer hier potentielle Modelle negativen Verhaltens dar" (Plewig 2007, S. 367).

Zudem liegen in der Arbeit alle Machtmittel auf Seiten der Professionellen (Kunstreich 2000, S. 35), so dass diese vor dem Hintergrund des Opferschutzes als Ziel und Legitimation alle Mittel bis auf die körperliche Gewaltanwendung anwenden können, um zu den erwünschten Ergebnissen zu gelangen: „Der Trainer darf massiv und radikal in die Persönlichkeit des Täters eindringen, weil er zwar am Täter, aber immer im Auftrag der Opfer arbeitet" (Heilemann & Fischwasser-von Proeck 2001, S. 80). Zu Recht wird hier auf das Grundgesetz und die Unantastbarkeit der Würde des Menschen sowie auf den Grundsatz der Verhältnismäßigkeit der Mittel hingewiesen (Walter 2007, S. 202) und kritisch angemerkt, dass die Konfrontative Pädagogik sich mit diesen Fragen nicht auseinandersetzt: „Mit Nebenfolgen von Konfrontation und heißen Stühlen für die Würde der Menschen wie vielleicht auch für die damit verstärkten Modelle des Verhaltens zu rechnen, schickt sich nicht" (Simon et al. 2003, S. 45).

Simon et al. gehen noch einen Schritt weiter und beziehen die Ausübung von verbaler Gewalt auch auf die Teilnehmer, die aktiv dazu aufgefordert werden bei Konfrontationen auf dem heißen Stuhl den Konfrontierten selbst unter Druck zu setzen (2003, S. 40). Sie sehen im AAT und CT Settings, in denen ohne Angst Gruppenmitglieder gereizt und provoziert werden dürfen (ebd.). Scherr weist abschließend darauf hin, dass zusätzlich die Bedingungen der Anwendung von Maßnahmen der Konfrontativen Pädagogik hinterfragt werden müssen (2009, S. 43). Es ist zu klären, unter welchen Bedingungen die Teilnahme erzwungen werden darf (Simon et al. 2003, S. 43).

Zielgruppe

Die Konfrontative Pädagogik beschäftigt sich in erster Linie mit männlichen Jugendlichen und jungen Männern. Das Ursprungskonzept ist ausschließlich auf diese Zielgruppe ausgerichtet. Mädchen und junge Frauen als Täterinnen von Gewaltdelikten werden generell in diesem Bereich vernachlässigt. Sie rücken zwar mittlerweile mehr in den Fokus, im Vergleich zum männlichen Geschlecht spielen sie aber immer noch eine nebensächliche Rolle.

AAT und CT wurden letztendlich auch auf Mädchengruppen übertragen (Weidner et al. 2003, S. 48) beziehungsweise mit Mädchen durchgeführt. Eine geschlechtsspezifische Angleichung der Programme hat augenscheinlich nicht stattgefunden, was jedoch stark zu bemängeln ist, da sich Mädchen und Jungen besonders in der Adoleszenz entwicklungsbedingt und hinsichtlich der Ursachen und Formen ausgeübter Gewalt stark unterscheiden können. In diesem Zuge ist auch zu beanstanden, dass AAT und CT mit sehr unterschiedlichen Zielgruppen sowohl innerhalb der beiden Trainings als auch in verschiedenen Settings arbeiten. So sollten sich die angewendeten Methoden bei jungen Inhaftierten von den in der Schule angewendeten unterscheiden beziehungsweise sollten sie jeweils auf die Zielgruppe spezifisch abgestimmt werden. Kriterien wie Alter, sozialer Hintergrund, Nationalität, Migrationshintergrund, Wohnort, Herkunft, Verortung der durchführenden Institution usw. sollten idealerweise bei der Durchführung einer Maßnahme berücksichtigt werden. Eventuell muss hier überprüft werden, ob die durch die Patentierung festgelegten Standards nicht gegebenenfalls eine situativ angepasste flexible Durchführung erschweren.

Darüber hinaus wird innerhalb der Gruppenzusammensetzung nicht nach der Vorgeschichte der Teilnehmer differenziert. Weshalb es beispielsweise zur Entwicklung von Gewalt gekommen ist und wie lange sich ein gewalttätiges Verhaltensmuster bereits zeigt, kann innerhalb einer Gruppe sehr unterschiedlich sein und deshalb eine unterschiedliche Bearbeitungsweise verlangen, welche aber in den Gruppentrainings so nicht möglich ist. Walkenhorst beschreibt in diesem Zusammenhang die Gleichsetzung von Mehrfach- und Intensivtätern mit Gewalttätern als unzulässig (2004, S. 69).

Unzureichendes Angebot

Da sich die Konfrontative Pädagogik vor allem mit Mehrfach- und Intensivtätern beschäftigt, stellt sich die Frage, ob für diese Zielgruppe eine einzelne und recht spezialisierte Maßnahme wie AAT oder CT ausreichend ist, um das häufig seit längerem manifestierte Störungsbild nachhaltig und umfassend zu bearbeiten beziehungsweise zu korrigieren. Die Kooperation verschiedener Angebote und Institutionen könnte hier sinnvoll sein. Zudem ist die Konfrontative Pädagogik in ihrer Arbeit fast ausschließlich auf die aggressiven und gewalttätigen Anteile der Teilnehmer fokussiert. Ein umfassendes Problemverhalten legt jedoch den Schluss nahe, dass auf verschiedenen Ebenen und in verschiedenen Bereichen mit der Zielgruppe gearbeitet werden sollte. Die Förderung von Kompetenzen, therapeutische Anbindung, Bildungsbegleitung oder klassische sozialpädagogische Leistungen könnten möglicherweise die Ergebnisse der konfrontativen Arbeit sinnvoll unterstützen und nachhaltiger gestalten. Ähnlich sieht es auch Rau:

> „...der Fokus des AAT auf die gewalttätigen und aggressiven Persönlichkeitsanteile der Teilnehmer ist mithin zu einseitig, um langfristig das Ziel ‚Gewaltlosigkeit' zu erreichen. Der Vorzug gilt einer ganzheitlichen Bearbeitung der Problematik unter Einbeziehung lebensweltlicher Zusammenhänge" (Rau 2006, S. 40).

Abschließende Betrachtung

Abschließend lässt sich zusammenfassen, dass die Konfrontative Pädagogik insgesamt sehr kritisch betrachtet wird, teilweise sprachlich auf einem ähnlichen Niveau, welches an der Konfrontativen Pädagogik bemängelt wird. Einige der oben angeführten Kritiker schließen die eigenen zahlreichen Beanstandungen oft jedoch mit einem Fazit, welches die Schärfe der eigenen Kritik ein wenig abmildert. So stellen Simon et al. abschließend fest, dass „... die Töne der meisten Kritiker einige Tonlagen zu schrill" seien (2003, S. 40) und meinen: „Die Praxis des AAT enthält Elemente, die besser (jedenfalls sozialpädagogischer) sind als sein Ruf und seine medienwirksame (Selbst-)Präsentation als Konfrontationspädagogik bzw. -therapie vermuten lassen" (2003, S. 43).

Walkenhorst fasst abschließend zu seiner Fragestellung, wo die Konfrontative Pädagogik zu verorten ist, zusammen: „Eine variantenreiche ‚konfrontative Methodik' begründet im gegenwärtigen Entwicklungsstadium keine eigene ‚Pädagogik'" (2004, S. 81). Trotzdem leitet er einige wichtige Denkanstöße aus der Diskussion um konfrontative pädagogische Ansätze ab, wie unter anderem die hohe Bedeutung von klaren Regeln, die direkte Reaktion auf Abweichungen oder die Notwendigkeit einer gepflegten Streitkultur zur Entwicklung eigener normativer Grundorientierungen (ebd., S. 82f), welche wichtige Hinweise für die Gewaltpräventionsarbeit mit Jugendlichen sind.

Nach der erfolgten Auseinandersetzung mit unterschiedlichen Facetten der Themen Gewalt und Gewaltprävention folgt im nächsten Kapitel die Auseinandersetzung mit dem Peer-Ansatz als wesentlichem Baustein der zugrundeliegenden Untersuchung und dem aktuellen Stand der Forschung zu diesem.

3.3 Der Peer-Ansatz

In diesem Kapitel steht der Peer-Ansatz als wichtigste der Intervention ‚Schlag.fertig' zugrunde liegende Methode im Fokus. Zunächst ist eine Auseinandersetzung mit der vorherrschenden Terminologie rund um den Peer-Ansatz grundlegend (3.3.1). Nachdem die verschiedenen Begriffe und Ansätze gegeneinander abgegrenzt werden, wird im Rahmen einer kurzen historischen Betrachtung die Entwicklung dieses Ansatzes sowie die aktuelle Verbreitung betrachtet (3.3.2). Die verschiedenen Beteiligten (3.3.3), die Ziele (3.3.4) dieser Methode und die zugrunde liegende Theorie (3.3.5) werden ausführlich erarbeitet, bevor abschließend eine kritische Betrachtung (3.3.6) und darauf aufbauend Empfehlungen für die Praxis (3.3.7) dargestellt werden.

Eine ausführliche Darstellung zu einigen Punkten findet sich in der unveröffentlichten Diplomarbeit[5] der Autorin, die für einige Teile des folgenden komplett überarbeiteten Kapitels als Grundlage dient.

3.3.1 Terminologie

Gegenstand dieses Kapitels sind die terminologischen Begrifflichkeiten rund um die Ansätze der Arbeit von Jugendlichen für andere Jugendliche. Die unterschiedliche Verwendung der verschiedenen Begriffe steht im Mittelpunkt. Die Hauptbegriffe aus diesem Bereich werden aufgegriffen, definiert und gegeneinander abgegrenzt. Abschließend soll auf dieser Grundlage eine schlüssige Kategorisierung gefunden werden.

Es herrscht eine Vielfalt an unterschiedlichen Begriffen in der aktuellen Literatur und in den Beschreibungen von verschiedenen Projekten vor, die sich mit dem Einfluss von Jugendlichen auf andere Jugendliche und deren aktive Nutzung für die Vermittlung von (präventiven) Botschaften beschäftigen. Die Bezeichnungen Peer Involvement, Peer Education, Peer Counseling, Peer Work, Peer-to-Peer Arbeit, Peer Support, Peer Advocacy, Peer-Projekt oder Peer Consulting stellen nur einen kleinen Auszug der benutzten Ausdrücke dar. Hierbei variiert zusätzlich die Schreibweise: teilweise großgeschrieben, teilweise kleingeschrieben, mit und ohne Bindestrich, zum Teil an den deutschen Sprachgebrauch angepasst, in einigen Fällen im englischen Original usw.

Gegen die Verwendung von verschiedenen Begriffen ist generell nichts einzuwenden und diese macht Sinn, wenn damit unterschiedliche Sachverhalte erklärt und voneinander abgegrenzt werden. Für die Beschreibung der Arbeit mithilfe des Peer-Ansatz werden jedoch einerseits unterschiedliche Begriffe für die Schilderung

---

[5] Strauß, S. (2006): Peer Involvement – eine neue Chance in der Suchtprävention mit Jugendlichen!?

des gleichen Sachverhaltes herangezogen und andererseits unterscheiden sich zum Teil Projekte, die unter der gleichen Bezeichnung arbeiten inhaltlich wesentlich voneinander. So bezeichnet beispielsweise Kästner Peer Education als Sammelbezeichnung für die Form der Arbeit mit und durch Jugendliche und ordnet Peer Involvement als einen möglichen Ansatz diesem unter (2003, S. 52). Schmidt dagegen macht es umgekehrt und benennt Peer Involvement als Überbegriff und Peer Education als eins von mehreren möglichen Verfahren, welche von Peer Involvement eingeschlossen werden (2002, S. 129). Dies ist nur ein Beispiel und soll keinen Fehler bei einzelnen Autoren oder Projekten markieren, sondern exemplarisch den Sachverhalt aufzeigen, dass die Begriffe nicht einheitlich verwendet oder trennscharf voneinander abgegrenzt werden.

Eine mögliche Ursache dafür kann sein, dass die Arbeit auf der Grundlage des Peer-Ansatzes, sich in dieser Art und Weise erst seit einigen Jahren in Deutschland verbreitet hat. Dies dann allerdings schnell und in sehr unterschiedlicher Form, was jedoch kein hinreichender Grund sein darf. So reichen die Projekte, die unter der Bezeichnung ‚Peer-…' arbeiten, von einzelnen Theaterworkshops an Schulen bis hin zu jahrelangen Telefonberatungen von Jugendlichen für andere Jugendliche. Hinzu kommt, dass in den unterschiedlichsten Bereichen, wie zum Beispiel Sexualaufklärung, Berufsorientierung oder Sucht- oder Gewaltprävention mit dem Peer-Ansatz gearbeitet wird. Einerseits handelt es sich um alltagsnahe Themen, die für den Großteil aller Jugendlichen eine wichtige Rolle spielen, andererseits sind es sehr spezielle Themen, die nur für kleine Gruppen von Bedeutung sind.

Zusätzlich sind die Begriffe aus dem Englischen übernommen und bereits die sinngemäße Übersetzung des Begriffs ‚Peer' ist nicht eindeutig und wird unterschiedlich gehandhabt (vgl. Kap. 3.3.5.1). Terminologisch herrscht in Deutschland zur Zeit ein breites Spektrum an Begriffen. Es entsteht der Eindruck, dass zusätzlich eine Tendenz besteht, weitere neue Begriffe, abgestimmt auf das jeweils eigene Projekt, hinzuzufügen und neu zu ‚erfinden', da keine Klarheit darüber besteht, welche Begriffe zutreffend sind und was sie genau bedeuten.

Mit dem Ziel einer trennscharfen Abgrenzung voneinander wird im Folgenden auf die Begriffe Peer Involvement, Peer Education, Peer Support, Peer Counseling, Peer Mediation und Peer Tutoring näher eingegangen, da diese als Hauptbegriffe verstanden werden und sich (fast) alle Projekte einer dieser Bezeichnungen unterordnen lassen.

3.3.1.1 Peer Involvement

Der Begriff *Involvement* kann aus dem Englischen mit ‚Beteiligung', ‚Einbeziehung' oder ‚Mitwirkung' übersetzt werden. Bei Peer Involvement-Ansätzen handelt es sich um Ansätze, die Personen, welche mit der anvisierten Zielgruppe für ein (Präventions)Projekt gemeinsame Eigenschaften oder Lebensumstände teilen, einbeziehen und diese mitwirken lassen. Im Sinne von ‚Peer' kann es sich bei den Gemeinsamkeiten um ein ähnliches Alter, einen ähnlichen Rang oder eine vergleichbare Lebenssituation mit ähnlichen Bedürfnissen und Interessen handeln. Generell beschränken sich Peer Involvement-Ansätze nicht nur auf Jugendliche, sondern sind theoretisch für alle Alters- und Bevölkerungsgruppen anwendbar. In der Praxis dominieren allerdings Projekte, die sich auf Kinder, Jugendliche und junge Erwachsene beschränken. Der Begriff Peer Involvement soll zunächst in dieser weiten Definition bestehen bleiben.

3.3.1.2 Peer Education

Education kann ins Deutsche mit ‚Erziehung', ‚Bildung', ‚Ausbildung' oder auch ‚Pädagogik' und ‚Unterricht' übersetzt werden. Bereits bei der Betrachtung dieser möglichen Übersetzungen wird deutlich, dass unterschiedliche Interpretationen nahe liegen. So wird die Bezeichnung Peer Education in der Literatur und in der Praxis zum Teil sehr variabel verwendet. Allein der Versuch einer Definition oder Eingrenzung des deutschen Begriffes ‚Erziehung' weist in der Erziehungswissenschaft eine lange Tradition und zahlreiche verschiedene Herangehensweisen auf, auf die hier nicht näher eingegangen werden soll.

In Literatur und Praxis wird der Begriff Peer Education häufig nicht klar definiert, sondern als eine Art Sammel- und Überbegriff für verschiedene Peer-Ansätze verwendet, was im engeren Sinne nicht korrekt ist, da Peer Education nur *eine* mögliche Form der Einbeziehung Gleichaltriger ist: „Education, also Erziehung, stellt nur einen Bruchteil der facettenreichen Arbeitsansätze mit Gleichaltrigen dar" (Kästner 2003, S. 50). Obwohl dies zum Teil bekannt ist, wird der Begriff trotzdem wider besseren Wissens in dieser Form weiter verwendet:

> „Eigentlich müsste die Zusammenfassung all dieser Ansätze der Gleichaltrigenerziehung als Peer-Involvement bezeichnet werden. (...) Involvement, also Einbeziehung oder Beteiligung, wäre m. E. nach die geeignete Bezeichnung, um die gemeinsame Idee, die hinter all diesen Projekten steht, deutlich zu machen. Verwirrung ist aber nicht Ziel dieses Beitrags (...). Deshalb wird in diesem Beitrag der Begriff Peer-Education als ‚übergreifende Klammer' für Peer-Ansätze verwendet werden" (Kästner 2003, S. 50).

In Abgrenzung zu einer klassischen Definition von Erziehung, wird bei Peer Education nicht das Verhältnis von älteren und damit ‚wissenden' Menschen zu jüngeren und ‚unwissenden' Menschen betont, sondern der gemeinsame Austausch und ein gemeinsamer Lernprozess. Ein Erfahrungsgewinn für beide Seiten wird angestrebt: „Peer Education bedeutet also die Aufklärung von Gleich-zu-Gleich, bzw. dass sich die Angehörigen einer sozialen Gruppe (...) gegenseitig informieren" (Svenson 1998, S. 7). Auf der praktischen Seite sieht es in Peer Education Programmen jedoch häufig so aus, dass eine Seite über ein Mehr an Wissen in bestimmten Bereichen verfügt. In den meisten Fällen arbeiten einzelne geschulte Jugendliche, sogenannte Peer Educator mit Gruppen von Jugendlichen (Backes & Schönbach 2002, S. 3). Svenson et al. definieren Peer Education so, dass eine Minderheit von Vertretern einer bestimmten Gruppe versucht aktiv die Mehrheit zu informieren (1998, S. 9). Hierbei handelt es sich oft um Informationsveranstaltungen, bei denen einzelne geschulte Schüler ihre Mitschüler über ein bestimmtes Thema informieren oder Diskussionsmöglichkeiten anbieten. Die Ziele von Peer Education gehen allerdings über die reine Informationsweitergabe hinaus, denn erwünscht sind auch Einstellungs- und Verhaltensänderungen, sowie eine allgemeine Verbesserung des Problembewusstseins und der Kommunikationsfähigkeit. Dies jeweils sowohl auf Seiten der Peer Educators als auch auf Seiten der Zielgruppe.

Svenson et al. unterscheiden vier praktische Ansätze von Peer Education im Bereich Aidsprävention, die sich durchaus für Peer Education verallgemeinern lassen und hier kurz dargestellt werden sollen (1998, S. 24f):

Der *pädagogische Ansatz* beschreibt ein Verfahren, welches gekennzeichnet ist durch die Präsentation von Informationen in einem offiziellen Umfeld, wobei die präsentierenden Peer Educators nicht unbedingt der gleichen sozialen Gruppe wie die Zielgruppe angehören müssen und auch einen anderen Erfahrungshintergrund mitbringen können. Aus diesem Grund wird hierbei auch eine Verbreitung der Informationen in das soziale Netzwerk außerhalb des offiziellen Umfelds nur selten erwartet.

Der *niedrigschwellige Ansatz* arbeitet mit ähnlichen Methoden wie der pädagogische Ansatz. Die Peer Educators teilen jedoch eine bestimmte Eigenschaft mit der Zielgruppe, zum Beispiel das Alter oder die Erfahrung mit bestimmten Problemen. Die Peer Educators gehören jedoch nicht der sozialen Gruppe der Zielgruppe an, sondern suchen diese zum Beispiel in ihrem Stadtteil auf und informieren diese dort. Niedrigschwellig ist der Ansatz, weil er versucht junge Menschen zu erreichen, die sonst von traditionellen Präventionsbotschaften so gut wie gar nicht erreicht werden beziehungsweise diese nicht teilen oder verstehen oder einer besonders gefährdeten Gruppe angehören.

Bei dem *Diffusionsansatz* haben die Peer Educators die gleiche soziale Zugehörigkeit wie die Zielgruppe und es handelt sich um den Versuch bestehende soziale Netzwerke und Kommunikationswege zur Verbreitung von Informationen zu nutzen. Ziel ist dabei die unmittelbare Beeinflussung beziehungsweise das unmittelbare Erreichen der anvisierten Zielgruppe. Die Umsetzung dieses Ansatzes geschieht zum Beispiel in Form von Informationsständen, Theaterstücken oder der Teilnahme an lokalen Veranstaltungen. Meinungen und wahrgenommene soziale Normen, die mit Risikoverhaltensweisen und Lebensstil verbunden sind, sollen unmittelbar beeinflusst werden.

Der *gemeindeorientierte Ansatz* hat die lokale Gemeinde als Basis, wobei ‚Gemeinde' geographische, ethnische, schulische usw. Gemeinden umfasst. Es geht darum, die lokale Gemeinde zu mobilisieren, indem versucht wird besonders Gesundheitsproblemen durch den Einbezug und den Rückhalt möglichst vieler Sektoren präventiv entgegen zu wirken oder vorhandene Ressourcen zu stärken. Meist bestimmen die Peer Educators relativ autonom über Entwicklung und Durchführung der Interventionen.

In der Praxis wird zum Teil eine Kombination aus diesen vier verschiedenen Ansätzen und deren Methoden verwendet.

3.3.1.3 Peer Counseling

Beim Peer Counseling, manchmal auch als Peer Consulting (Schmidt 2002, S. 129) oder Peer Helping (Appel 2001, S. 20) bezeichnet, liegt der Schwerpunkt auf der beratenden Tätigkeit. Die Übersetzung von *Counseling* oder *Consulting* ist mit ‚Beratung' relativ eindeutig. Einzelne Peers beraten meist einzelne Ratsuchende zu speziellen Themen, wie zum Beispiel bei Drogenproblemen, beim Coming-out oder bei Fragen zur Sexualität und Aufklärung. Oft haben die beratenden Jugendlichen (Peer Counselors) selbst Erfahrung in dem jeweiligen Bereich und sind so besonders sensibilisiert für die spezifischen Anliegen und können Erfahrungen und Sorgen gut nachempfinden. Häufig ist in Peer Counseling-Projekten ein eher allgemein gehaltenes Beratungsangebot für eine bestimmte Altersgruppe vorhanden, welches dadurch eine Anlaufstelle für Jugendliche mit einer Vielzahl an unterschiedlichen Problemen wird, die sich von Schwierigkeiten in der Schule, über Ärger mit den Eltern oder Drogenproblemen, bis hin zu Liebeskummer verteilen. Ebenso gibt es Projekte, die sich auf ein bestimmtes Thema spezialisiert haben. Wo und in welcher Form Peer Counseling stattfindet, ist ebenfalls sehr variabel. So gibt es Projekte in Schulen, die beispielsweise zu einer bestimmten Zeit eine Art offene Sprechstunde anbieten (z. B. Appel 2001, S. 20), andere bieten eine Telefonberatung oder eine Beratung im Internet an (z. B. Armbrust 2003, S. 291) und wieder andere finden einmalig oder zu speziellen Anlässen statt.

Allgemein geht es darum, dass die Peer Counselors ebenso Unterstützung bei der Problemklärung und Problembewältigung anbieten, wie emotionale soziale Unterstützung (Appel 2001, S. 20). Das Aufarbeiten von Wissensrückständen kann dabei genauso eine Rolle spielen, wie die Aneignung alternativer Handlungsmöglichkeiten oder die Entwicklung tragfähiger Problemlösestrategien (Unger 2003, S. 508). Die Ziele können ebenso vielfältig sein, wie der Anlass der Beratung selber. In erster Linie geht es aber darum, eine speziell auf die Bedürfnisse der Zielgruppe ausgerichtete Beratung zu schaffen. Dies wird zum Teil bereits dadurch erreicht, dass die Beratung von Gleich zu Gleich stattfindet und es weitaus geringere Zugangsbarrieren gibt, als bei klassischen Beratungsstellen. Durch ein ähnliches

Alter von Berater und Ratsuchendem wird mehr Verständnis für eigene Sorgen und die eigene Lebenslage erwartet, als bei einer klassischen Beratung, die von Erwachsenen durchgeführt wird.

In den Schulungen zum Peer Counselor werden bei den Jugendlichen besonders das Erlernen und die Anwendung von Problemlösetechniken und von aktivem Zuhören gefördert. Wichtig ist, dass die Jugendlichen erkennen, an welcher Stelle sie in der Beratung nicht mehr weiterhelfen können und Hilfe von anderen Personen oder Instanzen notwendig ist, weil es sich zum Beispiel um eine massive Problematik bei dem Ratsuchenden handelt, wie akute Suizidgedanken oder sexueller Missbrauch. Peer Counseling kann nicht die spezialisierten, professionellen Beratungsstellen ersetzen, sondern möchte dort ansetzen, wo es noch nicht zu einer massiven Problematik gekommen ist und dieser vorbeugen.

3.3.1.4 Peer Mediation

Unter *Mediation* wird die ‚Vermittlung bei persönlichen oder sozialen Konflikten' verstanden. Es geht um die Vermittlung in Streitfällen durch einen unparteiischen Dritten, den Mediator oder die Mediatorin. Die Beteiligten erarbeiten mit Hilfe des Mediators oder der Mediatorin eigenständige und tragfähige Lösungen.

Peer Mediation, häufig umgesetzt in Form von Streitschlichterprogrammen, hat sich in den letzten Jahren besonders an Schulen zunehmend etabliert. Hierbei werden einzelne Schüler und Schülerinnen zu Peer Mediatoren ausgebildet, um bei Konflikten zwischen Schülern ohne das Eingreifen von Erwachsenen vermitteln zu können. Ziel ist Konflikte frühzeitiger und leichter zu lösen, als dies durch ein sanktionierendes Eingreifen von Lehrpersonal möglich ist. In der Ausbildung werden verschiedene Methoden und Kompetenzen vermittelt, wie zum Beispiel aktives Zuhören oder Deeskalationsstrategien.

Peer Mediation beruht auf der Annahme, dass Jugendliche besser als Erwachsene in der Lage sind, die Probleme ihrer Altersgenossen zu erfassen und nachzuvollziehen (Simsa 2001, S. 18). Da kein institutionelles Machtgefälle, wie zwischen Lehrern und Schülern herrscht, werden Lösungen eher gemeinsam erarbeitet und angenommen, was dem entwicklungsbedingten Bedürfnis von Jugendlichen entspricht eigene Angelegenheiten selbst zu regeln (Kästner 2003, S. 55).

Ziele von Peer Mediation sind unter anderem die Konfliktparteien zu befähigen, selbst Lösungen zu finden, aber auch eine Art von Streitkultur aufzubauen, in der die Schüler und Schülerinnen lernen, mehr Verantwortung für ihr eigenes Handeln zu übernehmen. Des Weiteren sollen sie für Konflikte, deren produktive Lösung und für die Belange anderer sensibilisiert werden. Übergeordnet kann Peer Mediation auch ein Mittel zur Verankerung von mehr Demokratie und mehr Beteiligung von Jugendlichen darstellen.

Grenzen von Peer Mediation sind da zu sehen, wo es sich beispielsweise um Konflikte handelt, in denen Gewalt eine große Rolle spielt oder bei denen rechtliche Aspekte oder eine massive familiäre Problematik im Hintergrund stehen. Auch die Auswahl der Jungen und Mädchen, die zu Peer Mediatoren ausgebildet werden, kann problematisch sein. Grüner & Hilt weisen darauf hin, dass Peer Mediatoren in der Praxis eher sozial angepasst sind und sich solche Jugendliche, die einen großen Einfluss auf ihre Mitschüler und Mitschülerinnen haben, da sie eher unkonventionell sind und sich von der Erwachsenenwelt abgrenzen, nur selten bereit erklären bei solchen Programmen mitzuwirken (1999, S. 11).

3.3.1.5 Peer Tutoring

Tutoring kann im Deutschen mit Begriffen wie ‚begleiten' oder ‚betreuen' übersetzt werden. Peer Tutoring-Programme werden besonders in der Schule und an Universitäten eingesetzt. Hierbei begleiten meist ältere Kinder, Jugendliche oder Erwachsene andere bei der Aneignung oder Vertiefung von Wissen. Der Schwerpunkt liegt häufig auf der Vermittlung von Curriculumsinhalten der jeweiligen Institution (Appel 2001, S. 19), kann sich aber darüber hinaus in Form von Patenschaften auf andere Bereiche beziehen. Der Schwerpunkt von Peer Tutoring liegt im kognitiven Bereich, denn durch die tutorielle Lernbegleitung soll sowohl beim Tutor als auch beim Tutee eine Verbesserung der Leistung eintreten. Grundlage für diese Annahmen bilden unter anderem Vygotskys Erkenntnisse über die Bedeutsamkeit der sozialen Interaktion zwischen Lernenden (1934/1964, 1979) und Sullivans interpersonale Theorie (1953/1980). Kleiber vermutet darüber hinaus, dass Peer-Tutorien dazu geeignet sind „die Motivation von leistungsschwächeren Schülern zu stärken, zur Selbstwertsteigerung und zur Förderung kreativer Problemlösungsstrategien beizutragen und konstruktives Sozialverhalten zu fördern" (1999, S. 5).

3.3.1.6 Peer Support

Der Begriff *support* bedeutet im Deutschen so viel wie ‚unterstützen' oder ‚beistehen'. Peer Support unterscheidet sich von den anderen Peer-Ansätzen in einem wesentlichen Merkmal: Hierbei handelt es sich ursprünglich nicht um eine Methode, die von außen initiiert ist, sondern sie ist eigenständig innerhalb beziehungsweise aus einer Szene oder Gruppierung entstanden und verfolgt das Ziel, Selbsthilfepotenziale und Betroffenenkompetenz zu nutzen und zu fördern und gegenseitige Unterstützung zu leisten (Schmidt 2002, S. 129ff, in Anlehnung an Trautmann 1994, 1995).

Miles-Paul weist darauf hin, dass sich das Prinzip des Peer Supports historisch durch alle geschichtlichen Stadien der Menschheit zieht und Menschen mit ähnlichen Schwierigkeiten sich immer wieder zusammengeschlossen und sich gegenseitig bei der Überwindung ihrer Probleme unterstützt haben (1992, S. 23f). Als ein Beispiel benennt er die Anonymen Alkoholiker und die Gründung und Ausweitung zahlreicher anderer Selbsthilfegruppen (ebd., S. 25). Allerdings geht es bei Peer Support nicht im engeren Sinne nur um Selbsthilfe, also um die Zentrierung auf eine bestimmtes Problem, sondern vielmehr um die Selbstorganisation einer Gruppierung und ihrer Interessenvertretung (Schmidt 2002, S. 130). Unverkennbar sind beim Peer Support Parallelen zum Empowermentgedanken zu finden (vgl. dazu Kap. 3.3.5.6), denn unter anderem geht es beim Peer Support um die persönliche Ermächtigung von Menschen und um eine Veränderung der politischen und sozialen Rahmenbedingungen (Miles-Paul 1992, S. 110). Beim Peer Support wird davon ausgegangen, dass das Wissen und das Potential zur Verbesserung und Veränderung der eigenen Lebenssituation bereits komplett in der jeweiligen Gruppe vorhanden sind und diese ihre Absichten und Ziele selbst festlegen und bestimmen können, ohne dass diese von außen auferlegt werden.

Als eine der wichtigsten Unterstützungsmethoden beim Peer Support wird das Auftreten als positives Rollenmodell gesehen (ebd., S. 97). Des Weiteren können Gesprächsführungstechniken und aktives Zuhören, Problemlösetechniken und Rollenspiele als Methoden eingesetzt werden (ebd.).

Peer Support wird jedoch auch anders beschrieben und definiert. So wird Peer Support, vergleichbar mit dem Begriff Peer Involvement, als Überbegriff für verschiedene Ansätze wie zum Beispiel Peer Mediation oder Peer Education, gesehen, welche Peers im weitesten Sinne in Präventionsprogramme einbeziehen (Unger 2003, S. 507). Proissl benennt mit Peer Support ein Verfahren, in welchem die tonangebenden Jugendlichen aus einer Jugendgruppe oder Schulklasse geschult und ihnen Erfahrungen ermöglicht werden, welche dann in die Peer-Group weitergegeben werden sollen (1999, S. 12f). Als Begründung für diese Definition erscheint Proissl der Begriff ‚support', im Sinne von Unterstützung, geeigneter, als die Bezeichnung Education, im Sinne von Erziehung: „Jugendliche sind gerne bereit, sich gegenseitig zu unterstützen, würden es aber ablehnen, sich zu erziehen" (ebd., S. 13). Allerdings beachtet sie hierbei nicht, dass der englische Begriff ‚education' nicht so eng definiert wird, wie der deutsche Begriff ‚Erziehung' und dadurch auch nicht eins zu eins so zu übersetzen ist.

Schlussfolgerung

Durch die Darstellung der verschiedenen Definitionen und Verwendungen der unterschiedlichen Begriffe wird deutlich, dass bisher keine einheitliche Verwendung gegeben ist. Gleichzeitig grenzen sich die einzelnen Untergebiete in ihren Schwerpunkten jedoch bei genauer Betrachtung deutlich voneinander ab.

Folgende, sehr kurz gehaltene Merkmale sollen als wesentliche Kennzeichen des jeweiligen Ansatzes verstanden werden. Grundlegend bleibt die Arbeit auf einer Basis von Gleich zu Gleich:

- *Peer Involvement* beschreibt generell die Einbeziehung von Gleichaltrigen mit dem Ziel einer Wissensvermehrung, Einstellungs- und Verhaltensveränderung.
- *Peer Education* bezieht sich vor allem auf die Weitergabe und Vermittlung von Informationen und Wissen, meist in Gruppensituationen.
- *Peer Counseling* hat seinen Schwerpunkt in beratenden Tätigkeiten, meist im Einzelkontakt.
- *Peer Mediation* beschäftigt sich mit der Vermeidung, Vermittlung und Klärung von Konflikten.
- *Peer Tutoring* spielt besonders im Bildungssektor eine Rolle und meint die Begleitung und Betreuung von weniger Erfahrenen.
- *Peer Support* bezeichnet eine hauptsächlich aus sich selbst heraus entstandene Form der Unterstützung und Einflussnahme innerhalb von Subgruppen.

Da es sich bei dieser Arbeit auch um den Versuch handelt, in den zum Teil unübersichtlichen und wenig einheitlich Gebrauch der Bezeichnungen ‚Peer-' ein wenig Klarheit zu schaffen, wird der Begriff Peer Involvement – entsprechend seiner eigentlichen Bedeutung – im Sinne eines Überbegriffs für verschiedene Peer-Ansätze verstanden. Da der Begriff ‚Involvement' die Beteiligung und Einbeziehung von Gleichaltrigen beinhaltet, aber noch nicht die Art und Weise dieser Einbeziehung, können Peer Education, Peer Counseling, Peer Mediation, Peer Tutoring usw., die jeweils einen bestimmten Zugang und eine spezielle Art der Einbeziehung beinhalten, dem Begriff Peer Involvement untergeordnet werden. Peer Involvement sagt also lediglich aus, *dass* Gleichaltrige einbezogen werden, aber noch nicht auf welche Art und Weise. Peer Education soll hier deshalb als *eine* Möglichkeit der Umsetzung von Peer Involvement verstanden werden, wie unter anderem auch bei Backes & Schönbach (2002) oder Appel (2002) dargestellt. Eine Ausnahme bildet Peer Support, da dieser Ansatz im traditionellen Sinn aus sich selbst entsteht und nicht von außen initiiert wird. Allerdings ist diese eindeutige Trennung in der Praxis nicht immer zu vollziehen, da Methoden aus verschiedenen Ansätzen kombiniert und je nach Bedarf angewendet werden.

Im folgenden Kapitel steht die historische Entwicklung des Peer-Ansatzes im Mittelpunkt und der Versuch vor diesem Hintergrund die aktuelle Verbreitung zu erklären.

3.3.2 Historische Entwicklung und aktuelle Verbreitung

Projekte und Konzepte die auf dem Ansatz ‚Peer' aufbauen sind heute in einer Vielzahl von Themenbereichen zu finden, so zum Beispiel zu den Themen Gewalt, Sucht (Rauchen, Alkohol, illegale Drogen), Stress, Aids, Sexualaufklärung, Grippe, Ess-Störungen, Wohnungslosigkeit, IT-Kompetenz, Ehrenamt, Natur und Umwelt und allgemein im Kontext von Beratung und Unterstützung (vgl. Nörber 2003; Backes 2003). Wie sich diese Ausbreitung geschichtlich entwickelt hat, ist Gegenstand dieses Abschnitts.

Geschichtliche Entwicklung

Der folgende kurze geschichtliche Überblick über die Entwicklung von Peer Involvement stützt sich im Wesentlichen auf die Darstellungen bei Kästner (2003, S. 50ff) und Appel (2001, S. 17f}), die sich auf eine unveröffentlichte Recherche der Bundeszentrale für gesundheitliche Aufklärung von Pforr und Kleiber (1998) beziehen.

Als Methode der Arbeit von Gleichaltrigen für Gleichaltrige ist Peer Involvement geschichtlich unter anderen Bezeichnungen schon eine lange Zeit zu finden. Bereits im 1. Jahrhundert n. Chr. gibt es beispielsweise bei dem römischen Rhetoriker Quintilian die frühesten Hinweise darauf, dass Kinder andere jüngere Kinder unterrichtet und unterstützt haben. Des Weiteren etablierte sich das so genannte ‚Dekurio System' circa ab 1550 bei den spanischen Jesuiten, in dem ein Student jeweils zehn andere Studenten unterrichtete. Dies ist bis heute im jesuitischen Bildungssystem so vorhanden. Gegen Ende des achtzehnten Jahrhunderts wurde das ‚monitorial system' von dem Geistlichen Andrew Bell, dem Besitzer eines Waisenhauses, entwickelt. Er konzipierte ein System in dem einige Schüler mit besonderen Pflichten bedacht wurden. Sie beaufsichtigten jüngere Kinder, halfen bei der Wissensvermittlung oder bei der Veränderung von Verhalten und Einstellungen. Öffentliche Anerkennung fand dies erst im neunzehnten Jahrhundert durch Joseph Lancaster, der diese Methode in einer Londoner Schule für Arbeiterkinder einsetzte. Besonders in Zeiten finanzieller Knappheit, wie zur Zeiten der industriellen Revolution fand diese Methode auch in anderen Ländern reichlich Anklang. Mit der Professionalisierung des Bildungssystems und einem Anstieg der finanziellen Mittel zu Beginn des zwanzigsten Jahrhunderts verschwand das ‚monitorial system' dann aber weitgehend.

Seit den sechziger Jahren des zwanzigsten Jahrhunderts haben sich allerdings wieder Tutorenprogramme, unter anderem aufgrund von Lehrerknappheit, in zahlreichen Formen, so auch an Universitäten, etabliert.

In der außerschulischen Kinder- und Jugendarbeit gibt es auch in Deutschland schon längere Zeit Tendenzen, Kinder und Jugendliche als Vermittler von Wissen und Handlungskompetenzen einzusetzen. Als Vorläufer der Peer Involvement-Ansätze in Deutschland wird zum Teil die Wandervogelbewegung am Anfang des zwanzigsten Jahrhunderts gesehen. Sie wurde Hauptbestandteil einer sich im Kaiserreich herausbildenden eigenständigen Jugendbewegung, die eine von der älteren Generation unabhängige, jugendspezifische Lebensform anstrebte. Neben von älteren Jugendlichen angeleiteten Fahrten in die Natur, wurden hier erstmals Jugendliche durch andere Jugendliche beraten. Weitergeführt wurden solche Ansätze zum Beispiel von der Pfadfinderbewegung oder der kirchlichen Jugendarbeit.

Seit den sechziger Jahren wird der Peer Involvement-Ansatz besonders in den USA, in vor allem gesundheitsbezogenen Aktionen, angewendet. Die Arbeit der Anonymen Alkoholiker, die sich erstmals 1935 zusammenfanden, baut ebenfalls auf dem Austausch und der Unterstützung von Menschen mit ähnlichen Erfahrungen und Problemen auf. Der letzte zwölfte Schritt bei den Anonymen Alkoholikern beschreibt als Aufgabe explizit die Weitergabe der Erfahrungen an andere Alkoholiker. Das entspricht ziemlich genau einem Hauptgedanken des Peer Involvements. Zahlreiche weitere gesundheitsbezogene Peer-Aktionen und Peer-Programme entstanden in den USA vor allem als Reaktion auf die sexuelle Revolution in den sechziger Jahren und die starke Verbreitung von Aids in den 80er Jahren. Eine Beratung von gleich zu gleich wird seit den siebziger Jahren verstärkt in den USA und in England eingesetzt und findet kurze Zeit später auch in Deutschland erste Anwendung (Kästner 2003, S. 56).

Seit Beginn der neunziger Jahre findet Peer Involvement mehr und mehr Anklang und Verbreitung im europäischen Raum, hier auch zu einem überwiegenden Teil im Gesundheitsbereich. Sexualpädagogische Themen sowie Suchtprävention stehen im Fokus. Es sind in den letzten Jahren eine Vielzahl von Modellprojekten und -programmen aus dem Boden geschossen, die versuchen durch die Einbeziehung von Kindern und Jugendlichen neue Wege in der Prävention zu gehen. Höchstwahrscheinlich haben die positiven amerikanischen Erfahrungen zu einer schnellen Übernahme und Verbreitung der Ansätze geführt. Nicht unwesentlich für die Entwicklung scheint jedoch auch die Verbreitung des Wissens um die positiven Effekte der Gleichaltrigenbeziehungen zu sein.

> „Die Gruppe der Gleichaltrigen als stärkste Sozialisationsinstanz im Jugendalter wurde viel zu lange nur als Problem und Gefährdung aufgefasst und es gelang kaum, konstruktiv ihre Möglichkeiten für eine pädagogische Aufgabenstellung zu gewinnen" (Trapper 2007a, S. 107).

Wurden die Kinder und Jugendlichen in der Vergangenheit hauptsächlich als verlängerter Arm des Lehrers oder von Erwachsenen allgemein eingesetzt, so ist erst mit der Erkenntnis um die eigenen Qualitäten der Peerbeziehungen die Möglichkeiten der Nutzung dieser in das Blickfeld gerückt. Die Legitimierung von Peer-Programmen wurde eine zeitlang durch den überwiegend so wahrgenommenen schlechten Einfluss von Jugendlichen auf andere Jugendliche erschwert. Mit ausschlaggebend für den veränderten Blickwinkel waren hier besonders die Erkenntnisse der Entwicklungspsychologie sowie die Wahrnehmung und Anerkennung der Kompetenzen von Kindern und Jugendlichen, zum Beispiel aus den Forschungen von Erikson (1968), Piaget (1972, 1983), Fend (1998) oder auch den Veröffentlichungen Naudaschers (1977) zu der Relevanz Gleichaltriger als Erzieher.

Als weitere Entwicklung findet sich im schulischen Bereich in den letzten Jahren verstärkt der Einsatz von Peer Mediatoren zur Konfliktbearbeitung und Konfliktlösung (s. o.). Darüber hinaus verfügen viele Schulen und andere Jugendeinrichtungen über ein Patensystem, bei dem Ältere für Jüngere als Ansprechpartner dienen und die Eingliederung von Neuen fördern sollen.

Mögliche Gründe für die aktuelle Verbreitung

Es stellt sich die Frage, warum Peer Involvement in Deutschland in den letzten Jahren verstärkt an Bedeutung gewonnen hat und in einer großen Vielzahl und in verschiedenen Bereichen Projekte entstanden sind, die auf diesem Ansatz aufbauen.

Zunächst einmal verfügt der Peer-Ansatz über eine ihm innewohnende fast selbsterklärende Plausibilität. Die Grundzüge dieses Ansatzes zu verstehen ist nicht schwer, es liegt kein überaus kompliziertes theoretisches Konstrukt als Basis vor, sondern die Theorie ist eingängig und aufgrund eigener Erfahrungen im Alltag nachvollziehbar. Darüber hinaus scheint eine Umsetzung in der Praxis nicht besonders aufwändig und tendenziell unproblematisch. Vergleichbare Evaluationen sind allerdings bisher selten. Ob und wie dieser Ansatz funktioniert, kann nicht mit Bestimmtheit bejaht oder verneint werden, was dazu führt, dass weitere Projekte mit der Erwartung auf Erfolg verwirklicht werden. Diese Punkte bergen die Gefahr in sich, dass solche Projekte ohne hinreichende Konzeptionierung und Abwägung von Konsequenzen relativ schnell umgesetzt und ‚ausprobiert' werden. Gleichzeitig stellen sie eine Chance dar, Veränderungen und neue Impulse in der Praxis tatsächlich umzusetzen.

Exemplarisch für den Bereich Gewaltprävention, jedoch auch für einige andere Bereiche gilt, dass Peer-Projekte eine neue Möglichkeit sind, wenn bisher vergangene Projekte und Ansätze nicht erfolgreich genug waren und die gewünschten und erhofften Effekte nicht oder nicht ausreichend erzielt wurden. Hinzu kommt ein besonderes Augenmerk auf das Thema Jugendgewalt, zum Teil hervorgerufen durch aktuelle Präsenz von Einzelfällen in den Medien. Auch von wissenschaftlicher Seite kommt die Forderung nach neuen Entwicklungen:

> „Um gerade bei gewaltbereiten bzw. gewalttätigen Jungen geeignete Zugänge zu finden, ihr Gewalthandeln nicht ausschließlich zu sanktionieren, sondern in persönliche Entwicklungschancen hin zu einer prosozialen Persönlichkeit zu wenden, sind weitere

Erprobungen und Entwicklungen erforderlich" (Arbeitsstelle Kinder- und Jugendkriminalitätsprävention 2007, S. 331).

Peer-Ansätze richten sich neben der objektiven Vermittlung von Informationen auf eine allgemeine Kompetenzförderung und Stärkung der Jugendlichen auf formellen und informellen Wegen. Ziele, wie die Partizipation von Jugendlichen an gesellschaftlichen Prozessen oder die Inklusion von Randgruppen haben in der Gesellschaft, der pädagogischen Praxis und der Politik an Wichtigkeit zugenommen. Dem Peer-Ansatz zugrundeliegende theoretische Bausteine wie der Empowermentansatz gewinnen an Bedeutung und passen zu der Entwicklung im pädagogischen Bereich, in dem sich der Blickwinkel von einer Defizitorientierung hin zur Ressourcenorientierung verändert hat.

Mit der Verwendung des Peer-Ansatzes wird die Hoffnung verbunden, Randgruppen zu erreichen, die bisher schwer oder gar nicht von traditionellen Präventionsprogrammen erreicht wurden. Infolgedessen soll der Zugang zu weiteren Hilfen und somit eine nachhaltigere Prävention erreicht werden. In der Präventionsarbeit mit Jugendlichen besteht generell die Schwierigkeit, dass Erwachsene – wenn überhaupt – nur einen theoretischen Einblick in die aktuelle Lebenswelt der Jugendlichen haben beziehungsweise deren Probleme oder Bedürfnisse schwer nachempfinden können. In dieser Hinsicht werden Jugendliche durch Peer-Projekte als Experten ihrer eigenen Lebenssituation anerkannt, wodurch der selbstorganisierte Erziehungs- und Bildungsprozess in der Gleichaltrigengruppe eine Aufwertung und Anerkennung erfährt (Glück 1998, S. 58). Hinzu kommt, dass sich Problemlagen verändern und Jugendliche selbst durch die Teilhabe an diesen Veränderungen innerhalb der Gleichaltrigengruppe schneller und adäquater reagieren können. Die Verschärfung der polarisierten Entwicklung von zwei Gruppen von Jugendlichen, einerseits den gut integrierten und zufriedenen Jugendlichen und andererseits den sozial benachteiligten und gehäuft auffälligen Jugendlichen (Hurrelmann et al. 2010), macht es notwendig, für die zweite Gruppe mit veränderten Angeboten und Strukturen zu reagieren. Der Peer-Ansatz kann hierfür als Möglichkeit gesehen werden.

Vor dem Hintergrund der historischen Entwicklung von Peer Involvement muss jedoch auch gesehen werden, dass der Peer-Ansatz vor allem dann zum Einsatz gekommen ist, wenn ökonomische Krisen neue Entwicklungen hervorgerufen haben und professionelle Kräfte nicht zu bezahlen waren oder gesellschaftliche Veränderungen zu einer Ablehnung etablierter Systeme geführt haben (Kleiber et al. 1998, S. 10). „Darüber hinaus bleibt festzuhalten, dass der Ansatz häufig immer dann zum Einsatz kommt, wenn Professionelle nicht mehr so recht weiter wissen" (Backes 2003, S. 179).

Schlussendlich ist ein weiteres häufig angeführtes Argument für die Verwirklichung von Peer-Involvement die Kosteneffizienz dieses Ansatzes. Kosten sollen vermieden beziehungsweise im Gegensatz zu klassischen Präventionsprojekten verringert werden, da weniger professionelles Personal benötigt wird und die Peers zum Teil ohne Bezahlung arbeiten. Wenn die jugendlichen Trainer jedoch für ihre Tätigkeit bezahlt werden und sie zu allen Zeiten des Projektes begleitet, geschult und supervidiert werden, stellt sich die Frage, ob dies immer noch kostengünstiger ist, besonders da die Jugendlichen bei längeren oder wechselnden Projekten nach einer gewissen Zeit ihre Tätigkeit beenden und regelmäßig neue Jugendliche gewonnen und ausgebildet werden müssen. Aber auch und besonders bei einmaligen oder kurzfristigen Projekten kann der Aufwand und die Logistik enorm groß sein. Aus diesen Gründen ist die Frage der Kostengünstigkeit und der Kosten-Wirkungsbilanz umstritten (Schmidt 2002, S. 135).

Im folgenden Kapitel stehen die verschiedenen Akteure, die an Peer Involvement beteiligt sind im Vordergrund und werden dargestellt.

3.3.3 Beteiligte

Im Fokus stehen die an Peer Involvement beteiligten Menschen. Dies sind die *erwachsenen Fachkräfte*, die in der Regel solch ein Projekt ins Leben rufen und begleiten, sowie die *beteiligten Jugendlichen*, ohne die eine Umsetzung in die Praxis nicht möglich wäre. Die Gruppe der Jugendlichen lässt sich in zwei Untergruppen aufteilen. Auf der einen Seite gibt es die Gruppe der Jugendlichen, die vorab ausgewählt und geschult wird, um später andere Jugendliche jeweils in Abhängigkeit vom konkreten Projekt und dem zugrunde liegenden Ansatz zu informieren, zu begleiten oder zu beraten. Diese Jugendlichen werden hier als *Peers* bezeichnet. Auf der anderen Seite steht die spätere Zielgruppe der Projekte, die Jugendlichen, die von den Peers über bestimmte Themen informiert, beraten etc. werden. Diese Jugendlichen werden als *Adressaten* bezeichnet.

Als viertes wird abschließend auf den *Ort* beziehungsweise die *Institution* eingegangen, an der Projekte und Maßnahmen durchgeführt werden, da diese nicht unerheblich für die Umsetzung und den Erfolg sind und sich stark voneinander unterscheiden können. Anhand des Beispiels Schule wird exemplarisch auf die wichtigsten Aspekte eingegangen.

3.3.3.1 Erwachsene Fachkräfte

Begonnen wird mit der Gruppe der erwachsenen Fachkräfte, da sie in der Regel auch die ersten sind, die sich mit dem Gedanken an ein Peer Involvement-Projekt beschäftigen und es auf der Basis wissenschaftlicher Erkenntnisse und einer vorhandenen Bedarfslage konzipieren und ins Leben rufen. Bei der Verwirklichung von Peer Involvement-Projekten tritt die Schwierigkeit auf, dass die erwachsenen Fachkräfte, meist sind es Pädagoginnen und Pädagogen, den Spagat zwischen einer großen Verantwortlichkeit, vor allem zu Beginn und auf organisatorischer Ebene, und der Abgabe eines Großteils dieser Verantwortung bei der konkreten Projektdurchführung an die Peers, bewerkstelligen müssen. Einige der wesentlichen Kritikpunkte an Peer Involvement sind bei der Zusammenarbeit zwischen den Erwachsenen und den Jugendlichen beziehungsweise den Aufgaben und Rollen der erwachsenen Fachkräfte zu finden. Auf diese wird näher in Kapitel 3.3.6 eingegangen.

Obwohl es sich bei Peer-Projekten in der konkreten Umsetzung hauptsächlich um die Arbeit von Jugendlichen für andere Jugendliche handelt, sind dennoch auch die erwachsenen Fachkräfte wichtiger Bestandteil, beispielsweise um im Vorfeld durch eine meist einflussreichere Position die äußeren Voraussetzungen dafür zu schaffen, dass die Arbeit im Sinne von Peer Involvement stattfinden sowie sich etablieren und durchsetzen kann. Die Finanzierung der Projekte, die wissenschaftliche Beschäftigung mit dem Thema Peer Involvement, die gesamte Projektorganisation, wie zum Beispiel Vernetzung und Öffentlichkeitsarbeit, und nicht zuletzt die Evaluation und ein professioneller Blick über die alltägliche Projektpraxis hinaus gehören zu einigen wichtigen Aufgaben.

Die besondere Herausforderung liegt jedoch in der konkreten Zusammenarbeit zwischen den erwachsenen Fachkräften und den beteiligten Jugendlichen, denn im Projektverlauf müssen die Erwachsenen Schritt für Schritt von ihrer leitenden Funktion zurücktreten und Verantwortung besonders auf inhaltlicher Ebene an die Peers abgeben. Peer Involvement-Ansätze erfordern grundsätzlich eine andere Stellung zwischen Erwachsenen und Jugendlichen, eine Abkehr vom klassischen Verhältnis des wissenden Erwachsenen und dem unwissenden, zu erziehendem Kind oder Jugendlichen. Ein neues, anderes Verhältnis ist notwendig, da die Bedeutung der pädagogischen Fachkraft verändert, aber nicht unbedingt verringert ist. Vielmehr agiert sie mehr im Hintergrund, fördert das Engagement von Jugendlichen durch Qualifizierung und Beratung und sorgt in Form von Begleitung für förderliche Rahmenbedingungen (Nörber 2003, S. 11). Es besteht keine klassische Rollenverteilung mehr, in der eine Seite etwas weiß und die andere nicht, sondern sowohl der Erwachsene als auch der Jugendliche verfügen über ein Wissen und Können, welches die andere Seite nicht hat. Der Jugendliche ist gerade durch seine Rolle als Jugendlicher und seinen Bezug zu anderen Gleichaltrigen für die Arbeit im Sinne des Peer Involvements unabdingbar und vor diesem Hintergrund durch keinen Erwachsenen ersetzbar. Erwachsene müssen lernen, bestimmte vorhandene jugendspezifische Sachverhalte so zu akzeptieren, wie sie sind und dass die Meinung des Pädagogen oder der Pädagogin nicht mehr zwangsläufig die richtige ist, denn sonst geht der Grundgedanke des Peer Involvements verloren. Da der Aspekt der Glaubwürdigkeit bei der Vermittlung von Wissen und Einstellung im Zentrum der konkreten Arbeit steht, ist es wichtig auch in umstrittenen Bereichen einen Kompromiss zwischen der Überzeugung der beteiligten Erwachsenen und der Überzeugung der Jugendlichen zu finden und als Erwachsener zulassen zu können, dass nicht die eigene, argumentativ und möglicherweise auch wissenschaftlich korrekte Ansicht, sondern eine eventuell ‚tolerantere' Einstellung der jugendlichen Peers weiter gegeben wird.

Lang & Weichler beschreiben zusammenfassend einige Aufgaben der Projektpädagogin, die im Rahmen der Peer Involvement Arbeit notwendig sind und die für einen Großteil aller Projekte als gültig angesehen werden können (2002, S. 218). Hierzu gehören die Aufgaben, Proberäume zur Verfügung zu stellen, zu motivieren, Perfektionismus und überhöhte Vorstellungen der Jugendlichen herunterzuschrauben und sich mit der Gruppe gleichberechtigt in Form eines beidseitigen Lernprozesses auseinander zu setzen (ebd.). Eigenverantwortung sollte vonseiten der Erwachsenen bei den Jugendlichen so früh wie möglich gefördert und auch gefordert werden. Der Pädagoge oder die Pädagogin tritt als ein Beispiel der Erwachsenenkultur und als Vertreter eines Geschlechts mit den Jugendlichen in Kontakt und stellt so eine mögliche Reibungsfläche dar, da in der konkreten Arbeit miteinander Anforderungen der Erwachsenenwelt auf Bedingungen der Jugendwelt stoßen (ebd., S. 220). Kern-Scheffeldt ergänzt diese notwendigen Eigenschaften um einige handlungsorientierte Fähigkeiten, wie zum Beispiel Kompetenzen im Bereich der Gruppendynamik, Kommunikations- und Moderationsfähigkeiten, die Fähigkeit zur Teamarbeit oder zum Konfliktmanagement (2005, S. 8). Selbstverständlich ist projektabhängiges vorhandenes Fachwissen und dessen Vermittlung ebenfalls notwendig. Proissl weist darauf hin, dass „die Erwachsenen trotz der engen Zusammenarbeit die Generationsgrenzen und die Binnenwelt der Peers als eigenen Bereich respektieren" sollen (1999, S. 14). Dies impliziert, dass Erwachsene und Jugendliche nicht völlig gleich gestellt werden, sondern jede Gruppe ihre eigenen Charakteristika hat und in der gemeinsamen Arbeit beibehalten soll. Es geht darum, dass der Erwachsene die Jugendlichen dort unterstützt, wo Hilfe notwendig und gewünscht ist und sie dort frei handeln lässt, wo Jugendliche eigenständig agieren können und wollen. Peer Involvement basiert vonseiten der Jugendlichen „auf einer Partnerschaft mit Erwachsenen, die vor allem Wissen, Struktur und Organisation zur Verfügung stellen" (Thiele et al. 2002, S. 134).

Im Projektverlauf ist es immer wieder wichtig, dass die Verwirklichung des Peer Involvement-Gedankens im Zentrum der Arbeit steht und die Ideen der beteiligten Jugendlichen und nicht die der beteiligten Erwachsenen verwirklicht werden. Das Zulassen eines offenen Lernprozesses mit ungewissen Ergebnissen gehört dazu. Gleichzeitig ist es wichtig, dass die Erwachsenen trotzdem die Verantwortung für die Jugendlichen und die Arbeit tragen. Im Sinne von Empowerment können die

Aufgaben der pädagogischen Fachkräfte wünschenswerterweise so zusammengefasst werden, dass sie förderliche Rahmenbedingungen bereitstellen und die Jugendlichen in die Lage versetzen, ihre eigenen Ressourcen und Stärken zu erkennen und mit Hilfe derer selbst für ihre eigenen Interessen einzutreten. Eine Abkehr vom Defizitblickwinkel hin zu einer Ressourcenorientierung ist dabei eine wesentliche Grundlage.

3.3.3.2 Peers

Als zweite Gruppe stehen die Peers im Zentrum dieses Kapitels. Ähnlich wie im Kapitel 3.3.1 zur Terminologie der unterschiedlichen Peer-Ansätze existieren für die Bezeichnung dieser Gruppe von Jugendlichen innerhalb von Peer Involvement-Projekten eine Vielzahl unterschiedlicher Begriffe, die im Folgenden dargestellt und kurz erläutert werden. Darüber hinaus wird der Frage nachgegangen, durch welche verschiedenen Auswahlkriterien die Jugendlichen zu Peers werden und welche Schwierigkeiten und Herausforderungen es dabei gibt. In einem kleinen Exkurs wird abschließend auf die Frage eingegangen, ob eine Bezahlung der Peers sinnvoll ist.

Terminologie

Es werden verschiedene Begriffe und Bezeichnungen für diese Gruppe von Jugendlichen parallel verwendet: Peer, Multiplikator, Peer Educator, Peer Counselor, Peer Supporter, Opinion Leader, Meinungsführer oder Peer Leader sind einige Beispiele auf die hier näher eingegangen wird.

Die Bezeichnungen *Peer Educator*, *Peer Counselor* und *Peer Supporter* sind dabei recht eindeutig und beziehen sich auf die Art des Peer Involvement-Ansatzes. Peer Educators sind damit Jugendliche, die in einem Peer Education Projekt geschult und eingesetzt werden, um andere Jugendliche zu informieren; Peer Counselor beraten andere Jugendliche im Rahmen eines Peer Counseling Programms usw.

Der Begriff *Opinion Leader* ist dem deutschen Begriff *Meinungsführer* gleichzusetzen. Unter Meinungsführer wird in der Regel ein Jugendlicher verstanden „der von seiner Gruppe gemocht wird, der einem großen sozialen Netzwerk angehört, der Vertrauens- und Glaubwürdigkeit ausstrahlt und den andere junge Menschen normalerweise um Rat bitten" (Svenson 1998, S. 27). Meinungsführer haben meist einen meinungsbildenden und tonangebenden Einfluss auf andere Jugendliche innerhalb ihrer Gruppe, ihre Ansichten werden in besonderem Maße als relevant und richtungsweisend angesehen. Meinungsführerschaft ist dabei etwas, was informell in allen Gruppen entsteht. Verschiedene Subkulturen haben dabei ihre je eigenen Meinungsführer (Proissl 1999, S. 13). Ihnen wird von den anderen Jugendlichen ihrer Peer-Group eine besondere Kompetenz bei der Lösung von Problemen zugesprochen und sie dienen als eine Art Vorbild bei der Einführung von Neuerungen, sind häufig sogenannte ‚Trendsetter' innerhalb ihrer Gruppe.

Von der Einbeziehung solcher Jugendlicher in Peer Involvement-Programme wird erhofft, dass ansonsten schwer zu erreichende Zielgruppen mit Hilfe der Meinungsführer auf informellem Wege erreicht werden. Allerdings ist hier das Problem, dass gerade die Meinungsführer oft nicht unbedingt die Jugendlichen sind, die die Werte und Ziele vertreten, die in Präventionsprojekten verfolgt werden. In ihrer Peer-Group haben sie oft ihre Stellung als Meinungsführer, weil sie innovativ sind, unkonventionell auftreten, sich nicht unbedingt an Regeln halten und sich zum Teil massiv von der Erwachsenenwelt abgrenzen (Grüner & Hilt 1999, S. 11).

Die Bezeichnung *Peer Leader* wird synonym für Opinion Leader oder Meinungsführer verwendet. Zum Teil wird zusätzlich mit dem Begriff Peer Leader besonders auf Jugendliche hingewiesen, die an einem sogenannten Peer-Leader-Training teilgenommen haben. In diesem Training werden gezielt solche Jugendliche geschult, die eine besondere Stellung in ihrer Gruppe schon vor dem Training hatten oder nach dem Training bekommen sollen. Im Anschluss an das Training sollen sie in ihrer Gruppe als Peer Leader aktiv werden und Erlerntes und Erfahrenes in ihre Peer-Group weitertragen.

Der Begriff *Multiplikator* beschreibt nicht eine spezielle Gruppe von Jugendlichen, sondern bezieht sich vor allem auf die Funktion, welche die geschulten Jugendlichen ausüben sollen. Die wesentliche Aufgabe von Multiplikatoren und Multiplikatorinnen besteht in der Weitergabe von Informationen und Einstellungen, wodurch sie zu deren Verbreitung beitragen. Im Mittelpunkt steht die Vervielfachung dieser Informationen, die Weitergabe soll ‚multipliziert' werden. Dies stellt einen wesentlichen Grundstein von Peer Involvement dar.

Koller trifft eine Unterscheidung zwischen den Bezeichnungen Peer Leader und Multiplikator in der Hinsicht, dass von Peer Leader nur dann gesprochen werden sollte, wenn der Jugendliche in seiner eigenen sozialen Gruppe agiert und die Effekte auf Beziehungen untereinander beruhen (1999, S. 11). Die Bezeichnung Multiplikator dagegen soll seiner Meinung nach nur dann verwendet werden, wenn der Jugendliche in anderen Sozialgruppen als der eigenen agiert, und die erzielten Effekte folglich hauptsächlich auf der sachlichen Verbreitung von Informationen beruhen (ebd.). Diese Unterscheidung soll hier nicht übernommen werden, der Begriff Multiplikator wird hier wie oben beschrieben in seiner ursprünglichen Bedeutung, nämlich als Person die Informationen weitergibt, verstanden. Ein Multiplikator ist der Jugendliche folglich, sowohl wenn er Informationen in, als auch außerhalb der eigenen Peer-Group weitergibt. Ob er selbst Mitglied dieser Gruppe ist und einen möglicherweise großen Einfluss auf diese besitzt, kann durch die Bezeichnung Meinungsführer kenntlich gemacht werden.

Ähnlich oft, und zum Teil synonym mit dem Begriff Multiplikator wird auch der Begriff *Peer* verwendet. Peer/Peers soll hier als Oberbegriff für die Gruppe der Jugendlichen verwendet werden, die ausgewählt werden, um andere Jugendliche zu informieren oder zu beraten, da er auf die Beziehung der in Peer Involvement-Projekten involvierten Jugendlichen anspielt und übergreifend für alle Peer Involvement-Ansätze verwendet werden kann, weil er allgemein gehalten ist. Zusätzlich ist *Peer* gewissermaßen schon in dem Begriff Peer Involvement enthalten. Bei Peers handelt es sich im weitesten Sinne um Menschen, die eine Gemeinsamkeit mit der Zielgruppe aufweisen und dadurch mit dieser ähnlich sind. Wichtiger Bestandteil von Peer Involvement ist, darauf zu achten, dass die Jugendlichen zumindest ein ähnliches Alter und damit eine ähnliche Lebenssituation aufweisen, und so mindestens in dieser Hinsicht Peers sind. Fast immer geht das Peer-Sein aber darüber hinaus und basiert auf weiteren Gemeinsamkeiten, wie zum Beispiel der Zugehörigkeit zu einer bestimmten Musikszene oder ein gemeinsam geteiltes Hobby. Der Begriff Peer ist folglich von der Bezeichnung Multiplikator zu unterscheiden. Die Bezeichnung Multiplikator geht einerseits über diesen hinaus, erfasst aber andererseits die besonderen Charakteristika der Peerbeziehung nicht. Er impliziert im Gegensatz zu der Bezeichnung Peer direkt einen erwünschten Effekt, nämlich die tatsächliche Weitergabe von Wissen, von der wünschenswerterweise aber nicht zwangsläufig ausgegangen werden kann. Zudem reicht der Begriff Multiplikator meist nicht aus, um das besondere Verhältnis der Jugendlichen zueinander zu beschreiben, da es sich gerade bei Peer Involvement-Ansätzen um die Vermittlung von Wissen, Einstellungen usw. von Gleich zu Gleich handelt und damit über die reine Multiplikatorentätigkeit hinausgeht. Reine Multiplikatorentätigkeiten können theoretisch auch von Erwachsenen übernommen werden, die Informationen verteilen, welche dann weiter getragen werden. Die Spezifität und die Besonderheit von Peer Involvement liegt jedoch darin, dass es sich um Jugendliche als Experten ihrer eigenen Situation handelt und sie damit in besonderer Weise dazu befähigt sind, präventiv wirksam zu werden. Multiplikator können und sollen die Jugendlichen in Hinblick auf die Ziele von Peer Involvement, zusätzlich zu ihrer Tätigkeit als Peer, sein.

Wer kann oder soll Peer werden?

Die Peers spielen für den Erfolg eines Projektes eine herausragende Rolle, da durch sie die spätere Zielgruppe erreicht werden soll und es wesentlich von den Peers abhängt, ob und wie Präventionsbotschaften von der Zielgruppe verstanden, angenommen und umgesetzt werden. Aus diesem Grund, muss der Auswahl der Peers eine besondere Bedeutung zugesprochen werden. Hierbei gibt es keine einheitlichen Verfahren, sie unterscheiden sich von Projekt zu Projekt, was bei der Verschiedenheit dieser durchaus sinnvoll erscheint. Generell können die Auswahlverfahren jedoch danach unterschieden werden, ob die Peers von den Erwachsenen ausgewählt werden oder ob die spätere Zielgruppe die Jugendlichen selbst bestimmt. Bei der Untersuchung von 25 Peer Involvement-Projekten stellt Kahr fest, dass mehr als die Hälfte der Projekte die Peer-Group in die Auswahlverfahren mit einbindet (1999, S. 76). Die Einbindung scheint besonders dann wichtig, wenn Meinungsführer einer Gruppe geschult werden sollen, da diese am besten von der eigenen Gruppe als solche erkannt und benannt werden können. Zu beachten ist bei der Auswahl auch, dass sich die Auswahlkriterien von Jugendlichen und Erwachsenen stark unterscheiden können. Zählen für die Durchführung eines Projektes für Erwachsene eher Eigenschaften wie Verlässlichkeit oder regelkonformes Verhalten, stellen für Jugendliche eine gewisse Distanz zu erwachsenen Normen und Werten, attraktive Eigenschaften für die Wahl eines Meinungsführers dar. Hier liegt es bei den Erwachsenen sich auf die Jugendlichen einzulassen und ihnen etwas von ihrer Verantwortung und Kontrolle abzugeben, da besonders bei Projekten die sich auf soziale Diffusion stützen, die grundlegende Voraussetzung für den Erfolg eines Projektes die Akzeptanz der Peers in der Adressatengruppe ist.

Eine wesentliche Voraussetzung aufseiten der Peers ist vor allem die Freiwilligkeit an der Teilnahme und die Bereitschaft für einen offenen Interaktionsprozess (Proissl 1999, S. 13). Die Eignung mit Gruppen zu arbeiten, gute Fähigkeiten zu kommunizieren und aktiv zuzuhören, eine allgemeine Lernbereitschaft und Begeisterung, sowie die Fähigkeit eigene Grenzen zu erkennen und Offenheit gegenüber Neuem, benennt Koller als Kriterien für den Auswahlprozess der Peers (1999, S. 20). In der Untersuchung von Kahr stellen Freiwilligkeit, eigenes Interesse und ein anerkannter Platz in der Peer-Group, die von 25 Projekten am häufigsten genannten Auswahlkriterien dar (1999, S. 77).

Gründe für die Teilnahme

Was motiviert Jugendliche an Peer-Involvement-Projekten teilzunehmen? Dieser Frage wird nur in einigen wenigen Projekten nachgegangen (z. B. Svenson et al. 1999; Wihofszky 2003;). Die Motivation der Peers scheint aber nicht unerheblichen Einfluss auf den Erfolg eines Projektes zu haben beziehungsweise auf die spätere Arbeit und das Engagement der Jugendlichen. Für die Projektplanung und -praxis ist es wichtig, einen Einblick in mögliche Motivations- und Teilnahmegründe der Jugendlichen zu haben, weshalb im Folgenden einige herausgearbeitet werden.

Der *Rahmen* in dem ein Projekt stattfindet kann zur Teilnahme motivieren, besonders wenn es sich um ein Setting handelt, welches Gesellung und Spaß verspricht, wie bei gemeinsamen Wochenenden mit anderen Jugendlichen oder einer lebensnahen Umsetzung des Projektes, wie zum Beispiel dem Organisieren von Partys. Verschiedene Anreize wie beispielsweise eine zeitweilige Befreiung von

Unterricht oder die Teilnahme an besonderen Aktionen können ebenfalls dazu führen, dass Jugendliche ein besonderes Interesse zeigen. Hier ist jedoch sicher zu stellen, dass darüber hinaus eine weitere Motivation vorhanden ist. Der Faktor Spaß an der Arbeit sollte nicht vernachlässigt werden.

Das *Thema und der Inhalt* mit dem sich das jeweilige Projekt beschäftigt, kann einen eigenen Anreiz zur Teilnahme darstellen, besonders wenn es sich um ein Thema handelt, das im Alltag der Jugendlichen eine wichtige Rolle spielt. Handelt es sich um ein in der Alltagskommunikation eher tabuisiertes Thema, bieten Peer Involvement-Projekte für Jugendliche die Möglichkeit, offen über dieses Thema zu sprechen und sich so zu informieren und auseinander zu setzen.

Ein Jugendlicher kann durch seine Rolle als Peer eine Art von *Selbstwirksamkeit* erfahren und sein Selbstbewusstsein steigern, wenn er im Rahmen des Projektes Erfolge erzielt und generell in seiner speziellen Funktion tätig ist.

Zusätzlich können Peer Involvement-Projekte die Möglichkeit bieten, soziale Fertigkeiten oder andere wichtige *Fähigkeiten auf verschiedenen Gebieten zu entwickeln* (Svenson et al. 1999, 27). So bieten die meisten Projekte ein gutes Übungsfeld zum Erlernen von verschiedenen Präsentationstechniken oder für das Auftreten und Sprechen vor Gruppen. Ein Mehr an Wissen zu den projektbezogenen Themen und darüber hinaus gehört ebenfalls dazu und kann in anderen Zusammenhängen genutzt werden.

Da für Jugendliche in unserer Gesellschaft in der Regel nur wenige Möglichkeiten zur aktiven Beteiligung vorhanden sind, kann der *Partizipationswunsch* von Jugendlichen einen möglichen Motivationspunkt darstellen. Peer Involvement-Projekte bieten die Möglichkeit, sich in Dinge einzumischen und die eigene Meinung aktiv zu vertreten. Es ergeben sich Diskussionsmöglichkeiten und die Chance einer Auseinandersetzung mit Erwachsenen auf einer Ebene, die optimalerweise von Gleichwertigkeit und Gleichberechtigung gekennzeichnet ist. Im Idealfall kann durch Peer Involvement-Projekte öffentliche und politische Aufmerksamkeit auf bestimmte Sachverhalte gelenkt werden. Es kann dem Bedürfnis nach eigenverantwortlichem Handeln, Autonomie und sozialem Engagement nachgegangen werden, da man sich als Peer für Dinge engagiert, welche die eigene Altersgruppe und die eigene Lebenswelt betreffen:

> „Die Motivationen, sich sozial zu engagieren, sind eher intrinsisch und Zeichen von Individualisierung. Soziales Engagement ist für Jugendliche eine Möglichkeit, ihr eigenes Leben sinnhaft und sinnvoll zu gestalten" (Keupp 2000, S. 62).

Svenson et al. weisen darauf hin, dass jedoch auch viele Peers aus *altruistischen Gründen* zu ihrem Projekt hinzu stoßen (1998, S. 27). Das heißt, es besteht durchaus das Interesse etwas für andere zu machen, sie zu informieren und sich einzusetzen, ohne das ausschließlich an den eigenen Nutzen gedacht wird. Prosoziale Motive, wie das Wohl anderer und der Gruppe der Jugendlichen als Ganzes, stehen hierbei im Vordergrund.

Auch *die Bezahlung oder das Ausstellen eines Zeugnisses* stellen einen möglichen Anreiz dar, können jedoch überwiegend nicht als Hauptanreiz für eine Mitarbeit gesehen werden, da der große Aufwand für ein Projekt, meist in keinem direkten Verhältnis zu der Entschädigung steht. Die Frage der Bezahlung der Peers für ihre Arbeit wird in Peer Involvement-Projekten nicht einheitlich gehandhabt. In einigen Projekten werden die Jugendlichen finanziell entschädigt, in anderen Projekten bekommen sie eine Art Zeugnis oder Bescheinigung und in wieder anderen Projekten wird darauf völlig verzichtet. Für eine Bezahlung spricht, dass damit die Arbeit der Peers als solche anerkannt und der Arbeit Professioneller gleichgesetzt wird. Mädchen und Jungen können eine Aufwertung in ihrer Rolle als Jugendlicher und als Peer erfahren und in ihren Kompetenzen bestärkt werden, indem die eigene Arbeit durch eine Bezahlung genauso anerkannt wird, wie die Arbeit der erwachsenen Beteiligten. Besonders wenn die Arbeit als Peer stark von Erwachsenen strukturiert und vorgegeben ist und die Peers anstelle Erwachsener, aber mit ähnlichen Funktionen und Aufgaben eingesetzt werden, scheint es nicht falsch zu sein, die Peers zu bezahlen. Zusätzlich kann die Entlohnung zu freiwilliger Disziplinierung und Verantwortungsübernahme führen, da sie zur Folge haben kann, dass sich die Jugendlichen stärker verpflichtet fühlen, ihre Aufgaben pflichtgemäß wahrzunehmen (Lang & Weichler 2002, S. 221). Eine Bezahlung kann auch eine Bestätigung über die Wichtigkeit und Professionalität der Arbeit der Jugendlichen gegenüber Dritten, wie zum Beispiel Eltern, Lehrern oder anderen professionell Tätigen sein. In Gemeindeprojekten oder in Projekten, die stark mit dem diffusionalen Ansatz arbeiten, wird die Bezahlung von Peers jedoch nicht empfohlen (Svenson 1998, S. 28). Durch eine Bezahlung könnte es zu einer emotionalen Trennung zwischen dem Peer und der eigenen Gruppe oder Szene kommen, da der Jugendliche dadurch eine Rolle außerhalb derselben übernimmt und eventuell als Außenstehender angesehen wird.

Die genannten Punkte decken sich zum Teil mit fünf Hauptgründen, die an einem Peer Involvement-Projekt zum Thema Aids beteiligte Peers als Hauptmotivation zur Mitarbeit angeben: Der Gewinn an gesundheitlichen Ressourcen beispielsweise in Form von Wissen, der Zuwachs an Bildungsressourcen durch Training und Ausbildung, der Anstieg sozialer und emotionaler Ressourcen durch die Möglichkeit der gegenseitigen Unterstützung, eine Erweiterung sozioökonomischer Ressourcen und die Möglichkeit, das Projekt als Ressource zur Selbsthilfe mit Hilfsmöglichkeiten für die Gemeinschaft zu sehen (Wihofszky 2003, S. 8f).

Insgesamt spielen sowohl altruistische als auch eigennützige Gründe zur Teilnahme an Peer Involvement-Programmen eine Rolle. Die Motivation kann bei einzelnen

Jugendlichen unterschiedlich gelagert sein. Nicht zu vernachlässigen ist die Tatsache, dass die Peers mit falschen Erwartungen an ein Projekt herantreten können und es so zu einer großen Anzahl von Drop-outs kommt, weshalb es umso wichtiger erscheint, die Jugendlichen möglichst genau über das Projekt zu informieren und der Auswahl der Peers ausreichend Zeit zuzusprechen. Zudem ist eine besondere Aufmerksamkeit notwendig, wenn die Peers von Dritten dazu überredet oder gedrängt werden, an einem Peer-Projekt teilzunehmen. Ein gewisses Maß an eigenem Interesse und dem Wunsch teilzunehmen, sollte in jedem Fall vorhanden sein.

3.3.3.3 Adressaten

Als dritte Gruppe der Beteiligten wird auf die Adressaten eingegangen, neben den Peers die zweite Gruppe der Jugendlichen. Die Adressaten sind die Zielgruppe der von den Peers durchgeführten Interventionen.

Die Gruppe der Adressaten kann theoretisch jede Gruppe von Jugendlichen sein, wie zum Beispiel eine Schulklasse, eine Gruppe von Jugendlichen aus einem bestimmten Wohngebiet, Jugendliche mit einer ähnlichen Freizeitgestaltung oder Jugendliche, die eine Gemeinsamkeit, wie zum Beispiel ein ähnlicher Lebensstil oder eine Problematik verbindet. Je nach zugrundeliegendem Ansatz, beispielsweise wenn es sich um Sekundärprävention handelt, kann die Gruppe der Adressaten eine Gruppe sein, die in irgendeiner Hinsicht als besonders gefährdet eingestuft wird. Im Sinne von Primärprävention kann ein Projekt sehr breit angelegt sein und prinzipiell alle Jugendlichen als Zielgruppe haben. Ein Beispiel kann das norwegische primärpräventive Projekt ‚Handling Mot Rusgift – HMR' sein, in dem jede norwegische neunte Klasse seit 1972/73 einen Schüler und eine Schülerin schult, damit diese Aktionen mit der eigenen Klasse und den Eltern durchführen und so alle Schülerinnen und Schüler der gesamten Schule eine Peer Involvement-Intervention im Bereich Gewaltprävention miterleben (Kahr 1999, S. 35).

Es gibt kaum Kriterien, die eine Gruppe von Jugendlichen als Adressaten von Peer Involvement festlegen. Vielmehr ist es gerade ein Kennzeichen von Peer Involvement, dass bei der Wahl der Zielgruppe und der zu vermittelnden Inhalte eine große Offenheit herrscht. Trotzdem ist es wichtig sich mit der Gruppe der Adressaten näher zu beschäftigen, um geeignete Peers auswählen und die Methoden auf sie abstimmen zu können. Die Auswahl einer bestimmten Zielgruppe hat Einfluss auf die Wahl der Methoden, auf die allgemeine Herangehensweise und die Auswahl möglicher Peers. Soll das Projekt evaluiert werden, spielt die genaue Eingrenzung der Zielgruppe ebenfalls eine wichtige Rolle, denn nur wenn klar ist, wer mit einer Maßnahme erreicht werden soll, kann überprüft werden, ob dies tatsächlich so geschehen ist.

Wichtig ist, dass die zu erreichende Gruppe vorher genau definiert und eingegrenzt wird, damit die zu vermittelnden Botschaften und das Setting an das Leben und die Situation der Zielgruppe angepasst werden können (Svenson 1998, S. 9). Hier spielen unter anderem neben sozialen, ökonomischen, kulturellen und demographischen Unterschieden, der jeweilige Lebensstil und die Art der Freizeitgestaltung, die spezifischen Wünsche und Bedürfnisse, der Wissensstand und der Zugang zu Informationen und nicht zuletzt das Alter und Geschlecht der Jugendlichen eine entscheidende Rolle. Dies sind Gründe, warum Peer Involvement-Programme nicht ohne weiteres von einer Stadt in eine andere oder sogar länderübergreifend übertragen werden können und sollten. Hierbei würden wesentliche Eigenheiten einer Gruppe, einer Stadt usw. nicht beachtet und die Gefahr eines Vorbeizielens ist groß.

> „Der Ansatz (...) geht von bestimmten Gegebenheiten in sozialen Gruppen aus, nutzt deren Entwicklung und Wirkung und kann aus diesem Grund nicht abgelöst von einem kulturellen Kontext, der Zielgruppe, ihrem Lebensraum, ... gesehen werden" (Kahr 2003, 380).

Zusammenfassend kann festgehalten werden, dass sowohl der Auswahl der Peers als auch der Auswahl der Adressatengruppe eine große Wichtigkeit zukommt. Beide Gruppen stehen in enger Verbindung zueinander und können nicht unabhängig voneinander gesehen werden. Der genauen Beachtung von Besonderheiten bei diesen Gruppen muss in der praktischen Umsetzung des Peer Involvement-Ansatzes noch eine größere Bedeutung zu kommen.

Eng mit der Gruppe der Adressaten ist der Ort verbunden, an dem diese erreicht werden sollen. Die Schule stellt einen häufig gewählten Ort dar, da sie der einzige Platz ist, an dem bis zu einem gewissen Alter alle Kinder und Jugendliche zusammen kommen und erreichbar sind. Andere Institutionen/Orte können beispielsweise das Jugendzentrum, Veranstaltungsörtlichkeiten, Szenetreffpunkte oder auch ein nicht festgelegter Ort sein. Im folgenden Kapitel stehen deshalb Bedingungen der Institution im Zentrum.

3.3.3.4 Institution

Die Institution an oder mit der ein Peer Involvement-Projekt durchgeführt wird, übt einen Einfluss auf die Umsetzung aus. Zunächst unterscheiden sich Projekte dadurch, ob der Ort an dem sie durchgeführt werden, eine feste Institution ist oder ob es sich um einen öffentlichen Raum, wie zum Beispiel bei einem Streetwork-Projekt handelt. Des Weiteren gibt es Unterschiede darin, ob es sich um eine einzige feste Institution handelt, zum Beispiel ein Jugendzentrum, in dem ein festes Angebot etabliert wird oder um mehrere Institutionen, zum Beispiel verschiedene Schulen in einem Stadtgebiet, die wie im Projekt ‚Schlag.fertig', einmalig besucht werden.

Anhand des Beispiels Schule wird exemplarisch aufgeführt, welche Strukturen beachtet werden müssen und welche Möglichkeiten aber auch Schwierigkeiten sich ergeben können.

Die Schule bietet sich zunächst als ein Verankerungsort von Peer Involvement an, da sie den Ort darstellt, an dem alle Kinder und Jugendliche nach Alter unterteilt zusammengeführt werden und damit erreichbar sind. Jedes Kind in Deutschland besucht in der Regel mindestens zehn Jahre die Schule und steht damit im Einflussbereich dieser. Zusätzlich stellt die Schule den zentralen Ort für die Zusammenkunft von Gleichaltrigen dar: Hier werden Freundschaften geschlossen, Peer-Groups gebildet und für einige Jugendliche hat das Zusammentreffen mit Gleichaltrigen in der Schule eine größere Bedeutung als die Vermittlung der Lehrinhalte. Jugendliche verbringen einen Großteil ihrer Zeit in der Schule, im Rahmen der Ausweitung des Ganztags an deutschen Schulen trifft dies in besonderem Maße zu.

Die Verankerung eines Peer Involvement-Programmes, wie zum Beispiel eines Streitschlichterprogramms bedeutet eine Veränderung für das starre System Schule. Verantwortung muss an Jugendliche abgegeben werden, was zugleich auch einen Machtverlust aufseiten des (Lehr)Personals und einen Zuwachs an Handlungsspielräumen für die Schülerinnen und Schüler bedeutet. Finanzielle, infrastrukturelle und zeitliche Ressourcen müssen zur Verfügung gestellt werden. Die Verwirklichung solcher Programme zeigt, dass Schule die Möglichkeiten hierfür hat und viele Praxiserfahrungen zeigen, dass eine feste und dauerhafte Verankerung solcher Maßnahmen in der Schule Voraussetzung für den Erfolg ist. Veränderungen müssen von langer Hand geplant werden und sollten möglichst nachhaltig in den Schulalltag integriert werden.

Daneben ist eine wichtige Voraussetzung für die Verankerung von Peer Involvement die Qualifizierung des Lehrpersonals und des Personals aus dem offenen Ganztag. Der Ganztag bietet die Möglichkeit, Präventionsprojekte im Allgemeinen sowie Peer Involvement-Projekte im Speziellen zu implementieren. Die neu entstandenen Möglichkeiten sollten von der Schule dazu genutzt werden, neben Unterrichtsinhalten auf die Bedürfnisse der Schülerinnen und Schüler einzugehen und dem umfassenden Bildungs- und Erziehungsauftrag der Schule gerecht zu werden.

Für die Verankerung von Peer Involvement an Schulen spricht, dass hierdurch auch Schülerinnen und Schüler als Peers erreicht werden können, die bisher nicht unbedingt als Musterschüler aufgefallen sind, da die Teilnahme nicht an klassische Schulleistungen gebunden ist, sondern andere Kompetenzen fordert und fördert. Im Sinne einer guten Verbreitung und Annahme von Inhalten sind solche Jugendlichen gefragt, die durch ihre Rolle als Meinungsführer, besonders im sozialen Bereich, kompetent sind, diese Kompetenzen jedoch im klassischen Schulsetting bisher nur wenig nutzen konnten. Hier kann in Peer Involvement-Projekten, besonders auch schwächeren Schülern und Schülerinnen, Gelegenheiten angeboten werden, sich als kompetent darzustellen und zu erleben bei gleichzeitigem Anschluss an die Schule.

Am Beispiel der Schule wird deutlich, welche Chancen aber auch Grenzen durch die jeweilige Institution gegeben werden. Die Charakteristika von Institutionen und Orten müssen, ebenso wie regionale Bedingungen in der Konzeptionierung von Projekten stärker berücksichtigt werden.

3.3.4 Ziele

In diesem Kapitel wird auf die erwünschten Ziele unterteilt nach der Gruppe der Peers und der Gruppe der Adressaten sowie auf Effekte eingegangen, die sich bei beiden Gruppen finden lassen. Zunächst werden die Ziele betrachtet, die sowohl für die Adressaten als auch die Peers zutreffen, anschließend werden spezifische Ziele der einzelnen Gruppen beleuchtet. Insgesamt ist darauf hinzuweisen, dass die Ziele je nach Projekt stark variieren können und es kaum verbindliche Ziele gibt, die für Peer Involvement allgemein gültig sind. Zudem sind die projektbezogenen themenspezifischen von den themenunspezifischen übergreifenden Zielen zu unterscheiden.

Allgemein wird bei Peer Involvement von einem doppelten Effekt gesprochen, da sich in der Regel positive Auswirkungen der Teilnahme an einem solchen Programm sowohl bei den Peers als auch bei den Adressaten ergeben. Die Ziele von Peer Involvement können noch weiter gesehen werden, Ziele können auf einzelne Personen (Mikrosystem), den direkten Nahbereich (Mesosystem), das erweiterte Umfeld (Makrosystem) und die Gesellschaft als solche (Exosystem) gerichtet werden (Kästner 2003, S. 52). So können neben den direkt beteiligten Jugendlichen, Personen im unmittelbaren Lebensumfeld der Jugendlichen, wie zum Beispiel Eltern oder Lehrer durch einen Informationszuwachs oder die Sensibilisierung für jugendspezifische Belange profitieren. Durch die Initiierung und die Durchführung von Peer Involvement wird mindestens regional die Aufmerksamkeit auf möglicherweise bisher vernachlässigte Themengebiete gerichtet und Defizite oder Ressourcen können frühzeitiger erkannt, bearbeitet und genutzt werden. In erster Linie werden Peer Involvement-Projekte jedoch durchgeführt, um bei den beteiligten Jugendlichen etwas zu bewirken.

Wesentliche Voraussetzung damit es zu positiven Effekten kommen kann, ist, dass ein Projekt und die Interventionen der Jugendlichen erfolgreich sind und ein Projekt nicht scheitert. Dies scheint in der Praxis generell vorausgesetzt zu werden. Es ist kaum etwas darüber bekannt, was für Effekte auftreten, wenn Projekte abgebrochen werden oder nicht so verlaufen wie beabsichtigt. Es lässt sich vermuten, dass über solche Projekte aufgrund des Misserfolgs nichts publiziert wird und Evaluationen nicht abschließend ausgewertet werden. Die Möglichkeit des Ausbleibens von positiven Effekten oder des Auftretens unerwünschter Wirkungen sollte in jedem Projekt, auch wenn es erwartungsgemäß verläuft, bedacht werden (vgl. Kapitel 3.3.6), denn „so produziert doch jede pädagogische Situation und jeder pädagogische Diskurs nichtintendierte Nebenfolgen, weil der Adressat keine ‚triviale Maschine' ist und sich somit die Effekte des pädagogischen Eingriffs nicht kalkulieren lassen" (Bauch 1999, S. 8).

Ziele für die Adressaten und die Peers

Die auf einem ähnlichen Entwicklungsstand basierende Symmetrie innerhalb der Beziehung zwischen Peers und Adressaten (vgl. Kapitel 3.3.5) bewirkt, dass in kognitiver Hinsicht eine aktive Auseinandersetzung der Adressaten mit den zu vermittelnden Inhalten gefördert und verstärkt wird (Appel 2001, S. 56).

Als oberstes und alle Themengebiete von der Gewaltprävention bis zur Gesundheitsförderung umfassendes Ziel ist die Wissensvermehrung zu nennen. Besonders die themenspezifische Wissensvermehrung steht im Mittelpunkt. Auf gewaltpräventiver Ebene kann es sich um das Wissen handeln, was Gewalt ist, wie sich der Einzelne schützen kann, welche Rechte und Pflichten zugrunde liegen oder wie der Zugang zu Hilfemöglichkeiten aussieht. Besonders dem letzten Punkt wird in Präventionsprojekte allgemein ein großer Stellenwert zugeschrieben. Hemmungen zur Inanspruchnahme von Unterstützungs- oder Beratungsangeboten sollen abgebaut werden, indem zunächst das Wissen vermittelt wird, dass und welche Angebote es im Umfeld der Jugendlichen gibt. Durch die Kommunikation hierüber und häufig auch die Verteilung von Informationsmaterial soll der Zugang zu diesen erleichtert werden. So werden beispielsweise im Projekt ‚Schlag.fertig' im Anschluss an die Präventionsintervention Informationsmaterialen mit Adressen, Telefonnummern und Internetauftritten von Beratungsangeboten für jeden Jugendlichen ausgeteilt, damit die Informationen auch nach der Intervention zugänglich sind. Zum Teil werden Projekte oder Maßnahmen auch von eben solchen Institutionen mit dem Ziel einen verbesserten Zugangs, besonders von bisher schwer erreichten Zielgruppen, ins Leben gerufen. Andere Projekte erreichen innerhalb ihrer Durchführung einen engen Kontakt und eine gute Kooperation mit ergänzenden oder weiterführenden Institutionen, Beratungsstellen oder anderen Unterstützungssystemen und erhöhen so das Wissen der Jugendlichen über regionale Anlaufstellen. Durch Peer Involvement-Projekte kann es so zu einer Vernetzung von nicht-professionellen und professionellen Unterstützungssystemen kommen (Roth et al. 2003, S. 414).

Neben dem per se als positiv zu bewertenden Wissenszuwachs, kann es zu einer Anerkennung oder einem Bewundertwerden aufgrund der existierenden Sachkompetenz und des vorhandenen Wissen durch andere Jugendliche oder Erwachsene kommen (Lang & Weichler 2002 2003, S. 245). Darüber hinaus fühlt der Jugendliche sich selber informierter und kompetenter im Hinblick auf ein Thema und agiert in dem Bereich idealerweise auf der Basis von Wissen, verantwortungsbewusster und selbstsicherer. Letztendlich soll durch die Wissensvermehrung und die Auseinandersetzung mit dem Thema eine Einstellungs- und idealerweise eine Verhaltensänderung stattfinden.

Durch den Austausch von Informationen und Einstellungen untereinander soll die Kommunikationskompetenz der Jugendlichen verbessert und erhöht werden. Unsicherheiten bestimmte Themen anzusprechen sollen abgebaut werden. Dies gilt sowohl für die Kommunikation unter Jugendlichen als auch zwischen Jugendlichen und Erwachsenen. Darüber hinaus spielt besonders im Hinblick auf das Thema Gewalt die Förderung der Aufmerksamkeit für eine gewaltfreie Kommunikation beziehungsweise die Aufmerksamkeit für alltägliche Kommunikationsstrukturen, die gewaltfördernd sind, eine wichtige Rolle (vgl. Kap. 3.3.5.8 Exkurs zur Jugendsprache). Der Umgang mit Schimpfwörtern und Beleidigungen, der sich in der Alltagskommunikation von Jugendlichen teilweise etabliert hat, soll hinterfragt werden. Gleichzeitig ist es aus der Perspektive der Erwachsenen wichtig, die Jugendsprache als solche nicht generell abzulehnen, sondern als Teil jugendlichen Subkultur anzuerkennen. Dies kann bedeuten, dass einzelne von Erwachsenen als Schimpfwörter empfundene Begriffe durchaus unter Jugendlichen Verwendung finden, ohne gewaltfördernd zu sein. Hier ist jedoch ein Austausch unter Jugendlichen wichtig, da die Jugendsprache in verschiedene Subgruppen unterschiedlich ist und – auch von verschiedenen Jugendlichen – unterschiedlich interpretiert werden kann.

Als Folge der Auseinandersetzung mit eigenen Gewohnheiten und Einstellungen und dem Vergleich mit denen anderer, wird die Selbst- und Fremdwahrnehmung der Jugendlichen gefördert (Kästner 2003, S. 53). Im Sinne der Gewaltprävention spielt ganz besonders „die Entwicklung, Intensivierung und Etablierung von Zivilcourage, des Nichtwegsehens und gezielten Hinschauens, des Kritisierens und Eingreifens, mitunter auch des tatsächlichen" (Wolters 2009, S. 39) eine wichtige Rolle. Eine reflektierte Selbst- und Fremdwahrnehmung beinhaltet das Wissen, wann die Hilfe Dritter notwendig ist. Besonders in der Schule spielt die Stärkung der Klassenzusammengehörigkeit und die Übernahme von Verantwortung für Mitschülerinnen und Mitschüler sowie das Vertrauen in Lehrerinnen und Lehrer, dass diese eingreifen, wenn es notwendig ist und Konflikten nicht aus dem Weg gehen, eine wichtige Rolle. Ein bedeutsames Ziel ist die Sensibilisierung des Problembewusstseins sowie der Risikowahrnehmung (Kleiber et al. 1998, S. 14).

Im Idealfall kann dies zu einer Erweiterung von Kompetenzen und Spielräumen von Jugendlichen führen. So können Erziehungsaufgaben und Erziehungsintentionen in die zu erziehende Gruppe selbst verlagert werden (Bauch 1997, S. 35). Es wird angenommen, dass der den meisten Peer Involvement-Programmen zugrunde liegende Empowermentansatz eine wirksame Methode zur Unterstützung der momentanen, aber auch der zukünftigen Lebensbewältigung, darstellt (Schmidt 2002, S. 131). Meist sind Peer Involvement-Projekte „mehr oder weniger stark im Sinne des Empowerments angelegt, d.h. sie sind ressourcenorientiert, akzeptanzorientiert und anwaltschaftlich ausgerichtet" (ebd., S. 134).

Im Ganzen soll der Jugendliche bei der Bewältigung von Entwicklungsaufgaben und der Überwindung von Krisen unterstützt werden. Ziele sind hierbei insbesondere eine allgemeine Ich-Stärkung, die Förderung der Erfahrung der eigenen Selbstwirksamkeit und eine Steigerung von Selbstwertgefühl und Selbstvertrauen des Jugendlichen (Kleiber et al. 1998, 14).

Sowohl für die Gruppe der Adressaten als auch für die Gruppe der Peers ergeben sich darüber hinaus jeweils weitere spezifische Effekte.

Ziele für die Peers

Obwohl die Gruppe der Adressaten als eigentliche Zielgruppe der entwickelten Interventionen im Mittelpunkt steht, ist es in der Regel so, dass vor allem die Peers von der Teilnahme an Peer Involvement-Projekten in besonderem Maße profitieren und häufig besonders im Fokus von Evaluationen stehen. Durch die enge Begleitung und Vorbereitung auf die Interventionen mit den Adressaten, die meist eine nicht unerhebliche Zeitspanne umfasst, und die grundlegende Auseinandersetzung mit dem Thema, eigenen Verhaltensweisen und Einstellungen, findet in dieser Gruppe eine besonders intensive Auseinandersetzung und Entwicklung statt. Dies gilt speziell für die Peers, die tatsächlich über alle Projektphasen dabei bleiben. Unklar ist, ob und inwieweit jugendliche Peers, welche die Teilnahme an einem Projekt abbrechen (Drop-outs), profitieren.

Wird die Gruppe der Peers genauer betrachtet, so ergeben sich bei ihnen spezielle Effekte auf drei verschiedenen Ebenen, bedingt durch die Auseinandersetzung mit dem Thema und den anderen beteiligten jugendlichen Peers (1), die Auseinandersetzung mit den beteiligten Erwachsenen (2) und die Auseinandersetzung mit den Adressaten (3).

(1) Neben der intensiven inhaltlichen Auseinandersetzung mit einem Thema und dem damit verbundenen Wissensanstieg, wird sich erhofft, dass es durch die erworbenen Qualifikationen und die neue Rolle als Peer zu einer allgemeinen Förderung und positiven Beeinflussung der Entwicklung der Jugendlichen kommt (Nörber 2003, S. 11). Vor dem Hintergrund des Themas Gewalt meint dies in erster Linie eine Verminderung von Täter- und Opfererfahrungen und eine intensive Auseinandersetzung mit der eigenen (Gewalt)Biographie. Insbesondere durch die Diskussion mit den anderen Peers sollen eigene Sichtweisen hinterfragt und überarbeitet werden. Treffen wie im Projekt ‚Schlag.fertig' in der Gruppe der Peers Jugendliche aus unterschiedlichen sozialen Hintergründen und aus unterschiedlichen Schulformen zusammen, kommt es zu einer Auseinandersetzung mit ver-

schiedenen Sichtweisen, da die eigenen Erfahrungen nicht weiterhin als allgemeingültig für alle anderen Jugendlichen angenommen werden können. Bei der gemeinsamen Arbeit und dem Austausch in der Gruppe der Peers, können soziale Kompetenzen und Schlüsselqualifikationen, wie zum Beispiel Konflikt- und Teamfähigkeit, Verantwortungsübernahme oder Organisationsgeschick, erworben werden (Lang & Weichler 2002, S. 219). In den Schulungen vor der Durchführung der Intervention mit den Adressaten, werden die Jugendlichen dazu angeregt, sich in Form von vielfältigen Methoden wie zum Beispiel Rollenspielen, intensiv mit eigenen Verhaltensweisen auseinander zu setzen und neue Handlungsmöglichkeiten kennen zu lernen.

(2) Während der Vorbereitung auf die Phase bei denen die Adressaten beteiligt sind, ist eine enge Zusammenarbeit zwischen den beteiligten Peers und den Erwachsenen unumgänglich. Hierbei kommt es zu einer Auseinandersetzung mit den Ansichten der Erwachsenen und es werden neue Erfahrungen mit Hierarchieebenen gemacht (ebd.). In Bezug auf das Thema Gewalt bedeutet dies auch, dass im Hinblick auf Recht und Gesetz wenig Spielraum bei der Interpretation herrscht und die Erwachsenen über einen Wissensvorsprung in einigen Bereichen verfügen. Ein beidseitiger Lernprozess ist wichtig. Die Peers lernen Kritik anzunehmen und sich konstruktiv mit den Werten und Vorstellungen der Erwachsenen auseinander zu setzen. Gleichzeitig ist die Sicht und Perspektive der Peers wesentliche Voraussetzung und die Jugendlichen können das Gefühl erlangen durch ihre Rolle als Peers etwas zu leisten, das von Erwachsenen nicht geleistet werden kann. Besonders wenn es sich bei den Peers selbst um Jugendliche mit schwierigen Erfahrungen in der Vergangenheit handelt, kann die Zusammenarbeit mit Erwachsenen in einem Peer Involvement-Projekt eine neue Erfahrung von Unterstützung und Verlässlichkeit durch erwachsenen Bezugspersonen darstellen. Eine schwierige Aufgabe für die Erwachsenen ist hierbei, einen Mittelweg zwischen Verständnis und einem klaren Standpunkt über regel- und gesetzkonformes Verhalten zu finden.

Die Jugendlichen werden in ihrer Arbeit selbst zu Gruppenleitern, Organisatoren oder Ansprechpartnern und erfahren so, was es heißt, bestimmte Anforderungen zu erfüllen und Verantwortung zu übernehmen. Der Rollenwechsel zur Hauptperson während der Durchführung der Intervention ermöglicht Einsicht in Rollenstrukturen und in den Umgang mit unterschiedlichen Anforderungen in unterschiedlichen Rollen (ebd.).

(3) Methodische und soziale Kompetenzen auf der Grundlage einer stabilen eigenen Meinung sind vonnöten, um bei den Adressaten gut anzukommen, die Inhalte ansprechend zu übermitteln und auf Fragen, Diskussionspunkte, Unstimmigkeiten, Meinungsverschiedenheiten usw. eingehen zu können. Hierbei lernen die Jugendlichen mit Kritik umzugehen und Problemlösefertigkeiten zu entwickeln, denn nicht immer verläuft alles planmäßig und hierfür müssen die Jugendlichen Lösun-

gen finden und anwenden. Besonders die Erhöhung der Kommunikationsfähigkeit ist wichtig um Standpunkte erklären, bei Unstimmigkeiten zu vermitteln und Diskussionen anregen zu können. Es wird die Fähigkeit trainiert, mit Gruppendruck und Autoritäten fertig zu werden und zu lernen, wie man unangenehme Situationen meistert (Koller 1999, S. 16).

Für alle Jugendlichen, jedoch besonders für solche, die bisher wenig Erfolgserlebnisse hatten, kann die Rolle als Peer und somit als Experte in einem bestimmten Bereich zu einer Steigerung des Selbstwertgefühles führen. Im Projekt ‚Schlag.fertig' gab es das Beispiel, dass nach einer Intervention Schülerinnen an ‚Schlag.fertig' eine Email schrieben, in der sie einen Peer Educator als besonders ‚süß' und ‚interessant' empfanden und seine privaten Kontaktdaten erbaten. Dies ist nicht vorrangiges Ziel, jedoch zweifelsohne für den betroffenen Peer Educator sehr schmeichelhaft und ein Erfolgserlebnis auf der Ebene der Gleichaltrigenbeziehung. Steinebach geht zudem davon aus, „dass es einen stärkeren Eindruck hinterlässt, in einem aktiven Prozess zu geben als etwas zu erhalten" (2008, S. 312) und somit eine aktive Rolle als Peer besonders wichtig ist.

Insgesamt ist festzustellen, dass sich immer mehr Peer Involvement-Programme in den letzten Jahren von reiner Informationsvermittlung hin zur Förderung der Lebenskompetenz weiterentwickelt haben (Kästner 2003, S. 62). Dazu gehört auch, dass die Peers in ihrer Rolle Aufmerksamkeit und Anerkennung durch andere, wie zum Beispiel Eltern, Lehrer und Lehrerinnen, Mitschüler und Mitschülerinnen, aber auch auf regionaler oder politischen Ebene bekommen und so letztendlich dazu beigetragen werden kann, dass die Stellung der Jugendlichen in der Gesellschaft verbessert wird. Ein gutes Beispiel liefert die Bundeszentrale für gesundheitliche Aufklärung, die eine Vielzahl von groß angelegten deutschlandweiten Präventionsaktionen mittlerweile mithilfe des Peer-Ansatzes durchführt. Hier geht es um das Erfahren der eigenen Selbstwirksamkeit des Jugendlichen und der Möglichkeit sich aktiv zu beteiligen und dabei etwas zu leisten, was in dieser Form von Erwachsenen nicht geleistet werden kann.

Ziele für die Adressaten

Die Gruppe der Adressaten erhält die Möglichkeit einer qualifizierten Hilfestellung bei aktuellen Problemen beziehungsweise eine qualifizierte Aufklärung über ein bestimmtes Thema durch die Peers. Hierbei stellt die niedrige Zugangsschwelle einen herausragenden Vorteil dar (Kästner 2003, S. 54). Eine jugendgerechte Präsentation und auf die Zielgruppe ausgerichtete Darstellung der zu vermittelnden Inhalte, kann darüber hinaus eine angenehme, abwechslungsreiche und anregende Art sein, an ein Thema herangeführt zu werden.

Durch die Teilnahme an oder die Kenntnis von Projekten zu jugendspezifischen Themen, die von jugendlichen Peers durchgeführt werden, sieht der einzelne Jugendliche, dass er mit bestimmten Fragen, Ängsten oder Problemen nicht alleine dasteht. Zu erfahren, dass andere Jugendliche Gleiches beschäftigt, kann sich identitätsfördernd auswirken. Dies wird dadurch begünstigt, dass eine Unterstützung von Gleich zu Gleich von den Adressaten akzeptiert werden kann, ohne ein eigenes Unwissen oder eine Inkompetenz gegenüber Erwachsenen zugeben zu müssen und ohne Sanktionen oder Benachteiligungen befürchten zu müssen. Durch das gemeinsame Lernen und den gemeinsamen Erfahrungsaustausch in der Gruppe der Jugendlichen müssen keine vermuteten Anforderungen von Erwachsenen erfüllt werden (Lang & Weichler 2002, S. 219) und es handelt sich um einen relativ offenen Lernprozess ohne von außen festgelegte Ziele. Zudem werden die Adressaten mit positiven Rollenvorbildern in Form der Peers konfrontiert, was sich auf das eigene Verhalten auswirken kann (ebd.). Die Peers schreiten mit positivem Beispiel voran und können so Hemmungen zur Verwirklichung von ähnlichem Verhalten abbauen.

Bei dem Thema Gewalt handelt es sich häufig um ein tabuisiertes oder mit Scham und Angst behaftetes Thema. Die offene Diskussion von verschiedenen Facetten dieses Themas, kann zu einem Hinterfragen von vorhandenen Strukturen führen. Als alltäglich Wahrgenommenes wird bewusst gemacht und steht so zu Veränderungen bereit. In Institutionen wie zum Beispiel der Schule gibt es häufig Gewohnheiten und Gepflogenheiten, die gewaltfördernd sein können, hier ist es wichtig sich diese bewusst zu machen und zu hinterfragen.

Kästner (2003) weist darauf hin, dass Projekte und Maßnahmen die auf der Grundlage von Peer Involvement arbeiten, im Sinne des Kinder- und Jugendhilfegesetz (KJHG) zu einer Erweiterung der allgemeinen Lebenskompetenz führen können:

> „Die Maßnahmen sollen (…) junge Menschen befähigen, sich vor gefährdeten Einflüssen zu schützen und sie zu Kritikfähigkeit, Entscheidungsfähigkeit und Eigenverantwortlichkeit sowie zur Verantwortung gegenüber ihren Mitmenschen führen" (§ 14, Abs. 2).

Schlussendlich muss jedes Projekt für sich betrachtet werden und es können jeweils weitere vor allem themenspezifische Effekte bei allen Zielgruppen auftreten. Ob, und wenn ja, welche negativen Effekte auftreten können, ist Gegenstand des Kapitels 3.3.6. Zunächst folgt ein Überblick über die theoretischen Fundierungen von Peer Involvement.

3.3.5 Theoretische Fundierungen

In diesem Kapitel werden einige Theorien dargestellt, die als theoretische Fundierung von Peer Involvement herangezogen werden. Peer Involvement beruft sich dabei auf ein Konglomerat aus verschiedenen theoretischen Ansätzen, von denen die wichtigsten hier kurz dargestellt werden. Da im Mittelpunkt der dieser Arbeit zugrundeliegenden Untersuchung die Altersgruppe der Jugendlichen steht, liegt ein Schwerpunkt der dargestellten theoretischen Grundlagen auf entwicklungspsychologischen Aspekten (3.3.5.1). Daneben wird auf das Two step flow of communication Modell (3.3.5.2), die Theorie der Diffusion von Informationen (3.3.5.3), die Theorie der sozialen Impfung (3.3.5.4), das Modelllernen (3.3.5.5), Empowerment und Partizipation (3.3.5.6), weitere Ansätze (3.3.5.7) und abschließend in einem Exkurs auf die Bedeutung der Jugendsprache (3.3.5.8) für die Wirksamkeit von Peer Involvement eingegangen.

3.3.5.1 Entwicklungspsychologische Aspekte

Die Entwicklungspsychologie beschäftigt sich mit Veränderungen und Stabilitäten im Verlauf der Entwicklung des Menschen orientiert am Lebensalter. Wie in Kapitel 3.1.4.2 bei der Betrachtung der Entwicklungsphase Jugend aufgezeigt, findet im Jugendalter ein Reihe von Veränderungen statt. Im Verlauf des Jugendalters nimmt meist der Einfluss der Familie ab beziehungsweise verändert sich und gleichzeitig gewinnen Gleichaltrige mehr und mehr an Bedeutung. Jugendliche haben dabei auf drei verschiedenen Ebenen Beziehungen zu anderen Gleichaltrigen: die Gruppe der Gleichaltrigen insgesamt, in Form von speziellen Gruppen und Cliquen und auf der Basis von individuellen Freundschaften (Gerrig et al. 2008, S. 397). Den Gleichaltrigen werden zahlreiche wichtige Aufgaben und Funktionen für die Entwicklung besonders in der Adoleszenz zugeschrieben. Im Rahmen der theoretischen Begründung von Peer Involvement spielen sie eine herausragende Rolle, weshalb im Folgenden der Fokus auf den besonderen Merkmalen der Gleichaltrigenbeziehungen liegt.

Die Merkmale der Gleichaltrigengruppe

Für die Beschreibung der Gleichaltrigengruppe hat sich im Deutschen häufig der englische Begriff *Peers* oder *Peer-group* durchgesetzt und die Begriffe werden meist synonym verwendet. Ursächlich für die häufige Verwendung der englischen anstelle der deutschen Begriffe kann sein, dass die Merkmale der Mitglieder einer Peer-Group über die Bedeutung des gleichen oder ähnlichen Alters hinaus gehen und unter anderem auf eine ähnliche Lebenssituation, ähnliche Bedürfnisse und Interessen, relative Gleichberechtigung und einen ähnlichen Rang und Status verweisen. Der Begriff Gleichaltrigengruppe fasst hier im eigentlichen Sinne zu kurz. Oerter & Dreher verwenden den Begriff ‚Gleichgesinnte' (2008).

Ursprünglich sind die *Peers* die ranggleichen Angehörigen des britischen Hochadels, die das Oberhaus bilden. In diesem Zusammenhang weist der Begriff Peer vor allem auf einen gleichen Rang hin. Wahrscheinlich wurde der Begriff daher übernommen, modifiziert und auf die Gruppe der Gleichaltrigen angewendet. Der Begriff ‚peer' im Sinne der heutigen Bedeutung von Gleichaltrigengruppe wurde erstmals 1934 in einem Bericht über eine amerikanische Studie verwendet (Naudascher 2003, S. 119).

Die *Peer-Group* soll hier verstanden werden als

> „eine Gruppe von Jugendlichen etwa gleichen Alters, weitgehend gleicher Gesinnung und meist auch aus der gleichen sozialen Schicht. Diese sich meist spontan bildende und auch verändernde Gruppe, kann sowohl als Clique in verschiedenen Settings auftreten als auch als Gruppe von Menschen, die der gleichen jugendsoziologischen Szene angehören" (Kern-Scheffeldt 2005, S. 3).

Die Begriffe Gleichaltrigengruppe und Peer-Group werden hier synonym verwendet. Glück weist darauf hin, dass in Gleichaltrigengruppen eine altersmäßige Spanne von bis zu sieben Jahren möglich ist (1998, S. 58).

In einer vergleichenden Untersuchung von 1985 und 1997 über die Bedeutsamkeitseinschätzung von Entwicklungsaufgaben von Jugendlichen ist die Bedeutsamkeit der Peer-Group gleichbleibend an einer Spitzenposition vertreten (Oerter & Montada 2008, S. 282f). Dies war jedoch historisch nicht immer so, denn die Gleichaltrigengruppe hat als Lernfeld in der Moderne stark an Bedeutung gewonnen. Als ein Grund dafür kann die Expansion des Bildungswesens gesehen werden, da durch das Zusammenführen von Kindern und Jugendlichen in Altersjahrgängen und der Verlängerung der Ausbildungszeiten ein großes Kontaktfeld entstanden ist (Fend 2003, S. 304). Zusätzlich kann die Familie als ‚unvollständiges Curriculum' (ebd.) heute nicht mehr alle Aufgaben erfüllen, die für eine gelungene Entwicklung nötig sind, so dass die Gruppe der Gleichaltrigen neben der Familie den wichtigsten Sozialisationskontext von Jugendlichen darstellt und die Jugend zunehmend zu ihrer eigenen Bezugsgröße wird.

Doch was unterscheidet Peerbeziehungen von der Beziehung zwischen Erwachsenen und Jugendlichen? Ein wesentliches Merkmal ist das annähernd symmetrische Verhältnis zwischen Gleichaltrigen (Piaget 1954, Youniss 1980). Im Vergleich zu dem Verhältnis zwischen Erwachsenen und Jugendlichen verfügt keine der beiden Seiten über ein deutliches Übergewicht an Können, Erfahrung und Ressourcen und das Verhältnis ist durch Kooperation und Egalität gekennzeichnet (Krappmann 1996, S. 1014). So besteht zwischen Gleichaltrigen auch kein institutionalisiertes Machtgefälle wie zum Beispiel in der Schule zwischen Lehrern und Schülern. Durch den verwandten Entwicklungsstand besteht meist eine geringe Lebensstildifferenz, durch die es zu einem leichteren, schnelleren und vollständigerem Verständnis zwischen Gleichaltrigen kommen kann als zwischen Erwachsenen und Jugendlichen (Salisch & Seiffge-Krenke 1996). Zudem sind die Beziehungen zwischen Gleichaltrigen nicht automatisch gegeben, wie zum Beispiel die zwischen Eltern und Kind, sondern müssen erarbeitet werden und beinhalten keine Zielvorgaben. Die Beziehungen sind in der Regel freiwillig und können jederzeit beendet werden. In der Gruppe der Gleichaltrigen werden die Jugendlichen als vollwertige Mitglieder mit vollen Rechten und Pflichten wahrgenommen.

Gleichaltrige haben aufgrund der besonderen Struktur der Beziehung mehr Einsicht in und Verständnis für Probleme und Sorgen anderer Gleichaltrige als Erwachsene. Diese bewerten manche Probleme aus ihrer Lebenserfahrung heraus als weniger gravierend und können bestimmte Sachverhalte nicht (mehr) nachvollziehen, so dass den Jugendlichen zum Teil das Gefühl vermittelt wird, nicht ernst genommen oder nicht verstanden zu werden. Die Mitglieder einer Peer-Group sind mit vergleichbaren Schwierigkeiten konfrontiert und können sich gegenseitig besser verstehen und unterstützen. Sie bieten einen Pool von verschiedenen Lösungsmodellen und können so einander kompetente Helfer in Entwicklungsprozessen sein (Kern-Scheffeldt 2005, S. 3). Die Gleichaltrigengruppe bietet auf Grundlage ihrer spezifischen Beziehungsstruktur einen wichtigen Schutz- und Übergangskorridor zwischen dem kleinen geschützten Familienleben und der ‚großen Welt' mit zahlreichen und unterschiedlichen Anforderungen. Dabei kann die Gleichaltrigengruppe Aufgaben und Funktionen übernehmen, die die Familie nicht (mehr) erfüllen kann.

Dennoch gibt es nicht *die* Gruppe der Gleichaltrigen mit einheitlichen Wertvorstellungen und Maßstäben. Für jeden Jugendlichen gibt es meist verschiedene Gruppen von Gleichaltrigen, die sich in ihrem Einfluss und ihrer Bedeutsamkeit völlig voneinander unterscheiden können. Zunächst sind da alle Gleichaltrigen, mit denen der Jugendliche zum Beispiel in der Schule oder Nachbarschaft zusammentrifft. Entsprechend eigener Interessen, Vorlieben oder Hobbys können sich hieraus einzelne Gruppen oder Cliquen zusammenfinden, die sich zum Teil stark gegeneinander abgrenzen. Ausschlaggebend für die Identität einer Gruppe können zum Beispiel ein gemeinsamer Musikstil, Sport oder andere gemeinsame Vorlieben sein. Es ist wichtig, die verschiedenen jugendlichen Subgruppen und Subkulturen einzeln zu betrachten, da zum Beispiel vor dem Hintergrund von Peer Involvement beachtet werden muss, dass der Einsatz von Peers in bestimmten, vor allem extremen Szenen, gut überlegt sein muss.

Die Funktionen der Gleichaltrigengruppe

Die Gleichaltrigengruppe erfüllt in der Adoleszenz eine Reihe von spezifischen Funktionen, die von der Familie oder Erwachsenen nicht erfüllt werden können. Sind Jugendliche heute nur mangelhaft oder gar nicht in Peer-Beziehungen eingebunden oder haben keine Freunde, so kann das auf ein Defizit in der Entwicklung hinweisen. Der Gleichaltrigengruppe kann somit heute eindeutig ein entwicklungsförderliches und protektives Potential zugesprochen werden und die ohne äußere Intention ablaufende Peer-Sozialisation ist nicht ersetzbar. „Es erfolgt eine automatisch in der Gruppe stattfindende Sozialisation partiell hinter dem Rücken der Akteure, die sehr viel tiefere persönlichkeitsstiftende Spuren hinterlässt als jede intentional gesteuerte Erziehung" (Bauch 1999, S. 8f).

So stellt die Gleichaltrigengruppe eine gesellschaftliche ‚Probebühne' dar und bietet den sozialen Freiraum für die Erprobung neuer Möglichkeiten im Sozialverhalten oder das Austesten von unterschiedlichen Rollen (Oerter & Dreher 2008, S. 321). In den Aktivitätsbereichen der Peer-Group können eigenständig Entscheidungen getroffen und Verantwortung übernommen werden, wobei die Gleichaltrigengruppe über eine gewisse Fehlertoleranz verfügt, die in anderen gesellschaftlichen Bereichen so nicht vorhanden ist. Besonders in den für die Jugend sehr wichtigen Bereichen Freizeit und Konsum gibt es mehr Möglichkeiten für Partizipation beziehungsweise eigenständige Entscheidungen. Hier werden Jugendliche als autonomer und selbständiger wahrgenommen. Den Status als Minderjährige, die noch nicht voll in gesellschaftliche Partizipationsbereiche eingliedert sind, bekommen sie hier nicht so stark zu spüren wie zum Beispiel im Leistungsbereich (Hurrelmann 2004, S. 135).

Im Folgenden wird exemplarisch auf einige Bereiche eingegangen, in denen die Gleichaltrigengruppe in der Adoleszenz eine besondere Rolle spielt und durch sie wichtige Fähigkeiten und Kompetenzen erworben werden. Hierbei stehen Aufgaben und Funktionen im Vordergrund, die besonders bedeutsam für die Entwicklung des Jugendlichen sind und die zum besseren Verständnis der Wirkweise von Peer Involvement beitragen.

Aushandlungen

Die Beziehung unter Gleichaltrigen beruht auf einer relativ symmetrischen Grundlage. Dies ist wesentlich für Aushandlungen und Streit unter Kinder und Jugendlichen, da diese ihre Vorhaben in der Regel mit ähnlichen Mitteln aushandeln und auf eine gleichberechtigte Mitsprache und eine gleiche Verteilung von Vorteilen und Lasten bestehen. Dadurch können theoretisch beide Interaktionspartner gleichermaßen Einfluss auf den Fortgang der Interaktion nehmen. Werden Kinder oder Jugendliche vor ein neues Problem gestellt, müssen sie eine gemeinsame Lösung erarbeiten, was eventuell nur durch eine kognitive Weiterentwicklung möglich ist. Diese Anregung im kognitiven und auch sozialen Bereich führt zum Erlernen von Konfliktlösungsstrategien oder Kompromissbereitschaft. Die emotionale Verbundenheit fördert eine erfolgreiche Lösung des Konfliktes, wenn an der Weiterführung der Beziehung Interesse besteht. Besonders Piaget hat dies und die Herausbildung der autonomen Moral aufgrund der Symmetrie der Beziehung dargestellt (vgl. dazu Piaget 1954). Youniss hat das Konzept Piagets um den Begriff der ‚Reziprozität' erweitert, wobei die ‚symmetrische Reziprozität' als ein Kernelement der Beziehung zwischen Gleichaltrigen die Wechsel- und Gegenseitigkeit herausstellt und betont. Im Gegensatz zur komplementären Reziprozität, bei der die Interaktion von einem Partner stärker gelenkt wird, wie zum Beispiel zwischen Eltern und Kindern, stellt die symmetrische Reziprozität die Gleichberechtigung in den Vordergrund.

Ablösung vom Elternhaus

Die Gleichaltrigengruppe stellt ein Gegengewicht und Gegenmodell zur Eltern-Kind-Beziehung dar und macht einen anderen Typus von Gleichberechtigung und Anerkennung erfahrbar (Rendtorff 2003, S. 142). Sie unterstützt den Jugendlichen bei der Ablösung vom Elternhaus, in dem sie ihm emotionale Geborgenheit gewährt (Oerter & Dreher 2008, S. 321) und die Kernbedürfnisse nach Zugehörigkeit und Akzeptanz befriedigt. Auch hilft sie das Gefühl der Einsamkeit zu überwinden, das bei vielen Jugendlichen aufgrund der einsetzenden Selbstreflexion und der Erkenntnis der Einmaligkeit einsetzt (ebd.). Insgesamt löst die Gleichaltrigengruppe die Familie jedoch nicht komplett ab, sondern beide Einflüsse ergänzen sich wechselseitig und haben ihre Schwerpunkte in unterschiedlichen Bereichen.

Identitätsentwicklung

Die Herausbildung der Identität als eine zentrale Entwicklungsaufgabe des Jugendalters wurde besonders von Erik H. Erikson (1968) differenziert untersucht und dargestellt und soll hier vor dem Hintergrund der Gleichaltrigenbeziehungen nur kurz angerissen werden. Die Identitätsentwicklung kann von der Gleichaltrigengruppe unterstützt werden, indem sie Identifikationsmöglichkeiten oder den Zusammenschluss zu einer lebensstilspezifischen Peer-Group anbietet. Innerhalb des Gruppengeschehens gibt es Möglichkeiten zur Selbstdarstellung und die wechselseitige Rückmeldung von Verständnis, Vertrauen und Verlässlichkeit und der generell offene Austausch unter Gleichaltrigen kann die Identität stabilisieren und die Entwicklung eines realistischen Selbstbildes fördern. Die Gleichaltrigengruppe stellt einen geschützten Rahmen dar, in dem Identitäten und Selbstbilder ausprobiert werden können und die noch fehlende Selbstsicherheit durch die Geborgenheit der Gruppe ersetzt wird, die eine provisorische Identität darstellen kann (Fend 2003, S. 309).

Sozialverhalten

Auch zur Entwicklung des Sozialverhaltens kann die Gleichaltrigengruppe beitragen. So stellt sie ein unersetzbares Übungsfeld dar, um Prinzipien der Gegenseitigkeit, der Perspektivenübernahme, des Aushandelns und des Gebens und Nehmens zu lernen und einzuüben. Besonders in Freundschaften wird geübt, wie Beziehungen aufgenommen, gepflegt und gegebenenfalls auch wieder beendet werden. Fend weist darauf hin, dass in diesem Erfahrungsfeld prosoziale Motivation eingeübt wird (2003, S. 309). Dazu gehört beispielsweise die moralische Regulierung des Handelns, die Bereitschaft und Fähigkeit zu hilfreichem Handeln und die Übernahme von Verantwortung für sich und andere (ebd.). Das gemeinsame Agieren in der Gruppe und der gemeinsame Austausch über jugendspezifische Themen dient als Möglichkeit zum Üben von Diskussionen, aber auch zum Finden eines gemeinsamen Konsens oder von Kompromissen, in denen verschiedene Ansichten berücksichtigt und Wertmaßstäbe entwickelt werden, die für alle Beteiligten in gleicher Weise gelten (Salisch & Seiffge-Krenke 1996).

Peer-Group und Freunde

Zu unterscheiden ist generell der Einfluss der Peer-Group und der von Freunden. Enge Freunde haben in der Regel einen größeren und zum Teil anders gelagerten Einfluss. Besonders mit ansteigendem Alter spielen sie eine zunehmend wichtigere Rolle und der beste Freund oder die beste Freundin wird im Jugendalter zu der am höchsten bewerteten Beziehung überhaupt. Hierbei spielt das Bedürfnis nach Intimität und das Mitteilen von Gedanken und Gefühlen auf der Basis gegenseitigen Vertrauens eine zentrale Rolle. Es können Probleme offen gelegt werden, ohne dass gesellschaftliche Sanktionen oder Prestigeverlust zu befürchten ist. Freundschaften werden durch Aktivitäten mit der Peer-Group ergänzt und beide Beziehungssysteme befriedigen andere psychische Bedürfnisse des Jugendlichen. Der Einfluss der Peer-Group ist generell in der mittleren Adoleszenz am größten. Freundschaften spielen besonders in der späten Adoleszenz eine wichtige Rolle und werden im frühen Erwachsenenalter oft durch den Einfluss eines Partners ergänzt.

Gleichaltrigenbeziehungen: Risiko- oder Schutzfaktor?

Die Bedeutsamkeit der Gleichaltrigen für die Entwicklung und Verfestigung von aggressivem und gewalttätigem Verhalten wurde bereits in Kapitel 3.1.4.2 dargestellt. Eine Reihe positiver Funktionen war Gegenstand des letzten Abschnitts. Daraus geht hervor, dass der Einfluss der Gleichaltrigen von zwei Seiten betrachtet werden sollte. Mittlerweile ist eindeutig nachgewiesen, dass das Mitgliedsein in einer Gleichaltrigengruppe zwar ein Risiko darstellt, die Ablehnung und fehlende Einbindung in Gleichaltrigenbeziehungen jedoch auch zu schwerwiegenden Problemen in der Entwicklung führen kann. Gute Peer-Beziehung können Risikofaktoren in anderen Bereichen ausgleichen. Ist ein Jugendlicher gar nicht in eine Gleichaltrigengruppe eingebunden, kann der Status als Außenseiter psychisch sehr belastend sein und verhindert die Entwicklung der sich in der Interaktion mit anderen Jugendlichen herausbildenden positiven Effekte, wie zum Beispiel die Verfeinerung der Sozialkompetenzen. Jedoch ist für das Mitgliedsein in einer Gleichaltrigengruppe auch ein gewisses Maß an Sozialkompetenzen Voraussetzung und nicht jeder Jugendliche verfügt über ausreichende Kompetenzen hierfür. Isolierte Jugendliche zeigen die stärkste Erwachsenenorientierung und somit wenig Tendenzen zu zum Beispiel abweichendem Verhalten. Gleichzeitig leiden sie aber auch unter einem niedrigeren Selbstwertgefühl (Oerter & Dreher 2002, S. 314), was wiederum einen Risikofaktor darstellen kann.

Schlussfolgerungen

Zusammenfassend zeigt sich, dass die Gleichaltrigengruppe in der Adoleszenz eine sehr wichtige Bezugsgröße für den Jugendlichen darstellt und weder pauschal als Risiko- noch als Schutzfaktor gezählt werden kann, sondern generell wesentlicher Bestandteil einer gesunden Entwicklung ist, nicht ausschließlich aber besonders im Jugendalter. Neben wesentlichen Aufgaben für die Bewältigung von Entwicklungsaufgaben und die Identitätsfindung stellt die Gleichaltrigengruppe das zentrale Feld für Spaßhaben dar, vermittelt aus sich heraus wichtige Kompetenzen und Fähigkeiten und fördert so schlussendlich den Jugendlichen auf seinem Schritt zum Erwachsenwerden. Ebenso kann sie ein Gefährdungspotential darstellen, in dem sie Risiko- und abweichendes Verhalten initiiert und fördert.

Möchte man Jugendliche in Präventionsprojekten verstärkt erreichen, stellt die Gleichaltrigengruppe somit aufgrund ihrer entwicklungspsychologisch relevanten Rolle eine gute Basis dar. Da durch das Agieren in der Gleichaltrigengruppe sowohl Grundsteine für die Entwicklung von Problembewältigungsmöglichkeiten geschaffen werden, als auch ein Einfluss auf deviantes Verhalten möglich ist, erscheint es sinnvoll hier anzusetzen, um die positiven Potentiale verstärkt zu nutzen und in den Vordergrund zu stellen. Dringend beachtet werden sollten jedoch die Hinweise darauf, dass sich abweichendes Verhalten zum Teil in Gruppensituationen verstärken kann. Hier ist besonders darauf zu achten, dass Empfehlungen zur Vermeidung dieses ‚deviancy trainings' (Dodge et al. 2007) beachtet werden, hierzu gehören zum Beispiel eine hohe Strukturierung von Maßnahmen oder die Ausbildung der erwachsenen Fachkräfte.

Es scheint zukünftig besonders wichtig und eine bedeutsame Aufgabe von Prävention zu sein, neben der zentralen Rolle der Risikofaktoren, vermehrt Schutzfaktoren und risikomildernde Bedingungen stärker in den Blick zu nehmen. Darüber hinaus ist bisher wenig untersucht, welchen Einfluss enge Freundschaftsbeziehungen in der Jugend auf deviantes Verhalten haben beziehungsweise wie und ob sie gruppendynamischen Tendenzen entgegenwirken oder diese fördern.

3.3.5.2 Two step flow of communication

Als eine theoretische Grundlage von Peer Involvement wird häufig dass ‚Two step flow of communication Modell' (dt.: Modell des Zweistufenflusses der Kommunikation) herangezogen, weshalb es im Folgenden kurz erläutert wird. Es stellt eine Theorie über die Verbreitung von Informationen dar und fokussiert den Einfluss der Massenmedien.

Das ‚Two step flow Modell' nach Paul Lazarsfeld et al. basiert auf einer Untersuchung zum Wahlverhalten und dem Einfluss der Massenmedien auf die Wählerschaft (1944/1948). Dabei kommen Lazarsfeld et al. zu dem Ergebnis, dass der Kommunikationsfluss auf zwei Stufen verläuft. Zuerst werden über die Massenmedien Informationen verbreitet, wobei von den Empfängern besonders die Informationen aufgenommen werden, die der eigenen Meinung bereits entsprechen beziehungsweise, dass diejenigen die am Thema interessiert sind und bereits über eine feste Meinung verfügen, sich am meisten durch Massenmedien informieren (lassen). In einem zweiten Schritt wird von diesen gut informierten Personen die Information durch direkte Kommunikation an andere weitergegeben. Der Einfluss durch diese Meinungsführer wird dabei größer eingeschätzt als der Einfluss durch die Medien selbst, da die Medien nur eine bestimmte Gruppe, in der Untersuchung von Lazarsfeld die Wähler mit einer bereits festen Meinung, erreichen. Personen die noch unsicher in ihrer Meinung sind, erwerben Wissen und verändern Meinungen insbesondere im Austausch mit Meinungsführern aus ihrem sozialen Umfeld.

Die Theorie ist heute so nicht mehr eins zu eins übertragbar und greift in einigen Bereichen zu kurz. Kritikpunkte sind zum Beispiel die Erkenntnis, dass sich Meinungsführer ebenfalls von anderen Meinungsführern mehr beeinflussen lassen als durch Medien oder dass es sich bei der Weitergabe von Informationen mehr um einen wechselseitigen als einen ausschließlich einseitigen Prozess handelt, der vom Meinungsführer ausgeht. Zudem werden wenig in soziale Netze eingebundene Personen besser durch Medien erreicht und der Einfluss von nicht persönlich bekannten Meinungsführern wie zum Beispiel Musikern, Filmstars oder Politikern über die Medien selbst wird nicht beachtet.

Speziell auf die Gruppe der Jugendlichen angewendet, kann das ‚Two step flow Modell' jedoch zur Erklärung einiger Aspekte von Peer Involvement flankierend herangezogen werden. Insbesondere für Jugendliche und besonders für verschiedene möglicherweise schwer zu erreichende Subgruppen, kann die Vermittlung von Präventionsbotschaften über meinungsführende Mitglieder erfolgreicher sein als über massenmediale oder von Erwachsenen durchgeführte Veranstaltungen. Für Jugendgruppen gilt in besonderem Maße, dass sie sich vom ‚Mainstream' und von der Erwachsenenwelt abgrenzen wollen und deshalb besonders für die informelle Weitergabe von Informationen, Trends und Meinungen offen sind. Zudem stellen Jugendliche für Jugendliche und hier insbesondere Freunde die am häufigsten genannten Gesprächspartner bei Schwierigkeiten oder Problemen dar (Albert et al. 2010, S. 228). Durch die Informierung und Schulung von Peers in einem ersten Schritt, kann in einem zweiten das Erlernte an andere Jugendliche weitergegeben werden.

Die Ansicht von Lazarsfeld & Menzel, dass die Fähigkeit Meinungen zu prägen, nicht eine allgemeine Charaktereigenschaft ist, sondern sich immer auf ein bestimmtes Themenfeld oder bestimmte Fragen bezieht (1973, S. 121), eröffnet für Peer Involvement die Möglichkeit jeweils tatsächlich interessierte Jugendliche als spätere Meinungsführer zu gewinnen. Eine kritische Betrachtung zum Einsatz und zur Definition von Meinungsführerschaft findet sich in Kapitel 3.3.6.

3.3.5.3 Diffusionstheorie

Neben dem ‚Two step flow of communication model' stellt die Diffusionstheorie eine weitere Theorie über die Verbreitung von Informationen dar, die zur Erklärung von Peer Involvement herangezogen wird. Im Zentrum des Diffusionsmodells steht die Verbreitung von Innovationen, besonders über den Faktor Zeit. Gemeinsam ist beiden Ansätzen die zentrale Rolle von Meinungsführern, welche damit den Brückenschlag zum Peer Involvement liefern.

Die Diffusionstheorie beziehungsweise ‚The theory of diffusion of innovations' ist eine von Everett M. Rogers (1962, 2003) entwickelte Theorie über die Diffusion von Innovationen und erklärt die Informationsverbreitung innerhalb sozialer Netze. Diffusion versteht er dabei als „process by which an innovation is communicated through certain channels over time among the members of a social system" (Rogers 2003, S. 35). Die wesentlichen Merkmale der Verbreitung (Diffusion) sind dabei (a) eine Innovation, die (b) über verschiedene Kanäle (c) im Verlauf der Zeit von (d) Mitgliedern sozialer Netze verbreitet wird (ebd., S. 36). Der zentrale Verbreitungsmechanismus liegt in der Kommunikation, das heißt neue Ideen oder Meinungen müssen kommuniziert werden, damit sie sich ausbreiten. Wesentlich für die Verbreitung sind dabei die Personen von denen Informationen gestreut werden. Hier betont Rogers die Rolle von Meinungsführern: „Opinion leaders are individuals who lead in influencing others´ opinions. The behavior of opinion leaders is important in determining the rate of adoption of an innovation in a system" (ebd., S. 300). Bedeutsam für Peer Involvement ist diese von ihm hervorgehobene Bedeutung der Meinungsführerschaft. Rogers geht dabei intensiv auf die Merkmale von Meinungsführern ein, zum Beispiel welchen Einfluss die (Un)Ähnlichkeit von Kommunikationspartnern hat. Dabei kommt er unter anderem zu dem Ergebnis, dass „a fundamental principle of human communication is that the exchange of ideas occurs most frequently between individuals who are alike, or homophilous" (ebd., S. 305).

Durch den Einsatz von Meinungsführern soll in Peer Involvement-Projekten die informelle Kommunikation in Gleichaltrigengruppen genutzt werden. Neben der gezielten Verbreitung von Informationen an speziell ausgewählte Zielgruppen erhofft man sich, dass Jugendlichen in ihrem sozialen Umfeld und ihrer Clique über ihre Erfahrungen sprechen und sich austauschen und so auf informellem Wege erworbenes Wissen weitervermitteln. So kann es zu einer Verbreitung von vorhandenem Wissen über die ursprüngliche Zielgruppe hinaus kommen. Mit der Nutzung bestehender sozialer Netzwerke und bestehender Kommunikationswege (Svenson 1998, S. 25), zum Beispiel in einer Clique, wird die Hoffnung verbunden, Informationen möglichst schnell und effektiv zu verbreiten und Zielgruppen zu erreichen, die durch andere Präventionsmaßnahmen schwer oder gar nicht erreicht werden. Der große Einfluss von Gleichaltrigen aufeinander und besonders von so genannten Trendsettern auf andere Mitglieder einer Peer-Group soll so genutzt werden, dass sich präventive Informationen durch ‚normale' Gespräche unter Jugendlichen immer weiter verbreiten. Unter Jugendlichen gibt es spezielle Formen der Kommunikation und der Verbreitung von Informationen, die zum Teil von Außenstehenden nicht imitierbar beziehungsweise beeinflussbar sind. Neue und andere Informationen können fast nur und besonders effektiv durch andere Jugendliche ergänzt werden.

Als Schwierigkeit erweist sich die Überprüfbarkeit der Wirksamkeit, da die Zielgruppe kaum definierbar oder eingrenzbar ist und somit auch ein Messung der Effektivität schwierig wird (Appel 2001, S. 78). Auch hier kommt der Auswahl der Peers vor dem Hintergrund der Diffusionstheorie ein bedeutsamer Stellenwert zu. Damit die Information wirksam an andere Jugendlichen weiter gegeben werden kann, müssen zuerst die Peers selber von dieser überzeugt sein und sie glaubhaft vertreten. Als weiterer Schritt müssen die Peers in den Augen der Adressaten tatsächlich die Rolle von Meinungsführern einnehmen, damit die Informationen weitergeben werden. Wert wird auf den Einsatz von Meinungsführern mit einem möglichst großen sozialen Netzwerk gelegt, „wobei dies Personen sein mussen, die von einer sozialen Gruppe als vertrauenswürdig, glaubwürdig und innovativ wahrgenommen werden, und an die sich Ratsuchende wenden" (Svenson 1998, S. 12).

3.3.5.4 Theorie der sozialen Impfung

J.W. McGuire entwickelte 1964 die Theorie der sozialen Impfung, auch bekannt als Immunisierungs- oder Inokulationstheorie, wobei er eine medizinisch-biologische Sicht auf die Einstellungsforschung übertrug. Im Zentrum steht die Frage, wie Einstellungen beibehalten und gegenüber Gegenargumenten resistenter gemacht werden können. Er kommt zu dem Ergebnis, dass Einstellungen resistenter werden, wenn sie zuvor bereits mit Gegenargumenten und deren Widerlegung in Kontakt gekommen sind. Sie werden dann ‚immun' gegen spätere Angriffe. Die

Auseinandersetzung mit zweiseitigen Botschaften, das heißt Pro- und Contra-Argumenten ist dabei wirksamer als ausschließlich mit Pro-Argumenten.

In der theoretischen Fundierung von Peer Involvement findet sich neben der Theorie von McGuire zum Teil unter dem gleichen Titel der Verweis auf eine Theorie von Donald Meichenbaum zur Streßimpfung (1979), die wesentlich auf verbalen Selbstanweisungen und positivem Denken beruht, welche im Vorfeld für spezielle Stresssituationen eingeübt werden. Meichenbaum hat sich unter kognitiv verhaltenstherapeutischer Sicht mit einem Stressimpfungstraining beschäftigt, bei dem die präventive Vermittlung von Strategien zur Stressreduktion im Mittelpunkt steht.

Vor dem Hintergrund von Peer Involvement steht bei beiden Theorien der Grundgedanke im Vordergrund, dass die Widerstandsfähigkeit gegen sozialen Druck gestärkt werden kann, wenn zuvor eine Konfrontation mit geringen Stressdosierungen, zum Beispiel in Form von verschiedenen Argumenten oder Fragestellungen stattgefunden hat. Jugendliche, die durch die Auseinandersetzung mit schwierigen Situationen oder Themen, die Möglichkeit bekommen haben Argumentations- und Handlungsstrategien auszuprobieren und zu entwickeln, können folglich in späteren Situationen Gruppendruck eher widerstehen und auf negative soziale Einflüsse sicherer reagieren (Kleiber et al. 1998, S. 13).

Bezogen auf den Bereich Gewaltprävention bedeutet dies, dass in Peer Involvement-Projekten eine Auseinandersetzung mit verschiedenen Sichtweisen und Argumenten wichtig ist. Für das Thema Gewalt können dies zum Beispiel die Reflektion von Männlichkeitsidealen, das Hinterfragen von als allgemein gültigem Umgangsformen im Alltag oder ein Wissenszuwachs über strafrechtliche Konsequenzen sein. Dies kann im Sinne der Theorie der sozialen Impfung präventiv wirken. Scheinbar gegebene Fakten und Geläufigkeiten werden kritisch hinterfragt und die Jugendlichen werden darin bestärkt, sich gegen Gruppendruck mit Argumenten und einer bereits gefestigten Meinung und Argumentation durchsetzen zu können. Zusätzlich stellen die Peers als informierte und kritische Gleichaltrige ein positives Rollenvorbild dar.

3.3.5.5 Modelllernen

Ein weiterer theoretischer Ansatz, der häufig zur Erklärung von Peer Involvement herangezogen wird ist die Soziale Lerntheorie beziehungsweise das Lernen am Modell (Bandura 1963, 1971). Die jugendlichen Peers sollen vor diesem Hintergrund als Rollenmodelle für andere Jugendliche dienen und so dazu beitragen, dass im Sinne des jeweiligen Themenfeldes präventives und erwünschtes Verhalten imitiert wird. Für das Thema Gewaltprävention kann es sich zum Beispiel um das Erlernen gewaltfreien Handelns und gewaltfreier Kommunikation handeln.

Albert Bandura entwickelte die Soziale Lerntheorie, nach der bei der Entwicklung sozialer und anderer Kompetenzen das Modelllernen eine entscheidende Rolle spielt. Wesentlicher Gedanke für Peer Involvement ist, dass soziales Lernen über Beobachtung und Imitation des Verhalten von anderen geschieht. Das Modell kann hierbei real als Person vorhanden sein oder symbolisch, zum Beispiel durch Bilder oder Text repräsentiert werden. Die Beobachtung und die Imitation von anderen ermöglicht das Erlernen und die Stabilisierung von Verhalten, ohne eigene Erfahrungen sammeln zu müssen. Verhaltensmöglichkeiten können allein per Beobachtung erworben, das heißt kognitiv gespeichert werden. Es werden hierbei vier Prozesse des Beobachtungslernens unterschieden:

1. Aufmerksamkeitsprozesse (auf das Modell-Verhalten),
2. Gedächtnis- und Behaltensprozesse (Speicherung des Verhaltensschemas),
3. Reproduktionsprozesse (das Verhalten wird praktiziert) und
4. Bekräftigungs- und Motivationsprozesse (der Effekt des Verhaltens wird ausgewertet und die Bereitschaft entwickelt, das Verhalten zu wiederholen oder nicht zu wiederholen) (Bandura 1979, S. 86ff.).

Die Aufmerksamkeit des Beobachters und die Frage, ob das beobachtete Verhalten nach der Beobachtung ausgeführt wird, hängt von verschiedenen Bedingungen ab. Interessant für Peer Involvement-Projekte ist vor allem die Frage, unter welchen Bedingungen das Verhalten tatsächlich übernommen und selbst ausgeführt wird und welche Eigenschaften des Modells dabei wichtig sind. Ausschlaggebend sind die kognitiven Fähigkeiten und Eigenschaften des Beobachters und die Beziehung zwischen Beobachter und Modell (Appel 2001, S. 61). Die Wirksamkeitserwartungen für das beobachtete Verhalten sowie als wirksame Modellmerkmale insbesondere die Attraktivität, die wahrgenommene Ähnlichkeit, die Identifikation mit dem Modell, eine positive Beziehung und die Einschätzung als kompetent, spielen eine wichtige Rolle. Die Merkmale eines Modells können dem Beobachter Aufschluss darüber geben, welche Konsequenzen mit dem gezeigten Verhalten verbunden sind.

Nawratil beschäftigt sich ausführlich mit der Glaubwürdigkeit einer Quelle im Zusammenhang mit einer Meinungs- und Einstellungsveränderung (1997). Sie definiert Glaubwürdigkeit dabei als „eine Eigenschaft, die eine Quelle nicht von sich aus besitzt, sondern die ihr von ihren Rezipienten zugeschrieben wird" und aus verschiedenen Dimensionen besteht (ebd., S. 130). Hierzu zählen die wahrgenommene Kompetenz, die Vertrauenswürdigkeit, die Dynamik (dargestellt zum Beispiel durch Aspekte des Sprechverhaltens), die wahrgenommene Ähnlichkeit, die Sympathie und die physische Attraktivität (ebd., S. 130ff). Diese Aspekte können ergänzend Hinweise für eine glaubwürdige Vermittlung von Inhalten in Peer Involvement-Ansätzen liefern.

Gleichaltrige fungieren im Alltag in vielen Bereichen als Modelle füreinander. Sie stellen im Jugendalter eine wesentliche Bezugs- und Vergleichsgröße dar, weshalb sie als Modelle besonders wirksam sind. Dieser grundlegende Prozess soll im Rahmen von Peer Involvement genutzt werden. Jugendliche grenzen sich bewusst durch Kleidung, Verhalten und Sprache von Erwachsenen ab und schaffen so eine Gemeinsamkeit untereinander. Sie fühlen sich in der Regel von Gleichaltrigen besser verstanden als von Erwachsenen. Dies sind gute Voraussetzung dafür, dass Jugendliche einander als Modelle dienen können. Das gilt im besonderen Maße für Meinungsführer unter den Jugendlichen. So werden sie aufgrund eines gleichen Entwicklungsstandes und eines vergleichbaren Alters als ähnlich erlebt. Darüber hinaus werden jugendliche Meinungsführer und Meinungsführerinnen von anderen Jugendlichen als attraktiv und bewundernswert empfunden, da sie über besondere Kompetenzen verfügen, denen nachgeeifert wird. Die gute Stellung dieser Jugendlichen in der Gruppe zeigt anderen Jugendlichen, dass das bei den Meinungsführern beobachtete Verhalten positive Konsequenzen nach sich zieht.

Wichtig ist der passgenaue Einsatz von Peers im Hinblick auf die Adressatengruppe, damit eine Identifikation möglich wird. Es empfiehlt sich der Einsatz mehrerer Modelle, besonders auch beider Geschlechter, damit eine möglichst große Wahrscheinlichkeit besteht, dass sich Jugendliche aus der Zielgruppe mit mindestens einem jugendlichen Peer identifizieren können. Keine Ergebnisse gibt es bisher darüber, ob aufgrund des jugendlichen Entwicklungsstands und einer besonderen Aufmerksamkeit für das andere Geschlecht, möglicherweise von diesem besonders gut Informationen angenommen werden.

Insgesamt stellt das Modelllernen im Gegensatz zu aktiven Beeinflussungsversuchen der Gleichaltrigengruppe wie Konformitätsdruck eine eher passive Form der Einflussnahme dar (Appel 2001, S. 66). Modelllernen geschieht eher nebenbei, erfordert keinen bewussten Lernprozess und bietet sich dadurch für Präventionsprojekte an.

3.3.5.6 Partizipation und Empowerment

Partizipation

Partizipation sowohl im unmittelbaren Lebensumfeld als auch in institutionellen Systemen stellt einen wesentlichen Bestandteil der Demokratie dar. Beteiligungsmöglichkeiten sollen auch für Kinder und Jugendliche gegeben sein, denn sie haben ein Recht, sich bei der Gestaltung ihrer Lebenswelt einzumischen und zu beteiligen.

> „Partizipation meint nicht die Gewährung, sondern das Recht zur Teilhabe von Kindern und Jugendlichen an der Meinungs- und Entscheidungsbildung aufgrund bestehender Menschen-/Bürgerrechte, spezifischer Kinder- und Jugendrechte sowie demokratischer Spielregeln. Partizipation von Kindern und Jugendlichen bedeutet eine Er-

weiterung der Meinungs- und Entscheidungsbefugnisse von Kindern und Jugendlichen zulasten der Erwachsenen" (Speck 2010, S. 84).

Unter anderem das Kinder- und Jugendhilfegesetz (KJHG) liefert die gesetzlichen Grundlagen für die Umsetzung von Partizipation:

„Kinder und Jugendliche sind entsprechend ihrem Entwicklungsstand an allen sie betreffenden Entscheidungen der öffentlichen Jugendhilfe zu beteiligen" (§ 8 Abs.1) (Bundesministerium für Familie, Senioren, Frauen und Jugend 1999).

„Jungen Menschen sind die zur Förderung ihrer Entwicklung erforderlichen Angebote der Jugendarbeit zur Verfügung zu stellen. Sie sollen an den Interessen junger Menschen anknüpfen und von ihnen mitbestimmt und mitgestaltet werden, sie zur Selbstbestimmung befähigen und zu gesellschaftlicher Mitverantwortung und zu sozialem Engagement anregen und hinführen" (§ 11 Abs. 1) (ebd.).

Die zunehmende Verlängerung der Jugendphase (vgl. Kap. 3.1.4.2) und insbesondere der Ausbildungszeit führt dazu, dass volle Mitsprache- und Entscheidungsrechte sowie Anerkennung und Verantwortung, jungen Menschen heute zum Teil erst mit dem Eintritt in das Berufsleben und ökonomischer Selbständigkeit zugesprochen wird (Unger 2003, S. 505). Dies kann sich jedoch bis Mitte oder Ende des dritten Lebensjahrzehnts hinziehen. Partizipationsmöglichkeiten können dadurch eingeschränkt sein. Es stellt sich die Frage, ob vonseiten der Jugendlichen überhaupt der Wunsch nach Beteiligung besteht und wie die Beteiligung tatsächlich heute aussieht.

Im Zusammenhang mit Politik und der öffentlichen Meinung wird häufig behauptet, dass Jugendliche sich gesellschaftlich und politisch wenig interessieren und wenig engagieren. Dies kann in aktuellen Studien nicht bestätigt werden. Insgesamt hat die Bereitschaft, sich zu engagieren, unter Jugendlichen in den vergangenen Jahren deutlich zugenommen (Albert et al. 2010, S. 153) und liegt bei rund 80% (Preiser 2008, S. 877). Ganz oben in den Bereichen, in denen Jugendliche tatsächlich aktiv sind, steht Aktivität für die eigene Altersgruppe (Albert et al. 2010, S. 153), aber auch das Interesse an Politik ist im Vergleich zu 2002 und 2006 im Jahre 2010 leicht angestiegen. Allgemein setzten sich 39% der Jugendlichen tatsächlich häufig für soziale und gesellschaftliche Zwecke ein (Albert et al. 2010, S. 152). Deutlich wird, dass das tatsächliche Engagement unter der Bereitschaft liegt, hier besteht noch ein Entwicklungspotential. Unter bestimmten Voraussetzungen steigt das Engagement und die Bereitschaft von Jugendlichen Verantwortung zu übernehmen jedoch wesentlich an. Hierzu gehören die Möglichkeiten selbst mitzubestimmen, eigene persönliche Erfahrungen einzubringen und Spaß zu haben (Nörber 2003, S. 79ff.). Eine zentrale Bedingung für Engagement im Rahmen von Organisationen ist für Jugendliche und junge Erwachsene, dass sie eine gewisse Glaubwürdigkeit ausstrahlen. „Für Jugendliche ist es wichtig, sich für eine Sache zu engagieren, die sie inhaltlich gut und richtig finden" (Keupp 2000, S. 60). Jugendliches Engagement ist eher intrinsisch motiviert und es geht um die Entwicklung von Strukturen, die eine Mitverantwortung und Mitentscheidung besonders in solchen Angelegenheiten schaffen, die das eigene Leben betreffen. Entsprechend Angebote müssen geschaffen werden:

> „Angebote für gesellschaftliches Engagement sollten die Eigenverantwortung der Jugendlichen erhalten, das Selbstbewusstsein fördern und Spaß machen. (...) Diese müssen verbunden sein mit der Möglichkeit zum Erfahrungs- und Meinungsaustausch unter Gleichaltrigen" (Preiser 2008, S. 882f).

Peer Involvement kann eine Möglichkeit zur Umsetzung von Partizipation sein. Jugendlichen wird die Möglichkeit gegeben, in eigenen Angelegenheiten Kompetenzen zu erwerben, sich mit Gleichaltrigen auszutauschen und angeeignetes Wissen an andere Jugendliche weiterzugeben. Durch die Einbeziehung jugendlicher Vorschläge und Wünsche bei der Entwicklung von Peer Involvement-Projekten können jugendliche Bedürfnisse und Meinungen mit berücksichtigt werden und die Jugendlichen können eigene Akzente bei den Punkten setzen, die sie und nicht Erwachsene als wichtig erachten. Voraussetzung hierfür ist, dass die Programme gemeinsam von Jugendlichen und Erwachsenen entwickelt werden und die Jugendlichen nicht ausschließlich im Sinne der Erwachsenen instrumentalisiert und für schon vorher definierte ‚erwachsene' Ziele eingesetzt werden. Basieren Peer Involvement-Ansätze auf einem gleichberechtigten und partnerschaftlichen Miteinander zwischen Erwachsenen und Jugendlichen und beinhalten Partizipationsmöglichkeiten, können sich für die Jugendlichen einige positive Effekte ergeben (vgl. Kap. 3.3.4). So weist Keupp darauf hin, dass Personen, die sich bürgerschaftlich engagieren eine höhere Lebenszufriedenheit und einen positiveren Zukunftsbezug entwickeln (2000, S. 51).

Partizipation von Jugendlichen kann eine Art Prävention darstellen, da bestimmte Problembereiche oder Interessen benannt werden und dadurch die Möglichkeit der Vorbeugung von Problemen und Schwierigkeiten besteht. Durch Partizipation, zum Beispiel in Form von Peer Involvement, findet eine Erweiterung von Kompetenzen und Spielräumen statt, in denen jugendliche Angelegenheiten vermehrt selbständig und möglicherweise letztendlich ohne Erwachsene geregelt werden können. Jugendliche werden befähigt, ihre Bedürfnisse nach außen hin besser zu vertreten und können durch soziale Verantwortung mehr soziale Anerkennung sowohl von anderen Jugendlichen als auch von Erwachsenen bekommen. Hierdurch können sich partizipative Strukturen insgesamt bei entsprechender Umsetzung als entwicklungsförderlich erweisen. Aufgrund der gleichberechtigten und speziell auf Jugendliche ausgerichteten Struktur können Peer Involvement-Ansätze eine realistische Chance zur Umsetzung der Partizipationsidee bieten und so richtungsweisend neue Impulse geben. Die Gruppe der Jugendlichen gilt häufig als besonders sensibel für gesellschaftliche Missstände und Veränderungen.

Ein großer Bedarf nach mehr Beteiligung von Jugendlichen ist nach wie vor vorhanden. Hierbei geht es auch um die Einbindung von Jugendlichen in alltägliche Entscheidungen, die im unmittelbaren Lebensumfeld getroffen werden. Auch hier gilt, dass Jugendliche Experten in eigener Sache sind und in vielen Bereichen an Entscheidungen beteiligt werden müssen, damit sie sich als vollwertige Mitglieder der Gesellschaft empfinden und an ihr teilhaben sowie dass eine größere Hinwendung zu jugendspezifischen Bedürfnissen stattfindet. Eine wesentliche Voraussetzung ist die Übergabe von Verantwortung an Jugendliche, besonders in Bereichen, die sie selbst betreffen. Eine andere Machtverteilung beziehungsweise einer Abgabe von Macht an Kinder und Jugendliche ist dabei ebenso wichtig wie ein Einfordern von Beteiligungsmöglichkeiten vonseiten der jungen Generation. Es scheint empfehlenswert, den Begriff Partizipation klar zu operationalisieren, das heißt klare Strukturen und Bedingungen zu beschreiben, die bei Erfüllung im Sinne von Partizipation verstanden werden können, um so verschiedene Ansätze und Programme miteinander vergleichbar zu machen.

Schlussendlich ist Partizipation ein wesentlicher Bestandteil von Empowerment und kann zugleich Empowermentprozesse fördern und initiieren, weshalb im folgenden Abschnitt das Empowermentkonzept im Mittelpunkt steht.

Empowerment

Das Empowermentkonzept hat seinen Ursprung in der amerikanischen Bürgerrechts- und Selbsthilfebewegung der schwarzen Minderheitsbevölkerung (civilrights-movement) in den USA. Empowerment kann ins Deutsche übersetzt werden mit ‚Selbstbemächtigung' oder ‚Selbstbefähigung' und stellt ein Handlungskonzept dar, dessen zentraler Ausgangspunkt das grundsätzliche Vertrauen in die Stärken der Adressaten sozialer Arbeit ist, es orientiert sich an den Kompetenzen und Ressourcen der Individuen und stellt eine Abkehr von dem in der Sozialen Arbeit oft vorhandenen Defizitblick dar (Rappaport 1985; Stark 1996; Miller et al. 2000).

Im Mittelpunkt steht die Entwicklung von Eigenkontrolle und Selbstbestimmung und ein Bewusstwerden und Entfalten der individuellen Fähigkeiten von Menschen. Nach Theunissen & Plaute „ist es erklärtes Ziel der Empowerment-Philosophie, Menschen in marginaler Position zur Entdeckung und (Wieder)Aneignung eigener Fähigkeiten, Selbstverfügungskräfte und Stärken anzuregen, sie zu ermutigen, zu stärken sowie konsultativ und kooperativ zu unterstützen, Kontrolle, Kontrollbewusstsein und Selbstbestimmung über die eigenen Lebensumstände (zurück) zu gewinnen" (2002, S. 32). Durch die Beeinflussung individueller und struktureller Bedingungen soll Hilfe zur Lebensbewältigung und zur Verwirklichung sozialer Gerechtigkeit geleistet werden (Pflaumer 2000, S. 64).

Das Empowermentkonzept umfasst zwei Sichtweisen: zum einen ist Empowerment konkret auf die Menschen gerichtet, die sich in einer benachteiligten Situation befinden und die zu mehr Selbstbemächtigung und Selbstbefähigung gelangen sollen und zum anderen auf die professionellen Fachkräfte und deren Aufgabe im Sinne des Empowerments zu arbeiten, das heißt förderliche Strukturen zu schaffen, hilfreiche Bedingungen zur Nutzung der vorhandenen Ressourcen bereitzustellen, aber auch die Schwächen und Bedürfnisse der Klienten zu berücksichtigen, ohne zu entmündigen. Mit der Abkehr von der Defizitsicht und der Hinwendung zu einer „Stärken-Perspektive" (Theunissen & Plaute 2002, S. 20) entstehen neue Aufgaben für Fachkräfte und ein neues Verhältnis zwischen ihnen und ihren Klienten. Es geht um die Anerkennung der Gleichberechtigung von Helfer und Klient, um die Annährung an eine symmetrischen Arbeitsbeziehung (Miller et al. 2000, S. 13).

Das Empowermentkonzept steht häufig in Verbindung mit der Gemeindepsychologie. So wie die Gemeindepsychologie nicht nur die individuelle, sondern auch die soziokulturelle Ebene im Blick hat, stellt Empowerment ein Konzept dar, das auf der Gemeinschaft und der Stärkung und Förderung von sozialen Netzwerken fußt. Stark betont die Wichtigkeit sozialer Netzwerke, da sie die Infrastruktur, den stabilisierenden Hintergrund und eine wichtige Ressourcenquelle darstellen und dem Informationsaustausch dienen (1996, S. 100ff). Das natürliche soziale Netzwerk ist gerade für die Entwicklung von Kindern und Jugendlichen von zentraler Bedeutung. Hier lernen sie Freunde kennen, gestalten ihre Freizeit, werden mit Anforderungen der Außenwelt konfrontiert oder haben die Möglichkeit zur Beteiligung am gesellschaftlichen Leben. Vorhandene soziale Netzwerke stellen für Menschen aller Altersklassen die Voraussetzung für die Bewältigung alltäglicher Belastungen, Anforderungen und Herausforderungen dar, sind wichtig für das psychische Wohlbefinden und die soziale Integration (Kleiber et al. 1998, S. 13). Aus diesen Gründen sollte der Förderung sozialer Beziehungsnetzwerke hohe Priorität zu kommen.

Viele Peer Involvement-Ansätze sind im Sinne von Empowerment angelegt, das heißt sie sind ressourcen- und stärkenorientiert und möchten Jugendliche im Idealfall zu einer selbst bestimmten Gestaltung von Lebensweise und Lebensstil befähigen. Nach Kurt Lewin entsteht der zentrale Konflikt des Jugendalters aus der Zwischenstellung zwischen Kindheit und Erwachsenendasein (1963). Diese Stellung macht den Jugendlichen, ähnlich wie Angehörige von Minderheiten, zur Marginalperson (Oerter & Dreher 2008, S. 317). Diese Grenz- beziehungsweise Randposition des Jugendlichen hat zur Folge, dass er sich nicht als vollwertiges Mitglied der Gesellschaft sieht und von dieser auch nicht die vollen Beteiligungsmöglichkeiten erhält beziehungsweise sich in einer gesellschaftlichen Position befindet, in der jugendspezifische Bedürfnisse nicht oder nur partiell berücksichtigt werden. Der Jugendliche befindet sich damit theoretisch in einer Position, in der er durch Empowerment zu einer größeren Mitgestaltung der eigenen Lebenswelt gelangen kann.

In Peer Involvement-Projekten wird Jugendlichen ein Status als Experten in eigener Sache zugesprochen und dieser wird von Erwachsenen als solcher anerkannt. Dadurch können bisher nicht wahrgenommene jugendspezifische Bedürfnisse und Wünsche in den Fokus rücken und es entsteht in Projekten die Möglichkeit der Umsetzung und des Eingehens auf diese Ideen. Zusätzlich wird der Jugendliche durch eine Kompetenzzuschreibung aufgewertet und es kann zu einer Abkehr von der defizitären Sichtweise auf die Jugend im Allgemeinen stattfinden. Dies gilt insbesondere für die Jugendlichen, die als Peers arbeiten und in ihrer Rolle als solche besondere Anerkennung sowohl von Erwachsenen als auch von anderen Jugendlichen bekommen. Doch auch die Gruppe der Adressaten, die informiert oder aufgeklärt werden sollen, wird ‚empowert' indem auf ihre Bedürfnisse auf eine jugendgerechte Art eingegangen wird und sie durch ein Mehr an Wissen selbstbestimmter und unabhängiger handeln können. Durch die Entdeckung eigener Stärken und Fähigkeiten aufseiten der Jugendlichen wird das Zutrauen in die eigene Wirksamkeit erhöht und der Spielraum an Handlungsmöglichkeiten erweitert. Peer Involvement-Ansätze können folglich eine Möglichkeit zur Umsetzung des Empowermentgedanken darstellen.

Besonders Peer Support ist eng mit dem Empowermentgedanken verknüpft. Das Ziel von Peer Support Menschen zu befähigen, die eigenen Ressourcen und die Ressourcen des sozialen Netzwerks zu aktivieren und zu nutzen, um in eigener Regie zur Verminderung von Risiken und Belastungen beizutragen (Bundeszentrale für gesundheitliche Aufklärung 2002, S. 130), entspricht den Grundgedanken des Empowerments, da es dabei meist um die Nutzung von Selbsthilfepotentialen und Betroffenenkompetenz geht.

Das Empowermentkonzept kann somit in einigen Aspekten von Peer Involvement gut umgesetzt werden, letztendlich ist es jedoch nicht in vollständiger Breite auf Peer Involvement übertragbar. Besonders im Bereich der Prävention wird von außen und nicht aus der Gruppe der Jugendlichen ein Ziel gesetzt, welches nicht unbedingt dem Wunsch und Bestreben der Zielgruppe entspricht, sondern zum Beispiel der aktuellen politischen oder gesellschaftlichen Situation entspringt, die im Wesentlichen durch Erwachsene geprägt ist. Nicht die Befähigung zu selbstbestimmtem Handeln der Jugendlichen steht im Mittelpunkt, sondern ein bestimmtes von außen definiertes Verhalten soll gezeigt oder wahlweise unterbunden werden. Zudem muss berücksichtigt werden, dass Jugend zwar eine eigene Entwicklungsphase darstellt, Jugendliche jedoch entwicklungsbedingt noch nicht über alle Kompetenzen und Ressourcen verfügen wie Erwachsene und folglich das Ziel der Selbstbefähigung über eigene Belange an entwicklungsbedingte Grenzen stoßen kann. Die BZgA weist darauf hin, dass der sozial-kompensatorische Anspruch des Empowermentansatz in vielen Projekten nicht erfüllt wird, denn die Personen mit dem größten Bedarf an Gesundheitsförderung wie zum Beispiel Migranten oder

Jugendliche aus niedrigeren sozialen Schichten werden kaum erreicht (2002, S. 139). Besonders für die Rekrutierung der Peers werden häufig vor allem Mittelschichtsangehörige und Mädchen erreicht (Backes 2003, S. 179). Allgemein und in besonderer Weise auch die Verbindung mit Peer Involvement betreffend, wird die begriffliche Unschärfe und daraus folgend die Schwierigkeit einer klaren Operationalisierung von Empowerment kritisiert (Miller et al. 2000, S. 18).

Peer Involvement stellt jedoch ganz allgemein eine Möglichkeit dar, um den Empowermentgedanken zu verwirklichen und Jugendlichen die Chance zu mehr Beteiligung an der Gestaltung der eigenen Lebenswelt zu bieten. Hierbei bedarf es jedoch noch einer stärkeren Berücksichtigung von Grundgedanken des Empowerments und der stärkeren Hinwendung zu von Jugendlichen selbst formulierten Zielen.

3.3.5.7 Weitere Ansätze

Je nach Schwerpunkt der jeweiligen Peer Involvement-Projekte werden weitere verschiedene Theorien zur theoretischen Begründung und zum besseren Verständnis herangezogen, die hier nicht in aller Vollständigkeit dargestellt werden können. Häufig genannt wird zum Beispiel die Subkulturtheorie. Die *Subkulturtheorie* unter anderem nach Frederic M. Thrasher (1927), William F. Whyte (1943) sowie Albert K. Cohen (1956) entstammt der Chicagoer Schule der Soziologie und basiert auf der Untersuchung von delinquenten jugendlichen Gangs in Chicago. Vereinfacht besagt die Subkulturtheorie, dass sich in großen und komplexen Gesellschaftssystemen kleinere Subkulturen bilden, in denen es sowohl Übereinstimmungen mit der allgemeinen Hauptkultur als auch eine Vielzahl an eigenen innerhalb der Subkultur vertretenen Werten und Normen gibt. Die Subkulturen, zum Beispiel Jugendgangs, bieten als ‚Ersatzgesellschaft' Möglichkeiten der Partizipation und zur Befriedigung von Gemeinschaftsbedürfnissen. Widersprechen die in der Subkultur vertretenen Werte und Normen denen der Hauptkultur, kann es zu abweichendem Verhalten kommen. Wesentlich zur Erklärung von Peer Involvement ist die Annahme, dass Verhalten innerhalb der Subkulturen erworben und durchgeführt wird, auch wenn es nicht den allgemeinen Gesellschaftsnormen entspricht. Der Einfluss der Subgruppe wird als groß beziehungsweise als größer als der der Hauptkultur bewertet. Hier ist die Verbindung zum Peer Involvement zu sehen, da durch Peer Involvement und den Einsatz von jugendlichen Peers aus verschiedenen Subgruppen ein Informationsfluss innerhalb dieser sonst wenig oder gar nicht zu erreichenden Subkultur erfolgt. Dies trifft in besonderem Maße auf Peer Involvement-Programme zu, die sich beispielsweise mit Gewalt- oder Drogenprävention beschäftigen.

Des Weiteren werden zum Beispiel die *Theorie der differentiellen Assoziation* (vgl. Kap. 3.1.2) oder die *Theorie der Handlungsveranlassung* als Erklärungsansätze für Peer Involvement herangezogen. Insgesamt wird deutlich, dass es eine Vielzahl von Theorien gibt, von denen zum Teil nur bestimmte Aspekte zur Erklärung von Peer Involvement herangezogen werden. Einerseits spricht dies für ein breites theoretisches Fundament, andererseits macht dies eine eindeutige Herleitung und Erklärung schwierig und kann den Anschein einer gewissen Beliebigkeit erwecken.

3.3.5.8 Exkurs: Jugendsprache

Die Verwendung eines besonderen Sprachstils unter Jugendlichen, der das Erreichen der Zielgruppe und eine nachhaltige Vermittlung von Botschaften erleichtert und nicht glaubwürdig von Erwachsenen verwendet werden kann, ist ein weiteres Argument zur theoretischen Untermauerung von Peer Involvement, weshalb in einem kurzen Exkurs die Besonderheiten der Jugendsprache betrachtet werden.

Die Jugendsprache an sich, also eine von allen Jugendlichen gleichermaßen verwendete Sprache gibt es nicht. Der Sprachstil unter Jugendlichen unterscheidet sich nach Alter, Herkunft und vor allem der Zugehörigkeit zu speziellen Jugendgruppen und -szenen. Es gibt Wörterbücher der Jugendsprache, die versuchen den Sprachstil der Jugendlichen zu ‚übersetzen' und für andere Nicht-Beteiligte verständlich zu machen. Populärwissenschaftliches Interesse an der Jugendsprache findet sich vor allem unter ökonomischen Gesichtspunkten, beispielsweise für den Einsatz in der Werbung.

Die so genannte Jugendsprache existiert in der Regel nur als gesprochene Sprache, findet allerdings durch die Kommunikation im Internet, zum Beispiel in verschiedenen Chats und Blogs oder durch SMS, mehr Verbreitung im schriftlichen Bereich. Die verwendeten Ausdrücke können sich regional oder auch von Gruppe zu Gruppe unterscheiden. So können zwischen verschiedenen Szenen jeweils unterschiedliche sprachliche Begriffe und Redewendungen existieren, die eingesetzt werden, um sich innerhalb einer Gruppe als gleich darzustellen und ‚Eingeweihten' als Erkennungszeichen und Verständigungsmittel dienen. Die meisten Wörter und Redewendungen verschwinden nach einiger Zeit wieder und werden von neuen Begriffen abgelöst, ein Teil geht aber auch in die Erwachsenensprache über und kann eine Quelle für einen allmählichen Sprachwandel darstellen. Bestimmte Kennzeichen der Jugendsprache finden sich jedoch auch über verschiedene Subgruppen hinaus, so sind besonders die Verkürzung und Simplifizierung der Sprache sowie die Übernahme und Verwendung von Wörtern aus anderen Sprachen aktuelle Entwicklungen.

Funktionen der Jugendsprache sind unter anderem, dass sie Dinge kurz und knapp und oft radikal simplifiziert ausdrückt und sich damit gegen den Sprachstil der Erwachsenen wendet (Oerter & Dreher 2008, S. 325). Erlebniszustände werden ausdrückt, die Erwachsene so nicht kennen und die deshalb nicht mit herkömmlichen Wörtern beschrieben werden können (ebd.). Die Verwendung spezieller

Sprachcodes ermöglicht eine abgrenzende Verständigung und schafft das Gefühl der Zusammengehörigkeit (ebd.). Darüber hinaus kann heute die Verwendung von Jugendsprache oder jugendspezifischer Ausdrücke auch dazu dienen, ein jugendliches Image zu vermitteln.

Die Jugendsprache enthält verstärkt Begriffe und Redewendungen aus Tabuthemen, wie Schimpf- oder sexualisierte Wörter und Wörter aus der Fäkalsprache und möchte durch eine offensive Ausdrucksweise schockieren und verunsichern. Ab- und Ausgrenzung und damit die Herstellung einer Gemeinsamkeit unter Jugendlichen oder bestimmten Gruppen von Jugendlichen stellt neben der Selbstdefinition als anders und einzigartig ein Hauptmotiv dar. Das Verwenden der gleichen Sprachcodes ermöglicht einen direkteren Umgang untereinander als zwischen Erwachsenen und Jugendlichen (Gerdes 1998, S. 11).

Besonders im Zusammenhang mit dem Thema Gewalt spielt die Jugendsprache eine besondere Rolle. Sprache und Gewalt können in einem engen Zusammenhang stehen. Durch Sprache kann Gewalt ausgeübt werden, sowohl als Angriff auf einzelne konkret vorhandene Personen, als auch als Angriff auf zum Beispiel ganze Gruppen (zum Beispiel Angehörige einer Nationalität). Sprache kann darüber hinaus Gewalt auslösen. Nicht ohne Grund ist eine bedeutsame Unterform von Gewalt die verbale Gewalt. Der Zusammenhang zwischen Sprache, Macht und Gewalt sei hier nur am Rande durch das Beispiel des ‚Gewalt Sprechens' durch ein Richterwort erwähnt. In einigen jugendlichen Subgruppen stellen Beschimpfungen einen Teil der Sprachkultur dar, dies gilt insbesondere für männliche Jugendliche. Hier bedarf es einer intensiven Auseinandersetzung, ob dies ‚nur' Teil der Jugendsprache im Sinne einer Schockierung der Erwachsenenwelt ist und vonseiten der Mitglieder tatsächlich nicht als verbale Gewalt verstanden wird oder ob es tatsächlich zu einer ‚Verrohung' und einer gewaltintensiveren Sprache gekommen ist. Die verwendeten Begriffe sind dabei vor allem kontextabhängig, so kann die Begrüßung ‚Na du Hurensohn' durchaus eine vertrauliche Begrüßung zwischen zwei jugendlichen Freunden sein. In einem anderen Kontext kann dies eine eindeutige Beleidigung und Provokation darstellen. Wichtig zu untersuchen ist, ob dieses Verständnis sich in verschiedenen Subgruppen unterscheidet. Die unterschiedliche Verwendung von Sprache zum Beispiel in der Schule oder im Freundeskreis als auch unter Jugendlichen selbst abhängig von der jeweiligen Person, kann jedoch als Hinweis darauf gesehen werden, dass Jugendliche durchaus genau differenzieren können und die Begriffe bewusst einsetzen.

Klewin & Popp kommen in einer Untersuchung zu dem Ergebnis, dass sich Schülerinnen und Schüler auf der einen Seite und Lehrpersonal auf der anderen Seite hinsichtlich der Wahrnehmung und Einschätzung der Bedeutung und des Gebrauchs von Schimpfworten in der Schule deutlich unterscheiden (2000, S. 48ff). Sind für Schülerinnen und Schüler ein Großteil der Schimpfwörter ‚normale Umgangssprache', die zur alltäglichen Kommunikation gehören und nicht als Gewalt eingestuft werden, bewerten Lehrkräfte diese als Form der psychischen Gewalt und als unakzeptabel (ebd.). Schülerinnen und Schüler differenzieren über die tatsächliche Wortwahl hinaus vor allem zwischen dem Tonfall und dem sozialen Kontext, zum Beispiel ob ein Unbekannter oder Freund etwas gesagt hat (ebd.). Zwischen Mädchen und Jungen wurden hier keine Unterschiede festgestellt (ebd., S. 55).

Da bei der Verteilung von Informationen oder der Beratung, die Sprache das zentrale Instrument darstellt um jemanden zu erreichen, scheint die Beratung von Jugendlichen für Jugendliche und somit das Gespräch auf der Basis ähnlicher Begriffe, Redewendungen usw. wesentlich für das Erreichen der jugendlichen Zielgruppe zu sein. Durch die Verwendung gleicher Sprachcodes wird Nähe und Gemeinsamkeit geschaffen und der Benutzer bestimmter Begriffe zeigt Szenekenntnis und fachspezifisches Wissen. Auf der Grundlage einer gemeinsamen Sprache gibt es weniger Verständigungsprobleme, die Beteiligten fühlen sich untereinander besser und schneller verstanden. Dies spricht für den Ansatz des Peer Involvements, da die beratenden und informierenden Jugendlichen in der Regel ähnliche Erfahrungen haben und durch das gleiche Alter oder ähnliche Erfahrungen bedingt, möglichst die gleiche Jugendsprache benutzen. Da Jugendsprache einen Teil der jugendlichen Subkultur darstellt und ein wesentliches Kennzeichen für den Status des Jugendlichen ist, kann sie nicht glaubwürdig von Erwachsenen imitiert werden, womit die Möglichkeit des Erreichens der Jugendlichen auf einer gemeinsamen Sprach- und somit oft auch Erfahrungsebene nur durch andere Jugendliche möglich ist.

3.3.6 Kritische Anmerkungen

Peer Involvement erscheint auf der Grundlage der betrachteten Theorien sowie der zahlreichen wünschenswerten Ziele für alle Beteiligten ein sinnvoller und schlüssiger Ansatz besonders in der Präventionsarbeit. Dennoch widmet sich dieses Kapitel einigen kritischen Aspekten und Schwierigkeiten rund um das Thema Peer Involvement. Zum Teil wurden einige kritische Aspekte, wie zum Beispiel kontroverse Ansichten zur Frage der Bezahlung der Peers, jeweils direkt in den einzelnen Kapiteln aufgeführt. Hier werden darüber hinaus einige wesentliche Kritikpunkte und Schwierigkeiten zusammengefasst dargestellt. Die Auseinandersetzung mit den Kritikpunkten dient einer differenzierten Reflektion einer aktuellen pädagogischen Entwicklung. Die Kritikpunkte sollen keine Ablehnung des Peer Involvement-Ansatzes darstellen, sondern lediglich einen Gedankenanstoß bieten, sich auch mit den problematischen Aspekten zu beschäftigen, die durchaus projektabhängig mehr oder weniger stark in den Vordergrund treten können. Auffallend bei der Sichtung aktueller Literatur und von Evaluationsergebnissen im Bereich Peer Involvement ist, dass sehr häufig die Kritik an diesem Ansatz thematisiert wird, jedoch scheint die Erwähnung der Kritik den meisten Projekten zu genügen, so dass sich für die Praxis eher selten veränderte Bedingungen ergeben.

Im Anschluss und darauf aufbauend finden sich in Kapitel 3.3.7 einige Empfehlungen für den Umgang mit und die Umsetzung von Peer Involvement.

Fehlende Empirie und Vergleichbarkeit

Besonders in den ersten Jahren wurde der Peer Involvement-Ansatz aufgrund seiner zunehmenden Verbreitung und Popularität und aufgrund seines innovativen Ansatzes häufig übernommen, ohne dass tatsächliche Wirksamkeitsüberprüfungen vorlagen. Hier wird von einer Idealisierung und einer unkritischen und übermäßig enthusiastischen Übernahme dieser Methode gesprochen (Svenson 1998, S. 9). In neuster Zeit werden zunehmend mehr Projekte evaluiert, jedoch immer noch nur ein kleiner Teil. Die vorliegenden Evaluationsergebnisse unterscheiden sich zum Teil und liefern in einigen Fällen widersprechende Ergebnisse. Ein Grund ist möglicherweise, dass sich Projekte die sich unter der Methode des Peer Involvements zusammenfassen lassen, stark voneinander unterscheiden können und somit eine Vergleichbarkeit und damit eine generelle Bewertung erschwert wird. Auch unterschiedliche theoretische Fundierungen können hierzu beitragen. Längsschnittstudien und Kontrollgruppendesigns sind ebenso die Ausnahme, wie kontrollierte Studien, die Auskunft über Langzeiteffekte geben (Kleiber et al. 1998, S. 17f). Empirische Ergebnisse zeigen häufig eine Wissenszuwachs, Einstellungs- und Verhaltensveränderungen sind dagegen schwerer nachzuweisen (Backes 2003). Hinzu kommt, dass Peer Involvement-Programme häufig mit einer Art ‚Feuerwehr-Mentalität' für aktuell aufkommende Themenbereiche relativ kurzfristig und häufig nur über einen begrenzten Zeitraum eingesetzt werden. Letztendlich sollte sich die Evaluation mehr auf die Zielgruppe der Adressaten ausweiten, denn wenn ‚nur' die Peers profitieren, stellen sich die Fragen nach der Kosten-Nutzen-Bilanz und ob die Effekte nicht durch andere Ansätze erreicht werden können.

Bei vorhandenen Evaluationsergebnissen kann zusätzlich die Frage gestellt werden, ob die positiven Ergebnisse tatsächlich auf das Peer Involvement-Programm zurückzuführen sind oder ob positive Effekte nicht lediglich das Ergebnis regulär stattfindender Entwicklungsprozesse sind oder auf anderen Wirkmechanismen, zum Beispiel familiären oder schulischen Faktoren, gründen. Besonders für Ansätze die einen Schwerpunkt auf die Diffusion von Informationen über informelle Wege setzen ist eine umfassende Evaluation schwierig.

Die Forderung nach allgemeingültigen Standards ist mittlerweile von vielen Seiten zu hören, ein Beispiel wird in Kapitel 3.3.7 mit den zehn S.T.E.P.P.s von Deutsch & Swartz dargestellt (2002). Allgemein gültige Standards zu setzen bedeutet jedoch auch eine Vernetzung und ein Forum in dem Austausch, Zusammenarbeit und Weiterentwicklung möglich sein sollte. Die internationale Aktion *Europeers* kann hierfür ein positives Beispiel sein. Über eine solche Vernetzung hinaus ist die Zusammenarbeit der Jugendhilfe und verschiedenen Institutionen wie zum Beispiel Schulen, wünschenswert.

Partizipation vs. Instrumentalisierung

Peer Involvement wird immer wieder als Möglichkeit zur Partizipation von Kindern und Jugendlichen angeführt. Das ist grundsätzlich durchaus zu bestätigen. Ob und in welcher Form Partizipation in die Tat umgesetzt wird, ist jedoch von Projekt zu Projekt verschieden. Kritisch zu hinterfragen ist immer, ob Jugendliche ‚nur' an dem Projekt teilnehmen oder tatsächlich Partizipationsmöglichkeiten haben. Bestehen tatsächlich Möglichkeiten auf den Ablauf und die Inhalte des Projektes Einfluss zu nehmen? Können auch kontroverse Ideen und Entscheidungen wirklich entscheidenden Einfluss nehmen oder sind Inhalte und Ziele bereits festgelegt? Speck spricht von einer „Alibifunktion", wenn keine tatsächlichen Partizipationsmöglichkeiten vorhanden sind, dies aber nach außen so transportiert wird (2010, S. 84). Gomolzig äußert darüber hinaus die Vermutung, dass Erwachsene ihre Verantwortung an Jugendliche abschieben und durch ihre Einbindung eine Kontakt- und Sprachlosigkeit zwischen den Generationen kompensieren wollen (1999, S. 6).

Idealerweise sollen die beteiligen Jugendlichen in allen Phasen eines Projektes beteiligt sein. Hierbei muss jedoch beachtet werden, dass abhängig vom Entwicklungsalter und den Inhalten die Möglichkeiten zur Partizipation auch vonseiten der Jugendlichen eingeschränkt sein können. So kann es ihnen unter Umständen schwer fallen, selbstständig Ziele zu formulieren, da diese möglicherweise außerhalb ihres aktuellen Lebensbezuges stehen und gar nicht erkennbar sind. Hier kann die Gefahr einer möglichen Überforderung entstehen (Schröder 2003, S. 112). Der Partizipationsanspruch von Peer Involvement sollte so weit wie möglich verwirklicht werden; es muss jedoch in Betracht gezogen werden, dass die Partizipationsmöglichkeiten nicht als unbeschränkt, sondern als altersabhängig und bereichsspezifisch zu betrachten sind.

Doch selbst wenn partizipative Strukturen in Peer Involvement-Projekten real vorhanden sind, kann dem Peer-Ansatz im Vergleich zu herkömmlicher, traditioneller Pädagogik ein instrumenteller Charakter nachgesagt werden, da die Erziehungsintention für die Adressaten verschwimmen kann (Bauch 1997, S. 35). Die klassische Rollenverteilung von Erzieher und zu Erziehendem ist beim Peer Involvement nicht klar erkennbar und so eindeutig auch gar nicht mehr vorhanden. Für die Adressaten ist unter Umständen nicht mehr ersichtlich, dass sie Teil einer erzieherischen Intention sind (ebd., S. 36), da sie möglicherweise mit den Personen, die ursprünglich Initiator dieser erzieherischen Intention sind, gar nicht mehr in

Kontakt kommen und wenig Transparenz vorhanden ist. Bauch kritisiert, dass nicht klar ist, ob der Adressat eines Projektes überhaupt weiß, dass der an ihn herantretende Jugendliche eine präventive Botschaft an ihn vermitteln möchte (1999, S. 8). Er spricht in diesem Zusammenhang von „Manipulation" und „heimlicher Verführung" (ebd.).

> „Herkömmliche Pädagogik mit klarer Rollenverteilung und einsehbarem Curriculum kann Kind- und Jugendlicher-gerechter [sic!] sein als peer-Konzepte, deren pädagogischer Impetus verschwimmt und damit die zu Erziehenden potentiell wehrlos macht" (Bauch 1997, S. 36).

Proissl spricht von dem Missbrauch Jugendlicher als Hilfspolizisten und Informanten Erwachsener, damit diese gezielter auf die anvisierte Zielgruppe einwirken können (1999, S. 14). Es besteht die Gefahr, dass Jugendliche je nach Entwicklungsstand Ziele der Erwachsenen vermitteln, ohne diese selbst reflektiert und einen eigenen Standpunkt dazu gefunden zu haben. Letztendlich wird bei Peer Involvement in einen natürlich ablaufenden Entwicklungsprozess, sprich den wechselseitigen Lernprozess zwischen Gleichaltrigen, eingegriffen und dieser auf der Basis von Erwachsenen definierten Zielen manipuliert. Auch wenn dabei wünschenswerte, präventive Ziele zum Besten der Jugendlichen verfolgt werden, muss es zukünftig darum gehen, diese potentiell sozialmanipulative Gefahr und den potentiell instrumentellen Charakter von Peer Involvement sowie die Veränderlichkeit von sozialen Werten und Normen und damit auch von Präventionszielen, im Auge zu behalten, damit offen umzugehen und diese kritisch zu reflektieren. Wichtig ist bei allen Projekten große Offenheit der Beteiligten untereinander wie auch Transparenz nach außen.

Erwachsene vs. Jugendliche

Peer Involvement basiert auf der Annahme, dass Jugendliche als Experten ihrer eigenen Lebenssituation diejenigen sind, die Gleichaltrige am besten verstehen. Sie verfügen im besonderen Maße über die notwendigen Kompetenzen anderen Jugendlichen weiterhelfen zu können. Es stellt sich jedoch die Frage ob besonders die Gruppe der Adressaten, die meist weniger von den Projekten profitiert als die Peers, von Peer Involvement wirklich mehr Nutzen hat als im traditionellen Erziehungs- und Bildungssetting mit Erwachsenen. So kann zum Beispiel je nach der vorhandenen Beziehung zwischen Adressat und Peer eine Hemmung vonseiten des Adressaten vorhanden sein, bestimmte Themen oder Unklarheiten anzusprechen, da die Befürchtung besteht, dass der Jugendliche sich durch Unwissenheit oder ähnliches eine Blöße vor anderen geben könnte. In der Gruppe der Jugendlichen kann der Anspruch – auch gegenüber dem anderen Geschlecht – möglichst ‚cool' zu erscheinen, größer sein, als zwischen Erwachsenen und Jugendlichen. Darüber hinaus kann das Bedürfnis vorhanden sein, sich mit seinen Problemen oder Fragen an jemanden zu wenden, der mehr Erfahrung in diesem Bereich hat oder dem Ganzen etwas distanzierter gegenüber steht. Das Bedürfnis nach Unterstützung durch Erwachsene oder durch Jugendliche scheint themenspezifisch zu variieren.

> „Offensichtlich eignen sich jene Themen und Probleme, in denen die Gemeinsamkeit unter Jugendlichen besonders virulent ist. Weder die politische Bildung, noch die Erarbeitung von beruflichen Zukunftsplänen eignen sich dazu. Vielmehr sind es die alltagsnahen Themen und Probleme wie Liebe und Sexualität, Konflikterfahrungen und Alltagsstress, bei denen Jugendliche andere Jugendliche als Expertinnen und Experten gut akzeptieren können" (Schröder 2003, S. 112).

Zudem kann es für Jugendliche und hier insbesondere für die Peers, schwer sein, eine Gegenposition zu anderen Jugendlichen einzunehmen und zu vertreten, da Jugendliche sehr darum bemüht sind, beliebt zu sein und Anerkennung zu erfahren. Oft ist es einfacher und konfliktärmer, sich mit seiner eigenen Meinung zurückzuhalten oder konform mit der Meinung anderer zu gehen, um nicht als Außenseiter abgestempelt zu werden. Die eigene Meinung zu vertreten ist für Erwachsene einfacher, da sie ihren Selbstwert nicht aus der Anerkennung von anderen Jugendlichen ziehen und ihre eigenen Einstellungen gefestigter sind. Insgesamt ergibt sich die Frage, ob bei der Vermittlung verschiedener Inhalte durch Erwachsene die Adressaten weniger, gleich viel oder sogar mehr profitieren kann, als beim Peer Involvement. Evaluationsstudien, die statt einer Kontrollgruppe einen Vergleich zwischen jugendlichen und erwachsenen Trainern zum Inhalt haben, könnten nähere Hinweise hierzu liefern. Die positiven Effekten für die Gruppe der Peers würden damit jedoch bei der Durchführung durch Erwachsene ersatzlos wegfallen.

Eine genaue Abwägung, für welche Themenbereiche sich Peer Involvement eignet, scheint wichtig und dringend notwendig zu sein, da Peer Involvement sich zunehmend auf mehr inhaltliche Themenfelder ausweitet. Die Notwendigkeit der Unterstützung von Erwachsenen bleibt weiterhin bestehen und kann nicht ersetzt, aber ergänzt werden (Schröder 2003, S. 112). „Dass Peerfaktoren im Jugendalter an Bedeutung gewinnen, darf jedoch nicht so fehlinterpretiert werden, Elternmaßnahmen in diesem Alter zu vernachlässigen" (Scheithauer et al. 2008, S. 49). Ein ausgewogenes Verhältnis zwischen diesen beiden zu schaffen und herauszufinden, wo Gleichaltrige sich kompetent unterstützen können und wo eine Unterstützung durch Erwachsene vorgezogen werden sollte, stellt eine Aufgabe dar, deren optimale Lösung es anzustreben gilt.

Beschönigung von Peer-Beziehungen

Die Wirksamkeit von Peer Involvement beruht unter anderem auf der Annahme, dass Peer-Beziehungen durch Gleichheit und Symmetrie gekennzeichnet sind. Es muss jedoch beachtet werden, dass dies nicht uneingeschränkt gilt und Peer-Beziehungen in dieser Hinsicht nicht einseitig idealisiert werden dürfen. „Peer-

Konzepte neigen dazu, die Sozialbeziehungen zwischen peers zu beschönigen und ihnen den Status einer harmonischen Sozialwelt zu unterstellen" (Bauch 1997, S. 36). Gleichheit und Wechselseitigkeit als Merkmale von Peer-Beziehungen werden von Kritikern als Mythen Erwachsener dargestellt, die die Realität verkennen (Kleiber 1999, S. 6). Denn auch in Peer-Beziehungen gibt es hierarchische Strukturen und Konflikte. Jugendliche sind darum bemüht für sich selbst eine möglichst gute Stellung zu erreichen und zu erhalten: „Auch Jugendliche kämpfen um soziale Positionen (vielleicht sogar besonders), um soziale Rangplätze, und Peer Trainings erweisen sich – wider alle guten Absichten – nur als Elemente soziale Rangordnungen abzusichern" (Kleiber et al. 1998, S. 17). Darüber hinaus kann es Themen geben, die abhängig von der jeweiligen Gruppennorm oder Gruppenmoral nicht kommuniziert werden ‚dürfen'.

Die Themen Macht und soziale Stellung sollten deshalb in Peer Involvement-Projekten mit einbezogen und kommuniziert werden, um nachteiligen Strukturen vorzubeugen. Wichtig ist, sich vor Augen zu halten, dass Peer-Beziehungen von der Basis her zwar symmetrisch und gleichberechtigt sind, sie jedoch keineswegs konfliktfrei oder unhierarchisch sind und sich in Gruppen schnell starre Rollenzuweisungen herausbilden können (Bauch 1997, S. 36). Die Hierarchie-Bildung spricht jedoch auch für das Konzept des Peer Involvements, durch sie wird es möglich, mit Hilfe von Meinungsführern und Meinungsführerinnen die Verbreitung von Informationen zu optimieren (ebd.).

In Bezug auf das Thema Gewalt ergibt sich zusätzlich eine besondere Dynamik für Gleichaltrigenbeziehungen. Straftaten werden während der Adoleszenz besonders häufig im Rahmen von Gruppensituationen begangen und das Zusammensein mit devianten Gleichaltrigen ist ein guter Prädiktor für die eigene Devianz. Im Rahmen von Peer Involvement ist es besonders wichtig, zu erkennen, welche Themen möglicherweise nicht für die Vermittlung durch Gleichaltrige geeignet sind beziehungsweise wer als Peer Educator in Frage kommt. „Platziert man einen devianten Jugendlichen bei devianten Peers, so kann dies den beabsichtigten Nutzen von Interventionen verringern und zu weniger positiven, manchmal sogar negativen, Ergebnissen führen" (Dodge et al. 2007, S. 190). Solche negativen Folgen sind unbedingt zu vermeiden.

Negative Folgen durch die Teilnahme

Peer Involvement-Programme werden ins Leben gerufen, damit Jugendliche von diesen in ihrer Entwicklung profitieren und präventive Informationen vermittelt werden. Nicht vergessen werden darf, dass es durchaus die Möglichkeit unerwünschter negativer Nebeneffekte gibt, sowohl für die Peers als auch für die Adressaten.

In der Gruppe der Peers kann es zum Beispiel zum Auftreten von Rivalität und Konkurrenz sowie Autoritätsproblemen untereinander als auch mit den erwachsenen Fachkräften kommen (Schmidt 2002, S. 138). Daneben können Probleme oder Neid mit Jugendlichen auftreten, die vielleicht selber gerne Peers geworden wären oder mit der zeitweiligen Sonderstellung der anderen nicht gut zurechtkommen. Es besteht die Gefahr, dass die Jugendlichen in eine Art Rollenkonflikt geraten und es ihnen schwer fällt, sich gegenüber anderen Gleichaltrigen in Peer-Interventionen zu distanzieren. Es besteht das Risiko, dass die Adressaten in bestimmten Situationen nicht erkennen, dass ihnen annähernd Gleichaltrige als Professionelle gegenüber treten können und es zu grenzwertigem Verhalten oder Übergriffen kommen kann, gegen die sich der jugendliche Peer nicht adäquat zur Wehr setzen kann. Die Erfahrung der eigenen Inkompetenz oder die Demütigung oder Herabsetzung anderer kann weitreichende Folgen für das Selbstbild und auf das Verhalten des Jugendlichen haben. Auch negative Folgen in der eigenen Peer-Group sind nicht auszuschließen.

Der Verlust der Rolle des Meinungsführers in der eigenen Peer-Group nach der Durchführung des Projektes kann ebenfalls ein Problem darstellen (Kern-Scheffeldt 2005, S. 7). Jugendliche können aufgrund ihrer Arbeit als Peer als ‚Überläufer' angesehen werden und ihre bisherige Stellung und ihr Ansehen in der Klasse oder im Freundeskreis verlieren. Werden für die Präsentation von Informationen unterrichtsähnliche Formen gewählt, besteht die Gefahr, dass die Jugendlichen unbeabsichtigt in eine Erzieherrolle geraten, in der sie von anderen Jugendlichen abgelehnt und ausgegrenzt werden (Proissl 1999, S. 13).

Infrastrukturelle Mängel, wie zum Beispiel geringe finanzielle Mittel, schlechte Ausstattung, zu kurze Vorlaufzeiten sowie fehlendes Engagement Beteiligter bergen die Gefahr einer Ausbeutung und Überforderung in sich (Schmidt 2002, S. 138). Möglicherweise fühlen sich jugendliche Peers bestimmten Situationen nicht gewachsen und werden in ihrer Arbeit mit Situationen konfrontiert, mit denen sie nur schwer umgehen können und die sie beeinträchtigen. Besonders bei persönlichen Beratungen und längeren Einzelgesprächen ist es wichtig, den Peers genug Raum für Reflektionen, gemeinsamen Austausch und die Möglichkeit der Inanspruchnahme von Unterstützung durch ausgebildete Professionelle anzubieten. Es sollte vor dem Hintergrund von Partizipation und Verantwortungsübernahme im Vorfeld geklärt werden, wer die Hauptverantwortung übernimmt, wenn Schwierigkeiten auftreten und wie mit Misserfolgen umgegangen wird (Schmidt 2002, S. 138). Hier stößt Partizipation und Selbstbestimmung möglicherweise an Grenzen, denn es stellt sich die Frage, ob so weit gegangen wird, dass die Peers Veränderungen und Misserfolge selbständig auffangen, da diese immer Bestandteil von Entwicklung sind oder ob ihnen eine Art Schutzraum zugesprochen wird. Es ist wichtig und notwendig Jugendliche in ihrer Tätigkeit nicht alleine zu lassen und diesen zu vermitteln, dass sie bei bestimmten Problemlagen und extremen Fällen ihrer ‚Kunden' diese an andere Institutionen weitervermitteln müssen (Miles-Paul 1992, S. 106). Proissl vertritt sogar die These, dass Peer Involvement immer nur eine Beratung darüber sein soll, welche Hilfemöglichkeiten zur Verfügung stehen und keine Beratung an sich (1999, S. 14). Dies ist jedoch in der Praxis nicht immer leicht zu trennen und wird in Projekten auch bewusst anders gehandhabt. Eine Form der Supervision für die Jugendlichen erscheint generell sehr sinnvoll.

Die jugendlichen Peers können in eine ambivalente Position durch ihre Rolle als Peer geraten. Wichtig ist, dass die Jugendlichen immer die Möglichkeit haben, nur das zu vermitteln, was sie selber vertreten und für wichtig erachten, damit sie authentisch in ihrer Position als Jugendlicher unter Jugendlichen bleiben. Die Sensibilisierung für eigene Schwierigkeiten und die Einforderung und das Annehmen von Hilfe sollten wichtige Bestandteile der Peer-Rolle sein. Der Ausstieg aus einem Projekt sollte jederzeit möglich sein.

Auch für die Gruppe der Adressaten können sich negative Effekte ergeben. Es kann dazu kommen, dass die Adressaten falsche Informationen von den Peers vermittelt bekommen, was je nach Themengebiet durchaus negative Konsequenzen nach sich ziehen kann. Wenn die Peers nicht selbst den Präventionsgedanken vertreten, den sie vermitteln (sollen), so kann dies doppeldeutig beim Adressaten angekommen und für Verwirrung sorgen. Deutsch & Swartz benennen so zum Beispiel „discrepancies between what peer educators say and do" als einen wichtigen Aspekt (2002, S. 52). Der Fokus kann zudem auf Themenbereiche und Verhaltensweisen gelenkt werden, die mehr eine Neugierde beim Adressaten wecken, als im Sinne des Präventionsgedankens abschreckend wirken oder vor einem solchen Verhalten schützen. Dies kann jedoch auch bei herkömmlichen Präventionsangeboten passieren, beim Einsatz von professionell ausgebildeten erwachsenen Fachkräften scheint die Gefahr jedoch geringer.

Eigenschaften und Auswahl der Peers

Bei der Auswahl der Peers besonders im Bereich der Prävention offenbart sich die Schwierigkeit, die ‚richtigen' Peers zu finden. Das heißt, möglichst Meinungsführer, da diese den größtmöglichen Erfolg beim Erreichen der Zielgruppe versprechen. Überspitzt formuliert kann die These aufgestellt werden, dass ein Jugendlicher, sobald er sich dafür entscheidet als Peer zu arbeiten, nicht mehr identisch mit der Zielgruppe ist und somit keinen ‚richtigen' Peer im Sinne von Gleichheit und Ähnlichkeit von Einstellungen und Meinungen darstellt. Bei der Person, die sich dafür entscheidet, an einem Präventionsprojekt als Peer teilzunehmen, sind bestimmte Interessen und eine gewisse Bereitschaft und Neigung vorhanden: Vielleicht ist dieser Jugendliche besonders reflektiert und es besteht ein Wunsch zum

Umdenken oder zu einer Verhaltensänderung bei sich oder bei anderen. Doch ist der Jugendliche damit noch identisch mit der anvisierten Zielgruppe, für die möglicherweise der durch das Projekt angestrebte zu unterbindende Sachverhalt einen wichtigen oder identitätsstiftenden Stellenwert innerhalb der Peer-group darstellt und sich die Zusammensetzung und der Zusammenhalt der Gruppe möglicherweise genau auf dieses Merkmal stützt? Dies gilt insbesondere für Präventionsprojekte im Bereich der Sekundär- und Tertiärprävention, aber auch für Themenfelder, die sehr populär sind. Einschränkend muss hinzugefügt werden, dass jedoch generell in Präventionsprojekten auch immer der Zielgruppe ein gewisses Maß an Veränderungsbereitschaft unterstellt wird, denn ansonsten wäre jedes Präventionsprojekt von Beginn an zum Scheitern verurteilt. So kann im Sinne des Peer Involvements darauf spekuliert werden, dass der veränderungsbereite Peer noch so nah an der Lebenswelt der Zielgruppe ist, dass die Zielgruppe ihn als einen der ihren erkennt und sich mit Fragen an ihn wendet, seine Meinung anhört und ihn als authentisch akzeptiert. Doch gerade Randgruppen und nonkonforme Peer-Groups definieren sich über ihren Status des Andersseins und sind sehr wahrscheinlich durch den Einsatz von in anderen Gruppen als populär und beliebt angesehenen Jugendlichen, nicht erreichbar. Der Wunsch oder die Absicht, durch Meinungsführer diese Gruppen erreichen zu wollen, kann noch so gut und schlüssig sein, scheitert dann aber in der Praxis oft daran, dass die eigentliche Zielgruppe letztendlich nicht erreicht wird. So weist auch Kleiber darauf hin, dass „möglicherweise nicht die wirklich ‚at risk' lebenden Jugendlichen erreicht werden" (1999, S. 6). Empirisch gesehen wird diese These dadurch belegt, dass bisher überwiegend Mittelschichtsangehörige und Mädchen als Peers erreicht wurden (Backes 2003, S. 179). Hierdurch ergibt sich längerfristig ein Polarisierungseffekt, indem sich bestimmte Gruppen von Jugendlichen gegenseitig unterstützen und von Präventionsprogrammen erreicht werden, während ein anderer Teil der Jugendlichen kaum oder gar nicht erreicht und damit von Unterstützungsressourcen abgekoppelt wird (Kleiber 1999, S. 6). Idealerweise kommen die Peers aus der gleichen sozialen Schicht wie die Zielgruppe, tatsächlich nehmen Angehörige oberer sozialer Schichten jedoch bei weitem häufiger an Gesundheitspräventionsprogrammen teil. Dies scheint sich bisher in Peer Involvement-Programmen fortzusetzen, obwohl sich durch diese eigentlich ein verbesserte Zugang gerade zu sozial niedrigeren Schichten erhofft wird (Appel 2001, S. 222). Es hat sich gezeigt, dass bestimmte Gruppen, wie zum Beispiel Migranten, entweder gar nicht erreicht werden oder überproportional häufig, früh aus Peer Involvement-Projekten aussteigen (Backes & Wronska 1999, S. 23). Auch können Ergebnisse von Peer Involvement-Programmen dadurch verfälscht werden, dass nur die positiv eingestellten Jugendlichen bei Projekten dabei bleiben und so Selektionseffekte entstehen, da die bereits ausgestiegenen Jugendlichen aus der Auswertung herausfallen (Kleiber et al. 1998, S. 17). In dem Projekt ‚InTeam' stellt sich ergänzend dazu heraus, dass je nach Schulart unterschiedliche Effekte auftreten und die besten Ergebnisse bei Gymnasiasten und Gymnasiastinnen auftreten (Appel & Kleiber 2003, S. 358).

Auch einen Schritt davor, nämlich bei der Frage des Zugangs zum Projekt, also der Information darüber, dass eine Teilnahme als Peer möglich ist, stellt sich die Frage wie und auf welchem Weg welche Jugendlichen erreicht werden und zu welchen Jugendlichen und Gruppen schwierig oder kein Zugang gefunden wird.

Eine aktuelle Untersuchung von Trepte & Boecking weist darauf hin, dass das Konzept der Meinungsführerschaft differenzierter zu betrachten ist als bisher (2009). Allgemein wird angenommen, dass neben kommunikativen Kompetenzen, besonders Meinungsführer sich gut mit einem Thema auskennen und deshalb von anderen um Rat gefragt werden beziehungsweise Ratschläge besonders gut von Meinungsführern angenommen werden. Trepte & Boecking kommen jedoch zu einem anderen Ergebnis: „Wissen ist keine Facette der Meinungsführerschaft. Vielmehr scheint Meinungsführerschaft eine Persönlichkeitseigenschaft zu sein, die zunächst unabhängig vom Wissen ist" (2009, S. 456f). Hier ist eine genaue Überprüfung des Konzeptes Meinungsführerschaft für den Einsatz im Peer Involvement notwendig.

Insgesamt scheint empirisch noch nicht hinreichend erforscht, wie Zielgruppen tatsächlich und mit welchen Effekten erreicht werden können und was genau bei der Auswahl und dem Einsatz der Peers entscheidend ist. Hier besteht die Notwendigkeit nach mehr empirischen Studien und anderen methodischen Ansätzen, die sich mit dieser Problematik auseinander setzen.

Bedarf an Hilfe vs. Zuschreibung von Hilfsbedürftigkeit

Bei Präventionsprojekten geht es letztendlich darum, einem bestimmten unerwünschten Zustand vorzubeugen oder diesen zu mindern. Doch wer bestimmt, ob ein Zustand unerwünscht oder erwünscht ist und ob jemand Hilfe benötigt, damit dieser Zustand eintritt oder nicht eintritt? Im Falle von Peer Involvement sind dies in der Regel nicht die Jugendlichen selber, sondern andere Erwachsene. Jugendliche selbst sehen wahrscheinlich in den meisten Fällen kein Bedarf an Hilfe und schätzen ihr eigenes Verhalten nur in Ausnahmefällen als problematisch ein. Indem Präventionsprojekte ins Leben gerufen werden, wird festgelegt, dass ein bestimmtes Verhalten unerwünscht ist und diesem vorgebeugt werden soll. Im Bereich der Gewaltprävention finden sich zum Beispiel schlüssige gesetzliche Grundlagen. Trotzdem kann es sein, dass der richtige Zielzustand nicht aus sich heraus folgerichtig ist, sondern mit bestimmten Ansichten, Bewertungen usw. verbunden ist, zu denen es auch immer eine Gegenposition geben und deren Beurteilung sich im Laufe der Zeit wandeln kann. Prävention geht daher auch immer Hand in Hand mit aktuellen Ansichten, beeinflusst durch die aktuelle politische Lage, wirtschaftliche

Bedingungen, den medialen Einfluss und aktuellen öffentlichkeitswirksamen Themen. Hierdurch kann ein Druck zur Anpassung an nicht selbst festgelegte Ziele bestehen und „Prävention kann so zum Instrument der Anpassung und sozialen Kontrolle werden" (Sieber 1993, S. 62). Ein Bedarf an Hilfe wird von außen durch andere Personen oder Institutionen festgestellt.

Bei Peer Involvement-Projekten sollte deshalb nicht vergessen werden, dass die ‚guten Ziele' „in letzter Instanz von Erwachsenen gesetzt sind" (Bauch 1997, S. 35) und das Selbsthilfepotential und die Kompetenzen der Jugendlichen genutzt werden, um diese Ziele zu verfolgen. „Keine peer-Strategie ist eine wirklich reine peer-Strategie (...), die peers sind die Vollstrecker einer nicht-peer-Strategie" (ebd.). „Kritisch lässt sich formulieren, dass die Laienkompetenz und das Selbsthilfepotential der Peers lediglich benutzt wird für die Transmission der durch Experten formulierten Inhalte der Prävention" (Barsch 1996).

Bei jedem Projekt sollte überlegt und reflektiert werden, wer letztendlich die Ziele eines Projektes bestimmt hat, wem damit ein Bedarf an Hilfe zugeschrieben wird und wem die Verwirklichung dieser Ziele etwas nutzt. Jugendliches Risikoverhalten ist vor seinem entwicklungspsychologischem Hintergrund gesondert zu betrachten (Kap. 3.1.4).

Eingriff in die jugendliche Subkultur

Mit der Betrachtung des jugendlichen Risikoverhaltens ergibt sich eine gute Überleitung zu einem weiteren Kritikpunkt Peer Involvement betreffend. Jugendliches Verhalten und insbesondere jugendliches Risikoverhalten, erfüllt Funktionen in der Entwicklung des Jugendlichen, die nicht generell wegfallen sollten, da im Laufe des Jugendalters dieses Verhalten in aller Regel in ein gesellschaftlich akzeptiertes und sozialverträgliches Verhalten im Erwachsenenalter mündet (Bauch 1997, S. 36). Wird dieses Verhalten von vorneherein unterbunden, stellt sich die Frage, ob es dadurch nicht zu unerwünschten Nebeneffekten oder ausbleibenden positiven Effekten kommen kann. Zu hinterfragen ist, ob die Sozialisation und die Lernprozesse, die in der Peer-Group autonom ablaufen, durch den Eingriff von Erwachsenen oder das Einbringen von gezielten Botschaften gestört werden, so wie Bauch dies vertritt: „Diese Sozialisation unter Jugendlichen kann (...) nur dann funktionieren, wenn keine ‚gesellschaftlich gewünschten Werte' in dieses Gefüge implantiert werden" (1999, S. 8). Generell darf nicht vergessen werden, dass sich das jugendliche Risikoverhalten bei einem sehr großen Teil aller Jugendlichen nicht in eine problematische Richtung entwickelt, sondern nur eine vorübergehende Erscheinung ist.

Somit stellt sich die Frage, ob Peer Involvement und damit auch der Eingriff von Erwachsenen in den jugendlichen Lebensraum und in jugendliche Angelegenheiten negative Folgen haben kann beziehungsweise so gewünscht ist. So gelten die „jugendspezifischen Settings als letzte Freiräume, in denen Jugendliche noch autonom und unter sich sind" (Schmidt 2002, S. 139). Es wird versucht, diese in Peer Involvement-Projekten systematisch und gezielt von außen zu beeinflussen, was einen Eingriff in eine ansonsten eigenständige Subkultur darstellen kann: „Der Versuch, Erziehungsintentionen der Erwachsenenwelt in peer-Prozesse einschleusen zu wollen, gleicht einem ‚systemfremden' Eingriff" (Bauch 1997, S. 37).

Insgesamt wird zu wenig beachtet, dass die ursprünglich positive Absicht und Zielsetzung von Peer Involvement auch unbeabsichtigte Nebenfolgen haben kann. Die vordergründig guten Ziele können, auch abhängig von der Art des Projektes und den verwendeten Methoden, die Topographie der Peer-Group verändern und so unbeabsichtigt die positiven Effekte, der in der Peer-Group ablaufenden Sozialisation, hinter dem Rücken der Beteiligten negativ beeinflussen oder verhindern (Bauch 1999, S. 9). Der Frage, ob das gezielte Heraussuchen bestimmter Personen(gruppen) mit der Absicht diese zu schulen, um dann die eigene Gruppe im Sinne des Projektziels zu beeinflussen und zu verändern, einen Eingriff in die jugendliche Subkultur und eine Manipulation darstellt, muss darüber hinaus nachgegangen werden. Dieses ‚Hineinschleusen' von geschulten Meinungsführern und -führerinnen in einzelne Subkulturen ist kritisch zu hinterfragen. Auch ein positives Ziel legitimiert nicht folglich den Einsatz der Mittel.

Weitere Punkte

Abschließend werden hier einige weitere Kritikpunkte kurz erwähnt, auf die jedoch nicht intensiver eingegangen wird.

Zunächst einmal ist der *Projektcharakter* der überwiegenden Anzahl von Peer Involvement in Deutschland zu bedauern. Es werden viele neue und innovative Ansätze kurzfristig umgesetzt, eine längerfristige Verankerung oder feste Anbindung an Institutionen ist jedoch die Ausnahme. Hierdurch gehen einerseits sowohl wichtige im Projektverlauf gewonnene Erkenntnisse und Ergebnisse verloren, so dass neue Projekte wieder von vorne anfangen müssen, andererseits reichen kurzfristige Maßnahmen in der Regel nicht aus, um nachhaltig präventiv arbeiten und Veränderungen zu initiieren und aufrecht erhalten zu können. „Als allgemeines und strukturell bedingtes Problem soll aber auch darauf verwiesen werden, dass die Herstellung von Kontinuität innerhalb von Peer Education-Projekten nur schwer erreichbar ist" (Backes 2003, S. 179). Wünschenswert sind Konzepte, wie zum Beispiel das Hamburger Kinder- und Jugendtelefon, bei dem mittlerweile seit mehr als zehn Jahren Jugendliche andere Jugendliche telefonisch beraten (Steininger 2010).

Möglicherweise steht die nächste kritische Anmerkung in Verbindung mit dem Modellcharakter, denn trotz der vielen Theorien die zur Untermauerung von Peer Involvement herangezogen werden (vgl. Kap. 3.3.5), kann der Eindruck einer gewissen *Beliebigkeit für die theoretische Fundierung* gewonnen werden. Er wird eine Vielzahl von Theorien erläutert, jedoch konkrete auf sie bezogene Schlussfolgerungen oder eine umfassende Theorie, die Peer Involvement in seiner ganzen Breite erklärt, ist nicht vorhanden. „Forschende sind zum jetzigen Zeitpunkt gefordert, Studien zur Wirksamkeit von Peer Education-Ansätzen stärker als bisher theoretisch zu fundieren und insbesondere diejenigen Aspekte genauer zu berücksichtigen, die sich unmittelbar in die Praxis umsetzen lassen" (Backes 2003, S. 178).

Die Einbindung von Jugendlichen in soziale Netze von Gleichaltrigen stellt ein wesentliches Grundelement von Peer Involvement dar, doch sollte beachtet werden, dass es durchaus *Jugendliche* gibt, die nur *mangelhaft in Gleichaltrigenbeziehungen eingebunden sind* oder im Zuge des wachsenden Stellenwertes des Internets, nur an virtuellen Gruppenprozessen teilhaben. Besonders diese Zielgruppe hat wahrscheinlich einen besonderen Bedarf an Angeboten, doch werden sie auf dem niedrigschwelligen Weg des klassischen Peer Involvement nicht erreicht. Einzige Ausnahme bildet hier die Schule, an der auch solche Jugendliche, sofern sie die Schule besuchen, erreicht werden können. Allerdings stellt sich die Frage, wie empfänglich zum Beispiel jugendliche ‚Einzelgänger' für solche Gruppenprozesse sind. Es lässt sich vermuten, dass Peer Involvement vor allem solche Jugendliche erreicht, die in Gleichaltrigenbeziehungen eingebunden sind.

Bei Deutsch & Swartz finden sich zwei weitere Kritikpunkte, die in der deutschen Literatur wenig bis keine Beachtung finden: zum einen „risks of breach of confidentially", womit die Möglichkeit der *Verletzung von Vertraulichkeit* gemeint ist und „risks of abuse of power", also die Möglichkeit, dass Peers ihre *(Macht)Position zum Nachteil anderer (aus)nutzen* (2002, S. 51). Auch diese Aspekte sollten Berücksichtigung bei der Durchführung von Peer Involvement finden.

Aufbauend auf den in diesem Kapitel aufgeführten kritischen Anmerkungen, werden im folgenden Kapitel einige Empfehlungen für die Arbeit mit dem Peer Involvement-Ansatz gegeben.

3.3.7 Empfehlungen

In der Theorie und Praxis von Peer Involvement erklingt immer wieder die Forderung nach festen Standards und Leitlinien, damit es zu einer Qualitätsentwicklung und Vergleichbarkeit kommen kann. Ergänzend zu den Empfehlungen, die bereits im Rahmen der Darstellung der kritischen Aspekte aufgezeigt wurden und abschließend zum Thema Peer Involvement, werden hier die zehn S.T.E.P.P.s (‚Standards Towoards Excellent Peer Programms') von Deutsch & Swartz dargestellt (2002, S. 66ff) (vgl. auch Rohr & Strauß 2010). Diese sind bisher nur auf Englisch veröffentlicht. Deutsch & Swartz unterscheiden bei jedem der zehn Schritte jeweils

‚must have', ‚should have', ‚could have' sowie ‚avoid' (ebd.). In der folgenden Darstellung wird vor allem auf die beiden ersten Faktoren (must und should have) eingegangen.

S.T.E.P.P 1: Planung

Der erste Schritt befasst sich mit der Planung von Peer Involvement Projekten. Das Wichtigste ist ein ausführlicher und detaillierter Ablaufplan, welcher die messbaren, realistischen und klar formulierten Ziele entsprechend der tatsächlichen und derzeitigen Sachlage sowie die dafür notwendigen Bedarfe umfasst. Konkret geht es um die passgenaue Planung der Intervention: welche Bedarfslage ist vorhanden, wer ist die Zielgruppe, in welchem Setting soll gehandelt werden, welche Inhalte sind die dringlichsten und welche Möglichkeiten sind vorhanden oder können geschaffen werden? Wichtig ist die Abgleichung der vorhandenen Ressourcen mit den angestrebten Zielen. Die späteren Rollen und Aufgaben der Peers müssen ebenfalls klar umschrieben werden. Ein umfassendes Wissen über jugendspezifische Belange, Entwicklungsschritte und Eigenheiten sowie ein ausführliches, themenspezifisches Wissen sind unabdingbar. Idealerweise besteht neben einem Plan für die nächsten Schritte, ein langfristiges Konzept, ein Plan für die Öffentlichkeitsarbeit sowie für die Evaluation.

S.T.E.P.P 2: Mobilisierung

Im zweiten Schritt geht es darum, die Voraussetzung für eine verbindliche Zusammenarbeit mit der beteiligten Institution und eine nachhaltige Unterstützung, insbesondere mit der Leitung zu schaffen. Wichtig ist ein gemeinsames Problemverständnis und möglicherweise ein Nahebringen der Prinzipien von Peer Involvement an die Kooperationspartner, damit eine gemeinsame Ausgangslage und darauf aufbauend ein gemeinsames Ziel bestehen kann. Es soll sichergestellt werden, dass die grundlegenden Ressourcen zur Umsetzung des Projektes vorhanden sind. Dies können Materialien, Räume, finanzielle Mittel für das Training der Peers, Ressourcen für die Administration und Öffentlichkeitsarbeit sowie für die Evaluation und für externe Supervisoren sein.

Die Kommunikationsstrukturen zwischen den Beteiligten müssen klar und verbindlich sein, ein regelmäßiger Austausch sollte fest verankert werden. Die Leitung und Verantwortlichkeit muss festgelegt werden, hierbei ist ein kleiner, verbindlicher und überschaubarer Kreis wünschenswert. Je nach Phase des Projektes müssen Prioritäten gesetzt und das Vorhandensein der dafür notwendigen Ressourcen sicher gestellt werden.

S.T.E.P.P 3: Mitarbeiter-Infrastruktur

Wesentlich für den Erfolg von Peer Involvement-Programmen ist die sorgfältige Auswahl und Schulung der professionellen, erwachsenen Fachkräfte. In Peer Involvement-Programmen haben diese eine besondere Rolle inne: Sie müssen einerseits dafür sorgen, dass die Peers entsprechend ihrer Fähigkeiten und Ressourcen eingesetzt und andererseits nicht überfordert werden. Eine partizipative Zusammenarbeit und Struktur ist wesentlich. Es soll sichergestellt werden, dass den professionellen Fachkräften die Besonderheiten der Arbeit auf der Grundlage des Peer-Ansatzes deutlich bewusst sind und sie neben einer themenspezifischen Ausbildung, Kenntnisse in Projektarbeit, Beratung etc. abhängig vom Thema, mitbringen. Ergänzend können regelmäßige (Nach)Schulungen über Inhalte und Methoden stattfinden. Wichtig ist eine Übereinstimmung der Persönlichkeit des Mitarbeiters mit den Zielen des Programmes, da die professionellen Fachkräfte den Peers idealerweise als Rollenmodell zur Verfügung stehen. Für die Auswahl der Mitarbeiter sollen klare Kriterien vorhanden sein und die Auswahl soll durch Projektbeteiligte und nicht durch Externe geschehen. Eine verbindliche Anbindung an das Projekt und klare Aufgabenbeschreibungen mit messbaren Kriterien einschließlich einer transparenten Beschreibung von Inhalten, Dauer und Art der Zusammenarbeit soll vertraglich festgelegt werden. Kompetenzen im Bereich Teamarbeit sowohl für die Arbeit mit den Peers als auch im Kreis der professionellen Fachkräfte müssen sicher gestellt werden.

S.T.E.P.P 4: Vernetzung

Der vierte Schritt beschäftigt sich mit der Vernetzung und Anbindung an Projektpartner und Unterstützungsstrukturen. Dies bezieht sich auf Geldgeber, beteiligte Institutionen, Medien und die Öffentlichkeit, Eltern und Erziehungsberechtigte, kommunale und regionale Strukturen sowie Vorgaben oder bereits bestehende oder geplante Strukturen auf Landes- und Bundesebene. Die Einbindung in festgelegte Kommunikationsstrukturen und ein (regelmäßiger) Austausch über Möglichkeiten der Zusammenarbeit sowie der Aufbau neuer Partnerschaften sind wichtig. Auch die Vernetzung untereinander ist bedeutsam. Wird ein neues Projekt ins Leben gerufen, sollte dies, auch im Sinne einer passgenauen Ausrichtung, in Absprache mit bereits vorhandenen Strukturen geschehen. Gegebenenfalls ist auch hier die Information über den Ansatz des Peer Involvements für Beteiligte sinnvoll. Neben einer guten Zusammenarbeit und Vernetzung sind das Maß und die Intensität der Zusammenarbeit und die Möglichkeiten der Einflussnahme klar zu definieren und möglicherweise zu beschränken. So ist zum Beispiel eine Zusammenarbeit mit den Eltern generell wichtig, kann aber im Rahmen von Peer Involvement nur in begrenztem Umfang stattfinden.

S.T.E.P.P 5: Inhaltliche Konzeption, Lern- und Schulungsprogramm

Der fünfte Schritt setzt sich mit dem Curriculum beziehungsweise dem Lern- und Schulungsprogramm, auseinander. Es sollte effektiv und überprüft sein und aus einem adäquaten Umfang in einer abgestimmten und sinnvollen Reihenfolge sowie aus verschiedenen interaktiven Methoden bestehen: Eine passgenaue Abstimmung auf die Beteiligten beinhaltet verschiedene Bausteine, die sich auf das Wissen, den Inhalt, die Einstellungen und Werte sowie die Motivation der Peers beziehen, wie auch eine abwechslungsreiche Methodik. Neben einer grundlegenden partizipativen Struktur bei dem die Lernenden im Mittelpunkt stehen, sollen Kleingruppenarbeiten, Rollenspiele, Diskussionen und aktionsbetonende Spiele Bestandteil sein. Die vermittelten Inhalte sollen dabei auf die Zielgruppe abgestimmt und konkret anwendbar sein, zum Beispiel als Unterstützung, um in einer Diskussion eigene Meinungen und Ansichten vertreten zu können. Es wird der Vorschlag gemacht, zuerst eigene Einstellungen zum Thema zu diskutieren und zu erarbeiten, anschließend konkret darauf bezogen Informationen anzubieten und zu vermitteln und nachfolgend Fähig- und Fertigkeiten auf der Basis von bereits vorhandenen Ressourcen einzuüben. Eine Regelmäßigkeit gehört hier ebenso dazu wie Feedback geben und nehmen, eine Überprüfung von bisher Erarbeitetem und Spaß an der Arbeit. Die speziell auf Peer Involvement ausgerichteten Methoden sollen helfen, Vertrauen aufzubauen und handlungsorientiertes Wissen zu vermitteln.

S.T.E.P.P 6: Peer (Educater)-Infrastruktur

Die beteiligten Peers müssen sorgfältig ausgewählt, geschult, an das Projekt angebunden werden und einen Auftrag bekommen. Hierzu gehören klar definierte Rollen, Leistungsstandards und aufgeteilte und gestaffelte Verantwortungsbereiche.

Die Auswahl der Peers soll schwerpunktmäßig auf der Basis gemeinsamer Erfahrungen mit der Adressatengruppe erfolgen. Wünschenswert sind Jugendliche mit ähnlichem sozialen Hintergrund und innerhalb des Gesamtteams aus verschiedenen Subkulturen. Peers sollen nicht gegen ihren Willen ausgewählt werden und es ist darauf zu achten, dass nicht nur solche Jugendlichen ausgewählt werden, die sich bereits ideal im Sinne der Ziele des Projektes verhalten. Wichtig ist, dass die Jugendlichen darauf vorbereitet werden, was sie erwartet, ein gewisser Lernwille und Engagement vorhanden sind und sich die Jugendlichen generell als Rollenmodell eignen. Idealerweise sind sie zwei bis drei Jahre älter als die Adressaten. Eine Informations- und Kennenlernmöglichkeit vor der verbindlichen Zusage zur Teilnahme ermöglicht den Jugendlichen eine besonders gute Information darüber, was sie erwartet. Das Training soll handlungsorientiert und passgenau auf die Bedürfnisse und Kompetenzen der Peers abgestimmt sein.

Eine Vereinbarung über die Zusammenarbeit umfasst Beginn und Ende, wünschenswert ist eine Abschlusszeremonie. Während der gesamten Zusammenarbeit sind klare und schriftliche Durchführungs- und Verhaltensstandards vonnöten. Konsequenzen bei Nicht-Einhaltung sollen transparent sein und entsprechend umgesetzt werden.

Die Peers arbeiten immer in Teams und es findet über die gesamte Dauer ein Unterstützungs- und Entwicklungsprogramm Anwendung, welches individuelle Maßnahmen, regelmäßige Reflektionstreffen, akute Unterstützungsmöglichkeiten bei Notfällen und einen regelmäßigen Austausch beinhaltet. Verantwortung wird zunehmend im Verlauf des Projektes an die Peers abgegeben, wobei immer berücksichtigt werden muss, dass es zu keiner Überforderung kommt.

S.T.E.P.P 7: Management, Leitung

Der siebte Schritt befasst sich mit der Frage, wie die beteiligten Fachkräfte und Peers gut geführt und dabei unterstützt werden, effektiv und nachweisbar die Ziele umzusetzen und zu erreichen. Diese Ziele sollen ‚smart' sein, dass bedeutet: ‚specific', ‚measurable', ‚achievable', ‚realistic' und ‚time bound'. Eine besondere Herausforderung ist die zeitliche Synchronisation des Abschluss der Ausbildung zum Peer und der Gesamtplanung des Projektes, so dass die Peers nach Ausbildungsabschluss zeitnah mit ihrer Arbeit beginnen können. In Form von regelmäßigem Austausch sollen Erfahrungen und Erreichtes gesammelt und besprochen werden. Dies hilft unter anderem den Peers ihre verschiedenen Rollen (zum Beispiel als Wissensvermittler, Rollenmodell oder Fürsprecher) zu reflektieren. Neben der Besprechung von inhaltlichen Fragen und persönlichen Anliegen soll Zeit verbleiben Spaß zu haben und sich miteinander auszutauschen, um so einen umfassenden Entwicklungsprozess zu fördern und zu unterstützen. Auch auf Leitungsebene sollen regelmäßig Austausch und Reflektion stattfinden.

S.T.E.P.P 8: Anerkennung und Entlohnung

Auch wenn finanzielle Entlohnungen der Peers nicht möglich oder nicht erwünscht sind, sollen andere Formen der Anerkennung und Entlohnung (zusätzlich) für alle Mitwirkenden bereit gestellt werden. Dies geschieht abhängig von der Entwicklung und dem Fortschritt der Peers und Trainer und muss vor dem Hintergrund des jeweiligen Projektes betrachtet werden. Dabei können Formen der Anerkennung sowohl Folge von guter Arbeit als auch Anreiz für Wachstum, Fortschritt und Entwicklung sein.

S.T.E.P.P 9: Evaluation und Begleitung

Ein realistischer Evaluationsplan im Sinne von professionellem Monitoring, der eine Reflektion, Dokumentation und Informationsweitergabe beinhaltet, ist wichtiger Bestandteil von Peer Involvement. Hierzu gehört eine umfassende Planung und Dokumentation aller Projektprozesse und -ergebnisse aus der Perspektive aller Projektbeteiligten, mit dem Ziel der systematischen Zusammenführung und Bereitstellung der Ergebnisse für Dritte. Im Hinblick auf mögliche Veränderungen bei den Adressaten stehen besonders das Wissen, die Einstellungen und das Verhalten im Fokus der Evaluation. In Form von Interviews, teilnehmender Beobachtung und weiteren qualitativen und quantitativen Methoden sollen die Durchführung und die Ergebnisse dokumentiert werden.

S.T.E.P.P 10: Nachhaltigkeit

Um eine Nachhaltigkeit zu ermöglichen, liegt im Optimalfall ein umsetzbarer und effektiver Plan vor, der sich mit der Öffentlichkeitsarbeit, dem Personal, den Finanzen, der Passgenauigkeit und dem Einfluss der Peers beschäftigt. Wichtig, um eine Nachhaltigkeit zu garantieren, ist eine Abgleichung mit vorhandenen Bedarfen: Was hat sich durch ein Projekt verändert und wo besteht weiterer Bedarf? Die Öffentlichkeit sowie wichtige Kooperationspartner sollen fortlaufend am Projekt beteiligt werden und an konkreten Projektaktivitäten teilnehmen können. Eine längerfristige Verankerung von Maßnahmen an den beteiligten Institutionen ist Ziel. Können sich die Peers mit dem Projekt identifizieren, haben sie Möglichkeiten, Verantwortung zu übernehmen und aktiv zu partizipieren, so führt dies zu größerer Motivation und Nachhaltigkeit. Wichtig ist, die Erfolge und Ergebnisse des Projektes auf der ganzen Breite aller Beteiligten fest zu machen und wertzuschätzen.

Nachdem nun ausführlich die theoretischen Grundlagen und der Stand der Forschung zu den Themen Peer und Gewalt betrachtet wurden, folgt nun die Überleitung zum praktischen Teil der Untersuchung und zur konkreten Evaluation. Im nächsten Kapitel 4 folgt zu Beginn und zur Einführung die Darstellung des Projektes ‚Schlag.fertig'.

4 Das Projekt ‚Schlag.fertig'

Zum besseren Verständnis der dieser Arbeit zugrundeliegenden Evaluation wird in diesem Kapitel das Projekt ‚Schlag.fertig' vorgestellt. Beim Projekt ‚Schlag.fertig' handelt es sich um ein außerinstitutionelles Peer-Projekt zur Gewaltprävention für Jugendliche, welches in Köln durchgeführt wurde. Die Daten der vorliegenden Untersuchung wurden bei der Durchführung von Gewaltpräventionsaktionen im Rahmen des Projektes Schlag.fertig erhoben. Im Folgenden wird das Projekt ‚Schlag.fertig' näher dargestellt. Dabei werden der Hintergrund und die Entstehung (4.1), die Zielgruppen (4.2), die Phasen des Projektes (4.3), die Methoden (4.4), der zeitliche Ablauf (4.5), die Ziele (4.6), die wissenschaftliche Begleitung (4.7) sowie die konkreten Praxiserfahrungen inklusive der aufgetretenen Herausforderungen und Erfolge (4.8) dargestellt. Schlussendlich folgt eine Einordnung des Projektes in die in Kapitel 3.3.1 dargelegte Peer-Terminologie (4.9). Dies dient dem Verständnis für die Entstehung und konkrete Umsetzung der Evaluation. Nähere Informationen zur Untersuchungsmethodik sind in Kapitel 6 und zum Untersuchungsverlauf in Kapitel 7 dargestellt.

4.1 Hintergrund und Entstehung

Als Hintergrund für die Planung und Umsetzung des Projektes ‚Schlag.fertig' sind die in Kapitel 3.1. und 3.2 dargestellten Faktoren zur Entwicklung von Jugendgewalt zu nennen. Einer der ursächlichen Gründe für die Konzipierung war der wahrgenommene Mangel an ausreichenden und effektiven Hilfeangeboten für Jugendliche im Bereich Gewaltprävention in Köln bei einem gleichzeitig wahrgenommenem Anstieg der Problematik. Es existieren zwar deutschlandweit erfolgreiche Präventionskonzepte, wie beispielsweise ‚Faustlos', dieses hat jedoch vorrangig Kindergärten und Grundschulen im Fokus und setzt bei der Umsetzung des Curriculums auf die Lehr- und Erziehungskräfte. Der einerseits wahrgenommener Bedarf an allgemeinen präventiven Maßnahmen für Jugendliche und andererseits an Hilfemaßnahmen, die sich mit den jugendlichen Gewalttätern selbst beschäftigen und diese einbeziehen, führte zur Entwicklung eine Gewaltpräventionsangebotes auf der Grundlage von Peer Education.

Da männliche Jugendliche noch immer den weitaus größten Anteil der gewalttätigen Jugendlichen darstellen (vgl. Kap. 3), richtete sich der Fokus des Pilot-Projektes ‚Schlag.fertig' auf diese. Die zum Zeitpunkt der Entstehung konkret in Köln vorhandenen Hilfemaßnahmen und darüber hinaus auf Landes- und Bundesebene, wurden als nicht ausreichend wahrgenommen. In vorhanden Hilfemaßnahmen stand häufig das Opfer im Fokus, selten der Täter. ‚Schlag.fertig' grenzte sich von anderen Projekten und Angeboten ab, als dass es – soweit bekannt – kein methodisch und inhaltlich vergleichbares Projekt deutschlandweit gab. Der Ansatz, mit ehemaligen jugendlichen Straftätern auf der Grundlage von Peer Education in der Präventionsarbeit tätig zu werden, war einmalig.

> „Um in der Auseinandersetzung mit Gewalt tatsächliche Lernchancen realisieren zu können und nicht allenfalls für kurze Zeit sozial erwünschtes Verhalten zu erzeugen, ist eine deutlich stärkere Einbeziehung und Mitwirkung der Kinder und Jugendlichen erforderlich. Nur die verbindliche und glaubwürdige Beteiligung gewaltbereiter bzw. -tätiger Jugendlicher auf der einen und von Fachkräften auf der anderen Seite können Lernprozesse im Hinblick auf gewaltfreies und prosoziales Handeln ermöglichen" (Arbeitsstelle Kinder- und Jugendkriminalitätsprävention 2007, S. 332).

Der Zeitrahmen

Konzipiert und entwickelt wurde ‚Schlag.fertig' im Zeitraum von 2006 bis 2007 von Praktikern aus der Anti-Gewalt-Arbeit sowie von an der Universität zu Köln ansässigen Wissenschaftlern. Ende 2007 startete ‚Schlag.fertig' mit der Finanzierungszusage der *Aktion Mensch* in die Praxisphase. Offizielles Ende der konkreten Projektdurchführung war im Januar 2010.

Tabelle 1 gibt einen kurzen Überblick über den zeitlichen Ablauf des Projektes, die einzelnen Phasen des Projektes werden differenziert in Kapitel 4.3 dargestellt.

Tab. 1: Ablauf der Praxisphasen des Projekt ‚Schlag.fertig'

Phase	Datum
Vorbereitung/Konzeptionierung des Projektes	Dezember 2006-Juni 2007
Start des Projektes	Juli 2007
Vorbereitung, Öffentlichkeitsarbeit, Akquise der Peer Educators	Juli 2007-Dezember 2007
Erstgespräche mit den Peer Educators	Januar 2008 (März 2008, Januar 2009)[6]
Coolnesstraining	Januar-März 2008 (März-Juni 2008, Februar-Mai 2009)
Schulung (1x wöchentlich 2h)	ab März 2008
Durchführung der ‚Schlag.fertig'-Interventionen an Schulen	September 2008-Dezember 2009
Offizieller Abschluss des Projektes	Juli 2009
Nachbereitung, Projektabschluss	Juli 2009-Januar 2010

---

[6] Da das Projekt mehrere Durchläufe hat, wiederholen sich einige Phasen.

Mitwirkende und Kooperationspartner

Das Projekt wurde hauptsächlich von einem Team bestehend aus Heil-, Sozial- und Diplompädagogen, einem Psychologen, einem Erzieher sowie von Trainern aus der Anti-Gewalt-Arbeit, insgesamt acht Männern und einer Frau entwickelt und durchgeführt. Die *Jugend- und Behindertenhilfe Michaelhoven gGmbH*, die verschiedenste Einrichtungen in den Bereichen Jugend- und Behindertenhilfe, Senioren, Berufsförderung und Integrationshilfen in und um Köln unterhält und anerkannter Träger der Jugendhilfe ist, übernahm die Trägerschaft für ‚Schlag.fertig'.

Im Verlauf des Projektes kam es zu einigen Vernetzungen und Kooperationen, so zum Beispiel mit dem *Jugendamt der Stadt Köln*, verschiedenen Fachstellen und Arbeitskreisen, Schulen und anderen Jugendeinrichtungen.

Darüber hinaus wurde im Mai 2007 mit dem Ziel der wissenschaftlichen Begleitung des Projektes ‚Schlag.fertig' ein *wissenschaftlicher Beirat*, bestehend aus sieben Wissenschaftlern die an verschiedenen Universitäten und Fachhochschulen in Deutschland und den USA tätig sind, konstituiert.

Finanzrahmen

Hauptgeldgeber des Projektes war die *Aktion Mensch*, daneben wurde das Projekt durch die *Rhein Energie Stiftung*, die *Stadt Köln* sowie den Verein *wir helfen e.V.* unterstützt. Insgesamt standen dem Projekt für die Durchführung rund 200.000 Euro über einen Zeitraum von mehr als drei Jahren zur Verfügung. Neben den Personalkosten wurden damit die Kosten für die Betreuung der Peer Educators gedeckt.

Infrastruktur

Räumlich verortet war das Projekt mit einem komplett ausgestattetem Büro an der Universität zu Köln, von dem die gesamte Projektorganisation und Kooperation mit allen Beteiligten sowie die wissenschaftliche Begleitung ausging. Des Weiteren wurden Räumlichkeiten von der Jugend- und Behindertenhilfe Michaelhoven gGmbH zur Verfügung gestellt, die als wöchentliche Trainingsräume für die Arbeit mit den Jugendlichen dienten. Darüber hinaus konnte auf die Fahrzeuge der Jugend- und Behindertenhilfe Michaelshoven sowie bestimmte Teile deren Infrastruktur, wie zum Beispiel einen Kletterpark zurückgegriffen werden.

4.2   Zielgruppen

Das Projekt ‚Schlag.fertig' wurde für zwei Hauptzielgruppen konzipiert. Zum Einen handelte es sich (1) um männliche gewaltauffällige Jugendliche, die im Laufe des Projektes zu Peers geschult wurden, um Gewaltpräventionsangebote durchzuführen und zum Anderen (2) um die Adressaten dieser Angebote: Schüler und Schülerinnen im Alter von 11-16 Jahren.

Neben diesen beiden Zielgruppen konnten darüber hinaus indirekt Lehrkräfte, Eltern und Pädagogen als zusätzliche Zielgruppen benannt werden.

(1) Männliche gewaltauffällige Jugendliche

Bei der ersten Zielgruppe handelte es sich um Jugendliche männlichen Geschlechts im Alter von 12 bis 18 Jahren, die durch gewalttätiges Verhalten vor allem in der Schule aufgefallen waren. Ein Großteil der gewalttätigen Handlungen lag im Bereich der Körperverletzung. Das Verhalten äußerte sich sowohl in impulsivem, nur gelegentlich auftretendem Verhalten, als auch in zeitlich dauerhaftem devianten Verhalten. Bei der Zielgruppe handelte es sich sowohl um Jugendliche, die bereits angezeigt und verurteilt wurden oder bei denen eine Verurteilung noch ausstand, als auch um Jugendliche, die nicht polizeilich oder strafrechtlich in Erscheinung getreten waren, in der Einschätzung der Familien oder beteiligen Pädagogen jedoch kurz davor standen. Im Idealfall sollten die beteiligten Jugendlichen keine aktuellen Auffälligkeiten im Bereich der Gewaltausübung mehr zeigen und ihre ‚Gewaltkarriere' hinter sich gelassen haben. Mindestens jedoch die Absicht und Motivation hierzu, war Voraussetzung für die Teilnahme am Projekt.

Bei allen Jugendlichen konnte davon ausgegangen werden, dass sie Erfahrungen als Opfer von Gewalt gemacht hatten. Familiäre Gewalterfahrungen waren bei einigen Jugendlichen im Hintergrund zu vermuten. Es wurden bewusst männliche Jugendliche als Zielgruppe ausgewählt, da hier ein besonderer Bedarf gesehen wurde: „Erhebliche Defizite gibt es nach wie vor im Bereich *jungenspezifischer* Arbeit" (Arbeitsstelle Kinder- und Jugendkriminalitätsprävention 2007, S. 331). „Während es für Mädchen – im Rahmen der Mädchenarbeit (…) – inzwischen zahlreiche zielgerichtete Ansätze gibt (…), ist in der Arbeit mit Jungen noch ein deutlicher Entwicklungsbedarf zu erkennen" (ebd.).

Aufgrund der jugendlichen Entwicklungsphase und der damit zusammenhängenden Gruppendynamik sowie der Anwendung von Methoden, die eine intensive Gruppenarbeit und eine geschlechtsspezifische Auseinandersetzung mit bestimmten Themen zugrunde legten, sollte ausschließlich mit geschlechtshomogenen Gruppen gearbeitet werden.

Im Rahmen von Öffentlichkeitsarbeit sowie dem Aufbau einer Vernetzung unter anderem mit den Kölner Schulen wurden die Jugendlichen über Lehrer und Fachpädagogen in ihren Bildungs- und Freizeiteinrichtungen auf das Peer-Projekt aufmerksam gemacht und erhielten so Zugang zu dem Projekt. Insgesamt wurde während der Akquise des Projektes ‚Schlag.fertig' mit einem Großteil der Kölner Haupt-, Gesamt- und Realschulen sowie Gymnasien und zahlreichen Jugendeinrichtungen in Köln Kontakt aufgebaut und aufrechterhalten, so dass nach einem gewissen Vorlauf regelmäßig neue Anfragen zur Teilnahme das Projekt erreichten. Anfragen für Mädchen kamen ebenfalls vor, waren jedoch vergleichsweise selten.

Die Zielgruppe der männlichen Jugendlichen sollte im Laufe des Projektes dazu befähigt werden, Aktionen zur Gewaltprävention mitzuentwickeln und durchzuführen. Hierfür durchliefen sie über einen Zeitraum von mehreren Monaten verschiedene Projektphasen. Zunächst stand die Bearbeitung der eigenen Gewaltbiographie und eine Veränderung und Verfestigung des Verhalten hin zur Gewaltlosigkeit im Zentrum, darauf aufbauend folgte die Entwicklung von Präventionsmaßnahmen und schlussendlich die Durchführung eben dieser. Eine ausführliche Darstellung dieser Phasen findet sich im Anschluss in Kapitel 4.3.

Rund 50 männliche Jugendliche nahmen mit dem Ziel der Ausbildung zum Peer Educator an dem Projekt teil. Insgesamt gab es drei Durchläufe und somit drei Gruppen, die sich in der letzten Projektphase bei der Durchführung der Interventionen gegen Ende des Projektes zum Teil zeitlich überschnitten und deshalb durchmischt haben.

Fast alle Jugendlichen wohnten vornehmlich in Kölner Stadtteilen, die als sozial benachteiligt gelten (z. B. Kalk, Ossendorf), und kamen aus zum Teil schwierigen Familienverhältnissen. Einige Jugendliche lebten aufgrund der familiären Schwierigkeiten nicht mehr oder nur zeitweise in ihrer Ursprungsfamilie und waren in Pflegefamilien oder Wohngruppen untergebracht. Insgesamt war die Gesamtgruppe sehr heterogen, was sowohl den aktuellen Bildungsstand als auch einen möglichen Migrationshintergrund betraf. Neben Förder- und Hauptschülern waren Gesamt- und Realschüler ebenso vertreten wie einige (wenige) Gymnasiasten. War die erste Gruppe besonders durch viele Jugendliche mit Migrationshintergrund geprägt, so bestand die zweite Gruppe zum überwiegenden Teil aus deutschen Jugendlichen. Die Altersspanne lag zwischen zwölf bis siebzehn Jahren.

(2) Schülerinnen und Schüler

Die zweite Zielgruppe waren die Adressaten der von der ersten Zielgruppe entwickelten Präventionsaktionen, bestehend aus Schülern und Schülerinnen im Alter von 11 bis 16 Jahren. Schulen und Jugendeinrichtungen in und um Köln erhielten die Möglichkeit durch ‚Schlag.fertig' eine Gewaltpräventionsaktion mit einer Dauer von sechs Schulstunden an einem Tag zu buchen. Die zweite Zielgruppe waren Jugendliche, die gemeinsam in ihrer Klasse, Wohngruppe etc. einen Tag lang an solch einer Intervention teilnahmen. Hier wurden bewusst Mädchen und Jungen als Zielgruppe ausgewählt, da die Interventionen im Klassenverband stattfanden und im Sinne einer Primärprävention beide Geschlechter als Zielgruppe erreichen sollten. Die Interventionen wurden dabei an verschiedenen Schulformen und für verschiedene Klassenstufen durchgeführt. Im Zentrum der vorliegenden Evaluation stehen die Interventionen in den Schulklassen, die wenigen in Wohngruppen durchgeführten Interventionen werden in dieser Evaluation nicht mitberücksichtigt. Eine detaillierte Beschreibung einer Intervention ist in Kapitel 7.1 dargestellt.

4.3 Phasen

Insgesamt kann das Projekt ‚Schlag.fertig' in fünf Hauptphasen beziehungsweise Bausteine aufgeteilt werden, die aufeinanderfolgend abliefen und im Folgenden dargestellt werden. Bei der Darstellung stehen besonders die Peer Educators im Zentrum. Eine ausführliche Darstellung der Evaluation der Interventionen und damit ein auf die Adressaten gerichteter Fokus findet sich in Kapitel 7 zum Untersuchungsverlauf.

I Öffentlichkeitsarbeit und Akquirierung der Jugendlichen

Zu Beginn der Durchführungsphase stand die Akquirierung der ersten Zielgruppe, der männlichen gewaltauffälligen Jugendlichen und späteren Peer Educators, im Vordergrund. Diese erfolgte im Großraum Köln in verschiedenen jugendspezifischen Bereichen und Institutionen, wie zum Beispiel Schulen oder Jugendtreffs. In einem Erst- und Auswahlgespräch mit dem Jugendlichen, den Eltern oder einer pädagogischen Bezugsperson wurden die Motivation des Jugendlichen sowie seine Beweggründe an dem Projekt teilzunehmen, abgeklärt und mit den Anforderungen für die Projektteilnahme abgeglichen. Entschied sich der Jugendliche für die Teilnahme am Projekt und wurde angenommen, folgte mit dem Coolness- und Outdoortraining eine Phase, in welcher der Fokus auf der Auseinandersetzung mit der eigenen Gewalterfahrung lag.

Parallel dazu erfolgte eine breit angelegte Öffentlichkeitsarbeit unter anderem zur Bekanntmachung des Projektes an Kölner Schulen und der Möglichkeit als Schule eine Schlag.fertig-Interventionen zu buchen.

II Coolness- & Outdoortraining

Für die männlichen Jugendlichen, die in ihrer Vergangenheit bereits Erfahrungen mit Gewalt gemacht hatten und selbst Täter waren, stand zunächst die Auseinandersetzung und Bearbeitung der eigenen Gewalterfahrungen an. Hierfür wurde die Methode Coolness-Training (CT) verbunden mit verschiedenen Outdoor-Elementen ausgewählt. Das CT ist eine Methode für die Arbeit mit Jungengruppen, die auf den Grundlagen der Konfrontativen Pädagogik aufbaut (vgl. Kapitel 3.2.4). Verbunden mit erlebnispädagogischen Outdoor-Elementen, in denen die Jugendlichen unter anderem neue Erfahrungen mit ihren körperlichen Grenzen machten oder lernten anderen zu vertrauen, stellte dies ein eigens für diese Zielgruppe modifiziertes Training dar. Ziel des Coolnesstrainings war es, die Jugendlichen mit ihren Verhaltensweisen und Gefühlen zu konfrontieren. Die Jugendlichen sollten Einsicht darüber erlangen, dass im Wesentlichen ihr eigenes Verhalten ursächlich für die entstandenen (strafrechtlichen) Schwierigkeiten war. Sie konnten in diesem Training individuelle, adäquate Verhaltensalternativen erlernen und verfestigen.

Am Ende des CTs gab es eine Abschlussveranstaltung, bei der die Jugendlichen erfuhren, ob sie das Coolnesstraining bestanden hatten und in die nächste Phase des Projektes – die Schulung und den Ideenworkshop – wechseln durften. Hierfür gab es Zertifikate und eine kleine Feier. Im Falle eines Nichtbestehens gab es Möglichkeiten diese Phase zu wiederholen oder zu verlängern.

Das Coolnesstraining fand über eine Dauer von drei Monaten einmal wöchentlich statt und begann und schloss mit einem Kompaktwochenende auf dem Land, in dem vor allem die erlebnispädagogischen Elemente Anwendung fanden.

Von den oben beschriebenen drei Gruppen mit rund 50 Jugendlichen haben 32 Jugendliche das Coolnesstraining absolviert und bestanden.

III Schulung & Ideenworkshop

Nach erfolgreichem Absolvieren des Coolness- und Outdoortrainings fand eine mehrwöchige Schulungsphase statt, in der sich die Jugendlichen inhaltlich mit dem Thema Gewalt, auch vor dem Hintergrund der eigenen Biographie, auseinandersetzen. Ursachen für Gewalt, verschiedene Gewaltformen und rechtliche Grundlagen waren hier zum Beispiel Thema. Darüber hinaus wurden die Jugendlichen in Präsentationstechniken, Gesprächsführung, Konfliktmanagement und sicherem Auftreten geschult. Die Inhalte der Schulungsphase hingen unter anderem von den Wünschen der Jugendlichen beziehungsweise den individuell vorhandenen Stärken und Schwächen ab. Die Schulungsphase beinhaltete einen Ideenworkshop: eine Phase, in der die Jugendlichen unter Anleitung Ideen und Konzepte für nachfolgende Präventionsaktionen entwerfen und verwirklichen konnten. Diese wurden anschließend ausgiebig einübt.

Ziele dieser Phase waren die Befähigung, mithilfe der Unterstützung eines für sie zuständigen erwachsenen Pädagogen (Coach), vor einer fremden Gruppe aufzutreten und eine Intervention selbst durchzuführen. Darüber hinaus sollten sich die Jugendlichen insgesamt, vor dem Hintergrund einer realistischen Selbsteinschätzung, kompetenter und selbstsicherer fühlen. Die Vermittlung von Wissen rund um das Thema Gewalt stellte einen wichtigen Baustein dar, da die Jugendlichen oft über ein Halbwissen, gespickt mit sogenannten Gewaltmythen verfügten, die häufig nicht der (gesetzlichen) Realität entsprachen. In vielen Fällen war auch eine Diskrepanz zwischen dem selbsteingeschätzten Wissensstand und dem tatsächlichen Wissen auszugleichen.

Am Ende der Schulung gab es eine Kürung zum Peer Educator. Nur wer diesen Stand erreicht hatte, durfte Präventionsmaßnahmen durchführen. Falls dieser Stand nicht erreicht wurde, nahmen die Jugendlichen weiterhin an der Schulung teil ohne eigene Interventionen durchzuführen.

Parallel zur Entwicklung der Interventionen durch die Peer Educators wurde zeitlich koordiniert die Durchführung der Interventionen an den Schulen geplant und vorbereitet. Neben der konkreten zeitlichen Planung bekamen die Schulen die Möglichkeit das Thema im Unterricht vorzubereiten und Fragebögen für eine erste Vorab-Untersuchung wurden an die Schulen verschickt.

IV Durchführung von Präventionsmaßnahmen

Formen und Inhalte der Präventionsmaßnahmen hingen wesentlich von den Ideen der Peer Educators in der Schulungsphase und während des Ideenworkshops ab. Im Sinne des Empowermentgedankens und der Verwirklichung des Peer-Ansatzes wurden hier im Voraus keine festen Inhalte festgelegt. Fest stand allerdings, dass die Maßnahmen schwerpunktmäßig an Schulen durchgeführt werden sollten. Der detaillierte Ablauf einer Intervention vor dem Hintergrund des Untersuchungsverlaufs findet sich in Kapitel 7.1.

Die konkrete Durchführung einer solcher Intervention sah so aus, dass jeweils zwei Peer Educators eine Intervention hauptverantwortlich leiteten und durchführten. Begleitend stand ihnen immer mindestens ein persönlicher erwachsener Coach zur Verfügung, mit dem sie bereits in der Schulungsphase eng zusammengearbeitet hatten. Eine Intervention umfasste eine Dauer von sechs Schulstunden und zwei inhaltliche Themen, die vorher von der Klasse aus einem von den Peer Educators entwickeltem Angebot ausgewählt wurden. Dabei standen folgende Themen für die Schulen zur Auswahl:

> Verbale Gewalt
> Körperliche Gewalt
> Mobbing
> Abziehen

Für einige Jugendliche stellte es besonders zu Beginn eine große Herausforderung dar, vor einer Klasse annähernd gleichaltriger Jugendlicher als ‚Trainer' aufzutreten. Besonders da die Peer Educators häufig selbst wenig Erfolgserlebnisse gemacht hatten und über ein niedriges Selbstwertgefühl verfügten. Die Jugendlichen bekamen so durch das Projekt die Möglichkeit, sich persönlich weiterzuentwickeln, Neues zu lernen und dies direkt in der Realität und vor Mitgliedern der gleichen Altersklasse zu erproben. Sie wurden aus ihrer von außen zugeschriebenen, aber auch selbst assoziierten, negativen Position herausgeholt und der Fokus wurde auf vorhandene oder neu erworbene Ressourcen und Kompetenzen gerichtet. Parallel zur Durchführung der Interventionen liefen wöchentliche Schulungstermine weiter.

Bestandteil einer Intervention war für jede Klasse die abschließende schriftliche Befragung zur Intervention.

V Individuelle Betreuung, Förderung von Schule und Beruf

Die jugendlichen Peer Educators wurden durchgängig während der gesamten Teilnahme am Projekt von speziellen Bezugspersonen eng betreut und lebenspraktisch unterstützt. Ihnen wurde ein für sie zuständiger Coach zur Seite gestellt, der sich an der persönlichen Entwicklung jedes einzelnen Jugendlichen orientierte und ihn dort unterstützte und Hilfestellung bot, wo Defizite vorhanden waren, gleichzeitig den Jugendlichen aber zur Selbständigkeit und Eigenverantwortung motivierte. Die Aufgaben der Coaches lagen unter anderem in der Begleitung der Interventionen und dort in den Bereichen Moderation, Mediation, Reflexion, Nach- und Vorbereitung. Darüber hinaus stand das Herausarbeiten persönlicher Zukunftsvorstellungen und die Förderung persönlicher Stärken und Wünsche im Mittelpunkt. Im Rahmen dieser engen Betreuung gab es zusätzlich einen Baustein, der sich insbesondere mit der schulischen und beruflichen Situation der Jugendlichen beschäftigte. Die Jugendlichen wurden gezielt gefördert, zum Beispiel durch Nachhilfe oder Bewerbungstraining und idealerweise bei der Einbindung in ein Ausbildungs- oder Beschäftigungsverhältnis unterstützt.

Wie vergangene Peer-Projekte gezeigt haben (z. B. Lang & Weichler 2002), ist die Teilnahme an diesen selbst als eine zusätzliche berufliche Qualifizierung anzusehen, da die Jugendlichen sich hierbei nicht nur ein Mehr an Wissen aneignen, sondern darüber hinaus ein hohes soziales Engagement zeigen, soziale Kompetenzen und Schlüsselqualifikationen erlernen und anwenden, sich – im Fall des Projektes Schlag.fertig über einen Zeitraum von zwei Jahren – als zuverlässig darstellen und Verantwortung übernehmen. Durch ein ausführliches Zeugnis beim Abschluss der erfolgreichen Teilnahme am Projekt ‚Schlag.fertig' wurden erworbene Schlüsselqualifikationen bescheinigt und das Zeugnis diente sowohl den Jugendlichen selber als auch beispielsweise potentiellen Arbeitgebern als wichtiger Beleg.

Ein individuelles Anerkennungs- und Belohnungssystem, welches abhängig vom Verhalten der Jugendlichen verschiedene Leistungen anbot und letztendlich prosoziales Verhalten fördern sollte, war ebenfalls Bestandteil des Projektes. Der Belohnungsplan bezog sich zum Beispiel auf alltagspraktische Dinge wie Pünktlichkeit oder die regelmäßige Teilnahme an den wöchentlichen Terminen. Nur wer einen gewissen Punktestand erreicht hatte, durfte an Präventionsaktionen teilnehmen, erhielt Zugang zu Sonderaktionen im Freizeitbereich und konnte Pate für einen neuen oder noch nicht so weit fortgeschrittenen Peer Educator werden. Diese

Form der positiven Verstärkung hat sich für die Jugendlichen als besonders motivierend erwiesen.

Durch die enge und über zwei Jahre andauernde Betreuung und Begleitung der Peer-Educators durch einen persönlichen Coach und das gesamte ‚Schlag.fertig'-Team, sowie durch eine eventuell neu gewonnene berufliche oder schulische Perspektive, wurde eine nachhaltige Verbesserung der Lebenssituation dieser Jugendlichen und eine langfristige Festigung sozialer Lebensbezüge angestrebt und gefördert.

4.4 Methoden

Die Hauptmethode des Projektes war die Methode des *Peer Involvements*, speziell *Peer Education*, eine ausführliche Darstellung dieser Methode findet sich in Kapitel 3.3. Zusammenfassend besagt die Methode vereinfacht, dass Jugendliche, die selbst Erfahrungen mit Gewalt gemacht haben, die authentischsten und kompetentesten Personen sind, um anderen Jugendlichen auf der Basis eines ähnlichen Entwicklungsstands dieses Thema näher zu bringen und präventive Botschaften glaubhaft zu vermitteln. Voraussetzung ist eine Reflektion und Auseinandersetzung mit dem eigenen Verhalten in der Vergangenheit, sowie die Motivation in Gegenwart und Zukunft gewaltfrei zu handeln. Jugendliche werden hierbei als Experten ihrer eigenen Lebenssituation angesehen und dies wird unter Einbeziehung des Empowerment-Ansatzes so weit wie möglich verwirklicht. Diese Methode findet im Projekt ‚Schlag.fertig' vor allem während der Schulungsphase und des Ideenworkshops Anwendung.

Hinzu kommt als eine weitere Methode, welche besonders in den ersten Phase des Projektes, Anwendung fand: die *Konfrontative Pädagogik* nach Jens Weidner (vgl. Kap. 3.2.4), die vor allem in Form des mehrwöchigen Coolness-/Outdoortrainings umgesetzt wurde.

Bei der Berufsfindungs- und schulischen Unterstützungsphase wurden in erster Linie die Methoden der *Career Counseling Theory* und der *Happenstance Learning Theory* von John Krumboltz (2004), der Mitglied des wissenschaftlichen Beirates von ‚Schlag.fertig' war, angewendet. Als entscheidend für die Berufswahl und -entwicklung werden in diesen behaviouristisch-lerntheoretischen Theorien neben genetischen Faktoren und Umweltbedingungen vor allem individuelle Lernerfahrungen und Fähigkeiten zum Problemlösefähigkeiten gesehen (ebd.). Zusätzlich bestand die Möglichkeit mit den Jugendlichen ein persönliches ‚career counseling' durch entsprechendes Fachpersonal durchzuführen.

4.5 Zeitlicher Ablauf

Die folgende Tabelle stellt einen Überblick über die Projektphasen während der Durchführung dar.

Tab. 2: Überblick zeitlicher Ablauf des Projektes ‚Schlag.fertig'

Öffentlichkeitsarbeit	
Informierung von Kooperationspartnern und Schulen	andauernd; Schwerpunkte im November/Dezember 2007, März 2008 und Juni/Juli/August 2008, März 2009
Akquirierung der Jugendlichen	
Akquisition	November/Dezember 2007 Februar/März 2008 Dezember/Januar 2008/2009
Erstgespräche	Dezember/Januar 2007/2008 März 2008 Januar 2009
Coolness- & Outdoortraining	
Coolnesstraining I	Januar-März 2008 Kompaktphase & wöchentliche Sitzungen von je zwei Zeitstunden
Coolnesstraining II	März-Juni 2008 Kompaktphase & wöchentliche Sitzungen von je zwei Zeitstunden
Coolnesstraining III	Februar-Mai 2009 Kompaktphase & wöchentliche Sitzungen von je zwei Zeitstunden
Schulung & Ideenworkshop	
Schulung	ab März 2008 jeden Montag fortlaufend wöchentlich zwei Unterrichtsstunden
Durchführung von Präventionsaktionen	
Aktionenphase	September 2008-Dezember 2009
Individuelle Betreuung	
Coaching & pädagogische Betreuung	parallel zu allen anderen Maßnahmen ab Januar 2008 andauernd

freizeitpädagogische Maßnahmen	nach erreichten Zwischenzielen & wöchentlich in den Sommerferien 2008, monatliche Kino-Aktivität, wöchentliche Ferienaktionen in den Sommerferien 2009, Sommerfest, Weihnachtsfeier inkl. Kartfahren 2009
Nachbereitungsphase	
Auswertung	Herbst 2009 bis Frühjahr 2010

4.6 Ziele

Das Hauptziel von ‚Schlag.fertig' war die Gewaltprävention. Bei den Peer Educators schwerpunktmäßig im sekundär- und bei den Adressaten im primärpräventiven Bereich, dies beinhaltete eine Aufklärung und Sensibilisierung zum Thema Gewalt. Als gemeinsames Ziel stand darüber hinaus der Empowerment-Gedanke, welcher eine Ressourcen- und Stärkenorientierung, die Selbstbefähigung und die Anerkennung des Expertenstatus der beteiligten Jugendlichen für ihre eigenen Belange, mit dem Ziel der Erweiterung von Handlungsmöglichkeiten, anstrebte.

Darüber hinaus konnten jeweils folgende für die zwei Zielgruppen spezifische Ziele benannt werden:

Ziele für die Peer Educators

Für diese Gruppe war mit der Teilnahme am Projekt ‚Schlag.fertig' eine Reihe von Zielen verbunden, die zum Teil bereits genannt wurden. So sollte eine Entwicklung angestoßen und gefördert werden, die sie in die Lage versetzte, ohne Anwendung von Gewalt soziale Lebens- und Beziehungssituationen zu bewältigen. Zu einer solchen Entwicklung gehörten sowohl Selbsterfahrungs- und Reflexionsanteile als auch inhaltliches Wissen über Entstehung und Vermeidung von Gewaltsituationen. Darüber hinaus sollte die Lücke des möglicherweise vorhandenen und für ein Beschäftigungsverhältnis zu geringen Bildungsabschlusses geschlossen werden und eine Perspektive hinsichtlich einer anschließenden Verankerung im Berufsleben geboten wurde. Damit verbunden war die Anbindung an einen festen Wohnsitz. Durch eine intensive Betreuung und Anbindung an das Projekt und die betreuenden Personen über einen Zeitraum von zwei Jahren und die Entdeckung, Förderung und Anwendung von bisher nicht genutzten Kompetenzen und Ressourcen sowie der Arbeit an der eigenen Gewaltbiographie, sollten die Jugendlichen dazu befähigt werden, ihr Leben so weit wie möglich selbständig in die Hand zu nehmen, gewaltfrei zu handeln und ein gegebenenfalls vorhandenes negatives Selbstbild auszugleichen. Ziel war dabei die Risikominimierung bei gleichzeitiger gesellschaftlicher

Chancenmehrung. Als übergreifendes Ziel konnte neben der Sekundärprävention von Gewalt die Hilfe zur Selbsthilfe benannt werden.

Ziele für die Adressaten

Für die zweite Zielgruppe stand das Ziel der Vermeidung von Gewalt sowohl als Opfer als auch als Täter und ein Wissenszuwachs, an oberster Stelle. Es sollten möglichst viele Jugendliche mit lebensweltnahen Aktionen erreicht werden. Schwerpunkt war dabei, die Entstehung von Gewaltbereitschaft und die Ausübung von Gewalt zu verhindern beziehungsweise zu verringern. An erster Stelle stand hierbei der Austausch über dieses Thema und die Abkehr von einer ‚Wegseh-Mentalität' beziehungsweise einer Negierung der eigenen Gewalterfahrungen als Opfer und als Täter, sowie eine Sensibilisierung für das eigene Verhalten insgesamt. Spezifische Ziele waren zum Beispiel die Stärkung der Kommunikationsfähigkeit oder das Erlernen von alternativen Konfliktlösungsmethoden. Als Folge einer Auseinandersetzung mit eigenen Gewohnheiten und Einstellungen sollte die Selbst- und Fremdwahrnehmung gefördert werden, so dass es, verbunden mit einer themenspezifische Wissensvermehrung, idealerweise zu einem veränderten Verhalten kommen konnte.

Darüber hinaus sollte der Zugang zu Hilfe- und Unterstützungsmöglichkeiten erleichtert werden, indem diese thematisiert und Hemmschwellen zur Inanspruchnahme von Hilfe abgebaut wurden.

Für Schulklassen wurden eine Verbesserung des Klassenklimas, eine erhöhte Aufmerksamkeit für Gewalt in der eigenen Klasse und eine Verbesserung des Klassenzusammenhalts sowie eine Sensibilisierung für klasseninterne Strukturen als Ziele angestrebt.

Durch die Verwendung des Peer-Ansatzes wurde eine besonders gute Annahme und nachhaltige Wirkung der vermittelten Botschaften bei dieser Zielgruppe erwartet.

4.7 Wissenschaftliche Begleitung und Evaluation

Durch die enge Anbindung an die Universität zu Köln und dem Vorhandensein von fachspezifischem wissenschaftlichem Personal, war eine umfangreiche Evaluation des Projektes möglich. Zu verschiedenen Zeitpunkten und zu unterschiedlichen Projektelementen wurden, zum Teil hypothesengebundene, empirische Daten erhoben, wobei qualitative wie auch quantitative Erhebungsmethoden genutzt wurden.

Für das Projekt wurde ein eigenes Evaluationskonzept[7] entwickelt. Einige wesentlichen Bausteine daraus werden im Folgenden kurz vorgestellt.

Mit Unterstützung der wissenschaftlichen Begleitung entstand eine ausführliche Projektdokumentation, die im Sinne eines kontinuierlichen Monitoring ausgewertet und immer wieder in das Projekt zurückgegeben und dort kommuniziert und diskutiert wurde. So wurde eine begleitende Projektentwicklung (formative Prozessevaluation) ermöglicht, die der Qualitätssicherung und -entwicklung diente. Des Weiteren entstanden projektbegleitend Dissertations- und Habilitationsprojekte. Diese wissenschaftliche Qualifizierungsprojekte bildeten die Grundlage für große Teile der Planung und Durchführung der wissenschaftlichen Begleitung und Evaluation, das heißt der Entwicklung geeigneter Instrumente, der Erhebung und der Auswertung der Daten.

Darüber hinaus konnte das durch einen begleitenden Dokumentarfilm entstandene Filmmaterial, für Zwecke der Evaluation und der wissenschaftlichen Begleitung ausgewertet werden. Das bot vor allem die Chance, Entwicklungen und Perspektiven einzelner Projektmitglieder ausführlich zu verfolgen, sowie Gruppensituationen als Videoaufzeichnung auszuwerten.

Die Fragestellungen der Evaluation ergaben sich aus den Zielen und den zentralen Inhalten des Projekts. Sie bezogen sich auf Elemente des pädagogischen Konzeptes, auf die Projektwirkungen bei den Peer Educators und bei den Adressaten sowie auf den Projektprozess selbst.

Für den Bereich der Primär- und Sekundärprävention sollte erprobt und geprüft werden, ob mit der Zielgruppe der männlichen gewaltauffälligen Jugendlichen auf der Basis von Peer Education effektiv Prävention von Gewalt betrieben werden kann. Die Erfahrungen der Peer Educators als Täter und Opfer von Gewalt sollten für die Prävention nutzbar gemacht werden, indem die Peer Educators die Kompetenzen erlangten, diese angemessen an die Adressaten der Interventionen zu vermitteln.

Durch die Erarbeitung eines angemessenen, das heißt die Projektziele und -inhalte unterstützenden Designs für die begleitende Evaluation sollte die Qualität der Projektarbeit gesichert und weiterentwickelt werden.

Die Aufgaben der Evaluation im Projekt ‚Schlag.fertig' wurden folglich vor allem in folgenden Bereichen gesehen:

➢ theoretische und wissenschaftliche Fundierung des Projekts,
➢ empirische Begleitung und Bewertung des Projektes und des Verlaufs durch Datenerhebung und -auswertung,
➢ Qualitätssicherung und Qualitätsentwicklung des Projektprozesses und Projekterfolgs durch Monitoring und geeignete Interventionen,

---

[7] unveröffentlichte Evaluationskonzept von D. Vossebrecher et. al (2006)

- Qualitätssicherung und Qualitätsentwicklung der Aktivitäten der an der Intervention direkt Beteiligten, insbesondere der Peer-Educators, der Adressaten sowie der Mitarbeiter,
- Evaluation der Effekte des Projektes sowie
- Systematisierung der Projektdokumentation.

Als Methoden der Datenerhebung kamen dafür sowohl qualitative wie auch quantitative Methoden zur Anwendung. Insgesamt standen dem Projekt folgende zur Verfügung:

- Tiefeninterviews / qualitative leitfadengestützte Interviews,
- Protokolle der Einsätze,
- Teilnehmende Beobachtung,
- Filmmaterial des Dokumentarfilms und
- Fragebögen (Adressaten).

Im Mittelpunkt der vorliegenden Evaluation steht die schriftliche Befragung der Adressaten der Interventionen, das heißt der Schülerinnen und Schüler.

4.8 Projektpraxis: Herausforderungen und Erfolge

Das Projekt ‚Schlag.fertig' stellte ein neu konzipiertes Pilot-Projekt dar, was zunächst theoretisch konzipiert wurde. Jeder Praktiker kann bestätigen, dass es bei solchen Pilotprojekten immer zu unerwarteten Herausforderungen kommt und Entwicklungen im Projektverlauf auftreten, mit denen vorher nicht gerechnet wurde. Die Praxis kann in einigen Aspekten von der theoretischen Konzeption abweichen und hierauf muss reagiert werden. Im Folgenden werden aus der Projektpraxis zunächst einige Herausforderungen und Schwierigkeiten sowie anschließend einige Erfolge geschildert. Diese Schilderungen sollen einem ergänzenden exemplarischen Einblick dienen.

Herausforderungen

Eine der größten Herausforderungen des Projektes bestand darin, die teilnehmenden jugendlichen Peer Educators über den Zeitraum von anderthalb bis zwei Jahren im Projekt mit seinen Regeln und Strukturen freiwillig so zu halten, dass sie die Stufe des Peer Educators erreichten und Interventionen durchführten. Deshalb kam es in der Summe zu einer geringeren Anzahl als in der Ursprungskonzeption angedacht war. Hierbei spielte der Projektcharakter von ‚Schlag.fertig' ohne die Anbindung an eine einzelne feste Institution, z. B. an eine Schule, eine Rolle, da zwar während der Projektlaufzeit eine große Verbindlichkeit aufgebaut werden konnte und ein enger Kontakt zu vielen mit den Jugendlichen in Verbindung stehenden

Institutionen (wie Schulen, Jugendämter etc.) sowie den Familien bestand, die Jugendlichen jedoch trotzdem einige Möglichkeiten hatten, sich bei Schwierigkeiten zu entziehen, beispielsweise in dem sie nicht zu Terminen erscheinen. Darüber hinaus lag speziell bei der Zielgruppe der gewaltauffälligen männlichen Jugendlichen häufig eine vielschichtige Problematik in verschiedensten Lebensbereichen zugrunde, die zum Teil nicht durch das Projekt aufgefangen werden konnte, sondern intensivere Unterstützung wie zum Beispiel durch eine therapeutische Bearbeitung oder zeitlich intensivere Maßnahme benötigte.

Im Sinne der Konfrontativen Pädagogik und aufgrund der bei den Jugendlichen vorliegenden Gewaltproblematik gab es bei ‚Schlag.fertig' Regeln, die bei Übertretung zum Ausschluss aus dem Projekt führten. Hiermit sollte den Jugendlichen ein festes System geboten werden, in dem durch die Regeln vor allem eine Zuverlässigkeit eingeführt wurde, welche die Jugendlichen so aus ihren anderen Lebenszusammenhängen nicht kannten. Insgesamt schieden aus der ersten Gruppe mehr Jugendliche als erwartet aufgrund von grenzüberschreitendem Verhalten und der Nichteinhaltung von Projektregeln im Laufe des Coolnesstrainings und der Schulung aus dem Projekt aus, da sie zum Beispiel erneut gewalttätig wurden. Es bestand die Vermutung, dass gerade im ersten Durchlauf diejenigen Jugendlichen am Projekt teilgenommen haben, die ein besonders schwerwiegend problematisches Verhalten im Bereich der Gewalttätigkeit aufwiesen. Dafür sprach, dass die Jugendlichen der ersten Gruppe fast alle bereits von Einzelfallhelfern o. ä. betreut wurden und von diesen ergänzend an ‚Schlag.fertig' angebunden wurde, also bereits eine Hilfemaßnahme existierte und als nicht ausreichend eingestuft wurde. Im zweiten und dritten Durchlauf wurde auf solche Erfahrungen durch Veränderungen der pädagogischen Betreuungs- und der Auswahlpraxis eingegangen.

Zudem wurde im Projektverlauf die Erfahrung gemacht, dass auf das Thema Gewalt nach wie vor zum Teil sehr abweisend reagiert wurde; dies galt sowohl für Personen als auch Institutionen. So haben beispielsweise einige Schulen allein die Thematisierung des Themas Gewalt abgelehnt, mit der Begründung, dass an ihrer Schule Gewalt überhaupt nicht vorkomme. Auch für Eltern war es sehr schwer, vor Dritten zuzugeben, dass der eigene Sohn gewalttätig sei. Oft wurde die Schuld beziehungsweise die Ursache des abweichenden Verhaltens in unbeeinflussbaren äußeren Rahmenbedingungen oder anderen Personen gesucht. Die Erlaubnis der Teilnahme an einem Coolnesstraining wurde als Zugeständnis an das eigene Unvermögen beziehungsweise ein Zugeständnis an die eigene Hilfebedürftigkeit wahrgenommen und zum Teil massiv abgelehnt.

Der Übergang vom aktiven Coolnesstraining zu der eher theoretischen Schulung stellte ebenfalls eine Herausforderung, besonders für die erste Gruppe von Jugendlichen, dar, so dass für die zweite Gruppe das Konzept verändert wurde und der Übergang nicht mehr so abrupt, sondern langsamer und personell variabler vonstatten ging. Für die dritte Gruppe wurden diese Veränderungen übernommen und weiter ergänzt, zum Beispiel durch ein Paten- und ein hierarchisches Stufensystem, welches kleinschrittige und direktere Rückmeldungen und damit verbundene Belohnungen implizierte. Zudem wurde die Annahme von Angeboten zur schulischen und beruflichen Unterstützung noch fester und als Bedingung mit in die Schulungsphase aufgenommen. Mit dem Start der dritten Gruppe hatte sich bereits eine Routine entwickelt, die möglicherweise auftretenden Schwierigkeiten konnten besser im Vorfeld abgeschätzt werden und es konnte frühzeitiger interveniert werden.

Die Verbindlichkeit der Termine zur schulischen Unterstützung wurden von den Jugendlichen sehr unterschiedlich wahrgenommen. Ein Teil der Jugendlichen forderte die Termine und Unterstützung selbständig ein, ein anderer Teil musste immer wieder dazu ermutigt werden und erschien unregelmäßig zu Terminen. Dies entsprach der Problematik dieser Zielgruppe im Allgemeinen, da diese Jugendlichen selten längerfristig in sozialen Maßnahmen und Angeboten Fuß fassen. Deshalb konnte das Aufrechterhalten der Schulungstermine und vor allem die kontinuierliche Durchführung von Interventionen durch die Jugendlichen bis zum Ende der Projektlaufzeit als großer Erfolg gewertet werden.

Erfolge

Alle Jugendlichen, die an der Schulung teilgenomen haben, konnten ihre schulischen Leistungen halten und verbessern beziehungsweise ihre schulische Situation stabilisieren. Nur in einem einzigen Fall musste ein Jugendlicher vom Gymnasium auf die Realschule wechseln. Dies geschah jedoch zu Beginn der Schulungsphase und konnte als Konsequenz der devianten Auffälligkeiten, die zur Teilnahme an dem Projekt ‚Schlag.fertig' geführt hatten, gewertet werden. Darüber hinaus konnten alle Jugendlichen auf ihrer Schule verbleiben. Dies war für Jugendliche dieser Zielgruppe, die in der Regel mehrere Schulwechsel hinter sich hatten, bevor sie in das Projekt kamen, ein großer Fortschritt. Auch Schulkonferenzen und Zwangsbeurlaubungen vom Unterricht nahmen deutlich ab beziehungsweise kamen in den letzten Monaten gar nicht mehr vor. Dies konnte als deutlicher Hinweis auf eine Stabilisierung und das erfolgreiche Anstreben eines Schulabschlusses gedeutet werden. Insgesamt wurde deutlich, dass die Jugendlichen von der Teilnahme am Projekt – auch jene, welche vorzeitig ausgeschieden sind – profitierten. Bei den Jugendlichen zeigte sich eine Abnahme von gewalttätigem Verhalten, welches besonders durch das Erlernen alternativer Handlungsstrategien im Coolnesstraining gefördert wurde. Dies konnte beispielsweise an der stark zurückgehenden Zahl der weiteren Anzeigen und Verurteilungen verfolgt werden.

Durch die Vorbildfunktion, welche die Jugendlichen später in den Interventionen für andere Jugendliche einnahmen, gewannen sie zunehmend an Selbstvertrauen und traten selbstsicherer auf beziehungsweise betrachteten ihr eigenes Verhalten und das der anderen Gruppenmitglieder in der Schulungsphase kritischer und versuchten sich fortlaufend zu verbessern. Sozial anerkanntes Verhalten trat zum Teil an die Stelle der Gewalttätigkeit und die Jugendlichen verstärkten sich gegenseitig, weil jeder gut sein wollte. Es konnte eine Atmosphäre erarbeitet werden, in der es honorierend zur Kenntnis genommen und auch verbalisiert wurde, dass sich Schulleistungen verbessert hatten und Ausbildungsplätze ‚erarbeitet' wurden. Auch seitens der Schulen der Peer Educators kamen im Projektverlauf zunehmend positive Rückmeldungen über die Jugendlichen, sobald diese in der Aktionenphase aktiv waren. Die Förderung des Selbstvertrauens mit der positiven Veränderung des eigenen Selbstbildes durch die Durchführung der Interventionen („Ich kann etwas, was andere nicht können."; „Eine ganze Klasse ist gespannt darauf zu hören, was ich ihnen zu berichten habe.") führte bei den teilnehmenden Peers zu Erfolgserlebnissen, die sie bisher meist weder familiär, schulisch noch sozial erfahren hatten. Zudem konnten die Jugendlichen das in der Schulung erlernte Spezialwissen zum Thema Gewalt, Recht etc. mit in ihren Schulalltag einfließen lassen und fielen dadurch positiv auf.

Die tatsächliche Durchführung der Präventionsaktionen bis einschließlich Dezember 2009 und die mehrfachen Anfragen von Kölner Schulen ‚Schlag.fertig' als festes Angebot jahrgangsübergreifend jedes Schuljahr zu buchen, stellte einen weiteren großen und messbaren Erfolg des Projektes dar. Hieraus wurde ersichtlich, dass ‚Schlag.fertig' in Köln durch die durchgeführten Interventionen bereits zu einer Art Institution geworden war und eine Lücke im vorhandenen Bedarf an Gewaltpräventionsaktionen für Jugendliche – zumindest zeitweilig – geschlossen hat. Die Anzahl der Anfragen für Interventionen war mehr als zehnmal so hoch, als die tatsächlichen Durchführungsmöglichkeiten. Ein Grund, weshalb nicht mehr Interventionen durchgeführt werden konnten, stellte der Sachverhalt dar, dass die jugendlichen Peer Educators selbst noch die Schule besuchten und folglich nur begrenzt zeitlich verfügbar waren, um während der Schulzeit in andern Schulen Interventionen durchzuführen. Aufgrund der zahlreichen Nachfragen für die Interventionen, innerhalb Kölns und auch deutschlandweit sowie dem Mangel an vergleichbaren Angeboten, konnte geschlossen werden, dass der Bedarf an Gewaltpräventionsaktionen noch nicht gedeckt ist beziehungsweise das Angebot der Gewaltprävention durch Gleichaltrige besonders nachgefragt wird.

Seit Herbst 2009 hat der Träger des Projektes, die Jugend- und Behindertenhilfe Michaelhoven gGmbH, die Leistung ‚Coolnesstraining' als Angebot neu eingeführt, so dass die ASD-Mitarbeiter der Bezirksjugendämter diese im Leistungskatalog für einzelne Jugendliche bei der Jugend- und Behindertenhilfe buchen können. Darüber hinaus und um eine gute Integration möglicher neuer Jugendlicher im Jahr 2010 zu gewährleisten, wurden die Interventionen und die Schulung auch über das offizielle Projektende 2010 hinaus weitergeführt. Die Weiterführung von Teilen des Projektes als zeitlich überdauernde und verfügbare Leistung, ist ein großer Erfolg, der nachhaltige Wirkungen für die Gewaltprävention in Köln hatte.

Es lässt sich die vermuten, dass die breite Presse- und Öffentlichkeitsarbeit rund um ‚Schlag.fertig' z. B. durch Zeitungsartikel, Radiobeiträge und den Filmbeitrag ebenfalls eine Auswirkung auf die regionale Arbeit beziehungsweise das Bewusstsein für den Bereich Gewaltprävention in Köln hatte.

Übertragbar ist ‚Schlag.fertig' im Prinzip auf andere Institutionen und Städte, wie dies in einem neuen Projekt geplant ist. Durch die feste Verankerung zum Beispiel an einer Schule könnten möglicherweise eine größere Verbindlichkeit und nachhaltigere Effekte für die ganze Institution erreicht werden, da die Jugendlichen so unmittelbarer mit ihrem eigenen Verhalten konfrontiert werden könnten. Mit weniger organisatorischem Aufwand könnte eine weitaus größere Zahl von Jugendlichen im Sinne einer Primär- und Sekundärprävention erreicht werden.

4.9 Einordnung in die Peer-Terminologie

Durch die Darstellung der Inhalte des Projektes ‚Schlag.fertig' ist bereits deutlich geworden, dass es sich um ein Peer Involvement-Projekt handelt, welches die Einbindung Gleichaltriger und jugendlicher ‚Fachmänner' als wesentliches Merkmal zugrunde legt. Die Einordnung in die in Kapitel 3.3.2 dargestellte Terminologie fällt leicht: Es handelte sich, wie bereits schon erwähnt, bei ‚Schlag.fertig' um ein klassisches Peer Education-Projekt, bei dem eine kleine Anzahl von speziell für diesen Zweck geschulten Jugendlichen, die Peer Educators, ihr Wissen und ihre Erfahrungen in einem formellen Setting, nämlich innerhalb von Schulklassen, an eine größere Gruppe weitergegeben haben. Ziel war dabei in erster Linie eine Wissensvermittlung, darauf aufbauend jedoch auch eine Einstellungs- und idealerweise Verhaltensveränderung.

Wird die von Svenson (1998) vorgeschlagenen Unterscheidung von vier klassischen Peer Education-Ansätzen zugrundegelegt (Kap. 3.3.1), so fällt ‚Schlag.fertig' größtenteils in den Bereich des Diffusionsansatzes, da das Ziel die unmittelbare Beeinflussung der Adressaten war, beziehungsweise die direkte Weitergabe von Informationen innerhalb bestehender Strukturen, der Schulklasse, angestrebt werden sollte. Des Weiteren sollten die vorhandenen Strukturen, die Schulklassen und die Schule an sich genutzt werden, um die Informationen zu verbreiten und zu implementieren.

5 Hypothesen

Auf der Grundlage des in den voran gegangenen Kapiteln dargestellten Stand der Forschung und der Vorstellung des Projekts ‚Schlag.fertig' werden im Folgenden 78 Hypothesen für die Befragung der Adressaten der ‚Schlag.fertig'-Interventionen und die Wirkungsevaluation des Treatments ‚Schlag.fertig' aufgestellt und zum Teil durch eine kurze Erläuterung der Herleitung vor dem Hintergrund der theoretischen Grundlagen ergänzt. Die Hypothesen werden jeweils als Aussage in Form von Differenz-, Korrelations- oder Veränderungshypothesen sowie als statistische Hypothesen formuliert, sind durchgehend nummeriert und in folgende sechs Themenblöcke unterteilt:

- Hypothesen zum Wissen (Kap. 5.1)
- Hypothesen zur Einstellung (Kap.5.2)
- Hypothesen zu Verhalten und Verhaltensabsicht (Kap. 5.3)
- Hypothesen zum Peer Involvement (Kapitel. 5.4)
- Hypothesen zu Opfererfahrungen (Kap. 5.5)
- Hypothesen zur Schul- und Klassensituation (Kap. 5.6)

Die Anzahl der Hypothesen liegt mit 78 relativ hoch. Zu beachten ist dabei, dass es aufgrund von insgesamt drei Befragungszeitpunkten (vgl. für detaillierte Erläuterungen Kapitel 6) Hypothesen gibt, die gewissermaßen mehrfach vorkommen, da sie denselben Inhalt abfragen, sich jedoch auf die unterschiedlichen Befragungszeitpunkten beziehen. Solche Hypothesen sind gemeinsam unter einer Überschrift zusammengefasst, jedoch fortlaufend nummeriert und durch die Formulierungen *vor der Intervention* für den Messzeitpunkt t1, *unmittelbar nach der Intervention* für den Messzeitpunkt t2 und *sechs bis acht Wochen nach der Intervention* für den Messzeitpunkt t3 voneinander unterschieden. Diese Bezeichnungen weisen auf den Zeitpunkt der Befragung hin und sind nur bei einem Vorher-/Nachher-Vergleich inhaltlicher Bestandteil der Hypothese. Dabei ist zu beachten, dass nicht alle Items an allen drei Befragungszeitpunkten abgefragt wurden, sondern so wie bei der Darstellung der Erhebungsinstrumente in Kapitel 6.2 dargestellt.

- t1 = vor der Intervention,
- t2 = unmittelbar nach der Intervention,
- t3 = sechs bis acht Wochen nach der Intervention.

Theoretisch liegen der vorliegenden Untersuchungen im Hinblick auf Veränderungen über die Zeit folgende drei möglichen Veränderungsmodelle zugrunde, wobei sich die Veränderung abhängig von der Hypothese auf verschiedene Faktoren beziehen kann, wie zum Beispiel auf Verhalten oder Wissen:

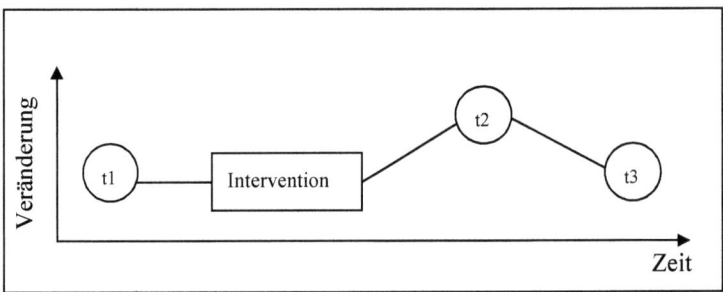

Abb. 1: Kurzzeitiger Effekt: Veränderung zwischen t1 und t2, die jedoch nicht mehr an t3 vorhanden ist

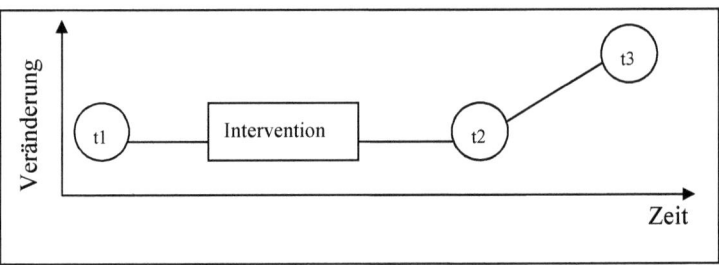

Abb. 2: Verzögerter Effekt: Veränderung zwischen t1 und t3, keine Veränderung zwischen t1 und t2

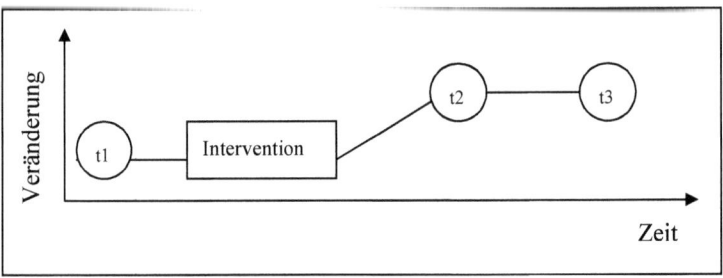

Abb. 3: Nachhaltiger Effekt: Veränderung zwischen t1 und t2 und zwischen t1 und t3

5.1 Hypothesen zum Wissen

Wissenszuwachs ist ein wesentliches Ziel von Präventionsprogrammen. Mit einem Wissenszuwachs wird ein Mehr an Handlungsstrategien und für das Thema Gewalt häufig ein Mehr an Wissen über Hilfe- und Schutzmaßnahmen sowie verantwortungsbewussteres Handeln in Bezug auf die eigene Person und andere Menschen verbunden. Durch die Vermittlung von fachspezifischem Wissen soll fehlendes oder falsches Wissen, sogenannte Gewaltmythen, welche besonders unter Jugendlichen häufig kontinuierlich weitergetragen werden, korrigiert beziehungsweise ergänzt werden. Darüber hinaus kann die Vermittlung von Wissen einer vermeintlichen Tabuisierung bestimmter Themen, wie zum Beispiel Gesprächen über eigene Opfererfahrungen entgegenwirken.

Hypothesen 1 und 2:
1) Unmittelbar nach der Intervention wissen die Teilnehmer mehr zum Thema Gewalt als vor der Intervention.

Statistische Hypothesen:
H_1: Tn (WiG2) > Tn (WiG1)
H_0: Tn (WiG2) ≤ Tn (WiG1)

2) Sechs bis acht Wochen nach der Intervention wissen die Teilnehmer mehr zum Thema Gewalt als vor der Intervention.

Statistische Hypothesen:
H_1: Tn (WiG3) > Tn (WiG1)
H_0: Tn (WiG3) ≤ Tn (WiG1)

Hypothesen 3 und 4:
3) Unmittelbar nach der Intervention kennen die Teilnehmer mehr Orte und Personen, an die sie sich außerhalb der Schule bei Problemen wenden können als vor der Intervention.

Statistische Hypothesen:
H_1: Tn (KeHAus2) > Tn (KeHAus1)
H_0: Tn (KeHAus2) ≤ Tn (KeHAus1)

4) Sechs bis acht Wochen nach der Intervention kennen die Teilnehmer mehr Orte und Personen an die sie sich außerhalb der Schule bei Problemen wenden können als vor der Intervention.

Statistische Hypothesen:
H_1: Tn (KeHAus3) > Tn (KeHAus1)
H_0: Tn (KeHAus3) ≤ Tn (KeHAus1)

5.2 Hypothesen zur Einstellung

Etwas Neues zu wissen, kann den ersten Schritt hin zu einer veränderten Einstellung bedeuten und auf der Grundlage einer veränderten Einstellung kann sich das Verhalten verändern. Die Weitergabe von Einstellungen erfolgt im Jugendalter vor allem über die Beobachtung von wichtigen Personen und Rollenvorbildern, wie zum Beispiel Familienmitgliedern, Freunden und Gleichaltrigen sowie über einen gemeinsamen Austausch. Durch Gespräche können eigene Einstellungen erforscht und reflektiert werden und dieser Austausch kann die Kommunikationskompetenz, die Selbst- und Fremdwahrnehmung sowie die Sensibilität für bestimmte Aspekte fördern. Im Hinblick auf das Thema Gewalt sollen vor allem kritische Einstellungen gefördert werden.

Die folgenden Hypothesen haben die Einstellung zu körperlicher und verbaler Gewalt sowie ein allgemeines Gewaltverständnis zum Thema. Hierbei ist unter anderem der Fokus auf Geschlechtsunterschiede gerichtet, um zu überprüfen, ob die in zahlreichen Studien gefundenen Geschlechtsunterschiede im gewalttätigen Verhalten bereits in den Einstellungen vorhanden sind.

Hypothesen 5 und 6:
5) Unmittelbar nach der Intervention ist die Einstellung der Teilnehmer gegenüber körperlicher[8] Gewalt weniger tolerant als vor der Intervention.

Statistische Hypothesen:
H_1: Tn (AndSchl2) < Tn (AndSchl1)
H_0: Tn (AndSchl2) ≥ Tn (AndSchl1)

6) Sechs bis acht Wochen nach der Intervention ist die Einstellung der Teilnehmer gegenüber körperlicher Gewalt weniger tolerant als vor der Intervention.

Statistische Hypothesen:
H_1: Tn (AndSchl3) < Tn (AndSchl1)
H_0: Tn (AndSchl3) ≥ Tn (AndSchl1)

---

[8] Bei ähnlich erscheinenden aufeinander folgenden Hypothesen ist im Sinne einer besseren Übersichtlichkeit das differenzierende Kriterium unterstrichen.

Hypothesen 7 und 8:
7) Unmittelbar nach der Intervention ist die Einstellung der Teilnehmer gegenüber <u>verbaler</u> Gewalt weniger tolerant als vor der Intervention.

Statistische Hypothesen:
H_1: Tn (Beschi2) < Tn (Beschi1)
H_0: Tn (Beschi2) ≥ Tn (Beschi1)

8) Sechs bis acht Wochen nach der Intervention ist die Einstellung der Teilnehmer gegenüber <u>verbaler</u> Gewalt weniger tolerant als vor der Intervention.

Statistische Hypothesen:
H_1: Tn (Beschi3) < Tn (Beschi1)
H_0: Tn (Beschi3) ≥ Tn (Beschi1)

Hypothesen 9, 10 und 11:
9) Mädchen haben vor der Intervention eine weniger tolerante Einstellung gegenüber <u>körperlicher</u> Gewalt als Jungen.

Statistische Hypothesen:
H_1: Tnw (AndSchl1) < Tnm (AndSchl1)
H_0: Tnw (AndSchl1) ≥ Tnm (AndSchl1)

10) Mädchen haben unmittelbar nach der Intervention eine weniger tolerante Einstellung gegenüber <u>körperlicher</u> Gewalt als Jungen.

Statistische Hypothesen:
H_1: Tnw (AndSchl2) < Tnm (AndSchl2)
H_0: Tnw (AndSchl2) ≥ Tnm (AndSchl2)

11) Mädchen haben sechs bis acht Wochen nach der Intervention eine weniger tolerante Einstellung gegenüber <u>körperlicher</u> Gewalt als Jungen.

Statistische Hypothesen:
H_1: Tnw (AndSchl3) < Tnm (AndSchl3)
H_0: Tnw (AndSchl3) ≥ Tnm (AndSchl3)

Hypothesen 12, 13 und 14:
12) Mädchen haben vor der Intervention eine weniger tolerante Einstellung gegenüber <u>verbaler</u> Gewalt als Jungen.

Statistische Hypothesen:
H_1: Tnw (Beschi1) < Tnm (AndSchl1)
H_0: Tnw (Beschi1) ≥ Tnm (Beschi1)

13) Mädchen haben unmittelbar nach der Intervention eine weniger tolerante Einstellung gegenüber <u>verbaler</u> Gewalt als Jungen.

Statistische Hypothesen:
H_1: Tnw (Beschi2) < Tnm (AndSchl2)
H_0: Tnw (Beschi2) ≥ Tnm (Beschi2)

14) Mädchen haben sechs bis acht Wochen der Intervention eine weniger tolerante Einstellung gegenüber <u>verbaler</u> Gewalt als Jungen.

Statistische Hypothesen:
H_1: Tnw (Beschi3) < Tnm (AndSchl3)
H_0: Tnw (Beschi3) ≥ Tnm (Beschi3)

Hypothesen 15 und 16:
15) Unmittelbar nach der Intervention betrachten die Teilnehmer eine größere Anzahl von Handlungen als Gewalt als vor der Intervention.

Statistische Hypothesen:
H_1: Tn (G2) > Tn (G1)
H_0: Tn (G2) ≤ Tn (G1)

16) Sechs bis acht Wochen nach der Intervention betrachten die Teilnehmer eine größere Anzahl von Handlungen als Gewalt als vor der Intervention.

Statistische Hypothesen:
H_1: Tn (G3) > Tn (G1)
H_0: Tn (G3) ≤ Tn (G1)

5.3 Hypothesen zu Verhalten und Verhaltensabsicht

Aufgrund der großen Anzahl von Hypothesen in diesem Bereich, sind diese im Sinne einer besseren Überschaubarkeit nochmals in drei Unterbereiche aufgeteilt:

- I Hypothesen zur Verhaltensabsicht
- II Hypothesen zum Verhalten
- III Hypothesen zur Kommunikation

I Hypothesen zur Verhaltensabsicht

In der Präventionsarbeit mit Jugendlichen sind Wissenszuwachs und Einstellungsveränderungen wichtige Voraussetzungen für eine veränderte Verhaltensabsicht und idealerweise darauf aufbauend für eine Veränderung des Verhaltens selbst.

Dies gilt sowohl für die Täter-, als auch die Opferseite sowie darüber hinaus für die häufig vorhandenen passiv beteiligten Beobachter. Im Bereich der Gewaltprävention ist die Veränderung des Verhaltens in Richtung Prosozialität beziehungsweise die Verhinderung von Gewalthandlungen beabsichtigt und erwünscht. Primär- und Sekundärprävention von Gewalt gründen vor allem auf der Veränderung, beziehungsweise Vermeidung von Risiko- oder Problemverhalten und auf der Stärkung von Sozialverhalten. Verhaltensgewohnheiten, die gewaltfördernd sind, sollen möglichst durch ein Mehr an Wissen, die Erweiterung von Verhaltensmöglichkeiten und das Erlernen von Verhaltensalternativen, zum Beispiel durch positive Rollenvorbilder, verändert werden. Verändertes Verhalten auf Täter- oder Opferseite und auf der Seite der Beobachter wirkt sich dabei jeweils auf die anderen Parteien aus und kann nicht unabhängig voneinander betrachtet werden. Im Bereich der Gewalthandlungen hat die schlichtende, deeskalierende oder aufmerksame und eingreifende Seite einen wesentlich Einfluss auf Situationen, in denen es zu Gewalthandlungen kommt oder kommen könnte. Eine Verhaltensveränderung ist somit eines der höchsten Ziele in der Präventionsarbeit. Vor dem Verhalten selbst steht die Verhaltensabsicht, auf die sich die Hypothesen in diesem Block beziehen.

Hypothesen 17 und 18:
17) Unmittelbar nach der Intervention äußern die Teilnehmer die Absicht bei Auseinandersetzungen zwischen Mitschülern häufiger schlichtend einzugreifen als vor der Intervention.

Statistische Hypothesen:
H_1: Tn (Eingr2) > Tn (Eingr1)
H_0: Tn (Eingr2) $\leq$ Tn (Eingr1)

18) Sechs bis acht Wochen nach der Intervention äußern die Teilnehmer die Absicht bei Auseinandersetzungen zwischen Mitschülern häufiger schlichtend einzugreifen als vor der Intervention.

Statistische Hypothesen:
H_1: Tn (Eingr3) > Tn (Eingr1)
H_0: Tn (Eingr3) $\leq$ Tn (Eingr1)

Hypothesen 19 und 20:
19) Unmittelbar nach der Intervention fühlen sich die Teilnehmer kompetenter, selbst weniger Gewalt anzuwenden als vor der Intervention.

Statistische Hypothesen:
H_1: Tn (EinschGT2) > Tn (EinschGT1)
H_0: Tn (EinschGT2) ≤ Tn (EinschGT1)

20) Sechs bis acht Wochen nach der Intervention fühlen sich die Teilnehmer kompetenter, selbst weniger Gewalt anzuwenden als vor der Intervention.
Statistische Hypothesen:
H_1: Tn (EinschGT3) > Tn (EinschGT1)
H_0: Tn (EinschGT3) ≤ Tn (EinschGT1)

Hypothesen 21 und 22:
21) Unmittelbar nach der Intervention korrelieren Veränderungen des Wissens zum Thema Gewalt positiv mit Veränderungen der geäußerten Absicht bei Auseinandersetzungen zwischen Mitschülern deeskalierend einzugreifen.
Statistische Hypothesen:
H_1: R (WiG2-WiG1), (Eingr2-Eingr1) > 0
H_0: R (WiG2-WiG1), (Eingr2-Eingr1) ≤ 0

22) Sechs bis acht Wochen nach der Intervention korrelieren Veränderungen des Wissens zum Thema Gewalt positiv mit Veränderungen der geäußerten Absicht bei Auseinandersetzungen zwischen Mitschülern deeskalierend einzugreifen.
Statistische Hypothesen:
H_1: R (WiG3-WiG1), (Eingr3-Eingr1) > 0
H_0: R (WiG3-WiG1), (Eingr3-Eingr1) ≤ 0

II Hypothesen zum Verhalten

Die Hypothesen zu tatsächlichem Verhalten und dessen Häufigkeit finden sich in diesem Abschnitt. Vor diesem Hintergrund steht die gesonderte Betrachtung von Mädchen und Jungen und mögliche Zusammenhänge von Gewalterfahrungen und dem ethnischen und bildungsgeschichtlichen Hintergrund der befragten Jugendlichen. Ergebnisse aus der Hell- und Dunkelfeldforschung weisen zum Teil auf einem Migrationshintergrund oder eine geringere schulische Bildung als Risikofaktor hin (vgl. Kap. 3.1.3). Der Begriff ‚Migrationshintergrund' ist im deutschen Sprachgebrauch nicht eindeutig definiert – es gibt verschiedene Begriffsbestimmungen. So herrscht zum Beispiel Unstimmigkeit darüber, was die Kinder von eingebürgerten Menschen betrifft, wie etwa bis in die wievielte Generation diese noch als Menschen mit Migrationshintergrund bezeichnet werden. Jugendliche mit Migrationshintergrund sollen hier als Jugendliche mit einer nicht-deutschen Staatsangehörigkeit oder einer doppelten Staatsangehörigkeit verstanden werden.

Hypothese 23:
23) Sechs bis acht Wochen nach der Intervention ist die Häufigkeit des eigenen gewalttätigen Verhaltens geringer als vor der Intervention.

Statistische Hypothesen:
H_1: Tn (GT3) < Tn (GT1)
H_0: Tn (GT3) ≥ Tn (GT1)

Hypothesen 24 und 25:
24) Verbale Gewalt wird vor der Intervention häufiger ausgeübt als körperliche Gewalt.

Statistische Hypothesen:
H_1: Tn (verbG1) > Tn (körG1)
H_0: Tn (verbG1) ≤ Tn (körG1)

25) Verbale Gewalt wird sechs bis acht Wochen nach der Intervention häufiger ausgeübt als körperliche Gewalt.

Statistische Hypothesen:
H_1: Tn (verbG3) > Tn (körG3)
H_0: Tn (verbG3) ≤ Tn (körG3)

Hypothesen 26 und 27:
26) Jungen üben vor der Intervention häufiger Gewalt aus als Mädchen.

Statistische Hypothesen:
H_1: Tnm (GT1) > Tnw (GT1)
H_0: Tnm (GT1) ≤ Tnw (GT1)

27) Jungen üben sechs bis acht Wochen nach der Intervention häufiger Gewalt aus als Mädchen.

Statistische Hypothesen:
H_1: Tnm (GT3) > Tnw (GT3)
H_0: Tnm (GT3) ≤ Tnw (GT3)

Hypothesen 28 und 29:
28) Jungen sind vor der Intervention häufiger Opfer von Gewalt als Mädchen.

Statistische Hypothesen:
H_1: Tnm (GO1) > Tnw (GO1)
H_0: Tnm (GO1) ≤ Tnw (GO1)

29) Jungen sind sechs bis acht Wochen nach der Intervention häufiger Opfer von Gewalt als Mädchen.

Statistische Hypothesen:
H_1: Tnm (GO3) > Tnw (GO3)
H_0: Tnm (GO3) ≤ Tnw (GO3)

Hypothesen 30 und 31:
30) Vor der Intervention besteht eine positive Korrelation zwischen der Häufigkeit von selbst ausgeübter Gewalt und der Häufigkeit von Opfererfahrungen.

Statistische Hypothesen:
H_1: R (GT1), (GO1) > 0
H_0: R (GT1), (GO1) ≤ 0

31) Sechs bis acht Wochen nach der Intervention besteht eine positive Korrelation zwischen der Häufigkeit von selbst ausgeübter Gewalt und der Häufigkeit von Opfererfahrungen.

Statistische Hypothesen:
H_1: R (GT3), (GO3) > 0
H_0: R (GT3), (GO3) ≤ 0

Hypothesen 32 und 33:
32) Teilnehmer mit Migrationshintergrund üben vor der Intervention häufiger Gewalt aus als Teilnehmer ohne Migrationshintergrund.

Statistische Hypothesen:
H_1: TnMi (GT1) > TnD (GT1)
H_0: TnMi (GT1) ≤ TnD (GT1)

33) Teilnehmer mit Migrationshintergrund üben sechs bis acht Wochen nach der Intervention häufiger Gewalt aus als Teilnehmer ohne Migrationshintergrund.

Statistische Hypothesen:
H_1: TnMi (GT3) > TnD (GT3)
H_0: TnMi (GT3) ≤ TnD (GT3)

Hypothesen 34 und 35:
34) Teilnehmer mit Migrationshintergrund sind vor der Intervention häufiger Opfer von Gewalt als Teilnehmer ohne Migrationshintergrund.

Statistische Hypothesen:
H_1: TnMi (GO1) > TnD (GO1)
H_0: TnMi (GO1) $\leq$ TnD (GO1)

35) Teilnehmer mit Migrationshintergrund sind sechs bis acht Wochen nach der Intervention häufiger Opfer von Gewalt als Teilnehmer ohne Migrationshintergrund.

Statistische Hypothesen:
H_1: TnMi (GO3) > TnD (GO3)
H_0: TnMi (GO3) $\leq$ TnD (GO3

Hypothesen 36 und 37:
36) Die Höhe des Bildungsstandes korreliert vor der Intervention negativ mit der Anzahl ausgeübter Gewalttaten.

Statistische Hypothesen:
H_1: R (Schultyp), (GT1) < 0
H_0: R (Schultyp), (GT1) $\geq$ 0

37) Die Höhe des Bildungsstandes korreliert sechs bis acht Wochen nach der Intervention negativ mit der Anzahl ausgeübter Gewalttaten.

Statistische Hypothesen:
H_1: R (Schultyp), (GT3) < 0
H_0: R (Schultyp), (GT3) $\geq$ 0

III Hypothesen zur Kommunikation

Abschließend in diesem Unterkapitel folgen Hypothesen, die sich auf einen besonderen Aspekt des Verhaltens beziehen: die Kommunikation. Das Themenfeld Gewalt und Gespräche hierüber können mit Scham und Ängsten oder einem Tabu besetzt sein. Das Sprechen über Erfahrungen und Standpunkte dient sowohl der Bearbeitung und Verarbeitung von möglichen eigenen Erlebnissen als auch dem Austausch von unterschiedlichen Standpunkten und Wissen, was wiederum zu veränderten Einstellungen und Verhalten führen kann. Durch positive Rollenvorbilder, im Fall von Peer Involvement andere Jugendliche, die über dieses Thema sprechen, sollen die Adressaten idealerweise selbst ein verändertes Kommunikationsverhalten zeigen. Schlussendlich dient die Kommunikation über Gewalt auch der Aufdeckung von bisher verborgenen Gewalttaten.

Hypothese 38:
Nach der Intervention sprechen die Teilnehmer häufiger über <u>miterlebte</u> Gewalt als vor der Intervention.

Statistische Hypothesen:
H_1: Tn (KHMit3) > Tn (KHMit1)
H_0: Tn (KHMIt3) ≤ Tn (KHMit1)

Hypothese 39:
Nach der Intervention sprechen die Teilnehmer häufiger über das <u>Thema</u> Gewalt als vor der Intervention.

Statistische Hypothesen:
H_1: Tn (KHTh3) > Tn (KHTh1)
H_0: Tn (KHTh3) ≤ Tn (KHTh1)

Hypothesen 40 und 41:
40) Unmittelbar nach der Intervention äußern die Teilnehmer, dass sie leichter über miterlebte Gewalt sprechen können als vor der Intervention.

Statistische Hypothesen:
H_1: Tn (KSMit2) < Tn (KSMit1)
H_0: Tn (KSMit2) ≥ Tn (KSMit1)

41) Sechs bis acht Wochen nach der Intervention äußern die Teilnehmer, dass sie leichter über miterlebte Gewalt sprechen können als vor der Intervention.

Statistische Hypothesen:
H_1: Tn (KSMit3) < Tn (KSMit1)
H_0: Tn (KSMit3) ≥ Tn (KSMit1)

Hypothesen 42 und 43:
42) Unmittelbar nach der Intervention äußern die Teilnehmer, dass sie es wichtiger finden über Gewalt zu sprechen als vor der Intervention.

Statistische Hypothesen:
H_1: Tn (KWT2) > Tn (KWT1)
H_0: Tn (KWT2) ≤ Tn (KWT1)

43) Sechs bis acht Wochen nach der Intervention äußern die Teilnehmer, dass sie es wichtiger finden über Gewalt zu sprechen als vor der Intervention.

Statistische Hypothesen:
H_1: Tn (KWT3) > Tn (KWT1)
H_0: Tn (KWT3) ≤ Tn (KWT1)

Hypothesen 44 und 45:
44) Vor der Intervention geben die Teilnehmer an, mit Gleichaltrigen häufiger über miterlebte Gewalt zu sprechen als mit der Familie.

Statistische Hypothesen:
H_1: Tn (KHMitJ1) > Tn(KHMitF1)
H_0: Tn (KHMitJ1) ≤ Tn(KHMitF1)

45) Sechs bis acht Wochen nach der Intervention geben die Teilnehmer an, mit Gleichaltrigen häufiger über miterlebte Gewalt zu sprechen als mit der Familie.

Statistische Hypothesen:
H_1: Tn (KHMitJ3) > Tn(KHMitF3)
H_0: Tn (KHMitJ3) ≤ Tn(KHMitF3)

Hypothesen 46 und 47:
46) Vor der Intervention geben die Teilnehmer an, mit Gleichaltrigen häufiger über das Thema Gewalt zu sprechen als mit der Familie.

Statistische Hypothesen:
H_1: Tn (KHThJ1) > Tn(KHThF1)
H_0: Tn (KHThJ1) ≤ Tn(KHThF1)

47) Sechs bis acht Wochen nach der Intervention geben die Teilnehmer an, mit Gleichaltrigen häufiger über das Thema Gewalt zu sprechen als mit der Familie.

Statistische Hypothesen:
H_1: Tn (KHThJ3) > Tn(KHThF3)
H_0: Tn (KHThJ3) ≤ Tn(KHThF3)

Hypothese 48:
Die Häufigkeit der Thematisierung des Themas Gewalt im Unterricht nach der Intervention korreliert positiv mit der Kommunikationshäufigkeit über miterlebte Gewalt.

Statistische Hypothesen:
H$_1$: R (KHThU3), (KHMit3) > 0
H$_0$: R (KHThU3), (KHMit3) ≤ 0

5.4 Hypothesen zum Peer Involvement

Im Folgenden werden Hypothesen dargestellt, die sich explizit auf peerspezifische Aspekte beziehen. Alle Hypothesen, bis auf Hypothese 54, beziehen sich auf den zweiten Erhebungszeitpunkt (t2) direkt nach der Intervention und damit auf das unmittelbare Erleben der Peer Educators.

Aus entwicklungspsychologischer Sicht sind Gleichaltrige im Jugendalter die wichtigsten Ansprechpartner und Rollenvorbilder für eine große Bandbreite an jugendspezifischen Themen und Problemen und sie erfahren durch eine annährend symmetrische Beziehung einen besonderen Stellenwert (vgl. Kap. 3.3.5). Der Peer-Ansatz ist die zentrale Methode der ‚Schlag.fertig'-Intervention, weshalb die durch ein ähnliches Alter und einen ähnlichen Entwicklungsstand geprägte Beziehung zwischen den Adressaten und den Peer Educators im Fokus steht. Die folgenden Hypothesen haben deshalb die Gleichaltrigenbeziehung und die Beurteilung der Peer Educators durch die Adressaten der Intervention zum Thema. Hierbei wird auch die Relation des Alters der Peers in Bezug zum Alter der Adressaten näher beleuchtet. Die Peer Educators werden darüber hinaus mit anderen für Jugendliche wichtigen Personengruppen verglichen und anhand verschiedener Kriterien bewertet und eingeschätzt. Ob es dabei Unterschiede zwischen den Geschlechtern gibt ist ebenfalls Bestandteil der Hypothesen.

Hypothese 49:
Jungen und Mädchen unterscheiden sich hinsichtlich der Beurteilung der Peer Educators.

Statistische Hypothesen:
H$_1$: Tnw (Ed2) ≠ Tnm (Ed2)
H$_0$: Tnw (Ed2) = Tnm (Ed2)

Hypothese 50:
Gleichaltrige und bis zu einem Jahr ältere Peer Educators werden von den Teilnehmern positiver eingeschätzt als jüngere oder mehr als ein Jahr ältere Peer Educators.

Statistische Hypothesen:
H$_1$: AlterGl (Ed2) > AlterUngl (Ed2)
H$_0$: AlterGl (Ed2) ≤ AlterUngl (Ed2)

Hypothese 51:
Gleichaltrige und bis zu einem Jahr ältere Peer Educators werden von den Teilnehmern glaubwürdiger eingeschätzt als jüngere oder mehr als ein Jahr ältere Peer Educators.

Statistische Hypothesen:
H_1: AlterGl (EdGl2) > AlterUngl (EdGl2)
H_0: AlterGl (EdGl2) $\leq$ AlterUngl (EdGl2)

Hypothese 52:
Gleichaltrige und bis zu einem Jahr ältere Peer Educators werden von den Teilnehmern empathiefähiger eingeschätzt als jüngere oder mehr als ein Jahr ältere Peer Educators.

Statistische Hypothesen:
H_1: AlterGl (EdHin2) > AlterUngl (EdHin2)
H_0: AlterGl (EdHin2) $\leq$ AlterUngl (EdHin2)

Hypothese 53:
Es besteht ein positive Korrelation zwischen der von den Teilnehmern eingeschätzten Ähnlichkeit des Peer Educators mit sich selbst und der positiven Bewertung der Intervention.

Statistische Hypothesen:
H_1: R (EdÄhn2), (BewA2) > 0
H_0: R (EdÄhn2), (BewA2) $\leq$ 0

Hypothese 54:
Nach der Intervention wird das Wissen von Jugendlichen größer eingeschätzt als vor der Intervention.

Statistische Hypothesen
H1: Tn (WiJ2) > Tn (WiJ1)
H0: Tn (WiJ2) $\leq$ Tn (WiJ1)

Hypothese 55:
Die Teilnehmer schätzen das Wissen der Peer Educators zum Thema Gewalt größer ein als das des Klassenlehrers.

Statistische Hypothesen:
H_1: Tn (AusPE2) > Tn (AusKL2)
H_0: Tn (AusPE2) $\leq$ Tn (AusKL2)

Hypothese 56:
Es besteht eine positive Korrelation zwischen der von den Teilnehmern eingeschätzten Glaubwürdigkeit der Peer Educators und dem selbsteingeschätzten positiven Einfluss der Intervention auf das eigene Verhalten.

Statistische Hypothesen:
H_1: R (EdGl2), (GüEin2) > 0
H_0: R (EdGl2), (GüEin2) ≤ 0

5.5 Hypothesen zu Opfererfahrungen

Opfererfahrungen stellen einen speziellen Bereich der Gewalterfahrungen dar. Ein Opfer zu sein, wird häufig fälschlicherweise mit Schwäche, Scham und einer Art persönlichem Versagen verbunden. Besonders für Jugendliche stellt die Tatsache, ein Opfer zu sein, etwas Unzulängliches und Geringwertiges dar. Ein Opfer zu sein, wird unter Jugendlichen nicht mehr nur in seiner originären Bedeutung verstanden, nämlich als eine Person, der durch eine Straftat ein Schaden zugefügt wurde (Brockhaus 2002-2006) und das häufig unverschuldet, sondern mittlerweile vielmehr als eine Art Schimpfwort, zum Teil sogar als Adjektiv verwendet.

> „Hinter dem Idiom ‚Du OPFER!' steckt eine Beleidigung, denn Opfer sind Außenseiter oder Schwächere, die ihre Rolle manchmal durch eigenes Verhalten heraufbeschwören. Als Opfer werden auch soziale Randgruppen wie Alkoholiker oder Drogenabhängige bezeichnet" (Wippermann & Mühlhausen 2000).

Das Wörterbuch der Jugendsprache definiert unter Opfer „Idiot, Trottel" und „Der Typ ist total das Opfer" (Pons Wörterbuch der Jugendsprache 2006, S. 67). Deutlich wird, dass es vor diesem Hintergrund für einen Jugendlichen sehr schwierig sein kann, sich selbst als Opfer zu sehen oder gar zu bezeichnen. Im Gegensatz dazu ist es ‚cooler' den aktiven Part zu übernehmen und sich als Täter darzustellen beziehungsweise Täter zu sein. Zwangsläufig hat dies Einfluss auf die Tatsache und das Empfinden darüber, tatsächlich eine Opfererfahrung in einem Gewaltkontext gemacht zu haben und diese vor sich selbst und anderen Personen einzugestehen. Ziel von Gewaltprävention muss es deshalb sein, in diesem Zusammenhang eine veränderte Definition von Opfererfahrungen zu verbreiten, die Verknüpfung von Opfersein und Schwäche zu lösen beziehungsweise die Kommunikation über Gewalt- und Opfererfahrungen zum Beispiel durch geeignete Rollenvorbilder zu fördern, besonders, da eine enge Verbindung zwischen dem Täter- und Opfersein besteht (Kapitel 3.1.3).

Hypothesen 57 und 58:
57) Unmittelbar nach der Intervention fühlen sich die Teilnehmer besser davor geschützt Opfer von Gewalt zu werden als vor der Intervention.

Statistische Hypothesen:
H_1: Tn (Geschü2) > Tn (Geschü1)
H_0: Tn (Geschü2) ≤ Tn (Geschü1)

58) Sechs bis acht Wochen nach der Intervention fühlen sich die Teilnehmer besser davor geschützt Opfer von Gewalt zu werden als vor der Intervention.

Statistische Hypothesen:
H_1: Tn (Geschü3) > Tn (Geschü1)
H_0: Tn (Geschü3) ≤ Tn (Geschü1)

Hypothese 59:
Sechs Wochen nach der Intervention ist die Anzahl der eigenen Opfererfahrungen geringer als vor der Intervention.

Statistische Hypothesen:
H_1: Tn (GO3) < Tn (GO1)
H_0: Tn (GO3) ≥ Tn (GO1)

Hypothese 60:
Es besteht eine negative Korrelation zwischen der Einschätzung der Teilnehmer hinsichtlich der Opfererfahrungen der Peer Educators und der wahrgenommenen Schwierigkeit der Teilnehmer, mit der Familie über miterlebte Gewalt zu reden.

Statistische Hypothesen:
H_1: R (EdOpf2), (KSMitF2) < 0
H_0: R (EdOpf2), (KSMitF2) ≥ 0

Hypothese 61:
Es besteht unmittelbar nach der Intervention eine negative Korrelation zwischen der Einschätzung der Teilnehmer hinsichtlich der Opfererfahrungen der Peer Educators und der wahrgenommenen Schwierigkeit der Teilnehmer, mit Jugendlichen über miterlebte Gewalt zu reden.

Statistische Hypothesen:
H_1: R (EdOpf2), (KSMitJ2) < 0
H_0: R (EdOpf2), (KSMitJ2) ≥ 0

Hypothese 62:
Es besteht unmittelbar nach der Intervention eine negative Korrelation zwischen der Einschätzung der Teilnehmer hinsichtlich der Opfererfahrungen der Peer Educators und der wahrgenommenen Schwierigkeit der Teilnehmer, mit Lehrern über miterlebte Gewalt zu reden.

Statistische Hypothesen:
H_1: R (EdOpf2), (KSMitL2) < 0
H_0: R (EdOpf2), (KSMitL2) ≥ 0

5.6 Hypothesen zur Schul- und Klassensituation

Kinder und Jugendliche verbringen einer Großteil ihrer Zeit in der Schule und in ihrer Klasse mit ihren Mitschülerinnen und Mitschülern. Die Schule ist der Ort, an dem sie mindestens zehn Schulpflichtjahre mit anderen Gleichaltrigen in altershomogenen Gruppen zusammen geführt sind und in dieser Zeit eine Vielzahl von Entwicklungsschritten und -aufgaben durchlaufen und bewältigen. Die Schule ist sowohl ein großes Lernfeld für positives und prosoziales Verhalten, als auch für negative oder deviante Verhaltensweisen (vgl. Kap. 3.1.5). Es spielen verschiedene Aspekte eine wichtige Rolle: Die Schulform, die Klassenstufe und das schulinterne Angebot und Engagement als äußere Faktoren sind dabei ebenso wichtig, wie beispielsweise das Klassenklima, die Hilfsbereitschaft in der Klasse oder das Wohlbefinden als innere Faktoren. Im Sinne des Empowerments spielen auch die Partizipationsmöglichkeiten von Kindern und Jugendlichen am eigenen Schul- und Klassenleben eine wichtige Rolle. Im Bezug auf das Thema Gewalt herrscht an unterschiedlichen Schulen und selbst zwischen zwei Klassen derselben Schule zum Teil ein sehr unterschiedlicher Umgang, abhängig unter anderem von der Klassenleitung oder der Zusammensetzung der Klasse. Darüber hinaus kann sich das Wohlbefinden oder die Wahrnehmung von Gewalt subjektiv von Schüler zu Schüler unterscheiden. Im Sinne von Gewaltprävention wird der Kommunikation über das Thema Gewalt sowie konkreten Gewaltsituationen in der Schule und deren konsequente Nachverfolgung durch Sanktionen eine wichtige Rolle zugesprochen.

Hypothese 63 und 64:
63) Unmittelbar nach der Intervention kennen die Teilnehmer mehr Möglichkeiten sich in der Schule bei Sorgen oder Problemen Unterstützung zu holen als vor der Intervention.

Statistische Hypothesen:
H_1: Tn (KeHSch2) > Tn (KeHSch1)
H_0: Tn (KeHSch2) ≤ Tn (KeHSch1)

64) Sechs bis acht Wochen nach der Intervention kennen die Teilnehmer mehr Möglichkeiten sich in der Schule bei Sorgen oder Problemen Unterstützung zu holen als vor der Intervention.

Statistische Hypothesen:
H₁: Tn (KeHSch3) > Tn (KeHSch1)
H₀: Tn (KeHSch3) ≤ Tn (KeHSch1)

Hypothesen 65 und 66:
65) Unmittelbar nach der Intervention ist bei ausgeübter Gewalt die Erwartung negativer Konsequenzen für den Täter durch Lehrpersonal in der Schule höher als vor der Intervention.

Statistische Hypothesen:
H₁: Tn (KonsL2) > Tn (KonsL1)
H₀: Tn (KonsL2) ≤ Tn (KonsL1)

66) Sechs bis acht Wochen nach der Intervention ist bei ausgeübter Gewalt die Erwartung negativer Konsequenzen für den Täter durch Lehrpersonal in der Schule höher als vor der Intervention.

Statistische Hypothesen:
H₁: Tn (KonsL3) > Tn (KonsL1)
H₀: Tn (KonsL3) ≤ Tn (KonsL1)

Hypothesen 67 und 68:
67) Unmittelbar nach der Intervention ist bei ausgeübter Gewalt die Erwartung negativer Konsequenzen für den Täter durch Mitschüler in der Schule höher als vor der Intervention.

Statistische Hypothesen:
H₁: Tn (KonsS2) > Tn (KonsS1)
H₀: Tn (KonsS2) ≤ Tn (KonsS1)

68) Sechs bis acht Wochen nach der Intervention ist bei ausgeübter Gewalt die Erwartung negativer Konsequenzen für den Täter durch Mitschüler in der Schule höher als vor der Intervention.

Statistische Hypothesen:
H₁: Tn (KonsS3) > Tn (KonsS1)
H₀: Tn (KonsS3) ≤ Tn (KonsS1)

Hypothesen 69 und 70:
69) Vor der Intervention korreliert die subjektiv empfundene Mitbestimmung in der Klasse positiv mit dem Wohlbefinden in der Klasse.

Statistische Hypothesen:
H_1: R (Part1), (Wohlf1) > 0
H_0: R (Part1), (Wohlf1) ≤ 0

70) Sechs bis acht Wochen nach der Intervention korreliert die subjektiv empfundene Mitbestimmung in der Klasse positiv mit dem Wohlbefinden in der Klasse.

Statistische Hypothesen:
H_1: R (Part3), (Wohlf3) > 0
H_0: R (Part3), (Wohlf3) ≤ 0

Hypothesen 71 und 72:
71) Vor der Intervention korreliert die Häufigkeit der Thematisierung des Themas Gewalt im Unterricht positiv mit der von den Teilnehmern geäußerten Absicht bei Auseinandersetzungen zwischen Mitschülern schlichtend einzugreifen.

Statistische Hypothesen:
H_1: R (KHThU1), (Eingr1) > 0
H_0: R (KHThU1), (Eingr1) ≤ 0

72) Sechs bis acht Wochen nach der Intervention korreliert die Häufigkeit der Thematisierung des Themas Gewalt im Unterricht positiv mit der von den Teilnehmern geäußerten Absicht bei Auseinandersetzungen zwischen Mitschülern schlichtend einzugreifen.

Statistische Hypothesen:
H_1: R (KHThU3), (Eingr3) > 0
H_0: R (KHThU3), (Eingr3) ≤ 0

Hypothesen 73 und 74:
73) Vor der Intervention korreliert die Häufigkeit der Thematisierung des Themas Gewalt während des Unterrichts positiv mit dem Wohlbefinden in der Klasse.

Statistische Hypothesen:
H_1: R (KHThU1), (Wohl1) > 0
H_0: R (KHThU1), (Wohl1) ≤ 0

74) Sechs bis acht Wochen nach der Intervention korreliert die Häufigkeit der Thematisierung des Themas Gewalt während des Unterrichts positiv mit dem Wohlbefinden in der Klasse.

Statistische Hypothesen:
H_1: R (KHThU3), (Wohl3) > 0
H_0: R (KHThU3), (Wohl3) ≤ 0

Hypothesen 75 und 76:
75) Vor der Intervention korreliert die Häufigkeit der Thematisierung des Themas Gewalt während des Unterrichts positiv mit der subjektiv empfundenen Hilfsbereitschaft in der Klasse.

Statistische Hypothesen:
H_1: R (KHThU1), (Hilfs1) > 0
H_0: R (KHThU1), (Hilfs1) ≤ 0

76) Sechs bis acht Wochen nach der Intervention korreliert die Häufigkeit der Thematisierung des Themas Gewalt während des Unterrichts positiv mit der subjektiv empfundenen Hilfsbereitschaft in der Klasse.

Statistische Hypothesen:
H_1: R (KHThU3), (Hilfs3) > 0
H_0: R (KHThU3), (Hilfs3) ≤ 0

Hypothesen 77 und 78:
77) Die Häufigkeit von verbaler Gewalt in der Klasse korreliert vor der Intervention negativ mit dem Wohlbefinden in der Klasse.

Statistische Hypothesen:
H_1: R (VerbG1), (Wohlf1) < 0
H_0: R (VerbG1), (Wohlf1) ≥ 0

78) Die Häufigkeit von verbaler Gewalt in der Klasse korreliert sechs bis acht Wochen nach der Intervention negativ mit dem Wohlbefinden in der Klasse.

Statistische Hypothesen:
H_1: R (VerbG3), (Wohlf3) < 0
H_0: R (VerbG3), (Wohlf3) ≥ 0

Die Überprüfung und Testung aller Hypothesen auf der Grundlage der erhobenen Daten wird ausführlich in Kapitel 8.2 dargestellt.

6 Untersuchungsmethodik

In diesem Kapitel werden aufbauend auf den im vergangen Kapitel dargestellten Hypothesen das Untersuchungsdesign (Kap. 6.1) und das Erhebungsinstrument (Kap. 6.2), daran anschließend der Prozess der Stichprobengewinnung (Kap. 6.3) vor dem Hintergrund der Zeitplanung (Kap. 6.4) und schlussendlich die Auswertungsmethodik (Kap. 6.5) der Evaluation des Projektes ‚Schlag.fertig' dargestellt. Zu berücksichtigen ist, dass es durch den Projektcharakter und die Mitarbeit von vielen unterschiedlichen Mitarbeitern und Jugendlichen, zu einigen Besonderheiten im Projektablauf gekommen ist, auf die im Laufe des Kapitels eingegangen wird.

6.1 Untersuchungsdesign

Bei der vorliegenden Untersuchung handelt es sich um eine quasi-experimentelle Felduntersuchung mit einem Eingruppen-Pretest-Posttest-Plan mit insgesamt drei Messzeitpunkten, an denen die Adressaten der ‚Schlag.fertig'-Intervention befragt werden (vgl. Abb. 4).

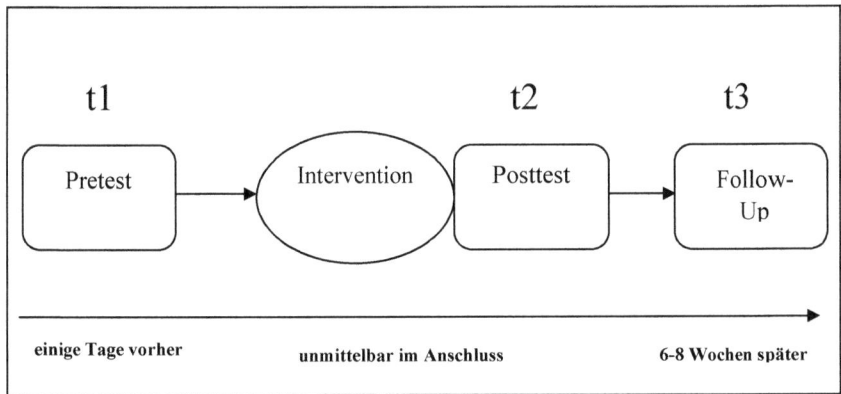

Abb. 4: Befragungszeitpunkte

Das Untersuchungsdesign richtete sich an dem Ziel der Evaluation aus, herauszufinden, ob die Durchführung des Peerprojektes ‚Schlag.fertig' Effekte bei der Gruppe der Adressaten hat. Die Ermittlung der Wirksamkeit von Gewaltprävention mithilfe des Peeransatzes stand bei der Planung des Untersuchungsdesigns im Fokus. Bisher standen in Peer Involvement-Projekten häufig die Peer Educators besonders im Zentrum von Untersuchungen und für diese Gruppe konnte bereits in einigen Projekten und Untersuchungen Effekte nachgewiesen werden. Für die Gruppe der Adressaten gilt dies weniger, weshalb diese im Zentrum der vorliegenden Evaluation standen.

Da im Sinne der Fragestellungen und Hypothesen ein wiederholter Zugang zur Stichprobe wünschenswert war und sich die Fragestellungen explizit auf natürliche Gruppen von Jugendlichen bezogen, wurde die Befragung auf Schulklassen gerichtet. Zudem sollten gruppenspezifische Wirkmechanismen wie zum Beispiel der Klassenzusammenhalt untersucht werden, weshalb es wichtig war, dass bei den verschiedenen Erhebungszeitpunkten die Gruppenzusammensetzung dieselbe blieb. Durch die Form der Felduntersuchung sollte eine möglichst hohe externe Validität sicher gestellt werden (vgl. Bortz & Döring 2006, S. 559). Auf die durch das quasi-experimentelle Ein-Gruppen-Design bedingte eher niedrige interne Validität sollte durch mehrere Pretest- und Posttestmessungen reagiert werden, so dass insgesamt drei Messzeitpunkte eingerichtet wurden.

> „Eine höhere interne Validität haben Untersuchungen mit mehreren Pretest- und Posttestmessungen. Wenn sich hierbei zeigt, dass sich das Niveau der Pretestmessungen deutlich vom Niveau der Posttestmessungen unterscheidet, ist dies ein guter Beleg für Treatmentwirkungen" (ebd.).

Die Form der schriftlichen Befragung wurde gewählt, da im Hinblick auf die abgefragten Themen, wie zum Beispiel eigene Gewalterfahrungen, bei einer schriftlichen Befragung von einer größeren Offenheit bei der Beantwortung der Fragen ausgegangen wurde als bei einer mündlichen Befragung. „Schriftliche Befragungen erleben die Befragten als anonymer, was sich günstig auf die Bereitschaft zu ehrlichen Angaben und gründlicher Auseinandersetzung mit der erfragten Problematik auswirken kann" (Bortz & Döring 2006, S. 237).

6.2 Erhebungsinstrument

Erhebungsinstrument Fragebogen

Auf der Grundlage des aktuellen Forschungsstandes, den im Mittelpunkt stehenden Fragestellungen sowie der Formulierung der Hypothesen sollte ein entsprechendes Erhebungsinstrument gefunden werden. Als Erhebungsinstrument wurde für die vorliegende Untersuchung schlussendlich die Form einer schriftlichen Betragung anhand eines Fragebogens für die an den Präventionsaktionen teilnehmenden Schülerinnen und Schüler gewählt. Eine Vielzahl von Gründen hat dazu geführt, dass die Entscheidung gegen eine mündliche und für eine schriftliche Befragung gefallen ist. Hierzu zählten sowohl Gründe der Durchführbarkeit, da eine möglichst große Anzahl von Probanden, die zahlenmäßig durch verhältnismäßig geringe Mehrkosten auch kurzfristig erhöht werden konnte, untersucht werden sollten, als auch der bereits erwähnte Aspekt, dass durch eine schriftliche Befragung die Anonymität der Befragten gesicherter war beziehungsweise mit einer größeren Bereitschaft zu ehrlichen Antworten gerechnet wurde.

Bei einer schriftlichen Befragung gibt es den Vorteil, dass es zu keinen direkten steuernden und gegebenenfalls beeinflussenden Eingriffen vonseiten eines Interviewers kommen kann. Einen wesentlichen Nachteil stellt jedoch die unkontrollierte Erhebungssituationen, besonders bei postalischen Fragebogenbefragungen dar. Hierauf wurde dadurch reagiert, dass möglichst standardisierte Bedingungen während des Ausfüllens der Fragebögen geschaffen wurden. Die ersten und letzten Fragebögen wurden jeweils während des Unterrichts von der gesamten Klasse unter Anwesenheit eines Lehrers ausgefüllt, der zuvor schriftliche Instruktionen beziehungsweise Empfehlungen zu dieser Situation bekam. Die zweite Erhebung wurde dadurch, dass sie im unmittelbaren Anschluss an die Intervention stattfand, zusätzlich durch die anwesenden Peer Educators beziehungsweise die anwesenden Pädagogen betreut (vgl. Kap. 7.3).

Aufbau der Fragebögen

Nach einer umfassenden Literaturstudie, Recherche und Durchsicht von bisher verwendeter Fragebögen und Skalen in Studien zum Thema Peer Education und Gewaltprävention wurde der hier verwendete Fragebogen zum Teil selbst entwickelt und zum Teil aus anderen Untersuchungen adaptiert, da kein anderes geeignetes Erhebungsinstrument vorhanden war. Darüber hinaus ging es im Speziellen um die Ermittlung der Wirkungen der Intervention ‚Schlag.fertig'.

Insgesamt wurden für die drei Erhebungszeitpunkte drei verschiedene jeweils vierseitige Fragebögen entwickelt. Die Fragebögen wurden auf Verständlichkeit in einem Pretest von den jugendlichen Peer Educators ausgefüllt, bewertet und anschließend überarbeitet. Hierbei handelte es sich ähnlich der späteren Zielgruppe um Jugendliche derselben Altersklasse und verschiedener Schulformen, weshalb eine Überprüfung auf Verständlichkeit und Handhabbarkeit durch diese Jugendlichen sinnvoll erschien.

Die folgende Tabelle 3 gibt eine Übersicht über die verschiedenen inhaltlichen Blöcke in den drei Fragebögen. Eine ausführliche Darstellung der Inhalte folgt im Anschluss.

Tab. 3: Inhaltsblöcke in den Fragebögen

Befragung t1	Befragung t2	Befragung t3
Ansprache & Fragen zur Person	Ansprache & Fragen zur Person	Ansprache & Fragen zur Person
	Bewertung der Intervention	
Wissen zum Thema Gewalt	Wissen zum Thema Gewalt	Wissen zum Thema Gewalt
Kommunikationsverhalten - Kommunikationshäufigkeit - Kommunikationswichtigkeit - Kommunikationsschwierigkeit	Kommunikationsverhalten - Kommunikationswichtigkeit - Kommunikationsschwierigkeit	Kommunikationsverhalten - Kommunikationshäufigkeit - Kommunikationswichtigkeit - Kommunikationsschwierigkeit
	Beurteilung der Peer Educators	
Gewalt - selbsterlebt als Opfer - selbstausgeübt als Täter - beobachtete Gewalt - Einstellung gegenüber Gewalt	Gewalt - selbsterlebt als Opfer - selbstausgeübt als Täter - beobachtete Gewalt - Einstellung gegenüber Gewalt	Gewalt - selbsterlebt als Opfer - selbstausgeübt als Täter - beobachtete Gewalt - Einstellung gegenüber Gewalt
Schul- und klassenbezogene Fragen	Schul- und klassenbezogene Fragen	Schul- und klassenbezogene Fragen

Ansprache und Fragen zur Person

Jeder Fragebogen begann mit einer persönlichen Ansprache an die Schülerinnen und Schüler, in der folgende Punkte kurz behandelt wurden:

> Sinn und Zweck der Befragung,
> Zusicherung der Anonymität,
> Instruktion zum Beantworten der Fragen,
> Bitte, ein vierstelliges persönliches Codewort einzutragen,
> Dank für die Mitarbeit.

Das Codewort wurde abgefragt, damit die Fragebögen der drei verschiedenen Erhebungszeitpunkte einzelnen Personen zugeordnet werden konnten. Darüber hinaus wurde als Absicherung gegen falsche oder fehlende Angabe der Codewörter in allen drei Fragebögen zu Beginn ein Frageblock mit personenspezifischen Fragen wiederholt.

Bewertung der Intervention

Fragen zur Bewertung der Intervention aus Sicht der teilnehmenden Jugendlichen wurden ausschließlich im zweiten Fragebogen abgefragt, der im direkten Anschluss an die Intervention ausgefüllt wurde. Die Bewertung der Intervention im

Allgemeinen erfolgte analog zu Schulnoten. Darüber hinaus bekamen die Jugendlichen die Möglichkeit, den Umfang der verschiedenen Inhalte zu bewerten beziehungsweise Themengebiete anzugeben, über die sie gerne mehr erfahren hätten, sowie an Teilen, die ihnen nicht so gut gefallen haben, Kritik zu üben. Diese Punkte dienten vor allem der Prozessevaluation des Projektes ‚Schlag.fertig'. Darüber hinaus wurden die Teilnehmer um eine Einschätzung gebeten, wie sie den Einfluss der Intervention auf ihr eigenes Verhalten einschätzten.

Wissen zum Thema Gewalt

Hier wurden zu allen drei Befragungszeitpunkten Fragen zum Thema Gewalt gestellt, die vor allem im Bereich Faktenwissen anzusiedeln sind. Die Fragen waren besonders in Bereichen verortet, die vor dem Hintergrund von Gewaltprävention wichtig und grundlegend erschienen. Darüber hinaus wurden Fragen berücksichtigt, die in der Schulung der Peer Educators als Wissensbereiche von den Jugendlichen selbst nachgefragt wurden.

Kommunikationsverhalten

Die Kommunikation über das Thema Gewalt sowie über eigene Erfahrungen mit Gewalthandlungen, sowohl als Täter als auch als Opfer, war erklärtes Ziel der Intervention und folglich wurde der Themenkomplex Kommunikation bei der Befragung besonders berücksichtigt. Das Sprechen über und der Austausch von eigenen Erfahrungen ist Ziel von Peer-Projekten im Allgemeinen, da sich dadurch Effekte sowohl auf gewaltspezifischer Ebene, wie zum Beispiel Wissensvermehrung, als auch auf gewaltunspezifischer Ebene, wie zum Beispiel der Förderung von psychosozialer Kompetenzen, entwickeln können.

Hierbei wurde als Grundlage auf Skalen zurückgegriffen, die von Appel (2001) zur Evaluation eines Peer-Education-Programms im Bereich Aidsprävention verwendet wurden. Die Items bezogen sich auf die drei Bereiche Kommunikationsschwierigkeit, Kommunikationswichtigkeit und Kommunikationshäufigkeit; sie wurden geringfügig an die Untersuchung angepasst. So wurden die Antwortmöglichkeiten für den Bereich Kommunikationshäufigkeit offen gewählt: es wurde konkret nach einer Anzahl an Gesprächen innerhalb der letzen sechs Wochen gefragt. Diese Items wurden nur in den Fragebögen t1 und t3 erhoben, da der Abstand zwischen t1 und t2 nur einige Tage umfasste. Die anderen beiden Bereiche wurden jeweils mithilfe einer 5-stufigen Likertskala (*trifft voll zu* bis *trifft nicht zu*, bzw. *stimmt völlig* bis *stimmt gar nicht*) abgefragt.

Beurteilung der Peer Educators

Die Beurteilung der Peer Educators erfolgte nur im Fragebogen t2, der im direkten Anschluss an die Intervention und somit an das Erleben der Peer Educators durch die Jugendlichen ausgeteilt wurde. Dieser Bereich war in die Beurteilung der themenspezifischen Kenntnis und die umfassende Beurteilung der Peer Educators selbst unterteilt. Die themenspezifische Kenntnis wurde mit einem Item anhand einer 5-stufigen Likertskala (*sehr gut* bis *sehr schlecht*) abgefragt.

Die Gesamtbeurteilung der Peer Educators orientierte sich aufbauend auf Annahmen des Modelllernens ergänzend an der Eigenschaft ‚Glaubwürdigkeit' wie sie von Nawratil beschrieben wird (1997) (vgl. Kap. 3.3.5.5). Nawratil hat sich damit beschäftigt, was Glaubwürdigkeit ist, wie sie in der sozialen Kommunikation zustande kommt, woraus sie sich zusammensetzt und unter welchen Bedingungen die Zuschreibung von Glaubwürdigkeit zustande kommt. Ihrer Arbeit liegt eine rezipienten-orientierte Sicht zugrunde, die davon ausgeht, dass entscheidend für die Glaubwürdigkeit ist, was die Rezipienten wahrnehmen und nicht unbedingt das, was der Kommunikator beabsichtigt (vgl. Nawratil 1997, S. 18).

Für die Methode Peer Education spielt die glaubwürdige Vermittlung von Inhalten durch die Peer Educators an die Adressaten eine grundlegende Rolle, weshalb in der Evaluation auf diesen Aspekt intensiv eingegangen wurde. Laut Nawratil setzt sich die Eigenschaft ‚Glaubwürdigkeit' aus den beiden Hauptdimensionen *Kompetenz* und *Vertrauenswürdigkeit* zusammen (ebd., S. 131). Da die wahrgenommene Vertrauenswürdigkeit ein Fundament von Peer Education darstellt, konnte dieser Aspekt im Rahmen des Fragebogens von den Schülerinnen und Schülern mit drei Items bewertet werden. Die zweite Hauptdimension ‚Kompetenz' wurde in Form von zwei Items abgefragt. Neben ‚Vertrauenswürdigkeit' und ‚Kompetenz' stellt *Ähnlichkeit* einen weiteren wesentlichen Bestandteil der theoretischen Basis von Peerprojekten und einen weiteren Faktor von Glaubwürdigkeit dar, weshalb dieser Aspekt ebenfalls mit zwei Items abgefragt wurde. Eines davon geht gewaltspezifisch auf den Aspekt der Opfererfahrungen ein. Darüber hinaus weist Nawratil auf die Wichtigkeit des *Sprechverhaltens* (zwei Items) hin. Sprache ist eines der wichtigsten Instrumente bei der Vermittlung von Wissen und Erfahrung. Die glaubwürdige und authentische Verwendung von ähnlichen Begriffen, Redewendungen etc. kann als ein wesentliches Mittel zum Erreichen einer Zielgruppe und zur verständlichen Vermittlung von Inhalten benannt werden. Als weitere Dimensionen wurde die *Attraktivität* (ein Item) und die *Sympathie* (ein Item) abgefragt. Darüber hinaus wurde ein Item zum Thema *Einfühlsamkeit/Empathie* ergänzt. Alle Items der Beurteilung der Peer Educators wurden auf einer 5-stufigen Likertskala (*stimmt gar nicht* bis *stimmt völlig*) jeweils für die Peer Educators einzeln abgefragt.

Gewalt

Die Items zum Thema Gewalt stellten einen wesentlichen Aspekt in der Befragung dar, da das Hauptziel des Projektes ‚Schlag.fertig' die Gewaltprävention war. Um herauszufinden, wie das tatsächliche Gewaltverhalten der Schülerinnen und Schüler war, teilte sich der Bereich in die folgenden vier Unterbereiche auf:

(a) Gewalt selbst ausgeübt als Täter
(b) Gewalt selbst erlebt als Opfer
(c) beobachtete Gewalt
(d) Einstellung zu Gewalt

Die Bereiche (a) und (b) umfassten jeweils die gleichen Items zum einen aus Täter- und zum anderen aus Opfersicht formuliert. Diese Items wurden in Anlehnung an einer von Wolke (2006) in ihrer Untersuchung von Gewaltprävention an Kölner Schulen verwendeten Befragung formuliert und freundlicherweise zur Verfügung gestellt. Ursprünglich erstmals verwendet und entwickelt wurden diese Items von Fuchs et al. (1996) in einer Befragung von Schülern in Bayern zu erlebten Gewalthandlungen in der Schule. In der vorliegenden Befragung wurden die Items sprachlich leicht modifiziert beziehungsweise ergänzt. Bestand der Frageblock bei Fuchs et al. (1996) noch aus 23 Items, bei Wolke (2006) aus 16 Items, so wurden in der vorliegenden Untersuchung aus Gründen der Durchführbarkeit zehn Items verwendet. Als Antwort auf die Frage sollte von den Jugendlichen eine konkrete Anzahl angegeben werden, so dass die Frage offen formuliert war. Da ein Vergleich der Befragungszeitpunkte vor der Intervention (t1) und sechs Wochen nach der Intervention (t3) möglich gemacht werden sollte, wurde der Bezugsrahmen vom gesamten Schuljahr in der Untersuchung von Wolke im vorliegenden Fragebogen auf die letzten sechs Wochen verändert. Ferner wurden jeweils ein weiteres Item ergänzt, welches auf einer 5-stufigen Likertskala (*trifft voll zu* bis *trifft nicht zu*) zu allen drei Befragungszeitpunkten beantwortet wurde.

Der dritte Bereich (c) im Block Gewalt beschäftigte sich mit dem Verhalten der Teilnehmer bei der Beobachtung von Gewalt und wurde in Form eines Items an allen drei Befragungszeitpunkten mit einer 5-stufigen Likertskala (*trifft voll zu* bis *trifft nicht zu*) abgefragt.

Da einer Verhaltensveränderung zumeist eine Einstellungsveränderung vorausgeht, wurde im vierten Teil (d) die Einstellung zur Gewalt abgefragt. Hierbei wurden zwei Items im Hinblick auf Gewaltlegitimationen abgefragt, die ebenfalls auf einer 5-stufigen Likertskala (*stimmt völlig* bis *stimmt gar nicht*) zu allen drei Befragungszeitpunkten beantwortet werden sollten.

Zuletzt gehörte zu diesem Teil die Frage, was für jeden subjektiv als Gewalt empfunden wird. Hierbei wurden insgesamt zwanzig Verhaltensweisen aufgeführt, die bei Zustimmung gewählt und um eine offene Möglichkeit ergänzt werden konnten. Abgefragt wurden diese Einstellungen zu allen drei Befragungszeitpunkten. Anhand eines Summenscores sollte eine mögliche Veränderung über den Befragungszeitraum herausgefunden werden.

Schul- und klassenbezogene Fragen

Mit insgesamt zehn Items wurden einige Aspekte der Schul- und Klassensituation erfasst. Zwei Items beschäftigten sich mit dem Wohlbefinden und der subjektiv eingeschätzten Hilfsbereitschaft in der Klasse. Diese beiden Faktoren konnten jeweils anhand einer 5-stufigen Likertskala (*sehr gut* bis *sehr schlecht,* bzw. *stimmt gar nicht* bis *stimmt völlig*) bewertet werden. Ein weiteres Item beschäftigte sich mit dem Verhalten des Lehrpersonals und fragte die Partizipationsmöglichkeiten bei anstehenden Entscheidungen ebenfalls anhand einer 5-stufigen Likertskala (*stimmt gar nicht* bis *stimmt völlig*) ab. Das auf Gewalthandlungen folgende Sanktionsverhalten des Lehrpersonals und der Mitschüler konnten die Jugendlichen anhand einer 5-stufigen Likertskala (*nie* bis *immer*) angeben. Ebenfalls als Vergleich zwischen Erwachsenen und Jugendlichen beziehungsweise Mitschülern und Lehrpersonal ausgelegt, wurden vier Items nach dem eingeschätzten Wissensstand der Personen zum Thema Gewalt (*sehr gut* bis *sehr schlecht*) abgefragt.

Im Hinblick auf die wahrgenommenen Hilfemöglichkeiten und Ansprechpartner innerhalb der Schule wurden zwei Items entwickelt. Abermals in Anlehnung an die Untersuchung von Wolke (2006) wurde nach der Kenntnis des Schulpolizisten gefragt, sowie darüber hinaus, an wen sich die Jugendlichen bei Sorgen und Problemen in der Schule wenden können. Beide Items wurden offen beziehungsweise halboffen abgefragt.

Der Rücklauf

Während der Untersuchungsplanung wurden einige Überlegungen angestellt, wie die Rücklaufquote der Fragebögen möglichst hochgehalten werden konnte. Die Fragebögen der ersten Befragung sollten nicht postalisch zurückgeschickt werden, sondern vom Lehrer eingesammelt und am Tag der Intervention an die Coaches übergeben werden. Gleiches galt für die Fragebögen der zweiten Befragung, welche im unmittelbaren Anschluss an die Intervention ausgefüllt und von den Coaches eingesammelt wurden. Ausschließlich die Fragebögen der dritten und letzten Befragung sollten postalisch in einem bereits frankierten und beschrifteten Umschlag zurückgeschickt werden.

Entsprechend Bortz & Döring wurden einige der Empfehlungen, um die Rücklaufquote der Fragebögen zu erhöhen, befolgt: Unter anderem eine personalisierte Ansprache gegeben durch die feste Zuständigkeit eines Lehrers an jeder teilnehmenden Schule, die Datierung eines Rücklauftermins, eine Anleitung zum Verteilen und Ausfüllen des Fragebogens und die Option anonymisierte Ergebnisse der befragten Klasse zu erhalten (2006, S. 265ff.). Das Anschreiben und die Anleitungen finden sich ebenso wie die Fragebögen im Anhang.

6.3 Stichprobengewinnung

Aufgrund dem Aufbau des Projektes und dem Ziel der Erforschung der Programmwirkungen der Intervention des Projektes ‚Schlag.fertig' bei den Adressaten, sollten als Zielgruppe für die Befragung alle Klassen gewonnen werden, die an der Intervention teilnehmen würden. Im Fokus standen folglich ganze Schulklassen und nicht Teilgruppen oder einzelne Schülerinnen und Schüler.

Geplant war im Rahmen der Durchführung des Projektes ‚Schlag.fertig' alle weiterführenden Schulen in Köln über das Projekt zu informieren. Beabsichtigt war dies sowohl durch eine persönliche Ansprache jeder Schule als auch durch öffentlichkeitswirksame Aktionen wie zum Beispiel eine Fachtagung, verschiedene Presseartikel, die filmische Dokumentation und eine Homepage. Auch über die Evaluation des Projektes sollten alle interessierten Schulen schriftlich und bei Bedarf zusätzlich durch persönlichen Kontakt informiert werden.

Die anvisierte Zielgruppe für die Befragung waren Schüler aller weiterführenden Schulen, das heißt von der Förderschule bis hin zum Gymnasium alle Schulformen. Da der primärpräventive Gedanke im Vordergrund stand, wurden als Hauptzielgruppe im Vorfeld die Klassen sieben bis neun anvisiert, wobei bewusst keine Festlegung ausschließlich auf diese Klassenstufen erfolgte, da die selbsteingeschätzte Bedarfsermittlung durch die Schulen anhand der Buchung einer Gewaltpräventionsaktion ermittelt werden sollte. Die anvisierte Stichprobe war folglich sehr breit angelegt.

Für die Durchführung des Projektes wurde aus inhaltlichen Gründen von den teilnehmenden Schulen ein Unkostenbeitrag verlangt, der je nach finanziellen Möglichkeiten zwischen 30 € bis maximal 85 € je Interventionstag liegen sollte. Da dies jedoch den Zugang zur Teilnahme und damit auch die Stichprobe beschränkt hätte, wurde die Möglichkeit der kostenfreien Teilnahme für Schulen angeboten, die diesen Beitrag aus individuellen Gründen nicht aufbringen konnten.

Da vor der Durchführung des Projektes nicht genau abgeschätzt werden konnte, wie viele Schulen eine Gewaltpräventionsaktion buchen würden, war die Einschätzung der Zielgruppengröße im Vorfeld unsicher. Ein nicht unwesentlichen Faktor für die zahlenmäßige Begrenzung der Interventionen stellte der Sachverhalt dar, dass die durchführenden Peer Educators selbst noch Schüler waren und für die Durchführung einer Intervention in einer anderen Schule vom eigenen Unterricht befreit werden mussten und dies nicht allzu häufig sein sollte.

6.4 Zeitplanung

Die Zeitplanung der Evaluation war wesentlich von dem Ablauf des Gesamtprojektes ‚Schlag.fertig' abhängig und mit diesem wechselseitig verbunden. Zum besseren Verständnis wird in Tabelle 4 der Zeitplan der Untersuchung vor dem Hintergrund des Gesamtprojektzeitplans vorgestellt. Eine ausführliche Darstellung des Projektablaufs findet sich in Kapitel 4.

Tab. 4: Ursprüngliche Zeitplanung

Datum	Gesamtprojekt	Evaluation
Dezember 2006-Juni 2007	Vorbereitung/Konzeptionierung des Projektes	
Juli 2007	Start des Projektes	
Juli 2007-Dezember 2007	Vorbereitung, Öffentlichkeitsarbeit, Akquise der Peer Educators	
ab Januar 2008	Arbeit mit den Peer Educators, Coolnesstraining, Schulung	Entwicklung der Fragebögen, Vorbereitung der Datenerhebung
Herbst 2008		Kontakt mit Schulen, Öffentlichkeitsarbeit, Werbung für die ‚Schlag.fertig'-Interventionen
Herbst 2008		Pre-Test der Fragebögen
Herbst 2008-Sommer 2009	Durchführung der ‚Schlag.fertig'-Interventionen an Schulen	Datenerhebung
Herbst 2008-Herbst 2009		Dateneingabe und Datenauswertung
Juli 2009	Offizieller Abschluss des Projektes	
August 2009-August 2010		Abschluss der Evaluation, Gesamtauswertung

Das Projekt ‚Schlag.fertig' wurde ab Ende 2006 konzeptioniert und inhaltlich vorbereitet und sollte im Juli 2007 aktiv mit einer halbjährlichen Phase zur Vorbereitung, Akquise und Öffentlichkeitsarbeit starten. Nach der Akquise der teilnehmenden Jugendlichen sollte die konkrete Arbeit mit den Jugendlichen starten (Coolnesstraining, Entwicklung der Interventionen, Schulung). Parallel hierzu sollte mit der Konzeptionierung der Fragebögen begonnen werden. Hier war zu beachten, dass einige Inhaltsblöcke der Fragebögen danach konzipiert werden sollten, was von den jugendlichen Peer Educators für die Interventionen in den Schulen entwickelt wurde. Die Werbung für die ‚Schlag.fertig'-Interventionen und die Kontaktaufnahme mit Kölner Schulen sollte zeitgleich ablaufen. Der Pretest der Fragebögen durch die Peer Educators sollte Ende 2007 erfolgen, damit noch ausreichend Zeit für eine Überarbeitung blieb. Anschließend war mit Beginn des Jahres 2008 der Start der Durchführung der Interventionen an den Schulen und somit der Datenerhebung geplant. Bis zum Ende der Durchführung der Interventionen im Sommer 2009 und darüber hinaus war die Datensammlung und -eingabe geplant. Erste Ergebnisse sollten möglicherweise schon mit dem offiziellen Ende der Durchführung des Projektes ‚Schlag.fertig' im Juli 2009 vorliegen. Anschließend sollten die erhobenen Daten systematisch ausgewertet und aufbereitet werden. Der tatsächliche zeitliche Ablauf findet sich in Kapitel 7.2.

6.5 Auswertungsmethodik

Im Folgenden werden kurz die wesentlichen statistischen Verfahren dargestellt, die für die Auswertung der Ergebnisse und zur Prüfung der Hypothesen angewendet wurden. Die Darstellung der Verfahren wird dabei kurzgehalten und auf eine ausführliche mathematische Herleitung wird mit einem Hinweis auf die entsprechende Literatur verzichtet. Insgesamt sollte eher konservativ vorgegangen, das heißt in Fällen, in denen die Voraussetzungen möglicherweise nicht komplett erfüllt waren, sollte auf ein nicht-parametrisches Verfahren zurückgegriffen werden.

Kennwerte der zentralen Tendenz

Für die statistische Auswertung und insbesondere die deskriptive Beschreibung wurden in der Regel als Kennwerte der zentralen Tendenz von Häufigkeitsverteilungen für nominale Daten der Modalwert, für ordinale Daten der Median und für intervall-skalierte Daten der Mittelwert ergänzt durch Prozentangaben dargestellt. Der Modalwert ist dabei der Wert, der in einer Verteilung am häufigsten auftritt, der Median ist der Wert, welcher die Menge der Beobachtungswerte halbiert und der Mittelwert beziehungsweise das arithmetische Mittel ist die Summe aller Messwerte dividiert durch deren Anzahl, also der Durchschnittswert (Bortz & Döring 2006, S. 723ff.).

Signifikanzniveau

Das Signifikanzniveau wurde entsprechend der Konvention auf $\alpha = 5\,\%$ festgelegt (ebd., S. 494). Dementsprechend wurden Ergebnisse deren Irrtumswahrscheinlichkeit bei $p < 0{,}05$ als signifikant und bei $p < 0{,}001$ als höchst beziehungsweise sehr signifikant bezeichnet. Im Rahmen der Hypothesenprüfung wurde bei einem Signifikanzniveau von $\alpha = 10\,\%$ von einer statistischen Tendenz gesprochen. Insgesamt wurde zweiseitig getestet. Entsprechend der Konvention wurde p < 0,05 mit * für signifikant, p < 0,01 mit ** für sehr signifikant und p < 0,001 mit *** für höchst signifikant markiert (ebd., S. 740).

Effektstärke

Neben den genannten statistischen Angaben wurden darüber hinaus Effektstärkemaße mit angegeben. Bei steigender Probandenzahl können Ergebnisse schneller signifikant werden, da der Standardfehler bei steigendem N (Umfang der Stichprobe) kleiner wird, was dazu führen kann, dass sehr kleine Effekte, die für die Praxis wenig Relevanz haben, statistisch signifikant werden. Die Effektstärke dient dazu, signifikante Ergebnisse auf deren praktische Bedeutsamkeit zu analysieren und Ergebnisse verschiedener Untersuchungen vergleichbar zu machen (Rost 2007, S. 172f).

> „Während die Signifikanz eines Ergebnisses aussagt, *ob* ein gefundener Unterschied nur mit geringer Wahrscheinlichkeit durch zufällige Abweichungen zu erklären ist, gibt die Effektgröße an, *wie groß* ein Unterschied ist. Damit Vergleiche zwischen verschiedenen Analysen möglich sind, werden Effektgrößen – wie andere Parameter auch – in standardisierter Form angegeben" (Hussy et al. 2010, S. 175).

Es gibt verschiedene Effektstärkemaße. Im Folgenden werden, den Konventionen entsprechend, bei Mittelwertsvergleichen für die Überprüfung von Unterschiedsannahmen Cohens d („delta'), bei Varianzanalysen η^2 („eta') und für die Bestimmung der Enge eines Zusammenhangs, zum Beispiel beim Wilcoxon- oder U-Test, der Korrelationskoeffizienten r herangezogen (Bortz & Weber 2005; Field 2009). Die Verwendung von pauschalen Effektstärken allein ist jedoch zur Interpretation der Ergebnisse kein hinreichendes Kriterium für den Erfolg oder Misserfolg einer Maßnahme, sondern muss stets in einem größeren Interpretationszusammenhang gesehen werden. Je nach vorliegender Untersuchung kann auch eine kleine Effektstärke ein großer Erfolg bedeuten.

Für die Interpretation der Effektstärken gibt es Richtwerte, die auch hier für die Interpretation herangezogen werden (vgl. Bortz & Weber 2005; Rost 2007; Eid et al. 2010).

Tab. 5: Richtwerte für die Interpretation von Effektstärken

Effektstärkemaß	kleiner Effekt	mittlerer Effekt	großer Effekt
d	0,2	0,5	0,8
η^2 (Eta-Quadrat)	0,01	0,06	0,14
r	0,1	0,3	0,5

Verfahren zur Überprüfung von Unterschieden

t-Test für abhängige Stichproben

Der t-Test für abhängige Stichproben wird angewendet, wenn es verbundene Messwertpaare gibt, zum Beispiel bei parallelisierten Stichproben oder wenn an einer Stichprobe zwei Messungen durchgeführt werden und die Stichprobenmittelwerte miteinander verglichen werden sollen. In der vorliegenden Untersuchung findet der t-Test für abhängige Stichproben Anwendung bei Hypothesen, die sich auf messwiederholte Variablen beziehen, die lediglich zweimal erhoben wurden. Voraussetzungen sind unter anderem, dass bei kleinen Stichproben (N < 30) eine Normalverteilung der Differenzen vorliegen muss (Bortz & Weber 2005, S. 145f). Bei größeren Stichproben gilt der Test als relativ robust auf Verletzungen der Voraussetzung (ebd.). Liegt jedoch eine negative Korrelation der zwei Messwertreihen vor, sollte ein nicht-parametrisches Verfahren wie zum Beispiel der Wilcoxon-Test angewendet werden (ebd.).

Varianzanalyse (mit Messwiederholung)

Die Varianzanalyse oder ANOVA (Analysis of Variance) ist ein Verfahren zur Überprüfung von Mittelwertunterschieden zwischen Gruppen. Im Folgenden wird vor allem die Varianzanalyse mit Messwiederholung angewendet, die eine Erweiterung des t-Tests für abhängige Stichproben ist. Es werden wiederholte Messungen – hier bedingt durch die drei Erhebungszeitpunkte – an denselben Versuchspersonen untersucht, um eventuelle Veränderungen über die Zeit und bei der vorliegenden Untersuchung, im Hinblick auf mögliche Veränderungen in Verbindung mit der durchgeführten Intervention, festzustellen. Messwiederholungsdesigns sind charakteristisch für Wirksamkeitsevaluationen. Da die einfaktorielle Varianzanalyse mit Messwiederholungen ein Globalverfahren ist, das heißt nur überprüft, ob zwischen den Messzeitpunkten überhaupt ein Unterschied besteht, aber nicht zwischen welchen Messzeitpunkten, wird auf Grundlage der Hypothesen bei signifikanten Unterschieden eine einfache Kontrastanalyse durchgeführt.

Voraussetzungen der Varianzanalyse mit Messwiederholung sind unter anderem die Normalverteilung der Residuen, Homoskedastizität und Sphärizität (Bortz & Weber 2005; Eid et al. 2010). Bei Verletzung der Sphärizität wird auf die Korrektur der Freiheitsgrade nach Huynh-Feldt zurück gegriffen. Generell ist jedoch festzustellen, „dass die Varianzanalyse bei gleich großen Stichproben gegenüber Verletzungen ihrer Voraussetzungen relativ robust ist" (Bortz & Weber 2005, S. 287). Gibt es im Hinblick auf die Verletzung der Voraussetzungen Unsicherheiten, werden in der vorliegenden Untersuchung zur Absicherung nicht-parametrische Tests, wie zum Beispiel der Friedman- oder Wilcoxon Test, angewendet (s.u.). Treten abweichende Signifikanzen auf, so werden jeweils die Ergebnisse der Varianzanalyse und der nicht-parametrischen Verfahren dargestellt.

Friedman und Wilcoxon Test

Die Rangvarianzanalyse von Friedman ist das nicht-parametrische Äquivalent zur einfaktoriellen Varianzanalyse mit Messwiederholung sowohl für Ordinaldaten bei mehr als zwei Messwiederholungen mit abhängigen Stichproben, als auch bei massiven Verletzungen der Voraussetzungen der Varianzanalyse für Messwiederholungen. Die Berechnung der Teststatistik beruht auf Rangreihen. Der Friedman-Test ist ein Globaltest, der testet, ob sich mindestens zwei der untersuchten Mediane signifikant voneinander unterscheiden. Welche das sind, muss über einen weiteren Test, wie zum Beispiel den Wilcoxon-Test überprüft werden. Dieser kann auch als nicht-parametrische Alternative zum t-Test für abhängige Stichproben verwendet werden. Dabei handelt es sich ebenfalls um einen Rangtest, jedoch nur für zwei abhängige Stichproben, der auf einer Rangreihe der absoluten Wertepaardifferenzen basiert. Der Wilcoxon-Test ist das parameterfreie Pendant zum t-Test für abhängige Stichproben.

Diese Tests werden für Messwertwiederholungen verwendet, wenn die einer Hypothese zugrunde liegenenden Daten ordinalverteilt sind oder wenn die Voraussetzungen für die Varianzanalyse massiv verletzt werden. Darüber hinaus findet er Anwendung beim Vergleich von zwei gleichskalierten Variablen aus derselben Stichprobe.

Sollten mehrere A-posteriori-Einzelvergleiche durchgeführt werden, wird der α-Wert durch die Bonferroni-Korrektur adjustiert.

t-Test für unabhängige Stichproben

Der t-Test für unabhängige Stichproben wird dann angewendet, wenn die Mittelwerte zweier (oder mehr) unabhängiger Stichproben und mögliche Unterschiede auf Signifikanz getestet werden sollen. Voraussetzung für die Anwendung ist eine Intervallskalierung der abhängigen Variable, die Unabhängigkeit der Stichproben, Varianzhomogenität sowie eine Normalverteilung der Grundgesamtheiten (Bortz & Weber 2005, S. 141). In der Literatur wird jedoch häufig darauf hingewiesen, dass der t-Test bei hinreichend großem Stichprobenumfang ($N > 30$) aufgrund des zentralen Grenzwerttheorems auf Abweichungen von der Normalverteilung robust reagiert (Bortz & Weber 2005, S. 310). Liegt jedoch zusätzlich zu einer fehlenden Normalverteilung keine Varianzhomogenität vor, so wird im Folgenden in der Regel ein nicht-parametrisches Verfahren angewendet.

U-Test von Mann-Whitney

Der U-Test ist ein nicht-parametrisches Verfahren für den Vergleich von zwei unabhängigen Stichproben. Er ist die Alternative zum t-Test bei unabhängigen Stichproben, wenn die Voraussetzungen der Normalverteilung und/oder eine Intervallskalierung nicht erfüllt sind. Es handelt sich um einen Rangtest, das heißt die Werte der beiden Gruppen werden geordnet und jedem Wert wird entsprechend seiner Position ein Rang zugeordnet. Anhand der Rangsummen und der mittleren Ränge der einzelnen Gruppen erfolgt die Hypothesenentscheidung. Voraussetzungen des U-Tests sind unabhängige Daten und eine gleiche Verteilungsform der beiden Teilpopulationen (Bortz et al. 2008, S. 211ff). Bortz et al. weisen unter Bezugnahme auf Bradley (1968) darauf hin, dass selbst bei ungleicher Verteilungsform der U-Test hauptsächlich auf Unterschiede der zentralen Tendenz reagiert (ebd.). Stetige Daten sind eine hinreichende, aber keine notwendige Voraussetzung (ebd.).

H-Test nach Kruskal-Wallis

Der H-Test nach Kruskal und Wallis ist eine Erweiterung des U-Tests nach Mann und Whitney und stellt ein Äquivalent zur einfaktoriellen Varianzanalyse bei ordinalverteilten abhängigen Variablen oder Verletzungen der Voraussetzungen der Varianzanalyse bei mehr als zwei unabhängigen Stichproben dar (Eid et al. 2010, S. 438f). Es handelt sich um eine Rangvarianzanalyse und um ein Globalverfahren. Eventuelle Einzelvergleiche können mithilfe des U-Tests erfolgen.

Cochrans Q-Test und Chi-Quadrat-Test nach McNemar

Der Cochrans Q-Test ist ein Globalverfahren zum Vergleich von mehreren dichotomen Variablen bei abhängigen Stichproben. Es wird überprüft, ob sich bei Messwiederholungen die Verteilung des dichotomen Merkmals verändert. Der Q-Test sagt dabei lediglich aus, ob sich mindestens zwei Messzeitpunkte unterscheiden. Einzelunterschiede werden mit dem Chi-Quadrat-Test nach McNemar überprüft, der ausschließlich für dichotome gleichcodierte Variablen bei abhängigen Stichproben eingesetzt wird. Er betrachtet lediglich die Fälle, bei denen sich die Werte für die zwei Messungen unterscheiden (Bortz et al. 2008, S. 135).

Verfahren zur Überprüfung von Zusammenhängen

Verfahren zur Überprüfung von Zusammenhängen werden über Korrelationen berechnet, die Enge eines Zusammenhangs wird mit dem Korrelationskoeffizienten ausgedrückt. Ein Korrelationskoeffizient kann Werte zwischen -1 und +1 annehmen. Ein Wert von 0 gibt an, dass kein Zusammenhang besteht. Je näher der Wert an +/-1 liegen, umso enger ist der Zusammenhang. Das Vorzeichen bestimmt dabei die Richtung des Zusammenhangs und weist auf eine negative oder positive Korrelation hin.

Korrelationskoeffizient nach Pearson

Der Korrelationskoeffizient r nach Pearson, auch Produkt-Moment-Korrelation genannt, ist ein lineares Zusammenhangsmaß für die Enge und Richtung des Zusammenhangs von zwei metrischen Merkmalen. Voraussetzung für die Anwendung dieses Korrelationskoeffizienten sind intervallskalierte Daten sowie eine Normalverteilung, wenn auf Signifikanz geprüft werden soll (Eid et al. 2010, S. 139ff).

Korrelationskoeffizient nach Spearman

Bei dem Korrelationskoeffizienten nach Spearman handelt es sich um einen Rangkorrelationkoeffizienten, bei dem die Variablen in Ränge transformiert werden. Er ist die direkte Entsprechung zur Produkt-Moment-Korrelation für Rangdaten für ordinale und/oder nicht normalverteilte Daten. Vorausgesetzt wird die Äquidistanz der Ränge (ebd.).

Korrelationskoeffizient nach Kendall

Hierbei handelt es sich um einen Rangkorrelationskoeffizienten, der dann genutzt wird, wenn ordinale und/oder nicht normalverteilte Daten vorliegen. Im Vergleich zu der Rangkorrelation nach Spearman, wird der Korrelationskoeffizient nach Kendall vor allem bei Rangbindungen und wenn keine Äquidistanz zwischen den Skalenwerten besteht herangezogen. Zudem gilt Kendalls Tau als robust gegenüber Ausreißern (ebd.).

7 Untersuchungsverlauf

In diesem Kapitel steht der tatsächliche Untersuchungsverlauf im Mittelpunkt. Zunächst wird zum besseren Verständnis kurz die von den Peer Educators durchgeführte Intervention beschrieben (Kap. 7.1), da sich die Datenerhebung vor allem mit den Programmwirkungen bei den Adressaten beschäftigt. Eine ausführlichere Darstellung der Intervention findet sich in Kapitel 5, die Intervention wird hier nur stark verkürzt dargestellt. Anschließend wird auf den tatsächlichen zeitlichen Ablauf (Kap. 7.2), die Durchführung der drei Befragungen (Kap. 7.3) sowie auf Abweichungen vom geplanten Untersuchungsverlauf (Kap. 7.4) und die Datenauswertung (Kap. 7.5) eingegangen.

7.1 Kurzbeschreibung der Intervention

Bei der evaluierten Intervention handelt es sich um eine von den Peer Educators mitentwickelte Präventionsaktion für Schulklassen zum Thema Gewalt mit einem Umfang von circa fünf bis sechs Unterrichtsstunden an einem Schultag.

Im Rahmen des Projektes ‚Schlag.fertig' durchliefen die Peer Educators verschiedene Projektphasen. Zu Beginn stand die Auseinandersetzung mit dem eigenen gewalttätigem Verhalten in Form des Coolnesstrainings im Fokus. Bei erfolgreichem Abschluss folgte eine Schulung, in der eine vertiefte Auseinandersetzung mit dem Thema Gewalt auch auf theoretischer Ebene stattfand. Innerhalb dieser Schulung entwickelten die Peer Educators gemeinsam mit den erwachsenen Pädagogen Gewaltpräventionsaktionen für Schulklassen. Insgesamt wurden schlussendlich vier Themenbereiche als Schwerpunkte angeboten, von denen je zwei im Vorfeld für eine Intervention von den teilnehmenden Schulklassen gewählt werden konnten. Die Themenbereiche waren *verbale Gewalt*, *körperliche Gewalt*, *Mobbing* und *Abziehen*. Didaktisch und methodisch umfasste die Intervention eine Reihe von Spielen, Übungen und Gruppengesprächen. Es gab unabhängig von den vier verschiedenen Überthemen aus Gründen der Vergleichbarkeit inhaltliche Themenbereiche, die in jeder Intervention unabhängig vom gewählten Schwerpunktthema identisch waren und in jedem Fall vorkamen. Hierzu gehörten unter anderem Informationen zu den im Fragebogen erhobenen Wissensfragen zum Thema Gewalt.

Die konkrete Umsetzung der Intervention erfolgte an einem Schultag in der jeweiligen Schulklasse mit allen Schülerinnen und Schülern der Klasse. Durchgeführt wurde eine ‚Schlag.fertig'-Intervention hauptverantwortlich von jeweils zwei Peer Educators und anfangs zwei begleitenden Pädagogen, den Coaches, die eingreifen beziehungsweise Teile übernehmen sollten, wenn es zu schwierigen Situationen kommen würde. In erster Linie sollten die Coachs jedoch im Hintergrund und nur bei Bedarf aktiv an der Intervention teilnehmen. Bereits nach den ersten Interventionen zeigte sich, dass die Anwesenheit von einem Coach ausreichend war. Insgesamt acht verschiedene Peer Educators haben die Interventionen in verschiedenen Kombinationen durchgeführt. Nach der Abschlussrunde am Ende des Tages erfolge die Verteilung der Fragebögen zur Evaluation der Intervention.

Die Interventionen wurden bei Nachfrage auch an den eigenen Schulen der Peer Educators durchgeführt, jedoch in einem solchen Fall nicht von dem entsprechenden Peer Educator selbst.

7.2 Zeitlicher Ablauf

Der tatsächliche zeitliche Ablauf unterschied sich etwas von dem geplanten zeitlichen Ablauf. In erster Linie war dies auf eine verzögerte und nachträgliche Kostenzusage des Hauptgeldgebers zurückzuführen. Hierdurch musste das Projekt später starten als geplant und für die erste Phase der Vorbereitung blieb weniger Zeit als ursprünglich gedacht. Dies hatte zur Folge, dass es eine zeitliche Verschiebung von circa vier Monaten nach hinten gab. Darüber hinaus wurde im Rahmen der Prozessevaluation des Projektes deutlich, dass einige inhaltliche Veränderungen und Erweiterungen sinnvoll waren (vgl. Kap. 4). Durch eine Weiter- und Co-Finanzierung konnte die Laufzeit von ‚Schlag.fertig' zudem um sieben Monate verlängert werden, so dass das Projekt nicht wie ursprünglich geplant im Juli 2009, sondern erst im März 2010 auslief.

Für die Datengewinnung bedeutete dies ebenfalls eine Verschiebung nach hinten und darüber hinaus eine deutliche Verlängerung der Datengewinnungsphase, da die ‚Schlag.fertig'-Interventionen insgesamt über achtzehn Monate durchgeführt wurden. Für die Datenerhebung hatte dies zur Folge, dass diese mit der letzten Befragung sechs bis acht Wochen nach der letzten Intervention rund zwanzig Monate dauerte. Dementsprechend verschob sich die Dateneingabe sowie die Datenauswertung ebenfalls nach hinten. Die folgende Abbildung 5 zeigt eine Übersicht über die wesentlichen für die Befragung wichtigen Zeitblöcke.

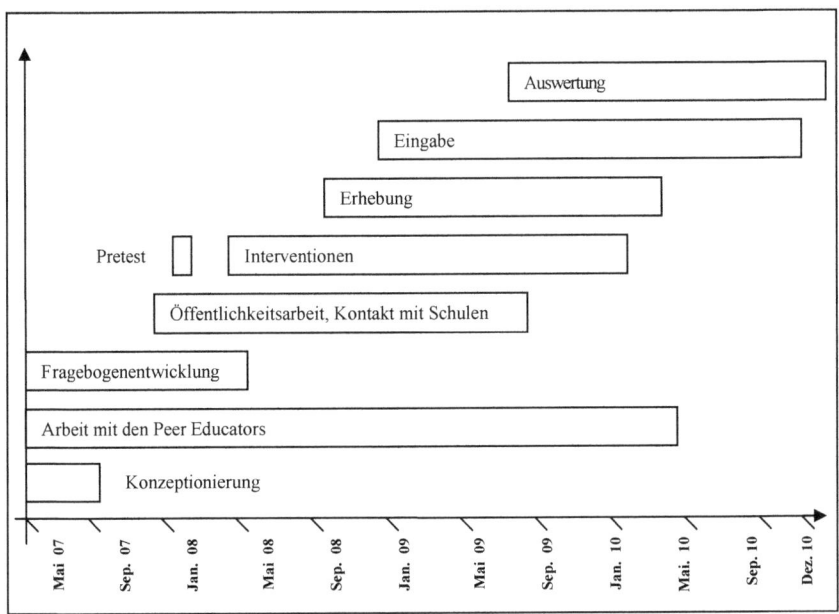

Abb. 5: Zeitplan Ablauf und Datenerhebung

7.3 Durchführung der Datenerhebung

Die konkrete Durchführung der Datenerhebung fand zwischen September 2008 und April 2010 an Kölner Schulen statt. Die Durchführung der ersten ‚Schlag.fertig'-Intervention wurde als Testdurchlauf betrachtet, ging nicht mit in die Gesamtdatenmenge ein und wird im Folgenden nicht weiter in der Darstellung der Erhebung berücksichtigt. Darüber hinaus wurden in den Schulferien Interventionen in Wohngruppen durchgeführt, die ebenfalls nicht mit in die Datenerhebung eingingen.

Insgesamt ist bei der Betrachtung der Datenerhebung zu beachten, dass durch die Untersuchung der teilgenommen Klassen in Abhängigkeit vom Datum der Durchführung der ‚Schlag.fertig'-Intervention nicht zuerst alle Fragebögen der ersten Befragung (t1) chronologisch im Zeitverlauf erhoben wurden, dann die Fragebögen nach der Intervention (t2) und schlussendlich die Follow-Up-Fragebögen (t3), sondern diese Reihenfolge jeweils nur für jede Schulklasse galt. Dies bedeutete folgende Erhebungszeiträume:

> Die Datenerhebungsphase der **ersten Befragung (t1)** begann vier Wochen vor der ersten Intervention im September 2008 und endete vier Wochen vor der letzten Intervention im Januar 2010.

➢ Die Datenerhebungsphase der **zweiten Befragung** (t2) ist identisch mit dem Datum der Durchführung der Interventionen und fand zwischen September 2008 und Februar 2010 statt.
➢ Die Datenerhebungsphase der **dritten Befragung** (t3) startete sechs bis acht Wochen nach der ersten Intervention im November 2008 und endete im April 2010.

Kontaktaufnahme mit den Schulen

Alle weiterführenden Schulen der Sekundarstufe I wurden in Köln über das Projekt ‚Schlag.fertig' und die Möglichkeit, Gewaltpräventionsaktionen für Schulklassen zu buchen informiert. Dies erfolge per Email, auf postalischem Weg und durch persönliche Nachfrage bei den zuständigen Lehrern beziehungsweise bei der Schulleitung schwerpunktmäßig ab Anfang des Jahres 2008. Darüber hinaus gab es kurz vor dem Start der Interventionen im August 2008 eine Informationsveranstaltung an der Universität zu Köln für Lehrerinnen und Lehrer. Informiert wurden die Hauptschulen, Realschulen, Gymnasien, Gesamtschulen, Förder- und Waldorfschulen in Köln. Im Bereich der Förderschulen wurde jedoch nur Schulen mit dem Schwerpunkt *Emotionale und soziale Entwicklung* und *Lernen* das Angebot gemacht, da die anderen Förderschwerpunkte modifiziere Interventionen vorausgesetzt hätten, was aus Gründen der Durchführbarkeit nicht umsetzbar war und zusätzlich die Vergleichbarkeit der Ergebnisse erschwert hätte. Insgesamt wurde mit 119 Schulen in Köln Kontakt aufgenommen.

Interessierte Schulen wurden zumeist telefonisch oder per Email detailliert über den Ablauf und die Inhalte der Intervention informiert. Zusätzlich stand eine Homepage zur Verfügung, auf der alle Inhalte einsehbar und verschiedene Kontaktmöglichkeiten angeboten waren. Aus insgesamt vier inhaltlichen Schwerpunkten konnten die Lehrer in Absprache mit ihrer Klasse jeweils zwei je Intervention auswählen.

Befragung t1

In der Regel circa vier Wochen vor der Intervention wurde entsprechend der Klassengröße die passende Anzahl an Fragebögen und eine entsprechende Instruktion an die zuständige Klassenleitung, mit der Bitte diese einige Tage vor der Intervention von der gesamten Klasse ausfüllen zu lassen, verschickt. Die Instruktion umfasste ein konkretes Beispiel zum Ausfüllen des Fragebogens beziehungsweise einige Vorgaben zu den Rahmenbedingungen wie der Hinweis, dass die Schülerinnen und Schüler während des Ausfüllens nicht miteinander reden sollten, Angaben zum zeitlichen Umfang etc. Hierdurch sollte die Erhebungssituation möglichst standardisiert werden. Des Weiteren bekamen die Lehrkräfte die Instruktion die

Fragebögen anschließend einzusammeln und in einem beigefügten Umschlag zu verschließen und am Tag der Intervention an die begleitenden Coaches abzugeben. Dieses Vorgehen wurde gewählt, um die Rücklaufquote möglichst hoch zu halten (vgl. Kap. 6.2). Durch das Einsammeln der von den Schülern ausgefüllten Fragebögen durch den Lehrer ergab sich jedoch das Problem, dass die völlige Anonymität der Angaben der Schüler gegenüber dem Lehrer nicht gewährleistet war. Aus einigen wenigen Randbemerkungen auf den Fragebögen wurde deutlich, dass dies für einige Jugendliche ein Grund war, bestimmte Fragen nicht oder nicht ausführlicher zu beantworten.

Für die erste Befragung wurden insgesamt 597 Fragebögen an insgesamt 25 Schulklassen verschickt, 494 Fragebögen wurden ausgefüllt wieder abgegeben, dies entspricht einer Rücklaufquote von 82,75 %. Die 597 Fragebögen ergaben sich aus der maximalen von den Lehrern angegebenen Klassengröße.

Bei der Erhebung der ersten Befragung trat die Schwierigkeit auf, dass von insgesamt vier Schulklassen die Fragebögen fehlten. Bei zwei Klassen berichtete das Lehrpersonal davon, dass sie die Befragung zeitlich mit ihrer Klasse nicht bewerkstelligen konnten. Die Fragebögen aus zwei weiteren Klassen gingen zwischen dem Einsammeln durch die begleitenden Pädagogen und der Abgabe zur Dateneingabe verloren. Darüber hinaus fehlten vereinzelt Fragebögen von Schülerinnen und Schülern, die am Tag der Erhebung krank oder aus anderen Gründen nicht im Unterricht waren. Die genauen Zahlen konnten jedoch nicht zurückverfolgt werden.

Befragung t2

Die zweite Befragung fand im unmittelbaren Anschluss an die durchgeführte Intervention am gleichen Tag statt und die Fragebögen wurden von den die Intervention begleitenden Coaches mitgebracht, ausgegeben, eingesammelt und zusammen mit den Fragebögen der ersten Befragung mitgenommen. Hierbei wurden insgesamt wieder 597 Fragebögen verteilt. Auch von dieser Befragung fehlten die zwei Fragebögen der bereits oben genannten Klassen, so dass mit 524 Fragebögen ein Rücklauf von 87,77 % erzielt wurde.

Befragung t3

Die letzte Datenerhebung fand sechs bis acht Wochen nach der Intervention statt. Die 597 Fragebögen wurde inklusive der Instruktion und einem bereits frankierten und adressierten Rückumschlag postalisch an die zuständigen Lehrer geschickt. Der Rücklauf war hier mit 71,52 % der niedrigste der drei Befragungszeitpunkte. Insgesamt wurden 427 ausgefüllte Fragebögen zurückgeschickt. Von fünf Klassen erfolgte trotz mehrfacher Nachfragen keine Rücksendung der Fragebögen.

Bei der dritten Datenerhebung trat die Problematik auf, dass die Fragebögen nicht ausgefüllt beziehungsweise nicht zurückgeschickt oder vergessen wurden. Waren die Fragebögen nicht bis zum im Begleitschreiben angegebenen Rücklaufdatum zurückgeschickt, so wurden bei der entsprechenden Schule nachgefragt. Dies hatte zur Folge, dass einige Fragebögen mit Verspätung zurückgeschickt wurden. Letztendlich konnte durch den persönlichen Kontakt, obwohl möglicherweise die Motivation die Fragebögen nach der Durchführung der Intervention auszufüllen nachgelassen hatte, eine recht hohe Rücklaufquote erzielt werden. Bedingt durch Schulferien trat zum Teil die Situation auf, dass die Befragung ein bis zwei Wochen später oder früher stattfand.

Die folgende Tabelle 6 bietet einen Überblick über den gesamten Rücklauf der Fragebögen.

Tab. 6: Rücklauf aller teilgenommenen Schulklassen

Nummer Schule	Anzahl der SchülerInnen (N)	Rücklauf t1		Rücklauf t2		Rücklauf t3		Gesamt	
		N	Prozent	N	Prozent	N	Prozent	N	Prozent
1	28	28	100	23	82,14	24	85,71	75	89,29
2	31	31	100	28	90,32	27	87,10	86	92,47
3	11	0	0	11	100	10	90,91	21	63,64
4	10	10	100	10	100	10	100	30	100
5	28	28	100	27	96,43	27	96,43	82	97,62
6	25	25	100	25	100	0	0	50	66,67
7	26	25	96,15	26	100	0	0	51	65,38
8	28	26	92,86	28	100	18	64,29	72	85,71
9	23	23	100	23	100	23	100	69	100
10	27	27	100	27	100	26	96,30	80	98,77
11	25	25	100	24	96,00	25	100	74	98,67
12	18	18	100	16	88,89	15	83,33	49	90,74
13	17	17	100	17	100	16	94,12	50	98,04
14	16	16	100	14	87,50	13	81,25	43	89,58
15	16	16	100	16	100	15	93,75	47	97,92
16	6	6	100	6	100	6	100	18	100
17	29	0	0	29	100	29	100	58	66,67
18	29	29	100	29	1000	28	96,55	86	98,85
19	27	26	96,30	27	100	0	0	53	65,43
20	29	29	100	29	100	0	0	58	66,67
21	31	31	100	28	90,32	30	96,77	89	95,70
22	28	0	0	0	0	28	100	28	33,33
23	28	0	00	0	0	28	100	28	33,33
24	29	28	96,55	29	100	29	100	86	98,85
25	32	30	93,75	32	100	0	0	62	64,58
Gesamt	597	494	82,75	524	87,77	427	71,52	1445	82,32

7.4 Abweichungen vom geplanten Untersuchungsablauf

Während der konkreten Durchführung des Projektes ‚Schlag.fertig' kam es zu einigen wenigen Veränderungen im Vergleich zur Ursprungsplanung. Auf die zeitliche Verschiebung nach hinten und die Verlängerung der Gesamtlaufzeit wurde bereits in Kapitel 7.2 eingegangen. Auf einige weitere Veränderungen, welche einen Einfluss auf den konkreten Ablauf der Untersuchung hatten, wird hier kurz eingegangen.

Anzahl der Interventionen

Abbildung 6 gibt einen Überblick über die Anzahl der durchgeführten Interventionen an Schulen.

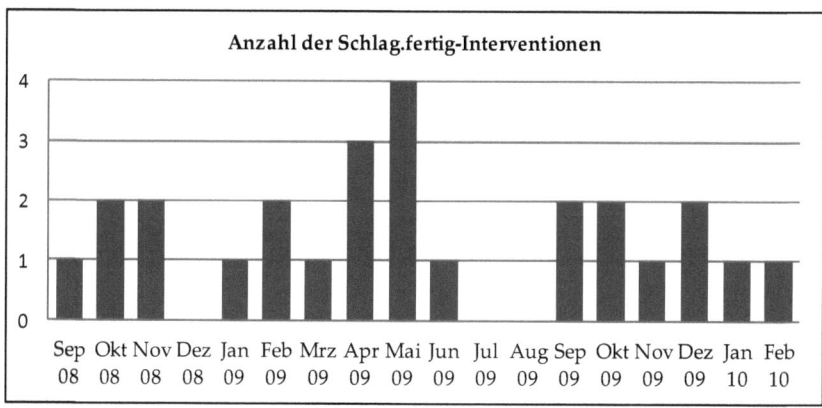

Abb. 6: Durchgeführte Interventionen an Schulen

Insgesamt wurden weniger Interventionen durchgeführt als ursprünglich geplant. Dies lag vor allem daran, dass die Anzahl der Peer Educators geringer war als angedacht und die Nachfrage nach Interventionen bei den Schulen phasenweise sehr unterschiedlich war. Zum Teil wurden deutlich mehr ‚Schlag.fertig'-Interventionen angefragt als angeboten werden konnten, zu anderen Zeiten wiederum gab es weniger Anfragen als Umsetzungen möglich gewesen wären. In den Schulferien konnten keine Interventionen durchgeführt werden und darüber hinaus mussten insgesamt vier Interventionen kurzfristig vonseiten des Projektes abgesagt werden, da die Peer Educators nicht erschienen sind. Besonders gegen Ende der offiziellen Laufzeit des Projektes und über das Projektende hinaus gab es vermehrt Anfragen von Schulen als umgesetzt werden konnten. Hierbei gab es auch mehrere Anfragen, welche die ‚Schlag.fertig'-Interventionen als festen Bestandteil jedes Halbjahr in verschiedenen Jahrgangsstufen fest im Schulablauf verankern wollten. Leider konnten diese Anfragen aufgrund des Projektcharakters längerfristig nicht verwirklicht werden. Hierdurch zeigte sich jedoch, dass trotz der sehr breit gestreuten Information an die Kölner Schulen, die Etablierung eines neuen Angebots deutlich mehr Zeit benötigte als angedacht war.

Ein nicht unerhebliches Problem stellte die Schulbefreiung der Peer Educators für die Durchführung der Interventionen dar. Da die Schulleistungen der Peer Educators selbst in der Regel eher im leistungsschwachen Bereich anzusiedeln waren, wurde ein durchschnittliches einmaliges Fehlen im Monat, meist an einem festen

Wochentag, mit den jeweiligen Schulen vereinbart. Ein häufigerer Einsatz war nicht geplant, damit die Peer Educators durch das Fehlen keinen Nachteil in den eigenen Schulleistungen erfahren sollten. Eine seltenere Durchführung von weniger als einmal monatlich war jedoch auch problematisch, da die Jugendlichen sonst keine Routine bei der Durchführung der Interventionen entwickeln konnten. In einigen Fällen war es vonseiten der Schulen gar nicht möglich, die Jugendlichen für die Durchführung einer Intervention befreien zu lassen.

Die Aufnahme des Angebots an Kölner Schulen

Insgesamt wurde das Angebot der Durchführung von Gewaltpräventionsaktionen von den Schulen sehr unterschiedlich aufgenommen.

Der erste Schritt bestand darin, in den Schulen die entsprechenden Ansprechpartner für das Thema Gewaltprävention zu finden. Durch die breite und auf unterschiedlichen Kommunikationswegen gestreute Information über das Projekt ‚Schlag.fertig' sowie persönliche Kontaktaufnahme mit allen Schulen sollte sichergestellt werden, dass alle interessierten Schulen die Möglichkeit bekamen, mehr über das Projekt zu erfahren beziehungsweise einen Tag zur Gewaltprävention zu buchen. Es stellte sich wie erwartet heraus, dass die Schulen das Thema Gewaltprävention sehr unterschiedlich in ihrem Schulangebot verankert hatten und folglich nur zum Teil feste Ansprechpartner für diesen Bereich vorhanden waren. Bei einigen wenigen Schulen stieß das Thema Gewaltprävention zunächst auf Ablehnung und wurde mit der Unterstellung eines Gewaltproblems an der Schule gleichgesetzt. Eine Auseinandersetzung mit dem Thema beziehungsweise das Angebot weiterer Informationen wurde an diesen Schulen strikt abgelehnt. In anderen Schulen wurde das Thema vermutlich aufgrund unklarer Zuständigkeiten nicht weiter verfolgt.

Für die interessierten Schulen musste vor allem das strukturelle Problem gelöst werden, ein entsprechendes Zeitfenster zur Umsetzung der Intervention zu finden. Auch hierbei gab es sehr unterschiedliche Voraussetzung. Zum Teil hatten die Schulen eigens dafür vorgesehene Zeitfenster und Aktionstage im Jahresablauf, zum Teil war es fast unmöglich, einen Termin zu finden. Darüber hinaus war die Terminfindung im Abgleich mit den Möglichkeiten der Peer Educators zum Teil schwierig.

Darüber hinaus war die Evaluation des Projektes und damit auch die Befragung der Schülerinnen und Schüler für einige Schulen ein Ausschlusskriterium für die Teilnahme.

Die Stichprobe

Als Stichprobe der Datenerhebung wurden alle an der ‚Schlag.fertig'-Intervention teilnehmenden Schulklassen befragt. Die Zusammensetzung der Stichprobe war somit abhängig von den Anfragen nach Gewaltpräventionsaktionen vom Projekt ‚Schlag.fertig'. Vor dem Start der Interventionen war somit nicht absehbar, wie viele und welche Schulklassen von welcher Schulform dies sein würden. Dieser offene Zugang und damit die Heterogenität der Stichprobe wurde bewusst so gewählt, um tatsächliche Daten aus der Alltagspraxis zu gewinnen und um mögliche Effekte im Vergleich von einzelnen Untergruppen feststellen zu können. Um keine Vorauswahl zu treffen, wurden alle Kölner Schulen in der gleichen Art und Weise über das Angebot informiert. Durch die konkreten Anfragen der Schulen und damit dem Interesse am Thema und an der Durchführung von Präventionsaktionen sowie der Bereitschaft, an der Befragung teilzunehmen, konnte ein positiver Selektionsprozess jedoch nicht ausgeschlossen werden. Darüber hinaus konnten die Motive der Schulen, eine solche Präventionsaktion zu buchen, nicht vollständig zurückverfolgt werden. So entstand bei vielen Schulen der Eindruck, dass die Durchführung der ‚Schlag.fertig'-Intervention besonders für Klassen, in denen es gegebenenfalls bereits eine Tendenz zu Problemen aufgrund auffälligem oder gewalttätigem Verhalten gab, angefragt wurde. Dies wurde jedoch im Vorfeld soweit wie möglich zu verhindern versucht, in dem bei der Kontaktaufnahme mit den Schulen und in der Anwerbung für die Interventionen deutlich betont wurde, dass der Schwerpunkt auf einem primärpräventiven Gedanken liege und die Intervention nicht geeignet sei, wenn bereits deutliche Schwierigkeiten in dem Bereich vorlägen.

Nicht erwartet wurde, dass es einige Anfragen für die Durchführung der Gewaltpräventionsaktionen deutschlandweit gab. Ursächlich dafür waren vermutlich unter anderem eine umfangreiche Pressearbeit, die Homepage sowie der Dokumentarfilm. Die Anfragen konnten aus Gründen der Durchführbarkeit nicht angenommen werden. Ausschließlich in einer Bonner Schule wurden auf Nachfrage Interventionen durchgeführt. Letztendlich wurden an Realschulen, Gesamtschulen, Gymnasien und Förderschulen in der sechsten bis neunten Klasse Interventionen durchgeführt. Von Hauptschulen wurden zwar einige wenige Interventionen angefragt, diese wurden dann jedoch aus bereits genannten Gründen nicht realisiert.

Die Durchführung der Befragung

Pro durchgeführter Intervention waren zwei jugendliche Peer Educators sowie mindestens ein erwachsener Pädagoge (Coach) anwesend. Ursprünglich sollten die Peer Educators nach offiziellem Abschluss der Intervention die Fragebögen an die teilgenommene Klasse verteilen. Nach dem ersten (Probe)Durchlauf stellte sich jedoch heraus, dass die Fragebögen zum Teil unaufmerksam und nicht komplett ausgefüllt wurden und dass die Klasse während der konkreten Erhebung unruhig war. Folglich wurde das Vorgehen so verändert, dass die komplette Erhebungssituation nicht mehr von den jugendlichen Peer Educators, sondern von den teilnehmenden Coaches durchgeführt wurde. Hierdurch sollte eine völlige Trennung zu der von den Peer Educators durchgeführten Intervention, sowohl inhaltlich als auch personell, erfolgen. Für die Durchführung der Befragung unter standardisierten Bedingungen fand für die Coachs eine Schulung statt.

7.5   Datenauswertung

Die erhobenen Daten wurden mithilfe des Programms SPSS 18 (PASW Statistics Version 18.02) für Windows erfasst und berechnet. Erfasst wurden die Daten über den Zeitraum von Ende 2008 bis August 2010. Die Datenauswertung fand hauptsächlich im Anschluss bis Anfang 2011 statt. Die angewandten statistischen Verfahren wurden bereits in Kapitel 6.5 dargestellt.

In einigen Fragebögen trat der Fall auf, dass bei Items, die eine offene Antwortkategorie hatten, von den Jugendlichen statt einer Zahl ein Wort eingetragen wurde, welches zwar eine Häufigkeit umschreibt, jedoch nicht eindeutig zu quantifizieren ist. Zum Beispiel sind dies Antworten wie *häufig, oft, sehr oft, unendlich, ein paar Mal* oder *manchmal*. Um eine Verzerrung der Ergebnisse zu vermeiden, wurden diese Antworten, da sie bezogen auf einzelne Items verhältnismäßig selten vorkamen, aus der gemeinsamen Berechnung mit den anderen Daten ausgeschlossen.

Für Fragen nach der Häufigkeit eigener Gewalterfahrungen und der Kommunikationshäufigkeit innerhalb der letzten sechs Wochen wurden von den befragten Jugendlichen zum Teil sehr hohe Werte bis hin zu Extremwerten von 1000 Mal und höher angegeben. Da diese sehr hohen Werte jedoch selten auftraten, wurden um Verzerrungen der Mittelwerte durch Ausreißer und Extremwerte zu vermeiden, alle Häufigkeiten die größer als 42 sind, von den weiteren Berechnungen ausgeschlossen. Der Wert 42 ergibt sich aus der möglichen Häufigkeit von einmal täglich innerhalb von sechs Wochen.

Die Flut von Antworten auf offene Fragen wurde in Überkategorien zusammengefasst. Schwirig war hier im Hinblick auf eine quantitative Auswertung besonders, dass beispielsweise eine Antwort wie ‚Familie' mehrere, aber eine nicht genau bestimmbare Anzahl von Personen umfasst.

Eine weitere Schwierigkeit bestand darin, dass es bei Items, die mehrfach erhoben wurden, zunehmend dazu kam, dass diese nicht ausgefüllt wurden und es einige Randbemerkungen gab, die nicht mit in die Evaluation einfließen konnten. Neun Fragebogen wurden aus der Evaluation ausgeschlossen, da sie augenscheinlich nicht ernsthaft ausgefüllt wurden und besonders für den dritten Fragebogen galt, dass hier gehäuft Codewörter nicht eingetragen beziehungsweise offenbar falsche Codewörter angegeben wurden. In einigen wenigen Fällen wurde durch die Doppelseitigkeit der Fragebögen eine Seite übersehen.

Mit diesem Kapitel ist die Beschreibung der Intervention und der Untersuchung abgeschlossen. Im folgenden Kapitel 8 stehen die konkreten Ergebnisse der Evaluation im Mittelpunkt.

8 Ergebnisse

In diesem Kapitel werden die Ergebnisse der Evaluation dargestellt. Die Stichprobenbeschreibung findet in Kapitel 8.1 statt. Zunächst wird auf Merkmale der Gesamtstichprobe (Kap. 8.1.1) wie Alter, Geschlecht, Schulform etc. eingegangen und anschließend werden einige deskriptive Unterschiede im Hinblick auf die verschiedenen Schulformen (8.1.2) dargestellt. In Kapitel 8.2 findet sich die Prüfung der insgesamt 78 Hypothesen, hierauf folgen in Kapitel 8.3 die nicht hypothesengebundenen Ergebnisse, da einige Items erhoben wurden, die nicht gesondert in den Hypothesen vorkommen, jedoch für die Beurteilung der Intervention wichtig sind. Zu allen erhobenen Items werden hier kurz die Ergebnisse dargestellt. Dies geht zum Teil über eine rein deskriptive Beschreibung hinaus und beinhaltet mögliche Signifikanzen, sofern sie vorhanden und nicht Gegenstand der Hypothesenprüfung sind. Darüber hinaus wird auf weitere Befunde, wie zum Beispiel Unterschiede zwischen Jungen und Mädchen (Kap. 8.3.7) oder zwischen Schulformen (Kap. 8.3.8) eingegangen. Die Einzeldarstellungen schließen in Kapitel 8.3.9 mit der Darstellung des Zusammenhangs zwischen Gewalterfahrungen und dem Alter. Eine Zusammenfassung aller Ergebnisse der Untersuchung findet sich in Kapitel 8.4.

Der Empfehlung von Bortz & Döring folgend, werden Prozentangaben im Fließtext aufgrund einer besseren Lesbarkeit ganzzahlig gerundet dargestellt (2006, S. 89). Mittelwertangaben werden, sofern sie zusätzlich in einer Tabelle dargestellt werden, mit einer Nachkommastelle dargestellt. Sind die Angaben ausschließlich im Text zu finden, sind Mittelwert und Standardabweichung jeweils mit zwei Nachkommastellen aufgeführt (ebd.). Signifikanzangaben und andere statistische Kennwerte werden jedoch selbstverständlich nicht auf der Grundlage gerundeter Werte errechnet, sondern auf Basis der ungerundeten Daten. Im gesamten Ergebnisteil sind folgende übliche Abkürzungen verwendet *SD* für *Standardabweichung*, *MW* für *Mittelwert*, *N* für die *Probandenzahl*, *df* für die *Freiheitsgrade* und *Sig.* für Signifikanz.

Aufgrund der besseren Lesbarkeit werden die drei unterschiedlichen Befragungszeitpunkte zum Teil wie folgt abgekürzt:

> ➢ t1 steht für den ersten Befragungszeitpunkt einige Tage vor der Intervention,
> ➢ t2 für die zweite Befragung unmittelbar im Anschluss an die Intervention und
> ➢ t3 für die dritte und letzte Befragung sechs bis acht Wochen nach der Intervention.

8.1 Stichprobenbeschreibung

In diesem Kapitel werden die Merkmale und die Zusammensetzung der untersuchten Stichprobe dargestellt. Dies geschieht sowohl für die Gesamtstichprobe (Kap. 8.1.1) als auch im Hinblick auf den Vergleich der teilgenommenen Schulformen (Kap. 8.1.2).

Es wurden 25 ‚Schlag.fertig'-Interventionen evaluiert und folglich 25 komplette Schulklassen schriftlich an drei Zeitpunkten befragt. Insgesamt 1445 Fragebögen wurden in SPSS eingegeben. Hiervon sind neun Fragebögen, drei aus der Befragung t2 und sechs aus der Befragung t3, nicht mit in die Auswertung eingeflossen, da sie nicht auswertbar waren.

Die Gesamtgruppe aller Befragten teilt sich in folgende drei Gruppen auf:

- ➢ 494 Jugendliche haben an der Befragung t1 einige Tage vor der Intervention teilgenommen,
- ➢ 524 Jugendliche haben an der Befragung t2 unmittelbar im Anschluss an die Intervention teilgenommen und
- ➢ 427 Jugendliche haben an der Befragung t3 sechs bis acht Wochen nach der Intervention teilgenommen.

Mithilfe einer vierstelligen Codierung der Fragebögen konnten die Fragebögen aus den drei Erhebungszeitpunkten insgesamt 639 unterschiedlichen Teilnehmern zugeordnet werden.

8.1.1 Merkmale der Gesamtstichprobe

Die jugendlichen Teilnehmer und Teilnehmerinnen sind zum Zeitpunkt der ersten Erhebung zwischen elf und sechzehn Jahre alt, das Durchschnittsalter liegt bei 12,96 Jahren (Tab. 7, Abb. 7). Insgesamt nehmen 317 Jungen und 286 Mädchen an der Befragung teil (Tab. 8, Abb. 8).

Tab. 7: Alter

	N	Minimum	Maximum	Mittelwert	SD
Alter	604	11	16	12,96	1,24
Gültige Werte	604				

Tab. 8: Geschlecht

		N	Prozent	Gültige Prozente
Gültig	Weiblich	286	44,76	47,43
	Männlich	317	49,61	52,57
	Gesamt	603	94,37	100
Fehlend		36	5,63	
Gesamt		639	100	

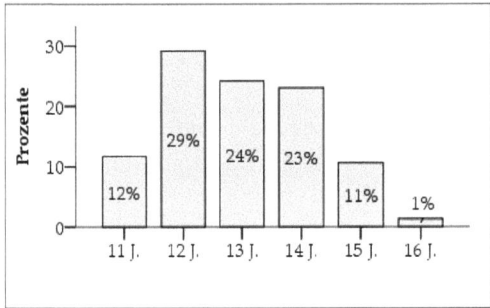

Abb. 7: Alter der Teilnehmer

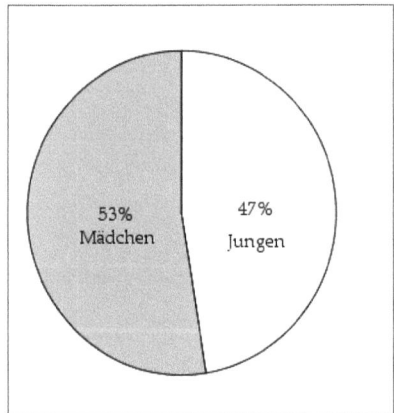

Abb. 8: Geschlecht der Teilnehmer

Im Ganzen stammen die Jugendlichen aus über 30 unterschiedlichen Ländern. Die meisten Befragten (64 %) haben eine deutsche Staatsangehörigkeit. Zählt man hierzu auch die Personen, welche neben einer ausländischen Staatsangehörigkeit zusätzlich eine deutsche besitzen und üblicherweise in Statistiken als Deutsche gezählt werden (vgl. Bundesamt für Migration und Flüchtlinge 2010, S. 15) sind 71 % der Jugendlichen deutsch.

Unter den 164 ausländischen Jugendlichen überwiegen mit 38 % die türkischen Jugendlichen, gefolgt von den Italienern (21 %) (Tab. 9). Dies entspricht in etwa den Daten zur ausländischen Bevölkerung in Deutschland, in denen Türken und Italiener die beiden größten ausländischen Bevölkerungsgruppen darstellen (ebd., S. 201). Hinsichtlich der Verteilung der verschiedenen Staatsangehörigkeiten gibt es zwischen Mädchen und Jungen keine Unterschiede. Der Ausländeranteil liegt in der Befragung mit mehr als einem Viertel höher als in der Normalbevölkerung (9 %) (ebd., S. 199).

Tab. 9: Nationalität

		N	Prozent	Gültige Prozente
Gültig	Deutsche	374	58,53	63,82
	Ausländer	164	25,67	27,99
	Mehrstaater mit deutschem Pass	42	6,57	7,17
	Mehrstaater ohne deutschen Pass	4	0,63	0,68
	Sonstige	2	0,31	0,34
	Gesamt	586	91,71	100
Fehlend		53	8,29	
Gesamt		639	100	

Insgesamt 488 Jugendliche machen Angaben zu ihrer Religionszugehörigkeit (Tab. 10). Von diesen ist knapp die Hälfte (47 %) katholisch. Zusammen mit den evangelischen Jugendlichen (18 %) gehören knapp zwei Drittel (65 %) einem christlichen Glauben an. Islamisch sind nach eigenen Angaben 18 %. 65 Jugendliche (13 %) beschreiben sich selbst als keiner Konfession zugehörig und keine Angabe zu diesem Punkt macht fast ein Viertel (24 %) der Befragten.

Tab. 10: Konfession

		N	Prozent	Gültige Prozente
Gültig	Katholisch	231	36,15	47,34
	Evangelisch	88	13,77	18,03
	Islamisch	88	13,77	18,03
	Sonstige	16	2,51	3,28
	Keine	65	10,17	13,32
	Gesamt	488	76,37	100
Fehlend		151	23,63	
Gesamt		639	100	

Die ‚Schlag.fertig'-Interventionen wurden je nach Anfrage an verschiedenen Schulformen durchgeführt (Tab. 11). Mehr als die Hälfte (53 %) aller befragen

Jugendlichen besucht das Gymnasium, rund je ein Fünftel besucht die Realschule (21 %) oder die Gesamtschule (21 %). Nur 34 Jugendliche (5 %) besuchen die Förderschule. Die geringe Anzahl von Schülerinnen und Schülern an der Förderschule ist aufgrund der sehr kleinen Klassengröße von durchschnittlich zwölf Personen bedingt.

Tabelle 12 und Abbildung 9 geben einen Überblick über die Anzahl der durchgeführten Interventionen je Schulform. Knapp die Hälfte der Interventionen wurde an Gymnasien durchgeführt, es folgen Realschulen mit sechs, Gesamtschulen mit vier und Förderschulen mit drei Interventionen.

Tab. 11: Teilnehmer je Schulform

		N	Prozent	Gültige Prozente
Gültig	Realschule	136	21,28	21,28
	Gymnasium	338	52,90	52,90
	Gesamtschule	131	20,50	20,50
	Förderschule	34	5,32	5,32
	Gesamt	639	100	100

Tab. 12: Interventionen je Schulform

	Realschule	Gymnasium	Gesamtschule	Förderschule	Gesamt
Interventionen	6	12	4	3	25

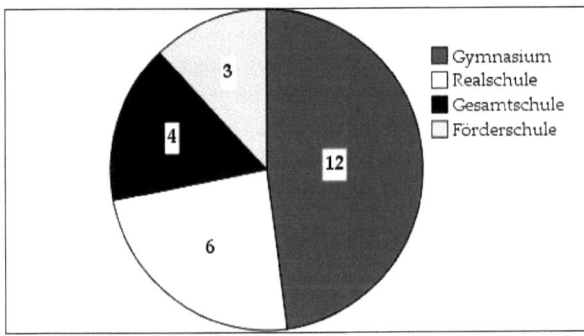

Abb. 9: Interventionen je Schulform

Die meisten Mädchen und Jungen (38 %) besuchen zum Zeitpunkt der Intervention die siebte Klasse (Tab. 13). Jeweils rund ein Viertel besucht die sechste (24 %) oder die achte Klasse (29 %). Die kleinste Gruppe (9 %) stellen die Schülerinnen und Schüler der neunten Klasse dar.

Tab. 13: Klassenstufe

		N	Prozent	Gültige Prozente
Gültig	6. Klasse	152	23,79	23,79
	7. Klasse	243	38,03	38,03
	8. Klasse	187	29,26	29,26
	9. Klasse	57	8,92	8,92
	Gesamt	638	100	100

8.1.2 Vergleich der Schulformen

Da die ‚Schlag.fertig'-Interventionen an unterschiedlichen Schulformen durchgeführt wurden, soll im Folgenden kurz betrachtet werden, ob es hinsichtlich der Schulformen auffällige Unterschiede bei den teilgenommenen Jugendlichen gibt.

Signifikante Unterschiede ($\chi^2 = 187,45$; $p < 0,001$) an den unterschiedlichen Schulformen gibt es bezüglich der Verteilung der Geschlechter. Der Anteil der Mädchen ist nur am Gymnasium mit 56 % größer als der Anteil der Jungen, an allen anderen Schulformen sind jeweils mehr Jungen in den Klassen (Tab. 14). Besonders auffällig ist der Unterschied an den Förderschulen, hier befindet sich unter insgesamt 17 Jugendlichen nur ein einziges Mädchen.

Tab. 14: Geschlecht und Schulform

		Schulform				Gesamt
		Realschule	Gymnasium	Gesamtschule	Förderschule	
Weiblich	N	50	188	47	1	286
	Prozent	37,04	55,77	41,23	5,88	47,4
Männlich	N	85	149	67	16	317
	Prozent	62,96	44,22	58,77	94,12	52,6
Gesamt	N	135	337	114	17	603
	Gesamt	100	100	100	100	100

Hinsichtlich der Altersstrukturen fällt auf, dass es hier ebenfalls signifikante Unterschiede zwischen den verschiedenen Schulformen gibt ($f = 109,46$; $p < 0,001$; $\eta^2 = 0,354$). Die Teilnehmer am Gymnasium sind mit einem Durchschnittsalter von 12 Jahren die jüngsten (Tab. 15). Im Vergleich dazu liegt das Durchschnittsalter der befragten Schülerinnen und Schüler der Gesamtschule mit 14 Jahren am höchsten. Hier wurden nur Interventionen mit der 8. oder der 9. Klasse durchgeführt, am Gymnasium dagegen haben über 90 % der Interventionen mit der 6., 7. und 8. Klasse stattgefunden.

Tab. 15: Schulform und Alter

	N	Mittelwert	SD	Minimum	Maximum
Gymnasium	338	12,33	0,87	11	14
Förderschule	17	12,82	1,07	11	15
Realschule	135	13,60	1,39	11	16
Gesamtschule	114	14,06	0,77	13	16
Gesamt	604	12,96	1,24	11	16
Fehlend (Alter)	35				

Im Hinblick auf die Verteilung von deutschen und ausländischen Jugendlichen an den vier verschiedenen Schulformen gibt es ebenfalls signifikante Unterschiede ($\chi^2 = 64,21$; $p < 0,001$). Hier fällt vor allem die Gesamtschule ins Auge (Tab. 16). Der Anteil der deutschen Jugendlichen ist dort mit 44 % deutlich geringer als erwartet. Bei den anderen Schulformen liegt dieser Anteil zwischen 76 % (Gymnasium), 78 % (Realschule) und 88 % (Förderschule). Der Anteil der ausländischen Jugendlichen ist mit insgesamt 55 % an der Gesamtschule deutlich höher als an allen anderen Schulformen.

Tab. 16: Schulform und Nationalität

			Schulform				Gesamt
			Realschule	Gymnasium	Gesamtschule	Förderschule	
Nationalität	Deutsche	N	104	248	49	15	416
		Prozent	78,20	76,31	44,15	88,24	70,99
	Ausländer	N	28	77	61	2	168
		Prozent	21,05	23,69	54,95	11,76	28,67
	Sonstige	N	1	0	1	0	2
		Prozent	0,75	0,00	0,90	0,00	0,34
	Gesamt	N	133	325	111	17	586
		Prozent	100	100	100	100	100

8.2 Hypothesenprüfung

In diesem Kapitel werden die insgesamt 78 Hypothesen aus Kapitel 5 nochmals kurz dargestellt und mithilfe verschiedener statistischer Verfahren überprüft. Die angewendeten statistischen Verfahren wurden bereits in Kapitel 6.5 dargestellt.

Hier erfolgt nochmal der Hinweis, dass die hohe Anzahl von Hypothesen unter anderem dadurch bedingt ist, dass es aufgrund der drei Befragungszeitpunkte Hypothesen gibt, die mehrfach vorkommen, da sie denselben Inhalt abfragen, sich jedoch auf die unterschiedlichen Befragungszeitpunkten beziehen. Sie sind durch die Formulierungen *vor der Intervention* für den Messzeitpunkt t1, *unmittelbar nach der Intervention* für den Messzeitpunkt t2 und *sechs bis acht Wochen nach der Intervention* für den Messzeitpunkt t3 voneinander unterschieden. Diese Bezeichnungen weisen auf den Zeitpunkt der Befragung hin und sind nur bei einem Vorher-/Nachher-Vergleich inhaltlicher Bestandteil der Hypothese.

Die Hypothesenprüfung ist in verschiedene Themenblöcke aufgeteilt:
- Hypothesen zum Wissen (Kap. 8.2.1),
- Hypothesen zur Einstellung (Kap. 8.2.2),
- Hypothesen zu Verhalten und Verhaltensabsicht (Kap. 8.2.3),
- Hypothesen zum Peer Involvement (Kap.8.2.4),
- Hypothesen zu Opfererfahrungen (Kap. 8.2.5),
- Hypothesen zur Schul- und Klassensituation (Kap. 8.2.6).

Bei der Darstellung der Ergebnisse der Hypothesenprüfung sind jeweils die Hypothesen, die sich auf denselben Inhalt, jedoch dabei auf unterschiedliche Erhebungszeitpunkte, beziehen, zusammen dargestellt. Dies liegt zum Einen daran, dass zum Teil ein Rechenverfahren für den Vergleich verschiedener Zeitpunkte angewendet werden muss und es zum Anderen übersichtlicher ist. Die statistischen Hypothesen sind dabei innerhalb einer kleinen Tabelle dargestellt, die jeweilige Hypothesennummer sowie die Messzeitpunkte auf die sich die jeweilige Hypothese bezieht, sind in der Tabelle direkt über der jeweiligen Hypothese zu finden.

In diesem Kapitel sind ausschließlich die Ergebnisse der Hypothesenprüfung zu finden, eine differenziertere Darstellung aller Items findet sich ergänzend in Kapitel 8.3. Die wichtigsten statistischen Kennwerte finden sich in den Tabellen und sind nur im Fließtext aufgeführt, wenn es keine entsprechende Tabelle gibt. Signifikante Unterschiede werden zum Teil durch ein entsprechendes Diagramm ergänzt. Zu Beginn wird die Erklärung eines angewendeten Verfahrens ausführlicher dargestellt, worauf bei erneuter Darstellung in dem Umfang verzichtet wird. Weiterführende und detailliertere Analysen sowie genauere Beschreibungen aller Items finden sich anschließend in Kapitel 8.3. Eine zusammenfassende Diskussion und Darstellung sowohl der Hypothesenprüfung als auch der weiteren Ergebnisse ist in Kapitel 8.4 zu finden.

8.2.1 Hypothesen zum Wissen

Hypothesen 1 und 2:
1) Unmittelbar nach der Intervention wissen die Teilnehmer mehr zum Thema Gewalt als vorher.

2) Sechs bis acht Wochen nach der Intervention wissen die Teilnehmer mehr zum Thema Gewalt als vor der Intervention.

Statistische Hypothesen	
1 (t1/t2)	**2** (t1/t3)
H_1: Tn (WiG2) > Tn (WiG1) H_0: Tn (WiG2) ≤ Tn (WiG1)	H_1: Tn (WiG3) > Tn (WiG1) H_0: Tn (WiG3) ≤ Tn (WiG1)

Die verschiedenen Items, welche sich mit dem Wissen zum Thema Gewalt befassen, werden in eine Variable mit der Anzahl der richtigen Antworten je befragter Person zusammengefasst. Die Hypothesen werden mithilfe der einfaktoriellen Varianzanalyse mit Messwiederholung überprüft, wobei sich die in Tabelle 17 dargestellten Ergebnisse ergeben. Diese zeigen, dass sich das Wissen der Teilnehmer höchst signifikant zwischen den drei Messzeitpunkten unterscheidet.

Tab. 17: Einfaktorielle Varianzanalyse mit Messwiederholung „Wissen zum Thema Gewalt"

	Quadratsumme	df	Mittel der Quadrate	F	Sig.	Eta-Quadrat
Zeit (zwischen MZP)	205,22	1,94	105,86	139,70	0,000***	0,336
Fehler (innerhalb)	4210,03	1052,45	4,00			

*** = p < 0,001; Eta-Quadrat: 0,01 = kleiner Effekt; 0,06 = mittlerer Effekt; 0,14 = großer Effekt

Die Varianzanalyse als Globalverfahren sagt noch nichts darüber aus, welche Messzeitpunkte sich unterscheiden, weshalb eine einfache Kontrastanalyse (Tab. 18) durchgeführt wird. Sie ergibt, dass sich der erste Erhebungszeitpunkt (t1) höchst signifikant vom zweiten (t2) und dritten Befragungszeitpunkt (t3) unterscheidet. Die beobachteten Effekte (Eta-Quadrat) sind dabei beide als groß zu bewerten. Der Blick auf die Mittelwerte (Abb. 10) zeigt, dass der Mittelwert am zweiten Befragungszeitpunkt am höchsten liegt, was bedeutet, dass die befragten Jugendlichen am zweiten Befragungszeitpunkt die meisten Fragen zum Thema Gewalt korrekt beantwortet haben. Zwar liegt der Mittelwert am dritten Befragungszeitpunkt unter dem zweiten, im Vergleich zum ersten Befragungszeitpunkt wissen die Jugendlichen jedoch immer noch signifikant mehr als vor der Intervention.

Tab. 18: Kontrastanalyse „Wissen zum Thema Gewalt", Vergleich t1/t2 und t1/t3

	Zeit	Quadratsumme	df	Mittel der Quadrate	F	Sig.	Eta-Quadrat
Zeit (zwischen MZP)	t1 vs. t2	154,69	1	154,69	116,55	0,000***	0,297
	t1 vs. t3	58,28	1	58,23	44,06	0,000***	0,138
Fehler (innerhalb)	t1 vs. t2	366,31	276	1,33			
	t1 vs. t3	364,77	276	1,32			

*** = p < 0,001; Eta-Quadrat: 0,01 = kleiner Effekt; 0,06 = mittlerer Effekt; 0,14 = großer Effekt

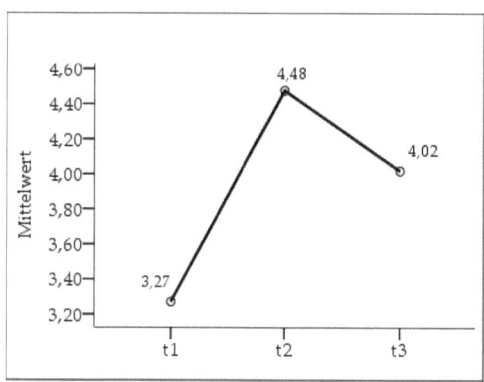

Abb. 10: Veränderung Mittelwert „Wissen zum Thema Gewalt"

Das themenspezifische Wissen der befragten Jugendlichen ist sowohl unmittelbar, als auch sechs bis acht Wochen nach der Intervention größer als vor der Intervention. Die Nullhypothesen können verworfen und die Alternativhypothesen angenommen werden.

Hypothesen 3 und 4:
3) Unmittelbar nach der Intervention kennen die Teilnehmer mehr Orte und Personen an die sie sich außerhalb der Schule bei Problemen wenden können als vor der Intervention.

4) Sechs bis acht Wochen nach der Intervention kennen die Teilnehmer mehr Orte und Personen an die sie sich außerhalb der Schule bei Problemen wenden können, als vor der Intervention.

Statistische Hypothesen	
3 (t1/t2)	**4** (t1/t3)
H_1: Tn (KeHAus2) > Tn (KeHAus1)	H_1: Tn (KeHAus3) > Tn (KeHAus1)
H_0: Tn (KeHAus2) ≤ Tn (KeHAus1)	H_0: Tn (KeHAus3) ≤ Tn (KeHAus1)

Auch hier wird die einfaktorielle Varianzanalyse mit Messwiederholung zur Überprüfung der Hypothesen herangezogen. Das Ergebnis der Varianzanalyse ergibt einen signifikanten Unterschied zwischen den drei Erhebungszeitpunkten für die Kenntnis von Hilfemöglichkeiten außerhalb der Schule (Tab. 19).

Tab. 19: Einfaktorielle Varianzanalyse mit Messwiederholung „Kenntnis Hilfemöglichkeiten außerhalb der Schule"

	Quadratsumme	df	Mittel der Quadrate	F	Sig.	Eta-Quadrat
Zeit (zwischen MZP)	15,10	1,94	7,72	5,61	0,004**	0,020
Fehler(innerhalb)	738,34	536,10	1,38			

** = p < 0,01; Eta-Quadrat: 0,01 = kleiner Effekt, 0,06 = mittlerer Effekt; 0,14 = großer Effekt

Eine Kontrastanalyse (Tab. 20) zeigt, dass sich der erste und dritte Befragungszeitpunkt signifikant unterscheiden. Für den Vergleich des ersten und zweiten Befragungszeitpunkt zeigt sich lediglich eine statistische Tendenz. Die beobachteten Effekte sind dabei mit 0,014 und 0,033 als klein einzuordnen.

Tab. 20: Kontrastanalyse „Kenntnis Hilfemöglichkeiten außerhalb der Schule", Vergleich t1/t2 und t1/t3

	Zeit	Quadratsumme	df	Mittel der Quadrate	F	Sig.	Eta-Quadrat
Zeit (zwischen MZP)	t1 vs. t2	9,03	1	9,03	3,80	0,052	0,014
	t1 vs. t3	29,90	1	29,90	9,39	0,002**	0,033
Fehler (innerhalb)	t1 vs. t2	654,98	276	2,37			
	t1 vs. t3	879,11	276	3,19			

** = p < 0,01; Eta-Quadrat: 0,01 = kleiner Effekt; 0,06 = mittlerer Effekt; 0,14 = großer Effekt

Die Kenntnis von Hilfemöglichkeiten außerhalb der Schule wird über die drei Befragungszeitpunkt hinweg kleiner. Die nicht-parametrische Testung über den Friedman-Test ergibt im Gegensatz zur Varianzanalyse keinerlei signifikanten Unterschiede zwischen den Befragungszeitpunkten.

Beide Alternativhypothesen müssen verworfen werden und die Nullhypothesen werden beibehalten.

8.2.2 Hypothesen zur Einstellung

Hypothesen 5 und 6:

5) Unmittelbar nach der Intervention ist die Einstellung der Teilnehmer gegenüber körperlicher Gewalt weniger tolerant als vor der Intervention.

6) Sechs bis acht Wochen nach der Intervention ist die Einstellung der Teilnehmer gegenüber körperlicher Gewalt weniger tolerant als vor der Intervention.

Statistische Hypothesen	
5 (t1/t2)	6 (t1/t3)
H_1: Tn (AndSchl2) < Tn (AndSchl1) H_0: Tn (AndSchl2) ≥ Tn (AndSchl1)	H_1: Tn (AndSchl3) < Tn (AndSchl1) H_0: Tn (AndSchl3) ≥ Tn (AndSchl1)

Da die zugrunde liegenden Daten ordinalverteilt sind, wird hier der Friedman-Test verwendet. Dieser ergibt als Globaltest signifikante Unterschiede (p = 0,003, χ^2 = 11,73) zwischen mindestens zwei der zugrunde liegenden Messzeitpunkte. Der Wilcoxon Test (Tab. 21) zeigt dann im Einzelvergleich, dass sich die Einstellung gegenüber körperlicher Gewalt signifikant zwischen dem ersten und zweiten Befragungszeitpunkt unterscheidet. Zwischen dem ersten und dritten Befragungszeitpunkt gibt es hingegen keine signifikanten Unterschiede.

Zur Interpretation was genau sich zwischen dem ersten und zweiten Befragungszeitpunkt verändert hat, werden die Anzahl der negativen und positiven Ränge sowie die Rangbindungen betrachtet. Diese ergeben sich aus der Differenzen der Wertepaare jedes Befragten. Bindungen sind Nulldifferenzen, das heißt zwischen den Befragungszeitpunkten bleibt die Antwort gleich, dies trifft für die Mehrheit zu. Positive Ränge oder besser positive Differenzen geben die Fälle an, bei denen die Differenz aus t2-t1 einen positiven Wert darstellt, was bei der zugrunde liegenden Variable heißt, dass der Wert höher liegt und die Zustimmung zu der Aussage ‚In manchen Situationen ist es in Ordnung, andere zu schlagen' am zweiten Befragungszeitpunkt höher ist als am ersten. Die negativen Ränge geben schlussendlich die Anzahl der negativen Differenzen zwischen t2 und t1 ein, was heißt, dass sich die Zustimmung zu der Aussage verringert hat.

Tab. 21: Wilcoxon Test „Einstellung gegenüber körperlicher Gewalt"

	Neg. Ränge	Pos. Ränge	Bindungen	Z	Sig.	r
t2-t1	90	149	206	-3,14	0,002**	0,149
t3-t1	68	75	149	-0,04	0,0962	0,002

** = p < 0,01; Effektgröße r: 0,1 = kleiner Effekt; 0,3 = mittlerer Effekt; 0,5 = großer Effekt

Die Einstellung gegenüber körperlicher Gewalt ist nach der Intervention nicht weniger tolerant als vor der Intervention. Die Alternativhypothesen sind beide abzulehnen und die Nullhypothesen beizubehalten.

Hypothesen 7 und 8:
7) Unmittelbar nach der Intervention ist die Einstellung der Teilnehmer gegenüber verbaler Gewalt weniger tolerant als vor der Intervention.

8) Sechs bis acht Wochen nach der Intervention ist die Einstellung der Teilnehmer gegenüber verbaler Gewalt weniger tolerant als vor der Intervention.

Statistische Hypothesen	
7 (t1/t2)	**8** (t1/t3)
H$_1$: Tn (Beschi2) < Tn (Beschi1)	H$_1$: Tn (Beschi3) < Tn (Beschi1)
H$_0$: Tn (Beschi2) ≥ Tn (Beschi1)	H$_0$: Tn (Beschi3) ≥ Tn (Beschi1)

Zur Überprüfung dieser Hypothese wird wieder der Wilcoxon Test herangezogen und es ergeben sich bei der Betrachtung der Einzelzeitpunkte keine signifikanten Unterschiede (Tab. 22).

Tab. 22: Wilcoxon Test „Einstellung gegenüber verbaler Gewalt"

	Neg. Ränge	Pos. Ränge	Bindungen	Z	Sig.	r
t2-t1	121	127	189	-0,42	0,677	0,020
t3-t1	80	71	138	-0,74	0,458	0,044

** = p < 0,01; Effektgröße r: 0,1 = kleiner Effekt; 0,3 = mittlerer Effekt; 0,5 = großer Effekt

Auch für die Einstellung gegenüber verbaler Gewalt gilt, dass sie nach der Intervention nicht weniger tolerant ist als vor der Intervention. Die Nullhypothesen sind beizubehalten, die Alternativhypothesen können nicht bestätigt werden.

Hypothesen 9, 10 und 11:
9) Mädchen haben vor der Intervention eine weniger tolerante Einstellung gegenüber körperlicher Gewalt als Jungen.

10) Mädchen haben unmittelbar nach der Intervention eine weniger tolerante Einstellung gegenüber körperlicher Gewalt als Jungen.

11) Mädchen haben sechs bis acht Wochen nach der Intervention eine weniger tolerante Einstellung gegenüber körperlicher Gewalt als Jungen.

Statistische Hypothesen		
9 (t1)	**10** (t2)	**11** (t3)
H$_1$: Tnw(AndSchl1) < Tnm (AndSchl1)	H$_1$: Tnw(AndSchl2) < Tnm (AndSchl2)	H$_1$: Tnw(AndSchl3) < Tnm (AndSchl3)
H$_0$: Tnw(AndSchl1) ≥ Tnm(AndSchl1)	H$_0$: Tnw(AndSchl2) ≥ Tnm (AndSchl2)	H$_0$: Tnw(AndSchl3) ≥ Tnm (AndSchl3)

Aufgrund der Ordinalskalierung der Daten findet hier der U-Test nach Mann und Whitney Anwendung. Es ergeben sich signifikante Unterschiede zwischen Mädchen und Jungen am ersten Befragungszeitpunkt und am dritten Befragungszeitpunkt (Tab. 23, Abb. 11). Am zweiten Befragungszeitpunkt gibt es keine signifikanten Unterschiede.

Die mittleren Ränge der Mädchen liegen sowohl am ersten als auch am zweiten Befragungszeitpunkt unter denen der Jungen, was bedeutet, dass die Mädchen eine signifikant weniger tolerante Einstellung gegenüber körperlicher Gewalt haben als die Jungen. Direkt nach der Intervention (t2) gibt es keine signifikanten Unterschiede zwischen Mädchen und Jungen.

Tab. 23: U-Test „Einstellung gegenüber körperlicher Gewalt", Vergleich Mädchen/Jungen

	Mittlerer Rang weiblich	männlich	Z	Sig	r
t1	227,25	262,13	-2,82	0,005**	0,127
t2	237,27	251,50	-1,15	0,246	0,052
t3	185,68	208,63	-2,06	0,039*	0,104

* = p < 0,05; ** = p < 0,01; Effektgröße r: 0,1 = kleiner Effekt; 0,3 = mittlerer Effekt; 0,5 = großer Effekt

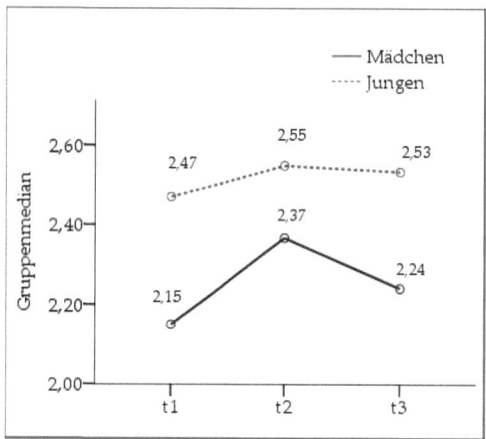

Abb. 11: „Einstellung gegenüber körperlicher Gewalt", Vergleich Mädchen/Jungen

Die Alternativhypothese kann somit für den ersten (Hypothese 9) und dritten Befragungszeitpunkt (Hypothese 11) angenommen und die Nullhypothese verworfen werden. Für den zweiten Befragungszeitpunkt (Hypothese 10) wird die Nullhypothese beibehalten.

Hypothesen 12, 13 und 14:

12) Mädchen haben vor der Intervention eine weniger tolerante Einstellung gegenüber verbaler Gewalt als Jungen.

13) Mädchen haben unmittelbar nach der Intervention eine weniger tolerante Einstellung gegenüber verbaler Gewalt als Jungen.

14) Mädchen haben sechs bis acht Wochen der Intervention eine weniger tolerante Einstellung gegenüber verbaler Gewalt als Jungen.

Statistische Hypothesen		
12 (t1)	**13** (t2)	**14** (t3)
H_1: Tnw (Beschi1) < Tnm (Beschi1)	H_1: Tnw (Beschi2) < Tnm (Beschi2)	H_1: Tnw (Beschi3) < Tnm (Beschi3)
H_0: Tnw (Beschi1) $\geq$ Tnm (Beschi1)	H_0: Tnw (Beschi2) $\geq$ Tnm (Beschi2)	H_0: Tnw (Beschi3) $\geq$ Tnm (Beschi3)

Auch diese Hypothese wird mithilfe des U-Tests überprüft und es ergeben sich die in Tab. 24 dargestellten Ergebnisse. An keinem der Erhebungszeitpunkte gibt es signifikante Unterschiede zwischen Mädchen und Jungen.

Tab. 24: U-Test „Einstellung gegenüber verbaler Gewalt", Vergleich Mädchen/Jungen

	Mittlerer Rang		Z	Sig	r
	weiblich	männlich			
t1	242,57	241,52	-0,086	0,932	0,004
t2	248,93	240,22	-0,704	0,482	0,032
t3	197,63	197,39	-0,021	0,983	0,001

Effektgröße r: 0,1 = kleiner Effekt; 0,3 = mittlerer Effekt; 0,5 = großer Effekt

Die Nullhypothesen werden beibehalten.

Hypothesen 15 und 16:
15) Unmittelbar nach der Intervention betrachten die Teilnehmer eine größere Anzahl von Handlungen als Gewalt als vor der Intervention.

16) Sechs bis acht Wochen nach der Intervention betrachten die Teilnehmer eine größere Anzahl von Handlungen als Gewalt als vor der Intervention.

Statistische Hypothesen	
15 (t1/t2)	**16** (t1/t3)
H_1: Tn (G2) > Tn (G1)	H_1: Tn (G3) > Tn (G1)
H_0: Tn (G2) $\leq$ Tn (G1)	H_0: Tn (G3) $\leq$ Tn (G1)

Diese Hypothesen werden anhand der einfaktoriellen Varianzanalyse mit Messwiederholung überprüft und es ergibt sich ein höchst signifikanter Unterschied zwischen den drei Erhebungszeitpunkten (Tab. 25).

Tab. 25: Einfaktorielle Varianzanalyse mit Messwiederholung „Was ist für dich Gewalt?"

	Quadratsumme	df	Mittel der Quadrate	F	Sig.	Eta-Quadrat
Zeit (zwischen MZP)	981,71	2	490,86	74,47	0,000***	0,212
Fehler (innerhalb)	3638,29	552	6,59			

*** = p < 0,001; Eta-Quadrat: 0,01 = kleiner Effekt; 0,06 = mittlerer Effekt; 0,14 = großer Effekt

Mithilfe einer einfachen Kontrastanalyse zeigt sich, dass es höchst signifikante Unterschiede sowohl t1 und t2 als auch zwischen t1 und t3 gibt, mit einer großen Effektstärke (Tab. 26).

Tab. 26: Kontrastanalyse „Was ist für dich Gewalt?", Vergleich t1/t2 und t1/t3

	Zeit	Quadratsumme	df	Mittel der Quadrate	F	Sig.	Eta-Quadrat
Zeit (zwischen MZP)	t1 vs. t2	1850,74	1	1850,74	144,33	0,000***	0,343
	t1 vs. t3	942,68	1	942,68	63,52	0,000***	0,187
Fehler (innerhalb)	t1 vs. t2	3539,256	276	12,823			
	t1 vs. t3	4096,325	276	14,842			

*** = p < 0,001; Eta-Quadrat: 0,01 = kleiner Effekt; 0,06 = mittlerer Effekt; 0,14 = großer Effekt

Die befragten Jugendlichen hatten im Fragebogen die Möglichkeit insgesamt zwanzig vorgegebene Sachverhalte als Gewalt einzuschätzen. Hierdurch ergibt sich ein Gesamtscore mit einer Anzahl an Zustimmungen je Jugendlicher. Am ersten Befragungszeitpunkt liegt dieser bei rund neun als Gewalt eingeschätzten Sachverhalten (Abb. 12). Dieser steigt direkt nach der Intervention am zweiten Befragungszeitpunkt auf knapp zwölf je Jugendlicher an und liegt am dritten Befragungszeitpunkt mit rund elf Nennungen niedriger als am dritten Befragungszeitpunkt, aber immer noch deutlich über der Anzahl am ersten Befragungszeitpunkt (Abb. 12).

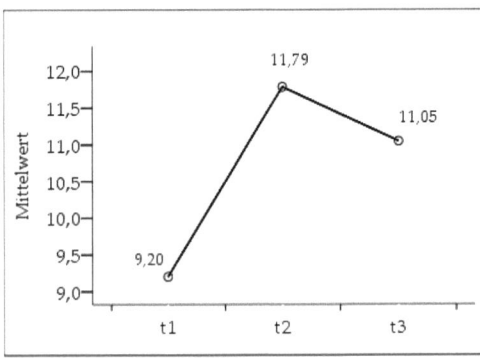

Abb. 12: Veränderung Mittelwert „Was ist für dich Gewalt?"

Die Teilnehmer betrachten nach der Intervention eine signifikant höhere Anzahl von Handlungen als Gewalt als vorher. Dieser Effekt ist auch einige Wochen nach der Intervention noch vorhanden. Die Nullhypothesen sind somit abzulehnen und die Alternativhypothesen können beide angenommen werden.

Überprüft man ergänzend dazu anhand des Q-Tests von Cochran die zwanzig verschiedenen Items jeweils einzeln im Zeitvergleich auf signifikante Unterschiede, so unterscheiden sich alle bis auf *Mit Gegenständen bewerfen*, *Schlagen*, *Erpressen* und *Spielerisch kämpfen* signifikant voneinander. Anhand des Chi-Quadrat-Tests von McNemar wird im Anschluss daran getestet, welche Zeitpunkte sich genau voneinander unterscheiden.

Wie in Tabelle 27 zu sehen ist, unterscheiden sich die Items zwischen dem ersten und zweiten Befragungszeitpunkt signifikant, die allermeisten höchst signifikant voneinander. Die Unterschiede zeigen, dass bei allen Items mehr Jugendliche diese am zweiten Befragungszeitpunkt als Gewalt einstufen als am ersten Befragungszeitpunkt.

Für den Vergleich des ersten und dritten Befragungszeitpunkt ist bei allen Items außer *Stehlen* ebenfalls ein signifikanter Unterschied festzustellen. Bei den Items *Einsperren*, *Fenster einwerfen*, *Grimassen schneiden* und *Hilfe verweigern* ist die Häufigkeit der Nennungen im Vergleich zum zweiten am dritten Befragungszeitpunkt nochmals gestiegen. Bei allen anderen Items ist die Häufigkeit etwas gesunken, liegt aber immer noch signifikant über der Häufigkeit am ersten Befragungszeitpunkt.

Tab. 27: Chi-Quadrat Test McNemar: Anstieg der Einschätzung der Einzelitems „Was ist für dich Gewalt?" Vergleich t1/t2 und t1/t3

	t1 / t2 (N = 446)		t1 / t3 (N = 289)	
	Chi-Quadrat	Sig.	Chi-Quadrat	Sig.
Anbrüllen	46,15	0,000***	12,43	0,000***
Auslachen	48,67	0,000***	16,41	0,000***
Bedrohen	11,39	0,001**	5,78	0,015*
Beschimpfen	28,85	0,000***	17,98	0,000***
Einschüchtern	42,79	0,000***	9,68	0,002**
Einsperren	31,01	0,000***	20,75	0,000***
Fenster einwerfen	15,46	0,000***	14,24	0,000***
Grimassen schneiden	4,03	0,043*		0,017[a]
Hilfe verweigern	34,29	0,000***	14,13	0,000***
Jemanden gegen seinen Willen küssen	40,50	0,000***	8,89	0,003**
Schlecht über andere reden	77,49	0,000***	8,93	0,003**
Schubsen	90,78	0,000***	8,43	0,003**
Stehlen	31,34	0,000***	1,34	0,246
Stuhl wegziehen	77,15	0,000***	18,82	0,000***
Wände bemalen	127,12	0,000***	44,01	0,000***
Jm. zu etwas zwingen	23,50	0,000***	6,56	0,010*

[a] verwendetete Binominalverteilung; * = p < 0,05; ** = p < 0,01; *** = p < 0,001

8.2.3 Hypothesen zu Verhalten und Verhaltensabsicht

I Hypothesen zur Verhaltensabsicht

Hypothesen 17 und 18:

17) Unmittelbar nach der Intervention äußern die Teilnehmer die Absicht bei Auseinandersetzungen zwischen Mitschülern häufiger schlichtend einzugreifen als vor der Intervention.

18) Sechs bis acht Wochen nach der Intervention äußern die Teilnehmer die Absicht bei Auseinandersetzungen zwischen Mitschülern häufiger schlichtend einzugreifen als vor der Intervention.

Statistische Hypothesen	
17 (t1/t2)	**18** (t1/t3)
H_1: Tn (Eingr2) > Tn (Eingr1)	H_1: Tn (Eingr3) > Tn (Eingr1)
H_0: Tn (Eingr2) $\leq$ Tn (Eingr1)	H_0: Tn (Eingr3) $\leq$ Tn (Eingr1)

Zur Überprüfung dieser Hypothese werden der Friedman und Wilcoxon Test herangezogen, die weder im Global- noch im Einzelvergleich signifikante Unterschiede im Vergleich vor und nach der Intervention zeigen (Tab. 28).

Tab. 28: Wilcoxon Test „Absicht schlichtend einzugreifen"

	Neg. Ränge	Pos. Ränge	Bindungen	Z	Sig.	r
t2-t1	103	130	208	-1,16	0,248	0,005
t3-t1	81	69	138	-1,35	0,178	0,007

Effektgröße r: 0,1 = kleiner Effekt; 0,3 = mittlerer Effekt; 0,5 = großer Effekt

Die Nullhypothesen werden beibehalten, die Alternativhypothesen können nicht angenommen werden.

Hypothesen 19 und 20:
19) Unmittelbar nach der Intervention fühlen sich die Teilnehmer kompetenter, selbst weniger Gewalt anzuwenden als vor der Intervention.

20) Sechs bis acht Wochen nach der Intervention fühlen sich die Teilnehmer kompetenter, selbst weniger Gewalt anzuwenden als vor der Intervention.

Statistische Hypothesen	
19 (t1/t2)	**20 (t1/t3)**
H_1: Tn (EinschGT2) > Tn (EinschGT1)	H_1: Tn (EinschGT3) > Tn (EinschGT1)
H_0: Tn (EinschGT2) ≤ Tn (EinschGT1)	H_0: Tn (EinschGT3) ≤ Tn (EinschGT1)

Aufgrund der Ordinalskalierung der Items findet der Friedman Test Anwendung. Er ergibt einen signifikanter Unterschied (p = 0,001; χ^2 = 14,34) zwischen den Messzeitpunkten.

Ein Einzelvergleich mithilfe des Wilcoxon Tests ergibt signifikante Unterschiede zwischen dem ersten und zweiten Zeitpunkt und zwischen dem ersten und dritten Zeitpunkt (Tab. 29). Ein Blick auf die Ergebnisse macht deutlich, dass es mehr positive als negative Ränge gibt, sich das Antwortverhalten also insofern verändert hat, dass die Jugendlichen nach der Intervention angeben, dass sie sich fähiger fühlen auf Beschimpfungen, Provokationen oder körperliche Gewalt selbst nicht mit körperlicher Gewalt zu reagieren.

Tab. 29: Wilcoxon Test „Selbsteinschätzung eigene Gewalttätigkeit"

	Neg. Ränge	Pos. Ränge	Bindungen	Z	Sig.	r
t2-t1	88	139	213	-2,33	0,019*	0,111
t3-t1	61	100	129	-2,69	0,007**	0,158

* = p < 0,05; ** = p < 0,01; Effektgröße r: 0,1 = kleiner Effekt; 0,3 = mittlerer Effekt; 0,5 = großer Effekt

Die Teilnehmer der Intervention ‚Schlag.fertig' fühlen sich somit nach der Intervention signifikant kompetenter selbst weniger Gewalt anzuwenden als vor der

Intervention. Dies gilt auch noch sechs Wochen nach der Intervention. Die Nullhypothesen werden zurückgewiesen und die Alternativhypothesen angenommen.

Hypothesen 21 und 22:
21) Unmittelbar nach der Intervention korrelieren Veränderungen des Wissens zum Thema Gewalt positiv mit Veränderungen der geäußerten Absicht bei Auseinandersetzungen zwischen Mitschülern deeskalierend einzugreifen.

22) Sechs bis acht Wochen nach der Intervention korrelieren Veränderungen des Wissens zum Thema Gewalt positiv mit Veränderungen der geäußerten Absicht bei Auseinandersetzungen zwischen Mitschülern deeskalierend einzugreifen.

Statistische Hypothesen	
21 (t2)	**22** (t3)
H_1: R (WiG2-WiG1), (Eingr2-Eingr1) > 0	H_1: R (WiG3-WiG1), (Eingr3-Eingr1) > 0
H_0: R (WiG2-WiG1), (Eingr2-Eingr1) ≤ 0	H_0: R (WiG3-WiG1), (Eingr3-Eingr1) ≤ 0

Zur Überprüfung dieser Hypothesen wird eine neue Variable je Versuchsperson gebildet, die aus der Differenz des ersten und zweiten Messwertes zum Wissensstand (z. B. „DiffWiG" = WiG2-WiG1) besteht. Hieraus ergibt sich entweder ein positiver Wert bei einem Wissenszuwachs, ein negativer Wert bei einer Wissensabnahme oder ein Null-Wert bei keiner Veränderung. Analog dazu wird dies für die Variable *Eingreifen* für die unterschiedlichen Messzeitpunkte durchgeführt.

Da diese neuen Variablen metrisch skaliert sind, kann zur Überprüfung eines Zusammenhangs der Korrelationskoeffizient nach Pearson berechnet werden. Hierfür werden entsprechend der Hypothese nur die Fälle mit einbezogen, bei denen es zu einer Veränderung gekommen ist, also deren „Diff"-Variablen ungleich null sind. Da die Annahme der Normalverteilung zum Teil verletzt ist, werden zusätzlich nicht-parametrische Verfahren gewählt. Für den untersuchten Zusammenhang ergibt sich keine signifikante Korrelation, weder für den zweiten noch für den dritten Befragungszeitpunkt (Tab. 30).

Zwischen Veränderungen des Wissens zum Thema Gewalt und der geäußerten Absicht bei Auseinandersetzungen zwischen Mitschülern deeskalierend einzugreifen, besteht kein signifikanter Zusammenhang.

Tab. 30: Pearson Korrelation „Wissen Gewalt" und „Absicht Einzugreifen"

		Diff_WiG2_1	Diff_WiG3_1
Diff_Eingr2_1	Korrelation nach Pearson	-0,025	
	Sig.	0,636	
	N	357	
Diff_Eingr3_1	Korrelation nach Pearson		-0,023
	Sig.		0,811
	N		107

Die Alternativhypothesen können nicht bestätigt werden, die Nullhypothesen sind beizubehalten.

II Hypothesen zum Verhalten

Hypothese 23:

23) Sechs bis acht Wochen nach der Intervention ist die Häufigkeit des eigenen gewalttätigen Verhaltens geringer als vor der Intervention.

Statistische Hypothesen (t1/t3)
H_1: Tn (GT3) < Tn (GT1)
H_0: Tn (GT3) ≥ Tn (GT1)

Zur Überprüfung dieser Hypothese wird eine neue Variable gebildet, welche die Gesamtanzahl an selbstberichtetem eigenen gewalttätigen Verhalten aus insgesamt zehn Items zusammenfasst, die Mittelwerte der Tätererfahrungen sind in Tabelle 31 dargestellt. Da keine Normalverteilung vorhanden ist, wird zur Berechnung ein nicht-parametrisches Verfahren, der Wilcoxon Test verwendet. Tabelle 32 zeigt, dass es keine signifikanten Unterschiede zwischen den verschiedenen Befragungszeitpunkten gibt.

Tab. 31: Mittelwerte „Tätererfahrungen" t1 und t3

	Mittelwert	SD
Tätererfahrungen t1	8,52	14,86
Tätererfahrungen t3	8,50	14,58

Tab. 32: Wilcoxon Test „Tätererfahrungen", Vergleich t1/t3

	Neg. Ränge	Pos. Ränge	Bindungen	Z	Sig.	r
t3-t1	84	112	50	-1,70	0,089	0,109

Effektgröße r: 0,1 = kleiner Effekt; 0,3 = mittlerer Effekt; 0,5 = großer Effekt

Die Nullhypothese ist beizubehalten, die Alternativhypothese gilt als nicht bestätigt.

Hypothesen 24 und 25:
24) Verbale Gewalt wird vor der Intervention häufiger ausgeübt als körperliche Gewalt.

25) Verbale Gewalt wird sechs bis acht Wochen nach der Intervention häufiger ausgeübt als körperliche Gewalt.

Statistische Hypothesen	
24 (t1)	25 (t3)
H_1: Tn (verbG1) > Tn (körG1)	H_1: Tn (verbG3) > Tn (körG3)
H_0: Tn (verbG1) $\leq$ Tn (körG1)	H_0: Tn (verbG3) $\leq$ Tn (körG3)

Mithilfe des t-Tests werden diese Hypothesen überprüft. Hierfür werden jeweils die Häufigkeiten der Täter und Opfer als eine Gesamthäufigkeit zusammengefasst. Am ersten Befragungszeitpunkt zeigt sich für verbale Gewalt ein Mittelwert von knapp 10 Mal, für körperliche Gewalt sind es 4 Mal (Tab. 33). Die Differenz ist hoch signifikant.

Am dritten Befragungszeitpunkt zeigt sich bei verbaler Gewalt ein Mittelwert von 8 Mal, für körperliche Gewalt liegt der Mittelwert bei 5 Mal. Auch hier sind die Unterschiede hoch signifikant. Die Effektstärke liegt für beide Zeitpunkte im mittleren Bereich. In Abbildung 13 ist der Vergleich grafisch dargestellt.

Tab. 33: Mittelwerte und T-Test-Ergebnisse „verbale Gewalt" und „körperliche Gewalt"

		N	Mittelwert	SD	Standardfehler des Mittelwertes	T	df	Sig.	d
t1	verbale Gewalt	490	9,95	13,79	0,62	11,23	489	0,000***	0,522
	körperliche Gewalt	490	4,13	8,49	0,38				
t3	verbale Gewalt	414	8,36	11,87	0,58	7,38	413	0,000***	0,363
	körperliche Gewalt	414	4,69	8,43	0,41				

*** = $p < 0,001$; Effektgröße d: 0,2 = kleiner Effekt, 0,5 = mittlerer Effekt; 0,8 = großer Effekt

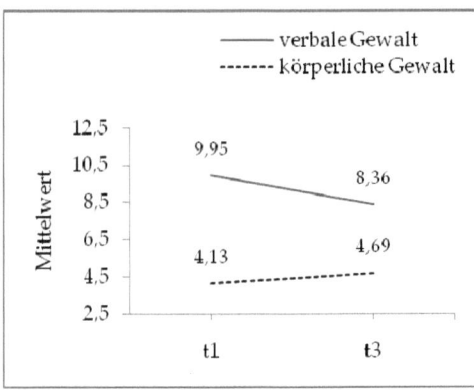

Abb. 13: Häufigkeit „verbale Gewalt" und „körperliche Gewalt"

Insgesamt wird verbale Gewalt zu beiden Befragungszeitpunkten signifikant häufiger ausgeübt als körperliche Gewalt. Für beide Befragungszeitpunkte können die Nullhypothesen verworfen und die Alternativhypothesen angenommen werden.

Hypothesen 26 und 27:
26) Jungen üben vor der Intervention häufiger Gewalt aus als Mädchen.

27) Jungen üben sechs bis acht Wochen nach der Intervention häufiger Gewalt aus als Mädchen.

Statistische Hypothesen	
26 (t1)	**27** (t3)
H_1: Tnm (GT1) > Tnw (GT1)	H_1: Tnm (GT3) > Tnw (GT3)
H_0: Tnm (GT1) $\leq$ Tnw (GT1)	H_0: Tnm (GT3) $\leq$ Tnw (GT3)

Diese Hypothesen werden mithilfe des t-Tests für unabhängige Stichproben überprüft und es ergeben sich die in Tabelle 34 und Abbildung 14 dargestellten Ergebnisse.

Am ersten Befragungszeitpunkt geben Mädchen im Durchschnitt an, 6 Mal innerhalb der letzten sechs Wochen gewalttätig gewesen zu sein. Bei Jungen kommt dies mit 11 Mal fast doppelt so häufig vor. Die Unterschiede zwischen den Geschlechtern sind hoch signifikant. Der beobachtete Effekt ist im mittleren Bereich einzuordnen.

Am dritten Befragungszeitpunkt sieht es jedoch anders aus. Zwar geben Mädchen mit 8 Mal immer noch eine geringere Häufigkeit an als Jungen mit 9 Mal, die Unterschiede sind allerdings nicht mehr signifikant.

Tab. 34: Mittelwerte und T-Testergebnisse „Tätererfahrungen" Vergleich Jungen/Mädchen

	Geschlecht	N	Mittelwert	SD	Standardfehler des Mittelwertes	T	df	Sig.	d
Tätererfahrungen t1	weiblich	219	5,52	13,41	0,91	-4,29	430,65	0,000***	0,410
	männlich	222	11,47	15,64	1,05				
Tätererfahrungen t3	weiblich	171	7,95	14,37	1,10	-0,81	334	0,416	0,089
	männlich	162	9,23	14,44	1,12				

*** = p < 0,001; Effektgröße d: 0,2 = kleiner Effekt; 0,5 = mittlerer Effekt; 0,8 = großer Effekt

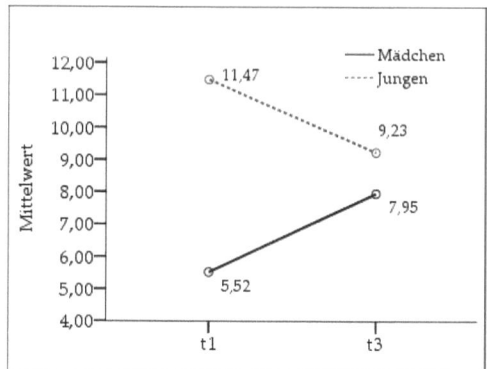

Abb. 14: „Tätererfahrungen" Vergleich Mädchen/Jungen

Für Hypothese 26 kann die Alternativhypothese angenommen werden, die Nullhypothese wird nicht beibehalten.

Für die Hypothese 27 wird die Nullhypothese beibehalten und die Alternativhypothese verworfen.

Hypothesen 28 und 29:

28) Jungen sind vor der Intervention häufiger Opfer von Gewalt als Mädchen.

29) Jungen sind sechs bis acht Wochen nach der Intervention häufiger Opfer von Gewalt als Mädchen.

Statistische Hypothesen	
28 (t1)	**29** (t3)
H_1: Tnm (GO1) > Tnw (GO1)	H_1: Tnm (GO3) > Tnw (GO3)
H_0: Tnm (GO1) ≤ Tnw (GO1)	H_0: Tnm (GO3) ≤ Tnw (GO3)

Die Hypothesen werden mithilfe des t-Tests für unabhängige Stichproben überprüft und es ergeben sich folgende in Tabelle 35 und Abbildung 15 dargestellten Ergebnisse.

Am ersten Befragungszeitpunkt geben Mädchen durchschnittlich 4, Jungen 9 Opfererfahrungen an. Dieser Unterschied ist hoch signifikant. Die Effektstärke liegt im mittleren Bereich.

Am dritten Befragungszeitpunkt liegt die Anzahl der Opfererfahrungen bei Mädchen bei 5 Mal, bei Jungen ist sie mit 7 geringer als am ersten Befragungszeitpunkt. Die Unterschiede zwischen den Geschlechtern sind nicht signifikant, es gibt lediglich eine statistische Tendenz.

Tab. 35: Mittelwerte und T-Test-Ergebnisse „Opfererfahrungen" Vergleich Jungen/Mädchen

	Geschlecht	N	Mittelwert	SD	Standardfehler des Mittelwertes	T	df	Sig.	d
Opfererfahrungen t1	weiblich	227	4,13	7,27	0,48	-5,05	385,68	0,000***	0,476
	männlich	263	9,49	15,36	0,95				
Opfererfahrungen t3	weiblich	182	4,96	8,99	0,67	-1,82	365,06	0,070	0,105
	männlich	211	7,07	13,79	0,95				

*** = p < 0,001; Effektgröße d: 0,2 = kleiner Effekt, 0,5 = mittlerer Effekt; 0,8 = großer Effekt

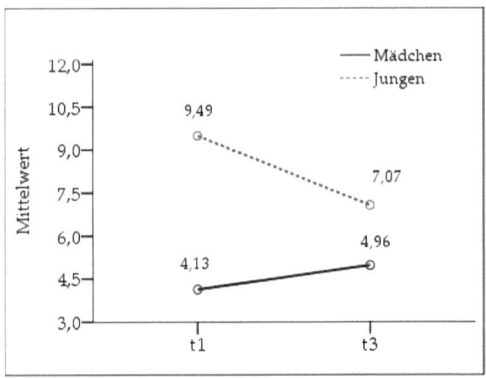

Abb. 15: „Opfererfahrungen" Vergleich Mädchen/Jungen

Obwohl an beiden Befragungszeitpunkten Mädchen von weniger Opfererfahrungen berichten, sind die Unterschiede nur am ersten Befragungszeitpunkt signifikant. Für Hypothese 28 kann folglich die Alternativhypothese angenommen werden, die Nullhypothese wird nicht beibehalten. Für Hypothese 29 wird die Nullhypothese beibehalten und die Alternativhypothese verworfen.

Hypothesen 30 und 31:

30) Vor der Intervention besteht eine positive Korrelation zwischen der Häufigkeit von selbst ausgeübter Gewalt und der Häufigkeit von Opfererfahrungen.

31) Sechs bis acht Wochen nach der Intervention besteht eine positive Korrelation zwischen der Häufigkeit von selbst ausgeübter Gewalt und der Häufigkeit von Opfererfahrungen.

Statistische Hypothesen	
30 (t1)	**31 (t3)**
H_1: R (GT1), (GO1) > 0	H_1: R (GT3), (GO3) > 0
H_0: R (GT1), (GO1) ≤ 0	H_0: R (GT3), (GO3) ≤ 0

Aufgrund einer fehlenden Normalverteilung findet hier das Korrelationsverfahren nach Spearman Anwendung. Es ergibt sich für beide Zeitpunkte eine hoch signifikante und mit r = 0,417 (t1) und r = 0,524 große Korrelation. Zwischen der Häufigkeit der selbst ausgeübten Gewalt und den eigenen Opfererfahrungen besteht ein deutlicher Zusammenhang.

Tab. 36: Spearman-Korrelation „Tätererfahrungen / Opfererfahrungen" t1 und t3

	Opfererfahrungen t1			Opfererfahrungen t3		
	N	Korrelationskoeffizient r	Sig.	N	Korrelationskoeffizient r	Sig.
Tätererfahrungen t1	441	0,417	0,000***			
Tätererfahrungen t3				257	0,524	0,000***

*** = p < 0,001

Die Nullhypothesen werden verworfen, die Alternativhypothesen können angenommen werden.

Hypothesen 32 und 33:

32) Teilnehmer mit Migrationshintergrund üben vor der Intervention häufiger Gewalt aus als Teilnehmer ohne Migrationshintergrund.

33) Teilnehmer mit Migrationshintergrund üben sechs bis acht Wochen nach der Intervention häufiger Gewalt aus als Teilnehmer ohne Migrationshintergrund.

Statistische Hypothesen	
32 (t1)	**33 (t3)**
H_1: TnMi (GT1) > TnD (GT1)	H_1: TnMi (GT3) > TnD (GT3)
H_0: TnMi (GT1) ≤ TnD (GT1)	H_0: TnMi (GT3) ≤ TnD (GT3)

Da die beiden Stichproben nicht gleich groß sind und zusätzlich keine Varianzhomogenität vorliegt, wird auf die nicht-parametrische Alternative des t-Test für unabhängige Stichproben, den U-Test von Mann und Whitney zurückgegriffen.

Die Ergebnisse in Tabelle 37 zeigen für den ersten Befragungszeitpunkt sowie für den dritten Befragungszeitpunkt signifikante Unterschiede. Ein Blick auf die mittleren Ränge zeigt, dass die mittleren Ränge bei den Jugendlichen mit Migrationshintergrund deutlich über denen der Jugendlichen ohne Migrationshintergrund liegen. Dies bedeutet, dass Jugendliche mit Migrationshintergrund im Schnitt mehr selbst ausgeübte Gewalttaten angeben (Abb. 16). Die Mittelwerte der beiden Gruppe verdeutlichen dies ergänzend: Liegt der Mittelwert für Jugendliche ohne Migrationshintergrund zu beiden Zeitpunkten bei rund 7 Mal (t1: MW = 7,05; SD = 11,81; t3: MW = 7,43, SD = 12,95), so liegt er bei Jugendlichen mit Migrationshintergrund bei rund 11 (t1: MW = 11,52; SD = 19,24; t3: MW = 11,46; SD = 17,25) selbstberichteten eigenen Gewalttaten innerhalb der letzten sechs Wochen.

Tab. 37: U-Test „Tätererfahrungen" Vergleich Jugendliche mit/ohne Migrationshintergrund

	Mittlerer Rang		Z	Sig.	r
	ohne Migrationshintergrund	mit Migrationshintergrund			
t1	202,70	234,25	-2,551	0,011*	0,141
t3	152,38	190,61	-3,429	0,001**	0,189

* = p < 0,05; ** = p < 0,01; Effektgröße r: 0,1 = kleiner Effekt; 0,3 = mittlerer Effekt; 0,5 = großer Effekt

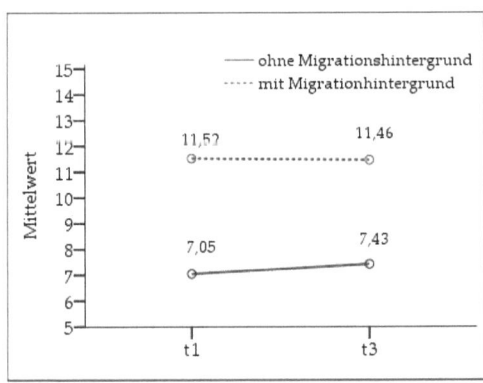

Abb. 16: Tätererfahrungen Vergleich Jugendliche mit/ohne Migrationshintergrund

Jugendliche mit Migrationshintergrund geben an beiden Befragungszeitpunkten eine signifikant höhere Anzahl von selbst ausgeübten Gewalttaten an als Jugendliche ohne Migrationshintergrund. Die Nullhypothesen werden zurückgewiesen und die Alternativhypothesen angenommen.

Hypothesen 34 und 35:
34) Teilnehmer mit Migrationshintergrund sind vor der Intervention häufiger Opfer von Gewalt als Teilnehmer ohne Migrationshintergrund.

35) Teilnehmer mit Migrationshintergrund sind sechs bis acht Wochen nach der Intervention häufiger Opfer von Gewalt als Teilnehmer ohne Migrationshintergrund.

Statistische Hypothesen	
34 (t1)	35 (t3)
H_1: TnMi (GO1) > TnD (GO1)	H_1: TnMi (GO3) > TnD (GO3)
H_0: TnMi (GO1) $\leq$ TnD (GO1)	H_0: TnMi (GO3) $\leq$ TnD (GO3

Für die Überprüfung dieser Hypothesen wird ebenfalls der U-Test herangezogen. Tabelle 38 zeigt die Ergebnisse des U-Tests, es gibt keine signifikanten Unterschiede zwischen den beiden Gruppen von Jugendlichen, weder am ersten noch am dritten Befragungszeitpunkt. Jugendliche mit und ohne Migrationshintergrund unterscheiden sich nicht signifikant voneinander hinsichtlich der selbst berichteten Häufigkeit von Opfererfahrungen. Die Mittelwerte liegen für Jugendliche mit Migrationshintergrund an beiden Befragungszeitpunkten bei 7 Mal (t1: MW = 7,04; SD = 12,02; t3: MW = 7,08; SD = 13,77), für Jugendliche ohne Migrationshintergrund liegen sie am ersten Befragungszeitpunkt bei 7 Mal (MW = 6,95; SD = 12,94) und 6 Mal (MW = 5,61; SD = 10,81) am dritten.

Tab. 38: U-Test „Opfererfahrungen" Vergleich Jugendliche mit/ohne Migrationshintergrund

	Mittlerer Rang		Z	Sig.	r
	ohne Migrationshintergrund	mit Migrationshintergrund			
t1	239,86	230,59	-0,725	0,469	0,033
t3	190,58	197,98	-0,631	0,528	0,032

Effektgröße r: 0,1 = kleiner Effekt; 0,3 = mittlerer Effekt; 0,5 = großer Effekt

Die Alternativhypothesen müssen verworfen werden, die Nullhypothesen werden beibehalten.

Hypothesen 36 und 37:
36) Die Höhe des Bildungsstandes korreliert vor der Intervention negativ mit der Anzahl ausgeübter Gewalttaten.

37) Die Höhe des Bildungsstandes korreliert sechs bis acht Wochen nach der Intervention negativ mit der Anzahl ausgeübter Gewalttaten.

Statistische Hypothesen	
36 (t1)	37 (t3)
H_1: R (Schultyp), (GT1) < 0	H_1: R (Schultyp), (GT3) < 0
H_0: R (Schultyp), (GT1) ≥ 0	H_0: R (Schultyp), (GT3) ≥ 0

Zur Überprüfung dieser Hypothesen wird das Korrelationsverfahren nach Kendall herangezogen, da es sich bei der Variable zum Schultyp um eine ordinalskalierte Variable handelt und keine Äquidistanz angenommen werden kann. Die an der Intervention beteiligten Schulformen werden in einer Variable anhand des möglichen Schulabschlusses aufsteigend angeordnet, wobei die Förderschule den niedrigsten Wert und das Gymnasium den höchsten Wert bekommt.

Hinsichtlich der Hypothese 36 (t1) ergibt sich eine signifikantes Ergebnis, mit einer allerdings schwachen Korrelation (Tab. 39). Es handelt sich um eine negative Korrelation, das heißt je höher der Bildungsstand, hier ermittelt durch die besuchte Schulform, desto geringer ist die Anzahl ausgeübter Gewalttaten innerhalb der letzen sechs Wochen.

Für die Hypothese 37 (t3) ergibt sich keine signifikante Korrelation zwischen der Schulform und der ausgeübten Gewalttaten.

Tab. 39: Kendall Korrelation „Schulform" und „Tätererfahrungen"

		Schulform	Tätererfahrungen t1	Tätererfahrungen t3
Schulform	Korr.koeffizient r	1,000	-0,126**	0,064
	Sig.	.	0,001**	0,137
	N	639	441	355

** = p < 0,01

Vor der Intervention korreliert die Höhe des Bildungsstands negativ mit der Anzahl ausgeübter Gewalttaten, nach der Intervention ist keine signifikant Korrelation mehr vorhanden. Die Nullhypothese wird für Hypothese 36 abgelehnt, die Alternativhypothese kann angenommen werden. Für die Hypothese 37 muss die Nullhypothese beibehalten werden.

III Hypothesen zur Kommunikation

Hypothese 38:
38) Nach der Intervention sprechen die Teilnehmer häufiger über miterlebte Gewalt als vor der Intervention.

Statistische Hypothesen (t1/t3)
H_1: Tn (KHMit3) > Tn (KHMit1)
H_0: Tn (KHMit3) ≤ Tn (KHMit1)

Für die Überprüfung dieser Hypothese wird der t-Test für abhängige Stichproben angewendet, da es sich um eine Messwiederholung mit zwei Messzeitpunkten an derselben Stichprobe sowie metrische und stetige Variablen handelt und die zwei Messwertreihen nicht negativ miteinander korrelieren. Betrachtet wird die Kommunikationshäufigkeit insgesamt über die verschiedenen Einzelgruppen (Familie, Lehrer, Unterricht, Jugendliche) hinweg.

Tabelle 40 gibt einen Überblick über die Mittelwerte und die Ergebnisse des t-Tests. Die Kommunikationshäufigkeit insgesamt unterscheidet sich an den beiden Befragungszeitpunkten nicht signifikant voneinander, die Mittelwerte liegen sehr nah beieinander.

Tab. 40: Mittelwerte und T-Test-Ergebnisse bei gepaarten Stichproben „Kommunikationshäufigkeit über miterlebte Gewalt"

	Mittelwert	N	SD	Standardfehler des Mittelwertes	T	df	Sig.	d
Kommunikationshäufigkeit t1	4,79	279	7,27	0,44	-0,251	278	0,802	0,017
Kommunikationshäufigkeit t3	4,92	279	7,34	0,44				

Effektgröße d: 0,2 = kleiner Effekt, 0,5 = mittlerer Effekt; 0,8 = großer Effekt

Die Nullhypothese ist beizubehalten, die Alternativhypothese wird verworfen. Die Jugendlichen sprechen nach der Intervention nicht häufiger über miterlebte Gewalttaten als vor der Intervention.

Hypothesen 39:
39) Nach der Intervention sprechen die Teilnehmer häufiger über das Thema Gewalt als vor der Intervention.

Statistische Hypothesen
H_1: Tn (KHTh3) > Tn (KHTh1)
H_0: Tn (KHTh3) ≤ Tn (KHTh1)

Da es sich um eine zweifache Messwiederholung bei metrischen Daten handelt und zwischen den einzelnen Messwertreihen keine negative Korrelation vorhanden ist, wird wiederum der t-Test für verbundene Stichproben als Testverfahren angewendet.

Tabelle 41 gibt einen Überblick über die Ergebnisse. Auch hier gibt es keine signifikanten Unterschiede zwischen den Befragungszeitpunkten hinsichtlich der Gesamthäufigkeit mit der über das Thema Gewalt gesprochen wird.

Tab. 41: Mittelwerte und T-Test-Ergebnisse bei gepaarten Stichproben „Kommunikationshäufigkeit Thema Gewalt"

	Mittelwert	N	SD	Standardfehler des Mittelwertes	T	df	Sig.	d
Kommunikationshäufigkeit t1	8,495	265	8,49	0,521	0,09	264	0,927	0,006
Kommunikationshäufigkeit t3	8,445	265	8,16	0,501				

Effektgröße d: 0,2 = kleiner Effekt; 0,5 = mittlerer Effekt; 0,8 = großer Effekt

Vor und nach der Intervention wird in etwa gleichhäufig über das Thema Gewalt gesprochen. Die Nullhypothese ist beizubehalten, die Alternativhypothese wird abgelehnt.

Hypothesen 40 und 41:
40) Unmittelbar nach der Intervention äußern die Teilnehmer, dass sie leichter über miterlebte Gewalt sprechen können als vor der Intervention.

41) Sechs bis acht Wochen nach der Intervention äußern die Teilnehmer, dass sie leichter über miterlebte Gewalt sprechen können als vor der Intervention.

Statistische Hypothesen	
40 (t1/t2)	41 (t1/t3)
H_1: Tn (KSMit2) < Tn (KSMit1)	H_1: Tn (KSMit3) < Tn (KSMit1)
H_0: Tn (KSMit2) ≥ Tn (KSMit1)	H_0: Tn (KSMit3) ≥ Tn (KSMit1)

Nun steht die Kommunikationsschwierigkeit über die Einzelgruppen hinweg im Fokus. Der Wilcoxon Test zeigt keine signifikanten Unterschiede zwischen den verschiedenen Zeitpunkten (Tab. 42).

Tab. 42: Wilcoxon Test „Kommunikationsschwierigkeit"

	Neg. Ränge	Pos. Ränge	Bindungen	Z	Sig.	r
t2-t1	128	130	192	-0,37	0,714	0,017
t3-t1	99	82	113	-0,48	0,635	0,028

Effektgröße r: 0,1 = kleiner Effekt; 0,3 = mittlerer Effekt; 0,5 = großer Effekt

Die Nullhypothesen sind beizubehalten, die Alternativhypothesen sind abzulehnen.

Hypothesen 42 und 43:
42) Unmittelbar nach der Intervention äußern die Teilnehmer, dass sie es wichtiger finden über Gewalt zu sprechen als vor der Intervention.

43) Sechs bis acht Wochen nach der Intervention äußern die Teilnehmer, dass sie es wichtiger finden über Gewalt zu sprechen als vor der Intervention.

Statistische Hypothesen	
42 (t1/t2)	43 (t1/t3)
H_1: Tn (KWT2) > Tn (KWT1)	H_1: Tn (KWT3) > Tn (KWT1)
H_0: Tn (KWT2) ≤ Tn (KWT1)	H_0: Tn (KWT3) ≤ Tn (KWT1)

Zur Überprüfung dieser Hypothesen wird zunächst der Friedman-Test angewendet, der höchst signifikante Unterschiede ($p < 0,001$, $\chi^2 = 35,463$) zwischen den drei Befragungszeitpunkten liefert.

Der Wilcoxon Test ergibt höchst signifikante Unterschiede zwischen dem ersten und zweiten Befragungszeitpunkt (Tab. 43). Anhand der hohen Zahl von positiven Ränge wird deutlich, dass viele Jugendliche nach der Intervention die Wichtigkeit von Kommunikation über Gewalt höher einschätzen als vorher. Die Jugendlichen äußern nach der Intervention, dass sie es wichtiger finden über Gewalt zu sprechen als vor der Intervention.

Zwischen dem ersten und letzten Befragungszeitpunkt gibt es jedoch keine signifikanten Unterschiede mehr. Der beobachtete Anstieg nach der Intervention ist nicht nachhaltig vorhanden (Abb. 17).

Tab. 43: Wilcoxon Test „Kommunikationswichtigkeit", Vergleich t1/t2 und t1/t3

	Neg. Ränge	Pos. Ränge	Bindungen	Z	Sig.	r
t2-t1	69	161	204	-6,22	0,000***	0,299
t3-t1	76	71	287	-0,63	0,529	0,030

*** = $p < 0,001$; Effektgröße r: 0,1 = kleiner Effekt; 0,3 = mittlerer Effekt; 0,5 = großer Effekt

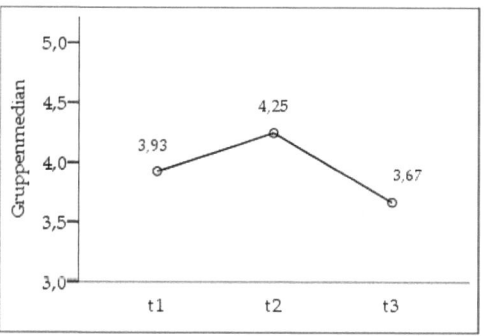

Abb. 17: „Kommunikationswichtigkeit", Vergleich 3 Messzeitpunkte

Hyp. 42) Die Nullhypothese wird verworfen, die Alternativhypothese wird angenommen. Die Teilnehmer finden es direkt nach der Intervention signifikant wichtiger über Gewalt zu sprechen als vor der Intervention.

Hyp. 43) Sechs bis acht Wochen nach der Intervention ist dieser Effekt wieder zurück gegangen, es gibt keine signifikanten Unterschiede zwischen dem ersten und dritten Befragungszeitpunkt. Die Nullhypothese wird beibehalten, die Alternativhypothese kann nicht angenommen werden.

Hypothesen 44 und 45:
44) Vor der Intervention geben die Teilnehmer an, mit Gleichaltrigen häufiger über miterlebte Gewalt zu sprechen als mit der Familie.

45) Sechs bis acht Wochen nach der Intervention geben die Teilnehmer an, mit Gleichaltrigen häufiger über miterlebte Gewalt zu sprechen als mit der Familie.

Statistische Hypothesen	
44 (t1)	45 (t3)
H_1: Tn (KHMitJ1) > Tn(KHMitF1)	H_1: Tn (KHMitJ3) > Tn(KHMitF3)
H_0: Tn (KHMitJ1) ≤ Tn(KHMitF1)	H_0: Tn (KHMitJ3) ≤ Tn(KHMitF3)

Diese Hypothesen werden mithilfe des t-Tests für verbundene Stichproben überprüft.

Die befragten Jugendlichen geben an, dass sie am ersten Befragungszeitpunkt in den vergangenen sechs Wochen im Durchschnitt 3 Mal mit anderen Jugendlichen über miterlebte Gewalt gesprochen haben, die Gesprächshäufigkeit mit der Familie liegt dagegen bei 1 Mal (Tab. 44). Am dritten Befragungszeitpunkt ist die Gesprächshäufigkeit mit anderen Jugendlichen gesunken, liegt jedoch mit knapp 2 Mal immer noch über der Gesprächshäufigkeit mit der Familie, die unverändert bei 1 Mal liegt.

Tab. 44: Mittelwerte und T-Test-Ergebnisse „Kommunikationshäufigkeit miterlebte Gewalt"

		N	Mittelwert	SD	Standardfehler des Mittelwertes	T	Df	Sig.	d
Kommunikationshäufigkeit miterlebte Gewalt t1	mit Jugendlichen	482	2,61	4,99	0,23	7,15	481	0,000***	0,420
	mit der Familie	482	1,05	2,41	0,11				
Kommunikationshäufigkeit miterlebte Gewalt t3	mit Jugendlichen	411	1,94	3,45	0,17	4,65	410	0,000***	0,267
	mit der Familie	411	1,16	2,41	0,12				

*** = p < 0,001; Effektgröße d: 0,2 = kleiner Effekt, 0,5 = mittlerer Effekt; 0,8 = großer Effekt

Diese Unterschiede sind an beiden Befragungszeitpunkten hoch signifikant. Mit Gleichaltrigen wird signifikant häufiger über miterlebte Gewalt gesprochen als mit der Familie (Abb. 18). Am ersten Befragungszeitpunkt liegt die Effektstärke im mittleren, am dritten Befragungszeitpunkt im kleinen bis mittleren Bereich.

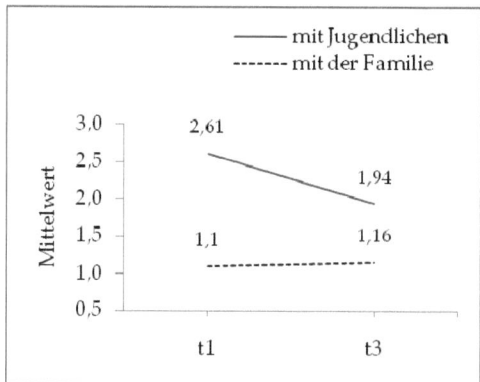

Abb. 18: „Kommunikationshäufigkeit miterlebte Gewalt"

Die Nullhypothesen können nicht beibehalten werden, die Alternativhypothesen werden für beide Zeitpunkte angenommen.

Hypothesen 46 und 47:

46) Vor der Intervention geben die Teilnehmer an, mit Gleichaltrigen häufiger über das Thema Gewalt zu sprechen als mit der Familie.

47) Sechs bis acht Wochen nach der Intervention geben die Teilnehmer an, mit Gleichaltrigen häufiger über das Thema Gewalt zu sprechen als mit der Familie.

Statistische Hypothesen	
46 (t1)	47 (t3)
H_1: Tn (KHThJ1) > Tn(KHThF1)	H_1: Tn (KHThJ3) > Tn(KHThF3)
H_0: Tn (KHThJ1) $\leq$ Tn(KHThF1)	H_0: Tn (KHThJ3) $\leq$ Tn(KHThF3)

Die Testung dieser Hypothesen verläuft entsprechend der Hypothesen 44/45. Diesmal steht die Kommunikationshäufigkeit über das Thema Gewalt im Fokus. Mit anderen Jugendlichen haben die Befragten am ersten Befragungszeitpunkt 4 Mal innerhalb der letzten sechs Wochen über das Thema Gewalt gesprochen, mit ihrer Familie 2 Mal (Tab. 45, Abb. 19). Auch am dritten Befragungszeitpunkt ist die Häufigkeit mit 3 Mal für Gespräche mit Jugendlichen höher als mit 2 Mal mit der

Familie. Die Unterschiede der Gesprächshäufigkeit sind zu beiden Befragungszeitpunkten hoch signifikant. Am ersten Befragungszeitpunkt handelt es sich um einen mittleren, am dritten Befragungszeitpunkt um einen kleinen bis mittleren Effekt.

Tab. 45: Mittelwerte und T-Test-Ergebnisse „Kommunikationshäufigkeit Thema Gewalt"

		N	Mittelwert	SD	Standardfehler des Mittelwertes	T	Df	Sig	d
Kommunikationshäufigkeit Thema Gewalt t1	mit Jugendlichen	471	3,96	5,89	0,27	7,21	470	0,000***	0,459
	mit der Familie	471	1,92	3,02	0,14				
Kommunikationshäufigkeit Thema Gewalt t3	mit Jugendlichen	407	3,06	4,36	0,22	5,34	406	0,000***	0,313
	mit der Familie	407	2,00	2,44	0,12				

*** = p < 0,001; Effektgröße d: 0,2 = kleiner Effekt, 0,5 = mittlerer Effekt; 0,8 = großer Effekt

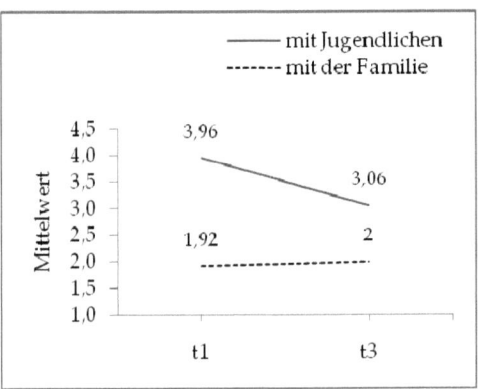

Abb. 19: „Kommunikationshäufigkeit Thema Gewalt"

Jugendliche sprechen mit Gleichaltrigen signifikant häufiger über das Thema Gewalt als mit ihrer Familie, sowohl vor als auch sechs bis acht Wochen nach der Intervention. Die Nullhypothesen werden verworfen, die Alternativhypothesen können beide angenommen werden.

Hypothese 48:
Die Häufigkeit der Thematisierung des Themas Gewalt im Unterricht nach der Intervention, korreliert positiv mit der Kommunikationshäufigkeit über miterlebte Gewalt.

Statistische Hypothesen (t3)
H_1: R (KHThU3), (KHMit3) > 0
H_0: R (KHThU3), (KHMit3) ≤ 0

Ob die Häufigkeit von Gesprächen im Unterricht zum Thema Gewalt in einem Zusammenhang damit steht, wie häufig über selbsterlebte Gewalt mit anderen Personen gesprochen wird, wird aufgrund der fehlenden Normalverteilung mit dem nicht-parametrischen Korrelationsverfahren nach Spearman überprüft. Hierfür wird zunächst der Gesamtscore der Kommunikationshäufigkeit betrachtet, in dem die vier Untergruppen Familie, Jugendliche, Lehrpersonal und Unterricht zusammengefasst sind (Tab. 46). Es besteht eine hoch signifikante positive Korrelation, der Korrelationskoeffizient weist dabei auf einen kleinen bis mittleren Zusammenhang hin.

Tab. 46: Spearman Korrelation „Kommunikationshäufigkeit <u>Thema</u> Gewalt im Unterricht / Kommunikationshäufigkeit über <u>miterlebte</u> Gewalt insgesamt" t3

	Kommunikationshäufigkeit Thema Gewalt im Unterricht t3		
	N	Korrelationskoeffizient r	Sig.
Kommunikationshäufigkeit über miterlebte Gewalt t3	408	0,391	0,000***

*** = $p < 0{,}001$

Nun werden die vier einzelnen Untergruppen gesondert (Tab. 47) betrachtet. Es wird deutlich, dass die Häufigkeit der Thematisierung des Themas Gewalt im Unterricht mit der Häufigkeit der Gespräche über selbst miterlebte Gewalt für alle Personen/Orte höchst signifikant korreliert.

Tab. 47: Spearman-Korrelation „Kommunikationshäufigkeit <u>Thema</u> Gewalt im Unterricht / Kommunikationshäufigkeit über <u>miterlebte</u> Gewalt mit einzelnen Gruppen" t3

Kommunikationshäufigkeit über miterlebte Gewalt	Kommunikationshäufigkeit Thema Gewalt im Unterricht t3		
	N	Korrelationskoeffizient	Sig. (2-seitig)
mit der Familie	412	0,255	0,000***
mit Jugendlichen	413	0,350	0,000***
im Unterricht	416	0,458	0,000***
mit Lehrern	416	0,359	0,000***

*** = $p < 0{,}001$

Vor der Intervention (t1) besteht zwar auch insgesamt ein Zusammenhang ($p = 0{,}001$), allerdings mit einer deutlich schwächeren Korrelation ($r = 0{,}145$). Ein Zusammenhang zur Kommunikationshäufigkeit mit der Familie und mit Jugendlichen ist vor der Intervention allerdings nicht vorhanden.

Die Nullhypothese wird verworfen, die Alternativhypothese kann angenommen werden.

8.2.4 Hypothesen zum Peer Involvement

Hypothese 49:
Jungen und Mädchen unterscheiden sich hinsichtlich der Beurteilung der Peer Educators.

Statistische Hypothesen (t2)
H_1: Tnw (Ed2) ≠ Tnm (Ed2)
H_0: Tnw (Ed2) = Tnm (Ed2)

Eine ‚Schlag.fertig'-Intervention wurde von zwei Peer Educators durchgeführt, so dass jeder befragte Jugendliche zwei Beurteilungen der Peer Educators mit jeweils zwölf Variablen durchgeführt hat. Zur Überprüfung der Gesamtbeurteilung der Peer Educators, wurde je Befragtem ein Gesamtscore aus den insgesamt 24 Variablen errechnet. Jede Beurteilung wurde dabei entsprechend dem Grad der Zustimmung in einen Wert zwischen 1 (keine Zustimmung) und 5 (völlige Zustimmung) umcodiert. Wenn keine fehlenden Werte vorhanden sind, ist folglich der Wert 24 der niedrigste mögliche Wert und der Wert 120 der höchst mögliche.

Zur Überprüfung der Hypothese wird der t-Test für unabhängige Stichproben verwendet und ergibt folgende in Tabelle 48 dargestellten Ergebnisse.

Der durchschnittliche Gesamtscore liegt bei Mädchen bei 78 und bei Jungen bei 80 Punkten. Die Unterschiede zwischen den Geschlechtern sind nicht signifikant (Tab. 48).

Tab. 48: Mittelwerte und T-Test-Ergebnisse „Beurteilung Peer Educators"

	Geschlecht	N	Mittelwert	SD	Standardfehler des Mittelwertes	T	df	Sig.	d
Beurteilung Peer	weiblich	241	77,52	18,19	1,10	-1,36	494	0,173	0,123
Educators	männlich	255	79,81	19,20	1,16				

Effektgröße d: 0,2 = kleiner Effekt; 0,5 = mittlerer Effekt; 0,8 = großer Effekt

Jungen und Mädchen unterscheiden sich nicht hinsichtlich der Gesamtbeurteilung der Peer Educators. Die Nullhypothese wird beibehalten, die Alternativhypothese verworfen.

Hypothese 50:
Gleichaltrige und bis zu einem Jahr ältere Peer Educators werden von den Teilnehmern positiver eingeschätzt, als jüngere oder mehr als ein Jahr ältere Peer Educators.

Statistische Hypothesen (t2)
H_1: AlterGl (Ed2) > AlterUngl (Ed2)
H_0: AlterGl (Ed2) $\leq$ AlterUngl (Ed2)

Die Beurteilung der Peer Educators setzt sich aus der Skala mit zwölf Einzelbewertungen je Peer Educator sowie der Einschätzung der Kenntnis des Peer Educators zum Thema Gewalt zusammen. Nicht in die Berechnung mit einbezogen wird das Item zu den Opfererfahrungen der Peer Educators.

Wie bereits dargestellt, gibt es von jeder befragten Person zwei Peer Educator-Beurteilungen, jeweils für beide Peer Educators die eine ‚Schlag.fertig'-Intervention durchgeführt haben, eine Beurteilung. Zur Überprüfung der Hypothese werden jeweils beide Beurteilungen betrachtet, so dass zwei Beurteilungen je Person vorliegen. Da nicht alle Peer Educators gleichalt sind, wird die zweite Beurteilung als zusätzlicher Fall betrachtet. Dadurch ergibt sich im Hinblick auf die Teilnehmer die doppelte Anzahl von Fällen.

Als Testverfahren wird der t-Test für unabhängige Stichproben herangezogen und es wird getestet ob sich die Beurteilung gleichaltriger und bis zu einem Jahr älterer Peer Educators (a) von der Beurteilung der Peer Educators die jünger oder mehr als ein Jahr älter sind (b), unterscheidet. Im Folgenden wird von *gleichaltrigen Peer Educators* gesprochen, wenn die Peer Educators gemeint sind, die genau gleichalt oder bis zu einem Jahr älter sind (a) und von *nicht gleichaltrigen Peer Educators*, wenn die Gruppe der Peer Educators gemeint ist, die jünger oder mehr als ein Jahr älter sind (b).

Die Ergebnisse sind in Tabelle 49 und Abbildung 20 dargestellt. Es zeigt sich ein signifikanter Unterschied zwischen den beiden Gruppen. Der Mittelwert bei den gleichaltrigen Peer Educators liegt höher als der Mittelwert in der Gruppe der nicht gleichaltrigen Peer Educators.

Gleichaltrige Peer Educators werden von den Teilnehmern signifikant positiver eingeschätzt als jüngere oder mehr als ein Jahr ältere Peer Educators.

Tab. 49: Mittelwerte und T-Test-Ergebnisse „Beurteilung Peer Educators" Vergleich gleichaltrig/nicht gleichaltrig

	Mittelwert	N	SD	Standardfehler des Mittelwertes	T	df	Sig.	d
gleichaltrig	41,27	205	8,10	0,57	2,98	934	0,003**	0,231
nicht gleichaltrig	39,45	731	7,65	0,28				

** = p < 0,01; Effektgröße d: 0,2 = kleiner Effekt, 0,5 = mittlerer Effekt; 0,8 = großer Effekt

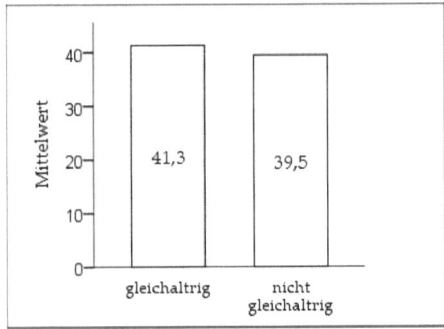

Abb. 20: „Beurteilung Peer Educators" Vergleich gleichaltrig/nicht gleichaltrig

Die Nullhypothese wird verworfen und die Alternativhypothese angenommen.

Hypothese 51:
Gleichaltrige und bis zu einem Jahr ältere Peer Educators werden von den Teilnehmern glaubwürdiger eingeschätzt als jüngere oder mehr als ein Jahr ältere Peer Educators.

Statistische Hypothesen (t2)
H_1: AlterGl (EdGl2) > AlterUngl (EdGl2)
H_0: AlterGl (EdGl2) $\leq$ AlterUngl (EdGl2)

Diese Hypothese ist der Hypothese 50 sehr ähnlich, bezieht sich allerdings nur auf die Dimension der Glaubwürdigkeit. Es wird der t-Test für unabhängige Stichproben verwendet und es ergeben sich folgende in Tabelle 50 dargestellten Ergebnisse.

Die gleichaltrigen Peer Educators werden mit einem Mittelwert von 42 glaubwürdiger eingeschätzt als die nicht gleichaltrigen Peer Educators, die einen Mittelwert von 40 erreichen. Die Unterschiede zwischen den beiden Gruppen sind signifikant.

Tab. 50: Mittelwerte und t-Test-Ergebnisse „Glaubwürdigkeit Peer Educators" Vergleich gleichaltrig/nicht gleichaltrig

	Mittelwert	N	SD	Standardfehler des Mittelwertes	T	df	Sig.	d
gleichaltrig	42,04	205	8,46	0,59	2,90	934	0,004**	0,224
nicht gleichaltrig	40,21	731	7,85	0,29				

** = $p < 0,01$; Effektgröße d: 0,2 = kleiner Effekt, 0,5 = mittlerer Effekt; 0,8 = großer Effekt

Gleichaltrige Peer Educators werden von den Teilnehmern glaubwürdiger eingeschätzt. Die Nullhypothese ist zu verwerfen, die Alternativhypothese kann angenommen werden.

Hypothese 52:
Gleichaltrige und bis zu einem Jahr ältere Peer Educators werden von den Teilnehmern empathiefähiger eingeschätzt als jüngere oder mehr als ein Jahr ältere Peer Educators.

Statistische Hypothesen
H_1: AlterGl (EdHin2) > AlterUngl (EdHin2)
H_0: AlterGl (EdHin2) $\leq$ AlterUngl (EdHin2)

Hier liegt der Fokus auf der Empathiefähigkeit, welche nur ein Aspekt der Gesamtbeurteilung der Peer Educators ist. Anwendung findet wieder der t-Test unabhängige Stichproben, die beiden Einzelbeurteilungen der Peer Educator werden wieder zu einem Gesamtscore je befragter Person zusammengefasst. In Tabelle 51 befinden sich die Ergebnisse.

Zwischen den Gruppen der gleichaltrigen und nicht gleichaltrigen Peer Educators gibt es eine signifikant unterschiedliche Beurteilung hinsichtlich deren Empathiefähigkeit. Die Interpretation der Mittelwerte zeigt, dass die gleichaltrigen Peer Educators signifikant empathiefähiger eingeschätzt werden als die nicht gleichaltrigen Peer Educators.

Tab. 51: Mittelwerte und t-Test-Ergebnisse „Empathiefähigkeit der Peer Educators in Abhängigkeit vom Alter"

	MW	N	SD	Standardfehler des Mittelwertes	T	df	Sig.	d
gleichaltrig	3,16	200	0,99	0,04	-2,915	315,62	0,004**	0,196
nicht gleichaltrig	2,93	728	1,00	0,07				

** = p < 0,01

Die Nullhypothese wird verworfen, die Alternativhypothese wird angenommen.

Hypothese 53:
Es besteht ein positive Korrelation zwischen der von den Teilnehmern eingeschätzten Ähnlichkeit des Peer Educators mit sich selbst und der positiven Bewertung der Intervention.

Statistische Hypothesen (t2)
H_1: R (EdÄhn2), (BewA2) > 0
H_0: R (EdÄhn2), (BewA2) $\leq$ 0

Die beiden Antworten der befragten Jugendlichen hinsichtlich der selbst eigeschätzten Ähnlichkeit mit den beiden Peer Educators werden als ein Gesamtscore je Befragtem zusammengefasst. Zu beachten ist, dass die Bewertung der Intervention anhand von Schulnoten erfolgt, somit ein niedriger Wert eine bessere Bewertung bedeutet. Die Variable *selbsteingeschätzte Ähnlichkeit mit dem Peer Educator* ist umgekehrt codiert, größere Werte drücken eine höhere Zustimmung aus.

Zur Überprüfung dieser Hypothese wird der Korrelationskoeffizient nach Spearman berechnet. Die Ergebnisse in Tabelle 52 zeigen eine höchst signifikante Korrelation zwischen der Bewertung der Intervention und der eingeschätzten Ähnlichkeit zwischen dem Peer Educator und sich selbst. Aufgrund der Codierung der Variablen ergibt sich eine negative Korrelation, was bedeutet je höher (größer) die selbsteingeschätzte Ähnlichkeit mit den Peer Educators, desto niedriger (besser) ist die vergebene Schulnote.

Tab. 52: Spearman Korrelation „Ähnlichkeit Peer Educator" und „Bewertung Intervention"

		Ähnlichkeit Peer Educator	Bewertung Intervention
Ähnlichkeit Peer Educator	Korrelationskoeffizient r	1,000	-0,317***
	Sig.	.	0,000***
	N	517	513

*** = p < 0,001

Es besteht ein positiver Zusammenhang zwischen der Ähnlichkeit und der positiven Bewertung der Intervention. Die Nullhypothese wird verworfen, die Alternativhypothese wird angenommen.

Hypothese 54:
54) Nach der Intervention wird das Wissen von Jugendlichen größer eingeschätzt als vor der Intervention.

Statistische Hypothesen (t1/t2)
H_1: Tn (AusJ2) > Tn (AusJ1)
H_0: Tn (AusJ2) ≤ Tn (AusJ1)

Die Überprüfung mit dem Wilcoxon Test ergibt höchst signifikante Unterschiede zwischen den Messzeitpunkten. Bei der näheren Betrachtung der Ränge zeigt sich, dass das Wissen von Jugendlichen nach der Intervention signifikant größer eingeschätzt wird als vor der Intervention (Tab. 53, Abb. 21).

Tab. 53: Wilcoxon Test „Einschätzung Wissen Jugendliche" Vergleich t1/t2

	Neg. Ränge	Pos. Ränge	Bindungen	Z	Sig.	r
t2 - t1	75	142	227	-4,62	0,000***	0,219

*** = p < 0,001; Effektgröße r: 0,1 = kleiner Effekt; 0,3 = mittlerer Effekt; 0,5 = größer Effekt

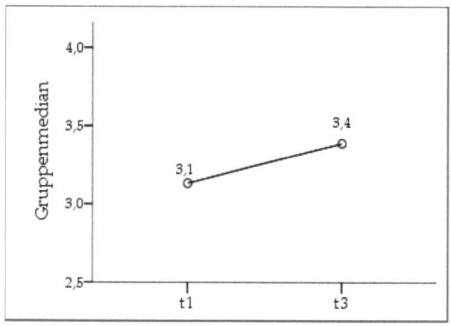

Abb. 21: Einschätzung Wissen Jugendliche, Vergleich t1 / t3

Das Wissen von Jugendlichen wird nach der Intervention größer eingeschätzt als vor der Intervention. Die Nullhypothese wird verworfen, die Alternativhypothese kann angenommen werden.

Hypothese 55:
Die Teilnehmer schätzen das Wissen der Peer Educators zum Thema Gewalt größer ein als das des Klassenlehrers.

Statistische Hypothesen (t2)
H_1: Tn (AusPE2) > Tn (AusKL2)
H_0: Tn (AusPE2) ≤ Tn (AusKL2)

Da es sich um ordinale Daten und eine abhängige Stichprobe handelt, findet der Wilcoxon Test Anwendung, dessen Ergebnisse in Tabelle 54 und Abbildung 22 dargestellt sind:
  Zwischen der Einschätzung des Wissens der Peer Educators und des Wissens der Klassenlehrer besteht ein höchst signifikanter Unterschied. Die positiven Ränge geben die Häufigkeit an, bei welcher der Wert der Peer Educators größer ist als der beim Lehrpersonal. Größer bedeutet hier entsprechend der Codierung, dass das Wissen der Peer Educators höher eingeschätzt wird als das des Klassenlehrers. Dies ist 309 Mal der Fall. Gleich eingeschätzt wird das Wissen 137 Mal und in 58 Fällen wird das Wissen des Klassenlehrers größer eingeschätzt.

Tab. 54: Wilcoxon Test „Eingeschätztes Wissen", Vergleich Peer Educators/Klassenlehrer

	Neg. Ränge	Pos. Ränge	Bindungen	Z	Sig.	r
Kenntnis Peer Educators - Kenntnis Klassenlehrer	58	309	137	-12,16	0,000***	0,542

*** = $p < 0{,}001$; Effektgröße r: 0,1 = kleiner Effekt; 0,3 = mittlerer Effekt; 0,5 = großer Effekt

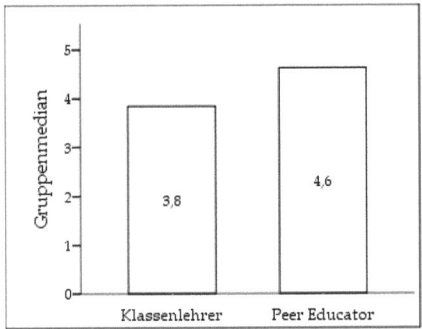

Abb. 22: Eingeschätztes Wissen", Vergleich Peer Educators/Klassenlehrer

Die Teilnehmer schätzen das Wissen der Peer Educators signifikant größer ein als das des Klassenlehrers. Die Nullhypothese wird verworfen, die Alternativhypothese kann angenommen werden.

Hypothese 56:
Es besteht eine positive Korrelation zwischen der von den Teilnehmern eingeschätzten Glaubwürdigkeit der Peer Educators und dem selbsteingeschätzten positiven Einfluss der Intervention auf das eigene Verhalten.

Statistische Hypothesen
H_1: R (EdGl2), (GüEin2) > 0
H_0: R (EdGl2), (GüEin2) ≤ 0

Die Berechnung des Rangkorrelationskoeffizienten nach Spearman ergibt die in Tabelle 54 dargestellten Ergebnisse. Die Korrelation zwischen der Glaubwürdigkeit der Peer Educators und dem selbst eingeschätzten günstigen Einfluss der Intervention auf das eigene Verhalten ist hoch signifikant. Es handelt sich um eine positive Korrelation, das heißt eine höher eingeschätzte Glaubwürdigkeit der Peer Educators geht mit einem positiven Einfluss der Intervention auf das eigene Verhalten einher.

Tab. 55: Spearman Korrelation „Günstiger Einfluss der Intervention auf das eigene Verhalten/Glaubwürdigkeit Peer Educators"

		Günstiger Einfluss der Intervention auf das eigene Verhalten	Glaubwürdigkeit Peer Educators
Günstiger Einfluss der Intervention auf das eigene Verhalten	Korrelationskoeffizient r	1,000	0,368***
	Sig.		0,000***
	N		496	496

*** = p < 0,001

Die Nullhypothese wird verworfen, die Alternativhypothese wird angenommen.

8.2.5 Hypothesen zu Opfererfahrungen

Hypothesen 57 und 58:

57) Unmittelbar nach der Intervention fühlen sich die Teilnehmer besser davor geschützt Opfer von Gewalt zu werden als vor der Intervention.

58) Sechs bis acht Wochen nach der Intervention fühlen sich die Teilnehmer besser davor geschützt Opfer von Gewalt zu werden als vor der Intervention.

Statistische Hypothesen	
57 (t1/t2)	**58 (t1/t3)**
H_1: Tn (Geschü2) > Tn (Geschü1)	H_1: Tn (Geschü3) > Tn (Geschü1)
H_0: Tn (Geschü2) ≤ Tn (Geschü1)	H_0: Tn (Geschü3) ≤ Tn (Geschü1)

Die Überprüfung mithilfe des Wilcoxon Tests ergibt keine signifikanten Unterschiede zwischen den Befragungszeitpunkten (Tab. 56). Die Teilnehmer fühlen sich im Vergleich der Messzeitpunkte gleich geschützt.

Tab. 56: Wilcoxon Test „Geschützt Opfer einer Straftat oder von Gewalt zu werden" Vergleich t1/t2 und t1/t3

	Neg. Ränge	Pos. Ränge	Bindungen	Z	Sig.	r
t2 - t1	109	128	191	-1,31	0,191	0,063
t3 - t1	88	82	113	-0,06	0,951	0,004

Effektgröße r: 0,1 = kleiner Effekt; 0,3 = mittlerer Effekt; 0,5 = großer Effekt

Die Nullhypothesen werden beibehalten, die Alternativhypothesen werden verworfen.

Hypothese 59:
Sechs Wochen nach der Intervention ist die Anzahl der eigenen Opfererfahrungen geringer als vor der Intervention.

Statistische Hypothesen (t1/t3)
H_1: Tn (GO3) < Tn (GO1)
H_0: Tn (GO3) ≥ Tn (GO1)

Da die Daten nicht normalverteilt sind, findet der Wilcoxon Test Anwendung, der keine signifikanten Unterschiede zwischen der Anzahl der angegebenen Opfererfahrungen vor und nach der Intervention anzeigt, obwohl bei der Betrachtung der Mittelwerte ein Rückgang von 7 auf 6 festzustellen ist (Tab. 57, 58).

Tab. 57: Mittelwerte „Opfererfahrungen", t1 und t3

	Mittelwert	SD
Opfererfahrungen t1	7,00	12,57
Opfererfahrungen t3	5,87	11,61

Tab. 58: Wilcoxon Test „Opfererfahrungen" Vergleich t1/t3

	Neg.Ränge	Pos. Ränge	Bindungen	Z	Sig.	r
t3 - t1	110	106	75	-0,38	0,706	0,022

Effektgröße r: 0,1 = kleiner Effekt; 0,3 = mittlerer Effekt; 0,5 = großer Effekt

Die Nullhypothese wird beibehalten, die Alternativhypothese wird verworfen.

Hypothesen 60, 61, 62:
In der folgenden Hypothesengruppe steht der Zusammenhang zwischen der Kommunikationsschwierigkeit über selbst miterlebte Gewalt und die Einschätzung, dass die Peer Educators bereits selbst einmal das Opfer einer Gewalttat waren im Fokus. Die Kommunikationsschwierigkeit wird nach verschiedenen Gesprächspartnern differenziert.

Hypothese 60: Es besteht unmittelbar nach der Intervention eine negative Korrelation zwischen der Einschätzung der Teilnehmer hinsichtlich der Opfererfahrungen der Peer Educators und der wahrgenommenen Schwierigkeit der Teilnehmer, mit der <u>Familie</u> über miterlebte Gewalt zu reden.

Statistische Hypothesen (t2)
H_1: R (EdOpf2), (KSMitF2) < 0
H_0: R (EdOpf2), (KSMitF2) ≥ 0

Hypothese 61: Es besteht unmittelbar nach der Intervention eine negative Korrelation zwischen der Einschätzung der Teilnehmer hinsichtlich der Opfererfahrungen der Peer Educators und der wahrgenommenen Schwierigkeit der Teilnehmer, mit Jugendlichen über miterlebte Gewalt zu reden.

Statistische Hypothesen (t2)
H_1: R (EdOpf2), (KSMitJ2) < 0
H_0: R (EdOpf2), (KSMitJ2) ≥ 0

Hypothese 62: Es besteht eine negative Korrelation zwischen der Einschätzung der Teilnehmer hinsichtlich der Opfererfahrungen der Peer Educators und der wahrgenommenen Schwierigkeit der Teilnehmer, mit Lehrern über miterlebte Gewalt zu reden.

Statistische Hypothesen (t2)
H_1: R (EdOpf2), (KSMitL2) < 0
H_0: R (EdOpf2), (KSMitL2) ≥ 0

In Tabelle 58 sind die Ergebnisse der Korrelation nach Spearman dargestellt.

Tab. 59: Spearman Korrelation „Kommunikationsschwierigkeit/Opfererfahrung Peer Educators"

	Opfererfahrung Peer Educators		
	N	Korrelationskoeffizient r	Sig.
Kommunikationsschwierigkeit Familie	305	-0,090	0,116
Kommunikationsschwierigkeit Jugendliche	304	-0,018	0,753
Kommunikationsschwierigkeit Lehrpersonal	304	-0,060	0,299

Hyp. 60) Zwischen der wahrgenommenen Kommunikationsschwierigkeit mit der Familie und der Einschätzung hinsichtlich von Opfererfahrungen bei den Peer Educators besteht keine signifikante Korrelation.

Die Nullhypothese wird beibehalten, die Alternativhypothese kann nicht angenommen werden.

Hyp. 61) Zwischen der wahrgenommenen Schwierigkeit mit anderen Jugendlichen über miterlebte Gewalt zu sprechen und der Einschätzung hinsichtlich von Opfererfahrungen bei den Peer Educators besteht ebenfalls keine signifikante Korrelation.

Die Nullhypothese wird beibehalten, die Alternativhypothese kann nicht angenommen werden.

Hyp. 62) Auch zwischen der wahrgenommenen Kommunikationsschwierigkeit mit Lehrern und der Einschätzung hinsichtlich von Opfererfahrungen bei den Peer Educators besteht keine signifikante Korrelation.

Die Nullhypothese wird beibehalten, die Alternativhypothese kann nicht angenommen werden.

8.2.6 Hypothesen zur Schul- und Klassensituation

Hypothesen 63 und 64:
63) Unmittelbar nach der Intervention kennen die Teilnehmer mehr Möglichkeiten sich in der Schule bei Sorgen oder Problemen Unterstützung zu holen als vor der Intervention.

64) Sechs bis acht Wochen nach der Intervention kennen die Teilnehmer mehr Möglichkeiten sich in der Schule bei Sorgen oder Problemen Unterstützung zu holen als vor der Intervention.

Statistische Hypothesen	
63 (t1/t2)	64 (t1/t3)
H_1: Tn (KeHSch2) > Tn (KeHSch1)	H_1: Tn (KeHSch3) > Tn (KeHSch1)
H_0: Tn (KeHSch2) $\leq$ Tn (KeHSch1)	H_0: Tn (KeHSch3) $\leq$ Tn (KeHSch1)

Zur Überprüfung dieser Hypothesen wird die einfaktorielle Varianzanalyse mit Messwiederholung angewendet und es ergeben sich die in Tabelle 60 dargestellten Ergebnisse.

Tab. 60: Einfaktorielle Varianzanalyse mit Messwiederholung „Kenntnis Hilfemöglichkeiten in der Schule"

	Quadratsumme	df	Mittel der Quadrate	F	Sig.	Eta-Quadrat
Zeit (zwischen MZP)	4,11	2	2,06	2,31	0,100	0,009
Fehler (innerhalb)	445,22	500	0,89			

Eta-Quadrat: 0,01 = kleiner Effekt, 0,06 = mittlerer Effekt; 0,14 = großer Effekt

Obwohl der Mittelwert am dritten Befragungszeitpunkt höher liegt als zu Beginn (Abb. 23), zeigt die Varianzanalyse keine signifikanten Unterschiede zwischen den drei Zeitpunkten, lediglich eine statistische Tendenz ist erkennbar. Somit ist keine Kontrastanalyse notwendig.

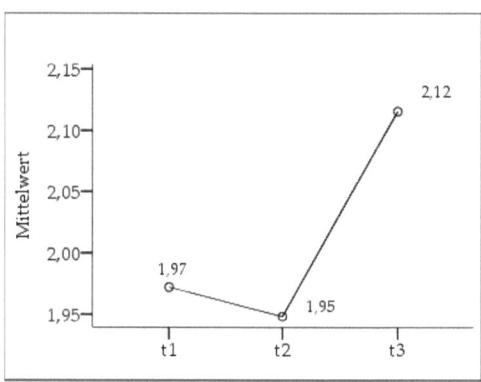

Abb. 23: „Kenntnis Hilfemöglichkeiten in der Schule" Vergleich Messzeitpunkte

Die Alternativhypothesen sind beide abzulehnen und die Nullhypothesen beizubehalten.

Hypothesen 65 und 66:.

65) Unmittelbar nach der Intervention ist bei ausgeübter Gewalt die Erwartung negativer Konsequenzen für den Täter durch Lehrpersonal in der Schule höher als vor der Intervention.

66) Sechs bis acht Wochen nach der Intervention ist bei ausgeübter Gewalt die Erwartung negativer Konsequenzen für den Täter durch Lehrpersonal in der Schule höher als vor der Intervention.

Statistische Hypothesen	
65 (t1/t2)	**66** (t1/t3)
H_1: Tn (KonsL2) > Tn (KonsL1)	H_1: Tn (KonsL3) > Tn (KonsL1)
H_0: Tn (KonsL2) ≤ Tn (KonsL1)	H_0: Tn (KonsL3) ≤ Tn (KonsL1)

Die Überprüfung mit dem Friedman Test zeigt signifikante Ergebnisse (p = 0,008; χ^2 = 9,53). Der Wilcoxon Test (Tab. 61) zeigt sowohl für den Vergleich vom ersten und zweiten Messzeitpunkt als auch für den Vergleich vom ersten und dritten Messzeitpunkt signifikante Unterschiede. Die Interpretation der Ränge zeigt, dass die Konsequenzerwartung am ersten Befragungszeitpunkt am höchsten ist und dann sowohl im Vergleich am zweiten als auch im Vergleich am dritten Befragungszeitpunkt signifikant geringer wird.

Tab. 61: Wilcoxon Test „Konsequenzerwartung vom Lehrpersonal bei ausgeübter Gewalt"
Vergleich t1/t2 und t1/t3

	Neg. Ränge	Pos. Ränge	Bindungen	Z	Sig.	r
t2 - t1	101	76	265	-3,44	0,001**	0,164
t3 - t1	98	60	126	-3,39	0,001**	0,201

** = p < 0,01; Effektgröße r: 0,1 = kleiner Effekt; 0,3 = mittlerer Effekt; 0,5 = großer Effekt

Die Konsequenzerwartung ist nach der Intervention geringer als vorher. Die Nullhypothesen sind beizubehalten, die Alternativhypothesen können nicht angenommen werden.

Hypothesen 67 und 68:

67) Unmittelbar nach der Intervention ist bei ausgeübter Gewalt die Erwartung negativer Konsequenzen für den Täter durch Mitschüler in der Schule höher als vor der Intervention.

68) Sechs bis acht Wochen nach der Intervention ist bei ausgeübter Gewalt die Erwartung negativer Konsequenzen für den Täter durch Mitschüler in der Schule höher als vor der Intervention.

Statistische Hypothesen	
67 (t1/t2)	68 (t1/t3)
H_1: Tn (KonsS2) > Tn (KonsS1)	H_1: Tn (KonsS3) > Tn (KonsS1)
H_0: Tn (KonsS2) ≤ Tn (KonsS1)	H_0: Tn (KonsS3) ≤ Tn (KonsS1)

Anwendung finden die gleichen Verfahren wie für die Überprüfung der Hypothesen 65/66. Im Vergleich zum Lehrpersonal gibt es bei der Konsequenzerwartung durch Mitschüler keine signifikanten Unterschiede, weder zwischen t1 und t2 noch zwischen t1 und t3 (Tab. 62), weshalb auf einen Einzelvergleich verzichtet wird.

Tab. 62: Friedman Test: „Konsequenzerwartung von Mitschülern bei ausgeübter Gewalt"
Vergleich t1/t2 und t1/t3

	N	Chi-Quadrat	df	Sig.
Konsequenzerwartung Mitschüler	259	5,784	2	0,052

Die Nullhypothesen werden beibehalten, die Alternativhypothesen sind abzulehnen.

Hypothesen 69 und 70:

69) Vor der Intervention korreliert die subjektiv empfundene Mitbestimmung in der Klasse positiv mit dem Wohlbefinden in der Klasse.

70) Sechs bis acht Wochen nach der Intervention korreliert die subjektiv empfundene Mitbestimmung in der Klasse positiv mit dem Wohlbefinden in der Klasse.

Statistische Hypothesen	
69 (t1)	**70** (t3)
H_1: R (Part1), (Wohlf1) > 0	H_1: R (Part3), (Wohlf3) > 0
H_0: R (Part1), (Wohlf1) $\leq$ 0	H_0: R (Part3), (Wohlf3) $\leq$ 0

Die Spearman Korrelation ergibt, dass die subjektiv empfundenen Mitbestimmungsmöglichkeiten in der Klasse positiv mit dem Wohlfühlen in der Klasse korrelieren. Dies gilt sowohl für den ersten Befragungszeitpunkt als auch für den dritten Befragungszeitpunkt (Tab. 63, 64).

Tab. 63: Spearman Korrelation „Partizipationsmöglichkeiten in der Klasse/Wohlfühlen in der Klasse" t1

	Wohlfühlen t1		
	N	Korrelationskoeffizient r	Sig.
Partizipationsmöglichkeiten in der Klasse t1	477	0,129	0,005**

** = p < 0,01

Tab. 64: Spearman Korrelation „Partizipationsmöglichkeiten in der Klasse/Wohlfühlen in der Klasse" t3

	Wohlfühlen t3		
	N	Korrelationskoeffizient r	Sig.
Partizipationsmöglichkeiten in der Klasse t3	410	0,170	0,001**

** = p < 0,01

Die Nullhypothesen können verworfen und die Alternativhypothesen angenommen werden.

Hypothesen 71 und 72:

71) Vor der Intervention korreliert die Häufigkeit der Thematisierung des Themas Gewalt im Unterricht positiv mit der von den Teilnehmern geäußerten Absicht bei Auseinandersetzungen zwischen Mitschülern schlichtend einzugreifen.

72) Sechs bis acht Wochen nach der Intervention korreliert die Häufigkeit der Thematisierung des Themas Gewalt im Unterricht positiv mit der von den Teilnehmern geäußerten Absicht bei Auseinandersetzungen zwischen Mitschülern schlichtend einzugreifen.

Statistische Hypothesen	
71 (t1)	72 (t3)
H_1: R (KHThU1), (Eingr1) > 0	H_1: R (KHThU3), (Eingr3) > 0
H_0: R (KHThU1), (Eingr1) $\leq$ 0	H_0: R (KHThU3), (Eingr3) $\leq$ 0

Zwischen der Häufigkeit von Gesprächen im Unterricht zum Thema Gewalt und der Absicht bei Auseinandersetzungen schlichtend einzugreifen, besteht kein signifikanter Zusammenhang. Dies gilt sowohl für den ersten Befragungszeitpunkt als auch für den dritten. Die Ergebnisse der Spearman Korrelation sind in Tabelle 64 und 65 dargestellt.

Tab. 65: Spearman Korrelation „Absicht schlichtend einzugreifen/Kommunikationshäufigkeit Thema Gewalt im Unterricht" t1

	Kommunikationshäufigkeit Thema Gewalt im Unterricht t1		
	N	Korrelationskoeffizient r	Sig.
Absicht schlichtend einzugreifen t1	488	0,057	0,208

Tab. 66: Spearman Korrelation „Absicht schlichtend einzugreifen/Kommunikationshäufigkeit Thema Gewalt im Unterricht" t3

	Kommunikationshäufigkeit Thema Gewalt im Unterricht t3		
	N	Korrelationskoeffizient r	Sig.
Absicht schlichtend einzugreifen t3	413	-0,041	0,409

Die Nullhypothesen sind beizubehalten, die Alternativhypothesen sind abzulehnen.

Hypothesen 73 und 74:

73) Vor der Intervention korreliert die Häufigkeit der Thematisierung des Themas Gewalt während des Unterrichts positiv mit dem Wohlbefinden in der Klasse.

74) Sechs bis acht Wochen nach der Intervention korreliert die Häufigkeit der Thematisierung des Themas Gewalt während des Unterrichts positiv mit dem Wohlbefinden in der Klasse.

Statistische Hypothesen	
73 (t1)	74 (t3)
H_1: R (KHThU1), (Wohl1) > 0	H_1: R (KHThU3), (Wohl3) > 0
H_0: R (KHThU1), (Wohl1) $\leq$ 0	H_0: R (KHThU3), (Wohl3) $\leq$ 0

Ob zwischen der Kommunikationshäufigkeit des Themas Gewalt im Unterricht und dem Wohlbefinden in der Klasse ein Zusammenhang besteht, wird mit einer Spearman Korrelation getestet (Tab. 67, 68). Es ergibt sich kein signifikanter Zusammenhang, weder für den ersten Befragungszeitpunkt noch für den dritten.

Tab. 67: Spearman Korrelation „Wohlfühlen in der Klasse/Kommunikationshäufigkeit Thema Gewalt im Unterricht" t1

	Kommunikationshäufigkeit Thema Gewalt im Unterricht t1		
	N	Korrelationskoeffizient r	Sig.
Wohlfühlen in der Klasse t1	480	0,059	0,199

Tab. 68: Spearman Korrelation „Wohlfühlen in der Klasse/Kommunikationshäufigkeit Thema Gewalt im Unterricht" t3

	Kommunikationshäufigkeit Thema Gewalt im Unterricht t3		
	N	Korrelationskoeffizient r	Sig.
Wohlfühlen in der Klasse t3	291	-0,072	0,143

Die Nullhypothesen werden beibehalten, die Alternativhypothesen können nicht angenommen werden.

Hypothesen 75 und 76:

75) Vor der Intervention korreliert die Häufigkeit der Thematisierung des Themas Gewalt während des Unterrichts positiv mit der subjektiv empfundenen Hilfsbereitschaft in der Klasse.

76) Sechs bis acht Wochen nach der Intervention korreliert die Häufigkeit der Thematisierung des Themas Gewalt während des Unterrichts positiv mit der subjektiv empfundenen Hilfsbereitschaft in der Klasse.

Statistische Hypothesen	
75 (t1)	76 (t3)
H_1: R (KHThU1), (Hilfs1) > 0 H_0: R (KHThU1), (Hilfs1) ≤ 0	H_1: R (KHThU3), (Hilfs3) > 0 H_0: R (KHThU3), (Hilfs3) ≤ 0

Die Spearman Korrelation wird auch zur Überprüfung dieser Hypothesen angewendet und ergibt keine signifikanten Unterschiede (Tab. 69, 70), weder am ersten noch am dritten Befragungszeitpunkt.

Tab. 69: Spearman Korrelation „Hilfsbereitschaft in der Klasse / Kommunikationshäufigkeit Thema Gewalt im Unterricht" t1

	Kommunikationshäufigkeit Thema Gewalt im Unterricht t1		
	N	Korrelationskoeffizient r	Sig.
Hilfsbereitschaft in der Klasse t1	488	0,059	0,193

Tab. 70: Spearman Korrelation „Hilfsbereitschaft in der Klasse / Kommunikationshäufigkeit Thema Gewalt im Unterricht" t3

	Kommunikationshäufigkeit Thema Gewalt im Unterricht t3		
	N	Korrelationskoeffizient r	Sig.
Hilfsbereitschaft in der Klasse t3	407	-0,061	0,219

Die Nullhypothesen werden beibehalten, die Alternativhypothesen können nicht angenommen werden.

Hypothesen 77 und 78:
77) Die Häufigkeit von verbaler Gewalt in der Klasse korreliert vor der Intervention negativ mit dem Wohlbefinden in der Klasse.

78) Die Häufigkeit von verbaler Gewalt in der Klasse korreliert sechs bis acht Wochen nach der Intervention negativ mit dem Wohlbefinden in der Klasse.

Statistische Hypothesen	
77 (t1)	78 (t3)
H_1: R (VerbG1), (Wohlf1) < 0	H_1: R (VerbG3), (Wohlf3) < 0
H_0: R (VerbG1), (Wohlf1) ≥ 0	H_0: R (VerbG3), (Wohlf3) ≥ 0

Zur Überprüfung dieser Hypothesen wird das Korrelationsverfahren nach Kendall angewendet, da es sich um eine ordinale und eine metrische Variable handelt. Zuvor wird eine neue Variable gebildet, in der für jede Klasse ein eigener Gewaltscore gebildet wird, der sich aus der Häufigkeit von verbaler Gewalt aus Täter und Opfersicht in jeder Klasse zusammensetzt.

Hinsichtlich des ersten Befragungszeitpunkts ergibt sich ein hoch signifikantes, hinsichtlich des zweiten ein signifikantes Ergebnis. Es besteht ein Zusammenhang zwischen dem Wohlbefinden und der Häufigkeit von verbaler Gewalt in der Klasse. Dies gilt sowohl für den ersten als auch den dritten Befragungszeitpunkt. Es handelt sich in beiden Fällen und eine negative Korrelation mit einem relativ schwachen Korrelationskoeffizienten.

Tab. 71: Kendall Korrelation „Wohlfühlen in der Klasse/verbale Gewalt" t1 und t3

	Wohlfühlen in der Klasse		
	N	Korrelationskoeffizient r	Sig.
Verbale Gewalt t1	480	-0,144	0,000***
Verbale Gewalt t3	413	-0,083	0,030*

* = p < 0,05; *** = p < 0,001

Für Hypothese 77 und 78 bedeutet dies, dass die Nullhypothesen verworfen und die Alternativhypothesen angenommen werden können.

Im nächsten Kapitel 8.3 folgt ergänzend die ausführliche Darstellung der nicht hypothesengebundenen Ergebnisse beziehungsweise von weiterführenden Ergebnissen.

8.3 Nicht hypothesengebundene Ergebnisse

Im Anschluss an die Hypothesenprüfung werden in diesem Kapitel verschiedene Ergebnisse unabhängig von den Hypothesen dargestellt. Hierbei stehen Ergebnisse im Vordergrund die nicht explizit Gegenstand der Hypothesen sind sowie weiterführende beziehungsweise detailliertere Ergebnisse. Hierzu gehört zum Beispiel die Bewertung der ‚Schlag.fertig'-Intervention durch die Teilnehmer sowie differenzierte Ergebnisse einzelner Items. Diese Items sind zum Teil in Form der übergeordneten Gesamtskala Gegenstand einzelner Hypothesen, werden hier jedoch einzeln und unabhängig von der Gesamtskala dargestellt. Des Weiteren werden bei Hypothesen mit einer offenen Antwortkategorie die offenen Antworten dargestellt. Hier ist vor allem die Vielzahl und Unterschiedlichkeit der Antworten hervorzuheben. Die Struktur weicht ein wenig von der Struktur bei der Darstellung der Hypothesenprüfung ab, da hier jeweils einzelne Items und nicht der Zusammenhang zwischen verschiedenen Items beziehungsweise übergeordnete Fragestellungen im Fokus stehen. Im Anschluss an die Darstellung aller Items finden sich bezüglich einiger Hauptfragestellungen weitere Ergebnisse. Die Darstellung untergliedert sich folgendermaßen:

- ➢ Bewertung der Intervention (Kap. 8.3.1),
- ➢ Wissen zum Thema Gewalt (Kap. 8.3.2),
- ➢ Kommunikationsverhalten (Kap. 8.3.3),
- ➢ Beurteilung der Peer Educators (Kap. 8.3.4),
- ➢ Gewalterfahrungen (Kap. 8.3.5),
- ➢ Schul- und klassenbezogene Fragen (Kap. 8.3.6).
- ➢ Geschlechtsunterschiede (8.3.7),
- ➢ Unterschiede zwischen den Schulformen (8.3.8) und
- ➢ Gewalterfahrungen und Alter (8.3.9).

Zur besseren Orientierung finden sich hinter den einzelnen Items die Nummern der Hypothesen, in denen sie Bestandteil sind. Statistische Kennwerte aus der Hypothesenprüfung werden hier nicht erneut angegeben, sondern sind in Kapitel 8.2 ausführlich dargestellt. Auf Signifikanzen wird hingewiesen, wenn solche vorhanden sind.

Am Ende jedes Unterkapitels findet sich eine kurze Zusammenfassung, eine ausführlichere Zusammenfassung in Verbindung mit den Ergebnissen der Hypothesenprüfung findet sich in Kapitel 8.4.

8.3.1 Bewertung der Intervention

Neben der deduktiven Vorgehensweise der Evaluation sind im Rahmen der Überprüfung von Programmwirkungen bei den an der Intervention teilgenommenen Jugendlichen, auch einige Items zur Bewertung der Intervention aufgenommen wurden. Im Folgenden werden diese Ergebnisse dargestellt.

Die teilnehmenden Jugendlichen bewerten die in ihrer Schulklasse durchgeführte Intervention mithilfe des Schulnotensystems insgesamt mit einem Mittelwert von 2,19 (SD 1,12). Es werden alle Schulnoten von *sehr gut* bis *ungenügend* vergeben (Tab. 72, Abb. 24). Die am häufigsten vergebene Note ist *gut*. Über 90 % der Bewertungen liegen im Bereich der Noten *sehr gut* bis *befriedigend*. Lediglich 29 Jugendliche (6 %) bewerten die Intervention mit der Note *mangelhaft* oder *ungenügend*, insgesamt 21 Jugendliche (4 %) vergeben die Note *ausreichend*.

Tab. 72: Bewertung der Intervention anhand von Schulnoten

		N	Prozent	Gültige Prozente	Kumulierte Prozente
Gültig	sehr gut (1)	128	20,03	24,76	24,76
	gut (2)	257	40,22	49,71	74,47
	befriedigend (3)	82	12,83	15,86	90,33
	ausreichend (4)	21	3,29	4,06	94,39
	mangelhaft (5)	13	2,03	2,51	96,91
	ungenügend (6)	16	2,50	3,09	100,00
	Gesamt	517	80,91	100,00	
Fehlend		122	19,09		
Gesamt		639	100,00		

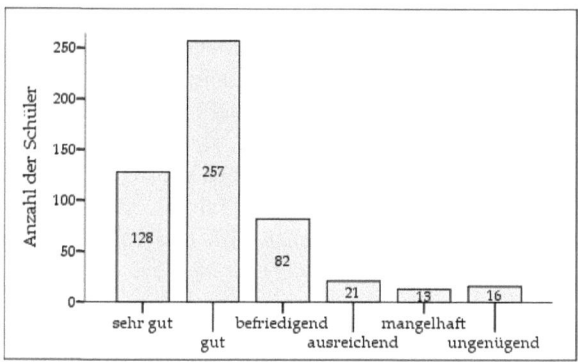

Abb. 24: **Bewertung der Intervention nach Schulnoten**

Bezüglich einzelner Bestandteile der Intervention können der *Vortrag* der Peer Educators, die *Übungen und Spiele* und die *gemeinsamen Gespräche* im Hinblick auf ihren jeweiligen Umfang bewertet werden. Darüber hinaus steht den Jugendlichen eine offene Antwortkategorie für Ergänzungen zur Verfügung.

Im Hinblick auf die Vorträge der Peer Educators finden zwei Drittel (74 %) aller Jugendlichen den Umfang *genau richtig*, 15 % wünschen sich weniger und 12 % mehr Vorträge. Was die Übungen betrifft, wünscht sich ein Viertel (24 %) der Jugendlichen mehr Übungen, für weniger Übungen sprechen sich 10 % aus und genau richtig finden 61 % den Anteil der Übungen. Auch die gemeinsamen Gespräche bewertet die Mehrzahl der Jugendlichen (68 %) als *genau richtig*, 15 % wünschen sich mehr und 18 % weniger gemeinsame Gespräche.

Im Ganzen nutzen 139 aller befragten Jugendlichen die Möglichkeit etwas zu äußern, was ihnen nicht gefallen hat. Ein Großteil der Antworten (37 %) beinhaltet Kritik an einzelnen Übungen und Inhalten, wie zum Beispiel dem Kennerlernspiel zu Beginn der Intervention. Etwa knapp ein Fünftel der Antworten (17 %) bezieht sich auf die Personen der Peer Educators und fast ein Viertel (23 %) auf das Verhalten der Klasse während der Intervention. Die restlichen Antworten beziehen sich vor allem auf Organisatorisches und Rahmenbedingungen. An den Peer Educators wird beispielsweise kritisiert, dass sie zu schüchtern oder nicht gut vorbereitet waren, am Verhalten der Klasse wird hauptsächlich kritisiert, dass sie zu laut war.

Darüber hinaus können die Jugendlichen in Form einer offenen Frage angeben, worüber sie gerne noch gesprochen oder etwas erfahren hätten. Hierauf geben 219 Jugendliche insgesamt 353 Antworten. Über 80 % dieser Antworten setzen sich aus Wünschen zu mehr Informationen rund um das Thema Gewalt zusammen; dies betrifft hauptsächlich verschiedene Gewaltarten und -formen. Die Angaben sind sehr verschieden und reichen von Fragen zu Recht und Gesetz, wie zu Gerichtsverfahren und der rechtlichen Situation in anderen Ländern, bis zu Themen wie Selbstmord, Missbrauch oder Gewalt zwischen Freunden. Knapp 10 % der Wünsche betreffen explizit persönliche Erfahrungen oder klassenspezifische Fragen. Ein kleiner Teil der Fragen (5 %) bezieht sich ausdrücklich auf Fragen zum Projekt ‚Schlag.fertig‘ oder auf die Peer Educators.

Die Frage danach, ob die ‚Schlag.fertig‘-Intervention einen günstigen Einfluss auf ihr eigenes Verhalten hat, beantworten 496 Jugendliche (Tab. 73, Abb. 25). Für die überwiegende Mehrheit (80 %) dieser Jugendlichen trifft dies *voll*, *ziemlich* oder *teilweise zu*. Für ein Fünftel (20 %) trifft dies *wenig* oder *nicht zu*.

Tab. 73: Günstiger Einfluss der Intervention auf das eigene Verhalten

		N	Prozent	Gültige Prozente	Kumulierte Prozente
Gültig	trifft voll zu	131	20,50	26,41	26,41
	trifft ziemlich zu	125	19,56	25,20	51,61
	trifft teilweise zu	140	21,91	28,23	79,84
	trifft wenig zu	58	9,08	11,69	91,53
	trifft nicht zu	42	6,57	8,47	100,00
	Gesamt	496	77,62	100,00	
Fehlend		143	22,38		
Gesamt		639	100,00		

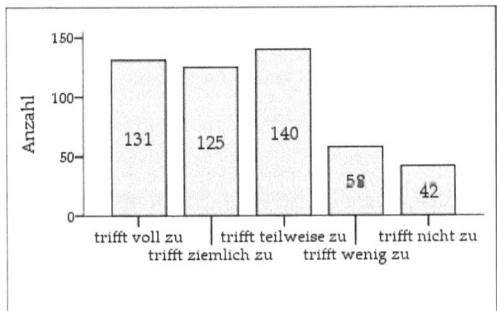

Abb. 25: Günstiger Einfluss der Intervention auf das eigene Verhalten

Zusammenfassung

Die ‚Schlag.fertig‘-Intervention wird im Durchschnitt mit der Schulnote *gut* bewertet und die überwiegende Mehrheit der Teilnehmer bewertet die einzelnen Bestandteile der Intervention in ihrem Umfang als *genau richtig*. Ein Viertel der Jugendlichen übt Kritik an bestimmten Bestandteilen der Intervention, hier stehen vor allem bestimmte Spiele und Übungen im Fokus sowie das zu laute und unruhige Verhalten der Klasse und die Personen der Peer Educators. Die befragten Jugendlichen äußern ein großes Interesse an dem Thema Gewalt und möchten über eine Vielzahl und eine sehr große Bandbreite von Themen mehr erfahren. Einen günstigen Einfluss der Intervention auf ihr eigenes Verhalten sehen rund 80 % der Teilnehmer.

8.3.2 Wissen zum Thema Gewalt

Für die Überprüfung des Faktenwissens der Jugendlichen zu wichtigen Bereichen rund um das Thema Gewalt wurden sieben Items abgefragt. Den Items entsprechende Themen wurden während jeder Intervention thematisiert.

Bei der Hypothesenprüfung (Hyp. 1 und 2) wurde bereits dargestellt, dass es zu einem signifikanten Wissensanstieg nach der Intervention gekommen ist. Im Folgenden werden die in diesen Hypothesen zusammengefassten sechs Items der Skala einzeln betrachtet. Hinzu kommt ein siebtes Item welches sich mit Hilfemöglichkeiten außerhalb der Schule befasst. Hier ist es zu keinem signifikanten Anstieg gekommen (Hyp. 3 und 4), interessant sind jedoch auch die von den Befragten konkret genannten Orte und Ansprechpersonen, die hier näher aufgeführt werden.

Mit welchem Alter wird man in Deutschland strafmündig? (Hypothese 1,2)

Die Frage nach dem Alter wann eine Person in Deutschland strafmündig wird, beantworten am ersten Befragungszeitpunkt vor der Intervention 75 % der Jugendlichen richtig. Nach der Intervention wissen 95 % die richtige Antwort und am Zeitpunkt der dritten Erhebung sind es 84 %. Die Ergebnisse unterscheiden sich zu allen drei Befragungsergebnissen höchst signifikant voneinander ($p < 0{,}001$; t1/t2: $\chi^2 = 78{,}12$; t1/t3: $\chi^2 = 17{,}57$). Unmittelbar nach der Intervention ist das Wissen am größten, sechs bis acht Wochen später etwas niedriger aber immer noch signifikant größer als vor der Intervention.

Was kostet ein Notruf bei der Polizei? (Hypothese 1,2)

Diese Frage beantworten durchgängig fast alle Jugendlichen korrekt. Am ersten Befragungszeitpunkt sind es 96 %, am zweiten 98 % und am dritten wissen dies 97 %. Die Unterschiede zwischen den Zeitpunkten sind nicht signifikant.

Die Höchststrafe im Jugendstrafrecht ist...? (Hypothese 1,2)

Die befragten Jugendlichen antworten auf diese Frage an den drei Zeitpunkten sehr unterschiedlich. Vor der Intervention sind nur 23 % der Antworten richtig, nach der Intervention sind es dagegen 79 % und sechs bis acht Wochen später sind es noch

50 %. Alle drei Ergebnisse unterscheiden sich höchst signifikant (p < 0,001; t1/t2: $\chi^2 = 221{,}43$; t1/t3: $\chi^2 = 50{,}28$) voneinander. Auch hier ist das Wissen nach der Intervention größer als vorher, wobei es nach sechs bis acht Wochen wieder etwas kleiner geworden ist, aber immer noch signifikant größer als vor der Intervention ist.

Die Telefonnummer der Polizei lautet...? (Hypothese 1,2)

Die korrekte Telefonnummer der Polizei kennen fast alle Jugendlichen, die Ergebnisse liegen an den drei Befragungszeitpunkten jeweils deutlich über 90 %. Es gibt keine signifikanten Unterschiede. Interessant ist, dass in einigen wenigen Fällen die amerikanische Notrufnummer 911 angegeben wurde. Hier lässt sich vermuten, dass die Jugendlichen diese vor allem aus dem Fernsehen kennen. Tatsächlich erreicht man unter dieser Telefonnummer auch in Deutschland den Notruf, aus eben jenem Grund, dass vielen diese Nummer aus dem Fernsehen bekannt ist.

Kann sich gewalttätiges Verhalten auf deine Führerscheinprüfung auswirken? (Hypothese 1,2)

Hier wiederum gibt es höchst signifikante Unterschiede (p < 0,001; t1/t2: $\chi^2 = 171{,}72$; t1/t3: $\chi^2 = 78{,}77$) zwischen den drei Zeitpunkten. Zu Beginn wissen nur 34 % der Jugendlichen, dass sich negative Konsequenzen für den eigenen Führerschein ergeben können. Nach der Intervention wissen dies 76 % der Jugendlichen und sechs bis acht Wochen später 66 %. Auch wenn das Wissen sechs bis acht Wochen nach der Intervention im Vergleich zum zweiten Befragungszeitpunkt geringer ist, ist es noch signifikant höher als vor der Intervention.

Ab wie viel Jahren kann eine Person angezeigt werden? (Hypothese 1,2)

Hier liegt die Anzahl der Jugendlichen die wissen, dass eine Person in jedem Alter angezeigt werden kann, am ersten Befragungszeitpunkt bei 10 %, am zweiten Befragungszeitpunkt bei 23 % und am dritten Befragungszeitpunkt bei 18 %. Es gibt signifikante Unterschiede (p < 0,001; t1/t2: $\chi^2 = 39{,}95$; t1/t3: $\chi^2 = 17{,}33$) zwischen allen drei Befragungszeitpunkten. Hier zeigt sich ebenfalls eine Verringerung des Wissens nach sechs bis acht Wochen, allerdings wissen die Jugendlichen immer noch mehr als vor der Intervention.

Kennst du Orte/Ansprechpartner an die die du dich außerhalb der Schule bei Sorgen oder Problemen wenden kannst? (Hypothese 3, 4)

Auf diese offene Frage antworten die Jugendlichen mit bis zu neun Antworten je Jugendlicher. Am ersten Befragungszeitpunkt geben 398 Jugendliche insgesamt

776 Antworten. Direkt nach der Intervention geben 403 Jugendliche 857 Antworten und am letzten Befragungszeitpunkt nennen 303 Jugendliche insgesamt 639 verschiedene Personen oder Orte, an die sie sich bei Problemen wenden können. Der Anteil der Jugendlichen, die auf diese Frage antwortet liegt in Relation zur Teilnehmerzahl je Befragung bei 81 % (t1), 77 % (t2) und 71 % (t3), das heißt zwischen 20 % bis knapp 30 % der Jugendlichen geben keine Antwort.

Die Antworten sind insgesamt sehr verschieden und reichen vom Psychiater über das Haustier bis zu Internetforen oder Beratungsstellen. Auch das Projekt ‚Schlag.fertig' beziehungsweise die Peer Educators werden als Ansprechpartner genannt.

Die folgende Tabelle 74 stellt nur einen Trend des Antwortverhaltens dar, da durch die große Bandbreite an Antworten Überkategorien gefunden werden mussten und dadurch immer ein Informationsverlust zu verzeichnen ist und es zu Überschneidungen einzelner Kategorien kommen kann. Darüber hinaus tritt die Schwierigkeit auf, dass zum Teil Namen genannt werden, die nicht eindeutig zuzuordnen sind und Begriffe wie „Familie" oder „Verwandte" eine nicht näher quantifizierbare Anzahl von einer oder mehreren Personen sein können.

Tab. 74: Genannte Ansprechpartner bei Sorgen und Problemen außerhalb der Schule (t1, t2, t3)

	t 1 N=398 von 494		t 2 N=403 von 524		t 3 N=303 von 427	
	N	Prozent	N	Prozent	N	Prozent
Familie	332	42,78	314	36,64	245	38,34
Freunde, Gleichaltrige	243	31,31	256	29,87	195	30,52
Institutionen, Beratungsdienste	57	7,35	122	14,24	62	9,70
Außerschulische Helfer	43	5,54	39	4,55	32	5,01
Bekannte	42	5,41	56	6,53	44	6,89
Lehrer, Personal in der Schule, Sozialpädagogen	19	2,45	23	2,68	19	2,79
Kontakte im Freizeitbereich	13	1,68	11	1,28	6	0,94
Medien	5	0,64	4	0,47	1	0,16
Sonstige	22	2,84	32	3,73	35	5,48
Gesamt	776	100,00	857	100	639	100

Zusammengefasst wird deutlich, dass die *Familie* der Hauptansprechpartner für die befragen Jugendlichen bei Sorgen und Problemen ist. Vater, Mutter, Geschwister, Großeltern sowie Cousins und Cousinen werden hier häufig genannt. Da sich die emotionale Zugehörigkeit zu Geschwistern hauptsächlich über die familiäre Verbundenheit und das gemeinsame Leben konstituiert, werden diese der Familie und nicht der zweihäufigsten genannten Gruppe, den *Gleichaltringen und Freunden* zugeordnet. Diese stellen ein zweites wichtiges Kontaktfeld bei Sorgen und Problemen dar. Neben namentlich aufgezählten Freunden, werden hier Mitschüler oder auch die Peer Educators genannt.

Institutionen, wie die Polizei, das Jugendamt oder die Kirche sowie professionelle Beratungsdienste wie Beratungsstellen und Sorgentelefone, werden als weiteres Kontaktfeld genannt. Hier fällt auf, dass die Kenntnis dieser am zweiten Befragungszeitpunkt direkt nach der Intervention mit 122 Nennungen besonders hoch ist und sich fast verdoppelt hat. Auch am dritten Befragungszeitpunkt ist sie noch deutlich höher als vor der Intervention. Einen Einfluss hat mit großer Wahrscheinlichkeit die Auseinandersetzung und Thematisierung sowie das Verteilen von Kontaktdaten und Adressen von Beratungsstellen in der Intervention. Die Abgrenzung zu der Gruppe der *außerschulischen Helfer* erfolgt dadurch, dass in dieser Gruppe konkrete Einzelpersonen, wie zum Beispiel der Betreuer in der Wohngruppe, der Therapeut oder der Erzieher und keine Institutionen genannt werden.

Zu den *Kontakten im Freizeitbereich* gehören vor allem Sporttrainer (zum Beispiel Reit-, Fußball- oder Tanzlehrer) und Mitarbeiter aus Jugendzentren. Der Bereich *Medien* umfasst Internetforen, Bücher oder Zeitschriften wie zum Beispiel die Bravo. Antworten die keinem der Bereiche zugeordnet werden konnten, finden sich unter *Sonstige* wieder. Hierbei werden zum Teil sehr spezielle Antworten von den Jugendlichen gegeben, wie Haus- und Kuscheltiere, Kummerkasten oder einzelne Namen von Personen die nicht eindeutig einem Bereich zuzuordnen sind.

Zusammenfassung

Insgesamt wissen die befragten Jugendlichen nach der Intervention mehr zum Thema Gewalt. In der Regel ist das Wissen direkt nach der Intervention am größten und sinkt dann etwas ab, ist aber auch sechs bis acht Wochen nach der Intervention immer noch signifikant höher als vor der Intervention. In Bereichen in denen es keine Veränderung gegeben hat, war das Wissen bereits vor der Intervention sehr hoch ($\geq 90\,\%$). Als Ansprechpartner außerhalb der Schule liegt die Familie mit ihren unterschiedlichen Mitgliedern von den Elternteilen über die Geschwister bis hin zu Großeltern und Tanten/Onkeln beziehungsweise Cousinen/Cousins an der Spitze, relativ dicht gefolgt von den Gleichaltrigen. Diese beiden Gruppen sind mit Abstand die wichtigsten Ansprechpartner für Jugendliche. Insgesamt ist festzustellen, dass die genannten Ansprechpartner aus sehr unterschiedlichen Lebensbereichen kommen und wahrscheinlich eng mit der jeweiligen Lebenssituation und dem Freizeitverhalten der Jugendlichen verbunden sind.

8.3.3 Kommunikationsverhalten

In diesem Block beantworten die Jugendlichen einige Fragen darüber, ob sie über Gewalt reden und wenn ja, mit wem. Hier wird differenziert zwischen dem allgemeinen Thema Gewalt und selbst miterlebten Gewalttaten. Besonders im Hinblick auf selbst miterlebte Gewalt können die eigenen Erfahrungen häufig mit Ängsten und Scham behaftet sein, so dass die Kommunikation darüber ein wichtiger erster Schritt zur Bearbeitung von Erlebtem sein kann. Aus diesem Grund werden zusätzlich die Kommunikationsschwierigkeit und die Kommunikationswichtigkeit abgefragt.

Kommunikationswichtigkeit (Hypothese 42, 43)

Die Hypothesenprüfung hat gezeigt, dass die Jugendlichen es nach der Intervention signifikant wichtiger finden über Gewalt zu reden als vor der Intervention. Sechs bis acht Wochen später ist dieser Effekt so nicht mehr vorhanden. Insgesamt wird bei der Betrachtung der Ergebnisse deutlich, dass es für die meisten Jugendlichen generell sehr wichtig ist über Gewalt zu sprechen. Die am häufigsten gegebene Antwort auf die Frage, ob die Jugendlichen es wichtig finden über Gewalt zu sprechen, ist zu allen drei Zeitpunkten *trifft voll zu*. Jeweils mehr als die Hälfte der Jugendlichen stimmt der Wichtigkeit zu allen drei Zeitpunkten *ziemlich* oder *voll* zu. Schließt man hier noch die Jugendlichen ein, die es zumindest *teilweise* wichtig finden über Gewalt zu sprechen, sind es zwischen 81 % (t1), 89 % (t2) und 83 % (t3). Auffällig ist, dass am dritten Befragungszeitpunkt der Anteil der Jugendlichen, der mit *teilweise* antwortet, ein knappes Drittel (30 %) ausmacht und damit deutlich höher ist als an den anderen Zeitpunkten (t1: 21 %, t2: 19 %). Möglicherweise kann dies ein Hinweis darauf sein, dass die Befragten die Antwort auf diese Frage differenzierter betrachten.

Kommunikationshäufigkeit über miterlebte Gewalt (Hypothesen 38, 40, 41, 44, 45, 48, 60-62)

t1
Auf die Frage danach, wie häufig die Jugendlichen innerhalb der letzten sechs Wochen mit jemandem über selbst miterlebte Gewalt gesprochen haben, machen 67 % der Jugendlichen eine Angabe größer als null. Bei den übrigen Jugendlichen lässt sich nicht feststellen, ob sie dem eigenen Empfinden nach keine Gewalttat miterlebt haben, mit niemanden darüber gesprochen haben oder ob sie keine Angaben machen wollten.

Betrachtet man die Antworten auf die vorgegebenen Kategorien gemeinsam mit den kategorisierten offenen Antworten, so zeigt sich, dass Gleichaltrige mit 41 %

die am häufigsten genannten Gesprächspartner sind. Wie in der Hypothesenprüfung dargestellt wurde, wird mit ihnen signifikant häufiger über miterlebte Gewalt gesprochen als mit der zweihäufigst genannten Gruppe (23 %), der Familie. Dahinter folgen Gespräche im Unterricht (19 %), Gespräche mit Lehrpersonal (15 %) und Sonstige (2 %).

Dies muss jedoqch noch differenzierter betrachtet werden, da es eine große Spannweite an angegebenen Häufigkeiten gibt, die zwischen 1 Mal bis hin zu dem Extremwert von 1000 Mal innerhalb der letzten sechs Wochen schwanken. Da diese sehr hohen Werte jedoch selten auftreten, werden wie in Kapitel 7.5 dargestellt Ausreißer aus den weiteren Berechnungen ausgeschlossen. Gleichwohl sollen die sehr hohen Angaben von einzelnen Jugendlichen nicht unter den Tisch fallen, da sie ein Hinweis darauf sein können, dass einige Jugendliche subjektiv empfunden sehr häufig über miterlebte Gewalttaten reden. So häufig, dass ihnen eine quantitative Angabe schwer fällt, da das Thema möglicherweise alltäglich ist. Angelehnt an die die Redensart „Schon tausendmal darüber geredet", wobei tausend hier nicht für eine tatsächliche Anzahl, sondern vielmehr für eine sehr große Häufigkeit steht, die keine Außergewöhnlichkeit mehr darstellt.

Betrachtet man die Mittelwerte und die Summe der Häufigkeiten (Tab. 75), so heben sich die Gleichaltrigen nicht nur bei der Häufigkeit der Nennungen als Ansprechpartner, sondern auch hinsichtlich der durchschnittlich angegebenen Anzahl mit insgesamt 1470 Mal innerhalb der letzten sechs Wochen und einem hohen Mittelwert von fast 5 Mal deutlich hervor.

Tab. 75: Kommunikationshäufigkeit t1 (> 0) **miterlebte Gewalt** in den letzten sechs Wochen

	mit Gleichaltrigen	mit der Familie	im Unterricht	mit Lehrpersonal	mit Sonstigen
N	316	188	163	127	15
Mittelwert	4,65	2,30	2,91	2,27	4,87
Median	2	2	2	2	2
Modalwert	1	1	1	1	1
SD	6,11	3,21	4,54	2,14	6,59
Minimum	1	1	1	1	1
Maximum	42	20	40	15	20
Summe	1470	563	474	288	73

<u>t3</u>

Sechs Wochen nach der Intervention, am dritten Erhebungszeitpunkt machen im Vergleich zum ersten Befragungszeitpunkt mit insgesamt 56 % weniger Jugendliche eine Angabe zu der Kommunikationshäufigkeit über miterlebte Gewalt. Die Gruppe der Gleichaltrigen bleibt jedoch auch hier mit 37 % die Gruppe, welche die Jugendlichen am häufigsten als Gesprächspartner nennen, gefolgt von der Familie

(27 %), Gesprächen im Unterricht (18 %), Gesprächen mit Lehrpersonal (16 %) und Sonstiges (2 %). Hier sind somit keine wesentlichen Veränderungen zum ersten Befragungszeitpunkt zu erkennen. Mit Gleichaltrigen wird nach wie vor signifikant häufiger gesprochen als mit der Familie.

Bei der Betrachtung der angegebenen Häufigkeiten sind im Vergleich zu t1 ‚nur' Ausreißer von bis 160 Mal innerhalb der letzten sechs Wochen vorhanden. Der Ausschluss der Ausreißer aus den weiteren Berechnungen hat zur Folge, dass elf Bewertungen aus der Berechnung der weiteren statistischen Werte raus fallen.

Die Gleichaltrigen sind auch hier mit einer Gesamthäufigkeit von 845 Mal, nicht nur die häufigsten genannten Gesprächspartner, sondern auch die Gruppe mit der am meisten über Gewalt gesprochen wird (Tab. 76). Es fällt auf, dass sich der Modalwert der verschiedenen Gruppen deutlich voneinander unterscheidet. Besonders für Gespräche im Unterricht und mit Lehrpersonal ist er mit 5 deutlich höher im Vergleich zu den anderen und zum ersten Befragungszeitpunkt. Auch liegt der Median bei allen Gruppen außer der Familie höher.

Tab. 76: Kommunikationshäufigkeit t3 (> 0) **miterlebte Gewalt** in den letzten sechs Wochen

	mit Gleichaltrigen	mit der Familie	im Unterricht	mit Lehrpersonal	mit Sonstigen
N	209	158	111	98	8
Mittelwert	4,04	3,22	3,72	4,02	3,38
Median	3	2	4	4	2,5
Modalwert	1	1	5	5	2
SD	3,99	3,33	3,54	2,84	2,00
Minimum	1	1	1	1	2
Maximum	20	25	26	18	7
Summe	845	508,5	413	394	27

Vergleich der Befragungszeitpunkte
Für die Betrachtung von Veränderungen vor und nach der Intervention werden alle Mittelwerte betrachtet, hier fließen auch die Angaben gleich null mit ein (Tab. 77). Der Vergleich anhand des t-Tests zeigt für die Gesprächshäufigkeit mit Lehrerinnen und Lehrern einen höchst signifikanten Unterschied zwischen den beiden Messzeitpunkten: Nach der Intervention sprechen die Teilnehmer signifikant häufiger mit Lehrern über miterlebte Gewalttaten als vorher. Ein Blick auf die Mittelwerte zeigt, dass sich der Mittelwert am dritten Befragungszeitpunkt verdoppelt hat.

Für die Kommunikationshäufigkeit mit der Familie gibt es keine signifikanten Unterschiede im Vergleich vom ersten und letzten Befragungszeitpunkt. Allerdings ist eine signifikante Tendenz erkennbar. Ein Blick auf die Mittelwerte und die Mittelwertdifferenz zeigt, dass die Jugendlichen am dritten Befragungszeitpunkt etwas häufiger mit ihrer Familie über miterlebte Gewalttaten sprechen als vorher.

Auch für Gespräche mit anderen Jugendlichen gibt es keine signifikanten Unterschiede zwischen den Befragungszeitpunkten, jedoch ist ebenfalls eine Tendenz erkennbar. Diesmal weisen die Mittelwerte jedoch darauf hin, dass am dritten Befragungszeitpunkt weniger häufig mit anderen Jugendlichen über das Thema Gewalt gesprochen wird.

Die von den Jugendlichen angegebene Kommunikationshäufigkeit über miterlebte Gewalttaten im Unterricht unterscheidet sich zu den beiden Befragungszeitpunkten nicht signifikant voneinander. Die Mittelwerte liegen sehr nah beieinander.

Tab. 77: Mittelwerte und t-Test-Ergebnisse bei gepaarten Stichproben „Kommunikationshäufigkeit über miterlebte Gewalt", Vergleich t1 / t3

	Mittelwert	N	SD	Standardfehler des Mittelwertes	T	df	Sig.	d
Familie t1	0,99	287	2,04	0,12	-1,65	286	0,100	0,130
Familie t3	1,29	287	2,66	0,16				
Jugendliche t1	2,50	285	4,89	0,29	1,67	284	0,096	0,110
Jugendliche t3	2,03	285	3,75	0,22				
Lehrpersonal t1	0,54	294	1,12	0,07	-3,62	293	0,000***	0,311
Lehrpersonal t3	1,09	294	2,42	0,14				
Unterricht t1	0,95	292	2,68	0,16	-0,43	291	0,666	0,035
Unterricht t3	1,05	292	2,65	0,16				

*** = p < 0,001; Effektgröße d: 0,2 = kleiner Effekt, 0,5 = mittlerer Effekt; 0,8 = großer Effekt

Kommunikationshäufigkeit über das Thema Gewalt (Hypothesen 39, 46, 47, 71-76)

Nun wird die Häufigkeit mit der die befragten Jugendlichen über das Thema Gewalt sprechen betrachtet. Dies ist im Vergleich zum letzten Item etwas allgemeiner als das Sprechen über konkret miterlebte Gewalt.

t1

Am ersten Befragungszeitpunkt geben 90 % der Jugendlichen an, in den letzten sechs Wochen über das Thema Gewalt gesprochen zu haben. Mit 31 % werden die Gleichaltrigen hier am häufigsten als Gesprächspartner genannt, gefolgt von Gesprächen mit der Familie und im Unterricht mit jeweils 23 %. Die Gespräche mit Lehrpersonal folgen knapp dahinter mit 22 % und auf den Bereich Sonstiges entfallen 2 %. Auffällig im Vergleich zu Gesprächen über selbst miterlebte Gewalt ist, dass Gespräche über das Thema Gewalt in der Familie, im Unterricht und mit dem Lehrpersonal fast gleichauf liegen. Es gibt insgesamt nicht so deutliche Unterschiede zwischen den Gruppen. Mit Gleichaltrigen wird entsprechend der Kommunikationshäufigkeit über miterlebte Gewalt signifikant häufiger gesprochen als mit der Familie (Hyp. 46).

Bei der Betrachtung der angegebenen Häufigkeiten fällt auf, dass es wieder Ausreißer von bis zu 1000 Mal gibt. Aus den oben genannten Gründen werden nur Werte bis maximal 42 Mal betrachtet, wodurch 29 Bewertungen entfallen.

Die Gleichaltrigen treten als Gesprächspartner beim Thema Gewalt mit einer Gesamthäufigkeit von 2209 Mal und dem höchsten Mittelwert deutlich in den Vordergrund (Tab. 78). Die Gespräche im Unterricht und die Gespräche mit der Familie liegen fast gleichauf, wobei die Gespräche im Unterricht etwas häufiger genannt werden, als solche mit der Familie. Auch Lehrpersonal scheint mit einer Häufigkeit von 931 Mal ein wichtiger Gesprächspartner zu sein. Möglicherweise sind bei eigenen Erlebnissen die Familie und die Gleichaltrigen mit ihren emotionalen Strukturen und Bindungen die wichtigsten Ansprechpartner. Bei einem allgemeinen Austausch über das Thema Gewalt dient dagegen die Schule verstärkt als Kommunikationsort.

Tab. 78: Kommunikationshäufigkeit t1 (> 0) Thema Gewalt in den letzten sechs Wochen

	mit Gleichaltrigen	mit der Familie	im Unterricht	mit Lehrpersonal	mit Sonstigen
N	415	317	325	251	20
Mittelwert	5,32	3,42	4,17	3,71	5,30
Median	3	2	2	2	3
Modalwert	1	1	1	1,00	1
SD	6,26	4,77	5,46	5,00	6,61
Minimum	1	1	1	1	1
Maximum	42	41	40	40	20
Summe	2209	1084	1355,5	931	106

t3

Am dritten Befragungszeitpunkt machen 83 % der Jugendlichen eine Angabe größer null, was im Vergleich zum ersten Befragungszeitpunkt etwas weniger ist. Die Gruppe der Gleichaltrigen wird auch hier mit 30 % als Ansprechpartner am häufigsten genannt, gefolgt von der Familie (26 %), Gesprächen im Unterricht (23 %), Gesprächen mit Lehrpersonal (19 %) und Sonstigem (2 %). Die Gespräche mit Familienmitgliedern liegen hier im Vergleich zu t1 etwas vor den Gesprächen im Unterricht und mit Lehrpersonal, liegen jedoch weiterhin signifikant unter der Häufigkeit, mit der mit Gleichaltrigen gesprochen wird (Hyp. 47)

Die Höhe der Ausreißer fällt hier mit bis zu 3.000000 Mal besonders deutlich aus. Durch die Begrenzung bis zu der Häufigkeit von 42 Mal entfallen 21 Bewertungen.

In Bezug auf die Häufigkeit mit der über das Thema Gewalt geredet wird, liegt die Gruppe der Gleichaltrigen wieder deutlich vorne (Tab. 79). Die zweitgrößte Häufigkeit ist übereinstimmend mit dem ersten Befragungszeitpunkt bei Gesprächen im Unterricht zu finden, gefolgt von Gesprächen mit der Familie und Gesprächen mit Lehrpersonal. Der Median liegt bei allen Gruppen bei 3 und damit höher als am Befragungszeitpunkt t1.

Tab. 79: Kommunikationshäufigkeit t3 (> 0) <u>Thema Gewalt</u> in den letzten sechs Wochen

	mit Gleichaltrigen	mit der Familie	im Unterricht	mit Lehrpersonal	mit Sonstigen
N	297	266	235	197	21
Mittelwert	4,27	3,34	3,85	3,95	4,14
Median	3	3	3	3	3
Modalwert	1	1	1	1	1
SD	4,14	3,37	3,96	4,20	4,79
Minimum	1	1	1	1	1
Maximum	30	39	21,5	30	20
Summe	1269,5	888	904	778,5	87

Vergleich der Befragungszeitpunkte

Für den Vergleich werden auch hier alle Mittelwerte mithilfe des t-Tests für abhängige Stichproben überprüft, Tabelle 80 gibt einen Überblick über die Ergebnisse. Insgesamt ist bei keiner Untergruppe eine signifikante Veränderung der Kommunikationshäufigkeit über das Thema Gewalt festzustellen. Lediglich für die Jugendlichen als Gesprächspartner zeigt sich eine statistische Tendenz, die auf eine Verringerung der Kommunikationshäufigkeit hinweist. Der Effekt ist jedoch als sehr klein zu bewerten.

Tab. 80: Mittelwerte und t-Test-Ergebnisse bei gepaarten Stichproben „Kommunikationshäufigkeit <u>Thema Gewalt</u>"; Vergleich t1/t3

	Mittelwert	N	SD	Standardfehler des Mittelwertes	T	df	Sig.	d
Familie t1	2,18	286	4,44	0,26	0,34	285	0,731	0,027
Familie t3	2,09	286	2,44	0,14				
Jugendliche t1	3,75	276	5,89	0,36	1,83	275	0,069	0,125
Jugendliche t3	3,11	276	4,37	0,26				
Lehrpersonal t1	1,59	293	2,60	0,15	-1,64	292	0,103	0,117
Lehrpersonal t3	1,94	293	3,43	0,20				
Unterricht t1	2,31	288	3,96	0,23	0,54	287	0,589	0,039
Unterricht t3	2,17	288	3,46	0,20				

Effektgröße d: 0,2 = kleiner Effekt, 0,5 = mittlerer Effekt; 0,8 = großer Effekt

Kommunikationsschwierigkeit über miterlebte Gewalt (Hypothese 40, 41)

Schlussendlich werden die Jugendlichen gefragt, wie schwierig sie es finden, mit verschiedenen Personengruppen über Erlebnisse zu sprechen, bei denen sie selbst Gewalt erfahren haben.

Mit Familienmitgliedern über solche Erfahrungen und Erlebnisse zu sprechen, scheint für einen Großteil der Jugendlichen kaum schwierig zu sein. Die drei Befragungszeitpunkte unterscheiden sich wenig voneinander (Tab. 81), es gibt keine signifikanten Unterschiede und der Median liegt an allen Befragungszeitpunkten bei 2. Der Aussage, dass es schwierig ist mit der Familie über Gewalterlebnisse zu sprechen, stimmen zu allen Befragungszeitpunkten knapp 60 % der Befragten *gar nicht* oder *wenig* zu. Rund ein Fünftel stimmt dem *teilweise* zu. Als *ziemlich* oder *völlig* schwierig mit der Familie über Gewalterlebnisse zu sprechen, empfindet es rund ein Fünftel der Jugendlichen.

Tab. 81: Kommunikationsschwierigkeit <u>mit der Familie</u> über <u>miterlebte Gewalt</u> zu sprechen

	Familie t1	Familie t2	Familie t3
Median	2	2	2
	Gültige Prozente:	Gültige Prozente:	Gültige Prozente:
stimmt gar nicht (1)	37,42	39,38	40,38
stimmt wenig	20,86	16,96	17,55
stimmt teilweise	19,43	23,20	22,60
stimmt ziemlich	13,09	10,92	9,38
stimmt völlig (5)	9,20	9,55	10,10
Gesamt	100,00	100,00	100,00

Auch im Hinblick auf die Kommunikationsschwierigkeit mit Jugendlichen bleiben die Ergebnisse über die drei Befragungszeitpunkte hinweg stabil und es gibt keine signifikanten Unterschiede. Die Ergebnisse unterscheiden sich nur wenig von denen der Familie und der Median liegt ebenfalls zu allen Befragungszeitpunkten bei 2 (Tab. 82). Der Prozentsatz derjenigen Jugendlichen, die es als *ziemlich* oder *völlig* schwierig finden, mit anderen Jugendlichen über erlebte Gewalt zu sprechen, ist etwas kleiner als bei der Familie und nimmt im Verlauf der drei Befragungszeitpunkte ab.

Tab. 82: Kommunikationsschwierigkeit <u>mit Jugendlichen</u> über <u>miterlebte Gewalt</u> zu sprechen

	Jugendliche t1	Jugendliche t2	Jugendliche t3
Median	2	2	2
	Gültige Prozente:	Gültige Prozente:	Gültige Prozente:
stimmt gar nicht (1)	35,93	36,91	33,57
stimmt wenig	19,92	21,48	26,33
stimmt teilweise	23,20	24,02	23,67
stimmt ziemlich	10,47	9,18	7,00
stimmt völlig (5)	10,47	8,40	9,42
Gesamt	100,00	100,00	100,00

Größere Unterschiede gibt es beim Vergleich der Kommunikationsschwierigkeit mit Lehrerinnen und Lehrern. Der Median liegt mit 3 höher als bei den Jugendlichen und der Familie (Tab. 83). Der Anteil der Jugendlichen, die es *ziemlich* oder *völlig* schwierig finden mit Lehrern über Gewalterlebnisse zu sprechen, liegt jeweils mit mehr als einem Drittel deutlich höher als bei der Familie und den Gleichaltrigen. Der Anteil derjenigen, die hier im Mittelfeld mit *teilweise schwierig* antworten steigt von 22 % (t1) über 24 % (t2) auf letztlich 28 % (t3). Daneben lässt sich am zweiten Befragungszeitpunkt feststellen, dass es die Jugendlichen hier am schwierigsten finden mit Lehrern über erlebte Gewalt zu sprechen. Zwischen den drei Befragungszeitpunkten gibt es keine signifikanten Unterschiede.

Tab. 83: Kommunikationsschwierigkeit mit Lehrpersonal über miterlebte Gewalt zu sprechen

	Lehrpersonal t1	Lehrpersonal t2	Lehrpersonal t3
Median	3	3	3
	Gültige Prozente:	Gültige Prozente:	Gültige Prozente:
stimmt gar nicht (1)	22,95	17,22	20,24
stimmt wenig	20,90	19,37	17,59
stimmt teilweise	21,93	24,07	28,19
stimmt ziemlich	16,60	18,79	16,39
stimmt völlig (5)	17,62	20,55	17,59
Gesamt	100,00	100,00	100,00

Bei einem Vergleich der drei Gruppen mithilfe des Friedman- und Wilcoxon Tests unterscheidet sich die Kommunikationsschwierigkeit mit Lehrern zu allen drei Zeitpunkten höchst signifikant sowohl von der Kommunikationsschwierigkeit mit Jugendlichen als auch mit der Familie (Tab. 84). Ein Blick auf die Mittelwerte beziehungsweise die Ränge, zeigt, dass es signifikant schwieriger für die Jugendlichen ist, mit Lehrern über erlebte Gewalt zu sprechen als mit der Familie oder mit Jugendlichen.

Tab. 84: Wilcoxon Vergleich „Kommunikationsschwierigkeit zwischen Lehrern/Jugend-lichen und Lehrern/Familie"

		Z	Sig.	r
Lehrer/Jugendliche	t1	-5,11	0,000***	0,232
	t2	-8,74	0,000***	0,387
	t3	-6,35	0,000***	0,312
Lehrer/Familie	t1	-6,07	0,000***	0,300
	t2	-9,13	0,000***	0,404
	t3	-6,69	0,000***	0,329

*** = $p < 0,001$; Effektgröße r: 0,1 = kleiner Effekt; 0,3 = mittlerer Effekt; 0,5 = großer Effekt

Zusammenfassung

Für den Bereich Kommunikation zeigt sich, dass die meisten Jugendlichen es sehr wichtig finden über Gewalt zu reden. Tatsächlich sprechen Jugendliche häufig allgemein über das Thema Gewalt, etwas seltener über selbst miterlebte Gewalt. In beiden Fällen sind Gleichaltrige die mit Abstand häufigsten Gesprächspartner, gefolgt von der Familie aber auch Lehrkräften sowie Gesprächen im Unterricht. Nach der Intervention zeigt sich ein signifikanter Anstieg der Gesprächshäufigkeit von miterlebter Gewalt mit Lehrkräften. Die Mehrzahl der Jugendlichen findet es *wenig schwierig* mit der Familie oder mit Gleichaltrigen über miterlebte Gewalt zu sprechen. Für rund ein Fünftel der Jugendlichen ist es jedoch *ziemlich* beziehungsweise *völlig schwierig* mit diesen Personengruppen über Gewalt zu sprechen. Mit Lehrkräften, im Vergleich zur Familie oder zu anderen Jugendlichen, über miterlebte Gewalt zu sprechen, empfinden Jugendliche als signifikant schwieriger.

8.3.4 Beurteilung der Peer Educators (Hypothesen 49-53, 56)

Die Beurteilung und Einschätzung der Peer Educators erfolgt in der zweiten Befragung im direkten Anschluss an die von ihnen durchgeführte Intervention. Hierbei bewerten die Jugendlichen jeweils beide Peer Educators, welche die Intervention durchgeführt haben, einzeln. Da jeweils zwei Peer Educators eine Intervention durchgeführt haben, ergibt das im Hinblick auf die Teilnehmerzahl die doppelte Anzahl an Beurteilungen.

Zur Beurteilung der Peer Educators stehen insgesamt 12 Items zur Verfügung, die sich auf folgenden Aspekten zusammen setzten:

- ➢ Vertrauenswürdigkeit (3 Items),
- ➢ Kompetenz (2 Items),
- ➢ Ähnlichkeit (2 Items),
- ➢ Sprechverhalten (2 Items),
- ➢ Attraktivität (1 Item),
- ➢ Sympathie (1 Item),
- ➢ Empathie (1 Item).

Darüber hinaus wird das Wissen der Peer Educators zum Thema Gewalt im Vergleich zu anderen Personengruppen bewertet. In Abbildung 26 ist die Beurteilung der Peer Educators grafisch dargestellt.

Vertrauenswürdigkeit

Die Dimension Vertrauenswürdigkeit setzt sich aus drei Items zur Ehrlichkeit, zum persönlichen Bezug zum Thema und zur Wichtigkeit des Themas für die Peer Educators zusammen. Jeweils mehr als drei Viertel (76 %) der Jugendlichen meinen, dass diese Merkmale *völlig* oder *ziemlich* auf die Peer Educators zutreffen. Die Vertrauenswürdigkeit der Peer Educators wird von den Teilnehmern somit hoch eingeschätzt. Die Modalwerte und damit die am häufigst gewählten Antworten, liegen bei allen drei Items in der höchsten Kategorie bei *stimmt völlig* (Tab. 85).

Tab. 85: Beurteilung Peer Educators: Vertrauenswürdigkeit

	N	Median	Modalwert	Min.	Max.
Ehrlichkeit	1036	4	5	1	5
Persönlicher Bezug zum Thema	1031	4	5	1	5
Wichtigkeit des Themas	1029	4	5	1	5

(1 = stimmt gar nicht, 2 = stimmt wenig, 3 = stimmt teilweise, 4 = stimmt ziemlich, 5 = stimmt völlig)

Kompetenz

Hier ergibt sich ein ganz ähnliches Bild. Die Peer Educators werden als kompetente Berater wahrgenommen. Die Einschätzung des themenspezifischen Wissens und der Kenntnis zum Thema durch die Befragten liegt hoch. Mehr als drei Viertel (78 %) der Jugendlichen meinen, dass die Peer Educators ein großes Wissen besitzen und sich gut mit dem Thema Gewalt auskennen. Zwischen den beiden Items gibt es fast keine Unterschiede. Der Modalwert liegt auch hier jeweils mit 5 in der Kategorie *stimmt völlig* (Tab. 86).

Tab. 86: Beurteilung Peer Educators: Kompetenz

	N	Median	Modalwert	Minimum	Maximum
Wissen zum Thema	988	4	5	1	5
Auskennen zum Thema	985	4	5	1	5

(1 = stimmt gar nicht, 2 = stimmt wenig, 3 = stimmt teilweise, 4 = stimmt ziemlich, 5 = stimmt völlig)

Ähnlichkeit

Hier werden zwei Items abgefragt, die sich auf zwei unterschiedliche Aspekte beziehen. Zum einen handelt es sich um die direkte Frage, ob die Jugendlichen den Peer Educator als sich selbst ähnlich empfinden. Dem stimmen nur knapp 13 % *völlig* zu, ein Viertel (25 %) sieht eine Ähnlichkeit zumindest *teilweise*. Die überwiegende Mehrheit (63 %) jedoch sieht *keine* oder *wenig* Ähnlichkeit zwischen sich und den einzelnen Peer Educators. Dies spiegelt sich auch in dem Modalwert von 1 wieder, der besagt, dass die am häufigsten gewählte Antwortkategorie auf die Fragen nach einer Ähnlichkeit *stimmt gar nicht* ist (Tab. 87).

Das zweite Item bezieht sich darauf, ob die Jugendlichen denken, dass der Peer Educator selbst bereits Opfer einer Gewalttat war. Mehr als zwei Drittel (70 %)

stimmen dem zu, ein Drittel (30 %) findet, dass eine Opfererfahrung *wenig* oder *gar nicht* zutrifft. Der Modalwert liegt hier konträr zum Item Ähnlichkeit bei 5 (Tab. 87).

Mit 27 % fehlenden Antworten ist bei diesem Item der höchste Wert an fehlenden Antworten der gesamten Skala zu verzeichnen. Möglicherweise empfinden es die befragten Jugendlichen als schwierig, die Peer Educators hinsichtlich eigener Opfererfahrungen einzuschätzen oder es besteht eine gewisse Ablehnung diese als Opfer zu ‚etikettieren'.

Tab. 87: Beurteilung Peer Educators: Ähnlichkeit

	N	Median	Modalwert	Minimum	Maximum
Ähnlichkeit zu einem selbst	988	2	1	1	5
Opfer einer Gewalttat	935	3	5	1	5

(1 = stimmt gar nicht, 2 = stimmt wenig, 3 = stimmt teilweise, 4 = stimmt ziemlich, 5 = stimmt völlig)

Sprechverhalten

Sprache ist ein wesentliches Instrument zur Vermittlung von Wissen, Jugendliche verfügen häufig über eine eigene Jugendsprache. Das Sprechverhalten der Peer Educators wird mit zwei Items abgefragt. Die überwiegende Mehrheit der Jugendlichen (59 %) stimmt der Frage, ob die Peer Educators sich verständlich ausdrücken, *völlig* oder *ziemlich* zu. Ein knappes Viertel (24 %) ist der Meinung, dass dies *teilweise* zutrifft und 10 % meinen dass dies nur *wenig* und 7 % *gar nicht* auf die Peer Educators zutrifft. Sowohl Median als auch Modalwert liegen bei vier (Tab. 88).

Des Weiteren werden die Jugendlichen gefragt, ob sie die Sprache beziehungsweise das Sprechen der Peer Educators als ähnlich zu ihrem eigenen Sprechen empfinden. Dem stimmen 21 % der Jugendlichen *völlig* oder *ziemlich* zu, etwas mehr als ein Viertel (27 %) finden, dass dies *teilweise* zutrifft. Mehr als die Hälfte (53 %) der Jugendlichen sieht jedoch *wenig* oder *keine* Ähnlichkeit zwischen der Sprache der Peer Educators und der eigenen Sprache. Der Median liegt mit 2 und der Modalwert mit 1 niedrig (Tab. 88).

Tab. 88: Beurteilung Peer Educators: Sprechverhalten

	N	Median	Modalwert	Minimum	Maximum
Verständlichkeit des Sprechens	991	4	4	1	5
Ähnlichkeit zum eigenen Sprechen	990	2	1	1	5

(1 = stimmt gar nicht, 2 = stimmt wenig, 3 = stimmt teilweise, 4 = stimmt ziemlich, 5 = stimmt völlig)

Attraktivität

Die Attraktivität des Modells spielt beim Modelllernen eine wichtige Rolle. Je attraktiver das Modell erscheint, desto größer wird die Wirkung auf den Lernenden eingeschätzt. Die Peer Educators werden sehr unterschiedlich wahrgenommen und eingeschätzt. Der Frage, ob die Schülerinnen und Schüler die Peer Educators toll finden, stimmt ein knappes Drittel (31 %) *gar nicht* oder *wenig* zu, ein weiteres knappes Drittel (31 %) stimmt dem *teilweise* zu und etwas mehr als ein Drittel (37 %) stimmt dem *ziemlich* oder *völlig* zu.

Tab. 89: Beurteilung Peer Educators: Attraktivität

	N	Median	Modalwert	Minimum	Maximum
Toll finden	1031	3	3	1	5

(1 = stimmt gar nicht, 2 = stimmt wenig, 3 = stimmt teilweise, 4 = stimmt ziemlich, 5 = stimmt völlig)

Sympathie

Eine ähnlich wichtige Rolle wie die Attraktivität spielt auch die Sympathie als Persönlichkeitsmerkmal eines Modells. Wird eine Person als unsympathisch eingeschätzt, ist es weniger wahrscheinlich, dass das bei ihr beobachtete Verhalten imitiert wird oder der Wunsch danach besteht. Mehr als die Hälfte (54 %) der befragten Jugendlichen stimmt der Aussage, ob sie die Peer Educators sympathisch findet *ziemlich* oder *völlig* zu. Median und Modalwert liegen bei 4 (Tab. 90). Teilweise sympathisch findet über ein Viertel (26 %) der Befragten die Peer Educators. Lediglich 21 % finden, dass diese Aussage *wenig* (10 %) oder *gar nicht* (11 %) auf die Peer Educators zutrifft. Somit bewertet die überwiegende Mehrheit (79 %) der Jugendlichen die Peer Educators im Bereich von *teilweise* bis *völlig* sympathisch.

Tab. 90: Beurteilung Peer Educators: Sympathie

	N	Median	Modalwert	Minimum	Maximum
Sympathisch finden	1033	4	4	1	5

(1 = stimmt gar nicht, 2 = stimmt wenig, 3 = stimmt teilweise, 4 = stimmt ziemlich, 5 = stimmt völlig)

Empathie

Für die Weitergabe von Wissen und Informationen spielt das Maß an Einfühlungsvermögen in die Adressaten eine wichtige Rolle. Hierbei zählt sowohl das tatsächliche als auch das von den Adressaten antizipierte Einfühlungsvermögen. Die Meinung der befragten Jugendlichen, ob die Peer Educators sich gut in sie hineinversetzten können, ist unterschiedlich. Knapp ein Drittel (32 %) meint, dass dies *gar nicht* oder *wenig* auf die Peer Educators zutrifft. Das zweite Drittel (33 %) meint, dass dies zumindest *teilweise* der Fall ist und das letzte Drittel (35 %) stimmt dem *ziemlich* oder *völlig* zu.

Tab. 91: Beurteilung Peer Educators: Empathie

	N	Median	Modalwert	Minimum	Maximum
Gut in mich hineinversetzen	1035	3	3	1	5

(1 = stimmt gar nicht, 2 = stimmt wenig, 3 = stimmt teilweise, 4 = stimmt ziemlich, 5 = stimmt völlig)

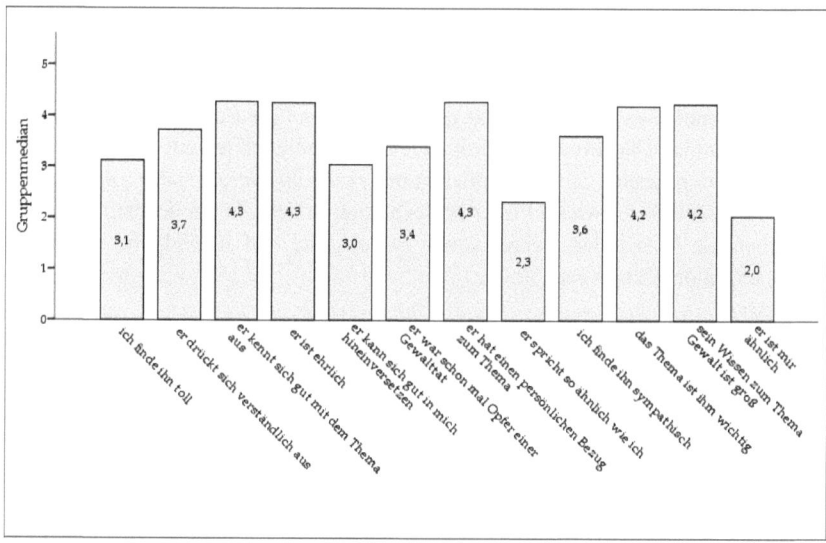

Abb. 26: Beurteilung Peer Educators gesamt

Zwischen der Beurteilung der Peer Educators und der Bewertung der Intervention besteht ein hoch signifikanter negativer Zusammenhang. Da die Bewertung anhand von Schulnoten erfolgt und folglich ein niedriger Wert eine bessere Bewertung ausdrückt, bedeutet die vorhandene negative Korrelation, dass eine gute Bewertung der Peer Educators mit einer guten Bewertung der Intervention insgesamt einhergeht. Ein besonders deutlicher Zusammenhang ist mit der wahrgenommenen Attraktivität (r = 0,452***), Sympathie (r = 0,451***), Vertrauenswürdigkeit (r = 0,443***) und Kompetenz (r = 0,414***) festzustellen.

Tab. 92: Spearman Korrelation „Bewertung Intervention/Beurteilung Peer Educators" t2

	Beurteilung Peer Educators		
	N	Korrelationskoeffizient	Sig.
Bewertung Intervention	517	-0,481	0,000***

*** = p < 0,001

Kenntnis Peer Educators zum Thema Gewalt

Ein weiteres Item, welches der Einschätzung der Peer Educators dient, wird hier angefügt, obwohl es ursprünglich nicht zur Skala gehört, es aber inhaltliche Parallelen zur Dimension Kompetenz gibt. Es handelt sich dabei um die Frage, wie gut sich die Peer Educators mit dem Thema Gewalt auskennen.

In den Augen der befragten Jugendlichen kennen sich die Peer Educators mit dem Thema Gewalt sehr gut aus. Auf einer Skala von *sehr schlecht* (1) bis *sehr gut* (5) liegen der Median und Modalwert jeweils bei 5 (Tab. 93). Der überwiegende Teil der Jugendlichen (87 %) schätzt das Wissen der Peer Educators mit *sehr gut* oder *eher gut* ein, 9 % antworten mit *teils/teils* und lediglich jeweils neun Jugendliche (2 %) von insgesamt 509 Jugendlichen mit *eher schlecht* oder *sehr schlecht*.

Ein Vergleich dazu, wie gut oder schlecht sich in den Augen der befragten Jugendlichen die Mitschüler, Lehrer sowie Erwachsene und Jugendliche allgemein auskennen, findet sich in Kap. 8.3.6.

Tab. 93: Kenntnis Peer Educators zum Thema Gewalt

	N	Median	Modalwert	Min.	Max.
Kenntnis Peer Educators zum Thema Gewalt	510	5	5	1	5

(1 = sehr gut, 2 = eher gut, 3 = teils/teils, 4 = eher schlecht, 5 = sehr schlecht)

Zusammenfassung

Die Beurteilung der Peer Educators durch die befragten Jugendlichen unterscheidet sich hinsichtlich der zu beurteilenden Dimensionen zum Teil erheblich. Die Kompetenz der Peer Educators wird sehr hoch eingeschätzt, ähnlich hoch wird die Vertrauenswürdigkeit bewertet. Die überwiegende Mehrheit der Jugendlichen findet die Peer Educators sympathisch und schätzt sie so ein, dass sie bereits selbst Erfahrungen als Opfer einer Gewalttat gemacht haben. Als sich selbst ähnlich, auch hinsichtlich der Sprache, empfindet jedoch nur ein kleiner Teil der Befragten die Peer Educators. Mehr als die Hälfte der Befragten sieht keine bis wenig Ähnlichkeit. Rund zwei Drittel der Jugendlichen denken, dass sich die Peer Educators gut in sie hineinversetzen können, ähnlich wird auch die Attraktivität eingeschätzt. Eine positive Einschätzung der Peer Educators geht mit einer guten Bewertung der Intervention einher.

8.3.5 Gewalterfahrungen

Dieser Teil des Fragebogens beschäftigt sich intensiv mit Items zu Gewalterfahrungen der einzelnen Jugendlichen. Einige Items die bisher behandelt wurden, beschäftigen sich ebenfalls mit Aspekten rund um das Thema Gewalt, in diesem Unterkapitel handelt es sich jedoch explizit um Items, bei welchem die Gewalthandlung und die eigene Person im Mittelpunkt stehen und nicht beispielsweise die Kommunikation oder das Wissen über Gewalt. Um ein möglichst umfassendes Bild zu erhalten, werden in den folgenden Items sowohl Gewalterfahrungen als Opfer als auch als Täter dargestellt. Des Weiteren beziehen sich einzelne Items auf beobachtete Gewalttaten und auf die persönliche Einstellung gegenüber Gewalt.

Geschützt, Opfer von Gewalt zu werden (Hypothesen 57, 58)

Ob sich die Jugendlichen davor geschützt fühlen, das Opfer von Gewalt zu werden, ist Gegenstand dieses Items (Tab. 94). Die häufigste genannte Antwort ist beim ersten und dritten Befragungszeitpunkt, dass dies *ziemlich zutrifft*. Am zweiten Befragungszeitpunkt stimmten die meisten Jugendlichen dem *teilweise* zu. Insgesamt sind die Antworten breit verteilt und es gibt keine signifikanten Unterschiede zwischen den Befragungszeitpunkten. Knapp die Hälfte der Jugendlichen fühlt sich zu allen drei Zeitpunkten *ziemlich* oder *voll* davor geschützt Opfer einer Gewalttat zu werden. Am ersten Befragungszeitpunkt empfinden 32 % sich *nicht* oder *wenig* davor geschützt, diese Zahl verringert sich auf je 26 % am zweiten und dritten Zeitpunkt. Der Anteil der Jugendlichen, die im Mittelfeld mit *teilweise* antworten liegt bei rund einem Viertel zu allen Befragungszeitpunkten.

Tab. 94: „Geschützt, Opfer einer Straftat / von Gewalt zu werden" (t1, t2, t3)

	Geschützt t1	Geschützt t2	Geschützt t3
Median	3	3	3
Modalwert	4	3	4
	Gültige Prozente:	Gültige Prozente:	Gültige Prozente:
trifft nicht zu (1)	17,22	14,75	15,57
trifft wenig zu	15,15	12,32	9,98
trifft teilweise zu	22,41	26,87	25,55
trifft ziemlich zu	24,48	23,84	28,22
trifft voll zu (5)	20,75	22,22	20,68
Gesamt	100	100	100

Gewalt, selbst erlebt als Opfer (Hypothesen 28, 29, 34, 35, 59)

Ob die Jugendlichen tatsächlich bereits das Opfer einer Gewalttat waren, wird anhand von zehn Situationsbeispielen abgefragt, bei denen die Jugendlichen angeben, wie häufig ihnen dergleichen in den letzten sechs Wochen passiert ist. Es ist zu beachten, dass die Angaben vermutlich kleiner sind, als dass es tatsächlich zu solchen Situationen gekommen ist, da das Eingestehen von Opfererfahrungen häufig mit Scham verbunden sein kann. Zwischen den Befragungszeitpunkten gibt es keine signifikanten Unterschiede (Hyp. 59).

Ausreißer, hier mit einer Höhe von bis zu 10.000 Mal, werden wie bereits dargestellt nicht in die Berechnungen mit einbezogen. Im Fokus stehen die Häufigkeiten der Jugendlichen, die einen Wert größer null angeben.

Andere haben mir Schläge angedroht, wenn ich nicht mache, was sie sagen.
Hierzu machen am ersten Befragungszeitpunkt 15 % der Jugendlichen eine Angabe größer als null. Der Mittelwert dieser Angaben liegt bei 3,1 Mal innerhalb der letzten sechs Wochen und insgesamt ergibt sich eine Häufigkeit von 232 Mal (Tab. 95). Am dritten Befragungszeitpunkt machen mit 12 % weniger Jugendliche eine Angabe und ebenso wie der Mittelwert (2,6) liegt auch die Summe mit 127,5 Mal niedriger.

Der Mittelwert für alle Befragten liegt an t1 bei 0,48 (SD 1,73), an t3 bei 0,31 (SD 1,20).

Tab. 95: „Andere haben mir Schläge angedroht, wenn ich nicht mache, was sie sagen" > 0 (t1, t3)

	N	Gültige Prozent	Mittelwert	Median	SD	Min.	Max.	Summe
t1	75	15,18	3,09	2	3,39	1	20	232
t3	50	11,71	2,55	1	2,52	1	10	127,5

Andere haben mich gezwungen Geld oder etwas anderes Wertvolles abzugeben.
Angaben zu diesem Tatbestand, der im Bereich der räuberischen Erpressung/Diebstahl einzuordnen ist und für Jugendliche häufig unter den Begriff ‚Abziehen' fällt, machen nur einige wenige Jugendliche. Am ersten Befragungszeitpunkt sind es 26, am dritten nur 14 Jugendliche (Tab. 96). Obwohl die Häufigkeit mit 43 Mal beim dritten Befragungszeitpunkt im Vergleich zu 69 Mal beim ersten Befragungszeitpunkt, geringer ist, liegt der Mittelwert am dritten Befragungszeitpunkt mit 3,1 höher.

Der Mittelwert für alle Befragten liegt an t1 bei 0,14 (SD 1,02), an t3 bei 0,10 (SD 0,72).

Tab. 96: „Andere haben mich gezwungen Geld oder etwas anderes Wertvolles abzugeben" > 0 (t1, t3)

	N	Gültige Prozent	Mittelwert	Median	SD	Min.	Max.	Summe
t1	26	5,26	2,65	1	3,66	1	16	69
t3	14	3,28	3,07	2	2,62	1	10	43

Mir wurde etwas weg genommen (zum Beispiel Geld, Schulsachen, Kleidung, Fahrrad).

Zum Diebstahl von eigenen Sachen geben am ersten Befragungszeitpunkt 15 % der Jugendlichen eine Häufigkeit mit einem Mittelwert von 2 und einer Gesamtsumme von 153,5 Mal innerhalb der letzten sechs Wochen an (Tab. 97). Obwohl beim dritten Befragungszeitpunkt der Anteil der Jugendlichen, denen so etwas passiert ist, mit 12 % geringer ist, liegen Mittelwert, Median und Summe höher als beim ersten Befragungszeitpunkt.

Der Mittelwert für alle Befragten liegt an t1 bei 0,31 (SD 0,99), an t3 bei 0,38 (SD 1,45).

Tab. 97: „Mir wurde etwas weggenommen" > 0 (t1, t3)

	N	Gültige Prozent	Mittelwert	Median	SD	Min.	Max.	Summe
t1	75	15,18	2,05	1	1,71	1	10	153,5
t3	53	12,41	2,97	2	2,96	1	10	157,5

Es wurden Sachen beschädigt oder kaputtgemacht, die mir gehören (zum Beispiel Fahrrad, Schulsachen, Mäppchen, Kleidung).
Sachbeschädigung ist etwas, worüber 16 % der Jugendlichen mit einer Gesamthäufigkeit von 193,5 Mal berichten (Tab. 98). Am dritten Befragungszeitpunkt ist die angegebenen Häufigkeit deutlich geringer, da weniger Jugendliche (12 %) eine geringere Häufigkeit bei einem geringeren Mittelwert angeben.

Der Mittelwert für alle Befragten liegt an t1 bei 0,40 (SD 1,46), an t3 bei 0,27 (SD 1,10).

Tab. 98: „Es wurden Sachen beschädigt oder kaputtgemacht, die mir gehören" > 0 (t1, t3)

	N	Gültige Prozent	Mittelwert	Median	SD	Min.	Max.	Summe
t1	80	16,19	2,42	1	2,87	1	20	193,5
t3	51	11,94	2,19	1	2,39	1	11	111,5

Ein/e Mitschüler/in hat mich verprügelt.
Dieses Item fragt eine bereits relativ schwere Form der Körperverletzung ab. Insgesamt 31 Jugendliche berichten am ersten Befragungszeitpunkt, dass ihnen dies mit einer Häufigkeit von 1 bis 20 Mal innerhalb der letzten sechs Wochen zugestoßen ist (Tab. 99). Am dritten Befragungszeitpunkt sind es 23 Jugendliche mit einer Häufigkeit von bis zu 10 Mal. Der Mittelwert liegt mit knapp 4 Mal innerhalb der letzten sechs Wochen zu beiden Zeitpunkten im Vergleich zu den anderen Situationsbeispielen relativ hoch.

Der Mittelwert für alle Befragten liegt an t1 bei 0,24 (SD 1,45), an t3 bei 0,21 (SD 1,22).

Tab. 99: „Ein/e Mitschüler/in hat mich verprügelt" > 0 (t1, t3)

	N	Gültige Prozent	Mittelwert	Median	SD	Min.	Max.	Summe
t1	31	6,28	3,73	2	4,56	1	20	115,5
t3	23	5,39	3,83	2	3,64	1	10	88

Mitschüler/innen haben mich mit einer Waffe (zum Beispiel Messer, Schlagstock, Tränengas) bedroht.
Der Bedrohung mit einer Waffe waren nach eigenen Angaben am ersten Befragungszeitpunkt 21 Mädchen und Jungen mit einer Häufigkeit von bis zu 10 Mal ausgesetzt (Tab. 100). Am dritten Befragungszeitpunkt ist die Anzahl gesunken, der Mittelwert jedoch gestiegen.

Der Mittelwert für alle Befragten liegt an t1 bei 0,11 (SD 0,83), an t3 bei 0,10 (SD 0,78).

Tab. 100: „Mitschüler/innen haben mich mit einer Waffe bedroht" > 0 (t1, t3)

	N	Gültige Prozent	Mittelwert	Median	SD	Min.	Max.	Summe
t1	21	4,25	2,57	1	3,17	1	10	54
t3	13	3,04	3,08	1	3,30	1	10	40

Ich wurde von anderen getreten, geschubst oder geschlagen.
Von anderen getreten, geschubst oder geschlagen zu werden, scheint für einige Jugendliche eine Erfahrung zu sein, die sie des Öfteren machen. Ein Drittel der Jugendlichen gibt an, dass ihnen dies in den letzten Wochen insgesamt mit einer Häufigkeit von 530 Mal und durchschnittlich rund 3 Mal passiert ist (Tab. 101). Am dritten Befragungszeitpunkt sind es etwas weniger Jugendliche (29 %), die hierüber berichten. Die maximal genannte Häufigkeit liegt hier jedoch deutlich höher bei 40 Mal.

Der Mittelwert für alle Befragten liegt an t1 bei 1,10 (SD 2,83), an t3 bei 1,16 (SD 3,29).

Tab. 101: „Ich wurde von anderen getreten, geschubst oder geschlagen" > 0 (t1, t3)

	N	Gültige Prozent	Mittelwert	Median	SD	Min.	Max.	Summe
t1	176	33,81	3,17	1,5	4,07	1	25	530
t3	125	29,27	3,80	2	5,04	1	40	474,5

Andere haben mich gehänselt oder gemeine Bemerkungen über mich gemacht.
Diese Form von verbaler Gewalt kommt ähnlich häufig vor, wie von anderen getreten, geschubst oder geschlagen zu werden. Auch hier berichtet am ersten Befragungszeitpunkt ein Drittel der Jugendlichen über solche Erfahrungen. Die Gesamthäufigkeit liegt hier jedoch mit 716 Mal und einem Mittelwert von 4,3 deutlich

höher (Tab. 102). Am dritten Befragungszeitpunkt hat sich sowohl die Anzahl der Jugendlichen, der Mittelwert als auch die Gesamthäufigkeit verringert. Lediglich die Maximalhäufigkeit dieser Erfahrung liegt hier mit 40 Mal höher.

Der Mittelwert für alle Befragten liegt an t1 bei 1,48 (SD 3,97), an t3 bei 1,20 (SD 3,63).

Tab. 102: „Andere haben mich gehänselt oder gemeine Bemerkungen über mich gemacht" > 0 (t1, t3)

	N	Gültige Prozent	Mittelwert	Median	SD	Min.	Max.	Summe
t1	166	33,60	4,31	2	5,81	1	30	716
t3	120	28,10	4,05	2	5,75	1	40	486,5

Jemand hat mich so angeschrien, dass ich weinen musste.
Darüber, von jemandem so angeschrien worden zu sein, dass man weinen musste, berichten am ersten Befragungszeitpunkt 35 Mädchen und Jungen mit einer Maximalhäufigkeit von 30 Mal, am dritten Befragungszeitpunkt sind es noch 24 Jugendliche mit bis zu 10 Mal (Tab. 103). Die Mittelwerte unterscheiden sich kaum.

Der Mittelwert für alle Befragten liegt an t1 bei 0,20 (SD 1,51), an t3 bei 0,15 (SD 0,86).

Tab. 103: „Jemand hat mich so angeschrien, dass ich weinen musste" > 0 (t1, t3)

	N	Gültige Prozent	Mittelwert	Median	SD	Min.	Max.	Summe
t1	35	7,09	2,73	1	5,06	1	30	95,5
t3	24	5,62	2,63	1	2,55	1	10	63

Ich wurde von andern beschimpft oder beleidigt.
Von anderen beschimpft oder beleidigt zu werden, ist am ersten Befragungszeitpunkt für fast die Hälfte aller Jugendlichen (45 %) etwas, was sie in den letzten sechs Wochen erlebt haben. Der Median ist mit 3 der höchste der gesamten Skala, der Mittelwert mit 5,7 und auch die Gesamthäufigkeit mit 1270,5 Mal liegen an der Spitze (Tab. 104). Die Häufigkeit mit der Mädchen und Jungen beschimpft oder beleidigt wurden, liegt zu beiden Befragungszeitpunkten bei maximal 40 Mal innerhalb der letzten sechs Wochen. Am dritten Befragungszeitpunkt ist sowohl die Anzahl der Jugendlichen (41 %), als auch der Mittelwert und die Gesamthäufigkeit etwas geringer.

Der Mittelwert für alle Befragten liegt an t1 bei 2,73 (SD 5,61), an t3 bei 2,14 (SD 4,550).

Tab. 104: „Ich wurde von anderen beschimpft oder beleidigt" > 0 (t1, t3)

	N	Gültige Prozent	Mittelwert	Median	SD	Min.	Max.	Summe
t1	222	44,94	5,73	3	7,00	1	40	1272,5
t3	177	41,45	4,74	2	5,80	1	40	838,5

Gewalt, ausgeübt als Täter (Hypothesen 23-27, 30-33, 36, 37)

Dieselben Items, welche die Jugendlichen in Bezug auf eigene Opfererfahrungen ausfüllen, beantworten sie auch in Hinblick auf eigene Erfahrungen als Täter beziehungsweise geben an, wie oft sie in den vergangenen sechs Wochen bei den geschilderten Situationen mitgemacht haben. Es stehen wiederum die Häufigkeiten der Jugendlichen im Fokus, die eine Anzahl größer null angegeben haben.

Jemanden Schläge angedroht, damit er macht was ich sage.
Darüber, bei dieser Form der Nötigung in den vergangen sechs Wochen mindestens einmal mitgemacht zu haben, berichten am ersten Befragungszeitpunkt 84, beim dritten Befragungszeitpunkt noch 68 Jugendliche (Tab. 105). Es zeigt sich eine Gesamthäufigkeit von rund 300 Mal zu beiden Befragungszeitpunkten. Trotz einer geringeren Anzahl an Jugendlichen und keiner höheren Maximalhäufigkeit liegt der Mittelwert mit 4,5 Mal am dritten Befragungszeitpunkt deutlich über dem ersten.
Der Mittelwert für alle Befragten liegt an t1 bei 0,58 (SD 2,25), an t3 bei 0,76 (SD 2,71).

Tab. 105: „Jemandem Schläge angedroht, damit er macht was ich sage" > 0 (t1, t3)

	N	Gültige Prozent	Mittelwert	Median	SD	Min.	Max.	Summe
t1	84	17,00	3,33	2	4,49	1	30	279,50
t3	68	15,93	4,49	2	5,20	1	27	305

Jemanden gezwungen mir Geld oder etwas anderes Wertvolles zu geben.
Deutlich geringer ist der Anteil der Jugendlichen, die angeben, dass sie einer anderen Person Geld oder etwas anderes Wertvolles gestohlen haben, dies sind 15 (t1) beziehungsweise 17 (t3) Jugendliche (Tab. 106). Der Mittelwert sowie die Gesamthäufigkeit sind am dritten Befragungszeitpunkt höher als am ersten.
Der Mittelwert für alle Befragten liegt an t1 bei 0,07 (SD 0,60), an t3 bei 0,17 (SD 1,16).

Tab. 106: „Jemanden gezwungen mir Geld oder etwas anderes Wertvolles zu geben" > 0 (t1, t3)

	N	Gültige Prozent	Mittelwert	Median	SD	Min.	Max.	Summe
t1	15	3,04	2,40	1	2,57	1	10	36
t3	17	3,98	3,97	1,5	4,23	1	15	67,5

Jemanden etwas weggenommen (zum Beispiel Geld, Kleidung, Schultasche, Fahrrad).
Ähnlich sieht es auch bei den hier aufgezählten Formen von Diebstahl aus. Zwischen dem ersten und dem dritten Befragungszeitpunkt gibt es signifikante Unterschiede. Sind es beim ersten Befragungszeitpunkt 33 Jugendliche, die hierzu eine Angabe machen, so sind es beim dritten Befragungszeitpunkt 52 (Tab. 107). Die Gesamthäufigkeiten unterscheiden sich stark voneinander und liegen beim dritten Befragungszeitpunkt mit 219,5 Mal im Vergleich zum ersten Befragungszeitpunkt mehr als doppelt so hoch. Die Unterschiede sind signifikant (Tab. 108)

Der Mittelwert für alle Befragten liegt an t1 bei 0,20 (SD 1,17), an t3 bei 0,53 (SD 2,29).

Tab. 107: „Jemandem etwas weggenommen" > 0 (t1, t3)

	N	Gültige Prozent	Mittelwert	Median	SD	Min.	Max.	Summe
t1	33	6,68	2,89	2	3,57	1	20	95,5
t3	52	12,18	4,22	2,5	5,12	1	30	219,5

Tab. 108: Wilcoxon Test: Jemandem etwas weggenommen Vergleich t1/t3

	Z	Sig.	r
t1 /t3	-2,34	0,019*	0,138

* = p < 0,05; Effektgröße r: 0,1 = kleiner Effekt; 0,3 = mittlerer Effekt; 0,5 = großer Effekt

Von jemandem etwas beschädigt oder kaputtgemacht (zum Beispiel Fahrräder, Schulbücher, Mäppchen, Kleidung).
Bei dieser Form der Sachbeschädigung gibt es zwischen den beiden Befragungszeitpunkten ebenfalls signifikante Unterschiede (Tab. 109). Auch hier liegt die Gesamthäufigkeit mit 296 Mal beim dritten Befragungszeitpunkt höher als beim ersten und die Mittelwerte unterscheiden sich mit 2,5 (t1) und 4,2 (t3) deutlich voneinander (Tab. 109).

Der Mittelwert für alle Befragten liegt an t1 bei 0,39 (SD 1,63), an t3 bei 0,72 (SD 3,14).

Tab. 109: „Von jemandem etwas beschädigt oder kaputt gemacht" > 0 (t1, t3)

	N	Gültige Prozent	Mittelwert	Median	SD	Min.	Max.	Summe
t1	77	15,59	2,46	1	3,43	1	20	189,5
t3	70	16,39	4,23	1,5	6,59	1	40	296

Tab. 110: Wilcoxon: Von jemandem etwas beschädigt oder kaputt gemacht t1/t3

	Z	Sig.	r
t1 /t3	-1,98	0,048*	0,117

* = p < 0,05; Effektgröße r: 0,1 = kleiner Effekt; 0,3 = mittlerer Effekt; 0,5 = großer Effekt

Jemanden verprügelt.
Darüber eine andere Person verprügelt zu haben, berichten am ersten Befragungszeitpunkt 83, am dritten 64 Jugendliche (Tab. 111). Die Häufigkeit variiert zwischen 1 und maximal 42 Mal (t1) beziehungsweise 35 Mal (t3) innerhalb der letzten sechs Wochen. Der Mittelwert liegt mit 5,3 am dritten Befragungszeitpunkt höher als mit 4 Mal am ersten Befragungszeitpunkt.

Der Mittelwert für alle Befragten liegt an t1 bei 0,68 (SD 3,07), an t3 bei 0,83 (SD 3,63).

Tab. 111: „Jemanden verprügelt" > 0 (t1, t3)

	N	Gültige Prozent	Mittelwert	Median	SD	Min.	Max.	Summe
t1	83	16,80	3,97	2	6,50	1	42	329,5
t3	64	14,99	5,28	2	7,80	1	35	338

Jemanden mit einer Waffe bedroht (zum Beispiel Schlagstock, Messer, Tränengas).
Darüber eine andere Person mit einer Waffe bedroht zu haben, berichten 25 (t1) beziehungsweise 17 (t3) Jugendliche (Tab. 112). Die beiden Mediane unterscheiden sich mit 1 (t1) und 5 (t3) erheblich voneinander. Wie bisher bei allen Items der Skala Tätererfahrungen, liegt der Mittelwert am dritten Befragungszeitpunkt höher als am ersten. Auch die Gesamthäufigkeit liegt mit 123 Mal innerhalb der letzten sechs Wochen am dritten Befragungszeitpunkt höher.

Der Mittelwert für alle Befragten liegt an t1 bei 0,21 (SD 1,68), an t3 bei 0,30 (SD 2,39).

Tab. 112: „Jemanden mit einer Waffe bedroht" > 0 (t1, t3)

	N	Gültige Prozent	Mittelwert	Median	SD	Min.	Max.	Summe
t1	25	5,06	4,08	1	6,38	1	30	102
t3	17	3,98	7,24	5	9,67	1	40	123

Jemanden getreten, geschubst oder geschlagen.
Ähnlich wie bei den Opfererfahrungen liegen die Tätererfahrungen recht hoch. Jeweils mehr als die Hälfte aller Befragen berichtet, in den vergangenen sechs Wochen mindestens einmal jemanden getreten, geschubst oder geschlagen zu haben. Die Mittelwerte liegen bei 4 (t1) beziehungsweise 5 Mal (t3) und es ergibt sich insgesamt zu beiden Zeitpunkten eine Häufigkeit von mehr als 1000 Mal (Tab. 113).

Der Mittelwert für alle Befragten liegt an t1 bei 2,19 (SD 4,60), an t3 bei 2,63 (SD 5,36).

Tab. 113: „Jemanden getreten, geschubst oder geschlagen" > 0 (t1, t3)

	N	Gültige Prozent	Mittelwert	Median	SD	Min.	Max.	Summe
t1	267	54,05	3,93	2	5,58	1	42	1050,30
t3	223	52,22	4,67	2	6,44	1	42	1041,50

Jemanden gehänselt oder gemeine Bemerkungen gemacht.
Über diese Form der verbalen Gewalt berichten am ersten Befragungszeitpunkt 50 % der Jugendlichen. Die Häufigkeit ist vergleichbar mit der Häufigkeit, mit der die Jugendlichen angeben jemanden getreten, geschubst oder geschlagen zu haben. Am dritten Befragungszeitpunkt ist jedoch ein Rückgang zu verzeichnen, sowohl um 8 % bei der Anzahl der Jugendlichen als auch in der Gesamthäufigkeit um knapp 300 Mal (Tab. 114).

Der Mittelwert für alle Befragten liegt an t1 bei 2,20 (SD 4,33), an t3 bei 1,89 (SD 3,96).

Tab. 114: „Jemanden gehänselt oder gemeine Bemerkungen gemacht" > 0 (t1, t3)

	N	Gültige Prozent	Mittelwert	Median	SD	Min.	Max.	Summe
t1	246	49,80	4,19	2	5,24	1	40	1031,5
t3	179	41,92	4,11	2	5,01	1	30	735,5

Jemanden so angeschrien, dass er/sie weinen musste.
Darüber eine andere Person durch Anschreien zum Weinen gebracht zu haben, berichten rund 10 % der Jugendlichen an beiden Befragungszeitpunkten. An beiden Zeitpunkten gibt es keine großen Unterschiede in der Gesamthäufigkeit, allerdings unterscheiden sich die Mittelwerte mit 3,1 (t1) und 4,3 (t3) als auch die Mediane mit 2 (t1) und 1 (t3) voneinander (Tab. 115).

Der Mittelwert für alle Befragten liegt an t1 bei 0,36 (SD 1,84), an t3 bei 0,42 (SD 2,27).

Tab. 115: „Jemanden so angeschrien, dass er/sie weinen musste" > 0 (t1, t3)

	N	Gültige Prozent	Mittelwert	Median	SD	Min.	Max.	Summe
t1	51	10,32	3,39	2	4,72	1	30	173
t3	40	9,37	4,30	1	6,09	1	30	172

Jemanden beschimpft oder beleidigt.
Mit 54 % der Jugendlichen, die am ersten Befragungszeitpunkt angeben jemanden in den letzten sechs Wochen beschimpft oder beleidigt zu haben, ist mit dieser Form der verbalen Gewalt die größte Häufigkeit der Gesamtskala zu verzeichnen. Es ergibt sich eine Gesamthäufigkeit von 1584 Mal bei einer Häufigkeit zwischen 1 Mal und 42 Mal (Tab. 116). Im Vergleich hierzu sinkt sowohl die Anzahl der Jugendlichen am dritten Befragungszeitpunkt auf 51 %, als auch die Maximalhäufigkeit auf 33 Mal sowie die Gesamthäufigkeit, die sich jedoch immer noch auf 1171 Mal beläuft. Die Unterschiede zwischen den beiden Befragungszeitpunkt sind signifikant (Tab. 117).

Der Mittelwert für alle Befragten liegt an t1 bei 3,54 (SD 6,38), an t3 bei 3,25 (SD 5,69).

Tab. 116: „Jemanden beschimpft oder beleidigt" > 0 (t1, t3)

	N	Gültige Prozent	Mittelwert	Median	SD	Min.	Max.	Summe
t1	269	54,45	5,89	3	7,35	1	42	1584
t3	216	50,59	5,4219	3	6,51	1	33	1171

Tab. 117: Wilcoxon Test „Jemanden beschimpft oder beleidigt" Vergleich t1/t3

	Z	Sig.	r
t1 /t3	-2,28	0,022*	0,144

* = p < 0,05; Effektgröße r: 0,1 = kleiner Effekt; 0,3 = mittlerer Effekt; 0,5 = großer Effekt

Eigene Einschätzung Gewalttätigkeit (Hypothesen 19, 20)

Nach den eigenen quantitativen Erfahrungen mit Gewalt als Täter und Opfer interessiert nun die Selbsteinschätzung der Jugendlichen. Wie schätzen sie sich im Hinblick darauf ein, auf Provokationen, Beschimpfungen oder körperliche Gewalt von anderen selbst nicht mit Gewalt zu reagieren? Inwieweit sich die Befragten dazu fähig fühlen ist Gegenstand des folgenden Items.

Der Anteil derer, die sich dazu *ziemlich* oder *voll* fähig fühlen liegt am ersten Befragungszeitpunkt bei 49 %, am zweiten bei 51 % und erreicht mit 55 % am dritten Befragungszeitpunkt den höchsten Wert und steigt somit kontinuierlich an (Tab. 118). Der Anteil derer, die sich *wenig* oder *nicht* dazu fähig fühlen auf Provokationen keine Gewalt anzuwenden, liegt mit 20 % beim ersten Befragungszeitpunkt am höchsten, sinkt dann am zweiten Befragungszeitpunkt auf 15 % ab und liegt am dritten Befragungszeitpunkt bei 17 %. Der Median steigt mit der zweiten Befragung von 3 auf 4 und bleibt dort auch am dritten Befragungszeitpunkt. In der Hypothesenprüfung wurde gezeigt, dass die Unterschiede zwischen den Befragungszeitpunkten signifikant sind.

Tab. 118: „Sich fähig fühlen, auf Beschimpfungen, Provokationen oder körperliche Gewalt nicht mit eigener Gewalt zu reagieren" t1, t2, t3

	t1	t2	t3
Median	3,00	4,00	4,00
Modalwert	3	3	4
	Gültige Prozente:	Gültige Prozente:	Gültige Prozente:
trifft nicht zu (1)	8,01	7,74	7,49
trifft wenig zu	11,50	7,74	9,18
trifft teilweise zu	31,62	33,13	28,99
trifft ziemlich zu	29,77	25,40	32,85
trifft voll zu (5)	19,10	25,99	21,50
Gesamt	100,00	100,00	100,00

Beobachtete Gewalt (Hypothese 17, 18, 21, 22, 71, 72)

Ebenfalls interessant ist die geäußerte Absicht der befragten Jugendlichen, bei beobachteter Gewalt unter Mitschülern schlichtend einzugreifen. Hierbei spielen verschiedene Aspekte, wie zum Beispiel das Wahrnehmen von Gewalt, das Selbstvertrauen einzugreifen, die Risikoabwägung oder aber die Faszination von Gewalt und deren Toleranz eine bedeutende Rolle.

Der Anteil der Jugendlichen, die der Aussage, dass sie bei beobachteter Gewalt unter Mitschülern schlichtend eingreifen würden, *nicht* oder *wenig* zustimmt liegt am ersten und zweiten Befragungszeitpunkt bei jeweils 17 % und steigt am dritten Befragungszeitpunkt auf 22 % an (Tab. 119). Etwa ein Drittel der Jugendlichen beantwortet diese Frage nicht mit einer klaren Tendenz zum Eingreifen oder Nicht-Eingreifen, sondern hält sich im Mittelfeld auf. Dies sind 35 % am ersten, 31 % am zweiten und 37 % am dritten Befragungszeitpunkt. Dies ist zu allen drei Zeitpunkten, die am häufigsten gewählte Antwort. Der Anteil Jugendlicher, der schlichtend eingreifen würde, das heißt der Aussage *ziemlich* oder *voll* zustimmt, liegt mit 53 % unmittelbar nach der Intervention (t2) am höchsten. Am ersten Befragungszeitpunkt sind dies 48 % der Jugendlichen und der niedrigste Wert mit 41 % lässt sich am dritten Befragungszeitpunkt einige Wochen nach der Intervention finden.

Der Median liegt mit 4 am zweiten Befragungszeitpunkt am höchsten, der Modalwert bleibt gleichbleibend bei 3.

Insgesamt zeigt sich, dass die meisten Jugendlichen durchaus die Absicht haben schlichtend einzugreifen. Ein Teil der Jugendlichen stimmt jedoch nicht pauschal, sondern *teilweise* zu. Dies kann so interpretiert werden, dass die Jugendlichen wahrscheinlich situationsspezifisch entscheiden wollen.

Tab. 119: „Absicht bei beobachteter Gewalt unter Mitschülern schlichtend einzugreifen" t1, t2, t3

	t1	t2	t3
Median	3	4	3
Modalwert	3	3	3
	Gültige Prozente:	Gültige Prozente:	Gültige Prozente:
trifft nicht zu (1)	6,35	7,95	10,87
trifft wenig zu	10,86	8,75	11,59
trifft teilweise zu	34,63	30,62	36,47
trifft ziemlich zu	26,64	25,65	24,88
trifft voll zu (5)	21,52	27,04	16,18
Gesamt	100,00	100,00	100,00

Was ist für dich Gewalt? (Hypothesen 15, 16)

Der Begriff Gewalt lässt subjektiv einen breiten Spielraum an Definitionen und Interpretationen zu. Nicht jeder versteht dasselbe unter diesem Oberbegriff. Um zu überprüfen, was die befragten Jugendlichen hierunter verstehen und ob die subjektive Definition von Gewalt sich zum Beispiel zwischen Mädchen und Jungen (Kap. 8.3.7), verschiedenen Schulformen (Kap. 8.3.8) oder Jugendlichen mit und ohne Migrationshintergrund unterscheidet, bewerten die Jugendlichen zwanzig Sachverhalte danach, ob diese für sie Gewalt darstellen oder nicht. Darüber hinaus können diese Angaben durch eine offene Antwortmöglichkeit ergänzt werden.

t1

Am ersten Befragungszeitpunkt beantworten 99 % der Jugendlichen dieses Item, lediglich bei drei Jugendlichen fehlt eine Angabe.

Tabelle 120 gibt einen Überblick darüber, welche Gegebenheiten die Jugendlichen mit welcher Häufigkeit subjektiv als Gewalt empfinden, für t1 sind die Häufigkeiten aufsteigend angeordnet. So finden beispielsweise insgesamt 18 Jugendliche, das sind 4 % der Befragten die eine Antwort gegeben haben, dass *Grimassen schneiden* für sie Gewalt ist. Dies ist am ersten Befragungszeitpunkt der Sachverhalt, welcher die wenigsten Zuordnungen als Gewalt bekommt. Rund die Hälfte der Jugendlichen empfindet *Stehlen* (51 %) und *Schubsen* (52 %) als Gewalt. Die größte Übereinstimmung zwischen den Jugendlichen ist bei *Schlagen* zu finden, 98 % der Befragten empfinden dies als Gewalt.

Aufschlussreich ist darüber hinaus, wie viele der zwanzig Gegebenheiten je Jugendlicher als Gewalt eingeschätzt werden. Dies schwankt zwischen einer und allen zwanzig Gegebenheiten. Der Mittelwert liegt bei 9,39 (SD 3,69) und sowohl Median als auch Modalwert liegen bei 9.

t2
Direkt nach der Intervention machen 97 % der Jugendlichen Angaben zu dieser Frage. Mit insgesamt 6067 Angaben wird deutlich, dass die Anzahl der Gesamthäufigkeiten höher liegt als am ersten Befragungszeitpunkt. Die Anzahl der Nennungen je Jugendlichem bewegt sich auch hier zwischen einer und allen zwanzig Angaben. Der Mittelwert liegt mit 11,97 Mal (SD 4,26) ebenso wie der Median mit 12 deutlich höher. Der Modalwert insgesamt – also die Anzahl an Nennungen die am häufigsten vorkommt – liegt sogar bei 13.

Auch gibt es in der Rangliste ein paar Verschiebungen. Es bleibt jedoch dabei, dass *Grimassen schneiden* die wenigsten und *Schlagen* die meisten Zuschreibungen als Gewalt bekommt. Eine der auffälligsten Veränderungen ist, dass jetzt 14 der Gegebenheiten, im Vergleich zu vorher zehn, von der Mehrheit der Jugendlichen als Gewalt eingeschätzt werden. Somit werden mehr von den beschriebenen Situationen von mehr als der Hälfte der Jugendlichen als Gewalt eingestuft.

t3
Am dritten Befragungszeitpunkt machen 96 % der Jugendlichen Angaben zu dieser Frage. Es fällt auf, dass die Gesamthäufigkeit wieder etwas zurückgegangen ist und insgesamt weniger Gegebenheiten von mehr als der Hälfte der Befragten als Gewalt eingeschätzt wird. Die Spannweite der gegebenen Antworten reicht wieder von einer bis maximal zwanzig je befragter Person. Der Mittelwert ist mit 10,91 (SD 4,38) Angaben je Person kleiner als der in der zweiten, aber höher als in der ersten Befragung, was ebenfalls für den Median mit 11 gilt. Lediglich der Modalwert weist zur dritten Befragung mit 8 den kleinsten Wert auf.

In der Tab. 119 ist gut zu erkennen, dass der erste und letzte Platz in der Liste gleich bleiben. Somit stellt *Schlagen* an allen drei Zeitpunkten diejenige Gegebenheit dar, die mit 98 % beziehungsweise 97 % fast alle Jugendlichen als Gewalt einstufen. Insgesamt bleibt die Klassifikation in den oberen fünf Plätzen über alle drei Zeitpunkte relativ stabil und verändert sich nur geringfügig. *Schlagen*, *Bedrohen*, *Jemanden mit Gegenständen bewerfen*, *Erpressen* und *Jemanden zu etwas zwingen* sind zu allen drei Befragungszeitpunkt die fünf Gegebenheiten, welche die meisten Jugendlichen übereinstimmend als Gewalt einstufen. Wie bei der Hypothesenprüfung dargestellt, steigt die Anzahl der Nennungen signifikant zwischen dem ersten und zweiten sowie dem ersten und dritten Zeitpunkt an.

Tab. 120: „Was ist für dich Gewalt?" (Prozentangaben in Klammern), Veränderungen über die 3 Messzeitpunkte, Mehrfachnennungen möglich

t1	t2	t3
Grimassen schneiden (4)	Grimassen schneiden (7)	Grimassen schneiden (8)
Hilfe verweigern (14)	Spielerisch kämpfen (23)	Spielerisch kämpfen (23)
Schlecht über andere reden (17)	Hilfe verweigern (28)	Schlecht über andere reden (24)
Wände bemalen (17)	Auslachen (33)	Hilfe verweigern (25)
Auslachen (19)	Schlecht über andere reden (40)	Auslachen (29)
Spielerisch kämpfen (19)	Wände bemalen (49)	Wände bemalen (36)
Stuhl wegziehen (33)	Stuhl wegziehen (55)	Stuhl wegziehen (44)
Anbrüllen (38)	Jm. gegen seinen Willen küssen (55)	Anbrüllen (47)
Einschüchtern (41)	Einschüchtern (56)	Einschüchtern (48)
Jm. gegen seinen Willen küssen (42)	Anbrüllen (56)	Jm. gegen seinen Willen küssen (52)
Stehlen (51)	Stehlen (65)	Stehlen (56)
Schubsen (52)	Fenster einwerfen (68)	Schubsen (58)
Beschimpfen (56)	Einsperren (70)	Fenster einwerfen (65)
Einsperren (58)	Beschimpfen (71)	Beschimpfen (65)
Fenster einwerfen (58)	Schubsen (76)	Einsperren (73)
Jm. Zu etwas zwingen (75)	Erpressen (84)	Jm. zu etwas zwingen (82)
Erpressen (78)	Jm. zu etwas zwingen (85)	Erpressen (83)
Bedrohen (86)	Jm. mit Gegenständen bewerfen (88)	Jm. mit Gegenständen bewerfen (86)
Jm. mit Gegenständen bewerfen (86)	Bedrohen (91)	Bedrohen (89)
Schlagen (98)	Schlagen (98)	Schlagen (97)
Gesamt N = 4610	Gesamt N = 6067	Gesamt N = 4484

Nun wird abschließend die offene Kategorie betrachtet, bei der die Jugendlichen die Möglichkeit haben, Gegebenheiten die ihnen fehlen zusätzlich zu den zwanzig Vorgaben zu ergänzen. Insgesamt werden zu allen drei Zeitpunkten zusammen 282 offene Antworten ergänzt, am ersten Befragungszeitpunkt sind es 94, am zweiten 89 und am dritten Befragungszeitpunkt 99 Ergänzungen. Die Häufigkeiten unterscheiden sich nicht signifikant. Inhaltlich umfassen diese 282 Antworten 77 verschiedene Sachverhalte beziehungsweise Situationen. Exemplarisch sind hier einige genannt: vergewaltigen, würgen, mobben, anspucken, die Treppe runter werfen, pitschen, anfahren, anpinkeln, ignorieren, jemanden eine Brillenschlange nennen und hänseln. Es wird deutlich, dass diese offene Kategorie eine große Bandbreite und zahlreiche unterschiedliche Situationen und Gewaltarten umfasst. Die Vermutung liegt nahe, dass zumindest teilweise subjektiv erlebte Erfahrungen aufgezählt werden. Diese insgesamt 77 Sachverhalte werden unter folgende fünf Oberkategorien zusammengefasst, um die drei Befragungszeitpunkte miteinander vergleichen zu können:

- Körperliche Gewalt
- Sexuelle Gewalt
- Psychische Gewalt
- Gewalt gegen Sachen
- Sonstiges.

Bei der Betrachtung der offenen Antwortkategorien (Tab. 120) fällt ins Auge, dass die meisten Antworten in die Kategorie *Körperliche Gewalt* fallen. Beim ersten Befragungszeitpunkt ist es genau die Hälfte (50 %) aller offenen Antworten, am zweiten Befragungszeitpunkt sind es 45 % und am dritten Befragungszeitpunkt 57 % aller Antworten.

Auffällig hoch ist der Bereich *Sexuelle Gewalt,* der zwischen 21 % und 33 % der Antworten umfasst. Am zweiten Befragungszeitpunkt liegt dieser rund 10 % höher als an den beiden anderen Zeitpunkten. Vergewaltigung ist hier der mit Abstand am häufigsten genannte Gewaltform.

Unter die Kategorie *Psychische Gewalt* werden Antworten wie Mobbing oder Ignorieren zusammengefasst. Diese Kategorie weist am ersten Befragungszeitpunkt mit 17 % die meisten Nennungen auf, an t2 sind es 10 % der Antworten und am dritten Befragungszeitpunkt steigt der Wert auf 12 %.

Erstaunlicherweise sind im Bereich *verbale Gewalt* nur wenige Antworten zu finden, ebenso wie unter der Kategorie *Gewalt gegen Sachen* und *Sonstiges*. In Bezug auf verbale Gewalt entspricht dies den Ergebnissen zur unterschiedlichen Wahrnehmung und Einschätzung von verbaler Gewalt zwischen Erwachsenen und Jugendlichen (vgl. Kapitel 3.1). Es scheint, dass die Jugendlichen subjektiv erst etwas als Gewalt einstufen, wenn der Sachverhalt an sich bereits massive Formen der Gewalt beinhaltet. Mord, Vergewaltigung, Einbruch oder Amoklauf als häufig genannte Beispiele bestärken diese Vermutung. Tendenziell leichtere Vergehen werden seltener genannt. Berücksichtigt werden muss jedoch, dass durch die vorgegebenen Antwort *Beschimpfen* eine Kategorie gegeben ist, unter der sich eine Vielzahl von Antworten die in den Bereich der verbalen Gewalt fallen, subsumieren lassen.

Tab. 121: Offene Antwortkategorien „Was ist für dich Gewalt?" (t1, t2, t3)

	t1 (N = 94)	t2 (N = 89)	t3 (N = 99)
	Gültige Prozente:	Gültige Prozente:	Gültige Prozente:
Körperliche Gewalt	50,00	44,94	56,57
Sexuelle Gewalt	22,34	32,58	21,21
Psychische Gewalt	17,02	10,11	12,12
Verbale Gewalt	3,19	4,49	3,03
Gewalt gegen Sachen	2,13	1,12	2,02
Sonstiges	5,32	6,74	5,05
Gesamt	100,00	100,00	100,00

Einstellung gegenüber Gewalt

Der letzte in diesem Unterkapitel behandelte Aspekt betrifft die Einstellung gegenüber Gewalt. Damit ist gemeint, ob die Befragten es für erforderlich und notwendig halten, dass Gewalt in manchen Situationen angewendet wird. Hierbei wird zwischen verbaler und körperlicher Gewalt in Form von zwei Items unterschieden.

Einstellung gegenüber verbaler Gewalt (Hypothesen 7, 8, 12-14)

Die überwiegende Mehrheit der Jugendlichen (t1: 59 %; t2: 58 %; t3: 57 %) findet an allen drei Befragungen, dass es *gar nicht* oder *wenig* stimmt, dass es manchmal notwendig sein kann, jemanden zu beschimpfen (Tab. 122). Ebenso wie dieser Teil, bleibt auch die Gruppe der Jugendlichen, die der Aussage *völlig* oder *ziemlich* zustimmen über die drei Zeitpunkte hinweg stabil. Dies sind jeweils rund 20 % der Befragten. Auch die Gruppe der Befragten, die der Aussage *teilweise* zustimmt bleibt mit 21 % am ersten und zweiten sowie 23 % am dritten Befragungszeitpunkt stabil. Alles in allem gibt es nur kleine Veränderungen zwischen den Befragungszeitpunkten, es gibt keine signifikanten Unterschiede (Hyp. 7/8). Eine Ausnahme bildet der Modalwert, der von 2 am ersten Befragungszeitpunkt auf 1 sinkt und dort auch an t3 bleibt. Das heißt, dass am ersten Befragungszeitpunkt die Kategorie *stimmt wenig* am häufigsten gewählt wurde, ab dem zweiten Befragungszeitpunkt dann jedoch die Kategorie *stimmt gar nicht*.

Tab. 122: „Jemanden zu beschimpfen kann manchmal notwendig sein" (t1, t2, t3)

	t1 (N = 483)	t2 (N = 506)	t3 (N = 415)
Median	2	2	2
Modalwert	2	1	1
	Gültige Prozente:	Gültige Prozente:	Gültige Prozente:
stimmt gar nicht (1)	27,54	30,43	29,16
stimmt wenig	31,47	27,87	27,47
stimmt teilweise	21,33	21,15	23,13
stimmt ziemlich	12,01	9,88	12,53
stimmt völlig (5)	7,66	10,67	7,71
Gesamt	100,00	100,00	100,00

Einstellung gegenüber körperlicher Gewalt (Hypothesen 5, 6, 9-11)

Hat das letzte Item die Einstellung gegenüber verbaler Gewalt zum Thema, wird nun die Einstellung gegenüber körperlicher Gewalt in Form von Schlagen betrachtet (Tab. 123). Der Aussage, dass es in manchen Situationen in Ordnung ist, andere zu schlagen stimmt jeweils mehr als die Hälfte der Jugendlichen zu allen Befragungszeitpunkten *gar nicht* oder *wenig* zu (t1: 60 %, t2: 54 %, t3: 58 %). Hier fällt auf, dass unmittelbar im Anschluss an die Intervention (t2) die Prozentzahl am niedrigsten ist. Zugleich ist der Anteil der Jugendlichen, die der Aussage *ziemlich* oder *völlig* zustimmen an diesem Zeitpunkt mit 19 % am höchsten. Im Vergleich dazu liegt er am ersten bei 15 % und am dritten Befragungszeitpunkt bei 17 %. Betrachtet man den Anteil der Jugendlichen, die im Mittelfeld mit *teilweise* antworten, liegt der Anteil mit 27 % am zweiten Befragungszeitpunkt am höchsten. Die Unterschiede zwischen den Befragungszeitpunkten sind nicht signifikant (Hyp. 5/6).

Der Mittelwert verändert sich nur geringfügig und liegt am zweiten Befragungszeitpunkt am höchsten, wohingegen hier der Modalwert mit 1 den niedrigsten Wert erreicht.

Tab. 123: „In manchen Situationen ist es in Ordnung, andere zu schlagen" (t1, t2, t3)

	t1	t2	t3
Median	2	2	2
Modalwert	2	1	2
	Gültige Prozente:	Gültige Prozente:	Gültige Prozente:
stimmt gar nicht (1)	29,74	29,05	27,64
stimmt wenig	30,55	24,70	30,77
stimmt teilweise	25,05	27,47	24,76
stimmt ziemlich	7,13	7,91	7,21
stimmt völlig (5)	7,54	10,87	9,62
Gesamt	100	100	100

Zusammenfassung

Rund die Hälfte der Jugendlichen fühlt sich *voll/ziemlich* davor geschützt Opfer von Gewalt zu werden. Allerdings fühlt sich am ersten Befragungszeitpunkt auch rund ein Drittel der Jugendlichen *nicht* oder nur *wenig* geschützt. Dieser Anteil reduziert sich auf ein Viertel am dritten Befragungszeitpunkt.

In Bezug auf Erfahrungen als Opfer von Gewalt wird deutlich, dass insgesamt viele der befragten Jugendlichen bereits solche gemacht haben. An der Spitze der Häufigkeiten steht verbale Gewalt mit Beschimpfungen und Beleidigungen sowie Hänselungen und gemeinen Bemerkungen, flankiert von körperlicher Gewalt in Form von Treten, Schubsen und Schlagen. Aber auch massivere Formen von Gewalt, wie Prügeleien oder Bedrohungen mit Waffen haben manche Jugendliche bereits als Opfer erlebt.

Vergleichbar mit den Opfererfahrungen zeigt sich, dass viele Jugendliche ebenso bereits Erfahrungen als Täter von Gewalt gemacht haben. Die größten Häufigkeiten lassen sich, entsprechend den Opfererfahrungen, bei Beschimpfungen und Beleidigungen, Hänselungen und gemeinen Bemerkungen sowie beim Treten, Schubsen und Schlagen finden. Hieran in den letzten sechs Wochen beteiligt zu sein, gibt jeweils mehr als die Hälfte der Jugendlichen an. Auffällig ist, dass bei den Tätererfahrungen die Gesamthäufigkeiten am dritten Befragungszeitpunkt zum Teil höher liegen als am ersten, obwohl der Anteil der betroffenen Jugendlichen geringer geworden ist. Möglicherweise kann dies ein Hinweis auf eine kleine stabile Gruppe von Jugendlichen sein, die unverändert häufig Gewalt ausübt beziehungsweise bei denen sogar ein Anstieg zu verzeichnen ist. Insgesamt ist eine größere Sensibilität für das Themenfeld Gewalt nach der Intervention und damit folglich auch eine erhöhte Aufmerksamkeit zu vermuten.

In Bezug auf eigenes schlichtendes Eingreifen bei beobachteter Gewalt unter Mitschülern, äußern sich die Befragten unterschiedlich. Die meisten Jugendlichen würden eingreifen, rund ein Drittel der Jugendlichen jedoch nur *teilweise* und circa ein Fünftel würde *eher nicht* eingreifen.

Was die Jugendlichen als Gewalt empfinden verändert sich über die drei Befragungszeitpunkte nur wenig. Körperliche Gewalt liegt an der Spitze und wird von fast 100 % der Befragen als Gewalt empfunden. Jemanden zu beschimpfen empfindet dagegen am ersten Befragungszeitpunkt nur etwas mehr als die Hälfte der Befragten als Gewalt. Dies entspricht auch der Auswertung der offenen Kategorien, in der verbale Gewalt nur wenig genannt wird. Die Einstellung gegenüber verbaler Gewalt ist dem entsprechend auch etwas toleranter, als gegenüber körperlicher Gewalt. Insgesamt empfinden die Jugendlichen direkt nach der Intervention deutlich mehr Gegebenheiten als Gewalt als davor.

8.3.6 Schul- und klassenbezogene Fragen

In diesem Kapitel werden die Items dargestellt, die sich auf die Schul- und Klassensituation der befragten Jugendlichen beziehen. Hier geht es zum einen um flankierende Beschreibungen, um einen Eindruck über das subjektive Wohlbefinden in der Klasse, die Partizipationsmöglichkeiten und die wahrgenommene Hilfsbereitschaft in der Klasse zu bekommen. Zum anderen interessiert die wahrgenommene Konsequenzerwartung bei regelwidrigem Verhalten sowohl vonseiten des Lehrpersonals als auch vonseiten der Mitschülerinnen und Mitschüler. Darüber hinaus gibt es Items, welche erfragen, an wen sich die befragten Jugendlichen in der Schule bei Sorgen oder Problemen wenden und ob sie den zuständigen Schulpolizisten kennen.

Schulpolizist

Jede weiterführende Schule in NRW hat einen für sie zuständigen Schulpolizisten, der in regelmäßigen Abständen an der Schule ist. In der Regel ist dies der Bezirksbeamte oder jemand aus dem Bezirksteam. Durch eine Absprache zwischen der Bezirksregierung und der Polizei gibt es Richtlinien, wie die Zusammenarbeit aussehen soll. Diese unterscheidet sich in der Praxis in ihrer Intensität von Schule zu Schule hinsichtlich des Engagements, der Bedarfslage und des Interesses von beiden Seiten.

Die allermeisten Schülerinnen und Schüler kennen den Schulpolizisten an ihrer Schule nicht (Tab. 124). An allen drei Befragungszeitpunkten ist es rund ein Drittel, die den Schulpolizisten kennen. Direkt nach der Intervention liegt der Wert mit 31 % am höchsten. Es gibt jedoch keine signifikanten Unterschiede.

Tab. 124: Kenntnis Schulpolizist t1, t2, t3

	t1 Gültige Prozente:	t2 Gültige Prozente:	t3 Gültige Prozente:
Kenne ich	28,87	30,98	28,47
Kenne ich nicht	71,13	69,02	71,53

Bei Sorgen oder Problemen, kannst du dich in der Schule an folgende Personen/ Einrichtungen wenden? (Hypothesen 63,64)

An welche Personen oder Einrichtungen in der Schule wenden sich die befragten Jugendlichen bei Sorgen oder Problemen beziehungsweise wen kennen sie in der Schule, an den sie sich wenden können?

t1

Am ersten Befragungszeitpunkt geben 93 % der Jugendlichen zwischen eine und neun Personen oder Einrichtungen an. Somit ist der Teil der Jugendlichen, welcher keinen Ansprechpartner kennt oder nennen möchte mit 7 % gering.

Nun interessiert, an wen sich die Jugendlichen am häufigsten wenden. Hier ist das *Personal in der Schule* mit 56 % die am häufigst genannte Gruppe. Hierunter sind überwiegend Lehrerinnen und Lehrer zusammengefasst, jedoch auch Schulsozialarbeiter, Mitarbeiter aus dem Sekretariat, der Hausmeister, der Schulpolizist oder die Schulleitung werden genannt.

Die zweitgrößte Gruppe stellen mit 38 % *Freunde und Gleichaltrige* als Ansprechpartner bei Sorgen oder Problemen dar. Die restlichen 6 % verteilen sich auf mehrere andere Bereiche mit jeweils wenigen Nennungen, wie zum Beispiel einen Kummerkasten, außerschulische Institutionen wie das Jugendamt, Ärzte oder Pädagogen aus anderen Kontaktbereichen.

t2

Am zweiten Befragungszeitpunkt geben zu dieser Frage 90 % der Jugendlichen mindestens eine, in Einzelfällen sogar bis maximal zehn Personen oder Einrichtungen an. Die am häufigsten genannte Gruppe ist auch hier das *Personal in der Schule* (57 %). Hierunter fallen das Lehrpersonal, die Schulsozialarbeiter und andere in der Schule arbeitenden Erwachsene. Mit einigem Abstand, aber wieder mit 38 % folgt die Gruppe der *Freunde und Gleichaltrigen*. Die übrigen 5 % setzen sich, wie am ersten Befragungszeitpunkt aus mehreren kleinen Untergruppen zusammen.

t3

Am dritten Befragungszeitpunkt beantworten 83 % der Befragten dieses Item mit einer bis acht Angaben. Es gibt kaum Veränderungen zu den beiden vorangegangenen Befragungszeitpunkten. Das *Personal in der Schule* ist mit 57 % wieder die am häufigst genannte Gruppe, *Gleichaltrige und Freunde* liegen mit 35 % der Nennungen geringfügig unter den Häufigkeiten aus t1 und t2 und der Rest der Antworten verteilt sich auf andere Einzelgruppen.

Vergleich der drei Befragungszeitpunkte
Bei einem Vergleich der drei Befragungszeitpunkte (Tab. 125) fällt auf, dass der Anteil der Jugendlichen, welche diese Frage beantwortet von Befragung zu Befragung geringer wird. Möglicherweise kann dies ein Hinweis darauf sein, dass die Jugendlichen keine Lust haben, wiederholt die gleiche Frage zu beantworten (experimentelle Mortalität), besonders da es sich um eine halboffene Frage handelt. Bei gleichzeitiger Betrachtung der Anzahl der Nennungen je befragter Person fällt jedoch auf, dass der Mittelwert am zweiten Befragungszeitpunkt etwas sinkt, um dann am dritten Befragungszeitpunkt den höchsten Wert zu erreichen. Der Median liegt auch am dritten Befragungszeitpunkt wieder wie am ersten Befragungszeitpunkt bei 2. Insgesamt geben die Jugendlichen folglich beim dritten Befragungszeitpunkt durchschnittlich die meisten Antworten ab.

Tab. 125: „Ansprechpartner in der Schule bei Sorgen und Problemen" t1, t2, t3

	t1	t2	t3
Mittelwert	1,86	1,58	2,08
SD	1,15	1,37	1,23
Median	2	1	2
Modalwert	1	1	1
Summe der Nennungen	917	974	735
Prozent der Befragten, die eine Antwort geben	93,12	89,89	82,90

Konsequenzerwartung

Als nächstes steht die wahrgenommene Konsequenzerwartung bei der Anwendung von Gewalt sowohl vonseiten des Lehrpersonals (Tab. 126) als auch vonseiten der Mitschüler (Tab. 127) im Fokus.

Konsequenzerwartung vom Lehrpersonal (Hypothesen 65, 66)
Zwischen den drei Erhebungszeitpunkten gibt es einige Unterschiede (Tab. 126). Am ersten Befragungszeitpunkt gibt die überwiegende Mehrheit (79 %) der Jugendlichen an, dass jemand, der Gewalt in der Schule anwendet *immer* oder *häufig* mit einer Konsequenz vonseiten des Lehrpersonals zu rechnen hat. Nur ein sehr kleiner Teil (2 %) gibt an, *nie* mit einer Konsequenz zu rechnen, 4 % *selten* und 15 % *manchmal*. Dies schwächt sich an den weiteren zwei Erhebungszeitpunkten zunehmend ab. Der Anteil der Jugendlichen, die *häufig* oder *immer* angeben ver-

ringert sich auf 75 % (t2) beziehungsweise 71 % (t3). Der Anteil der Jugendlichen die angeben, dass *nie* oder *selten* mit einer Konsequenz von Lehrern gerechnet werden muss, hat sich am dritten Befragungszeitpunkt mit 13 % mehr als verdoppelt und liegt bereits am zweiten Befragungszeitpunkt mit 10 % höher als am ersten. Nur die Gruppe, die im Mittelfeld mit *manchmal* antwortet, bleibt mit 16 % an t1, t2 und t3 gleich. Median und Modalwert bleiben über alle Zeitpunkte hinweg stabil, so dass deutlich wird, dass die Mehrheit der Jugendlichen davon ausgeht, *häufig* beziehungsweise *immer* mit einer Konsequenz zu rechnen. Die Konsequenzerwartung ist nach der Intervention sowohl an t2 als auch an t3 signifikant niedriger als vor der Intervention (Hyp. 65/66). Auch hier kann eine mögliche erhöhte Sensibilität für das Thema Gewalt nach der Intervention mit zur Erklärung herangezogen werden.

Tab. 126: „Konsequenzerwartung bei ausgeübter Gewalt vonseiten des <u>Lehrpersonals</u>" (t1, t2, t3)

	t1	t2	t3
Median	4	4	4
Modalwert	5	5	5
	Gültige Prozente:	Gültige Prozente:	Gültige Prozente:
nie (1)	1,84	4,35	3,44
selten	3,89	5,53	9,09
manchmal	15,34	15,61	16,22
häufig	34,76	30,04	31,94
immer (5)	44,17	44,47	39,31
Gesamt	100,00	100,00	100,00

Konsequenzerwartung von Mitschülern (Hypothesen 67, 68)

Im Vergleich zu der Konsequenzerwartung vonseiten des Lehrpersonals liegt die Konsequenzerwartung vonseiten der Mitschüler deutlich niedriger und bleibt über die drei Befragungszeitpunkt verhältnismäßig gleich (Tab. 127). Nur ein kleiner Teil der Jugendlichen (t1: 8 %, t2: 10 %, t3: 11 %) gibt an, *immer* mit einer Konsequenz vonseiten der Mitschüler zu rechnen. Rund ein Fünftel der Jugendlichen gibt an, *häufig* damit zu rechnen. Die meist gewählte Antwort ist zu allen Zeitpunkten die Kategorie *manchmal.* Der Anteil der Jugendlichen, welcher die Antwortkategorie *selten* wählt wird von anfangs 24 % über 22 % mit 20 % am dritten Befragungszeitpunkt stetig geringer.

Tab. 127: „Konsequenzerwartung bei ausgeübter Gewalt vonseiten der Mitschüler" t1, t2, t3

	t1	t2	t3
Median	3	3	3
Modalwert	3	3	3
	Gültige Prozente:	Gültige Prozente:	Gültige Prozente:
nie (1)	7,85	12,32	12,41
selten	23,97	21,82	19,60
manchmal	40,50	33,74	37,47
häufig	19,21	22,22	19,85
immer (5)	8,47	9,90	10,67
Gesamt	100,00	100,00	100,00

Wohlbefinden (Hypothesen 69, 70, 73, 74, 77, 78)

Nun steht das Wohlbefinden der Jugendlichen in ihrer Klasse im Mittelpunkt (Tab. 128). Die überwiegende Mehrheit der Jugendlichen fühlt sich in ihrer Klasse wohl. Am ersten Befragungszeitpunkt stimmen 70 % der Jugendlichen der Aussage, dass sie sich in ihrer Klasse wohlfühlen *völlig* oder *ziemlich* zu. Am zweiten Befragungszeitpunkt sind es 67 % und am dritten Befragungszeitpunkt liegt die Zustimmung bei 73 %. Parallel hierzu verändert sich der Anteil der Jugendlichen, der sich *wenig* oder *gar nicht* wohlfühlt. Dies sind am ersten Befragungszeitpunkt 13 %, am zweiten Befragungszeitpunkt steigt dieser Wert auf 16 %, um am letzten Befragungszeitpunkt mit 10 % den tiefsten Wert zu erreichen. Es fällt besonders der Anteil der Jugendlichen auf, die einem Wohlfühlen *gar nicht* zustimmen: Er erreicht am zweiten Befragungszeitpunkt mit 9 % den höchsten Wert. Der Anteil der Jugendlichen, die sich *teilweise* in ihrer Klasse wohlfühlen, liegt an allen Befragungszeitpunkten konstant bei 17 %.

Tab. 128: „Wohlfühlen in der Klasse" (t1, t2, t3)

	t1	t2	t3
Median	4	4	4
Modalwert	5	5	5
	Gültige Prozente:	Gültige Prozente:	Gültige Prozente:
stimmt gar nicht (1)	5,00	9,23	3,39
stimmt wenig	7,50	6,68	7,02
stimmt teilweise	17,08	16,90	16,71
stimmt ziemlich	26,04	23,38	33,90
stimmt völlig (5)	44,38	43,81	38,98
Gesamt	100,00	100,00	100,00

Einen Einfluss auf das Wohlfühlen in der Klasse scheint die Konsequenzerwartung durch Lehrerinnen und Lehrer zu haben: an allen Befragungszeitpunkten besteht ein signifikanter positiver Zusammenhang (Tab. 129). Das Wohlfühlen in der Klasse scheint somit auch abhängig davon zu sein, ob Lehrerinnen und Lehrer auf Gewalt reagieren beziehungsweise wie häufig aus Sicht der Schüler mit einer Konsequenz zu rechnen ist.

Tab. 129: Spearman Korrelation „Konsequenzerwartung Lehrer/Wohlfühlen in der Klasse" t1, t2, t3

	Konsequenzerwartung Lehrer t1			Konsequenzerwartung Lehrer t2			Konsequenzerwartung Lehrer t3		
	N	Korrelationskoeffizient	Sig.	N	Korrelationskoeffizient	Sig.	N	Korrelationskoeffizient	Sig.
Wohlfühlen t1	477	0,219	0,000***						
Wohlfühlen t2				506	0,204	0,000***			
Wohlfühlen t3							402	0,141	0,005**

*** = p < 0,001; ** = p < 0,01

Hilfsbereitschaft (Hypothesen 75, 76)

Als nächstes werden zwei weitere Items betrachtet, die dazu dienen einen Eindruck über die Klassensituation zu bekommen: dies sind die wahrgenommene Hilfsbereitschaft und die Partizipationsmöglichkeiten. Beide Items werden am ersten und letzten Befragungszeitpunkt abgefragt.

Die wahrgenommene Hilfsbereitschaft in der Klasse unterscheidet sich kaum zwischen den Befragungszeitpunkten, es gibt keine signifikanten Unterschiede. Der Anteil der Jugendlichen, welcher die Hilfsbereitschaft in der eignen Klasse als *sehr schlecht* oder *schlecht* empfindet liegt an beiden Befragungszeitpunkten bei 18 % (Tab. 130). Die meisten Jugendlichen entscheiden sich für eine Antwort im Mittelfeld mit der Kategorie *mittelmäßig*, hier liegen am ersten Befragungszeitpunkt 37 % und am dritten 34 % der Antworten. Rund ein Drittel (t1: 31 %, t3: 33 %) der Jugendlichen empfindet die Hilfsbereitschaft in der eigenen Klasse als *gut* und 14 % (t1) beziehungsweise 15 % (t3) sogar als *sehr gut*.

Tab. 130: „Wahrgenommene Hilfsbereitschaft in der Klasse"

	t1	t3
Median	3	3
Modalwert	3	3
	Gültige Prozente:	Gültige Prozente:
sehr schlecht (1)	6,15	6,88
schlecht	11,89	11,55
mittelmäßig	36,89	33,66
gut	31,35	33,17
sehr gut (5)	13,73	14,74
Gesamt	100,00	100,00

Partizipationsmöglichkeiten (Hypothesen 69, 70)

Die vonseiten des Lehrpersonals gegebenen Partizipationsmöglichkeiten bei Entscheidungen und Planungen, werden an beiden Befragungszeitpunkten unterschiedlich bewertet. Ist es bei der ersten Befragung noch genau die Hälfte der Jugendlichen (50 %), die der Aussage, dass sie bei Planungen und Entscheidungen häufig nach ihrer Meinung gefragt werden, *ziemlich* oder *völlig* zustimmt, so sind es am dritten Befragungszeitpunkt nur noch 43 % (Tab. 131). Parallel dazu ist der Anteil derjenigen, die das Gefühl haben *gar nicht* oder *wenig* beteiligt zu werden am dritten Befragungszeitpunkt mit 29 % höher als am ersten Befragungszeitpunkt (22 %). Der Anteil der Jugendlichen die *teilweise* zustimmen, bleibt mit 27 % (t1) beziehungsweise 28 % (t3) an beiden Befragungszeitpunkten konstant. Insgesamt sind die Unterschiede zwischen den Messzeitpunkten nicht signifikant.

Tab. 131: „Partizipationsmöglichkeiten in der Klasse"

	t1	t3
Median	3,5	3
Modalwert	3	4
	Gültige Prozente:	Gültige Prozente:
stimmt gar nicht (1)	10,25	13,49
stimmt wenig	12,30	14,94
stimmt teilweise	27,46	28,43
stimmt ziemlich	27,05	29,40
stimmt völlig (5)	22,95	13,74
Gesamt	100,00	100,00

Kenntnis zum Thema Gewalt von Lehrkräften, Mitschülern, Erwachsenen und Jugendlichen

Im Abschnitt bezüglich der Beurteilung der Peer Educators wurde bereits dargestellt, wie das Wissen dieser von den Befragten eingeschätzt wird. Darüber hinaus interessiert, wie die Befragten Lehrpersonal und Mitschüler beziehungsweise Erwachsene und Jugendliche bezüglich ihres Auskennens zum Thema Gewalt einschätzen.

Kenntnis Erwachsene zum Thema Gewalt

Sowohl am ersten, als auch am zweiten Befragungszeitpunkt ist die Mehrheit der Jugendlichen (t1: 58 %, t2: 59 %) der Meinung, dass sich Erwachsene *sehr gut* und *eher gut* rund um das Thema Gewalt auskennen. Median und Modalwert liegen jeweils bei 4 und es gibt so gut wie keine Unterschiede zwischen den Befragungszeitpunkten. Nur ein kleiner Teil ist der Meinung, dass Erwachsene sich *eher schlecht* beziehungsweise *sehr schlecht* (t1: 7 %, t2: 5 %) auskennen. Rund ein Drittel wählt das Mittelfeld mit *teils/teils* und ist der Meinung, dass es sich möglicherweise je nach Erwachsenen oder je nach Thema unterschiedlich verhält.

Tab. 132: „Kenntnis Erwachsene zum Thema Gewalt"(t1, t2)

	t1	t2
Median	4	4
Modalwert	4	4
	Gültige Prozente:	Gültige Prozente:
sehr gut (5)	17,77	20,23
eher gut	40,29	38,52
teils/teils	34,92	35,41
eher schlecht	6,40	4,28
sehr schlecht (1)	0,62	1,56
Gesamt	100,00	100,00

Kenntnis Jugendliche zum Thema Gewalt (Hypothesen 54)

Am ersten Befragungszeitpunkt findet ein Drittel (33 %) der befragten Jugendlichen, dass sich Jugendliche *sehr gut* und *eher gut* auskennen (Tab. 133). Der Modalwert von 3 sagt aus, dass die häufigst gewählte Antwort mit 42 % *teils/teils* ist. Immerhin ein Viertel aller Befragten (25%) schätzt das Wissen von Jugendlichen als *eher schlecht* beziehungsweise *sehr schlecht* ein.

Am zweiten Befragungszeitpunkt sieht dies ein wenig anders aus. Die Kenntnis der Jugendlichen wird insgesamt höher eingeschätzt. Der Anteil der Jugendlichen die mit *sehr gut* und *eher gut* antworten liegt jetzt bei 44 % und parallel ist der Anteil der mit *eher schlecht* und *sehr schlecht* antwortet auf 18 % gesunken. Die meisten Antworten (38 %) liegen jedoch auch hier im Mittelfeld bei *teils/teils*. In der Hypothesenprüfung ist zu sehen, dass die Unterschiede signifikant sind.

Tab. 133: „Kenntnis Jugendliche zum Thema Gewalt" t1, t2

	t1	t2
Median	3	3
Modalwert	3	3
	Gültige Prozente:	Gültige Prozente:
sehr gut (5)	12,81	15,79
eher gut	20,25	27,88
teils/teils	42,15	38,40
eher schlecht	19,42	15,98
sehr schlecht (1)	5,37	1,95
Gesamt	100,00	100,00

Kenntnis Mitschüler zum Thema Gewalt

Betrachtet man nun den Vergleich zwischen der Bewertung von Jugendlichen allgemein und ganz konkret den Mitschülern aus der eigenen Klasse, so gibt es kaum Unterschiede zwischen den beiden Bewertungen (Tab. 134). Auch bei der Bewertung der Mitschüler ist die Einschätzung am zweiten Befragungszeitpunkt besser als am ersten. Der Anteil der Jugendlichen, die die Kenntnis ihrer Mitschüler im Hinblick auf das Thema Gewalt als *sehr gut* oder *eher gut* einschätzen liegt bei 35 % (t1) und steigt auf 40 % (t2). Die Einordnung in den mittleren Bereich *teils/teils* liegt bei 45 % (t1) und 42 % (t2). Die Meinung, dass sich die eigenen Mitschüler *eher schlecht* und *sehr schlecht* auskennen liegt bei 21 % (t1) und 18 % (t2).

Tab. 134: „Kenntnis Mitschüler zum Thema Gewalt" (t1, t2)

	t1	t2
Median	3	3
Modalwert	3	3
	Gültige Prozente:	Gültige Prozente:
sehr gut (5)	11,18	11,20
eher gut	23,81	28,88
teils/teils	44,51	42,04
eher schlecht	15,94	12,97
sehr schlecht (1)	4,55	4,91
Gesamt	100,00	100,00

Kenntnis Klassenlehrer zum Thema Gewalt (Hypothesen 55)

Die Einschätzung des eigenen Klassenlehrers unterscheidet sich signifikant zwischen den beiden Erhebungszeitpunkten, das Wissen wird am zweiten Erhebungszeitpunkt signifikant niedriger eingeschätzt (Tab. 136). Insgesamt wird die Kenntnis der Klassenlehrer besser eingeschätzt, als die von Erwachsenen allgemein (Tab. 135). Die überwiegende Mehrheit der Befragten (t1: 67 %, t2: 66 %) antwortet mit *sehr gut* und *eher gut*, der Modalwert liegt am ersten Befragungszeitpunkt bei 5 und am zweiten Befragungszeitpunkt bei 4. Ein deutlicher Unterschied zu der Einschätzung von Erwachsenen allgemein, ist vor allem bei der Bewertung *teils/teils* zu sehen, dies sind für die Klassenlehrer 19 % (t1) beziehungsweise 23 % (t2). *Sehr schlecht* und *eher schlecht* schätzen jedoch nur rund ein Zehntel der Jugendlichen das Wissen ihres Klassenlehrers ein.

Tab. 135: „Kenntnis Klassenlehrer zum Thema Gewalt" t1, t2

	t1	t2
Median	4	4
Modalwert	5	4
	Gültige Prozente:	Gültige Prozente:
sehr gut (5)	39,67	24,12
eher gut	29,34	41,76
teils/teils	18,80	22,75
eher schlecht	9,09	6,27
sehr schlecht (1)	3,10	5,10
Gesamt	100,00	100,00

Tab. 136: Wilcoxon Test Kenntnis Klassenlehrer, Vergleich t1/t2

	Z	Sig.	r
t1 /t2	-5,81	0,000***	0,276

*** = p < 0,001; Effektgröße r: 0,1 = kleiner Effekt; 0,3 = mittlerer Effekt; 0,5 = großer Effekt

Zusammenfassung

In der Schule ist zu allen Befragungszeitpunkten das Personal in der Schule der wichtigste und von mehr als der Hälfte der Befragten genannte Ansprechpartner bei Sorgen oder Problemen. Freunde und andere Gleichaltrige sind für jeweils mehr als ein Drittel der Jugendlichen der zweit häufigst genannte Ansprechpartner.

Mehr als zwei Drittel aller Jugendlichen fühlen sich in ihrer Klasse wohl. Jedoch nur rund die Hälfte der Jugendlichen hat das Gefühl, dass sie an wichtigen Entscheidungen beteiligt wird. Die Hilfsbereitschaft in ihrer Klasse empfinden die meisten Jugendlichen als mittelmäßig. Hinsichtlich der Anwendung von Gewalt wird von Lehrkräften deutlich häufiger mit einer Konsequenz gerechnet als von Mitschülern, jedoch auch nicht immer. Dabei besteht ein positiver Zusammenhang zwischen der Konsequenzerwartung seitens des Lehrpersonals und dem Wohlfühlen in der Klasse. Das Wissen des Klassenlehrers zum Thema Gewalt wird größer eingeschätzt, als das der Mitschüler, dies gilt auch für das Wissen von Erwachsenen im Vergleich zu dem von Jugendlichen. Nach der Intervention wird das Wissen von Jugendlichen jedoch signifikant größer eingeschätzt als vor der Intervention.

Nach der erfolgten Darstellung aller Einzelitems wird im Folgenden ergänzend auf einige Unterschiede zwischen Mädchen und Jungen (Kapitel 8.3.7) und zwischen den verschiedenen Schulformen eingegangen (8.3.8) sowie im Anschluss daran im Hinblick auf das Alter (8.3.9).

8.3.7 Geschlechtsunterschiede

Sowohl im Theorieteil dieser Arbeit als auch in der Hypothesenprüfung wurde dargestellt, dass es im Bereich Jugendgewalt deutliche Unterschiede zwischen Mädchen und Jungen gibt. Neben den in der Hypothesen überprüften Unterschieden hinsichtlich der Erfahrungen als Täter und Opfer sowie hinsichtlich der Einstellung gegenüber Gewalt, ist darüber hinaus interessant, ob sich Jungen und Mädchen auch in Bezug auf weitere Untersuchungsfragen in ihrem Antwortverhalten voneinander unterscheiden. Einige Ergebnisse werden im Folgenden kurz dargestellt. Am Ende des Kapitels findet sich eine kurze Zusammenfassung der wichtigsten Ergebnisse.

Bewertung der Intervention

Im Hinblick auf die Bewertung der Intervention unterscheiden sich Mädchen und Jungen kaum voneinander, einziger signifikanter Unterschied ist, dass mit 37 % Mädchen häufiger ($p = 0,011$, $\chi^2 = 6,65$) als Jungen (26 %) Kritik äußern beziehungsweise eine Angabe dazu machen, was ihnen nicht so gut gefallen hat.

Wissen

Was das Wissen von Mädchen und Jungen rund um das Thema Gewalt betrifft, so gibt es einige wenige Unterschiede. Bezüglich der Höchststrafe im Jugendrecht, wissen am dritten Befragungszeitpunkt signifikant ($p = 0,003$, $\chi^2 = 8,89$) mehr Mädchen (58 %) als Jungen (43 %) die korrekte Antwort. Anders sieht es bei der Frage nach dem Alter ab wann eine Person angezeigt werden kann, aus. Hier beantworten mit 28 % signifikant ($p = 0,033$, $\chi^2 = 4,63$) mehr Jungen als Mädchen (19 %) die Frage korrekt.

Hinsichtlich der Kenntnis von Orten und Ansprechpersonen, an die sich die Jugendlichen außerhalb der Schule bei Sorgen oder Problemen wenden können, unterscheiden sich Mädchen und Jungen signifikant voneinander, Mädchen machen an allen Befragungszeitpunkten signifikant mehr Angaben, der Effekt liegt im kleinen bis mittleren Bereich (Tab. 137).

Tab. 137: U-Test „Kenntnis Hilfemöglichkeiten außerhalb der Schule" Vergleich Geschlechter

	Mittlerer Rang		Z	Sig.	r
	weiblich	männlich			
t1	271,72	224,9	-3,71	0,000***	0,167
t2	283,53	215,4	-5,39	0,000***	0,242
t3	236,63	166,82	-6,17	0,000***	0,310

*** = p < 0,001; Effektgröße r: 0,1 = kleiner Effekt; 0,3 = mittlerer Effekt; 0,5 = großer Effekt

Was das Wissen über Hilfemöglichkeiten in der Schule betrifft, so zeigt sich ein ähnliches Bild: Mädchen geben an allen drei Zeitpunkten jeweils eine signifikant größere Anzahl an Ansprechpersonen an als Jungen (Tab. 138). Auch hier liegt der Effekt im kleinen bis mittleren Bereich.

Tab. 138: U-Test „Kenntnis Hilfemöglichkeiten innerhalb der Schule", Vergleich Geschlechter

	Mittlerer Rang		Z	Sig.	r
	weiblich	männlich			
t1	259,83	203,38	-4,82	0,000***	0,225
t2	251,79	205,50	-3,95	0,000***	0,185
t3	192,37	149,25	-4,25	0,000***	0,230

*** = p < 0,001; Effektgröße r: 0,1 = kleiner Effekt; 0,3 = mittlerer Effekt; 0,5 = großer Effekt

Kommunikation

Bezüglich der Kommunikation zum Thema Gewalt, unterscheiden sich Mädchen und Jungen signifikant am ersten und dritten Befragungszeitpunkt hinsichtlich der Kommunikationswichtigkeit: jeweils an beiden Zeitpunkten finden es Mädchen signifikant wichtiger über Gewalt zu reden als Jungen (Tab. 139). Es handelt sich um einen kleinen Effekt.

Tab. 139: U-Test „Kommunikationswichtigkeit" Vergleich Geschlechter

	Mittlerer Rang		Z	Sig.	r
	weiblich	männlich			
t1	271,93	217,97	-4,39	0,000***	0,199
t2	246,5	235,65	-0,91	0,361	0,042
t3	213,32	181,92	-2,83	0,005**	0,143

**= p < 0,01; *** = p < 0,001; Effektgröße r: 0,1 = kleiner Effekt; 0,3 = mittlerer Effekt; 0,5 = großer Effekt

Tatsächlich sprechen Jungen jedoch nach der Intervention (t3) signifikant häufiger als Mädchen über selbst miterlebte Gewalttaten (Tab. 140). Dies gilt für Gespräche im Unterricht, mit dem Lehrpersonal, mit anderen Gleichaltrigen sowie insgesamt.

Lediglich bei Gesprächen mit der Familie gibt es keinen Unterschied. Die Effektgröße liegt im kleinen Bereich.

Tab. 140 t-Test: „Kommunikationshäufigkeit miterlebte Gewalt" t3, Vergleich Geschlechter

	Geschlecht	N	Mittelwert	SD	Standardfehler des Mittelwertes	T	df	Sig.	d
Familie	weiblich	183	1,05	2,74	0,20	-0,43	390	0,670	0,043
	männlich	209	1,16	2,39	0,17				
Unterricht	weiblich	183	0,66	1,66	0,12	-2,03	341,49	0,043*	0,208
	männlich	212	1,14	2,95	0,20				
Lehrpersonal	weiblich	182	0,62	1,62	0,12	-2,20	367,25	0,029*	0,223
	männlich	213	1,08	2,51	0,17				
Gleichaltrige	weiblich	184	1,56	2,72	0,20	-2,19	350,43	0,029*	0,224
	männlich	209	2,36	4,45	0,31				
Gesamt	weiblich	182	3,57	5,76	0,43	-2,23	377,59	0,026*	0,227
	männlich	206	5,08	7,59	0,53				

* = p < 0,05; Effektgröße d: 0,2 = kleiner Effekt, 0,5 = mittlerer Effekt; 0,8 = großer Effekt

Beurteilung der Peer Educators

Bei der Beurteilung der Peer Educators unterscheiden sich Mädchen und Jungen nicht hinsichtlich der Gesamtbewertung, jedoch bei genauerer Betrachtung in Bezug auf einige Einzelaspekte signifikant voneinander (Tab. 141). So empfinden Jungen die Peer Educators sich selbst als ähnlicher, auch in Bezug auf das Sprechverhalten und Jungen bewerten die Attraktivität der Peer Educators höher. Ähnliches gilt für die eingeschätzte Empathiefähigkeit, die von Jungen höher eingeschätzt wird als von Mädchen. Deutlich wird, dass, wenn Unterschiede zwischen den Geschlechtern vorhanden sind, Jungen die Peer Educators positiver einschätzen. Dies gilt in besonderem Maße für Persönlichkeitseigenschaften. So gibt es zum Beispiel hinsichtlich der (Fach)Kompetenz oder der Vertrauenswürdigkeit keine Unterschiede zwischen den Geschlechtern. Eine mögliche Interpretation der besseren Beurteilung kann die gleiche Geschlechtszugehörigkeit sein, da die Peer Educators im Projekt Schlag.fertig ausschließlich männlich sind.

Tab. 141: U-Test „Einschätzung Peer Educators" sig. Unterschiede zwischen den Geschlechter

	Mittlerer Rang		Z	Sig.	r
	weiblich	männlich			
Attraktivität	471,73	516,90	-2,55	0,011*	0,08
Empathiefähigkeit	470,51	522,61	-2,95	0,003**	0,09
Ähnliches Sprechverhalten	476,56	522,89	-2,62	0,009**	0,08
Ähnlichkeit	466,37	528,34	-3,54	0,000***	0,11

* = p < 0,05, ** = p < 0,01; *** = p < 0,001; Effektgröße r: 0,1 = kleiner Effekt; 0,3 = mittlerer Effekt; 0,5 = großer Effekt

Gewalterfahrungen als Opfer

In der Hypothesenprüfung wurde gezeigt, dass Jungen vor der Intervention mehr Opfer- und Tätererfahrungen angeben als Mädchen. Da insgesamt jeweils zehn Situationsbeispiele zugrunde gelegt werden, interessiert nun, wo genau sich Jungen und Mädchen unterscheiden. In Tabelle 142 findet sich ein Überblick über die signifikanten Geschlechtsunterschiede. Auffällig ist, dass die Unterschiede vor allem vor der Intervention (t1) bestehen, hier geben Jungen eine höhere Anzahl von Opfererfahrungen bei sieben von zehn Items an. Keine Unterschiede finden sich für die Items *Mir wurde etwas weggenommen*, *Meine Sachen wurden beschädigt* und *Jemand hat mich so angeschrien, dass ich weinen musste*. Diese drei Items gehören dem Bereich Diebstahl beziehungsweise verbale Gewalt an. Nach der Intervention (t3) finden sich nur noch bei dem Item *Jemand hat mich mit einer Waffe bedroht* signifikante Unterschiede zwischen den Geschlechtern. Die Häufigkeit der Jungen liegt an t3 zwar auch für jedes Item über der Häufigkeit der Mädchen, die Unterschiede sind jedoch nicht signifikant. Die Effektgröße der Geschlechtsunterschiede liegt im kleinen bis mittleren Bereich.

Tab. 142: t-Test „Opfererfahrungen" Signifikante Geschlechtsunterschiede t1 und t3

	Geschlecht	N	Mittelwert	SD	Std.fehler des Mittelwertes	T	df	Sig.	d
Schläge angedroht t1	weiblich	227	0,18	0,91	0,06	-3,73	358,64	0,000***	0,357
	männlich	261	**0,73**	2,18	0,14				
gezwungen Geld / Wertvolles abzugeben t1	weiblich	226	0,02	0,15	0,01	-2,59	268,98	0,010*	0,290
	männlich	263	**0,24**	1,38	0,09				
verprügelt t1	weiblich	227	0,02	0,13	0,01	-3,36	263,73	0,001**	0,390
	männlich	262	**0,43**	1,96	0,12				
mit Waffe bedroht t1	weiblich	227	0,00	0,00	0,00	-2,97	262	0,003**	0,209
	männlich	263	**0,21**	1,12	0,07				
mit Waffe bedroht t3	weiblich	182	0,01	0,07	0,01	-2,34	211,26	0,020*	0,303
	männlich	210	**0,18**	1,08	0,08				
getreten, geschubst, geschlagen t1	weiblich	225	0,74	1,92	0,13	-2,70	412,99	0,007**	0,252
	männlich	257	**1,41**	3,41	0,21				
gehänselt t1	weiblich	226	0,92	2,64	0,18	-3,06	407,10	0,002**	0,286
	männlich	257	**1,98**	4,80	0,30				
beschimpft, beleidigt t1	weiblich	223	1,40	3,1	0,21	-4,95	342,26	0,000***	0,484
	männlich	244	**3,89**	6,97	0,45				

* = p < 0,05; ** = p < 0,01; *** = p < 0,001; Effektgröße d: 0,2 = kleiner Effekt, 0,5 = mittlerer Effekt; 0,8 = großer Effekt

Gewalterfahrungen als Täter

Bei der Betrachtung der Tätererfahrungen unterscheiden sich Jungen am ersten Befragungszeitpunkt hinsichtlich der selben Items signifikant von den Mädchen, wie im Bereich der Opfererfahrungen: Die Jungen geben durchgehend eine höhere Häufigkeit an (Tab. 143). Hinzu kommt ein signifikanter Unterschied beim Item *Sachen beschädigen*. Die Unterschiede zeigen eine kleine bis mittlere Effektgröße. Im Unterschied zu den Opfererfahrungen gibt es jedoch auch am dritten Befragungszeitpunkt weiterhin mehr signifikante Unterschiede zwischen Mädchen und Jungen. Dies betrifft die Items *Jemandem Schläge angedroht, Sachen beschädigt, Jemanden verprügelt und Jemanden gehänselt*. Aber auch hier fällt auf, dass die Unterschiede zwischen Mädchen und Jungen nach der Intervention geringer sind.

Tab. 143: t-Test „Tätererfahrungen" signifikante Geschlechtsunterschiede t1, t3

	Geschlecht	N	Mittelwert	SD	Std.fehler des Mittelwertes	T	df	Sig.	d
Schläge angedroht t1	weiblich	226	0,15	0,64	0,04	-4,27	281,46	0,000***	0,451
	männlich	256	0,96	2,98	0,19				
Schläge angedroht t3	weiblich	182	0,38	1,86	0,14	-2,50	325,09	0,013*	0,262
	männlich	201	1,05	3,23	0,23				
gezwungen Geld / Wertvolles abzugeben t1	weiblich	227	0,01	0,66	0,01	-2,56	265,01	0,011*	0,175
	männlich	262	0,13	0,81	0,05				
Sachen beschädigt t1	weiblich	227	0,21	1,06	0,01	-2,36	402,94	0,019*	0,220
	männlich	259	0,55	1,99	0,12				
Sachen beschädigt t3	weiblich	181	0,25	0,98	0,73	-2,94	233,08	0,004**	0,340
	männlich	207	1,11	4,07	0,28				
verprügelt t1	weiblich	226	0,33	3,00	0,20	-2,35	478,10	0,019*	0,214
	männlich	259	0,98	3,10	0,19				
verprügelt t3	weiblich	183	0,38	1,88	0,14	-2,35	270,58	0,019*	0,256
	männlich	203	1,22	4,71	0,33				
Mit Waffe bedroht t1	weiblich	227	0,05	0,49	0,32	-2,06	286,53	0,040*	0,216
	männlich	260	0,35	2,25	0,14				
getreten, geschubst, geschlagen t1	weiblich	225	1,48	4,12	0,27	-3,25	475,64	0,001**	0,297
	männlich	254	2,82	4,91	0,31				
gehänselt t1	weiblich	224	1,37	3,180	0,21	-4,09	417,99	0,000***	0,383
	männlich	246	2,95	5,044	0,32				
gehänselt t3	weiblich	117	1,42	3,238	0,24	-2,40	343,38	0,017*	0,252
	männlich	191	2,40	4,558	0,33				
beschimpft, beleidigt t1	weiblich	222	2,26	5,219	0,35	-4,28	412,20	0,000***	0,408
	männlich	226	4,79	7,139	0,48				

* = p < 0,05; ** = p < 0,01; *** = p < 0,001; Effektgröße d: 0,2 – kleiner Effekt; 0,5 = mittlerer Effekt; 0,8 = großer Effekt

Selbsteinschätzung eigene Gewalttätigkeit

Es interessiert, ob sich die häufigeren Erfahrungen der Jungen als Täter und Opfer von Gewalt auch in der Selbsteinschätzung wieder finden. Dies ist tatsächlich so, denn Mädchen und Jungen unterscheiden sich in ihrer Selbsteinschätzung an allen drei Befragungszeitpunkt signifikant voneinander (Tab. 144): Mädchen fühlen sich im Vergleich zu Jungen fähiger auf Beschimpfungen, Provokationen oder körperliche Gewalt nicht mit eigener Gewalt zu reagieren als Jungen.

Tab. 144: U-Test „Selbsteinschätzung eigene Gewalttätigkeit" Vergleich Geschlechter

	Mittlerer Rang		Z	Sig.	r
	weiblich	männlich			
t1	277,85	215,41	-5,05	0,000***	0,229
t2	265,08	222,62	-3,46	0,001**	0,157
t3	211,84	185,19	-2,41	0,016*	0,121

* = p < 0,05; ** = p < 0,01; *** = p < 0,001; Effektgröße r: 0,1 = kleiner Effekt; 0,3 = mittlerer Effekt; 0,5 = großer Effekt

Gewaltverständnis

Jungen und Mädchen unterscheiden sich nicht hinsichtlich der Gesamthäufigkeit an Nennungen was für sie Gewalt ist. Einzelne beschriebene Sachverhalte werden jedoch von Mädchen und Jungen anders eingeschätzt. Am ersten Befragungszeitpunkt gibt es signifikante Unterschiede bei fünf Items: *Bedrohen, Jemanden gegen seinen Willen küssen* und *Jemanden zu etwas zwingen* bewerten mehr Mädchen als Gewalt und *Wände bemalen* sowie *Fenster einwerfen* empfinden mehr Jungen als Gewalt (Tab. 145).

Am zweiten Befragungszeitpunkt gibt es bei insgesamt sieben Items geschlechtsspezifische Unterschiede: *Erpressen, Anbrüllen* und *Jemanden zu etwas zwingen* empfinden jeweils mehr Mädchen als Gewalt; *Fenster einwerfen, Spielerisch kämpfen, Wände bemalen* und *Stuhl wegziehen* wiederum ordnen mehr Jungen als Gewalt ein.

Auch am dritten Befragungszeitpunkt gibt es signifikante Unterschiede zwischen den befragten Mädchen und Jungen: Mädchen empfinden *Einsperren* und *Jemanden zu etwas zwingen* häufiger als Gewalt, Jungen meinen dies hinsichtlich des Items *Stuhl wegziehen*.

Insgesamt unterscheiden sich recht unterschiedliche Sachverhalte über die drei Befragungszeitpunkte zwischen den Geschlechtern. Auffällig ist jedoch, dass es sich bei den von Jungen häufiger als Gewalt angegebenen Sachverhalte, wie *Wände bemalen, Fenster einwerfen, Stuhl wegziehen* und *Spielerisch kämpfen* tendenziell um Sachbeschädigung beziehungsweise mildere Formen von körperlicher Gewalt handelt. Mädchen benennen Sachbeschädigung kein einziges Mal und körperliche Gewalt spielt eine untergeordnete Rolle, vielmehr treten mit *Erpressen,*

Anbrüllen, Jemanden zwingen etwas zu tun, Bedrohen und *Jemanden gegen seinen Willen küssen* psychische und verbale Gewaltformen in den Vordergrund.

Tab. 145: U-Test: „Was ist für dich Gewalt?", Signifikante Unterschiede zwischen Mädchen und Jungen t1, t2, t3

Sachverhalt	Mittlerer Rang		Z	Sig.	r
	weiblich	männlich			
Bedrohen t1	254,46	238,72	-2,01	0,044*	0,091
Fenster einwerfen t1	233,86	256,44	-2,06	0,040*	0,093
Jm. gegen seinen Willen küssen t1	261,46	232,70	-2,62	0,009**	0,118
Jm. zu etwas zwingen t1	256,17	237,26	-1,97	0,049*	0,089
Wände bemalen t1	229,96	259,80	-3,56	0,000***	0,161
Anbrüllen t2	258,53	230,92	-2,53	0,012*	0,114
Erpressen t2	253,00	236,27	-2,06	0,039*	0,093
Fenster einwerfen t2	231,53	257,05	-2,49	0,013*	0,113
Jm. zu etwas zwingen t2	254,08	235,23	-2,43	0,015*	0,110
Spielerisch kämpfen t2	234,25	254,42	-2,17	0,030*	0,098
Stuhl wegziehen t2	233,03	255,60	-2,05	0,040*	0,093
Wände bemalen t2	232,28	256,32	-2,17	0,030*	0,098
Einsperren t3	211,05	182,89	-3,24	0,001**	0,164
Jm. zu etwas zwingen t3	208,59	185,04	-3,17	0,002**	-0,160
Stuhl wegziehen t3	182,62	207,65	-2,54	0,011*	-0,128

* = p < 0,05; ** = p < 0,01; *** = p < 0,001; Effektgröße r: 0,1 = kleiner Effekt; 0,3 = mittlerer Effekt; 0,5 = großer Effekt

Schul- und Klassensituation

Was die Schul- und Klassensituation betrifft, so gibt es nach der Intervention am dritten Befragungszeitpunkt einige Unterschiede zwischen Mädchen und Jungen: Mädchen fühlen sich durchschnittlich wohler in ihrer Klasse (p = 0,033; z = -2,13; r = 0,11), empfinden die Hilfsbereitschaft in der Klasse als größer (p = 0,002; z = -3,09; r = 0,16), schätzen die Partizipationsmöglichkeiten (p = 0,015; z = -2,44; r = 0,12) in der Klasse größer ein und erwarten häufiger (p = 0,025; z = -2,24; r = 0,11) eine Konsequenz vonseiten der Mitschüler bei der Anwendung von Gewalt als Jungen.

Zusammenfassung

Über die Hypothesenprüfung hinaus, gibt es ein paar weitere interessante Unterschiede zwischen Mädchen und Jungen. Die ‚Schlag.fertig'-Intervention wird von Mädchen und Jungen gleichermaßen beurteilt, hier gibt es wenig bis keine Unterschiede. Dies gilt jedoch nicht für die Beurteilung der Peer Educators, diese werden von Jungen in einzelnen Aspekten signifikant positiver bewertet. Keine großen Unterschiede gibt es im Hinblick auf das Faktenwissen bei Mädchen und Jungen, allerdings benennen Mädchen an allen Befragungszeitpunkten deutlich mehr Orte und Personen, an die sie sich bei Sorgen oder Problemen wenden können. Dies gilt sowohl für Hilfemöglichkeiten innerhalb, als auch außerhalb der Schule. Gleichzeitig scheint es für Mädchen wichtiger zu sein, über Gewalt zu sprechen, wobei Jungen nach der Intervention tatsächlich häufiger über miterlebte Gewalt sprechen. Gewalterfahrungen, sowohl als Täter als auch als Opfer, sind bei Jungen deutlich häufiger vorhanden. Nach der Intervention ist besonders im Bereich Opfererfahrungen der Unterschied zwischen Mädchen und Jungen nicht mehr so groß wie vor der Intervention. Mädchen halten sich jedoch zu allen Befragungszeitpunkten für fähiger auf Provokationen oder körperliche Gewalt selbst nicht mit Gewalt zu reagieren. Sie haben darüber hinaus eine weniger tolerante Einstellung gegenüber körperlicher Gewalt. Für die Einstellung zu verbaler Gewalt gibt es hingegen keine signifikanten Unterschiede. Mädchen und Jungen empfinden generell ähnliche Sachverhalte als Gewalt, jedoch scheint es beim genauen Hinsehen einige Unterschiede im Gewaltverständnis zu geben. So empfinden Jungen zum Beispiel häufiger verschiedene Aspekte der Sachbeschädigung, Mädchen dagegen mehr psychische oder verbale Übergriffe als Gewalt. Was die Schul- und Klassensituation betrifft, so gibt es lediglich am dritten Befragungszeitpunkt Unterschiede, hier fühlen sich Mädchen wohler in ihrer Klasse und die Hilfsbereitschaft und Partizipationsmöglichkeiten werden von ihnen größer eingeschätzt. Auch erwarten sie bei Gewalt häufiger Konsequenzen von Mitschülern als Jungen.

8.3.8 Unterschiede zwischen den Schulformen

Die verschiedenen Schulformen sind verschiedenen Untersuchungen zufolge (vgl. Kapitel 3.1.5) unterschiedlich stark von Gewalt betroffen. Relativ einheitlich wird dargestellt, dass an Gymnasien die wenigsten Auffälligkeiten und an Haupt- und Förderschulen die größten Auffälligkeiten zu finden sind.

Ob es hinsichtlich der wesentlichen Ziele des Projektes ‚Schlag.fertig' Unterschiede zwischen den Schulformen gibt und ob die Schulformen sich tatsächlich hinsichtlich des Gewaltvorkommens unterscheiden, ist Gegenstand dieses Kapitels. Die Schulformen werden bei der Darstellung statistischer Ergebnisse folgendermaßen abgekürzt: Gymnasium = GY, Realschule = RS, Gesamtschule = GS, Förderschule = FS. Am Ende des Kapitels findet sich eine kurze Zusammenfassung der wesentlichen Ergebnisse.

Bewertung der Intervention

Die Befragten der verschiedenen Schulformen unterscheiden sich signifikant ($p < 0,001$; $f = 9,48$; $\eta^2 = 0,053$) darin, wie ihnen die ‚Schlag.fertig'-Intervention gefallen hat. Die Bewertung erfolgt anhand von Schulnoten und die beste Bewertung geben mit der Note 1,8 (SD 1,37) Schülerinnen und Schüler der Förderschule ab, es folgt das Gymnasium mit einer 2,0 (SD 0,90), die Gesamtschule mit der Note 2,3 (SD 1,24) und die schlechteste Bewertung geben Schülerinnen und Schüler der Realschule mit einer Durchschnittsnote von 2,6 (SD 1,27) ab (Abb. 27). Die Förderschule und das Gymnasium unterscheiden sich jeweils höchst signifikant (p < 0,001) von der Realschule. Förderschule und Gesamtschule unterscheiden sich ebenfalls signifikant (p = 0,041), ebenso ist der Unterschied zwischen Gesamtschule und Realschule signifikant (p = 0,021).

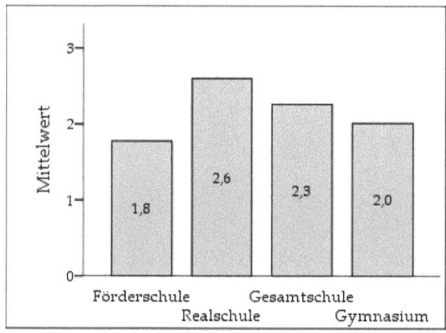

Abb. 27: Bewertung der ‚Schlag.fertig'-Intervention nach Schulnoten

Wissen zum Thema Gewalt

In den Hypothesen 1 und 2 wurde gezeigt, dass das Wissen der Teilnehmer nach der Intervention insgesamt über alle Schulformen hinweg signifikant höher ist als vorher. Der Wissenstand der Befragten unterscheidet sich jedoch je nach Schulformen signifikant voneinander (Tab. 146). Liegen bei der Betrachtung der Mittelwerte der verschiedenen Schulformen (Tab. 147) am ersten Befragungszeitpunkt alle Schulen auf einen ähnlichen Niveau, so zeigen sich am zweiten Befragungszeitpunkt deutlichere Unterschiede. Besonders an der Realschule und am Gymnasium ist ein durchschnittlich größerer Wissenszuwachs zu sehen, als an den beiden anderen Schulen. Diese Unterschiede von Realschule und Gymnasium zu den anderen Schulformen sind signifikant (RS/GS: p = 0,003) oder hoch signifikant (GS/GY, FS/GY, FS/RS: p < 0,001). Am dritten Befragungszeitpunkt gibt es ebenfalls hoch signifikante Unterschiede zwischen den Schulformen, die Realschüler und Gymnasiasten wissen immer noch am meisten, die Unterschiede sind signifikant (FS/GY: p = 0,032) beziehungsweise hoch signifikant (GS/GY, RS/GS, FS/RS: p < 0,001). Im Gegensatz zum Gymnasium bleibt der Wissenstand in der Realschule am dritten Zeitpunkt auf dem gleichen Stand wie zuvor.

Tab. 146: t-Test Vergleich Schulformen/Wissen t1, t2, t3

	Quadratsumme	df	Mittel der Quadrate	F	Sig.	Eta-Quadrat
t1	8,06	3	2,69	2,89	0,035*	0,017
t2	76,42	3	25,47	20,93	0,000***	0,109
t3	41,28	3	13,76	11,805	0,000***	0,079

* = p < 0,05; *** = p < 0,001; Eta-Quadrat: 0,01 = kleiner Effekt, 0,06 = mittlerer Effekt; 0,14 = großer Effekt

Tab. 147: Mittelwerte Schulformen / Wissen t1, t2, t3

	t1		t2		t3	
	Mittelwert	SD	Mittelwert	SD	Mittelwert	SD
Förderschule	3,53	0,72	3,52	1,34	3,44	1,39
Realschule	3,28	0,99	4,38	1,08	4,37	1,02
Gesamtschule	3,45	0,91	3,94	1,43	3,27	0,87
Gymnasium	3,15	0,99	4,76	0,93	3,93	1,10

Kenntnis von Hilfemöglichkeiten in der Schule

Bei der Betrachtung des Wissens von Hilfemöglichkeiten in der Schule zeigen sich ebenfalls signifikante Unterschiede zwischen den Schulformen (Tab. 148). Schülerinnen und Schüler des Gymnasiums stechen auch hier durch das größte Wissen an allen Befragungszeitpunkten hervor, sie nennen durchschnittlich zwei Personen oder Orte, an die sich in der Schule bei Sorgen oder Problemen wenden können (Tab. 149). Die Befragten des Gymnasiums unterscheiden sich am ersten Befragungszeitpunkt signifikant von allen anderen Schulformen (GY/RS: p = 0,023; GY/FS und GY/GS p < 0,001). Schülerinnen und Schüler der Förderschule machen mit durchschnittlich nur einer Angabe, mit Abstand die kleinste Angabe. Am zweiten Befragungszeitpunkt ist an allen Schulformen eine geringere Häufigkeit als vorher zu verzeichnen. Die Gymnasiasten unterscheiden sich jedoch nachwievor signifikant von den Förderschülern (p < 0,001) und den Gesamtschülern (p = 0,002). Am dritten Befragungszeitpunkt fällt vor allem auf, dass die Förderschüler jetzt eine ähnliche Häufigkeit angeben, wie die Real- und Gesamtschüler. Die Unterschiede zwischen den Befragten des Gymnasiums und der Realschule (p = 0,001) und der Gesamtschule (p = 0,029) sind signifikant.

Tab. 148: t-Test unabhängige Stichproben „Kenntnis Hilfemöglichkeiten in der Schule" Vergleich Schulformen t1, t2, t3

	Quadratsumme	df	Mittel der Quadrate	F	Sig.	Eta-Quadrat
t1	36,70	3	12,23	9,83	0,000***	0,057
t2	38,09	3	12,70	6,95	0,000***	0,033
t3	22,72	3	7,57	5,18	0,002**	0,042

** = p < 0,01; *** = p < 0,001; Eta-Quadrat: 0,01 = kleiner Effekt, 0,06 = mittlerer Effekt; 0,14 = großer Effekt

Tab. 149: „Kenntnis Hilfemöglichkeiten in der Schule" Mittelwerte Schulformen t1, t2, t3

	t1		t2		t3	
	Mittelwert	SD	Mittelwert	SD	Mittelwert	SD
Förderschule	1,00	0,87	0,81	0,82	1,75	0,78
Realschule	1,81	1,13	1,59	1,20	1,67	1,01
Gesamtschule	1,55	1,10	1,29	1,12	1,73	1,11
Gymnasium	2,10	1,13	1,75	1,51	2,25	1,29

Kenntnis von Hilfemöglichkeiten außerhalb der Schule

Signifikante Unterschiede zwischen den Schulformen gibt es auch für das Wissen der Schülerinnen und Schüler an wen sie sich außerhalb der Schule bei Sorgen und Problemen wenden können (Tab. 150, 151). Die Gymnasiasten liegen wiederum an der Spitze, die Unterschiede sind am ersten Befragungszeitpunkt jedoch noch nicht so deutlich wie an den beiden folgenden. Signifikant unterscheiden sich die Befragten am Gymnasium am ersten Befragungszeitpunkt von den Befragten der Realschule ($p = 0,001$) und der Gesamtschule ($p = 0,019$). Am zweiten Befragungszeitpunkt machen Gymnasiasten durchschnittlich knapp 3 Angaben und unterscheiden sich damit signifikant von allen anderen Schulformen (GY/RS: $p < 0,001$; GY/FS: $p = 0,001$; GY/GS: $p < 0,004$). Auch am dritten Befragungszeitpunkt sind die Unterschiede signifikant (GY/RS: $p < 0,001$; GY/FS: $p = 0,032$; GY/GS: $p < 0,006$).

Bei diesen Unterschieden zwischen den Schulformen handelt es sich um verhältnismäßig kleine Effekte.

Tab. 150: t-Test „Kenntnis Hilfemöglichkeiten außerhalb der Schule" Vergleich Schulformen t1, t2, t3

	Quadratsumme	df	Mittel der Quadrate	F	Sig.	Partielles Eta-Quadrat
t1	32,50	3	10,83	4,25	0,006**	0,025
t2	69,70	3	23,23	9,16	0,000***	0,051
t3	51,89	3	17,30	7,34	0,000***	0,050

** = $p < 0,01$; *** = $p < 0,001$; Eta-Quadrat: 0,01 = kleiner Effekt, 0,06 = mittlerer Effekt; 0,14 = großer Effekt

Tab. 151: Mittelwerte „Kenntnis Hilfemöglichkeiten außerhalb der Schule" Vergleich Schulformen t1, t2, t3

	t1		t2		t3	
	Mittelwert	SD	Mittelwert	SD	Mittelwert	SD
Förderschule	2,06	1,64	1,41	1,53	0,48	1,58
Realschule	1,89	1,47	1,74	1,52	1,38	1,33
Gesamtschule	2,04	2,06	1,95	1,70	1,50	1,88
Gymnasium	2,47	1,40	2,49	1,59	2,17	1,52

Ausgeübte Gewalt

Die Schulformen unterscheiden sich am ersten Befragungszeitpunkt hinsichtlich der Anzahl der ausgeübten Gewalttaten signifikant voneinander (Tab. 152, 153). Schülerinnen und Schüler am Gymnasium geben mit einer durchschnittlichen Häufigkeit von 7 Mal innerhalb der letzten sechs Wochen die niedrigste Häufigkeit aller befragten Schulen an. Mit rund 20 Mal liegen die Befragten der Förderschule hingegen an der Spitze, sie unterscheiden sich signifikant von den Befragten aller anderen Schulformen (GY: $p = 0{,}003$; RS: $p = 0{,}047$, GS: $p = 0{,}014$). Ebenfalls signifikant ist der Unterschied zwischen dem zweihöchsten Wert an der Realschule und dem niedrigsten Wert am Gymnasien ($p = 0{,}021$).

Sechs bis acht Wochen nach der Intervention gibt es ebenfalls signifikante Unterschiede zwischen den Schulformen, das Bild hat sich jedoch verändert. Die Häufigkeit der ausgeübten Gewalt in der Förderschule ist auf durchschnittlich 7 Mal gesunken, auch an der Realschule hat es einen Rückgang von 11 auf 8 Mal gegeben. Relativ unverändert ist der Wert am Gymnasium der leicht gestiegen ist, aber immer noch bei rund 7 Mal liegt. Einen deutlichen Anstieg hat es hingegen an der Gesamtschule gegeben, bei der die Häufigkeit der Tätererfahrungen auf von 9 Mal auf 17 Mal angestiegen ist. Die Gesamtschule unterscheidet sich damit signifikant von allen anderen Schulformen (GY: $p < 0{,}001$; RS: $p = 0{,}005$, GS: $p = 0{,}015$).

In der Hypothese 25 wurde dargestellt, dass insgesamt über alle Schulformen hinweg die Häufigkeit des gewalttätigen Verhaltens nach der Intervention nicht signifikant geringer wird. Bei der Betrachtung der einzelnen Schulformen zeigt sich jedoch ein signifikanter Unterschiede für die Realschüler ($Z = -2{,}20$; $p = 0{,}028$; $r = 0{,}348$) und eine statische Tendenz mit einem sehr großen Effekt r für die Förderschüler ($Z = -1{,}86$; $p = 0{,}063$; $r = 0{,}620$).

Tab. 152: t-Test unabhängige Stichproben „Tätererfahrungen" Vergleich Schulformen

	Quadratsumme	df	Mittel der Quadrate	F	Sig.	Eta-Quadrat
t1	2785,42	3	928,47	4,30	0,005**	0,029
t3	2927,12	3	975,71	4,73	0,003**	0,039

** = $p < 0{,}01$; *** = $p < 0{,}001$; Eta-Quadrat: 0,01 = kleiner Effekt, 0,06 = mittlerer Effekt; 0,14 = großer Effekt

Tab. 153: Mittelwerte „Tätererfahrungen" Vergleich Schulformen

	t1		t3	
	Mittelwert	SD	Mittelwert	SD
Förderschule	19,83	21,39	7,14	17,37
Realschule	10,89	16,91	7,98	17,83
Gesamtschule	8,77	11,10	16,65	23,07
Gymnasium	6,79	14,65	7,43	11,22

Gewalterfahrungen als Opfer

Bei der Betrachtung der Opfererfahrungen an den verschiedenen Schulformen ergibt sich ein anderes Bild (Tab. 154, 155). Am ersten Befragungszeitpunkt unterscheiden sich die Schulen signifikant voneinander. Die Schülerinnen und Schüler der Realschule geben mit rund 11 Mal die größte Häufigkeit an Opfererfahrungen an, dicht gefolgt von der Förderschule mit 10 Mal. Die wenigsten Opfererfahrungen geben mit 4 Mal Schülerinnen und Schüler der Gesamtschulen an, Gymnasiasten liegen mit 6 Mal etwas darüber. Die Unterschiede zwischen der Realschule und der Gesamtschule (p < 0,001) und der Realschule und dem Gymnasium (p = 0,001) sind signifikant.

Am dritten Befragungszeitpunkt gibt es keine signifikanten Unterschiede mehr zwischen den Schulen. An allen Schulen ist ein Rückgang zu verzeichnen. Besonders deutlich wieder an der Förderschule von 10 auf 3 Mal. Am Gymnasium ist wiederum die kleinste Veränderung zu verzeichnen.

Die Überprüfung der Hypothese 59 hat ebenfalls für alle Schulen gemeinsam keine signifikanten Veränderungen hinsichtlich der Opfererfahrungen gegeben. Bei der Betrachtung der einzelnen Schulformen ist jedoch an der Förderschule ein signifikanter Rückgang der Opfererfahrungen ($Z = -2,10$; $p = 0,036$) mit einer großen Effektstärke ($r = 0,541$) festzustellen. Der Rückgang an der Realschule zeigt keine Signifikanz, jedoch eine statistische Tendenz ($Z = -1,87$, $p = 0,061$; $r = 0,232$).

Tab. 154: t-Test unabhängige Stichproben „Opfererfahrungen" Vergleich Schulformen t1, t3

	Quadratsumme	df	Mittel der Quadrate	F	Sig.	Partielles Eta-Quadrat
t1	2737,10	3	912,37	5,95	0,001**	0,035
t3	1039,86	3	346,62	2,60	0,052	0,019

** = p < 0,01; *** = p < 0,001; Eta-Quadrat: 0,01 = kleiner Effekt, 0,06 = mittlerer Effekt; 0,14 = großer Effekt

Tab. 155: Mittelwerte „Opfererfahrungen" Vergleich Schulformen

	t1		t3	
	Mittelwert	SD	Mittelwert	SD
Förderschule	10,09	15,27	2,78	5,63
Realschule	10,65	16,33	8,56	18,95
Gesamtschule	4,40	7,54	3,44	6,20
Gymnasium	6,13	11,60	5,82	9,81

Einstellung zu körperlicher Gewalt

Die Einstellung zu körperlicher Gewalt unterscheidet sich an den verschiedenen Schulformen signifikant an allen drei Zeitpunkten (t1: $\chi^2 = 32,49$; $p < 0,001$; t2: $\chi^2 = 14,85$; $p = 0,002$; t3: $\chi^2 = 12,26$; $p = 0,007$). Die Befragten am Gymnasium treten mit der niedrigsten Zustimmung zur Notwendigkeit von körperlicher Gewalt am ersten und zweiten Befragungszeitpunkt hervor (Tab. 156). Die Gesamtschüler fallen durch die größte Zustimmung auf. Signifikante Unterschiede zwischen Realschülern und Gymnasiasten gibt es an allen drei Befragungszeitpunkten. Für die Förderschüler fällt auf, dass der Wert am dritten Befragungszeitpunkt sogar unter den am Gymnasium fällt. Am dritten Befragungszeitpunkt unterscheiden sich die Förderschüler mit der niedrigsten und die Gesamtschüler mit der höchsten Häufigkeit signifikant voneinander.

Tab. 156: „Einstellung zu körperlicher Gewalt", Unterschiede zwischen den Schulformen

	t1			t2			t3		
	Z	Sig.	r	Z	Sig.	r	Z	Sig.	r
FS/RS	-0,46	0,648	0,039	-0,61	0,539	0,051	-1,20	0,230	0,121
FS/GS	-0,64	0,520	0,057	-0,02	0,982	0,003	-2,13	0,033*	0,251
FS/GY	-1,78	0,076	0,111	-1,46	0,145	0,086	-0,61	0,543	0,035
RS/GS	-2,26	0,024*	0,147	-1,22	0,221	0,083	-1,65	0,099	0,150
RS/GY	-3,09	0,002**	0,162	-2,33	0,020*	0,119	-1,43	0,153	0,077
GS/GY	-5,46	0,000***	0,291	-3,54	0,000***	0,187	-3,33	0,001**	0,173

* = p < 0,05; ** = p < 0,01; *** = p < 0,001; Effektgröße r: 0,1 = kleiner Effekt; 0,3 = mittlerer Effekt; 0,5 = großer Effekt

Einstellung zu verbaler Gewalt

Auch hier ist ein signifikanter Unterschied an allen Befragungszeitpunkten zwischen den Schulformen festzustellen (t1: $\chi^2 = 17,63$; p = 0,001; t2: $\chi^2 = 14,36$; p = 0,002; t3: $\chi^2 = 19,62$; p < 0,001). Es fällt auf, dass die Zustimmung zu verbaler Gewalt an der Förderschule an allen drei Zeitpunkten am niedrigsten ist (Tab. 157). Es folgen die Gymnasiasten mit ebenfalls konstanten Werten über die drei Zeitpunkte hinweg. An der negativen Spitze, also die größte Zustimmung zu verbaler Gewalt zeigen, ähnlich der Einstellung zu körperlicher Gewalt, die Gesamtschüler. Die Realschüler fallen ebenfalls durch einen recht hohen Gruppenmedian zu allen drei Zeitpunkten auf. Die Häufigkeiten an der Förderschule sind am ersten Befragungszeitpunkt signifikant niedriger, als an allen anderen Schulformen. An der Gesamtschule wird über alle Erhebungszeitpunkte eine signifikant größere Häufigkeit angegeben als am Gymnasium.

Tab. 157: „Einstellung gegenüber verbaler Gewalt", Unterschiede zwischen den Schulformen

	t1			t2			t3		
	Z	Sig.	r	Z	Sig.	r	Z	Sig.	r
FS/RS	-3,06	0,002**	0,261	-1,56	0,119	0,129	-2,53	0,011*	0,253
FS/GS	-2,70	0,007**	0,242	-1,78	0,076	0,161	-3,44	0,000***	0,403
FS/GY	-1,99	0,047*	0,125	-0,63	0,523	0,037	-1,69	0,092	0,099
RS/GS	-0,34	0,731	0,023	-0,63	0,532	0,042	-1,79	0,073	0,162
RS/GY	-3,06	0,002**	0,162	-2,67	0,008**	0,136	-1,94	0,052	0,105
GS/GY	-2,37	0,018*	0,128	-3,18	0,001**	0,168	-3,61	0,000***	0,203

* = p < 0,05; ** = p < 0,01; *** = p < 0,001; Effektgröße r: 0,1 = kleiner Effekt; 0,3 = mittlerer Effekt; 0,5 = großer Effekt

Kommunikationshäufigkeit über miterlebte Gewalt

In den Hypothese 38 und bei der Darstellung der nicht hypothesengebundenen Ergebnisse wurde festgestellt, dass Jugendliche nach der Intervention zwar mit einzelnen Personengruppen häufiger, jedoch insgesamt nicht häufiger über miterlebte Gewalttaten sprechen. Betrachten wir die Kommunikationshäufigkeit getrennt nach den Schulformen, so ergibt sich jedoch an der Gesamtschule ein signifikanter Anstieg der Kommunikationshäufigkeit über miterlebte Gewalt (p < 0,001; T = -6,00; d = 1,585).

Die Häufigkeit unterscheidet sich zwischen den Schulformen sowohl vor der Intervention als auch nach der Intervention (Tab. 158, 159). Insgesamt fällt auf, dass sich das Gymnasium von den anderen Schulformen dadurch unterscheidet, dass an beiden Befragungszeitpunkten weitaus seltener über miterlebte Gewalt gesprochen wird. Signifikant sind diese Unterschiede an t1 zur Realschule (p = 0,036) und zur Gesamtschule (p = 0,002), an t2 zur Förderschule (p = 0,023), Realschule (p = 0,001) und Gesamtschule (p < 0,001). Die Häufigkeit an der Gesamtschule unterscheidet sich von der an allen anderen Schulen am dritten Befragungszeitpunkt hoch signifikant (p < 0,001).

Tab. 158: t-Test unabhängige Stichproben: „Kommunikationshäufigkeit miterlebte Gewalt" Vergleich Schulformen

	Quadratsumme	df	Mittel der Quadrate	F	Sig.	Partielles Eta-Quadrat
t1	696,06	3	232,02	4,13	0,007**	0,025
t3	9216,93	3	3072,31	113,71	0,000***	0,457

** = p < 0,01; *** = p < 0,001; Eta-Quadrat: 0,01 = kleiner Effekt, 0,06 = mittlerer Effekt; 0,14 = großer Effekt

Tab. 159: Mittelwerte Schulformen „Kommunikationshäufigkeit miterlebte Gewalt"

	t1		t3	
	Mittelwert	SD	Mittelwert	SD
Förderschule	6,94	9,98	4,96	6,71
Realschule	5,61	8,60	4,73	8,64
Gesamtschule	6,57	9,59	17,44	4,28
Gymnasium	3,84	5,24	2,39	3,81

Kommunikationshäufigkeit Thema Gewalt

Für die Kommunikationshäufigkeit über das Thema Gewalt gilt ebenfalls, dass es keinen Anstieg der Gesamthäufigkeit über alle Schulformen hinweg nach der Intervention gibt. Genau wie bei der Kommunikationshäufigkeit über miterlebte Gewalttaten ist jedoch bei der Betrachtung der einzelnen Schulformen ein signifikanter Anstieg ($p < 0,001$; $f = -4,17$; $d = 1,157$) an der Gesamtschule zu beobachten. Darüber hinaus zeigen sich an der Realschule und am Gymnasium die niedrigsten Häufigkeiten, wobei die Häufigkeiten an der Realschule noch unter denen am Gymnasium liegen (Tab. 160, 161). Die Unterschiede zwischen den Schulformen sind an beiden Befragungszeitpunkten signifikant. Am ersten Befragungszeitpunkt unterscheiden sich die Förderschüler von den Realschülern ($p = 0,002$) und von den Gymnasiasten ($p = 0,003$) sowie den Gesamtschülern ebenfalls von den Realschülern ($p = 0,012$) und den Gymnasiasten ($p = 0,015$). Am dritten Befragungszeitpunkt unterscheiden sich die Werte an der Gesamtschule signifikant von allen anderen Schulformen (FS: $p = 0,002$; RS und GY $p < 0,001$) sowie die Häufigkeit an der Förderschule von der Realschule ($p = 0,035$).

Tab. 160: t-Test unabhängige Stichproben „Kommunikationshäufigkeit Thema Gewalt" Vergleich Schulformen

	Quadratsumme	df	Mittel der Quadrate	F	Sig.	Partielles Eta-Quadrat
t1	1206,91	3	402,30	5,28	0,001**	0,033
t3	3451,02	3	1150,34	18,91	0,000***	0,125

** = $p < 0,01$; *** = $p < 0,001$; Eta-Quadrat: 0,01 = kleiner Effekt, 0,06 = mittlerer Effekt; 0,14 = großer Effekt

Tab. 161: Mittelwerte Schulformen / Kommunikationshäufigkeit Thema Gewalt

	t1		t3	
	Mittelwert	SD	Mittelwert	SD
Förderschule	15,53	10,20	9,86	10,28
Realschule	8,07	10,05	5,79	8,61
Gesamtschule	11,06	10,09	16,04	3,88
Gymnasium	8,54	7,16	7,63	7,89

Kommunikationswichtigkeit

In den Hypothesen 42 und 43 wurde dargestellt, dass es den Jugendlichen insgesamt nach der Intervention wichtiger ist über Gewalt zu sprechen als vorher. Es stellt sich die Frage, ob die Kommunikationswichtigkeit sich auch von Schulform zu Schulform unterscheidet. Dies trifft für alle drei Befragungszeitpunkte zu (t1: p = 0,010; χ^2 = 14,42; t2: p = 0,001; χ^2 = 16,43; t3: p = 0,002; χ^2 = 14,51). Am Gymnasium wird die Kommunikationswichtigkeit durchgehend am höchsten eingeschätzt, die niedrigsten Werte finden sich an der Realschule. Am ersten und zweiten Befragungszeitpunkte unterscheiden sich diese beiden Schulformen signifikant voneinander (Tab. 162). Es fällt auf, dass am dritten Befragungszeitpunkt die Kommunikationswichtigkeit an der Gesamtschule noch unter den Wert der Realschule gefallen ist. Signifikante Unterschiede gibt es hier zur Förderschule und zum Gymnasium.

Tab. 162: „Kommunikationswichtigkeit" Unterschiede zwischen den Schulformen

	t1			t2			t3		
	Z	Sig.	r	Z	Sig.	r	Z	Sig.	r
FS/RS	-0,79	0,436	0,067	-0,78	0,436	0,064	-0,91	0,363	0,092
FS/GS	-0,20	0,848	0,018	-0,57	0,571	0,052	-1,99	0,047*	0,236
FS/GY	-0,43	0,673	0,027	-0,74	0,459	0,044	-0,18	0,854	0,011
RS/GS	-1,27	0,204	0,084	-2,55	0,011*	0,173	-1,94	0,052	0,177
RS/GY	-3,38	0,001**	0,178	-4,082	0,001**	0,209	-1,69	0,091	0,091
GS/GY	-1,63	0,104	0,087	-0,62	0,538	0,033	-3,66	0,000***	0,207

* = p < 0,05; ** = p < 0,01; *** = p < 0,001; Effektgröße r: 0,1 = kleiner Effekt; 0,3 = mittlerer Effekt; 0,5 = großer Effekt

Beurteilung der Peer Educators

Die Einschätzung der Peer Educators unterscheidet sich zwischen den Schulformen signifikant (p < 0,001; f = 22,71), der Effekt ist mit η^2 = 0,117 groß. Die Schülerinnen und Schüler der Realschule bewerten die Peer Educators signifikant niedriger, als Schülerinnen und Schüler aller anderen Schulformen (p < 0,001), was aufgrund der Codierung mit einer negativeren Beurteilung gleichzusetzen ist. Die beste Beurteilung erhalten die Peer Educators von den Förderschülern, dicht gefolgt von den Gymnasiasten (Abb. 28).

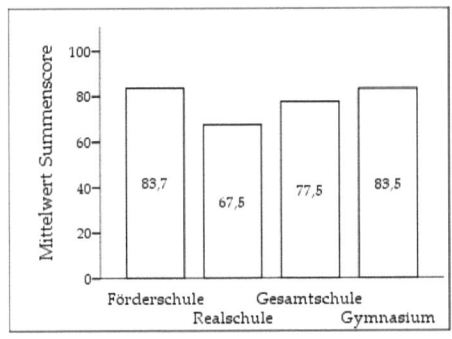

Abb. 28: Einschätzung Peer Educators, Vergleich Schulformen

Geschützt, Opfer von Gewalt zu werden

In der Hypothesenprüfung wurde deutlich, dass es zwischen den Befragungszeitpunkten keine signifikanten Unterschiede für dieses Item gibt. Doch das subjektive Gefühl sich vor Gewalttaten geschützt zu fühlen, unterscheidet sich zwischen den Schulformen an allen Befragungszeitpunkten hoch signifikant ($p < 0{,}001$; t1: $\chi^2 = 20{,}39$; t2: $\chi^2 = 24{,}30$; t3: $\chi^2 = 22{,}25$) (Tab. 163). Am wenigsten geschützt fühlen sich an allen Befragungszeitpunkt die Schüler der Gesamtschule, Gymnasiasten fühlen sich hingegen am meisten geschützt. Die Förderschüler liegen am ersten Befragungszeitpunkt gleichauf mit den Gymnasiasten. Am ersten und letzten Befragungszeitpunkt sind zudem die Unterschiede zwischen den Gesamtschülern und den Realschülern signifikant. Die Unterschiede zwischen den Realschule und dem Gymnasium sind am zweiten und dritten Befragungszeitpunkt signifikant.

Tab. 163: U-Test: „Geschützt davor, dass Opfer von Gewalt zu werden" Vergleich Schulformen

	t1			t3			t3		
	Z	Sig.	r	Z	Sig.	r	Z	Sig.	r
FS/RS	-0,68	0,497	0,058	-0,48	0,636	0,040	-0,63	0,535	0,063
FS/GS	-1,81	0,070	0,162	-1,03	0,311	0,097	-1,04	0,306	0,122
FS/GY	-0,06	0,952	0,004	-0,94	0,354	0,055	-1,67	0,096	0,098
RS/GS	-2,39	0,016*	0,158	-1,19	0,233	0,008	-2,68	0,007**	0,244
RS/GY	-1,84	0,066	0,097	-3,53	0,000***	0,181	-2,09	0,036*	0,246
GS/GY	-4,46	0,000***	0,240	-4,35	0,000***	-0,232	-4,35	0,000***	0,246

* = $p < 0{,}05$; ** = $p < 0{,}01$; *** = $p < 0{,}001$; Effektgröße r: 0,1 = kleiner Effekt; 0,3 = mittlerer Effekt; 0,5 = großer Effekt

Klassensituation

Die wahrgenommenen Mitbestimmungsmöglichkeiten innerhalb der Klasse unterscheiden sich signifikant zwischen den Schulformen (t1: $p = 0{,}001$; $\chi^2 = 16{,}81$; t2: $p < 0{,}001$; $\chi^2 = 58{,}88$). Auffällig ist die besonders groß empfundene Mitbestimmung an der Förderschule, sie unterscheidet sich nach der Intervention (t3) signifikant von allen anderen Schulformen (Tab. 164). Ebenfalls auffällig ist der Rückgang an der Gesamtschule. Die Veränderungen zwischen t1 und t3 sind jedoch an keiner Schulform signifikant.

Tab. 164: U-Test „Partizipationsmöglichkeiten in der Schule", Vergleich Schulformen t1, t3

	t1			t3		
	Z	Sig.	r	Z	Sig.	r
FS/RS	-0,81	0,419	0,069	-3,59	0,000***	0,361
FS/GS	-0,28	0,781	0,025	-5,25	0,000***	0,623
FS/GY	-0,39	0,696	0,024	-2,66	,008**	0,155
RS/GS	-2,37	0,018*	0,156	-3,61	0,000***	0,330
RS/GY	-4,33	0,000***	0,227	-3,16	0,002**	0,170
GS/GY	-0,49	0,622	0,026	-6,72	0,000***	0,378

* = p < 0,05; ** = p < 0,01; *** = p < 0,001; Effektgröße r: 0,1 = kleiner Effekt; 0,3 = mittlerer Effekt; 0,5 = großer Effekt

Auch das Wohlfühlen in der Klasse unterscheidet sich hoch signifikant (p < 0,001) zwischen den Schulformen zu allen Befragungszeitpunkten (t1: $\chi^2 = 20{,}87$; t2: $\chi^2 = 62{,}51$; t3: $\chi^2 = 33{,}19$). Am Gymnasium fühlen sich die Schülerinnen und Schüler am wohlsten, an der Realschule durchschnittlich am wenigsten. Das Gymnasium unterscheidet sich von den anderen Schulformen vor allem am dritten Befragungszeitpunkt signifikant (Tab. 165). Insgesamt handelt es sich bei den Unterschieden um kleine bis mittlere Effekte.

Tab. 165: U-Test: Wohlbefinden in der Klasse, Vergleich Schulformen

	t1			t2			t3		
	Z	Sig.	r	Z	Sig.	r	Z	Sig.	r
FS/RS	-0,80	0,426	0,068	-3,21	0,001**	0,262	-1,95	0,051	0,196
FS/GS	-0,22	0,827	0,020	-0,07	0,946	0,061	-2,11	0,035*	0,251
FS/GY	-0,90	0,366	0,057	-1,10	0,273	0,064	-1,05	0,294	0,061
RS/GS	-2,39	0,017*	0,157	-4,48	0,000***	0,302	-0,24	0,814	0,215
RS/GY	-4,67	0,000***	0,248	-7,95	0,000***	0,405	-4,56	0,000***	0,246
GS/GY	-1,40	0,161	0,076	-1,47	0,142	0,078	-4,29	0,000***	0,242

* = p < 0,05; ** = p < 0,01; *** = p < 0,001; Effektgröße r: 0,1 = kleiner Effekt; 0,3 = mittlerer Effekt; 0,5 = großer Effekt

Hoch signifikante Unterschiede (p < 0,001) zwischen den Schulformen gibt es auch hinsichtlich der wahrgenommenen Hilfsbereitschaft in der Klasse (t1: $\chi^2 = 40{,}94$; t3: $\chi^2 = 73{,}96$). Für die einzelnen Schulformen gibt es jedoch keine signifikanten Veränderungen im Vergleich vor und nach der Intervention. An der Förderschule liegt die wahrgenommene Hilfsbereitschaft noch über dem Gymnasium und die Unterschiede zur Real- und Gesamtschule sind signifikant (Tab. 166) mit einem kleinen bis mittleren Effekt. Am dritten Befragungszeitpunkt liegt bei diesen signifikanten Unterschieden ein großer Effekt vor. Die Unterschiede zwischen dem

Gymnasium und der Real- und Gesamtschule sind am beiden Befragungszeitpunkt signifikant, es handelt sich um mittlere Effekte.

Tab. 166: U-Test „Hilfsbereitschaft in der Klasse", Vergleich Schulformen

	t1			t3		
	Z	Sig.	r	Z	Sig.	r
FS/RS	-3,52	0,000***	0,298	-5,13	0,000***	0,526
FS/GS	-2,34	0,019*	0,208	-5,46	0,000***	0,653
FS/GY	-1,28	0,200	0,080	-3,24	0,001**	0,190
RS/GS	-1,94	0,052	0,127	-1,55	0,122	0,143
RS/GY	-5,99	0,000***	0,315	-5,55	0,000***	0,302
GS/GY	-3,13	0,002**	0,167	-6,22	0,000***	0,352

* = p < 0,05; ** = p < 0,01; *** = p < 0,001; Effektgröße r: 0,1 = kleiner Effekt; 0,3 = mittlerer Effekt; 0,5 = großer Effekt

Zusammenfassung

Die Schulformen unterscheiden sich zum Teil erheblich voneinander. Am besten bewertet wird die Intervention von Schülerinnen und Schülern der Förderschule (MW 1,8), am schlechtesten von Schülerinnen und Schüler der Realschule (MW 2,6). Auch die Peer Educators werden von den Befragten der Förderschule am positivsten eingeschätzt und von den Realschülern am schlechtesten.

Hinsichtlich der tatsächlich ausgeübten Gewalt fallen die Befragten am Gymnasium positiv auf, hier sind die wenigsten Tätererfahrungen zu verzeichnen, auch die Einstellung gegenüber körperlicher Gewalt ist hier am wenigsten tolerant. Dies entspricht Ergebnissen aus anderen Untersuchungen (vgl. Kapitel. 3.1.5). Die Förderschüler geben vor der Intervention die höchste Anzahl an Gewalterfahrungen aus Tätersicht an, nach der Intervention zeigen sich hier jedoch die niedrigsten Werte. Ähnliches gilt für die Opfererfahrungen und die Einstellung gegenüber körperlicher Gewalt, für die ein deutliches Absinken an der Förderschule nach der Intervention zu verzeichnen ist. Dies kann ein Hinweis darauf sein, dass die ‚Schlag.fertig'-Intervention besonders gute Effekte an der Förderschule erreicht hat. Die Einstellung gegenüber verbaler Gewalt ist in der Förderschule zu allen drei Zeitpunkten die am wenigsten zustimmende. Die Gesamtschüler stechen sowohl bei der Einstellung zu körperlichen als auch zu verbaler Gewalt durch besonders hohe Zustimmung negativ hervor.

Entsprechend des tatsächlichen Vorkommens von körperlicher Gewalt, ist auch die Kommunikationshäufigkeit über miterlebte Gewalt am Gymnasium am niedrigsten. Auch das subjektive Empfinden sich davor geschützt zu fühlen, Opfer einer Gewalttat zu werden, ist am Gymnasium am höchsten, jedoch an der Förderschule ähnlich hoch. An der Gesamtschule wird am häufigsten über miterlebte Gewalt gesprochen. Sowohl für die Kommunikation zum Thema Gewalt, als auch über miterlebte Gewalt ist hier nach der Intervention ein deutlicher Anstieg zu beobachten.

Am wichtigsten finden es Gymnasiasten über das Thema Gewalt zu sprechen und auch das Faktenwissen sowie die Kenntnis von Hilfemöglichkeiten in und außerhalb der Schule ist hier am größten beziehungsweise nimmt nach der Intervention am deutlichsten zu. Für Förderschüler ist hinsichtlich der Hilfemöglichkeiten in der Schule nach der Intervention ein besonders deutlicher Wissenszuwachs zu sehen.

Die Schul- und Klassensituation unterscheidet sich in einigen Aspekten stark an den unterschiedlichen Schulformen. Hier fallen vor allem die Förderschule und das Gymnasium positiv auf, Partizipationsmöglichkeiten und Hilfsbereitschaft werden an der Förderschule am größten empfunden, gefolgt von den Werten am Gymnasium. Am wohlsten fühlen sich die Schülerinnen und Schüler des Gymnasiums, dicht gefolgt von den Förder- und Gesamtschülern.

8.3.9 Gewalterfahrungen und Alter

Neben Unterschieden zwischen Mädchen und Jungen und an verschiedenen Schulformen hinsichtlich der Ausübung von Gewalt, wurde in anderen Studien (vgl. Kap. 3.1.3) herausgefunden, dass im Alter zwischen dreizehn bis fünfzehn Jahren die Gewaltausübung im Jugendalter ihren Höhepunkt hat. Abschließend wird deshalb dargestellt, ob es bei den Täter- und Opfererfahrungen Unterschiede im Hinblick auf das Alter der befragten Jugendlichen gibt.

Gewalterfahrungen als Täter

Für die vorliegende Untersuchung unterscheiden sich die verschiedenen Altersklassen nicht signifikant voneinander (t1: $f = 1,71$; $p = 0,131$; $\eta^2 = 0,019$; t3: $f = 1,23$; $p = 0,295$; $\eta^2 = 0,018$), jedoch wird bei einem Blick auf die Mittelwerte (Tab. 167) und die Abbildung 29 deutlich, dass die Gewaltausübung bei 14- bis 15jährigen besonders hoch liegt. Davor und danach liegen die Werte jeweils niedriger.

Tab. 167: „Tätererfahrungen", Vergleich Alter t1 und t3

	t1		t3	
	Mittelwert	SD	Mittelwert	SD
11 Jahre	5,36	8,04	5,75	7,36
12 Jahre	8,64	18,00	7,35	12,23
13 Jahre	6,77	10,75	10,15	14,40
14 Jahre	10,80	16,24	10,66	18,28
15 Jahre	11,20	18,19	11,21	23,51
16 Jahre	9,14	10,99	3,00	4,24

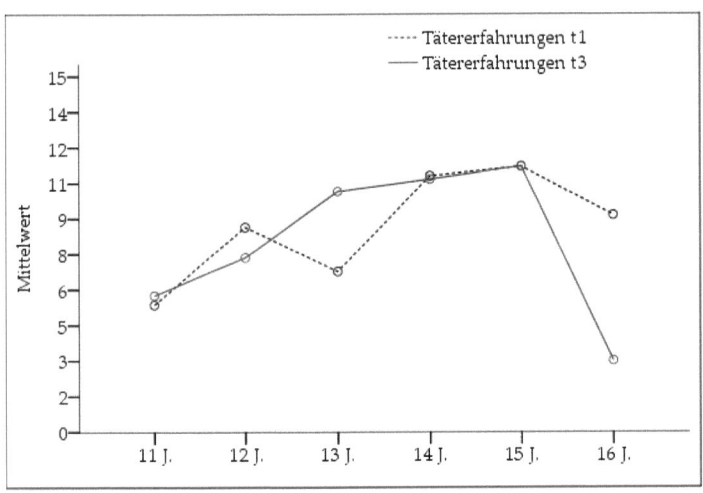

Abb. 29: Vergleich Tätererfahrungen/Alter

Gewalterfahrungen als Opfer und Alter

Ein ähnliches Bild ergibt sich bei der Betrachtung der Opfererfahrungen und dem Alter (Abb. 30). Die Unterschiede sich ebenfalls nicht signifikant (t1: $f = 1{,}52$; $p = 0{,}182$; $\eta^2 = 0{,}015$; t3: $f = 1{,}58$, $p = 0{,}163$; $\eta^2 = 0{,}020$). Bei der Betrachtung der Mittelwerte (Tab. 168) zeigt sich besonders für die 15-Jährigen eine deutlich größere Häufigkeit als für die anderen Altersklassen.

Tab. 168: Opfererfahrungen, Vergleich Mittelwert und Alter t1, t3

	t1		t3	
	Mittelwert	SD	Mittelwert	SD
11 Jahre	6,54	11,21	7,63	10,20
12 Jahre	8,02	14,48	4,81	8,38
13 Jahre	5,54	9,98	6,80	12,61
14 Jahre	6,28	10,42	4,95	9,390
15 Jahre	10,30	17,60	10,08	24,19
16 Jahre	3,75	9,82	0	0

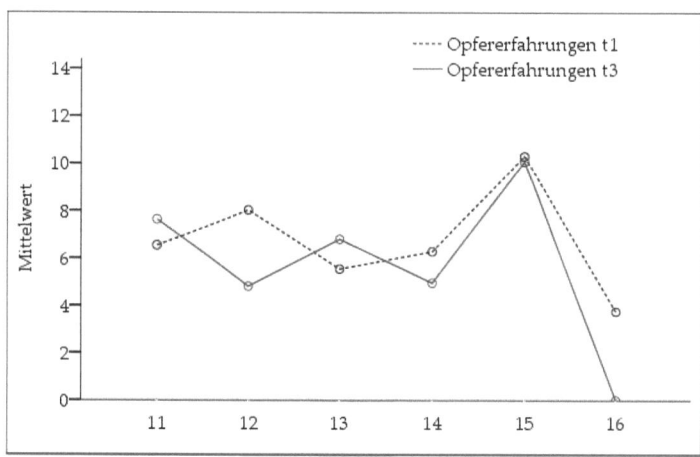

Abb. 30: Vergleich Opfererfahrungen/Alter

Zusammenfassung

Für den Zusammenhang zwischen Alter und Gewalterfahrungen zeigen sich in der vorliegenden Untersuchungen im Hinblick auf die Erfahrungen als Täter besonders für die 14- und 15-Jährigen eine größere Auffälligkeit als für die anderen Altersklassen, jedoch keine signifikanten Unterschiede. Bei den Opfererfahrungen zeigen sich ebenfalls für die 15-Jährigen die meisten Opfererfahrungen, die sich jedoch nicht signifikant von den anderen Altersgruppen unterscheiden.

8.4 Zusammenfassung der Ergebnisse

In diesem Kapitel werden die Ergebnisse der Stichprobenbeschreibung (8.1), der Hypothesenprüfung (8.2) und der nicht-hypothesengebundenen Ergebnisse (8.3) miteinander in Verbindung gebracht und zusammengefasst. Die kompletten statistischen Werte und Angaben zu den Rechenverfahren finden sich in den jeweiligen Kapiteln und werden hier nicht erneut aufgeführt. Am Ende jedes Unterkapitels findet sich eine Tabelle mit einer Kurzdarstellung der in dem vorangegangenen Unterkapitel dargestellten Hypothesen und den entsprechenden Ergebnissen. Die Diskussion und Interpretation der Ergebnisse findet sich anschließend in Kapitel 9.

Stichprobe

In insgesamt 25 Schulklassen wurde eine ‚Schlag.fertig' Gewaltpräventionsaktion an jeweils einem Schultag durchgeführt. Insgesamt 639 unterschiedliche Jugendliche im Alter von 11 bis 16 Jahren in den Klassen 6 bis 9 haben an einer solchen ‚Schlag.fertig'-Intervention teilgenommen. Die Schulklassen wurden einige Tage vor der Intervention (t1), im direkten Anschluss an diese (t2) und rund sechs Wochen nach der Intervention (t3) schriftlich befragt. Mit 317 Jungen (53 %) und 286 Mädchen (47 %) ist die Geschlechterverteilung recht ausgeglichen. Der Ausländeranteil der Befragten liegt mit 29 % höher als in der Normalbevölkerung mit 9 %.

Insgesamt wurden die 25 ‚Schlag.fertig'-Interventionen an zwölf Gymnasien, sechs Realschulen, vier Gesamtschulen und drei Förderschulen durchgeführt. Die Zusammensetzung der Schulformen ist durch die Anfrage eben dieser Schulen nach einer Präventionsaktion bedingt.

Bewertung der Intervention

Die ‚Schlag.fertig'-Intervention wird mit einer Durchschnittsnote von 2,2 bewertet, über 90 % der **Bewertungen** liegen im Notenbereich 1 bis 3. Mädchen und Jungen bewerten die Intervention gleich, zwischen den Schulformen gibt es jedoch deutliche Unterschiede. Die Förderschüler bewerten die Intervention mit der Note 1,8 am besten, es folgen die Gymnasiasten (2,0), die Gesamtschüler (2,3) und die Realschüler (2,6). Rund 80 % der Jugendlichen sind der Meinung, dass die ‚Schlag.fertig'-Intervention einen günstigen Einfluss auf ihr eigenes Verhalten hat.

Die **einzelnen Bestandteile der Intervention**, die Übungen, Vorträge und gemeinsamen Gespräche werden von der überwiegenden Mehrheit als *genau richtig* bewertet. Knapp ein Viertel der Jugendlichen wünscht sich mehr Übungen und Spiele. Als Kritikpunkte an der Intervention werden einzelne Spiele sowie vor allem das zu laute und unruhige Verhalten der Klasse während der Durchführung benannt, aber auch die Peer Educators stehen mit ihrer Persönlichkeit im Fokus der Kritik.

Die befragten Schülerinnen und Schüler sind sehr interessiert an dem Thema Gewalt und äußern ein **großes Interesse an mehr Informationen**, hier werden 353 Aspekte und Themen genannt. Der Wunsch nach mehr Informationen bezieht sich vor allem auf verschiedene Gewaltarten und -formen und eine große Bandbreite an Themen von gesetzlichen Grundlagen bis hin zu persönlichen Erfahrungen.

Wissen

Bestandteil jeder Intervention ist ein inhaltlicher Block zu bestimmten Fakten rund um das Thema Gewalt. Je nach Frage ist der **Wissensstand** der Jugendlichen sehr unterschiedlich. In einigen Bereichen haben die Jugendlichen einen hohen Wissensstand, zum Beispiel kennen fast alle Jugendlichen die Telefonnummer der Polizei. In anderen Bereichen ist das Wissen wiederum eher klein, so kennen nur wenige das Alter, ab dem eine Person angezeigt werden kann. Die Jugendlichen haben nach der Intervention ein signifikant größeres Wissen als vor der Intervention, dieser Wissenszuwachs ist auch sechs bis acht Wochen nach der Intervention noch vorhanden. Es handelt sich dabei jeweils um einen großen Effekt. Das reine Faktenwissen unterscheidet sich nicht signifikant zwischen Mädchen und Jungen. Der Wissenszuwachs fällt besonders deutlich an der Realschule und am Gymnasium aus.

Kein Zuwachs an Wissen ist nach der Intervention hinsichtlich der **Kenntnis von Hilfemöglichkeiten** außerhalb der Schule zu sehen. Auffällig ist, dass von Befragung zu Befragung die Anzahl der genannten Ansprechpartner kleiner wird. Es lässt sich vermuten, dass die Jugendlichen keine Motivation hatten, diese halboffene Frage mehrfach zu beantworten (experimentelle Mortalität). Für die Kenntnis von Beratungsstellen und Institutionen zeigt sich jedoch ein deutlicher Anstieg des Wissens: die Anzahl der Jugendlichen, die hierzu eine Angabe machen hat sich direkt nach der Intervention verdoppelt und ist auch sechs bis acht Wochen nach der Intervention noch größer als vorher. Die Jugendlichen verfügen insgesamt über eine gute Kenntnis zu Hilfemöglichkeiten außerhalb der Schule. Jeweils zwischen 71-81 % aller Befragten kennen Orte oder Personen, an die sie bei Sorgen oder Problemen herantreten können. Die wichtigsten genannten Ansprechpartner werden in der Familie zum Beispiel in Form der Eltern oder Geschwister benannt. Daraufhin folgen Freunde und andere Gleichaltrige als bedeutsame Gesprächspartner. Institutionen, Beratungsstellen oder professionelle Helfer spielen im Vergleich dazu eine untergeordnete Rolle. Insgesamt werden eine Vielzahl von unterschiedlichsten Unterstützungs- und Hilfemöglichkeiten angegeben, angefangen zum Beispiel bei den Großeltern über Sorgentelefone, Therapeuten, Fußball- oder Reitlehrer bis hin zu Internetforen und den besten Freund. Schülerinnen und Schüler des Gymnasiums nennen an allen Befragungszeitpunkten die meisten Ansprechpartner und Orte, die Unterschiede zwischen den Schulformen sind signifikant, jedoch klein. Deutlichere Unterschiede gibt es zwischen Mädchen und Jungen, Mädchen geben an allen Befragungszeitpunkten signifikant mehr Ansprechpersonen an, dabei handelt es sich um einen mittleren Effekt.

Bei der **Einschätzung des Wissens von anderen Personengruppen** wird das Wissen von Erwachsenen zum Thema Gewalt recht groß eingeschätzt, die Mehrheit der Jugendlichen meint, dass diese sich *eher gut* und *sehr gut* auskennen. Etwas weniger gut wird das Wissen von Jugendlichen eingeschätzt, hier ist die meist gewählte Antwort zu beiden Befragungszeitpunkten *teils/teils*. Allerdings wird nach der Intervention das Wissen von Jugendlichen signifikant größer eingeschätzt als vor der Intervention, es handelt sich um einen kleinen bis mittleren Effekt. Das Wissen der Mitschüler wird ähnlich eingeschätzt, wie das von Jugendlichen allgemein, allerdings gibt es hier keine signifikanten Veränderungen. Konträr zur Einschätzung der Jugendlichen, wird das Wissen des Klassenlehrers bei einer mittleren Effektstärke nach der Intervention signifikant schlechter eingeschätzt als vor der

Intervention. Insgesamt wird es jedoch von der Mehrheit der Jugendlichen als *eher gut* und *sehr gut* eingeschätzt.

Nr.	Hypothese	Ergebnis
1, 2	Nach der Intervention wissen die Teilnehmer mehr zum Thema Gewalt als vorher.	t2: H1 wird angenommen t3: H1 wird angenommen
3, 4	Nach der Intervention kennen die Teilnehmer mehr Orte und Personen an die sie sich außerhalb der Schule bei Problemen wenden können als vor der Intervention.	t2: H0 wird beibehalten t3: H0 wird beibehalten
54	Nach der Intervention wird das Wissen von Jugendlichen größer eingeschätzt als vor der Intervention.	t2: H1 wird angenommen

Einstellung

Die Mehrheit der befragten Jugendlichen stimmt der Aussage, dass es in manchen Situationen in Ordnung ist, andere zu schlagen *gar nicht* oder *wenig* zu. Die **Einstellung gegenüber körperlicher Gewalt** verändert sich im Verlauf der Befragung nicht signifikant und bleibt auf diesem Niveau. Allerdings haben Mädchen am ersten und letzten Befragungszeitpunkt eine signifikant weniger tolerante Einstellung gegenüber körperlicher Gewalt als Jungen. Bei der Betrachtung der einzelnen Schulformen fällt das Gymnasium mit einer durchgehend sehr niedrigen Zustimmung zur Notwendigkeit von körperlicher Gewalt auf, die Gesamtschule weist im Gegensatz dazu die größte Zustimmung auf.

Ähnliches gilt für die **Einstellung gegenüber verbaler Gewalt**. Auch hier stimmt die überwiegende Mehrheit der Befragten der Meinung, dass verbale Gewalt manchmal notwendig sein kann, *gar nicht* oder *wenig* zu. Es gibt keine signifikanten Veränderungen zwischen den Befragungen. Zwischen Mädchen und Jungen gibt es ebenfalls an keinem Zeitpunkt signifikante Unterschiede. Bei der Betrachtung der verschiedenen Schulformen fällt auf, dass sich die Förderschule durch eine besonders wenig tolerante Einstellung gegenüber verbaler Gewalt auszeichnet und sich damit signifikant von anderen Schulformen unterscheidet. Die Effektgröße liegt dabei im mittleren bis großem Bereich.

Hinsichtlich der **Einschätzung, was Gewalt für jeden einzelnen ist**, bezeichnen die Jugendlichen durchschnittlich am ersten Befragungszeitpunkt neun Sachverhalte als Gewalt. Nach der Intervention ist dieser Wert auf durchschnittlich zwölf Sachverhalte signifikant angestiegen und liegt auch sechs bis acht Wochen nach der Intervention mit dem Wert elf noch signifikant höher als vor der Intervention. Dabei handelt es sich um einen großen bis sehr großen Effekt. Die Teilnehmer betrachten nach der Intervention folglich eine größere Anzahl von Handlungen als Gewalt als vorher. Was genau die Jugendlichen als Gewalt empfinden, verändert sich über die Befragungszeitpunkte wenig bis gar nicht. An der Spitze liegt die körperliche Gewalt, die von fast allen Jugendlichen als solche empfunden wird. Verbale Gewalt rangiert dagegen nur im Mittelfeld. Dies zeigt sich auch bei der Auswertung der offenen Kategorie, bei der rund die Hälfte der Antworten in den Bereich körperliche Gewalt fällt, verbale Gewalt macht nur knapp 3-5 % der offenen Antworten aus. Auffällig ist, dass sexuelle Gewalt die zweitgrößte Kategorie bei den offenen Antworten darstellt. Ähnlich wie bei den anderen offenen Kategorien innerhalb des Fragebogens wird eine große Bandbreite an Gewaltbeispielen, vor allem auch massive Formen der Gewalt, wie Mord oder Vergewaltigung benannt. Mädchen und Jungen unterscheiden sich nicht in der Anzahl der Nennungen, demgegenüber jedoch bei einzelnen Items. Dabei fällt auf, dass Jungen signifikant häufiger Sachverhalte als Gewalt einstufen die dem Bereich der Sachbeschädigung und der leichten körperlichen Gewalt zugeordnet werden können, wie zum Beispiel *Wände bemalen, Stuhl wegziehen* oder *Fenster einwerfen*, Mädchen dagegen vermehrt psychische und verbale Gewaltformen nennen, wie zum Beispiel *Bedrohen* oder *Erpressen*. Es handelt sich dabei um einen kleinen bis mittleren Effekt.

Nr.	Hypothese	Ergebnis
5, 6	Nach der Intervention ist die Einstellung der Teilnehmer gegenüber körperlicher Gewalt weniger tolerant als vor der Intervention.	t2: H0 wird beibehalten t3: H0 wird beibehalten
7, 8	Nach der Intervention ist die Einstellung der Teilnehmer gegenüber verbaler Gewalt weniger tolerant als vor der Intervention.	t2: H0 wird beibehalten t3: H0 wird beibehalten
9, 10, 11	Mädchen haben eine weniger tolerante Einstellung gegenüber körperlicher Gewalt als Jungen.	t1: H1 wird angenommen t2: H0 wird beibehalten t3: H1 wird angenommen
12, 13, 14	Mädchen haben eine weniger tolerante Einstellung gegenüber verbaler Gewalt als Jungen.	t1: H0 wird beibehalten t2: H0 wird beibehalten t3: H0 wird beibehalten
15, 16	Nach der Intervention betrachten die Teilnehmer eine größere Anzahl von Handlungen als Gewalt als vor der Intervention.	t2: H1 wird angenommen t3: H1 wird angenommen

Verhaltensabsicht

Die Teilnehmer **fühlen sich nach der Intervention kompetenter weniger Gewalt anzuwenden** als vor der Intervention. Dieser Effekt ist als klein einzustufen, trifft jedoch auch sechs bis acht Wochen nach der Intervention noch zu beziehungsweise vergrößert sich bis dahin. Insgesamt gilt, dass sich am dritten Befragungszeitpunkt rund 54 % der befragten Jugendlichen im Vergleich zu 49 % am ersten Befragungszeitpunkt so einschätzen, dass sie sich *völlig* beziehungsweise *ziemlich* dazu in der Lage fühlen auf Provokationen, Beschimpfungen oder körperliche Gewalt nicht mit eigener Gewalt zu reagieren. Der Anteil der Jugendlichen, für die dies *nicht* oder *wenig* zutrifft ist von 30 % am ersten Befragungszeitpunkt auf 17 % am dritten Befragungszeitpunkt gesunken.

Die **Absicht bei Auseinandersetzung zwischen Mitschülern schlichtend einzugreifen** hat sich nach der Intervention nicht signifikant verändert. Der Absicht schlichtend einzugreifen stimmen jedoch direkt nach der Intervention mit 53 % mehr Jugendliche *voll* oder *ziemlich* zu als vorher (48 %). Sechs bis acht Wochen nach der Intervention sinkt die Bereitschaft wieder (41%). Ein Zusammenhang zwischen der Absicht schlichtend einzugreifen und einem Wissensanstieg ist weder an t2 noch an t3 festzustellen.

Nr.	Hypothese	Ergebnis
17, 18	Nach der Intervention äußern die Teilnehmer die Absicht bei Auseinandersetzungen zwischen Mitschülern häufiger schlichtend einzugreifen als vor der Intervention.	t2: H0 wird beibehalten t3: H0 wird beibehalten
19, 20	Nach der Intervention fühlen sich die Teilnehmer kompetenter, selbst weniger Gewalt anzuwenden als vor der Intervention.	t2: H1 wird angenommen t3: H1 wird angenommen
21, 22	Nach der Intervention korrelieren Veränderungen des Wissens zum Thema Gewalt positiv mit Veränderungen der geäußerten Absicht bei Auseinandersetzungen zwischen Mitschülern deeskalierend einzugreifen.	t2: H0 wird beibehalten t3: H0 wird beibehalten

Verhalten (Täter- und Opfererfahrungen)

Die **Gesamthäufigkeit an gewalttätigem Verhalten** ist nach der Intervention nicht signifikant geringer, als vor der Intervention und bleibt bei einem Mittelwert von 8,5 Mal. Wird neben der Gesamthäufigkeit jedoch überprüft, wie viele Jugendliche überhaupt von gewalttätigem Verhalten berichten, so zeigt sich, dass dieser Anteil von 71% am ersten Befragungszeitpunkt auf 62 % am zweiten Befragungszeitpunkt fällt. Insgesamt geben folglich sechs bis acht Wochen nach der Intervention mehr Jugendliche (38 %) an, gar keine Gewalt in den letzten sechs Wochen ausgeübt zu haben, als vor der Intervention (29 %). Insgesamt macht am dritten Befragungszeitpunkt eine kleinere Anzahl von Jugendlichen Angaben mit einer größeren durchschnittlichen Häufigkeit. Die Altersklasse der dreizehn bis fünfzehn Jahre alten Jugendlichen weist eine größere Häufigkeit an gewalttätigem Verhalten auf als die anderen Altersgruppen.

Keine signifikante Veränderung wird auch bei der **Anzahl der Opfererfahrungen** festgestellt. Der Mittelwert verringert sich zwar von 7,0 auf 5,9, jedoch sind diese Unterschiede für die Gesamtgruppe nicht signifikant. Für die 15jährigen Jugendlichen sind deutlich mehr Opfererfahrungen zu verzeichnen als für die anderen

Altersgruppen. Insgesamt nennen die Jugendlichen folglich eine größere **Häufigkeit von Gewalterfahrungen** als Täter als Opfererfahrungen.

Ein deutlicher **Zusammenhang** ist **zwischen dem Täter- und Opfersein** zu erkennen. Es ist nicht so, dass eine Gruppe von Jugendlichen Täter ist und eine andere Opfer, sondern in der Regel sind die Täter auch Opfer und umgekehrt.

Bei der Betrachtung von **selbst ausgeübter Gewalt** unter **geschlechtsspezifischer Sicht** wird deutlich, dass mit einer durchschnittlichen Angabe von sechs Mal innerhalb der letzten sechs Wochen Mädchen am ersten Befragungszeitpunkt signifikant seltener Gewalt ausüben als Jungen, die mit elf Mal eine fast doppelt so große Häufigkeit angeben. Es handelt sich um einen mittelgroßen Effekt. Nach der Intervention ist der Unterschied zwischen Mädchen und Jungen jedoch nicht mehr signifikant, Mädchen geben eine Häufigkeit von acht, Jungen von neun Mal an.

Ein ähnliches Bild zeigt sich bei der **geschlechtsspezifischen Betrachtung von Opfererfahrungen**. Jungen geben am ersten Befragungszeitpunkt mit durchschnittlich neun Opfererfahrungen eine signifikant größere Häufigkeit an als Mädchen mit vier Opfererfahrungen. Es handelt sich um einen mittleren Effekt. Auch hier zeigt sich, wie bei den Tätererfahrungen, sechs bis acht Wochen nach der Intervention kein signifikanter Unterschied mehr zwischen Jungen mit sieben Mal und Mädchen mit rund fünf Mal, obwohl die Häufigkeit der Mädchen immer noch unter der Häufigkeit der Jungen liegt.

Die durchschnittliche **Häufigkeit von selbst ausgeübter verbaler Gewalt** liegt am ersten Befragungszeitpunkt bei zehn Mal innerhalb der letzten sechs Wochen. Für **körperliche Gewalt** liegt sie mit vier Mal deutlich niedriger. Am dritten Befragungszeitpunkt liegt die Häufigkeit von verbaler Gewalt bei acht Mal und bei körperlicher Gewalt bei fünf Mal. Damit wird verbale Gewalt sowohl vor als auch sechs bis acht Wochen nach der Intervention signifikant häufiger ausgeübt als körperliche Gewalt. Der Effekt ist an t1 im mittleren bis großen Bereich, an t3 im kleinen bis mittleren Bereich einzuordnen.

Bei der Betrachtung **welche Gewalt die Jugendlichen genau ausüben**, sind die größten Häufigkeiten im Bereich verbaler Gewalt mit *Beschimpfen, Beleidigen, Hänseln* oder *Gemeine Bemerkungen machen* zu finden, für die rund die Hälfte aller Jugendlichen eine durchschnittliche Häufigkeit von jeweils vier Mal innerhalb der letzten sechs Wochen angibt. Ähnliches gilt für körperliche Gewalt mit *Treten, Schubsen oder Schlagen*, mehr als 50 % aller Befragten machen hierzu eine Angabe im Bereich von vier bis fünf Mal innerhalb der letzten sechs Wochen. Einzig für das Item *Beschimpfen/Beleidigen* ist ein signifikanter Rückgang nach der Intervention zu beobachten. Massive Formen der Gewalt kommen verhältnismäßig selten vor, *Jemanden mit einer Waffe bedroht* zu haben, geben zum Beispiel 4 bis 5% der Jugendlichen an.

Ein ähnliches Bild zeigt sich bei der Betrachtung der **Opfererfahrungen**. Hier sind die größten Häufigkeiten in denselben Bereichen zu finden. An der Spitze liegt verbale Gewalt mit *Beschimpfen/Beleidigen* für die zwischen 42 bis 45 % aller Jugendlichen eine durchschnittliche Häufigkeit von fünf bis sechs Erfahrungen als Opfer in den letzten sechs Wochen angeben, gefolgt von *Hänseln/Gemeine Bemerkungen machen* und *Treten, Schubsen, Schlagen*. Hier geben rund ein Drittel der Jugendlichen Opfererfahrungen mit einer durchschnittlichen Häufigkeit von vier Mal in den letzten sechs Wochen an.

Nicht nur die Geschlechter, sondern auch die **Schulformen** unterscheiden sich in der Anzahl der Täter- und Opfererfahrungen. An der Förderschule sind vor der Intervention mit zwanzig Mal vergleichsweise die meisten Tätererfahrungen zu verzeichnen, am Gymnasium zeigt sich mit sieben Mal die niedrigste Häufigkeit. Nach der Intervention fällt an der Förderschule die Häufigkeit von zwanzig auf sieben Mal und damit auf ein ähnliches Niveau wie am Gymnasium, bei dem sich keine signifikanten Änderungen ergeben. An der Gesamtschule ist nach der Intervention ein deutlicher Anstieg von neun auf 17 Mal zu verzeichnen. Bei den Opfererfahrungen zeigt sich zum Teil ein ähnliches Bild, auch hier liegt die Förderschule mit zehn Mal am ersten Befragungszeitpunkt mit an der Spitze der Gesamthäufigkeiten, nur an der Realschule wird mit elf Mal eine größere Häufigkeit angegeben. Der Rückgang nach der Intervention fällt wieder in der Förderschule am größten aus, die Opfererfahrungen sinken auf drei Mal. Die Veränderungen an der Förderschule sind sowohl bei den Tätererfahrungen als auch bei den Opfererfahrungen mit einer sehr großen Effektstärke verbunden, obwohl im ersten Fall lediglich eine statistische Tendenz vorhanden ist.

Davor **geschützt selbst das Opfer ein Gewalttat** zu werden, fühlt sich rund die Hälfte der Jugendlichen. Zwischen einem Drittel und einem Viertel der Jugendlichen fühlen sich *wenig* oder *gar nicht* davor geschützt. Nach der Intervention fühlen sich die Teilnehmer nicht mehr geschützt als vor der Intervention. Zwischen Mädchen und Jungen gibt es keine Unterschiede. Unterschiede sind jedoch an den verschiedenen Schulformen zu sehen, Gymnasiasten fühlen sich am meisten geschützt und Gesamtschüler am wenigsten, diese Unterschiede sind signifikant und weisen eine kleine bis mittlere Effektstärke auf.

Eine Korrelation zwischen dem **Bildungsstand** und der **Anzahl der ausgeübten Gewalttaten** ist nur vor der Intervention zu sehen. Ein höherer Bildungsstand geht mit einer niedrigeren Anzahl an eigenen Gewalttaten einher. Nach der Intervention ist dieser Zusammenhang nicht mehr vorhanden.

Jugendliche mit Migrationshintergrund geben mit einer Häufigkeit von zwölf Mal sowohl vor als auch nach der Intervention (elf Mal) eine signifikant höhere Anzahl an selbst ausgeübten Gewalttaten an als Jugendliche ohne Migrationshintergrund (sieben Mal). Dies gilt jedoch nicht in gleichem Maße für die Häufigkeit von Opfererfahrungen, hier gibt es keine signifikanten Unterschiede zwischen Jugendlichen mit (t1: 7 Mal, t3: 6 Mal) und ohne Migrationshintergrund (t1 und t3: 7 Mal).

Nr.	Hypothese	Ergebnis
23	Nach der Intervention ist die Häufigkeit des eigenen gewalttätigen Verhaltens geringer als vor der Intervention.	t3: H0 wird beibehalten
24, 25	Verbale Gewalt wird häufiger ausgeübt als körperliche Gewalt.	t1: H1 wird angenommen t3: H1 wird angenommen
26, 27	Jungen üben häufiger Gewalt aus als Mädchen.	t1: H1 wird angenommen t3: H0 wird beibehalten
28, 29	Jungen sind häufiger Opfer von Gewalt als Mädchen.	t1: H1 wird angenommen t3: H0 wird beibehalten
30, 31	Es besteht eine positive Korrelation zwischen der Häufigkeit von selbst ausgeübter Gewalt und der Häufigkeit von Opfererfahrungen.	t1: H1 wird angenommen t3: H1 wird angenommen
32, 33	Jugendliche mit Migrationshintergrund üben häufiger Gewalt aus als Jugendliche ohne Migrationshintergrund.	t1: H1 wird angenommen t3: H1 wird angenommen
34, 35	Jugendliche mit Migrationshintergrund sind häufiger Opfer von Gewalt als Jugendliche ohne Migrationshintergrund.	t1: H0 wird beibehalten t3: H0 wird beibehalten
36, 37	Die Höhe des Bildungsstandes korreliert negativ mit der Anzahl ausgeübter Gewalttaten.	t1: H1 wird angenommen t3: H0 wird beibehalten
57, 58	Nach der Intervention fühlen sich die Teilnehmer besser davor geschützt Opfer von Gewalt zu werden als vor der Intervention.	t2: H0 wird beibehalten t3: H0 wird beibehalten
59	Nach der Intervention ist die Anzahl der eigenen Opfererfahrungen geringer als vor der Intervention.	t3: H0 wird beibehalten

Kommunikation

Für Jugendliche stellen andere Jugendliche die meist genannten **Gesprächspartner** rund um das **Thema Gewalt** und über selbst **miterlebte Gewalt** dar. Familienmitglieder sind die zweit häufigst genannten Ansprechpersonen bei miterlebter Gewalt. Bei Gesprächen über das Thema Gewalt nehmen Gespräche mit Lehrpersonal ebenfalls eine wichtige Rolle ein. Jugendliche sprechen mit anderen Jugendlichen signifikant häufiger über das Thema Gewalt und über selbst miterlebte Gewalt als mit der Familie. Dies gilt sowohl vor der Intervention als auch nach der Intervention. Dabei werden die Gleichaltrigen nicht nur am häufigsten als Ansprechpartner genannt, sondern mit ihnen wird auch am meisten gesprochen. Insgesamt sprechen die Jugendlichen im Mittel neun Mal in den vergangenen sechs Wochen mit verschiedenen Personen über das Thema und fünf Mal über miterlebte Gewalt.

Die einzige Veränderung im Kommunikationsverhalten ist bei **Gesprächen über miterlebte Gewalt mit Lehrkräften** zu sehen. Nach der Intervention sprechen die Jugendlichen signifikant häufiger mit ihnen, die Effektstärke liegt im kleinen bis mittleren Bereich. Für alle anderen Gruppen und für die Gesamthäufigkeit verändert sich die Gesprächshäufigkeit sowohl für das Thema als auch für miterlebte Gewalt nicht signifikant.

Betrachtet man **Mädchen und Jungen** getrennt, so ergibt sich jedoch ein anderes Bild. Besteht vor der Intervention kein Unterschied hinsichtlich der Kommunikationshäufigkeit zwischen den Geschlechtern, so sprechen Jungen nach der Intervention signifikant häufiger im Unterricht, mit Lehrern, mit Gleichaltrigen und insgesamt über miterlebte Gewalt als Mädchen.

Auch bei der Betrachtung der verschiedenen **Schulformen** gibt es Veränderungen. Für Schülerinnen und Schüler der Gesamtschule ist ein signifikanter Anstieg mit einer sehr hohen Effektstärke zu verzeichnen. Sie sprechen nach der Intervention mehr als doppelt so häufig über miterlebte Gewalt und ebenfalls deutlich häufiger über das Thema Gewalt. An Gymnasien wird von allen Schulformen am seltensten über miterlebte Gewalt gesprochen, was wahrscheinlich damit zusammenhängt, dass hier die wenigste Gewalt auch tatsächlich miterlebt wird.

Die **Kommunikationsschwierigkeit** bleibt an allen drei Befragungszeitpunkten auf einem ähnlichen Niveau, hier gibt es keine signifikanten Veränderungen. Die meisten Jugendlichen finden es *nicht* oder nur *wenig* schwierig mit ihrer Familie oder anderen Jugendlichen über miterlebte Gewalt zu sprechen. Signifikant schwieriger ist es für die Jugendlichen an allen drei Befragungszeitpunkten mit Lehrern über miterlebte Gewalt zu sprechen, dabei handelt es sich um einen mittleren bis großen Effekt.

Über Gewalt zu sprechen ist für Jugendliche wichtig: der Anteil der Jugendlichen, die einer **Kommunikationswichtigkeit** *voll*, *ziemlich* oder *teilweise* zustimmen liegt an allen Befragungszeitpunkten deutlich über 80 %. Die Wichtigkeit ist nach der Intervention signifikant größer als vor der Intervention, die Effektstärke liegt im mittleren Bereich. Dieser Effekt ist jedoch sechs bis acht Wochen später nicht mehr vorhanden. Die Kommunikationswichtigkeit unterscheidet sich signifikant an den verschiedenen Schulformen, am wichtigsten finden es Gymnasiasten über Gewalt zu sprechen. Die Unterschiede zwischen den Schulformen sind klein.

Zwischen der **Häufigkeit der Thematisierung des Themas Gewalt im Unterricht** nach der Intervention und der **Kommunikationshäufigkeit über selbst miterlebte Gewalt** besteht ein signifikanter positiver Zusammenhang. Je häufiger im Unterricht über das Thema Gewalt gesprochen wird, desto häufiger sprechen die Jugendlichen mit ihrer Familie, mit anderen Jugendlichen und mit Lehrkräften über selbst erlebte Gewalt.

Nr.	Hypothese	Ergebnis
38	Nach der Intervention sprechen die Teilnehmer gesamt häufiger über miterlebte Gewalt als vor der Intervention.	t2: H0 wird beibehalten
39	Nach der Intervention sprechen die Teilnehmer häufiger über das Thema Gewalt als vor der Intervention.	t2: H0 wird beibehalten
40, 41	Nach der Intervention äußern die Teilnehmer, dass sie leichter über miterlebte Gewalt sprechen können als vor der Intervention.	t2: H0 wird beibehalten t3: H0 wird beibehalten
42, 43	Nach der Intervention äußern die Teilnehmer, dass sie es wichtiger finden über Gewalt zu sprechen als vor der Intervention.	t2: H1 wird angenommen t3: H0 wird beibehalten
44, 45	Die Befragten geben an, mit Gleichaltrigen häufiger über miterlebte Gewalt zu sprechen als mit der Familie.	t1: H1 wird angenommen t3: H1 wird angenommen
46, 47	Die Befragten geben an, mit Gleichaltrigen häufiger über das Thema Gewalt zu sprechen als mit der Familie.	t1: H1 wird angenommen t3: H1 wird angenommen
48	Die Häufigkeit der Thematisierung des Themas Gewalt im Unterricht korreliert positiv mit der Kommunikationshäufigkeit über miterlebte Gewalt.	t2: H1 wird angenommen

Beurteilung der Peer Educators

Die **Beurteilung der Peer Educators** unterteilt sich in verschiedene Dimensionen, je nach Dimension unterscheidet sich die Beurteilung deutlich. Die Vertrauenswürdigkeit, die sich aus Items zur Ehrlichkeit, zum persönlichen Bezug zum Thema und der Wichtigkeit des Themas zusammensetzt, wird von der Mehrheit der Jugendlichen als *völlig* zutreffend für die Peer Educators eingeschätzt. Ähnlich sieht es hinsichtlich der eingeschätzten Kompetenz der Peer Educators aus, sie wird als sehr groß eingeschätzt. Auch die Kenntnis zum Thema Gewalt wird von fast 90 % der Jugendlichen als *sehr* gut oder *eher* gut eingeschätzt. Anders sieht es jedoch bei der Beurteilung der wahrgenommenen Ähnlichkeit zwischen sich selbst und dem Peer Educator aus. Ein Viertel der Befragten sieht eine Ähnlichkeit *völlig* bis *teilweise*, die Mehrheit sieht jedoch *keine* oder *wenig* Ähnlichkeit. Ein vergleichbares Bild ergibt sich hinsichtlich der Ähnlichkeit des Sprachgebrauchs, knapp die Hälfte der Befragten empfindet, dass der Peer Educator *völlig* bis *teilweise* so ähnlich spricht wie sie selbst. Mehr als die Hälfte stimmt dem jedoch *wenig* oder *gar nicht* zu. Die Verständlichkeit der Sprache wiederum wird groß eingeschätzt, diese bewerten die meisten Jugendlichen als *völlig* und *ziemlich* verständlich. Bei der Frage nach der Attraktivität der Peer Educators herrscht keine eindeutige Meinung, die Peer Educators werden sehr unterschiedlich eingeschätzt: Jeweils ein Drittel stimmt der Attraktivität *gar nicht* oder *wenig* zu, ein Drittel stimmt *teilweise* zu und ein weiteres Drittel stimmt *ziemlich* oder *voll* zu. Ein ähnliches Bild zeigt sich hinsichtlich der eingeschätzten Empathiefähigkeit. Auch hier teilt sich die Gruppe der Befragten in drei Gruppen auf. Als *teilweise* bis *völlig* sympathisch empfinden knapp 80 % der Befragten die Peer Educators. Mehr als zwei Drittel der Jugendlichen schätzen, dass die Peer Educators bereits selbst einmal Erfahrungen als Opfer von Gewalt gemacht haben.

Zwischen **Mädchen und Jungen** gibt es hinsichtlich der Gesamtbeurteilung der Peer Educators keine signifikanten Unterschiede. Allerdings zeigt sich bei einigen Einzelitems eine signifikant unterschiedliche Einschätzung. Bei allen vorhandenen Unterschieden bewerten männliche Jugendliche die ebenfalls männlichen Peer Educators durchgehend positiver. Dies trifft für die eingeschätzte Attraktivität, die Empathiefähigkeit, ein ähnliches Sprechverhalten und eine generelle Ähnlichkeit zu. Es stehen besonders Persönlichkeitseigenschaften im Vordergrund. Hinsichtlich der eingeschätzten Kompetenz gibt es beispielsweise keine Unterschiede zwischen Mädchen und Jungen.

Deutliche Unterschiede sind beim Vergleich der **Schulformen** festzustellen. Die beste Beurteilung erhalten die Peer Educators von Schülerinnen und Schülern der Förderschule, dicht gefolgt von Gymnasiasten. Die Realschule unterscheidet sich signifikant von allen anderen Schulen durch die negativste Beurteilung. Was die eingeschätzten Opfererfahrungen betrifft, so werden diese an der Förderschule mit Abstand am höchsten eingeschätzt.

Wird die Einschätzung der Peer Educators in Verbindung mit dem **Alter** der befragten Jugendlichen gebracht so bestätigt sich, dass gleichaltrige und bis zu einem Jahr ältere Peer Educators von den Teilnehmern insgesamt positiver, empathiefähiger und glaubwürdiger eingeschätzt werden als jüngere oder mehr als ein Jahr ältere Peer Educators. Je ähnlicher die Teilnehmer sich selbst und die Peer Educators einschätzen, desto positiver fällt die Bewertung der Intervention aus. Es besteht ein Zusammenhang zwischen der Bewertung der Intervention und den wahrgenommenen Eigenschaften des Peer Educators. Ein besonders deutlicher Zusammenhang ist mit der wahrgenommenen Attraktivität, Sympathie, Vertrauenswürdigkeit und Kompetenz festzustellen. Ebenfalls besteht ein positiver Zusammenhang zwischen der von den Teilnehmer eingeschätzten Glaubwürdigkeit der Peer Educators und dem selbst eingeschätzten positiven Einfluss der Intervention auf das eigene Verhalten.

Zwischen den eingeschätzten Opfererfahrungen der Peer Educators und der Kommunikationsschwierigkeit bei miterlebten Gewalttaten mit der Familie, anderen Jugendlichen oder Lehrern gibt es keine Zusammenhänge.

Das Wissen der Peer Educators wird insgesamt größer eingeschätzt als das des Klassenlehrers.

Nr.	Hypothese	Ergebnis
49	Jungen und Mädchen unterscheiden sich hinsichtlich der Beurteilung der Peer Educators.	t2: H0 wird beibehalten
50	Gleichaltrige und bis zu einem Jahr ältere Peer Educators werden von den Teilnehmern positiver eingeschätzt als jüngere oder mehr als ein Jahr ältere Peer Educators.	t2: H1 wird angenommen
51	Gleichaltrige und bis zu einem Jahr ältere Peer Educators werden von den Teilnehmern glaubwürdiger eingeschätzt als jüngere oder mehr als ein Jahr ältere Peer Educators.	t2: H1 wird angenommen
52	Gleichaltrige und bis zu einem Jahr ältere Peer Educators werden von den Teilnehmern empathie-fähiger eingeschätzt als jüngere oder mehr als ein Jahr ältere Peer Educators.	t2: H1 wird angenommen
53	Es besteht ein positive Korrelation zwischen der von den Teilnehmern eingeschätzten Ähnlichkeit des Peer Educators mit sich selbst und der positiven Bewertung der Intervention.	t2: H1 wird angenommen
55	Die Teilnehmer schätzen das Wissen der Peer Educators zum Thema Gewalt größer ein als das des Klassenlehrers.	t2: H1 wird angenommen
56	Es besteht eine positive Korrelation zwischen der von den Teilnehmern eingeschätzten Glaubwürdigkeit der Peer Educators und dem selbsteingeschätzten positiven Einfluss der Intervention auf das eigene Verhalten.	t2: H1 wird angenommen
60	Es besteht eine negative Korrelation zwischen der Einschätzung der Teilnehmer hinsichtlich der Opfererfahrungen der Peer Educators und der wahrgenommenen Schwierigkeit der Teilnehmer, mit der Familie über miterlebte Gewalt zu reden.	t2: H0 wird beibehalten
61	Es besteht unmittelbar nach der Intervention eine negative Korrelation zwischen der Einschätzung der Teilnehmer hinsichtlich der Opfererfahrungen der Peer Educators und der wahrgenommenen Schwierigkeit der Teilnehmer, mit Jugendlichen über miterlebte Gewalt zu reden.	t2: H0 wird beibehalten

62	Es besteht unmittelbar nach der Intervention eine negative Korrelation zwischen der Einschätzung der Teilnehmer hinsichtlich der Opfererfahrungen der Peer Educators und der wahrgenommenen Schwierigkeit der Teilnehmer, mit Lehrern über miterlebte Gewalt zu reden.	t2: H0 wird beibehalten

Schul- und Klassensituation

Die allermeisten Jugendlichen kennen **Personen oder Einrichtungen in der Schule, an die sie sich bei Problemen oder Sorgen wenden können.** Am ersten Befragungszeitpunkt nennen 93 % der Jugendlichen insgesamt 917 verschiedene Personen und Einrichtungen. Am häufigsten wenden sich die Jugendlichen an Personal in der Schule, dies sind vor allem Lehrkräfte, aber auch Schulsozialarbeiter, Hausmeister, Sekretärinnen oder der Schulpolizist. Freunde und Gleichaltrige sind in der Schule die zweihäufigst genannte Personengruppe. Neben diesen zwei Hauptpersonengruppen, die 94 % der Antworten ausmachen, werden vereinzelnd andere Personen oder Orte wie zum Beispiel der Kummerkasten genannt. Über die drei Befragungszeitpunkte hinweg gibt es keine signifikanten Veränderungen. Allerdings geben Mädchen an allen drei Befragungszeitpunkten signifikant mehr Personen oder Einrichtungen an als Jungen, es handelt sich um einen kleinen bis mittleren Effekt. Bei einem Vergleich der Schulformen zeigt sich, dass Gymnasiasten durch die größte Kenntnis auffallen, sie unterscheiden sich signifikant von den anderen Schulformen. Am dritten Befragungszeitpunkt fällt auf, dass vor allem die Befragten der Förderschule, die an der ersten Befragung mit Abstand die wenigsten Angaben gemacht haben, sich nun auf demselben Niveau befindet wie Real- und Gesamtschüler. Die Befragten am Gymnasium stechen nachwievor mit der größten Häufigkeit hervor.

Die überwiegende Mehrheit der Befragten aller Schulformen kennt den Schulpolizisten nicht.

Wenn jemand in der Schule Gewalt anwendet, rechnet knapp die Hälfte aller Schülerinnen und Schüler *immer* mit einer **Konsequenz vonseiten des Lehrpersonals**. Der Anteil der Jugendlichen, der *nie* oder *selten* mit einer Konsequenz rechnet, liegt am ersten Befragungszeitpunkt bei 6 % und hat sich am dritten Befragungszeitpunkt mit 13 % mehr als verdoppelt. Insgesamt wird die Konsequenzerwartung entgegen der Vermutung über die Befragungszeitpunkt signifikant geringer, dabei handelt es sich um einen kleinen bis mittleren Effekt. Im Vergleich zur Konsequenzerwartung durch Lehrkräfte ist die **Konsequenzerwartung durch Mitschüler** deutlich geringer. Hier rechnen rund 30 % der Jugendlichen *immer* mit einer Konsequenz. *Nie* oder *selten* rechnet hingegen rund ein Drittel der Jugendlichen mit einer Konsequenz. Es gibt keine signifikanten Veränderungen nach der

Intervention, allerdings eine statistische Tendenz, die auf eine größere Konsequenzerwartung hindeutet. Am dritten Befragungszeitpunkt erwarten Mädchen signifikant häufiger eine Konsequenz von Mitschülern als Jungen.

Die Hälfte (50 %) aller Schülerinnen und Schüler stimmt der Aussage zu, dass sie von ihren Lehrern bei Entscheidungen und Planungen häufig **nach ihrer Meinung gefragt** werden *völlig* oder *ziemlich* zu. Dieser Anteil verringert sich auf 43 % am dritten Befragungszeitpunkt. Knapp ein Viertel aller Befragten ist am ersten Befragungszeitpunkt der Meinung *gar nicht* oder *wenig* an Entscheidungen teilhaben zu können. Dieser Anteil steigt etwas am dritten Befragungszeitpunkt.

Rund 70 % der Befragten **fühlen sich in ihrer Klasse** *ziemlich* oder *völlig* **wohl**. Der Anteil derer, die sich *wenig* oder *gar nicht* wohlfühlen liegt zwischen 10 und 16 % an den verschiedenen Befragungszeitpunkten. Mädchen fühlen sich nach der Intervention signifikant wohler in ihrer Klasse als Jungen. Am Gymnasium und an der Förderschule fühlen sich die Befragten durchschnittlich am wohlsten, an der Realschule ist das Wohlbefinden am geringsten.

Die **Hilfsbereitschaft** in der eigenen Klasse wird von knapp der Hälfte der Jugendlichen als *gut* oder *sehr gut* bewertet. Etwas mehr als ein Drittel schätzt die Hilfsbereitschaft als *mittelmäßig* ein und knapp ein Fünftel ist der Meinung, dass diese *schlecht* oder *sehr schlecht* ist. Es gibt keine signifikanten Unterschiede aller Befragten im Zeitverlauf. Die geschlechtsspezifische Betrachtung zeigt: Mädchen empfinden die Hilfsbereitschaft nach der Intervention signifikant größer als Jungen. Von den einzelnen Schulformen schätzen Förderschüler die Hilfsbereitschaft in ihrer Klasse signifikant größer ein als an den anderen Schulformen, dabei handelt es sich zum Teil um einen sehr großen Effekt.

Zwischen den **Partizipationsmöglichkeiten** und dem **Wohlfühlen** in der Klasse besteht an beiden Messzeitpunkten ein kleiner Zusammenhang: Größer wahrgenommene Partizipationsmöglichkeiten scheinen mit einem höheren Wohlbefinden einher zu gehen. Kein Zusammenhang besteht dagegen zwischen der **Kommunikationshäufigkeit des Themas Gewalt im Unterricht** und der **Absicht bei Auseinandersetzungen** schlichtend einzugreifen und dem **Wohlbefinden** und der **Hilfsbereitschaft** in der Klasse. Bestätigt werden kann jedoch an beiden Befragungszeitpunkten der Zusammenhang zwischen der Häufigkeit von verbaler Gewalt und dem Wohlbefinden in der Klasse. Ein größeres Vorkommen von verbaler Gewalt scheint mit einem geringeren Wohlbefinden in der Klasse einher zu gehen.

Nr.	Hypothese	Ergebnis
63, 64	Nach der Intervention kennen die Teilnehmer mehr Möglichkeiten sich in der Schule bei Sorgen oder Problemen Unterstützung zu holen als vor der Intervention.	t2: H0 wird beibehalten t3: H0 wird beibehalten
65, 66	Nach der Intervention ist bei ausgeübter Gewalt die Erwartung negativer Konsequenzen für den Täter durch Lehrpersonal in der Schule höher als vor der Intervention.	t2: H0 wird beibehalten t3: H0 wird beibehalten
67, 68	Nach der Intervention ist bei ausgeübter Gewalt die Erwartung negativer Konsequenzen für den Täter durch Mitschüler in der Schule höher als vor der Intervention.	t2: H0 wird beibehalten t3: H0 wird beibehalten
69, 70	Die subjektiv empfundene Mitbestimmung in der Klasse korreliert positiv mit dem Wohlbefinden in der Klasse.	t1: H1 wird angenommen t3: H1 wird angenommen
71, 72	Die Häufigkeit der Thematisierung des Themas Gewalt im Unterricht korreliert positiv mit der von den Teilnehmern geäußerten Absicht bei Auseinandersetzungen zwischen Mitschülern schlichtend einzugreifen.	t1: H0 wird beibehalten t3: H0 wird beibehalten
73, 74	Die Häufigkeit der Thematisierung des Themas Gewalt während des Unterrichts korreliert positiv mit dem Wohlbefinden in der Klasse.	t1: H0 wird beibehalten t3: H0 wird beibehalten
75, 76	Die Häufigkeit der Thematisierung des Themas Gewalt während des Unterrichts korreliert positiv mit der subjektiv empfundenen Hilfsbereitschaft in der Klasse.	t1: H0 wird beibehalten t3: H0 wird beibehalten
77, 78	Die Häufigkeit von verbaler Gewalt in der Klasse korreliert negativ mit dem Wohlbefinden in der Klasse.	t1: H1 wird angenommen t3: H1 wird angenommen

9 Diskussion und Ausblick

In diesem Kapitel wird abschließend der Gesamtbefund der vorliegenden Untersuchung dargestellt, kritisch diskutiert und in Verbindung mit anderen Untersuchungen sowie dem aktuellen Forschungsstand gebracht. Schwierigkeiten und Einschränkungen der Untersuchung und der Befunde werden reflektiert, Stärken und neue Ergebnisse werden im Hinblick auf ihre praktische Bedeutsamkeit betrachtet und es wird ein Blick auf den weiteren Forschungsbedarf gerichtet.

Ziele der vorliegenden Evaluation sind die Überprüfung der Effekte des Gewaltpräventionsprojektes ‚Schlag.fertig' sowie die Gewinnung von Daten und eine daraus resultierende Erkenntnis über die aktuelle Lage von Gewalt an Schulen und zur Klassensituation. Jugendgewalt wird dabei als aktuell und andauernd wichtige Thematik zugrunde gelegt, für die ein Handlungsbedarf, vor allem auch im präventiven Sinne vorhanden ist. Das Besondere am Projekt ‚Schlag.fertig' ist die Durchführung von Gewaltpräventionsaktionen mit der Methode Peer Education, das heißt durch Jugendliche und nicht durch erwachsene Fachkräfte. Die durchführenden Jugendlichen, die Peer Educators, sind Jugendliche, die in der Vergangenheit durch eigenes gewalttätiges Verhalten auffällig geworden sind und folglich nicht nur eine theoretische Sachkenntnis vermitteln, sondern durch eigene Erfahrungen wissen, wovon sie sprechen. Die Methode Peer Education wurde bereits in unterschiedlichsten Projekten vor allem in der Sucht- und Aidsprävention eingesetzt, ein vergleichbares Projekt im Bereich Gewaltprävention ist nicht bekannt. Die Entwicklungen in der Praxis, wie zum Beispiel die Konzeptionierung und Durchführung von einer Vielzahl von Peer-Projekten, ohne ausreichende Daten über die Effekte dieses Ansatzes, weisen auf die Notwendigkeit empirischer Ergebnisse über die Wirksamkeit von Peer-Projekten hin, um in der Praxis gezielter und wirkungsvoller arbeiten zu können. Mit der vorliegenden Untersuchung soll ein Beitrag zur Erforschung von Peer Education geleistet werden. Übergeordnetes Ziel ist dabei zu untersuchen, ob diese Methode eine Möglichkeit für die Prävention von Jugendgewalt sein kann.

Von anderen vorliegenden Untersuchungen zum Thema Peer Involvement beziehungsweise Peer Education unterscheidet sich die vorliegende Untersuchung in mehreren Aspekten. Der Fokus liegt hier auf den Adressaten der Präventionsaktionen und nicht wie häufig auf den Peer Educators. Dabei liegt eine recht große Stichprobe vor und es steht der bisher kaum erforschte Bereich von Peer Education und Gewaltprävention durch ehemalige ‚Täter' im Fokus. Zudem soll eine Strukturierung und ein Überblick für das Themenfeld und die Theorie von Peer Involvement geleistet werden. Bevor diskutiert wird, ob die anvisierten Ziele erreicht wurden und ob mit Projekten wie ‚Schlag.fertig' gewaltpräventiv gearbeitet werden kann, wird zunächst auf inhaltliche und methodische Einschränkungen der Untersuchung eingegangen.

Inhaltliche und methodische Einschränkungen

Eingangs ist kritisch auf die durch den speziellen Untersuchungsverlauf und den Projektcharakter bedingte fehlende Kontrollgruppe hinzuweisen. Als Reaktion auf die dadurch eingeschränkte interne Validität wurde mit insgesamt drei Messzeitpunkten reagiert.

Bedingt durch den Untersuchungsverlauf ist die Stichprobengewinnung eingeschränkt. Da nur solche Schulen evaluiert wurden, die eine ‚Schlag.fertig'-Intervention gebucht haben, war vor der Untersuchung keine exakte Eingrenzung der Stichprobe, zum Beispiel hinsichtlich der Schulformen oder des Alters möglich, da unklar war, welche Schulen und Klassen in welchem Umfang an dem Projekt und der Untersuchung teilnehmen würden. Dies zeigt sich besonders deutlich in der daraus resultierenden fehlenden Teilnahme von Hauptschulen, da hier keine Interventionen angefragt beziehungsweise durchgeführt wurden. Bei den teilgenommenen Klassen kann nicht ausgeschlossen werden, dass ein Selektionseffekt vorliegt und diese sich beispielsweise insofern von anderen Klassen unterscheiden, als dass bereits eine Problematik im Bereich Gewalt vorlag, die sich auf die Anfrage und Teilnahme an der ‚Schlag.fertig'-Intervention ausgewirkt hat. Gleichzeitig hat die vorliegende breite Stichprobe jedoch den Vorteil, Aussagen über die Generalisierbarkeit der Ergebnisse treffen und bestimmte Teilgruppen wie verschiedene Schulformen miteinander vergleichen zu können.

Wahrscheinlich bedingt durch die drei Befragungszeitpunkte, die zeitlich recht nah beieinander lagen, sind darüber hinaus besonders am dritten Messzeitpunkt experimentelle Mortalitätseffekte, wie zum Beispiel fehlende Angaben bei offenen Fragen oder die Angabe falscher Codewörter, zu beobachten. Unter anderem dadurch bedingt, sowie eine geringere Rücklaufquote am dritten Befragungszeitpunkt, haben nicht alle der 639 Befragten an allen drei Befragungszeitpunkten teilgenommen und die Stichproben sind an den Befragungszeitpunkten unterschiedlich groß.

Als weitere Einschränkung wird darauf hingewiesen, dass im Rahmen von Peer Education-Projekten, immer davon ausgegangen werden muss, dass ein Teil der Effekte von dem ‚Hauptinstrument', das heißt der Persönlichkeit der Peer Educators, ausgeht und nur bedingt kontrollierbar beziehungsweise bei unterschiedlichen Persönlichkeiten möglicherweise nur bedingt vergleichbar ist. Dabei handelt es sich jedoch um eine der Methode innewohnende Problematik, die nicht nur für die vorliegenden Evaluationsergebnisse eine Rolle spielt, sondern für alle vergleichbaren Daten.

Gesamtbefund

Im Hinblick auf die ursprünglichen Fragestellungen der Untersuchung soll die Diskussion der Ergebnisse zunächst dreigeteilt sein und sich auf:

(1) die Ergebnisse zur aktuellen Gewaltsituation (gewonnen aus den Daten t1),
(2) die Bewertung der Intervention ‚Schlag.fertig' und der Peer Educators (gewonnen aus den Daten t2) und
(3) auf die gewaltpräventiven Ziele (Vergleich t1/t2 und t1/t3) richten.

(1) Ergebnisse zur Gewaltsituation

Neben der Übereinstimmung grundlegender Daten zur Jugendgewalt und zur Gewalt an Schulen mit anderen Forschungsergebnissen (vgl. z. B. Tillmann 1999; Klewin & Popp 2000; Melzer 2000; Rostampour 2000; Finze 2004; Fuchs et al. 2005; Baier et al. 2009; Schwind et al. 2009) sind einige neue beziehungsweise andere Befunde festzustellen.

Übereinstimmend mit anderen Forschungsergebnissen (Tillmann 1999; Fuchs et al. 2005; Kliegel et al. 2009) kann eine Verbindung zwischen der Schulform und der Häufigkeit von Gewalt nachgewiesen werden. In der vorliegenden Untersuchung ist an der Förderschule die größte Häufigkeit von Tätererfahrungen zu beobachten, am Gymnasium die niedrigste. Es liegt eine positive Korrelation zwischen der Anzahl der ausgeübten Gewalttaten und dem Bildungsstand in Form der besuchten Schule vor: je höher der Bildungsstand, desto niedriger die ausgeübten Gewalttaten. Ebenfalls übereinstimmend mit anderen Studien (Melzer 2000; Finze 2004; Fuchs et al. 2005; Baier et al. 2009; Schwind et al. 2009) ist verbale Gewalt dabei die mit Abstand am häufigsten ausgeübte Gewaltform. Es folgen mit einigem Abstand leichte Formen der körperlichen Gewalt wie Treten, Schubsen und Schlagen. Harte Gewaltformen, wie zum Beispiel die Bedrohung mit einer Waffe kommen selten vor. Die Gesamthäufigkeit an gewalttätigem Verhalten liegt bei durchschnittlich 8,5 Mal innerhalb der letzten sechs Wochen. Die angegebenen Opfererfahrungen liegen leicht darunter, hier ist jedoch davon auszugehen, dass ein Eingeständnis von Opfererfahrungen für die Jugendlichen schwieriger ist als von Tätererfahrungen, weshalb die Häufigkeit wahrscheinlich tatsächlich höher liegt. Mit einem Anteil von 71 % liegt der Anteil der Schülerinnen und Schüler, die mindestens eine der beschriebenen Gewaltformen ausübt hoch, entspricht jedoch Vergleichsdaten, die von 68 % (Baier et al. 2009) bis 90 % (Fuchs et al. 2005) berichten. Die Häufigkeit der Opfererfahrungen ist nur geringfügig niedriger. Die höchste Gewaltbelastung findet sich bei den 14- bis 15jährigen Jugendlichen.

In der vorliegenden Untersuchung üben Jungen fast doppelt so häufig Gewalt aus wie Mädchen, ähnliches gilt für Opfererfahrungen. Damit liegt die Jungendominanz allerdings bei weitem nicht so hoch wie beispielsweise in der Studie von Baier et al., die den Täteranteil von Jungen als 7,3-Mal so hoch wie den der Mädchen benennen (2009).

Mädchen haben eine weniger tolerante Einstellung gegenüber körperlicher Gewalt als Jungen. Keine Unterschiede gibt es hingegen bei der Einstellung gegenüber verbaler Gewalt. Bei der Betrachtung des subjektiven Gewaltbegriffs der Jugendlichen fällt auf, dass verbale Gewalt hier erst im oberen Mittelfeld und bei den offenen Kategorien mit durchschnittlich 4 % der Nennungen nur einen geringen Anteil ausmacht. Dies und der fehlende Unterschied zwischen den Geschlechtern kann die Ergebnisse von Klewin & Popp (2000) und die in der vorliegenden Arbeit aufgeführten Annahmen zur Jugendsprache stützen, dass ein Teil der verbalen Gewaltformen bei Jugendlichen Bestandteil einer für sie normalen und alltäglichen Umgangssprache ist und als Stilmittel beziehungsweise zur Abgrenzung und Schockierung genutzt und nicht im Sinne von Gewalt verstanden oder angewendet wird. Die unterschiedliche Definition, Bewertung und Interpretation von verbalen Aussagen durch Erwachsene und Jugendliche kann möglicherweise das hohe Vorkommen von verbaler Gewalt bei Jugendlichen relativieren.

Entgegen den Ergebnissen bei Klewin & Popp (2000), die keine Unterschiede hinsichtlich der Gewaltdefinition von Jungen und Mädchen feststellten, unterscheiden sich in der vorliegenden Untersuchung die Geschlechter dahingehend, dass Mädchen vermehrt psychische und verbale Gewaltformen benennen, Jungen hingegen vermehrt Sachbeschädigung und leichte körperliche Gewalt. Eine unterschiedliche Gewaltdefinition von Mädchen und Jungen weist darauf hin, dass möglicherweise eine geschlechtsspezifische Präventionsarbeit zu passgenaueren Ergebnissen führen könnte.

Jugendliche mit Migrationshintergrund fallen in der vorliegenden Untersuchung durch eine höhere Anzahl an ausgeübter Gewalt auf als Jugendliche ohne Migrationshintergrund. Dies gilt jedoch nicht für Opfererfahrungen, bei denen beide Gruppen gleichauf liegen. Dies stützt die bei Baier et al. (2009) gefundenen Ergebnisse, die ebenfalls einen Zusammenhang zwischen Migrationshintergrund und Gewalterfahrungen gefunden haben, allerdings auch bezogen auf die Opfererfahrungen. Der in der vorliegenden Untersuchung aufgedeckte deutliche Zusammenhang zwischen Migrationshintergrund und Tätererfahrungen sowie die genannten Ergebnisse bei Baier et al. (2009) weisen auf einen weiteren Forschungsbedarf hin, da hierzu auch konträre Ergebnisse (vgl. z. B. Fuchs 2009) vorliegen, die keine großen Unterschiede zwischen Jugendlichen mit und ohne Migrationshintergrund feststellen. Für die Interpretation einer größeren Gewalttätigkeit von Jugendlichen mit Migrationshintergrund können unterschiedliche Faktoren, wie zum Beispiel andere familiäre Kommunikationsstrukturen, ein stärkeres Autoritätsdenken, ein anderes Gewaltverständnis oder andere Geschlechtsrollen herangezogen werden, die jedoch einer näheren Überprüfung bedürfen. Im Hinblick auf eine wachsende Anzahl von Jugendlichen mit Migrationshintergrund beziehungsweise vielfältigen und heterogenen kulturellen Hintergründen, ist die Auseinandersetzung mit unterschiedlichen Sozialisations- und Erziehungsbedingungen aktuell und zukünftig für die Gewaltprävention notwendig.

Übereinstimmend mit Ergebnissen von zum Beispiel Melzer (2004) oder Fuchs et al. (2005) ist ein deutlicher Zusammenhang zwischen Täter- und Opfererfahrungen zu erkennen. Hierbei handelt es sich nicht um zwei verschiedene Gruppen, sondern in der Regel ist der Täter zugleich auch Opfer und umgekehrt. Für die pädagogische Praxis und in Verbindung mit Daten von Baier et al., die einen deutlichen Zusammenhang zwischen familiären Opfererfahrungen und der eigenen Gewalttätigkeit benennen (2009, S. 80), sollte beachtet werden, dass neben einem gewaltfördernden Einfluss durch Gleichaltrige, die Familie und die Prävention von innerfamiliäre Gewalt beziehungsweise die Bearbeitung von innerfamiliären Opfer- und Gewalterfahrungen, nicht vernachlässigt werden darf. Besonders für junge Jugendliche liegt die Vermutung nahe, dass Opfererfahrungen aus der Familie in eigenes gewalttätiges Verhalten unter Gleichaltrigen münden können und so ein Einstieg in die Reziprozität von Opfer- und Tätererfahrungen erfolgen kann.

Die Schul- und Klassensituation betreffend fühlen sich in der vorliegenden Untersuchung knapp zwei Drittel aller Schülerinnen und Schüler in ihrer Klasse wohl. Die Hilfsbereitschaft in der Klasse wird nur von knapp der Hälfte der Jugendlichen als gut oder sehr gut bezeichnet. Ähnlich sieht es bei den Partizipationsmöglichkeiten in der Klasse aus, nur knapp die Hälfte denkt, dass sie bei wichtigen Entscheidungen häufig nach ihrer Meinung gefragt wird. Ein positiver Zusammenhang zwischen den Partizipationsmöglichkeiten und dem Wohlbefinden in der Klasse konnte festgestellt werden. Die Bedeutsamkeit eines guten Klassenklimas für das Aggressionspotential ist bekannt (Wolke 2006) und die vorliegenden Ergebnisse bestärken den von Melzer (2004) gefundenen Zusammenhang von Partizipationsmöglichkeiten und Klassenkohäsion und der Gewaltbelastung. Die Ergebnisse zeigen zudem, dass noch einige Möglichkeiten vorhanden sind, die Schul- und Klassensituation zu optimieren. Hier ist nachwievor eine stärkere Partizipation von Jugendlichen möglich und nötig, ebenso wie die Förderung von Strukturen und die Öffnung der Institution Schule als ein zentrales Lebensfeld von Jugendlichen für die Bedürfnisse, Belange und auch Kompetenzen von Jugendlichen, so dass zum Beispiel die Klassenkohäsion oder das Wohlbefinden gefördert werden.

Im Hinblick auf in der Schule praktizierte Gewalt wird deutlich, dass offenbar ein gewisses Maß an Gewalt durch Lehrpersonal hingenommen wird, auf das keine (direkte) Konsequenz erfolgt. Weniger als die Hälfte der Jugendlichen rechnet nach einer Gewalttat immer mit einer Konsequenz von Lehrern, noch seltener mit Konsequenzen von Mitschülern. Interessant ist, dass es einen signifikanten positiven

Zusammenhang zwischen dem Wohlfühlen und der Konsequenzerwartung durch Lehrpersonal gibt: Eine größere Konsequenzerwartung scheint mit einem größeren Wohlfühlen in der Klasse einher zu gehen. Klarere Strukturen und eine gewisse Verlässlichkeit von Verhalten, die eine Kontrolle und eine konsequente Reaktion von Lehrern auf Gewalt beinhalten, könnten folglich dazu beitragen, Gewalt in der Schule zu verringern und ein positives Klassenklima zu fördern. Dem Wohlfühlen in der Klasse kommt dabei ein wichtiger Stellenwert zu, der im Schulalltag bisher häufig hinter dem Leistungsgedanken zurückstehen musste.

Im Hinblick auf die Nutzung von bereits in der Schule vorhandener Strukturen zeigt sich, dass der Schulpolizist als Fachperson für das Thema Gewalt nur weniger als einem Drittel der Jugendlichen in der vorliegenden Untersuchung bekannt ist. Das stärkere Bekanntmachen des Schulpolizisten und damit die Nutzung vorhandener gewaltpräventiver (polizeilicher) und damit auch stadtteilbezogener Ressourcen ist in der Schulstruktur durch verhältnismäßig wenig Aufwand denkbar und wünschenswert. Insgesamt benennen aber über 90 % der Jugendlichen jemanden, an den sie sich in der Schule bei Problemen wenden können, dies sind vor allem Personal in der Schule und Gleichaltrige. Mädchen nennen signifikant mehr Personen oder Orte. Möglicherweise sind die vorhandenen Hilfemöglichkeiten für Jungen nicht passgenau, hier bietet sich die Möglichkeit für Jungen, die den weitaus größeren Teil der Täter ausmachen, andere Unterstützungsstrukturen und Hilfemöglichkeiten zu schaffen.

Sehr deutlich zeigen die vorliegenden Daten, dass für Jugendliche das Thema Gewalt eine wichtige Rolle spielt. Die Gesprächshäufigkeit einschließlich eigener Gewalterlebnisse liegt bei einem Mittelwert von 14 Mal in den letzten sechs Wochen und mehr als 80 % der Jugendlichen finden es wichtig über Gewalt zu sprechen. Es wird ein sehr großes Interesse an dem Thema und ein großer Wunsch nach mehr Informationen zu den unterschiedlichsten Facetten dieses Themas geäußert. Durch einige persönliche Randbemerkungen auf den Fragebögen wird darüber hinaus deutlich, dass das Thema zum Teil sehr emotional besetzt ist. In der vorliegenden Untersuchung konnte festgestellt werden, dass die Behandlung des Themas Gewalt im Unterricht einen positiven Einfluss auf die Häufigkeit von Gesprächen über miterlebte Gewalt mit verschiedenen Personengruppen hat. Wird davon ausgegangen, dass eine häufigere Kommunikation hilft, eigene Scham- und Angstgefühle abzubauen, wirkt sich dieses wiederum positiv auf das persönliche Befinden und das eigene Verhalten aus. Zusätzlich kann dadurch bisher verdeckte Gewalt aufgedeckt werden. Die Ergebnisse sprechen dafür, Gewalt in der Schule mehr zu Thema zu machen, sowohl in persönlichen Gesprächen sowie vor allem als Unterrichtsthema und als Bestandteil des Schulalltags fest zu verankern.

Andere Gleichaltrige sind die wichtigsten und quantitativ häufigsten Gesprächspartner, sowohl was das Thema Gewalt betrifft als auch bei Gesprächen über selbst miterlebte Gewalt. Mit Lehrern wird es als signifikant schwieriger erlebt über miterlebte Gewalt zu sprechen. Auch Baier et al. (2009) konnten in ihrer deutschlandweiten Befragung feststellen, dass Gleichaltrige die Personen sind, denen am häufigsten ein Gewalterlebnis berichtet wird. Die besondere Stellung von Jugendlichen ist durch ein größeres Wissen und die Förderung von Selbsthilfepotentialen zu stärken und zu fördern, so dass Jugendliche sich selbst noch besser gegenseitig unterstützen können und vorhandene (Kommunikations)strukturen gewaltpräventiv genutzt werden können. Das an vielen Schulen bereits umgesetzte Streitschlichterprogramm kann als positives Beispiel genannt werden.

(2) Die Bewertung der Intervention ‚Schlag.fertig' und der Peer Educators

Zusammenfassend kann festgehalten werden, dass die jugendlichen Teilnehmer und Teilnehmerinnen die ‚Schlag.fertig'-Intervention gut bewerten. Die Gesamtnote von 2,2 und die Bewertung der einzelnen Bestandteile als genau richtig zeigt dies deutlich. Am besten fällt die Bewertung der Förderschüler mit der Note 1,8 aus. Einen positiven Einfluss der Intervention auf ihr eigenes Verhalten sehen rund 80 % der Jugendlichen.

Der Besonderheit von Peer-Interventionen, das heißt der Durchführung durch Gleichaltrige, wird ein wesentlicher Einfluss auf die Effekte der Interventionen zugesprochen. Erfahrungsgemäß stehen die Peer Educators bei den Adressaten mit ihrer Persönlichkeit und ihrem Verhalten besonders im Blickpunkt. In der vorliegenden Untersuchung besteht ein signifikant positiver Zusammenhang zwischen der Bewertung der Intervention und der Beurteilung der Peer Educators, was zeigt, dass die Wahrnehmung der Peer Educators einen wichtigen Stellenwert für die Bewertung der gesamten Intervention hat. Entgegen der ursprünglichen Annahme, sehen die Teilnehmer der Intervention allerdings wenig Ähnlichkeit zwischen den Peer Educators und sich selbst. Die Verständlichkeit der von den Peer Educators verwendeten Sprache wiederum wird als recht hoch eingeschätzt. Insgesamt finden die Teilnehmer die Peer Educators sehr sympathisch, die Attraktivität und Empathiefähigkeit liegen im mittleren bis hohen Bereich. Die Kompetenz und das Wissen der Peer Educators zum Thema Gewalt werden als sehr hoch bewertet, höher als das der Mitschüler und des Klassenlehrers und höher als das von anderen Erwachsenen und Jugendlichen allgemein. Daran zeigt sich, dass jugendliche Trainer von anderen Jugendlichen tatsächlich als ‚Experten' für ein Thema wahrgenommen werden und keine Einschränkung im Vergleich zu Erwachsenen vorhanden ist. Auf einem ähnlichen Niveau werden die Peer Educators auch hinsichtlich ihrer Vertrauenswürdigkeit eingeschätzt: Sie werden als sehr ehrlich wahrgenommen und ihnen wird eine große Wichtigkeit und ein persönlicher Bezug zu dem Thema Gewalt zugesprochen. Vor dem Hintergrund des Modelllernens und den erwünschten Eigenschaften eines Modells können diese Eigenschaften übertragen auf die Peer

Educators besonders in Form der Einschätzung als kompetent, einer hohen Vertrauenswürdigkeit sowie einer positiven Beziehung zwischen Modell und Beobachter bei den Peer Educators als gegeben angenommen werden. Eine Ähnlichkeit, wenn auch von den Teilnehmern nur zum Teil bewusst wahrgenommen, ist durch die vergleichbare Entwicklungsphase zumindest teilweise gegeben. Es besteht ein deutlicher Zusammenhang zwischen der Bewertung der Intervention und den wahrgenommenen Eigenschaften des Peer Educators, dies gilt besonders für die wahrgenommene Attraktivität, Sympathie, Vertrauenswürdigkeit und Kompetenz. Für die Praxis wird dadurch die Wichtigkeit der Auswahl der Peer Educators betont. Eine genaue Auswahl im Hinblick auf die anvisierte Zielgruppe scheint für den Erfolg von Peer Involvement-Programmen wesentlich. In der vorliegenden Untersuchung konnte ein signifikanter Zusammenhang zwischen dem Alter der Peer Educators im Vergleich zum Teilnehmer und der Einschätzung dieser gezeigt werden. Dabei zeigt sich, dass gleichaltrige und bis zu einem Jahr ältere Peer Educators signifikant positiver bewertet werden als jüngere oder wesentlich ältere Peer Educators. Dies zeigt sich auch hinsichtlich der Empathiefähigkeit und der Glaubwürdigkeit. Der Empfehlung von Deutsch & Swartz, dass die Peers im Idealfall zwei bis drei Jahre älter sein sollten, kann hier nicht zugestimmt werden (2002, S. 107ff). Möglicherweise stellt für die vorliegende Ziel- und Altersgruppe ein Altersunterschied von mehr als einem Jahr eine zu große Diskrepanz hinsichtlich des aktuellen Entwicklungsstands dar. Auch dies liefert einen wichtigen Hinweis für die Auswahl der Peer Educators.

Obwohl sich Mädchen und Jungen im Hinblick auf die ausschließlich männlichen Peer Educators nicht hinsichtlich der Gesamtbeurteilung unterscheiden, so schätzen Jungen die Persönlichkeitseigenschaften der Peer Educators signifikant positiver und die Peer Educators als sich selbst signifikant ähnlicher ein. Hier scheint eine besondere geschlechtsspezifische Identifikation vorzuliegen. Daraus folgt, dass idealerweise der Zielgruppe entsprechend Peer Educators beider Geschlechter beteiligt sein sollten, um eine größere Identifikation zu ermöglichen und geschlechtsspezifische Aspekte zu berücksichtigen.

Entgegen den Annahmen konnte kein Zusammenhang hinsichtlich der eingeschätzten Opfererfahrungen der Peer Educators und der Kommunikationsschwierigkeit über miterlebte Gewalttaten gefunden werden.

(3) Die gewaltpräventiven Ziele

Ziel der vorliegenden Untersuchung ist die Wirkungsevaluation des Treatments ‚Schlag.fertig'. Im Hinblick auf die Fragestellung, ob durch das Treatment gewaltpräventive Effekte – auch im Sinne der in dieser Arbeit vorgestellten Definition von Gewaltprävention – erreicht werden, kann dies bestätigt werden, wenn auch nicht für alle Bereiche. Aufgrund der fehlenden Kontrollgruppe und dem Einfluss von Zeiteffekten kann nicht von einem Kausalzusammenhang ausgegangen werden, es liegt jedoch nahe, die Veränderungen mit auf den Einfluss des Treatments zurückzuführen. Hinzu kommen Effekte die durch die Teilnahme an der Präventions-aktion initiiert wurden.

Hinsichtlich des Wissens der teilgenommenen Jugendlichen zeigt sich ein deutlicher gewaltpräventiver Erfolg, denn ihr Wissen ist nach der Intervention signifikant größerer als vor der Intervention, auch längerfristig im Follow-Up. Auch das Wissen von anderen Jugendlichen wird nach der Intervention als signifikant größer eingeschätzt. Dies ist als wichtiger Hinweis für die wahrgenommenen Unterstützungsmöglichkeiten in der Gruppe der Jugendlichen selbst zu verzeichnen. Jugendliche nehmen sich nach der Intervention als kompetenter wahr, was sich positiv auf die Nutzung vorhandener Selbsthilferessourcen auswirken kann. Einschränkend ist zu konstatieren, dass sich die, allerdings bereits vor der Intervention sehr hohe Kenntnis von Hilfemöglichkeiten in und außerhalb der Schule, nicht verändert hat. Hingegen hat sich die Kenntnis von Beratungsdiensten nach der Intervention verdoppelt. Keine Veränderung ist auch im Hinblick auf die Einstellung der Jugendlichen zu Gewalt zu finden. Eine deutliche signifikante Veränderung, die auch bei der Follow-up-Befragung noch vorhanden ist und so auf eine Nachhaltigkeit schließen lässt, ist bei dem Gewaltverständnis der Jugendlichen festzustellen: Die Jugendlichen betrachten nach der Intervention eine größere Anzahl von Handlungen als Gewalt als vorher. Hier ist eine deutliche Sensibilisierung und eine Erweiterung des subjektiven Gewaltbegriffs festzustellen. Ebenfalls eine nachhaltige Veränderung ist für die Selbsteinschätzung im Hinblick auf eigene Gewalttätigkeit festzustellen. Die Teilnehmer fühlen sich nach der Intervention signifikant kompetenter, auf körperliche und verbale Gewalt nicht mit eigener Gewalt zu reagieren. Die Absicht bei Auseinandersetzungen in der Schule schlichtend einzugreifen hat sich entgegen der Hypothese nicht vergrößert, sondern im Gegenteil verringert. Aus den vorliegenden Daten kann nicht entnommen werden, ob stattdessen möglicherweise andere Verhaltensweisen Anwendung finden. Keine Veränderung ist auch im Hinblick auf die durchschnittliche Gesamthäufigkeit an Täter- und Opfererfahrungen festzustellen, obwohl es bei den Opfererfahrungen zu einem Rückgang von durchschnittlich 7,0 auf 5,8 Mal gekommen ist, der statistisch jedoch nicht signifikant ist. Allerdings ist der Anteil der Jugendlichen, die über keine ausgeübte Gewalt berichten am dritten Befragungszeitpunkt deutlich von 29 % auf 38 % gestiegen. Bei Jungen und Mädchen ist eine konträre Veränderung zu beobachten, so dass sich die Häufigkeiten der Täter- und Opfererfahrungen, die sich vor der Intervention signifikant unterscheiden, nach der Intervention einander angenähert haben. Mädchen geben eine größere, Jungen eine geringere Häufigkeit an. Eine mögliche Erklärung ist, dass Mädchen aufgrund ihrer Geschlechtsrolle möglicherweise erst nach einer Auseinandersetzung mit dem Thema Gewalt in Form der

,Schlag.fertig'-Intervention eine größere Sensibilität für die eigene Beteiligung entwickeln und erst nach einer Auseinandersetzung mit dem Thema offener über ihre tatsächlichen Erfahrungen berichten können. Ist dies der Fall, so sind anhand der vorliegenden Ergebnisse die Unterschiede zwischen Mädchen und Jungen hinsichtlich ihrer Erfahrungen mit Gewalt als deutlich kleiner zusammenzufassen, als in anderen Studien gefunden und diskutiert. Durch einen weiteren Erhebungszeitpunkt nach einer Präventionsaktion könnte hierüber Aufschluss gewonnen werden. Der Rückgang bei den Häufigkeiten der Jungen kann einen Hinweis auf die geschlechtsspezifischen Effekte der Intervention liefern.

Ein Zusammenhang von Schulform und ausgeübter Gewalt, der vor der Intervention vorhanden ist, ist nach der Intervention nicht mehr festzustellen. In den Förder- und Realschulklassen ist im Vergleich ein deutlicher Rückgang von ausgeübter Gewalt zu erkennen, was als Hinweis gewertet werden kann, dass die Intervention hier bessere Ergebnisse erzielt. Hierfür spricht auch die besonders gute Bewertung der Intervention an der Förderschule.

Die Kommunikationshäufigkeit zum Thema und zu selbst erlebter Gewalt insgesamt bleibt über alle Befragungszeitpunkte gleich. Ein signifikanter Anstieg der Kommunikationshäufigkeit ist jedoch für Gespräche über selbst miterlebte Gewalt mit Lehrkräften zu sehen. Dies ist insbesondere bedeutsam, da die Kommunikationsschwierigkeit mit Lehrern von den Jugendlichen als signifikant größer wahrgenommen wird, als beispielsweise mit Jugendlichen oder mit der Familie. Für das Setting Schule ist dies ein bedeutsamer Effekt. Nach der Intervention finden es die Jugendlichen signifikant wichtiger über Gewalt zu sprechen als vor der Intervention, diese Veränderung ist allerdings nur kurzfristig an t2 festzustellen.

In Bezug auf die Konsequenzerwartung durch Lehrer bei Gewaltvorfällen bestätigt sich die Annahme nicht, dass diese nach der Intervention größer ist. Es zeigt sich im Gegenteil, dass nach der Intervention eine signifikant niedrigere Konsequenzerwartung als vor der Intervention zu beobachten ist. Eine mögliche Interpretation kann sein, dass es durch die Intervention und die Auseinandersetzung mit dem Thema Gewalt zu einer größeren Sensibilität für das Thema und für Gewaltsituationen gekommen ist. In Verbindung mit der Entwicklung eines breiteren Gewaltverständnis wird folglich nach der Intervention die Konsequenzerwartung im Verhältnis geringer wahrgenommen als vorher.

Fazit

Zusammenfassend für die drei dargestellten Bereiche kann festgehalten werden, dass im Vergleich mit anderen Daten kein genereller Anstieg von Jugendgewalt zu verzeichnen ist. Für die untersuchte Stichprobe ergeben sich nach der Intervention insgesamt keine signifikanten Veränderungen beim tatsächlichen Gewaltverhalten als Täter oder Opfer. Allerdings verfügen die Teilnehmer nach der Intervention über ein größeres Wissen und über ein breiteres Verständnis von Gewalt und fühlen sich selbst kompetenter weniger Gewalt anzuwenden als vor der Intervention. Die Jugendlichen finden es wichtiger über Gewalt zu sprechen und sprechen auch tatsächlich mit ihren Lehrern häufiger über miterlebte Gewalt. Je häufiger das Thema Gewalt im Unterricht behandelt wird, desto häufiger sprechen die Jugendlichen mit ihrer Familie, mit anderen Jugendlichen und mit Lehrkräften über selbst erlebte Gewalt. Für die Schul- und Klassensituation haben besonders die Ergebnisse zur Partizipation, zum Wohlbefinden und zur Konsequenzerwartung durch das Lehrpersonal eine praktische Relevanz, zum Beispiel für die Gestaltung des Klassenklimas. Alle erreichten Veränderungen bis auf eine konnten auch im Follow-Up nachgewiesen werden und sind als nachhaltig zu bewerten. Es konnten einige wichtige Merkmale der Peer Educators herausgearbeitet werden, die sich auf die Effekte bei der Zielgruppe auswirken. Sehr deutlich konnte aufgezeigt werden, dass Jugendliche für andere Jugendliche wichtige Gesprächspartner sind, Jugendliche andere Jugendliche als sehr kompetent wahrnehmen und die Bedeutsamkeit des Themas Gewalt für Jugendliche sehr hoch ist und ein großer Bedarf an mehr Informationen und Gesprächen besteht. Es zeigen sich einige schulformspezifische Ergebnisse. Insbesondere die positiven Effekte an der Förderschule nach der Intervention, welche durch eine besonders hohe Gewaltbelastung vor der Intervention auffällt, geben Hinweise für die zukünftige Verankerung von Peer-Projekten. Ein Ziel von Peer-Projekten, nämlich vermehrt Zielgruppen zu erreichen, die sonst schwierig oder gar nicht erreicht werden können, kann hier bestätigt werden. Einschränkend ist die kleine Stichprobe an der Förderschule zu nennen. Möglicherweise eignet sich der Peer-Ansatz im Bereich Gewaltprävention besonders für Schülerinnen und Schüler, die mit klassischen pädagogischen Methoden generell nur schwer erreichbar sind. Durch die Einbeziehung von Peer Educators im Projekt ‚Schlag.fertig', die bereits Erfahrungen mit Gewalt gemacht haben und negativ auffällig geworden sind, kann dem häufig aufgeführten Kritikpunkt, dass nur solche Jugendlichen als Peer Educators tätig werden, die bereits über gute Ressourcen beziehungsweise hohe Sozialkompetenzen verfügen, begegnet werden. Als deutliches Zeichen und als Erfolg von ‚Schlag.fertig' kann die große Nachfrage nach weiteren Interventionen sowie der Wunsch von Schulen solche Interventionen als festen Bestandteil im Schulhalbjahr zu verankern, gesehen werden. Zu bedauern und zu kritisieren ist, dass auch ‚Schlag.fertig' zumindest zum jetzigen Zeitpunkt nur ein zeitlich begrenztes Projekt darstellt. Schlussendlich sind die Ergebnisse geringer als erwartet und erhofft und schließen sich anderen Ergebnissen an, die vor allem Veränderungen des Wissens und weniger der Einstellung und des Verhaltens zeigen (Backes 2003). Für die Adressaten konnten jedoch deutliche Ergebnisse erzielt werden, die erreichten Effektgrößen liegen dabei fast durchgehend im mittleren Bereich.

Die Ergebnisse weisen ausdrücklich darauf hin, dass die Methode Peer Education generell für Primär- und Sekundärprävention von Gewalt geeignet ist. Eine stärkere Eingrenzung der Zielgruppe, zum Beispiel im Hinblick auf geschlechtsspezifische, kulturelle oder demographische Merkmale, und eine passgenauere Auswahl der Peer Educators kann dabei zu größeren Effekten führen. Die Ursachen von Jugendgewalt beziehungsweise von verschiedenen Gewaltformen und Entwicklungsverläufen und damit verschiedenen Gruppen von Tätern und Opfern sollten dabei differenzierter betrachtet werden als bisher. Möglicherweise eignet sich Peer Education besonders für die jugendtypische Delinquenz und weniger für persistente Gewaltformen. Peer Education beziehungsweise übergeordnet Peer Involvement, soll kein Ersatz für professionelle Hilfen, zum Beispiel Psychotherapie oder Maßnahmen des Rechtssystems, sein, sondern vielmehr eine Ergänzung von bestehenden Präventionsangeboten, bei der vermehrt protektive Faktoren und eine ressourcenorientierte und partizipative Sichtweise im Zentrum stehen. Die dargestellten Einschränkungen gilt es zu beachten und den Peer-Ansatz nicht im Sinne einer ‚Patentlösung' zu verstehen. Es ist wünschenswert, die bereits von den Jugendlichen untereinander wahrgenommenen Kompetenzen auch von erwachsener und pädagogischer Seite stärker wahrzunehmen und in feste und regelmäßige Strukturen an der Schule und darüber hinaus zu verankern und so zugleich gewaltpräventiv, wie auch im Sinne einer größeren Partizipation von Jugendlichen, im Hinblick auf eine aktive Teilnahme und Gestaltung der eigenen Lebenswelt, zu arbeiten. Peer-Projekte und Peer-Aktivitäten sollten dabei immer Teil einer übergeordneten und vernetzten Struktur auf verschiedenen Ebenen sein.

10 Literaturverzeichnis

Akpinar, Mine (2004): Kulturspezifische Äußerungen und Wahrnehmung von Gewalt. Bad Boll. <http://www.dvjj.de/artikel.php?artikel=328> 07.05.2010.

Albert, Mathias; Hurrelmann, Klaus; Quenzel, Gudrun (2010): Jugend 2010. Eine pragmatische Generation behauptet sich. Orig.-Ausg. Frankfurt am Main: Fischer-Taschenbuch-Verlag.

Alder, Marlies; Oehler, Patrick (2005): Peer-Education: Jugendliche arbeiten in der Prävention. In: SuchtMagazin, S. 11–13.

Al-Diban, Sabine (2000): Über den Zusammenhang von Körperkonzept, Selbstkonzept und Gewalt. In: Psychosozial, Jg. 23, H. 1, S. 29-42.

Alsleben, Brigitte; Wermke, Matthias (Hg.) (2007): Das Herkunftswörterbuch. Etymologie der deutschen Sprache. 4., neu bearb. Aufl. Mannheim: Dudenverlag

Appel, Elke (2001): Auswirkungen eines Peer-Education-Programms auf Multiplikatoren und Adressaten – eine Evaluationsstudie. Inauguraldissertation. Berlin: Freie Universität.

Appel, Elke; Kleiber, Dieter (2003): Auswirkungen eines Peer-Education-Programms zu Liebe, Sexualität und Schwangerschaftsverhütung auf Multiplikatorinnen und Multiplikatoren sowie Adressatinnen und Adressaten. In: Nörber, Martin (Hg.): Peer Education. Bildung und Erziehung von Gleichaltrigen durch Gleichaltrige. 1. Aufl. Weinheim: Beltz.

Arbeitsgemeinschaft Kinder- und Jugendschutz (AJS) (Hg.) (1995): Gewalt und Gewaltprävention. Köln.

Arbeitsstelle Kinder- und Jugendkriminalitätsprävention (Hg.) (2007): Strategien der Gewaltprävention im Kindes- und Jugendalter. Eine Zwischenbilanz in sechs Handlungsfeldern. München: DJI Arbeitsstelle Kinder- und Jugendkriminalitätsprävention.

Armbrust, Joachim (2003): jugendline.de – Jugendliche beraten Jugendliche. In: Nörber, Martin (Hg.): Peer Education. Bildung und Erziehung von Gleichaltrigen durch Gleichaltrige. 1. Aufl. Weinheim: Beltz, S. 284–297.

Backes, Herbert; Wronska, Lucyna (1999): Peer Education: Ein Weg in der interkulturellen Sexualpädagogik. In: Bundeszentrale für gesundheitliche Aufklärung (Hg.): Forum Sexualaufklärung und Familienplanung, S. 22–24. Köln.

Backes, Herbert; Schönbach, Karin (2002): Peer Education – Ein Handbuch für die Praxis. Berlin.

Backes, Herbert (2003): Peer Education. In: Bundeszentrale für gesundheitliche Aufklärung (Hg.): Leitbegriffe der Gesundheitsförderung. Glossar zu Konzepten, Strategien und Methoden in der Gesundheitsförderung. 4. Aufl. Schwabenheim a.d. Selz: Verlag Peter Sabo, S. 176–179.

Baer, Dieter; Wermke, Matthias (Hg.) (2002): Duden Fremdwörterbuch. 7., neu bearb. und erw. Aufl., Weltbild Sonderausgabe. Augsburg: Dudenverlag.

Baier, Dirk; Pfeiffer, Christian; Simonson, Julia; Rabold, Susann (2009): Jugendliche in Deutschland als Opfer und Täter von Gewalt. Erster Forschungsbericht zum gemeinsamen Forschungsprojekt des Bundesministeriums des Inneren und des KFN. Forschungsbericht Nr. 107. Hannover.

Balser, Hartmut (Hg.) (1997): Schulprogramm Gewaltprävention. Ergebnisse aktueller Modellversuche. Neuwied, Kriftel, Berlin: Luchterhand.

Bandura, Albert; Walters R. H. (1959): Adolescent aggression. New York: Ronald Press.

Bandura, Albert & Walters, R. H. (1963). Social learning and personality development. New York: Holt, Rinehart & Winston.

Bandura, AlbertBandura, A. (1971). Social learning theory. New York: General Learning Press.

Bandura, Albert (1979): Aggression. Eine sozial-lerntheoretische Analyse. 1. Aufl. Stuttgart: Klett-Cotta.

Bandura, Albert (1979): Sozial-kognitive Lerntheorie. Stuttgart: Klett-Cotta.

Bandura, Albert (2001): Social cognitive theory: An agentic perspective. In: Annual Review of Psychology, Jg. 52, S. 1–26.

Barsch, G. (1996): Drogenkonsum und Drogenpolitik in modernen Gesellschaften. Unveröffentlichte Dissertation. Berlin: Technische Universität.

Bauch, Jost (1997): Peer-Education und Peer-Involvement. Ein neuer Weg in der Gesundheitsförderung? In: Prävention. Zeitschrift für Gesundheitsförderung, S. 35–37.

Bauch, Jost (1999): Selbstbefähigung oder Manipulation? Eine Contra-Position zur Peer-Education. In: Jugend & Gesellschaft. Zeitschrift für Erziehung, Jugendschutz und Suchtprävention, H. 4, S. 8-9.

Bausmann, Uta; Frenking, Julia (2003): Mann kann mit dem AAT arbeiten! – Frau auch? In: Weidner, Jens; Kilb, Rainer; Jehn, Otto (Hg.): Weiterentwicklung des Anti-Aggressivitäts- und Coolness Trainings. 1. Aufl. Weinheim, S. 72–74.

Bloeß, Ingo; Bausmann, Uta; Laube, Marcus (2004): Das Gute daran ist das Gute darin! Erfahrungen mit dem AAT in der mobilen Jugendarbeit Street Life. In: Weidner, Jens; Kilb, Rainer; Kreft, Dieter (Hg.): Gewalt im Griff 1: Neue Formen des Anti-Aggressivitäts-Trainings. 4. Aufl. Weinheim: Juventa; S. 97–118.

Boese, Renate (2009): Initiativen zur Gewaltprävention besser unterstützen. MSW-Expertenrunde "Gewalt und Sicherheit an Schulen in NRW". In: nds, Jg. 61, H. 6/7, S. 16.

Bortz, Jürgen; Weber, René (2005): Statistik für Human- und Sozialwissenschaftler. 6., vollst. überarb. und aktualisierte Aufl. Heidelberg: Springer.

Bortz, Jürgen; Döring, Nicola (2006): Forschungsmethoden und Evaluation für Human- und Sozialwissenschaftler. 4., überarb. Aufl. Berlin: Springer.

Bortz, Jürgen; Lienert, Gustav A.; Boehnke, Klaus (2008): Verteilungsfreie Methoden in der Biostatistik. 3., korrigierte Auflage. Berlin, Heidelberg: Springer Medizin Verlag.

Bosold, Christiane; Prasse, Anke; Lauterbach, Oliver (2006): Anti-Gewalt-Trainings im Jugendvollzug. Eine bundesweite Bestandaufnahme. In: Zeitschrift für Jugendkriminalrecht und Jugendhilfe, H. 1, S. 27–37.

Brand, Markus; Sames, Karl-Heinz (2003): Projektbezogene Evaluation im Anti-Gewalt-Training für Gewalttäter. In: Weidner, Jens; Kilb, Rainer; Jehn, Otto (Hg.): Weiterentwicklung des Anti-Aggressivitäts- und Coolness Trainings. 1. Aufl. Weinheim, Beltz , S. 129–143.

Bröckling, Ulrich; Krasmann, Susanne; Lemke, Thomas (2000): Gouvernementalität der Gegenwart. Studien zur Ökonomisierung des Sozialen. Frankfurt a.M.: Suhrkamp.

Bruner, Claudia Franziska; Dannenbeck, Clemens (1995): Die aufgehobene Immunität – Mädchen und junge Frauen zwischen Gewalt, Rechtsextremismus und Rassismus. In: Henning, Claudia (Hg.): Jugend und Gewalt. Sozialwissenschaftliche Diskussion und Handlungsansätze. Bonn, S. 63–84.

Büchele, Ute (2010): Wege zur Gewaltprävention in der Schule. In: Erziehungskunst, S. 1065–1070.

Buchert, Martin; Metternich, Jürgen (2004): Praxiserfahrungen mit dem Anti-Gewalt-Training (AGT) im geschlossenen Vollzug für Erwachsene. In: Weidner, Jens; Kilb, Rainer; Kreft, Dieter (Hg.): Gewalt im Griff 1: Neue Formen des Anti-Aggressivitäts-Trainings. 4. Aufl. Weinheim: Juventa, S. 235–248.

Büchner, Roland (2005): Gewalt fordert uns in der Haltung heraus! In: Koch-Laugwitz, Ursula (Hg.): Konfrontative Pädagogik. Neue Handlungsstrategien im Umgang mit Kindern und Jugendlichen als Täter und Opfer in einer erziehenden Schule. Berlin: Friedrich-Ebert-Stiftung, S. 41–57.

Büchner, Roland; Ziegler, Martin (2005): Konflikt- und Teamkompetenz ist trainierbar! Konfrontatives Soziales Kompetenz-Training (KSK) für Jugendliche an der Schnittstelle von Schule-Ausbildung-Beruf. In: Koch-Laugwitz, Ursula (Hg.): Konfrontative Pädagogik. Neue Handlungsstrategien im Umgang mit Kindern und Jugendlichen als Täter und Opfer in einer erziehenden Schule. Berlin: Friedrich-Ebert-Stiftung, S. 58–72.

Büchner, Roland (2006): Soziale Kompetenz und Gewaltprävention – das Interventionsprogramm "Konfrontative Pädagogik in der Schule". In: Kilb, Rainer; Weidner, Jens; Gall, Reiner (Hg.): Konfrontative Pädagogik in der Schule. Anti-Aggressivitäts- und Coolnesstraining. Weinheim: Juventa-Verl., S. 161–218.

Budde, Christoph; Frenking, Julia (2003): Zwischen Mediation und Konfrontation – Ein Ansatz für die Grundschule. In: Weidner, Jens; Kilb, Rainer; Jehn, Otto (Hg.): Weiterentwicklung des Anti-Aggressivitäts- und Coolness Trainings. 1. Aufl. Weinheim, Beltz, S. 194–211.

Bühl, Achim (2008): SPSS 16. Einführung in die moderne Datenanalyse. 11., überarb. und erw. Aufl. München: Pearson Studium.

Bundesamt für Migration und Flüchtlinge (2010): Migrationsbericht 2008. 1. Auflage. Herausgegeben von Bundesministerium des Inneren. Nürnberg.

Bundeskriminalamt (Hg.) (2003): Aggression und Delinquenz unter Jugendlichen. Untersuchungen von kognitiven und sozialen Bedingungen. Wiesbaden.

Bundesministerium des Inneren; Bundesministerium der Justiz (Hg.) (2006): Zweiter Periodischer Sicherheitsbericht. 1. Aufl. Berlin.

Bundesministerium für Familie, Senioren, Frauen und Jugend (1999): Kinder- und Jugendhilfegesetz. Achtes Sozialgesetzbuch. Bonn.

Bundesministerium für Umwelt, Jugend und Familie (Hg.) (1997): Peer Group Education in der Präventionsarbeit mit Kindern & Jugendlichen. Ein Bericht über das erste österreichische Koordinationstreffen.

Bundesverband der Unfallkassen (Hg.) (2005): Gewalt an Schulen. Ein empirischer Beitrag zum gewaltverursachten Verletzungsgeschehen an Schulen in Deutschland 1993-2003.

Bundeszentrale für gesundheitliche Aufklärung (BZgA) (Hg.) (1999): Forum Sexualaufklärung und Familienplanung. Köln.

Bundeszentrale für gesundheitliche Aufklärung (BZgA) (Hg.) (2002): Drogenkonsum in der Partyszene: Entwicklungen und aktueller Kenntnisstand. Köln.

Bundeszentrale für gesundheitliche Aufklärung (BZgA) (Hg.) (2003): Leitbegriffe der Gesundheitsförderung. Glossar zu Konzepten, Strategien und Methoden in der Gesundheitsförderung. 4. Aufl. Schwabenheim a.d. Selz: Verlag Peter Sabo.

Bundeszentrale für politische Bildung (Hg.) (2002): Aus Politik und Zeitgeschichte. Bonn.

Burschyk, Leo; Sames, Karl-Heinz; Weidner, Jens (2004): Das Anti-Aggressivitäts-Training: Curriculare Eckpfeiler und Forschungsergebnisse. In: Weidner, Jens; Kilb, Rainer; Kreft, Dieter (Hg.): Gewalt im Griff 1: Neue Formen des Anti-Aggressivitäts-Trainings. 4. Aufl. Weinheim: Juventa, S. 79–96.

Cladder-Micus, Annita; Kohaus, Hermann (1995): Ambulantes Antiaggressivitätstraining mit gewalttätigen Jugendlichen. In: deutsche jugend, Jg. 43, H. 6, S. 257–265.

Clauß, Günter; Finze, Falk-Rüdiger; Partzsch, Lothar (2004): Statistik für Soziologen, Pädagogen, Psychologen und Mediziner. 5., korrigierte Aufl. Frankfurt am Main: Deutsch.

Cleff, Thomas (2008): Deskriptive Statistik und moderne Datenanalyse. Eine computergestützte Einführung mit Excel, SPSS und STATA. 1. Aufl. Wiesbaden: Gabler.

Cohen, Albert K. (1956): Delinquent boys: the culture of the gang. Routledge & Paul, London.

Cohn, Ruth C (1975): Von der Psychoanalyse zur themenzentrierten Interaktion. Von der Behandlung einzelner zu einer Pädagogik für alle. Stuttgart: Klett.

Colla, Herbert E. (2007): Konfrontative Pädagogik – Impulse der Glen Mills School und Chance ihrer Übertragbarkeit. In: Hörmann, Georg; Trapper, Thomas (Hg.): Konfrontative Pädagogik im intra- und interdisziplinären Diskurs. Baltmannsweiler: Schneider, S. 33–74.

Colla, Herbert E. (2008a): Glen Mills Schools. A private out-of-state residentiale facility. In: Colla, Herbert E. (Hg.): Konfrontative Pädagogik. Das Glen Mills Experiment. 2., unveränd. Aufl. Mönchengladbach: Forum-Verl. Godesberg, S. 55–92.

Colla, Herbert E. (Hg.) (2008b): Konfrontative Pädagogik. Das Glen Mills Experiment. 2., unveränd. Aufl. Mönchengladbach: Forum-Verl. Godesberg.

Collmann, Birgit (1995): Die Auswirkungen von Gewalterfahrungen: Wiederholung in der Täter- oder Opferrolle. In: Heitmeyer, Wilhelm (Hg.): Gewalt. Schattenseiten der Individualisierung bei Jugendlichen aus unterschiedlichen Milieus. Weinheim, München: Juventa, S. 178–187.

Comer, Ronald J.; Sartory, Gudrun (2001): Klinische Psychologie. 2. dt. Auflage. Heidelberg: Spektrum Akad. Verlag.

Conrads; Jutta; Möller, Renate (1995): Individualisierung und Gewalt – die geschlechtsspezifische Sichtweise. In: Heitmeyer, Wilhelm (Hg.): Gewalt. Schattenseiten der Individualisierung bei Jugendlichen aus unterschiedlichen Milieus. Weinheim, München: Juventa, S. 265–278.

Corsini, Raymond J. (1994): Konfrontative Therapie. In: Corsini, Raymond J.; Wenninger, Gerd (Hg.): Handbuch der Psychotherapie. München, Weinheim: Beltz.

Corsini, Raymond J.; Wenninger, Gerd (Hg.) (1994): Handbuch der Psychotherapie. München, Weinheim: Beltz.

Darnstädt, Thomas (2008): Alles wird gut? Gesucht: Ein Rezept gegen die Jugendgewalt. Gefunden: das US-Internat Glen Mills. Eine bissig-journalistische Reise. In: Colla, Herbert E. (Hg.): Konfrontative Pädagogik. Das Glen Mills Experiment. 2., unveränd. Aufl. Mönchengladbach: Forum-Verl., S. 179–198.

Deutsch, Charles; Swartz, Sharlene (2002): Rutanang – Learning from one another. Towards standards of practice for peer education in south africa. South Africa: Department of Health.

Deutsches Forum für Kriminalprävention (Hg.) (2009): Amoktaten von Jugendlichen. Ein Forschungsüberblick und Prävention. <http://www.kriminalpraevention. de/wissen-gegen-gewalt/themenpfade/amoktaten.html> (20.04.2010).

Dodge, Kenneth A.; Dishion, Thomas J.; Lansford, Jennifer E. (2007): Deviante Peer-Einflüsse in der Intervention und der Jugendpolitik. In: ZJJ, H. 2, S. 190–197.

Eckert, Roland; Reis, Christa; Steinmetz, Linda; Wetzstein, Thomas (1999): "Ich will halt anders sein wie die anderen" – Gruppen und Gruppengrenzen bei Jugendlichen. In: Höynck, Theresia (Hg.): Kinder und Jugendliche als Opfer und Täter. Prävention und Reaktion. Mönchengladbach: Forum-Verl. Godesberg, S. 294–303.

Eckhoff, Uwe; Schawohl, Horst; Schomaker, Guido (2003): Soziales Training und AAT. In: Weidner, Jens; Kilb, Rainer; Jehn, Otto (Hg.): Weiterentwicklung des Anti-Aggressivitäts- und Coolness Trainings. 1. Aufl. Weinheim: Beltz, S. 213–225.

Eid, Michael; Gollwitzer, Mario; Schmitt, Manfred (2010): Statistik und Forschungsmethoden. 1. Aufl. Weinheim: Beltz.

Erikson, Erik H. (1968): Identity. Youth and crisis. New York: Norton.

Erikson, Erik H. (1973): Identität und Lebenszyklus: Frankfurt a.M.: Suhrkamp.

Everett M. Rogers (1962/2003): Diffusion of Innovations. New York.

F.A. Brockhaus: Der Brockhaus: in 15 Bändern. Permanent aktualisierte Online-Auflage (2002-2006). Leipzig, Mannheim: F.A. Brockhaus GmbH.

Farrelly, Frank; Brandsma Jeffrey M. (1986): Provokative Therapie. Berlin, Heidelberg: Springer.

Fend, Helmut (1998): Eltern und Freunde. Soziale Entwicklung im Jugendalter. Bern: Huber.

Fend, Helmut (2003): Entwicklungspsychologie des Jugendalters. Opladen: Leske und Budrich.

Fichtner, Heinz-Lothar (1994): Aggression und Gewalt bei Kindern und Jugendlichen. Zur Problematik zweier Begriffe. In: Arbeitsgemeinschaft Kinder- und Jugendschutz (AJS): Gewalt und Gewaltprävention, S. 94–96.

Field, Andy P. (2009): Discovering statistics using SPSS. 3. ed., reprinted 2009. Los Angeles, Calif.: Sage.

Finze, Falk-Rüdiger (2004): Quo vadis Aggression und Gewalt? – Eine Trendanalyse an Dresdner Schulen. In: Krall, Hannes (Hg.): Jugend und Gewalt. Herausforderungen für Schule und Soziale Arbeit. Wien: LIT-Verl., S. 38–57.

Fuchs, Marek; Lamnek, Siegfried; Lüdtke, Jens (1996): Schule und Gewalt. Realität und Wahrnehmung eines sozialen Problems. Opladen: Leske und Budrich.

Fuchs, Marek; Lamnek, Siegfried; Luedtke, Jens; Baur, Nina (2005): Gewalt an Schulen. 1994 – 1999 – 2004. 1. Aufl. Wiesbaden: VS Verl. für Sozialwiss.

Fuchs, Marek (2009): Ausländische Schüler und Gewalt an Schulen. In: Holtappels, Heinz Günter; Heitmeyer, Wilhelm; Melzer, Wolfgang; Tillmann, Klaus-Jürgen (Hg.): Forschung über Gewalt an Schulen. Erscheinungsformen und Ursachen, Konzepte und Prävention; 5. Aufl. Weinheim: Juventa-Verl., S. 119–136.

Gall, Reiner; Wenderoth, Ingo; Bloeß, Ingo (2003): Theaterpädagogik – ein Modul des Coolness-Trainings. In: Weidner, Jens; Kilb, Rainer; Jehn, Otto (Hg.): Weiterentwicklung des Anti-Aggressivitäts- und Coolness Trainings. 1. Aufl. Weinheim, Beltz, S. 247–256.

Gall, Reiner (2004): "Verstehen, aber nicht einverstanden sein". Coolness-Training für Schulen. In: Weidner, Jens; Kilb, Rainer; Kreft, Dieter (Hg.): Gewalt im Griff 1: Neue Formen des Anti-Aggressivitäts-Trainings. 4. Aufl. Weinheim: Juventa, S. 157–178.

Gall, Reiner (2005): Warum es gut sein kann, böse Menschen schlecht zu behandeln! Ziele und Methoden des Coolness-Trainings für Schulen. In: Koch-Laugwitz, Ursula (Hg.): Konfrontative Pädagogik. Neue Handlungsstrategien im Umgang mit Kindern und Jugendlichen als Täter und Opfer in einer erziehenden Schule. Berlin: Friedrich-Ebert-Stiftung, S. 28–40.

Geiger-Battermann, Bernd; Kreuzer, Max (2008): Gladbacher Gewaltstudie 2008. Gewalt ist auch weiblich. Lebensgeschichten und die Innenwelt gewaltbereiter Mädchen und junger Frauen. Mönchengladbach: Hochsch.

Gerdes, Ruth (1998): Viele Wege führen nach Rom. Dokumentation der Fachtagung Peer Education. Herausgegeben von Landesamt für Gesundheit und Soziales. Berlin.

Geretshauser, Monika; Lenfert, Thomas; Weidner, Jens (2001): Konfrontiert rechtsorientierte Gewalttäter mit den Opferfolgen! In: Weidner, Jens (Hg.): AAT – Anti-Aggressivitäts-Training für Gewalttäter. Ein deliktspezifisches Behandlungsangebot im Jugendvollzug. 5., aktualisierte Aufl. Mönchengladbach: Forum-Verl. Godesberg, S. 17–23.

Gernert, Wolfgang (1994): Gewaltbereitschafft abbauen heißt: eine kinder- und jugendfreundliche Gesellschaft aufbauen. In: Kind, Jugend, Gesellschaft, H. 1, S. 12–16.

Gerrig, Richard J.; Zimbardo, Philip G.; Graf, Ralf (2008): Psychologie. 18., aktualisierte Aufl. München: Pearson Studium.

Giddens, Anthony; Fleck, Christian; Zilian, Hans G. (1999): Soziologie. 2., überarb. Aufl. Graz: Nausner & Nausner.

Gille, Martina (2006): Jugendliche und junge Erwachsene in Deutschland. Lebensverhältnisse, Werte und gesellschaftliche Beteiligung 12- bis 29-Jähriger. 1. Aufl. Wiesbaden: VS Verl. für Sozialwiss.

Glück, Winfried (1998): "Teenager-teaching" – was soll das? In: Prävention. Zeitschrift für Gesundheitsförderung, Jg. 21. Jahrgang, H. 2, S. 58–61.

Gollwitzer, Mario (Hg.) (2007): Gewaltprävention bei Kindern und Jugendlichen. Aktuelle Erkenntnisse aus Forschung und Praxis. Göttingen: Hogrefe.

Gomolzig, Kathrin (1999): Jugendlichen können's besser...oder billiger? In: Jugend & Gesellschaft. Zeitschrift für Erziehung, Jugendschutz und Suchtprävention, S. 3.

Gräber-Seißinger, Ute (Hg.) (2005): Der Brockhaus Recht. Das Recht verstehen, seine Rechte kennen. 2., aktualisierte und erw. Ausg. Leipzig: Brockhaus.

Greve, Werner; Montada, Leo (2008): Delinquenz und antisoziales Verhalten im Jugendalter. In: Oerter, Rolf; Montada, Leo (Hg.): Entwicklungspsychologie. 6., vollst. überarb. Aufl. Weinheim: Beltz, S. 837-858.

Grüner, Thomas; Hilt, Franz (1999): Die Kirche im Dorf lassen: Vorteile, Grenzen und Konsequenzen der Peer-Mediation an Schulen. In: Jugend & Gesellschaft. Zeitschrift für Erziehung, Jugendschutz und Suchtprävention, H. 4, S. 10–12.

Günter, Michael (2011): Anlehnung und Autonomie, Kontrollbedürfnis und Risikobereitschaft, Sexualität und Gewalt. Zur Normalität und Pathologie adoleszenter Entwicklungsprozesse. In: ZJJ, H. 1, S. 15–24.

Güttler, Peter O. (2010): Sozialpsychologie. Soziale Einstellungen, Vorurteile, Einstellungsänderungen. 4., Aufl. München: Oldenburg.

Hanke, Ottmar (2007): Strategien der Gewaltprävention an Schulen. In: Strategien der Gewaltprävention im Kindes- und Jugendalter. Eine Zwischenbilanz in sechs Handlungsfeldern. München: DJI Arbeitsstelle Kinder- und Jugendkriminalitätsprävention, S. 104–130.

Hansen, Dieter; Römhild, Frank (2003): Einschätzungen und Empfindungen Jugendlicher im Verlauf eines Anti-Gewalt-Trainings. In: Weidner, Jens; Kilb, Rainer; Jehn, Otto (Hg.): Weiterentwicklung des Anti-Aggressivitäts- und Coolness Trainings. 1. Aufl. Weinheim: Beltz Julius, S. 145–161.

Heilemann, Michael; Fischwasser-von Proeck, Gabriele (2001): Gewalt wandeln. Das Anti-Aggressivitäts-Training. Lengerich: Pabst.

Heilemann, Michael; Fischwasser-von Proeck, Gabriele (2003): Attraktivitäts-Training – Die Lehre von der "Guten Gestalt". In: Weidner, Jens; Kilb, Rainer; Jehn, Otto (Hg.): Weiterentwicklung des Anti-Aggressivitäts- und Coolness Trainings. 1. Aufl. Weinheim: Beltz, S. 257–280.

Heilemann, Michael (2004): Opferorientierter Strafvollzug. Über ein neues Professionalisierungsverständnis im Umgang mit Gewalt. In: Weidner, Jens; Kilb, Rainer; Kreft, Dieter (Hg.):

Gewalt im Griff 1: Neue Formen des Anti-Aggressivitäts-Trainings. 4. Aufl. Weinheim: Juventa, S. 53–66.

Heinemann, Evelyn (2011): Psychoanalytische Aspekte der Gewalt bei Jugendlichen mit Migrationshintergrund. In: ZJJ, H. 1, S. 64–69.

Heitkötter, Martina; Holthusen, Bernd; Laux, Viola; Lüders, Christian; Schäfer, Heiner (2007): Unterstützende Rahmenbedingungen gewaltpräventiver Strategien. In: Strategien der Gewaltprävention im Kindes- und Jugendalter. Eine Zwischenbilanz in sechs Handlungsfeldern. München: DJI Arbeitsstelle Kinder- und Jugendkriminalitätsprävention, S. 248–318.

Heitmeyer, Wilhelm (Hg.) (1995): Gewalt. Schattenseiten der Individualisierung bei Jugendlichen aus unterschiedlichen Milieus. Weinheim, München: Juventa.

Henning, Claudia (Hg.) (1995): Jugend und Gewalt. Sozialwissenschaftliche Diskussion und Handlungsansätze. Bonn.

Holtappels, Heinz Günter; Heitmeyer, Wilhelm; Melzer, Wolfgang, et al. (Hg.) (2009): Forschung über Gewalt an Schulen. Erscheinungsformen und Ursachen, Konzepte und Prävention. 5. Aufl. Weinheim: Juventa-Verl.

Holthusen, Bernd (2001): Buchbesprechung: Herbert Colla, Christian Scholz & Jens Weidner: "Konfrontative Pädagogik" – Das Glen Mills Experiment, Forum Verlag Godesberg, 2001. In: DVJJ-Journal, H. 4, S. 411–413.

Holthusen, Bernd; Schäfer, Heiner (2007): Strategien der Gewaltprävention in der Kinder- und Jugendhilfe im Jugendalter. In: Strategien der Gewaltprävention im Kindes- und Jugendalter. Eine Zwischenbilanz in sechs Handlungsfeldern. München: DJI Arbeitsstelle Kinder- und Jugendkriminalitätsprävention, S. 131–168.

Honig, Michael-Sebastian (Hg.) (1996): Kinder und Kindheit. Weinheim: Juventa.

Hörmann, Georg (2007a): Konfrontative Pädagogik – Alter Wein in neuen Schläuchen? In: Hörmann, Georg; Trapper, Thomas (Hg.): Konfrontative Pädagogik im intra- und interdisziplinären Diskurs. Baltmannsweiler: Schneider, S. 5–32.

Hörmann, Georg (2007b): Wer hat Recht in der Erziehung? Pädagogik und Justiz – ein konfrontatives Verhältnis? In: Hörmann, Georg; Trapper, Thomas (Hg.): Konfrontative Pädagogik im intra- und interdisziplinären Diskurs. Baltmannsweiler: Schneider, S. 149–182.

Hörmann, Georg; Trapper, Thomas (Hg.) (2007): Konfrontative Pädagogik im intra- und interdisziplinären Diskurs. Baltmannsweiler: Schneider.

Höynck, Theresia (Hg.) (1999): Kinder und Jugendliche als Opfer und Täter. Prävention und Reaktion; Dokumentation des 24. Deutschen Jugendgerichtstages. Mönchengladbach: Forum-Verl. Godesberg.

Hurrelmann, Klaus; Engel, Uwe (1992): Delinquency as a Symptom of Adolescents' Orientation Toward Status and Success. In: Journal of Youth and Adolescence, S. 119–138.

Hurrelmann, Klaus (2004): Lebensphase Jugend. Weinheim: Juventa.

Hurrelmann, Klaus; Bründel, Heidrun (2007): Gewalt an Schulen. Pädagogische Antworten auf eine soziale Krise. 2. Aufl. Weinheim: Beltz.

Hurrelmann, Klaus (2010): Gesundheitssoziologie. Eine Einführung in sozialwissenschaftliche Theorien von Krankheitsprävention und Gesundheitsförderung. 7. Aufl. Weinheim: Juventa.

Hussy, Walter; Schreier, Margrit; Echterhoff, Gerald (2010): Forschungsmethoden in Psychologie und Sozialwissenschaften. Berlin: Springer.

Imbusch, Peter (Hg.) (2010): Jugendliche als Täter und Opfer von Gewalt. 1. Aufl. Wiesbaden: VS Verlag für Sozialwissenschaften / GWV Fachverlage GmbH.

Institut für Sozialarbeit und Sozialpädagogik e.V. (Hg.) (2011) – Konfrontatives Soziales Training (KST). http://www.iss-ffm.de/projekte/projektarchiv.html?tx _projekte_pi1%5BshowUid%5D=522.

Jehn, Otto (2003): Das AAT/CT im Spiegel der sozialwissenschaftlichen Fachdiskussion. In: Weidner, Jens; Kilb, Rainer; Jehn, Otto (Hg.): Weiterentwicklung des Anti-Aggressivitäts- und Coolness Trainings. 1. Aufl. Weinheim: Beltz, S. 77–83.

Jerusalem, Matthias; Weber, Hannelore (Hg.) (2003): Psychologische Gesundheitsförderung. Göttingen: Hogrefe.

Jetter-Schröder, Monika (2004): Eingreifen hilft! Ein Interventionsprogramm für verhaltensauffällige SchülerInnen (InvaS). In: Weidner, Jens; Kilb, Rainer (Hg.): Konfrontative Pädagogik. Konfliktbearbeitung in sozialer Arbeit und Erziehung. 1. Aufl. Wiesbaden: VS Verl. für Sozialwiss., S. 211–222.

Jugend für Europa (Hg.) (2010): Partizipation junger Menschen. Nationale Perspektiven und europäischer Kontext. Deutsche Agentur für das EU-Programm Jugend in Aktion. Bonn.

Kahr, Claudia (1999): Peer group education: Manipulation oder Partizipation? Münster: Landschaftsverband Westfalen-Lippe.

Kästner, Mandy (2003): Peer-Education – ein sozialpädagogischer Arbeitsansatz. In: Nörber, Martin (Hg.): Peer Education. Bildung und Erziehung von Gleichaltrigen durch Gleichaltrige. 1. Aufl. Weinheim: Beltz, S. 50–64.

Kern-Scheffeldt, Walter (2005): Peer-Education und Suchtprävention. In: SuchtMagazin, H. 5, S. 3–10.

Kersten, Joachim (1993): Der Männlichkeitskult. Über die Hintergründe der Jugendgewalt. In: Psychologie heute, H. 9, S. 50–57.

Keupp, Heiner (2000): Eine Gesellschaft der Ichlinge? Zum bürgerschaftlichen Engagement von Heranwachsenden. München: Sozialpädagogisches Institut.

Kilb, Rainer; Weidner, Jens (2000): Eine neue Methode im Aufwind? Zu Qualitätsanforderungen für das Anti-Aggressivitäts-Training (AAT) und das Coolness-Training (AAT/CT). In: Sozialmagazin, Jg. 25, H. 1, S. 33–38.

Kilb, Rainer (2002): Jugendkriminalität und sozialer Raum. Wie lassen sich diverse Kriminalitätsentwicklungen von ihrem sozialräumlichen Kontext her erklären? In: Sozialmagazin, Jg. 27, H. 1, S. 42–49.

Kilb, Rainer; Weidner, Jens (2003a): ‚Ich dachte, ich wäre toll...'. In: Sozialextra, H. 2/3, S. 38–44.

Kilb, Rainer; Weidner, Jens (2003b): Möglichkeiten und Grenzen des Anti-Aggres-sivitäts- und Coolness-Trainings – Aktuelle Auswertungen. In: Weidner, Jens; Kilb, Rainer; Jehn, Otto (Hg.): Weiterentwicklung des Anti-Aggressivitäts- und Coolness Trainings. 1. Aufl. Weinheim: Beltz, S. 85–100.

Kilb, Rainer (2004a): Ein Einblick in die Gewaltdiskussion, die Gewaltforschung und die ‚neuen' Ansätze pädagogischer Arbeit mit Gewalt. In: Weidner, Jens; Kilb, Rainer; Kreft, Dieter (Hg.): Gewalt im Griff 1: Neue Formen des Anti-Aggressivitäts-Trainings. 4. Aufl. Weinheim: Juventa, S. 23–46.

Kilb, Rainer (2004b): Konfrontativ statt verständnisvoll affirmativ. Paradigmenwechsel in der sozialen Arbeit mit gewaltbereiten Kindern und Jugendlichen? In: deutsche jugend, Jg. 52, H. 3, S. 115–120.

Kilb, Rainer; Weidner, Jens; Jehn, Otto (2004): Qualitätsanforderungen für das Anti-Aggressivitäts-Training (AAT) und Coolness-Training (CT). In: Weidner, Jens; Kilb, Rainer; Kreft, Dieter (Hg.): Gewalt im Griff 1: Neue Formen des Anti-Aggressivitäts-Trainings. 4. Aufl. Weinheim: Juventa, S. 273–286.

Kilb, Rainer (2006a): Gewalttätigkeit als ‚adoleszente Botschaft' und ‚Sprache'. Entwicklungsphase Adoleszenz und die jugendliche Offenheit für Gewalthandlungen. In: Kilb, Rainer; Weidner, Jens; Gall, Reiner (Hg.): Konfrontative Pädagogik in der Schule. Anti-Aggressivitäts- und Coolnesstraining. Weinheim: Juventa, S. 75–92.

Kilb, Rainer (2006b): Konfrontative Pädagogik – ein Rückfall in die Vormoderne oder vergessene Selbstverständlichkeit zeitgemäßer Pädagogik. In: Weidner, Jens; Kilb, Rainer (Hg.): Konfrontative Pädagogik. Konfliktbearbeitung in Sozialer Arbeit und Erziehung. 2. Auflage. Wiesbaden: VS Verlag für Sozialwissenschaften / GWV Fachverlage GmbH Wiesbaden, S. 27–50.

Kilb, Rainer; Weidner, Jens; Gall, Reiner (Hg.) (2006): Konfrontative Pädagogik in der Schule. Anti-Aggressivitäts- und Coolnesstraining. Weinheim: Juventa.

Kleiber, Dieter; Appel, Elke; Pforr, Petra (1998): Peer Education in der Präventionsarbeit. In: Landesamt für Gesundheit und Soziales (Hg.): Viele Wege führen nach Rom. Dokumentation der Fachtagung Peer Education. Berlin.

Kleiber, Dieter (1999): Empowerment und Partizipation: Chancen von Peer-Education in der Präventionsarbeit. In: Jugend & Gesellschaft. Zeitschrift für Erziehung, Jugendschutz und Suchtprävention, H. 4, S. 4–7.

Klein, Susanne (2005): Trainingstools. 19 Methoden aus der Psychotherapie für die Anwendung im Training und Coaching. 2. Aufl. Offenbach: GABAL.

Klewin, Gabriele; Popp, Ulrike (2000): Gewaltverständnis und Reaktionen auf Schülergewalt aus der Sicht von Schüler(innen) und Lehrer(innen). In: Psychosozial, Jg. 23., H. 79, S. 43–56.

Kliegel, Matthias; Zeintl, Melanie; Windemuth, Dirk (Hg.) (2009): Maßnahmen zur Prävention von Gewalt an Schulen. Bestandsaufnahme von Programmen im deutschsprachigen Raum. Berlin: Dt. Gesetzl. Unfallversicherung e.V.

Koch-Laugwitz, Ursula (Hg.) (2005): Konfrontative Pädagogik. Neue Handlungsstrategien im Umgang mit Kindern und Jugendlichen als Täter und Opfer in einer erziehenden Schule. Berlin: Friedrich-Ebert-Stiftung.

Kohlberg, Lawrence (1974): Zur kognitiven Entwicklung des Kindes. Frankfurt a. M.: Suhrkamp.

Koller, Gerald (1999): Meet the Need – Curriculum zur suchtpräventiven peer group education in der außerschulischen Jugendarbeit: Landschaftsverband Westfalen-Lippe.

Korth, Manfred (1996): Straffällige Jugendliche und die peer-group. In: Zentralblatt für Jugendrecht, Jg. 83., H. 3, S. 84–88.

Krall, Hannes (Hg.) (2004): Jugend und Gewalt. Herausforderungen für Schule und Soziale Arbeit. Wien: LIT.

Krappmann, Lothar (1996): Streit, Aushandlungen und Freundschaften unter Kindern. In: Honig, Michael-Sebastian (Hg.): Kinder und Kindheit. Weinheim: Juventa.

Kreft, Dieter (1994): Jugend und Gewalt. In: Jugendhilfe, H. 2, S. 67–76.

Krohn, Alexander (2006): Zurück zu den Wurzeln der Lerntheorie. Interview mit Professor Albert Bandura. In: Kilb, Rainer; Weidner, Jens; Gall, Reiner (Hg.): Konfrontative Pädagogik in der Schule. Anti-Aggressivitäts- und Coolnesstraining. Weinheim: Juventa.

Krumboltz, John D.; Levin, Al S. (2004): Luck is no accident. Making the most of happenstance in your life and career. Atascadero, California: Impact.

Krug, Etienne G. (2002): World report on violence and health. Summary. Geneva: World Health Organization.

Kühnel, Wolfgang (1995a): Die Bedeutung von sozialen Netzwerken und Peer-group-Beziehungen für Gewalt im Jugendalter. In: ZSE, Jg. 15., H. 2, S. 122–144.

Kühnel, Wolfgang (1995b): Die Forschungssituation zu Gewaltphänomenen und Gewaltentstehung bei Jugendlichen. In: Henning, Claudia (Hg.): Jugend und Gewalt. Bonn, S. 9–42.

Kunstreich, Timm (2000): Aktionsprogramme – Erfahrungen, Probleme und Einsichten. anitGEWALTiges Training. In: Sozialextra, H. 5/6, S. 35–39.

Kunstreich, Timm (2006): Was bewirken Anti-Gewaltprogramme? In: Sozialextra, H. 7/8, S. 34–35.

Lamnek, Siegfried (1999) (2007): Theorien abweichenden Verhaltens. Eine Einführung für Soziologen, Psychologen, Pädagogen, Juristen, Politologen, Kommunikationswissenschaftler und Sozialarbeiter. 7. Aufl. München: Fink.

Lang, Beate; Weichler Barbara (2002): Chancen und Möglichkeiten der Gleichaltrigen-erziehung (Peer-Group-Education) in der Computerarbeit mit Mädchen. In: deutsche jugend, H. 5, S. 215–222.

Lang, Beate; Weichler Barbara (2003): Peer-Group-Education in der Computerarbeit mit Mädchen. In: Nörber, Martin (Hg.): Peer Education. Bildung und Erziehung von Gleichaltrigen durch Gleichaltrige. 1. Aufl. Weinheim: Beltz.

Lazarsfeld, Paul F.; Berelson, Bernard; Gaudet, Hazel (1944/1948): The people's choice. How the voter makes up his mind in a presidential campaign. New York / London.

Lazarsfeld, Paul F.; Menzel, Herbert (1973): Massenmedien und personaler Einfluss. In: Schramm, Wilbur (Hg.): Grundfragen der Kommunikationsforschung. München: Juventa, S. 117–139.

Lengerke, Thomas von (Hg.) (2007): Public Health-Psychologie. Individuum und Bevölkerung zwischen Verhältnissen und Verhalten. Weinheim: Juventa.

Lewin, Kurt (1963): Feldtheorie in den Sozialwissenschaften. Stuttgart, Bern: Huber.

Lösel, Friedrich (1993): Jugend und Gewalt: Eine Bedingungsanalyse. In: Kinder- und Jugendschutz in Wissenschaft und Praxis, H. 4, S. 116–121.

McGuire; J.W. (1964): Theories of business behavior. Englewood Cliffs, NJ: Prentice-Hall.

Meichenbaum, Donald (1979): Kognitive Verhaltensmodifikation. München.

Meier, Uta; Balser, Hartmut; Hensel, Rolf; Jacob, Friedel (1997): Schulprogramm Gewaltprävention. In: Balser, Hartmut (Hg.): Schulprogramm Gewaltprävention. Ergebnisse aktueller Modellversuche. Neuwied, Kriftel, Berlin: Luchterhand.

Melzer, Wolfgang (2000): Gewaltemergenz – Reflexionen und Untersuchungsergebnisse zur Gewalt in der Schule. In: Psychosozial, Jg. 79, H. 79, S. 7–16.

Melzer, Wolfgang; Ehninger, Frank (2002): Veränderung der Schulkultur als Ansatz schulischer Gewaltprävention. In: Bundeszentrale für politische Bildung (Hg.): Aus Politik und Zeitgeschichte, Sonderheft Nr., S. 38–46.

Melzer, Wolfgang (2004): Von der Analyse zur Prävention – Gewaltprävention in der Praxis. In: Melzer, Wolfgang; Schwind, Hans-Dieter (Hg.): Gewaltprävention in der Schule. Grundlagen – Praxismodelle – Perspektiven. 1. Aufl. Baden-Baden: Nomos, S. 35–49.

Melzer, Wolfgang; Schubarth, Wilfried; Ehninger, Frank (2004): Gewaltprävention und Schulentwicklung. Analysen und Handlungskonzepte. Bad Heilbrunn/Obb.: Klinkhardt.

Melzer, Wolfgang; Schwind, Hans-Dieter (Hg.) (2004): Gewaltprävention in der Schule. Grundlagen – Praxismodelle – Perspektiven. 1. Aufl. Baden-Baden: Nomos.

Michaelis, Bernd; Therwey, Michael (2003): Keep Cool!? Systemisch-konfrontatives Arbeiten mit männlichen Jugendlichen. In: Weidner, Jens; Kilb, Rainer; Jehn, Otto (Hg.): Weiterentwicklung des Anti-Aggressivitäts- und Coolness Trainings. 1. Aufl. Weinheim: Beltz, S. 226–246.

Michaelis, Bernd; Therwey, Michael (2005): Schulische Gewaltprävention mit vielen Gesichtern. In: Koch-Laugwitz, Ursula (Hg.): Konfrontative Pädagogik. Neue Handlungsstrategien im Umgang mit Kindern und Jugendlichen als Täter und Opfer in einer erziehenden Schule. Berlin: Friedrich-Ebert-Stiftung, S. 73–81.

Miles-Paul, Ottmar (1992): Wir sind nicht mehr aufzuhalten: Behinderte auf dem Weg zur Selbstbestimmung. München: AG-SPAK-Publikationen.

Miller, Tilly; Pankofer, Sabine (Hg.) (2000): Empowerment konkret: Handlungsentwürfe und Reflexionen aus der psychosozialen Praxis. Stuttgart: Lucius und Lucius.

Mock, Stefan; Meyer, Guido (2004): Sprechen statt schlagen. Eine journalistische Einstimmung. In: Weidner, Jens; Kilb, Rainer; Kreft, Dieter (Hg.): Gewalt im Griff 1: Neue Formen des Anti-Aggressivitäts-Trainings. 4. Aufl. Weinheim: Juventa, S. 17–22.

Moeller, Michael Lukas (1981): Anders helfen, Selbsthilfegruppen und Fachleute arbeiten zusammen. Stuttgart: Klett-Cotta.

Moeller, Michael Lukas (1996): Selbsthilfegruppen. Anleitungen und Hintergründe. Reinbek bei Hamburg: Rowohlt.

Moffitt, Terrie E. (1993): Adolescence-limited and life-course-persistent antisocial behavior: A developmental taxonomy. In: Psychological Review, H. 4, S. 674–701.

Naudascher, Brigitte (2003): Die Gleichaltrigen als Erzieher. In: Nörber, Martin (Hg.): Peer Education. Bildung und Erziehung von Gleichaltrigen durch Gleichaltrige. 1. Aufl. Weinheim: Beltz.

Nawratil, Ute (1997): Glaubwürdigkeit in der sozialen Kommunikation. Dissertation Universität München. Opladen: Westdt. Verlag.

Newsletter Migration und Bevölkerung (10/08): Deutschland: "Definition Migrationshintergrund". <www.migration-info.de/mub_artikel.php?Id=081002> 25.9.2009.

Nohl, Hermann (1949): Pädagogik aus dreißig Jahren. Frankfurt: Schulte-Bulmke.

Nörber, Martin (Hg.) (2003): Peer Education. Bildung und Erziehung von Gleichaltrigen durch Gleichaltrige. 1. Aufl. Weinheim: Beltz.

Nörber, Martin (2010): Peer Education. In: Kinder- und Jugendschutz in Wissenschaft und Praxis, S. 75–78.

Oerter, Rolf; Dreher, Eva (2008): Jugendalter. In: Oerter, Rolf; Montada, Leo (Hg.): Entwicklungspsychologie. 6. Aufl. Weinheim: Beltz, S. 271–332.

Oerter, Rolf; Montada, Leo; Oerter-Montada (Hg.) (2002): Entwicklungspsychologie. 5. Aufl. Weinheim: Beltz.

Oerter, Rolf; Montada, Leo (Hg.) (2008): Entwicklungspsychologie. 6. Aufl. Weinheim: Beltz.

Ohlemacher, Thomas; Sögding, Dennis; Höynck, Theresie; Ethne, Nicole; Welte, Götz (2003): Nicht besser, aber auch nicht schlechter: AAT und Legalbewährung. In: Weidner, Jens; Kilb, Rainer; Jehn, Otto (Hg.): Weiterentwicklung des Anti-Aggressivitäts- und Coolness Trainings. 1. Aufl. Weinheim: Beltz, S. 112–128.

Olweus, Dan; Völpel-Krohn, Inken (2004): Gewalt in der Schule. Was Lehrer und Eltern wissen sollten – und tun können. Bern: Huber.

Opp, Günther; Unger, Nicola; Krappmann, Lothar (2006): Kinder stärken Kinder. Positive Peer Culture in der Praxis. Hamburg: Ed. Körber-Stiftung.

Opp, Günther (2008): Positive Peerkultur. Best practices in Deutschland. Bad Heilbrunn: Klinkhardt.

Osborg, Eckart (2004): Der konfrontative Ansatz der subversiven Verunsicherungspädagogik in der Präventionsarbeit mit rechten und rechtsorientierten Jugendlichen. In: Weidner, Jens; Kilb, Rainer (Hg.): Konfrontative Pädagogik. Konfliktbearbeitung in sozialer Arbeit und Erziehung. 1. Aufl. Wiesbaden: VS Verl. für Sozialwiss., S. 165–182.

Otto, Hans-Uwe; Thiersch, Hans; Böllert, Karin (2005): Handbuch Sozialarbeit, Sozialpädagogik. 3. Aufl. München, Basel: Reinhardt.

Petermann, Franz; Döpfner, Manfred; Schmidt, Martin H. (2001): Ratgeber aggressives Verhalten. Informationen für Betroffene, Eltern, Lehrer und Erzieher. Göttingen: Hogrefe.

Pflaumer, Elke (2000): Der Widersprüchlichkeit Aufmerksamkeit schenken – Empowerment als Denk- und Handlungsansatz in der Gesundheitsförderung. In: Miller, Tilly; Pankofer, Sabine

(Hg.): Empowerment konkret: Handlungsentwürfe und Reflexionen aus der psychosozialen Praxis. Stuttgart: Lucius und Lucius, S. 63–77.

Pforr, Petra; Kleiber, Dieter (1998). Jugendliche für Jugendliche. Theoretische Grundlagen und Praxismodelle des Peer Involvement-Ansatzes in der Prävention und Gesundheitsförderung. München: Profil Verlag.

Piaget, Jean (1954): Das moralische Urteil beim Kinde. Zürich: Rascher.

Plewig, Hans-Joachim (2007): Neue deutsche Härte – Die ‚Konfrontative Pädagogik' aus dem Prüfstand (Teil 1). In: Zeitschrift für Jugendkriminalrecht und Jugendhilfe, H. 4, S. 363–369.

Plewig, Hans-Joachim (2008): Neue deutsche Härte. In: Zeitschrift für Jugendkriminalrecht und Jugendhilfe, H. 19, S. 52–59.

Pons Wörterbuch der Jugendsprache 2006. Klett und Balmer.

Pospeschill, Markus (2006): Statistische Methoden. Strukturen, Grundlagen, Anwendungen in Psychologie und Sozialwissenschaften. Heidelberg: Spektrum Akademischer Verlag.

Preiser, Siegfried (2008): Jugend und Politik: Anpassung – Partizipation – Extremismus. In: Oerter, Rolf; Montada, Leo (Hg.): Entwicklungspsychologie. 6. Aufl. Weinheim: Beltz, S. 874–884.

Proissl, Eva (1999): Peer-Support in der Suchtprävention. In: Zeitschrift für Erziehung, Jugendschutz und Suchtprävention, Jg. 4, S. 13–14.

Raabe, Tobias; Titzmann, Peter F.; Silbereisen, Rainer K. (2008): Freizeitaktivitäten und Delinquenz bei jugendlichen Aussiedlern und Einheimischen. In: Psychologie in Erziehung und Unterricht, S. 39–50.

Rappaport, Julien (1985). Ein Plädoyer für die Widersprüchlichkeit: Ein sozialpolitisches Konzept des ‚empowerment' anstelle präventiver Ansätze. In: Verhaltenstherapie und Psychosoziale Praxis. H. 2, S. 257–278.

Raithel, Jürgen; Mansel, Jürgen (2003): Kriminalität und Gewalt im Jugendalter. Hell- und Dunkelfeldbefunde im Vergleich. Weinheim: Juventa.

Rau, Thea (2006): Die Wirksamkeit des Anti-Aggressivitäts-Trainings lässt sich bestätigen. In: Sozialextra, H. 7/8, S. 38–41.

Redl, Fritz; Fatke, Reinhard (1987): Erziehung schwieriger Kinder. Beiträge zu einer psychotherapeutisch orientierten Pädagogik. 4. Aufl., München: Piper.

Reh, Volker; Schawohl, Horst (2003): Das TrainerInnenteam beim Anti-Aggressivitäts-Training. In: Weidner, Jens; Kilb, Rainer; Jehn, Otto (Hg.): Weiterentwicklung des Anti-Aggressivitäts- und Coolness Trainings. 1. Aufl. Weinheim: Beltz, S. 57–71.

Reimer, Christian; Rüger, Ulrich (2003): Psychodynamische Psychotherapien. Lehrbuch der tiefenpsychologisch orientierten Psychotherapien. 2. Aufl. Berlin: Springer.

Rendtorff, Barbara (2003): Kindheit, Jugend und Geschlecht. Weinheim: Beltz.

Rieker, Peter (2004): ‚Akzeptierende' und ‚Konfrontative Pädagogik'. In: Weidner, Jens; Kilb, Rainer (Hg.): Konfrontative Pädagogik. Konfliktbearbeitung in sozialer Arbeit und Erziehung. 1. Aufl. Wiesbaden: VS Verl. für Sozialwiss., S. 91–108.

Rogers, Everett M. (2003): Diffusion of innovations. 5. Aufl. New York: Free Press.

Rohr, Dirk; Strauß, Sarah (2010): Der Peer-Ansatz in der Gewaltprävention. In: pro Jugend, H. 2, S. 4–8.

Rost, Detlef H. (2007): Interpretation und Bewertung pädagogisch-psychologischer Studien. Eine Einführung. 2. Aufl. Weinheim: Beltz.

Rostampour, Parviz (2000): Schüler als Täter, Opfer und Unbeteiligte. In: Psychosozial, Jg. 23., H. 79, S. 17–27.

Rostampour, Parviz; Melzer, Wolfgang (2009): Täter-Opfer-Typologien im schulischen Gewaltkontext. In: Holtappels, Heinz Günter; Heitmeyer, Wilhelm; Melzer, Wolfgang; Tillmann, Klaus-Jürgen (Hg.): Forschung über Gewalt an Schulen. Erscheinungsformen und Ursachen, Konzepte und Prävention. 5. Aufl. Weinheim: Juventa, S. 169–189.

Roth, Marcus; Rudert, Elke; Petermann, Harald (2003): Prävention bei Jugendlichen. In: Jerusalem, Matthias; Weber, Hannelore (Hg.): Psychologische Gesundheitsförderung. Göttingen: Hogrefe.

Salisch, Maria von; Seiffge-Krenke, Inge (1996): Freundschaften im Kindes- und Jugendalter: Konzepte, Netzwerke, Elterneinflüsse. In: Psychologie in Erziehung und Unterricht, H. 2, S. 81–168.

Sandkühler, Bruno (2002): Jugendgewalt. In: Erziehungskunst, S. 1051–1056.

Schäfer, Dagmar (2008): Let's dive into an ocean of opportunity. Eintauchen in die Alltagspraxis der Glen Mills Schools: Interaktionsrituale zwischen Positiv-Labeling und kritischem Feedback. In: Colla, Herbert E. (Hg.): Konfrontative Pädagogik. Das Glen Mills Experiment. 2. Aufl. Mönchengladbach: Forum-Verl. Godesberg, S. 141–178.

Schanzenbächer, Stefan (2002): Anti-Aggressivitäts-Training auf dem Prüfstand. Gewalttäter-Behandlung lohnt sich. Kath. Univ., Dissertation Herbolzheim. <http://www.gbv.de/dms/bs/toc/356780929.pdf> 01.05.2008.

Schanzenbächer, Stefan (2003): Evaluation des Anti-Aggressivitäts-Trainings – Zwischenergebnisse. In: Weidner, Jens; Kilb, Rainer; Jehn, Otto (Hg.): Weiterentwicklung des Anti-Aggressivitäts- und Coolness Trainings. 1. Aufl. Weinheim: Beltz, S. 101–111.

Schanzenbächer, Stefan (2005): Lohnt sich die Behandlung von Gewalttätern? Ergebnisse einer Wirkungsstudie zum Anti-Aggressivitäts-Training. In: Koch-Laugwitz, Ursula (Hg.): Konfrontative Pädagogik. Neue Handlungsstrategien im Umgang mit Kindern und Jugendlichen als Täter und Opfer in einer erziehenden Schule. Berlin: Friedrich-Ebert-Stiftung. S. 91–104.

Schawohl, Horst (2003): Konfrontation provoziert prosoziales Verhalten. Anti-Aggressivitäts-Training soll Jugendliche zur Biographie-Erweiterung motivieren. In: Zeitschrift für Jugendkriminalrecht und Jugendhilfe, H. 3, S. 271–277.

Schawohl, Horst (2008): Von Glen Mills lernen. Vom Interventionsrecht zur Interventionserlaubnis im deutschen Anti-Aggressivitäts-Training. In: Colla, Herbert E. (Hg.): Konfrontative Pädagogik. Das Glen Mills Experiment. 2. Aufl. Mönchengladbach: Forum-Verl. Godesberg, S. 199–223.

Scheithauer, Herbert; Hayer, Tobias (2004): Psychologische Aggressionstheorien und ihre Bedeutung für die Prävention aggressiven Verhaltens im Kindes- und Jugendalter. In: Krall, Hannes (Hg.): Jugend und Gewalt. Herausforderungen für Schule und Soziale Arbeit. Wien: LIT-Verl., S. 15–37.

Scheithauer, Herbert; Hayer Tobias (2007): Psychologische Aggressionstheorien und ihre Bedeutung für die Prävention aggressiven Verhaltens im Kindes- und Jugendalter. In: Gollwitzer, Mario (Hg.): Gewaltprävention bei Kindern und Jugendlichen. Aktuelle Erkenntnisse aus Forschung und Praxis. Göttingen: Hogrefe.

Scheithauer, Herbert; Rosenbach, Charlotte; Niebank, Kay (2008): Gelingensbe-dingungen für die Prävention von interpersonaler Gewalt im Kindes- und Jugendalter. Bonn.

Scherr, Albert (2009): Jugendsoziologie. Einführung in Grundlagen und Theorien. 9. Aufl. Wiesbaden: VS Verl. für Sozialwiss.

Schmidt, Bettina (2002): Peer-Interventionen – Peer-Involvement – Peer-Support: Möglichkeiten und Grenzen peergestützter Ansätze in der Prävention riskanter Drogenkonsumformen in der Partyszene. In: Bundeszentrale für gesundheitliche Aufklärung (Hg.): Drogenkonsum in der Partyszene, Köln.

Scholz, Christian (2008): Konfrontative Pädagogik im Grenzbereich von Jugendhilfe und Justiz. Zur Adaption der Glen Mills Idee in das deutsche Jugendkriminalrechtssystem. In: Colla, Herbert E. (Hg.): Konfrontative Pädagogik. Das Glen Mills Experiment. 2. Aufl. Mönchengladbach: Forum-Verl. Godesberg, S. 93–140.

Schramm, Wilbur (Hg.) (1973): Grundfragen der Kommunikationsforschung. München: Juventa.

Schröder, Achim (2003): Die Gleichaltrigengruppe als emotionales und kulturelles Phänomen. In: Nörber, Martin (Hg.): Peer Education. Bildung und Erziehung von Gleichaltrigen durch Gleichaltrige. 1. Aufl. Weinheim: Beltz, S. 94–115.

Schubarth, Wilfried (2000a): Gewaltprävention durch Öffnung von Schule. Schule und Jugendhilfe – gemeinsam zum Wohle des Kindes. In: Psychosozial, Jg. 23, H. 1, S. 101–108.

Schubarth, Wilfried (2000b): Gewaltprävention in Schule und Jugendhilfe: Theoretische Grundlagen, empirische Ergebnisse, Praxismodelle. Neuwied: Luchterhand.

Schubarth, Wilfried (Hg.) (2010): Wertebildung in Jugendarbeit, Schule und Kommune. Bilanz und Perspektiven. Wiesbaden: VS Verlag für Sozialwissenschaften/GWV Fachverlage GmbH Wiesbaden.

Schwind, Hans-Dieter (2004): Phänomene und Ursachen der Gewalt in der Schule – Kann sich das Massaker von Erfurt anderwärts wiederholen? In: Melzer, Wolfgang; Schwind, Hans-Dieter (Hg.): Gewaltprävention in der Schule. Grundlagen – Praxismodelle – Perspektiven. 1. Aufl. Baden-Baden: Nomos, S. 21–34.

Schwind, Hans-Dieter; Roitsch, Karin; Gielen, Birgit (2009): Gewalt in der Schule aus der Perspektive unterschiedlicher Gruppen. In: Holtappels, Heinz Günter; Heitmeyer, Wilhelm; Melzer, Wolfgang; Tillmann, Klaus-Jürgen (Hg.): Forschung über Gewalt an Schulen. Erscheinungsformen und Ursachen, Konzepte und Prävention. 5. Aufl. Weinheim: Juventa.

Sieg, Klaus (2000): Uns nehmen die ernst! Gefangene helfen Jugendlichen. In: Sozialmagazin, Jg. 25, H. 10, S. 49–51.

Silverthorn, Persephanie; Frick, Paul J. (1999): Developmental pathways to antisocial behavior: The delayed-onset pathway in girls. In: Development and Psycho-pathology, H. 11, S. 101–126.

Simon, Titus; Kunstreich, Timm; Winkler, Michael (2003): Die AAT/CT-Debatte. In: Sozialextra, H. 4, S. 38–46.

Simsa, Christiane (2001): Mediation in Schulen: Schulrechtliche und pädagogische Aspekte. Neuwied: Hermann Luchterhand.

Singer, Kurt (2002): Die heimliche Gewalt in der Schule. In: Erziehungskunst, S. 1057–1064.

Six, Ulrike (2008): Medien und Entwicklung. In: Oerter, Rolf; Montada, Leo (Hg.): Entwicklungspsychologie. 6. Aufl. Weinheim: Beltz, S. 885–909.

Sommerfeld, Verena (2007): Strategien der Gewaltprävention im Bereich der Kindertageseinrichtungen. In: Strategien der Gewaltprävention im Kindes- und Jugendalter. Eine Zwischenbilanz in sechs Handlungsfeldern. München: DJI Arbeitsstelle Kinder- und Jugendkriminalitätsprävention, S. 74–103.

Sonnen, Bernd-Rüdeger (2007): Konfrontative Pädagogik – Möglichkeiten der Kooperation zwischen Jugendhilfe und Justiz. In: Hörmann, Georg; Trapper, Thomas (Hg.): Konfrontative Pädagogik im intra- und interdisziplinären Diskurs. Baltmannsweiler: Schneider Verl. Hohengehren, S. 183–198.

Speck, Karsten (2010): Wertebildung und Partizipation von Kindern und Jugendlichen. In: Schubarth, Wilfried (Hg.): Wertebildung in Jugendarbeit, Schule und Kommune. Bilanz und Perspektiven. Wiesbaden: VS Verlag für Sozialwissenschaften / GWV Fachverlage GmbH Wiesbaden, S. 61–90.

Stark, Wolfgang (1996): Empowerment: Neue Handlungskompetenzen in der psychosozialen Praxis. Freiburg im Breisgau: Lambertus.

Steinebach, Christoph; Steinebach, Ursula (2008): Hilfsbereitschaft statt Gewalt. Wirkungen von Positive Peer Culture (PPC) in der stationären Jugendhilfe. In: Unsere Jugend, H. 7/8, S. 312–320.

Steinhauer, Bruno (2004): Das Anti-Gewalt-Gremium. Ein Versuch offensiver Pädagogik in der stationären Jugendhilfe. In: Weidner, Jens; Kilb, Rainer; Kreft, Dieter (Hg.): Gewalt im Griff 1: Neue Formen des Anti-Aggressivitäts-Trainings. 4. Aufl. Weinheim: Juventa, S. 207–224.

Steininger, Monika (2010): Jugendliche beraten Jugendliche. Peer-to-Peer-Beratung am Kinder- und Jugendtelefon Hamburg. In: Kinder- und Jugendschutz in Wissenschaft und Praxis, Jg. 55., S. 86–88.

Stiels-Glenn, Michael (2004): Das Anti-Gewalt-Training in der Jugendgerichts- und Bewährungshilfe. In: Weidner, Jens; Kilb, Rainer; Kreft, Dieter (Hg.): Gewalt im Griff 1: Neue Formen des Anti-Aggressivitäts-Trainings. 4. Aufl. Weinheim: Juventa, S. 249–272.

Stiels-Glenn, Michael; Glenn, Penelope (2004): Stirn an Stirn – Streiten lernen helfen: Praktische Anmerkungen zu einer fälligen Paradigmenverschiebung. In: Weidner, Jens; Kilb, Rainer (Hg.): Konfrontative Pädagogik. Konfliktbearbeitung in sozialer Arbeit und Erziehung. 1. Aufl. Wiesbaden: VS Verl. für Sozialwiss., S. 127–148.

Stimmer, Franz; van Boogaart, Hilde den; Rosenhagen (Hg.) (2000): Lexikon der Sozialpädagogik und der Sozialarbeit. 4. Aufl. München: Oldenbourg.

Stöver, Heino (1998): Risikovermeidung und Risikomanagement im Strafvollzug: Ansätze von peer support/peer education in der Arbeit mit Drogengebraucher-innen. In: Prävention. Zeitschrift für Gesundheitsförderung, H. 1, S. 26–29.

Sullivan, Harry S. (1980) [1953]: Die interpersonale Theorie der Psychiatrie. Frankfurt am Main: S. Fischer Verlag.

Svenson, Gary R. et al (1998): Europäischer Leitfasen zu Aids-Peer Education für Jugendliche. <http:/www.europeer.lu.se/files/german72.pdf> 12.08.2005.

Therwey, Michael; Pöhlker, Reinhard (2004): "Konfrontatives Interventionsprogramm" (KIP) für Schulen. In: Weidner, Jens; Kilb, Rainer; Kreft, Dieter (Hg.): Gewalt im Griff 1: Neue Formen des Anti-Aggressivitäts-Trainings. 4. Aufl. Weinheim: Juventa, S. 119–156.

Theunissen, Georg; Plaute, Wolfgang (2002): Handbuch Empowerment und Heilpädagogik. Freiburg im Breisgau: Lambertus.

Tillmann, Klaus-Jürgen (1999): Schülergewalt als Schulproblem. Verursachende Bedingungen, Erscheinungsformen und pädagogische Handlungsperspektiven. Weinheim: Juventa.

Tischner, Wolfgang (2004): Konfrontative Pädagogik – die vergessene ‚väterliche' Seite der Erziehung. In: Weidner, Jens; Kilb, Rainer (Hg.): Konfrontative Pädagogik. Konfliktbearbeitung in sozialer Arbeit und Erziehung. 1. Aufl. Wiesbaden: VS Verl. für Sozialwiss., S. 25–50.

Tischner, Wolfgang (2007): Die vergessene ‚väterliche' Seite der Pädagogik. In: Hörmann, Georg; Trapper, Thomas (Hg.): Konfrontative Pädagogik im intra- und interdisziplinären Diskurs. Baltmannsweiler: Schneider Verl. Hohengehren, S. 127–148.

Toprak, Ahmet (2003): Anti-Aggressions-Kurse mit Jugendlichen türkischer Herkunft. In: Weidner, Jens; Kilb, Rainer; Jehn, Otto (Hg.): Weiterentwicklung des Anti-Aggressivitäts- und Coolness Trainings. 1. Aufl. Weinheim: Beltz , S. 162–171.

Toprak, Ahmet (2005): Ein Mann hält sein Wort! Die Konfrontative Gesprächsführung am Beispiel türkischer Jungen. In: Koch-Laugwitz, Ursula (Hg.): Konfrontative Pädagogik. Neue Handlungsstrategien im Umgang mit Kindern und Jugendlichen als Täter und Opfer in einer erziehenden Schule. Berlin: Friedrich-Ebert-Stiftung, S. 82–90.

Thrasher, Frederic M. (1927): The Gang: a study of 1313 gangs in Chicago. New Chicago Press, Chicago.

Trapper, Thomas (2007a): Konfrontative Pädagogik als pädagogische ultima ratio? Oder eine Chance zur gelingenden Integration? In: Hörmann, Georg; Trapper, Thomas (Hg.): Konfrontative Pädagogik im intra- und interdisziplinären Diskurs. Baltmannsweiler: Schneider Verl. Hohengehren, S. 99–110.

Trapper, Thomas (2007b): Positive Jugendkultur – Pädagogik im Projekt Chance. In: Hörmann, Georg; Trapper, Thomas (Hg.): Konfrontative Pädagogik im intra- und interdisziplinären Diskurs. Baltmannsweiler: Schneider Verl. Hohengehren, S. 219–230.

Trautmann, Franz (1994): Peer Support. In: International Journal of Drug Policy, H. 5, S. 177–184.

Trautmann, Franz (1995): Peer Support as method of risk reduction in injecting drug-user communities. In: Journal of Drug Issues, Jg. 25, H. 3, S. 617–628.

Trenz, Carmen (1991): Gewalttätigkeit von Jugendlichen als Thema des Jugendschutzes. In: Kinder- und Jugendschutz in Wissenschaft und Praxis.

Trepte, Sabine; Boecking, Benjamin (2009): Was wissen Meinungsführer? Die Validierung des Konstrukts Meinungsführerschaft im Hinblick auf die Variable Wissen. In: Medien und Kommunikationswissenschaft, Jg. 57., S. 443–463.

Unger, Nicola (2003): Gemeinsam statt einsam. Peergruppenarbeit in der schulischen Erziehungshilfe. In: Zeitschrift für Heilpädagogik, H. 12, S. 505–510.

Vorrath, Harry H.; Brendtro, Larry K. (1985): Positive Peer Culture. 2. ed. New York: Aldine.

Vossebrecher, David; Rohr, Dirk; Strauß, Sarah (2006): Evaluationskonzept Projekt Schlag.fertig. Unveröffentlichtes Manuskript, Köln.

Vygotsky, Lev S. (1964) [1934]: Denken und Sprechen. Berlin: Akademie Verlag.

Vygotsky, Lev S. (1979): Mind in society. Harvard University Press.

Walkenhorst, Philipp (2004): Anmerkungen zu einer ‚Konfrontativen Pädagogik'. In: Weidner, Jens; Kilb, Rainer (Hg.): Konfrontative Pädagogik. Konfliktbearbeitung in sozialer Arbeit und Erziehung. 1. Aufl. Wiesbaden: VS Verl. für Sozialwiss., S. 51–90.

Walter, Joachim (2002): Glenn Mills Schools – Versuch einer Entmystifizierung. In: DVJJ-Journal, H. 4, S. 417–421.

Walter, Joachim (2007): Konfrontative Pädagogik im Jugendstrafvollzug sowie im Jugendstrafvollzug in freier Form nach §91 Abs.3 JGG – oder: Viele Fragen, wenig Antworten. In: Hörmann, Georg; Trapper, Thomas (Hg.): Konfrontative Pädagogik im intra- und interdisziplinären Diskurs. Baltmannsweiler: Schneider Verl. Hohengehren, S. 197–218.

Weidner, Jens (2000): Anti-Aggressivitäts-Training. In: Stimmer, Franz; van Boogaart, Hilde den; Rosenhagen (Hg.): Lexikon der Sozialpädagogik und der Sozialarbeit. 4. Aufl. München: Oldenbourg, S. 31–34.

Weidner, Jens (Hg.) (2001): AAT – Anti-Aggressivitäts-Training für Gewalttäter. Ein deliktspezifisches Behandlungsangebot im Jugendvollzug. 5., aktualisierte Aufl. Mönchengladbach: Forum-Verl. Godesberg.

Weidner, Jens (2002): Konfrontative Pädagogik. Erziehungs-ultima-ratio im Umgang mit Mehrfachauffälligen. In: Sozialmagazin, Jg. 27, H. 2, S. 39–45.

Weidner, Jens; Gall, Reiner (2003): Das Anti-Aggressivitäts- und Coolness-Training – zum theoretischen Rahmen konfrontativen orientierter Methodiken. In: Weidner, Jens; Kilb, Rainer; Jehn, Otto (Hg.): Weiterentwicklung des Anti-Aggressivitäts- und Coolness Trainings. 1. Aufl. Weinheim: Beltz Julius, S. 10–33.

Weidner, Jens; Kilb, Rainer; Jehn, Otto (Hg.) (2003): Weiterentwicklung des Anti-Aggressivitäts- und Coolness Trainings. 1. Aufl. Weinheim: Beltz Julius.

Weidner, Jens; Kilb, Rainer; Kreft, Dieter (Hg.) (2004): Gewalt im Griff 1: Neue Formen des Anti-Aggressivitäts-Trainings. 4. Aufl. Weinheim: Juventa.

Weidner, Jens; Malzahn, Uta (2004): Zum Persönlichkeitsprofil aggressiver Jungen und Männer. In: Weidner, Jens; Kilb, Rainer; Kreft, Dieter (Hg.): Gewalt im Griff 1: Neue Formen des Anti-Aggressivitäts-Trainings. 4. Aufl. Weinheim: Juventa, S. 47–52.

Weidner, Jens; Kilb, Rainer (Hg.) (2004): Konfrontative Pädagogik. Konfliktbearbeitung in sozialer Arbeit und Erziehung. 1. Aufl. Wiesbaden: VS Verl. für Sozialwiss.

Weidner, Jens (2004a): Der "heiße Stuhl" in der sozialpädagogisch-psychologischen Praxis. In: Weidner, Jens; Kilb, Rainer; Kreft, Dieter (Hg.): Gewalt im Griff 1: Neue Formen des Anti-Aggressivitäts-Trainings. 4. Aufl. Weinheim: Juventa, S. 11–16.

Weidner, Jens (2004b): Konfrontation mit Herz: Eckpfeiler eines neuen Trends in Sozialer Arbeit und Erziehungswissenschaft. In: Weidner, Jens; Kilb, Rainer (Hg.): Konfrontative Pädagogik. Konfliktbearbeitung in sozialer Arbeit und Erziehung. 1. Aufl. Wiesbaden: VS Verl. für Sozialwiss., S. 11–24.

Weidner, Jens (2004c): Über Grenzziehung in Sozialer Arbeit und Psychologie. Die sieben Levels der Konfrontation. In: Weidner, Jens; Kilb, Rainer; Kreft, Dieter (Hg.): Gewalt im Griff 1: Neue Formen des Anti-Aggressivitäts-Trainings. 4. Aufl. Weinheim: Juventa, S. 67–78.

Weidner, Jens (2005): Konfrontative Pädagogik. Ein Plädoyer für eine gerade Linie mit Herz, auch im schulischen Alltag. In: Koch-Laugwitz, Ursula (Hg.): Konfrontative Pädagogik. Neue Handlungsstrategien im Umgang mit Kindern und Jugendlichen als Täter und Opfer in einer erziehenden Schule. Berlin: Friedrich-Ebert-Stiftung, S. 3–15.

Weidner, Jens (2006): Konfrontative Pädagogik (KP). Ein Plädoyer für eine gerade Linie mit Herz – auch im schulischen Alltag. In: Kilb, Rainer; Weidner, Jens; Gall, Reiner (Hg.): Konfrontative Pädagogik in der Schule. Anti-Aggressivitäts- und Coolnesstraining. Weinheim: Juventa-Verl., S. 29–44.

Weidner, Jens; Kilb, Rainer (Hg.) (2006): Konfrontative Pädagogik. Konfliktbearbeitung in Sozialer Arbeit und Erziehung. 2. Auflage. Wiesbaden: VS Verlag für Sozialwissenschaften/GWV Fachverlage GmbH Wiesbaden.

Weidner, Jens (2008): Vom Straftäter zu Gentleman? Über konfrontative Pädagogik als Erziehungs-ultima ratio. In: Colla, Herbert E. (Hg.): Konfrontative Pädagogik. Das Glen Mills Experiment. 2. Aufl. Mönchengladbach: Forum-Verlag Godesberg, S. 7–54.

Weidner, Jens (2010): Die Qualitätsstandards für die praktische Arbeit in AAT/CT-Programmen. <http://www.prof-jens-weidner.de/index.php/konfrontative-paed agogik> 15.05.2011.

Wetzstein, Thomas; Eckert, Roland (2000): Zwischen Kreativität und Gewalt. In: Frankfurter Rundschau, 29.03.2000.

Whyte, William F. (1943): Street Corner Society: the social structure of an italian slum. Chicago.

Wihofszky, Petra (2003): Peer Work als Chance von Empowerment: am Beispiel der Aidspräventi-on von Prostituierten in Westafrika. <www2.hu-berlin.de/ffz/pdf-files/wihofszky.pdf> 23.01.2009.

Wikipedia (07.07.2011): Facebook. http://de.wikipedia.org/wiki/Facebook.

Winkel, Rainer (2007): Kommunikative Didaktik und konfrontative Pädagogik. Oder: ? In: Hörmann, Georg; Trapper, Thomas (Hg.): Konfrontative Pädagogik im intra- und interdisziplinären Diskurs. Baltmannsweiler: Schneider, S. 75–98.

Wippermann, Peter; Mühlhausen, Corinna (2000): Duden, Wörterbuch der Szenesprachen. Mannheim: Dudenverl.

Wolke, Angelika (2006): Gewaltprävention an Schulen: Evaluation kriminalpräventiver Angebote der Polizei. Eine empirische Untersuchung an weiterführenden Kölner Schulen und deren Umfeld. Univ. Köln, Diss. LIT-Verlag.

Wolters, Jörg-Michael (2004a): Kampfkunst als Therapie. Ein sporttherapeutisches Anti-Aggressivitäts-Training im Jugendstrafvollzug. In: Weidner, Jens; Kilb, Rainer; Kreft, Dieter (Hg.): Gewalt im Griff 1: Neue Formen des Anti-Aggressivitäts-Trainings. 4. Aufl. Weinheim: Juventa, S. 225–234.

Wolters, Jörg-Michael (2004b): Konfrontative Pädagogik – oder: Verstehen allein genügt nicht. In: Weidner, Jens; Kilb, Rainer (Hg.): Konfrontative Pädagogik. Konfliktbearbeitung in sozialer Arbeit und Erziehung. 1. Aufl. Wiesbaden: VS Verl. für Sozialwissenschaften.

Wolters, Jörg-Michael (2009): Gewaltprävention und Sozialtrainings. Ein Thema für Jedermann – und doch eine Sache für Profis. In: Sozialmagazin, Jg. 34, H. 9, S. 35–41.

Youniss, James (1980): Parents and peers in social development: A Sullivan-Piaget perspective. Chicago: University of Chicago Press.

Zahn, Hans-Albrecht (2002): Mit Aggressionen umgehen lernen. In: Erziehungskunst, S. 1071–1078.

Zwick, Elisabeth (2007): Ein schwieriges Kind – oder: Ein Faktum wird gemacht. Anfragen aus historischer Sicht. In: Hörmann, Georg; Trapper, Thomas (Hg.): Konfrontative Pädagogik im intra- und interdisziplinären Diskurs. Baltmannsweiler: Schneider, S. 111–126.

11 Abbildungsverzeichnis

Abb. 1: Kurzzeitiger Effekt 178
Abb. 2: Verzögerter Effekt 178
Abb. 3: Nachhaltiger Effekt 178
Abb. 4: Befragungszeitpunkte 198
Abb. 5: Zeitplan Ablauf und Datenerhebung 216
Abb. 6: Durchgeführte Interventionen an Schulen 221
Abb. 7: Alter der Teilnehmer 228
Abb. 8: Geschlecht der Teilnehmer 228
Abb. 9: Interventionen je Schulform 230
Abb. 10: Veränderung Mittelwert „Wissen zum Thema Gewalt" 235
Abb. 11: „Einstellung gegenüber körperlicher Gewalt", Vergleich Mädchen/Jungen 239
Abb. 12: Veränderung Mittelwert „Was ist für dich Gewalt?" 242
Abb. 13: Häufigkeit „verbale Gewalt" und „körperliche Gewalt" 248
Abb. 14: „Tätererfahrungen" Vergleich Mädchen/Jungen 249
Abb. 15: „Opfererfahrungen" Vergleich Mädchen/Jungen 250
Abb. 16: Tätererfahrungen Vergleich Jugendliche mit/ohne Migrationshintergrund 252
Abb. 17: „Kommunikationswichtigkeit", Vergleich 3 Messzeitpunkte 257
Abb. 18: „Kommunikationshäufigkeit miterlebte Gewalt" 259
Abb. 19: „Kommunikationshäufigkeit Thema Gewalt" 260
Abb. 20: „Beurteilung Peer Educators" Vergleich gleichaltrig/nicht gleichaltrig 264
Abb. 21: Einschätzung Wissen Jugendliche, Vergleich t1 / t3 267
Abb. 22: Eingeschätztes Wissen", Vergleich Peer Educators/Klassenlehrer 268
Abb. 23: „Kenntnis Hilfemöglichkeiten in der Schule" Vergleich Messzeitpunkte 273
Abb. 24: Bewertung der Intervention nach Schulnoten 281
Abb. 25: Günstiger Einfluss der Intervention auf das eigene Verhalten 282
Abb. 26: Beurteilung Peer Educators gesamt 299
Abb. 27: Bewertung der ‚Schlag.fertig'-Intervention nach Schulnoten 337
Abb. 28: Einschätzung Peer Educators, Vergleich Schulformen 346
Abb. 29: Vergleich Tätererfahrungen/Alter 350
Abb. 30: Vergleich Opfererfahrungen/Alter 351

12 Tabellenverzeichnis

Tab. 1: Ablauf der Praxisphasen des Projekt ‚Schlag.fertig'	159
Tab. 2: Überblick zeitlicher Ablauf des Projektes ‚Schlag.fertig'	168
Tab. 3: Inhaltsblöcke in den Fragebögen	201
Tab. 4: Ursprüngliche Zeitplanung	207
Tab. 5: Richtwerte für die Interpretation von Effektstärken	209
Tab. 6: Rücklauf aller teilgenommenen Schulklassen	220
Tab. 7: Alter	227
Tab. 8: Geschlecht	228
Tab. 9: Nationalität	229
Tab. 10: Konfession	229
Tab. 11: Teilnehmer je Schulform	230
Tab. 12: Interventionen je Schulform	230
Tab. 13: Klassenstufe	231
Tab. 14: Geschlecht und Schulform	231
Tab. 15: Schulform und Alter	232
Tab. 16: Schulform und Nationalität	232
Tab. 17: Einfakt. Varianzanalyse m. Messw. „Wissen zum Thema Gewalt"	234
Tab. 18: Kontrastanalyse „Wissen zum Thema Gewalt", Vergleich t1/t2 und t1/t3	234
Tab. 19: Einfakt. VA m. Messw.„Kenntnis Hilfemöglichkeiten außerhalb der Schule"	236
Tab. 20: Kontrastanalyse „Kenntnis Hilfemöglichkeiten außerhalb der Schule", Vergleich t1/t2 und t1/t3	236
Tab. 21: Wilcoxon Test „Einstellung gegenüber körperlicher Gewalt"	237
Tab. 22: Wilcoxon Test „Einstellung gegenüber verbaler Gewalt"	238
Tab. 23: U-Test „Einstellung gegenüber körperlicher Gewalt", Vergleich Mädchen/Jungen	239
Tab. 24: U-Test „Einstellung gegenüber verbaler Gewalt", Vergleich Mädchen/Jungen	240
Tab. 25: Einfaktorielle Varianzanalyse mit Messwiederholung „Was ist für dich Gewalt?"	241
Tab. 26: Kontrastanalyse „Was ist für dich Gewalt?", Vergleich t1/t2 und t1/t3	241
Tab. 27: Chi-Quadrat Test McNemar: Anstieg der Einschätzung der Einzelitems „Was ist für dich Gewalt?" Vergleich t1/t2 und t1/t3	243
Tab. 28: Wilcoxon Test „Absicht schlichtend einzugreifen"	244
Tab. 29: Wilcoxon Test „Selbsteinschätzung eigene Gewalttätigkeit"	244
Tab. 30: Pearson Korrelation „Wissen Gewalt" und „Absicht Einzugreifen"	246
Tab. 31: Mittelwerte „Tätererfahrungen" t1 und t3	246
Tab. 32: Wilcoxon Test „Tätererfahrungen", Vergleich t1/t3	246
Tab. 33: Mittelwerte und T-Test-Ergebnisse „verbale Gewalt" und „körperliche Gewalt"	247

Tab. 34: Mittelwerte und T-Testergebnisse „Tätererfahrungen" Vergleich Jungen/Mädchen 249
Tab. 35: Mittelwerte und T-Test-Ergebnisse „Opfererfahrungen" Vergleich Jungen/Mädchen 250
Tab. 36: Spearman-Korrelation „Tätererfahrungen / Opfererfahrungen" t1 und t3 251
Tab. 37: U-Test „Tätererfahrungen" Vergleich Jugendliche mit/ohne Migrationshintergrund 252
Tab. 38: U-Test „Opfererfahrungen" Vergleich Jugendliche mit/ohne Migrationshintergrund 253
Tab. 39: Kendall Korrelation „Schulform" und „Tätererfahrungen" 254
Tab. 40: Mittelwerte und T-Test-Ergebnisse bei gepaarten Stichproben „Kommunikationshäufigkeit über miterlebte Gewalt" 255
Tab. 41: Mittelwerte und T-Test-Ergebnisse bei gepaarten Stichproben „Kommunikationshäufigkeit Thema Gewalt" 256
Tab. 42: Wilcoxon Test „Kommunikationsschwierigkeit" 256
Tab. 43: Wilcoxon Test „Kommunikationswichtigkeit", Vergleich t1/t2 und t1/t3 257
Tab. 44: Mittelwerte und T-Test-Ergebnisse „Kommunikationshäufigkeit miterlebte Gewalt" 258
Tab. 45: Mittelwerte und T-Test-Ergebnisse „Kommunikationshäufigkeit Thema Gewalt" 260
Tab. 46: Spearman Korrelation „Kommunikationshäufigkeit Thema Gewalt im Unterricht / Kommunikationshäufigkeit über miterlebte Gewalt insgesamt" t3 261
Tab. 47: Spearman-Korrelation „Kommunikationshäufigkeit Thema Gewalt im Unterricht / Kommunikationshäufigkeit über miterlebte Gewalt mit einzelnen Gruppen" t3 261
Tab. 48: Mittelwerte und T-Test-Ergebnisse „Beurteilung Peer Educators" 262
Tab. 49: Mittelwerte und T-Test-Ergebnisse „Beurteilung Peer Educators" Vergleich gleichaltrig/nicht gleichaltrig 263
Tab. 50: Mittelwerte und t-Test-Ergebnisse „Glaubwürdigkeit Peer Educators" Vergleich gleichaltrig/nicht gleichaltrig 264
Tab. 51: Mittelwerte und t-Test-Ergebnisse „Empathiefähigkeit der Peer Educators in Abhängigkeit vom Alter" 265
Tab. 52: Spearman Korrelation „Ähnlichkeit Peer Educators" und „Bewertung Intervention" 266
Tab. 53: Wilcoxon Test „Einschätzung Wissen Jugendliche" Vergleich t1/t2 267
Tab. 54: Wilcoxon Test „Eingeschätztes Wissen", Vergleich Peer Educators/Klassenlehrer 268
Tab. 54: Spearman Korrelation „Günstiger Einfluss der Intervention auf das eigene Verhalten/Glaubwürdigkeit Peer Educators" 269
Tab. 56: Wilcoxon Test „Geschützt Opfer einer Straftat oder von Gewalt zu werden" Vergleich t1/t2 und t1/t3 269
Tab. 57: Mittelwerte „Opfererfahrungen", t1 und t3 270
Tab. 58: Wilcoxon Test „Opfererfahrungen" Vergleich t1/t3 270
Tab. 59: Spearman Korr. „Kommunikationsschwierigkeit/Opfererfahrung Peer Educators" 271
Tab. 60: Einfakt. Varianzanalyse m. Messw. „Kenntnis Hilfemöglichkeiten in der Schule" 272
Tab. 61: Wilcoxon Test „Konsequenzerwartung vom Lehrpersonal bei ausgeübter Gewalt" Vergleich t1/t2 und t1/t3 274
Tab. 62: Friedman Test: „Konsequenzerwartung von Mitschülern bei ausgeübter Gewalt" Vergleich t1/t2 und t1/t3 274

Tab. 63: Spearman Korrelation „Partizipationsmöglichkeiten in der Klasse/Wohlfühlen in der Klasse" t1	275
Tab. 64: Spearman Korrelation „Partizipationsmöglichkeiten in der Klasse/Wohlfühlen in der Klasse" t3	275
Tab. 65: Spearman Korrelation „Absicht schlichtend einzugreifen/Kommunikationshäufigkeit Thema Gewalt im Unterricht" t1	276
Tab. 66: Spearman Korrelation „Absicht schlichtend einzugreifen/Kommunikationshäufigkeit Thema Gewalt im Unterricht" t3	276
Tab. 67: Spearman Korrelation „Wohlfühlen in der Klasse/Kommunikationshäufigkeit Thema Gewalt im Unterricht" t1	277
Tab. 67: Spearman Korrelation „Wohlfühlen in der Klasse/Kommunikationshäufigkeit Thema Gewalt im Unterricht" t3	277
Tab. 69: Spearman Korrelation „Hilfsbereitschaft in der Klasse / Kommunikationshäufigkeit Thema Gewalt im Unterricht" t1	277
Tab. 70: Spearman Korrelation „Hilfsbereitschaft in der Klasse / Kommunikationshäufigkeit Thema Gewalt im Unterricht" t3	278
Tab. 70: Kendall Korrelation „Wohlfühlen in der Klasse/verbale Gewalt" t1 und t3	278
Tab. 72: Bewertung der Intervention anhand von Schulnoten	280
Tab. 73: Günstiger Einfluss der Intervention auf das eigene Verhalten	282
Tab. 74: Genannte Ansprechpartner bei Sorgen & Problemen außerhalb der Schule (t1, t2, t3)	285
Tab. 75: Kommunikationshäufigkeit t1 (> 0) miterlebte Gewalt in den letzten sechs Wochen	288
Tab. 76: Kommunikationshäufigkeit t3 (> 0) miterlebte Gewalt in den letzten sechs Wochen	289
Tab. 77: Mittelwerte und t-Test-Ergebnisse bei gepaarten Stichproben Kommunikationshäufigkeit über miterlebte Gewalt", Vergleich t1 / t3	290
Tab. 78: Kommunikationshäufigkeit t1 (> 0) Thema Gewalt in den letzten sechs Wochen	291
Tab. 79: Kommunikationshäufigkeit t1 (> 0) Thema Gewalt in den letzten sechs Wochen	292
Tab. 80: Mittelwerte und t-Test-Ergebnisse bei gepaarten Stichproben „Kommunikationshäufigkeit Thema Gewalt"; Vergleich t1/t3	292
Tab. 81: Kommunikationsschwierigkeit mit der Familie über miterlebte Gewalt zu sprechen	293
Tab. 82: Kommunikationsschwierigkeit m. Jugendlichen über miterlebte Gewalt zu sprechen	293
Tab. 83: Kommunikationsschwierigkeit m. Lehrpersonal über miterlebte Gewalt zu sprechen	294
Tab. 84: Wilcoxon Vergleich „Kommunikationsschwierigkeit zwischen Lehrern/Jugendlichen und Lehrern/Familie"	294
Tab. 85: Beurteilung Peer Educators: Vertrauenswürdigkeit	296
Tab. 86: Beurteilung Peer Educators: Kompetenz	296
Tab. 87: Beurteilung Peer Educators: Ähnlichkeit	297
Tab. 88: Beurteilung Peer Educators: Sprechverhalten	297
Tab. 89: Beurteilung Peer Educators: Attraktivität	298
Tab. 90: Beurteilung Peer Educators: Sympathie	298
Tab. 91: Beurteilung Peer Educators: Empathie	299

Tab. 92:	Spearman Korrelation „Bewertung Intervention/Beurteilung Peer Educators" t2	299
Tab. 93:	Kenntnis Peer Educators zum Thema Gewalt	300
Tab. 94:	„Geschützt, Opfer einer Straftat / von Gewalt zu werden" (t1, t2, t3)	301
Tab. 95:	„Andere haben mir Schläge angedroht, wenn ich nicht mache, was sie sagen" > 0	302
Tab. 96:	„Andere haben mich gezwungen Geld/etwas anderes Wertvolles abzugeben" > 0	302
Tab. 97:	„Mir wurde etwas weggenommen" > 0 (t1, t3)	303
Tab. 98:	„Es wurden Sachen beschädigt oder kaputtgemacht, die mir gehören" > 0 (t1, t3)	303
Tab. 99:	„Ein/e Mitschüler/in hat mich verprügelt" > 0 (t1, t3)	304
Tab. 100:	„Mitschüler/innen haben mich mit einer Waffe bedroht" > 0 (t1, t3)	304
Tab. 101:	„Ich wurde von anderen getreten, geschubst oder geschlagen" > 0 (t1, t3)	304
Tab. 102:	„Andere haben mich gehänselt/gemeine Bemerkungen über mich gemacht" > 0	305
Tab. 103:	„Jemand hat mich so angeschrien, dass ich weinen musste" > 0 (t1, t3)	305
Tab. 104:	„Ich wurde von anderen beschimpft oder beleidigt" > 0 (t1, t3)	306
Tab. 105:	„Jemandem Schläge angedroht, damit er macht was ich sage" > 0 (t1, t3)	306
Tab. 106:	„Jemanden gezwungen mir Geld/etwas anderes Wertvolles zu geben" > 0 (t1, t3)	307
Tab. 107:	„Jemandem etwas weggenommen" > 0 (t1, t3)	307
Tab. 108:	Wilcoxon Test: Jemandem etwas weggenommen Vergleich t1/t3	307
Tab. 109:	„Von jemandem etwas beschädigt oder kaputt gemacht" > 0 (t1, t3)	308
Tab. 110:	Wilcoxon: Von jemandem etwas beschädigt oder kaputt gemacht t1/t3	308
Tab. 111:	„Jemanden verprügelt" > 0 (t1, t3)	308
Tab. 112:	„Jemanden mit einer Waffe bedroht" > 0 (t1, t3)	308
Tab. 113:	„Jemanden getreten, geschubst oder geschlagen" > 0 (t1, t3)	309
Tab. 114:	„Jemanden gehänselt oder gemeine Bemerkungen gemacht" > 0 (t1, t3)	309
Tab. 115:	„Jemanden so angeschrien, dass er/sie weinen musste" > 0 (t1, t3)	310
Tab. 116:	„Jemanden beschimpft oder beleidigt" > 0 (t1, t3)	310
Tab. 117:	Wilcoxon Test „Jemanden beschimpft oder beleidigt" Vergleich t1/t3	310
Tab. 118:	„Sich fähig fühlen, auf Beschimpfungen, Provokationen oder körperliche Gewalt nicht mit eigener Gewalt zu reagieren" t1, t2, t3	311
Tab. 119:	„Absicht bei beobachteter Gewalt unter Mitschülern schlichtend einzugreifen"	312
Tab. 120:	„Was ist für dich Gewalt?" (Prozentangaben in Klammern), Veränderungen über die 3 Messzeitpunkte, Mehrfachnennungen möglich	314
Tab. 121:	Offene Antwortkategorien „Was ist für dich Gewalt?" (t1, t2, t3)	316
Tab. 122:	„Jemanden zu beschimpfen kann manchmal notwendig sein" (t1, t2, t3)	317
Tab. 123:	„In manchen Situationen ist es in Ordnung, andere zu schlagen" (t1, t2, t3)	318
Tab. 124:	Kenntnis Schulpolizist t1, t2, t3	320
Tab. 125:	„Ansprechpartner in der Schule bei Sorgen und Problemen" t1, t2, t3	321
Tab. 126:	„Konsequenzerwartung bei ausgeübter Gewalt vonseiten des Lehrpersonals"	322
Tab. 127:	„Konsequenzerwartung bei ausgeübter Gewalt vonseiten der Mitschüler"	323
Tab. 128:	„Wohlfühlen in der Klasse" (t1, t2, t3)	323
Tab. 129:	Spearman Korrelation „Konsequenzerwartung Lehrer/Wohlfühlen in der Klasse"	324

Tab. 130: „Wahrgenommene Hilfsbereitschaft in der Klasse" 325
Tab. 131: „Partizipationsmöglichkeiten in der Klasse" 325
Tab. 132: „Kenntnis Erwachsene zum Thema Gewalt"(t1, t2) 326
Tab. 133: „Kenntnis Jugendliche zum Thema Gewalt" t1, t2 327
Tab. 134: „Kenntnis Mitschüler zum Thema Gewalt" (t1, t2) 327
Tab. 135: „Kenntnis Klassenlehrer zum Thema Gewalt" t1, t2 328
Tab. 136: Wilcoxon Test Kenntnis Klassenlehrer, Vergleich t1/t2 328
Tab. 137: U-Test „Kenntnis Hilfemöglichkeiten außerhalb der Schule" Vgl. Geschlechter 330
Tab. 138: U-Test „Kenntnis Hilfemöglichkeiten innerhalb der Schule", Vgl. Geschlechter 330
Tab. 139: U-Test „Kommunikationswichtigkeit" Vergleich Geschlechter 330
Tab. 140 t-Test: „Kommunikationshäufigkeit miterlebte Gewalt" t3, Vergleich Geschlechter 331
Tab. 141: U-Test „Einschätzung Peer Educators" sig. Unterschiede zwischen den Geschlechter 331
Tab. 142: t-Test „Opfererfahrungen" Signifikante Geschlechtsunterschiede t1 und t3 332
Tab. 143: t-Test „Tätererfahrungen" signifikante Geschlechtsunterschiede t1, t3 333
Tab. 144: U-Test „Selbsteinschätzung eigene Gewalttätigkeit" Vergleich Geschlechter 334
Tab. 145: U-Test: „Was ist für dich Gewalt?", Sig. Unterschiede zw. Mädchen und Jungen 335
Tab. 146: t-Test Vergleich Schulformen/Wissen t1, t2, t3 338
Tab. 147: Mittelwerte Schulformen / Wissen t1, t2, t3 338
Tab. 148: t-Test unabhängige Stichproben „Kenntnis Hilfemöglichkeiten in der Schule" Vergleich Schulformen t1, t2, t3 338
Tab. 149: „Kenntnis Hilfemöglichkeiten in der Schule" Mittelwerte Schulformen t1, t2, t3 339
Tab. 150: t-Test „Kenntnis Hilfemöglichkeiten außerhalb der Schule" Vergleich Schulformen 339
Tab. 151: Mittelwerte „Kenntnis Hilfemöglichkeiten außerhalb der Schule" Vergleich Schulformen t1, t2, t3 339
Tab. 152: t-Test unabhängige Stichproben „Tätererfahrungen" Vergleich Schulformen 340
Tab. 153: Mittelwerte „Tätererfahrungen" Vergleich Schulformen 340
Tab. 154: t-Test unabhängige Stichproben „Opfererfahrungen" Vergleich Schulformen t1, t3 341
Tab. 155: Mittelwerte „Opfererfahrungen" Vergleich Schulformen 341
Tab. 156: „Einstellung zu körperlicher Gewalt", Unterschiede zwischen den Schulformen 342
Tab. 157: „Einstellung gegenüber verbaler Gewalt", Unterschiede zw. den Schulformen 343
Tab. 158: t-Test unabhängige Stichproben: „Kommunikationshäufigkeit miterlebte Gewalt" Vergleich Schulformen 343
Tab. 159: Mittelwerte Schulformen „Kommunikationshäufigkeit miterlebte Gewalt" 344
Tab. 160: t-Test unabhängige Stichproben „Kommunikationshäufigkeit Thema Gewalt" Vergleich Schulformen 344
Tab. 161: Mittelwerte Schulformen / Kommunikationshäufigkeit Thema Gewalt 344
Tab. 162: „Kommunikationswichtigkeit" Unterschiede zwischen den Schulformen 345
Tab. 163: U-Test: „Geschützt davor, dass Opfer von Gewalt zu werden" Vergl. Schulformen 346
Tab. 164: U-Test „Partizipationsmöglichkeiten in der Schule", Vergleich Schulformen t1, t3 347
Tab. 165: U-Test: Wohlbefinden in der Klasse, Vergleich Schulformen 347

Tab. 166: U-Test „Hilfsbereitschaft in der Klasse", Vergleich Schulformen	348
Tab. 167: „Tätererfahrungen", Vergleich Alter t1 und t3	349
Tab. 168: Opfererfahrungen, Vergleich Mittelwert und Alter t1, t3	350

13 Anhang

Anhang 1: Fragebögen

Prä-Fragebogen

Liebe Schülerin, lieber Schüler!

In der nächsten Zeit werden wir vom Projekt Schlag.fertig in deine Klasse kommen und einen Tag lang mit Euch etwas gemeinsam machen. Damit wir von der Uni Köln herausfinden können, ob dir das gefallen hat und wie deine Meinung und Erfahrung in bestimmten Bereichen ist, benötigen wir deine Mithilfe.

Die folgenden Fragen sind sehr wichtig für uns! **Dein Name wird nicht notiert!** Damit wir deine Antworten vergleichen können, benötigen wir ein Codewort von dir.

Dein persönliches Codewort setzt sich zusammen aus (bitte eintragen):
Erster Buchstabe des Vornamens deiner Mutter: ___
Erster Buchstabe deines Geburtsortes: ___
Erster Buchstabe deines Vornamens: ___
Erster Buchstabe des Vornamens deines Vaters: ___

Bitte beantworte jede Frage, auch wenn dir die Antwort schwer fällt.
Es gibt keine richtigen oder falschen Antworten, ehrliche Antworten sind richtig!

Kreuze bei Fragen, die verschiedene Antwortmöglichkeiten vorsehen, diejenige Antwortmöglichkeit an, die am ehesten zutrifft.

Kreuze pro Frage immer nur eine Antwortmöglichkeit an.

Vielen Dank! ☺

Fragen zu deiner Person

Alter in Jahren: _____   Klasse: _____

Geschlecht:	☐ weiblich	☐ männlich	
besuchte Schule:	☐ Hauptschule ☐ Realschule ☐ Gymnasium	☐ Gesamtschule ☐ Sonderschule ☐ nichts davon, sondern _____	
Glaube:	☐ katholisch	☐ evangelisch	☐ islamisch ☐ keiner
	☐ ein anderer und zwar _____		
Nationalität:	☐ deutsch ☐ polnisch	☐ türkisch ☐ kroatisch	☐ italienisch ☐ sonstige _____

Wie kennen sich folgende Personen deiner Meinung nach mit dem Thema Gewalt allgemein aus?	sehr gut	eher gut	teils/teils	eher schlecht	sehr schlecht
Erwachsene allgemein	☐	☐	☐	☐	☐
Jugendliche allgemein	☐	☐	☐	☐	☐
Deine Klassenlehrer / Klassenlehrerin	☐	☐	☐	☐	☐
Deine Mitschüler / Mitschülerinnen	☐	☐	☐	☐	☐

Gib an, wie stark du den folgenden Aussagen zustimmst.	stimmt gar nicht	stimmt wenig	stimmt teilweise	stimmt ziemlich	stimmt völlig
In manchen Situationen ist es in Ordnung, andere zu schlagen.	❏	❏	❏	❏	❏
Jemanden zu beschimpfen kann manchmal notwendig sein.	❏	❏	❏	❏	❏
Ich fühle mich in meiner Klasse wohl.	❏	❏	❏	❏	❏
Unsere Lehrer fragen uns häufig nach unserer Meinung, wenn etwas entschieden oder geplant werden soll.	❏	❏	❏	❏	❏

Für mich ist es schwierig, über Erlebnisse bei denen ich Gewalt erfahren habe...	stimmt gar nicht	stimmt wenig	stimmt teilweise	stimmt ziemlich	stimmt völlig
...mit meiner Familie zu sprechen	❏	❏	❏	❏	❏
...mit anderen Jugendlichen zu sprechen	❏	❏	❏	❏	❏
...mit Lehrern/Lehrerinnen zu sprechen	❏	❏	❏	❏	❏

Fragen zu deiner Schule & Klasse:

Wenn in der Schule jemand einen anderen beschimpft, schlägt, beklaut oder eine andere Form von Gewalt anwendet, dann hat derjenige mit einer Konsequenz zu rechnen...	nie	selten	manchmal	häufig	immer
...von Lehrern / Lehrerinnen	❏	❏	❏	❏	❏
...von Mitschülern / Mitschülerinnen	❏	❏	❏	❏	❏

Die Hilfsbereitschaft in meiner Klasse finde ich...	❏ sehr gut	❏ gut	❏ mittelmäßig	❏ schlecht	❏ sehr schlecht

Wie häufig hast du in den letzten 6 Wochen über das Thema Gewalt gesprochen...	Bitte gib eine Zahl an.
...mit deiner Familie?	____ Mal
...mit anderen Jugendlichen?	____ Mal
...mit Lehrern/ Lehrerinnen?	____ Mal
...während des Unterrichts?	____ Mal
...mit anderen und zwar mit_____?	____ Mal
Wie häufig hast du in den letzten 6 Wochen über miterlebte Gewalttaten gesprochen...	
...mit deiner Familie?	____ Mal
...mit anderen Jugendlichen?	____ Mal
...mit Lehrern/ Lehrerinnen?	____ Mal
...während des Unterrichts?	____ Mal
...mit anderen und zwar mit_____?	____ Mal

Bei Sorgen oder Problemen, kannst du dich in der Schule an folgende Personen/ Einrichtungen wenden:
_____

Wenn du bei dieser Frage Namen genannt hast, wer sind die Personen?
❏ Lehrer ❏ Freunde ❏ Bekannte ❏ Sozialarbeiter/ Schulpsychologe ❏ sonstige _____

Kennst du darüber hinaus Orte/Ansprechpersonen an die du dich <u>außerhalb der Schule</u> bei Sorgen oder Problemen wenden kannst?	
❏ ja, und zwar folgende 1. _____ 2. _____ 3. _____ 4. _____	❏ nein

Wenn du bei dieser Frage Namen genannt hast, wer sind die Personen?
❏ Lehrer ❏ Familie ❏ Freunde ❏ Bekannte ❏ Sozialarbeiter/ Schulpsychologe ❏ sonstige _____

Gib an, wie stark die folgenden Aussagen auf dich zutreffen.	trifft voll zu	trifft ziemlich zu	trifft teilweise zu	trifft wenig zu	trifft nicht zu
Ich fühle mich fähig, auf Beschimpfungen, Provokationen oder körperliche Gewalt nicht mit eigener Gewalt zu reagieren.	❏	❏	❏	❏	❏
Ich fühle mich davor geschützt selbst das Opfer einer Straftat/von Gewalt zu werden.	❏	❏	❏	❏	❏
Ich finde es wichtig über das Thema Gewalt zu sprechen.	❏	❏	❏	❏	❏
Wenn ich beobachten würde, dass sich Mitschüler bedrängen, beschimpfen oder schlagen, würde ich schlichtend eingreifen.	❏	❏	❏	❏	❏

Fragen zum Thema Gewalt allgemein:

Mit welchem Alter wird man in Deutschland strafmündig?
❏ 12 Jahre ❏ 14 Jahre ❏ 16 Jahre ❏ 18 Jahre ❏ in jedem Alter ❏ weiß ich nicht

Ab wie viel Jahren kann eine Person angezeigt werden?
❏ 12 Jahre ❏ 14 Jahre ❏ 16 Jahre ❏ 18 Jahre ❏ in jedem Alter ❏ weiß ich nicht

Die Höchststrafe im Jugendstrafrecht ist…
❏ 10 Jahre ❏ 2 Jahre ❏ 5 Jahre ❏ weiß ich nicht

Was kostet ein Notruf bei der Polizei?	❏ die normalen Telefonkosten ❏ gar nichts
Die Telefonnummer der Polizei lautet:	_____

Wie lautet der Name des Schulpolizisten an deiner Schule?	❏ _____ ❏ kenne ich nicht

Kann sich gewalttätiges Verhalten auf deine Führerscheinprüfung auswirken?

❏ ja ❏ nein ❏ weiß ich nicht

Was ist für dich Gewalt? Hier kannst du mehrere Punkte ankreuzen.

❏ bedrohen	❏ Grimassen schneiden	❏ Wände bemalen
❏ einsperren	❏ einschüchtern	❏ anbrüllen
❏ schubsen	❏ jemanden zu etwas zwingen	❏ Stuhl wegziehen
❏ auslachen	❏ Fenster einwerfen	❏ beschimpfen
❏ schlagen	❏ schlecht über andere reden	❏ Hilfe verweigern
❏ stehlen	❏ spielerisch kämpfen	❏ mit Gegenständen bewerfen
❏ erpressen	❏ jemanden gegen seinen Willen küssen	❏ sonstiges, und zwar

Wie oft hast du in den letzten 6 Wochen bei den folgenden Sachen **selber** mitgemacht?	Bitte gib eine Zahl an.
Jemanden Schläge angedroht, damit er macht, was ich sage.	____ Mal
Jemanden gezwungen, mir Geld oder etwas anderes Wertvolles zu geben.	____ Mal
Jemandem etwas weggenommen (z.B. Geld, Kleidung, Schultasche, Fahrrad).	____ Mal
Von jemanden etwas beschädigt oder kaputtgemacht (z.B. Fahrräder, Schulbücher, Mäppchen, Kleidung).	____ Mal
Jemanden verprügelt.	____ Mal
Jemanden mit einer Waffe bedroht (z.B. Schlagstock, Messer, Tränengas).	____ Mal
Jemanden getreten, geschubst oder geschlagen.	____ Mal
Jemanden gehänselt oder gemeine Bemerkungen gemacht.	____ Mal
Jemanden so angeschrien, dass er weinen musste.	____ Mal
Jemanden beschimpft oder beleidigt.	____ Mal
Wie oft ist dir in den letzten 6 Wochen das Folgende schon selbst passiert?	
Andere haben mir Schläge angedroht, wenn ich nicht mache, was sie sagen.	____ Mal
Andere haben mich gezwungen, Geld oder etwas anderes Wertvolles abzugeben	____ Mal
Mir wurde etwas weg genommen (z.B. Geld, Schulsachen, Kleidung, Fahrrad).	____ Mal
Es wurden Sachen beschädigt oder kaputtgemacht, die mir gehören (z.B. Fahrrad, Schulsachen, Mäppchen, Kleidung).	____ Mal
Ein'e Mitschüler/in hat mich verprügelt.	____ Mal
Mitschüler/innen haben mich mit einer Waffe (z.B. Messer, Schlagstock, Tränengas) bedroht.	____ Mal
Ich wurde von anderen getreten, geschubst oder geschlagen.	____ Mal
Andere haben mich gehänselt oder gemeine Bemerkungen über mich gemacht.	____ Mal
Jemand hat mich so angeschrieen, dass ich weinen musste	____ Mal
Ich wurde von anderen beschimpft oder beleidigt.	____ Mal

Vielen Dank für deine Mitarbeit!

Post-Fragebogen

Liebe Schülerin, lieber Schüler!

Damit wir herausfinden können, wie dir die Schlag.fertig-Aktion gefallen hat benötigen wir deine Mithilfe.

Die folgenden Fragen sind sehr wichtig für uns! **Dein Name wird nicht notiert!** Damit wir deine Antworten vergleichen können, benötigen wir ein Codewort von dir.

Dein persönliches Codewort setzt sich zusammen aus (bitte eintragen):
Erster Buchstabe des Vornamens deiner Mutter: ___
Erster Buchstabe deines Geburtsortes: ___
Erster Buchstabe deines Vornamens: ___
Erster Buchstabe des Vornamens deines Vaters: ___

Bitte beantworte jede Frage, auch wenn dir die Antwort schwer fällt. Es gibt keine richtigen oder falschen Antworten, ehrliche Antworten sind richtig!

Kreuze bei Fragen, die verschiedene Antwortmöglichkeiten vorsehen, diejenige Antwortmöglichkeit an, die am ehesten zutrifft.

Bitte kreuze pro Frage immer nur eine Antwortmöglichkeit an.

Vielen Dank! ☺

Fragen zu deiner Person				
Alter in Jahren: ___	Klasse: ___			
Geschlecht:	❏ weiblich	❏ männlich		
Nationalität:	❏ deutsch	❏ türkisch	❏ italienisch	
	❏ polnisch	❏ kroatisch	❏ sonstige	

Wie kennen sich folgende Personen deiner Meinung nach mit dem Thema Gewalt allgemein aus?	sehr gut	eher gut	teils/teils	eher schlecht	sehr schlecht
Erwachsene allgemein	❏	❏	❏	❏	❏
Jugendliche allgemein	❏	❏	❏	❏	❏
Die Peer Educator (= die Jugendlichen die heute die Aktion durchgeführt haben)	❏	❏	❏	❏	❏
Deine Klassenlehrer / Klassenlehrerin	❏	❏	❏	❏	❏
Deine Mitschüler / Mitschülerinnen	❏	❏	❏	❏	❏

Wie hat dir die Schlag.fertig-Aktion gefallen? Bewerte nach Schulnoten.		
❏ sehr gut (1)	❏ gut (2)	❏ befriedigend (3)
❏ ausreichend (4)	❏ mangelhaft (5)	❏ ungenügend (6)

Wie bewertest du den Umfang der folgenden Anteile der Aktion?	ich hätte mir weniger gewünscht	war genau richtig	ich hätte mir mehr gewünscht
Vortrag der Peer Educator	❏	❏	❏
Übungen & Spiele	❏	❏	❏
gemeinsame Gespräche	❏	❏	❏
sonstiges _____	❏	❏	❏

Hat dir etwas nicht so gut gefallen?

☐ ja, und zwar:_____

☐ nein, mir hat alles gefallen

Über Folgendes hättest du gerne noch gesprochen oder etwas erfahren:

a) _____   c) _____

b) _____   d) _____

Jetzt kommen zweimal die gleichen Fragen. Bitte fülle sie für jeden Peer Educator (das sind die zwei Jugendlichen, die heute die Aktion in deiner Klasse gemacht haben) einzeln aus. Bitte trag die zwei Namen ein!

Gib an, wie stark die Aussagen deiner Meinung nach auf _____ zutreffen:	stimmt gar nicht	stimmt wenig	stimmt teilweise	stimmt ziemlich	stimmt völlig
Er kann sich gut in mich hineinversetzen.	☐	☐	☐	☐	☐
Er ist mir ähnlich.	☐	☐	☐	☐	☐
Er drückt sich verständlich aus.	☐	☐	☐	☐	☐
Sein Wissen zum Thema Gewalt ist groß.	☐	☐	☐	☐	☐
Er ist ehrlich.	☐	☐	☐	☐	☐
Er hat einen persönlichen Bezug zum Thema.	☐	☐	☐	☐	☐
Er war schon mal das Opfer einer Gewalttat.	☐	☐	☐	☐	☐
Das Thema ist ihm wichtig.	☐	☐	☐	☐	☐
Ich finde ihn sympathisch.	☐	☐	☐	☐	☐
Er kennt sich gut mit dem Thema aus.	☐	☐	☐	☐	☐
Ich finde ihn toll.	☐	☐	☐	☐	☐
Er spricht so ähnlich wie ich.	☐	☐	☐	☐	☐

Gib an, wie stark die Aussagen deiner Meinung nach auf _____ zutreffen:	stimmt gar nicht	stimmt wenig	stimmt teilweise	stimmt ziemlich	stimmt völlig
Er kann sich gut in mich hineinversetzen.	☐	☐	☐	☐	☐
Er ist mir ähnlich.	☐	☐	☐	☐	☐
Er drückt sich verständlich aus.	☐	☐	☐	☐	☐
Sein Wissen zum Thema Gewalt ist groß.	☐	☐	☐	☐	☐
Er ist ehrlich.	☐	☐	☐	☐	☐
Er hat einen persönlichen Bezug zum Thema.	☐	☐	☐	☐	☐
Er war schon mal das Opfer einer Gewalttat.	☐	☐	☐	☐	☐
Das Thema ist ihm wichtig.	☐	☐	☐	☐	☐
Ich finde ihn sympathisch.	☐	☐	☐	☐	☐
Er kennt sich gut mit dem Thema aus.	☐	☐	☐	☐	☐
Ich finde ihn toll.	☐	☐	☐	☐	☐
Er spricht so ähnlich wie ich.	☐	☐	☐	☐	☐

Gib an, wie stark du den folgenden Aussagen zustimmst.

Für mich ist es schwierig, über Erlebnisse bei denen ich Gewalt erfahren habe…	stimmt gar nicht	stimmt wenig	stimmt teilweise	stimmt ziemlich	stimmt völlig
…mit meiner Familie zu sprechen	❏	❏	❏	❏	❏
…mit anderen Jugendlichen zu sprechen	❏	❏	❏	❏	❏
…mit Lehrern/Lehrerinnen zu sprechen	❏	❏	❏	❏	❏

Gib an, wie stark du den folgenden Aussagen zustimmst.	stimmt gar nicht	stimmt wenig	stimmt teilweise	stimmt ziemlich	stimmt völlig
In manchen Situationen ist es in Ordnung andere zu schlagen.	❏	❏	❏	❏	❏
Jemanden zu beschimpfen kann manchmal notwendig sein.	❏	❏	❏	❏	❏
Ich fühle mich in meiner Klasse wohl.	❏	❏	❏	❏	❏

Fragen zu deiner Schule & Klasse:

Wenn in der Schule jemand einen anderen beschimpft, schlägt, beklaut oder eine andere Form von Gewalt anwendet, dann hat derjenige mit einer Konsequenz zu rechnen…	nie	selten	manchmal	häufig	immer
…von Lehrern / Lehrerinnen	❏	❏	❏	❏	❏
…von Mitschülern / Mitschülerinnen	❏	❏	❏	❏	❏

Gib an, wie stark die Aussagen auf dich zutreffen.	trifft voll zu	trifft ziemlich zu	trifft teilweise zu	trifft wenig zu	trifft nicht zu
Ich fühle mich fähig, auf Beschimpfungen, Provokationen oder körperliche Gewalt nicht mit eigener Gewalt zu reagieren.	❏	❏	❏	❏	❏
Ich fühle mich davor geschützt selbst das Opfer einer Straftat/von Gewalt zu werden.	❏	❏	❏	❏	❏
Ich finde es wichtig über das Thema Gewalt zu sprechen.	❏	❏	❏	❏	❏
Die heutige Schlag.fertig-Aktion hat einen guten Einfluss auf mein Verhalten.	❏	❏	❏	❏	❏
Wenn ich beobachten würde, dass sich Mitschüler bedrängen, beschimpfen oder schlagen, würde ich schlichtend eingreifen.	❏	❏	❏	❏	❏

Was ist für dich Gewalt? Hier kannst du mehrere Punkte ankreuzen.

❏ bedrohen	❏ Grimassen schneiden	❏ Wände bemalen
❏ einsperren	❏ einschüchtern	❏ anbrüllen
❏ schubsen	❏ jemanden zu etwas zwingen	❏ Stuhl wegziehen
❏ auslachen	❏ Fenster einwerfen	❏ beschimpfen
❏ schlagen	❏ schlecht über andere reden	❏ Hilfe verweigern
❏ stehlen	❏ spielerisch kämpfen	❏ mit Gegenständen bewerfen
❏ erpressen	❏ jemanden gegen seinen Willen küssen	❏ sonstiges, und zwar_____

Bei Sorgen oder Problemen, kannst du dich in der Schule an folgende Personen/ Einrichtungen wenden:

_____

Wenn du bei dieser Frage Namen genannt hast, wer sind die Personen?
❑ Lehrer ❑ Freunde ❑ Bekannte ❑ Sozialarbeiter/ Schulpsychologe ❑ sonstige _____

Kennst du darüber hinaus Orte/Ansprechpersonen an die du dich <u>außerhalb der Schule</u> bei Sorgen oder Problemen wenden kannst?	
❑ ja, und zwar folgende 1. _____ 2. _____ 3. _____ 4. _____	❑ nein

Wenn du bei dieser Frage Namen genannt hast, wer sind die Personen?
❑ Lehrer ❑ Familie ❑ Freunde ❑ Bekannte ❑ Sozialarbeiter/ Schulpsychologe ❑ sonstige _____

Fragen zum Thema Gewalt allgemein:

Mit welchem Alter wird man in Deutschland strafmündig?
❑ 12 Jahre ❑ 14 Jahre ❑ 16 Jahre ❑ 18 Jahre ❑ in jedem Alter ❑ weiß ich nicht

Ab wie viel Jahren kann eine Person angezeigt werden?
❑ 12 Jahre ❑ 14 Jahre ❑ 16 Jahre ❑ 18 Jahre ❑ in jedem Alter ❑ weiß ich nicht

Die Höchststrafe im Jugendstrafrecht ist…
❑ 10 Jahre ❑ 2 Jahre ❑ 5 Jahre ❑ weiß ich nicht

Was kostet ein Notruf bei der Polizei?	❑ die normalen Telefonkosten ❑ gar nichts
Die Telefonnummer der Polizei lautet:	

Wie lautet der Name des Schulpolizisten an deiner Schule?	❑ _____ ❑ kenne ich nicht

Kann sich gewalttätiges Verhalten auf deine Führerscheinprüfung auswirken?
❑ ja ❑ nein ❑ weiß ich nicht

Gib bitte erst ab, wenn du <u>jede</u> Frage beantwortet hast! Guck noch mal nach!
Vielen Dank für deine Mitarbeit!

Follow-up-Fragebogen

Liebe Schülerinnen und Schüler!

Dies ist heute der letzte Fragenbogen zur Schlag.fertig-Aktion!

Die folgenden Fragen sind sehr wichtig für uns! Dein Name wird nicht notiert! Damit wir deine Antworten vergleichen können, benötigen wir ein Codewort von dir.

Dein persönliches Codewort setzt sich zusammen aus (**bitte eintragen**):
Erster Buchstabe des Vornamens deiner Mutter: ___
Erster Buchstabe deines Geburtsortes: ___
Erster Buchstabe deines Vornamens: ___
Erster Buchstabe des Vornamens deines Vaters: ___

Bitte beantworte jede Frage, auch wenn dir die Antwort schwer fällt oder du die Frage bereits im letzten Fragebogen beantwortet hast.
Es gibt keine richtigen oder falschen Antworten, ehrliche Antworten sind richtig!

Kreuze bei Fragen, die verschiedene Antwortmöglichkeiten vorsehen, diejenige Antwortmöglichkeit an, die am ehesten zutrifft.

Bitte kreuze pro Frage immer nur eine Antwortmöglichkeit an.

Vielen Dank! ☺

Fragen zu deiner Person

Alter in Jahren: _____   Klasse: _____

Geschlecht: ❏ weiblich   ❏ männlich

Nationalität: ❏ deutsch   ❏ türkisch   ❏ italienisch
                ❏ polnisch   ❏ kroatisch   ❏ sonstige _____

Gib an wie stark du den folgenden Aussagen zustimmst.	stimmt gar nicht	stimmt wenig	stimmt teilweise	stimmt ziemlich	stimmt völlig
In manchen Situationen ist es in Ordnung andere zu schlagen.	❏	❏	❏	❏	❏
Jemanden zu beschimpfen kann manchmal notwendig sein.	❏	❏	❏	❏	❏
Ich fühle mich in meiner Klasse wohl.	❏	❏	❏	❏	❏
Unsere Lehrer fragen uns häufig nach unserer Meinung, wenn etwas entschieden oder geplant werden soll.	❏	❏	❏	❏	❏

Für mich ist es schwierig, über Erlebnisse bei denen ich Gewalt erfahren habe…	stimmt gar nicht	stimmt wenig	stimmt teilweise	stimmt ziemlich	stimmt völlig
…mit meiner Familie zu sprechen	❏	❏	❏	❏	❏
…mit anderen Jugendlichen zu sprechen	❏	❏	❏	❏	❏
…mit Lehrern/Lehrerinnen zu sprechen	❏	❏	❏	❏	❏

Wie häufig hast du in den letzten 6 Wochen über das Thema Gewalt gesprochen...	Bitte gib eine Zahl an.
...mit deiner Familie?	Mal
...mit anderen Jugendlichen?	Mal
...mit Lehrern/ Lehrerinnen?	Mal
...während des Unterrichts?	Mal
...mit anderen und zwar mit _____?	____ Mal
Wie häufig hast du in den letzten 6 Wochen über miterlebte Gewalttaten gesprochen...	
...mit deiner Familie?	Mal
...mit anderen Jugendlichen?	Mal
...mit Lehrern/ Lehrerinnen?	Mal
...während des Unterrichts?	Mal
...mit anderen und zwar mit _____?	Mal

Gib an, wie stark folgende Aussagen auf dich zutreffen.	trifft voll zu	trifft ziemlich zu	trifft teilweise zu	trifft wenig zu	trifft nicht zu
Ich fühle mich fähig, auf Beschimpfungen, Provokationen oder körperliche Gewalt nicht mit eigener Gewalt zu reagieren.	❏	❏	❏	❏	❏
Ich fühle mich davor geschützt selbst das Opfer einer Straftat/von Gewalt zu werden.	❏	❏	❏	❏	❏
Ich finde es wichtig über das Thema Gewalt zu sprechen.	❏	❏	❏	❏	❏
Wenn ich beobachten würde, dass sich Mitschüler bedrängen, beschimpfen oder schlagen, würde ich schlichtend eingreifen.	❏	❏	❏	❏	❏

Fragen zum Thema Gewalt allgemein:

Mit welchem Alter wird man in Deutschland strafmündig?

❏ 12 Jahre ❏ 14 Jahre ❏ 16 Jahre ❏ 18 Jahre ❏ in jedem Alter ❏ weiß ich nicht

Ab wie viel Jahren kann eine Person angezeigt werden?

❏ 12 Jahre ❏ 14 Jahre ❏ 16 Jahre ❏ 18 Jahre ❏ in jedem Alter ❏ weiß ich nicht

Die Höchststrafe im Jugendstrafrecht ist...

❏ 10 Jahre ❏ 2 Jahre ❏ 5 Jahre ❏ weiß ich nicht

Was kostet ein Notruf bei der Polizei?	❏ die normalen Telefonkosten ❏ gar nichts
Die Telefonnummer der Polizei lautet:	_____

Wie lautet der Name des Schulpolizisten an deiner Schule?	❏ _____ ❏ kenne ich nicht

Kann sich gewalttätiges Verhalten auf deine Führerscheinprüfung auswirken?
❏ ja   ❏ nein   ❏ weiß ich nicht

Was ist für dich Gewalt? Hier kannst du mehrere Punkte ankreuzen.

❏ bedrohen	❏ Grimassen schneiden	❏ Wände bemalen
❏ einsperren	❏ einschüchtern	❏ anbrüllen
❏ schubsen	❏ jemanden zu etwas zwingen	❏ Stuhl wegziehen
❏ auslachen	❏ Fenster einwerfen	❏ beschimpfen
❏ schlagen	❏ schlecht über andere reden	❏ Hilfe verweigern
❏ stehlen	❏ spielerisch kämpfen	❏ mit Gegenständen bewerfen
❏ erpressen	❏ jemanden gegen seinen Willen küssen	❏ sonstiges, und zwar

Fragen zu deiner Schule & Klasse:

Wenn in der Schule jemand einen anderen beschimpft, schlägt, beklaut oder eine andere Form von Gewalt anwendet, dann hat derjenige mit einer Konsequenz zu rechnen…	nie	selten	manchmal	häufig	immer
…von Lehrern / Lehrerinnen	❏	❏	❏	❏	❏
…von Mitschülern / Mitschülerinnen	❏	❏	❏	❏	❏

Die Hilfsbereitschaft in meiner Klasse finde ich…	❏ sehr gut	❏ gut	❏ mittelmäßig	❏ schlecht	❏ sehr schlecht

Bei Sorgen oder Problemen, kannst du dich <u>in der Schule</u> an folgende Personen/ Einrichtungen wenden:

_____

Wenn du bei dieser Frage Namen genannt hast, wer sind die Personen?

❏ Lehrer   ❏ Freunde   ❏ Bekannte   ❏ Sozialarbeiter/ Schulpsychologe   ❏ sonstige _____

Kennst du darüber hinaus Orte/Ansprechpersonen an die du dich <u>außerhalb der Schule</u> bei Sorgen oder Problemen wenden kannst?

❏ ja, und zwar folgende 1. _____ 2. _____ 3. _____ 4. _____	❏ nein

Wenn du bei dieser Frage Namen genannt hast, wer sind die Personen?

❏ Lehrer   ❏ Familie   ❏ Freunde   ❏ Bekannte   ❏ Sozialarbeiter/ Schulpsychologe   ❏ sonstige_____

Wie oft hast du in den letzten 6 Wochen bei den folgenden Sachen selber mitgemacht?	Bitte gib eine Zahl an.
Jemanden Schläge angedroht, damit er macht, was ich sage.	___ Mal
Jemanden gezwungen, mir Geld oder etwas anderes Wertvolles zu geben.	___ Mal
Jemandem etwas weggenommen (z.B. Geld, Kleidung, Schultasche, Fahrrad).	___ Mal
Von jemanden etwas beschädigt oder kaputtgemacht (z.B. Fahrräder, Schulbücher, Mäppchen, Kleidung).	___ Mal
Jemanden verprügelt.	___ Mal
Jemanden mit einer Waffe bedroht (z.B. Schlagstock, Messer, Tränengas).	___ Mal
Jemanden getreten, geschubst oder geschlagen.	___ Mal
Jemanden gehänselt oder gemeine Bemerkungen gemacht.	___ Mal
Jemanden so angeschrien, dass er weinen musste.	___ Mal
Jemanden beschimpft oder beleidigt.	___ Mal
Wie oft ist dir in den letzten 6 Wochen das Folgende schon selbst passiert?	
Andere haben mir Schläge angedroht, wenn ich nicht mache, was sie sagen.	___ Mal
Andere haben mich gezwungen, Geld oder etwas anderes Wertvolles abzugeben.	___ Mal
Mir wurde etwas weg genommen (z.B. Geld, Schulsachen, Kleidung, Fahrrad).	___ Mal
Es wurden Sachen beschädigt oder kaputtgemacht, die mir gehören (z.B. Fahrrad, Schulsachen, Mäppchen, Kleidung).	___ Mal
Ein/e Mitschüler/in hat mich verprügelt.	___ Mal
Mitschüler/innen haben mich mit einer Waffe (z.B. Messer, Schlagstock, Tränengas) bedroht.	___ Mal
Ich wurde von anderen getreten, geschubst oder geschlagen.	___ Mal
Andere haben mich gehänselt oder gemeine Bemerkungen über mich gemacht.	___ Mal
Jemand hat mich so angeschrieen, dass ich weinen musste.	___ Mal
Ich wurde von anderen beschimpft oder beleidigt.	___ Mal

Gib bitte erst ab, wenn du jede Frage beantwortet hast! Guck noch mal nach!

Vielen Dank für deine Mitarbeit!

Anhang B: Hinweise zum Ausfüllen der Fragebögen

Hinweise zum Ausfüllen des Fragebogens

Liebe Lehrerinnen und Lehrer,

anbei habe ich Ihnen einige Fragebögen für Ihre Klasse mitgeschickt. Unter Umständen kann es für Ihre Klasse neu und ungewohnt sein, einen Fragebogen auszufüllen.

Deshalb bitte ich Sie, einen Blick darauf zu haben, dass die Fragebögen von **allen komplett** ausgefüllt werden.

Wichtig ist, dass jeder Jugendliche zu Beginn sein **persönliches Codewort** einträgt und jede Frage im Fragebogen ausfüllt. Das heißt **je Zeile ein Kreuz**.

Zum Beispiel so:

	Wie kennen sich folgende Personen deiner Meinung nach mit dem Thema Gewalt allgemein aus?	sehr gut	eher gut	teils/teils	eher schlecht	sehr schlecht
→	Erwachsene allgemein	☐	☒	☐	☐	☐
→	Jugendliche allgemein	☒	☐	☐	☐	☐
→	Die Peer Educator	☐	☐	☐	☒	☐
→	Deine Klassenlehrer / Klassenlehrerin	☒	☐	☐	☐	☐
→	Deine Mitschüler / Mitschülerinnen	☐	☐	☒	☐	☐

Die Fragebögen sind **doppelseitig** bedruckt.

Manchmal kann es sinnvoll sein, dass alle auf Ihr Kommando die erste Seite bearbeiten und nachdem Sie überprüfen, dass alle mit der ersten Seite fertig sind, das Kommando geben die zweite Seite anzufangen. Wenn alle mit der zweiten Seite fertig sind, geben Sie das Kommando, die dritte Seite zu bearbeiten usw.

Dies ist jedoch je nach Klasse sehr unterschiedlich und das können Sie für Ihre Klasse mit Sicherheit am besten entscheiden!

Während des Ausfüllens sollten die Schüler und Schülerinnen **nicht miteinander reden** und **ausreichend Zeit** haben. Sie können natürlich bei Verständnisfragen helfen!

Bitte stecken Sie die ausgefüllten Fragebögen danach in den beigefügten Umschlag und geben Sie diese am Tag der Durchführung der Schlag.fertig-Aktion den begleitenden Coaches mit.

Vielen Dank für Ihr Bemühen und Ihr Engagement!

Anhang C: Anschreiben (exemplarisch)

SCHLAG.fertig
Peer-Projekt zur Gewaltvorbeugung

Schlag.fertig • Bernhard-Feilchenfeld-Str. 11 • 50969 Köln

Schule xy

Schlag.fertig
Bernhard-Feilchenfeld-Str. 11
50969 Köln

Tel. 0049 -(0)221- 470 -6338
info@schlagfertig-koeln.de

www.schlagfertig-koeln.de

Ansprechpartnerin
Dipl. Päd. Sarah Strauß

Projektleitung
Dr. Dirk Rohr

Datum

Durchführung Aktion Schlag.fertig & Evaluation

Sehr geehrte Damen und Herren,

im Dezember führen wir mit Ihrer Schule zwei gemeinsame Tage zur Gewaltprävention durch, worauf wir uns schon sehr freuen. Hier die Fragebögen für die teilnehmenden Klassen.
Das Projekt Schlag.fertig wird von der Universität zu Köln und im Rahmen meiner Promotion wissenschaftlich begleitet und untersucht. Wir sind daran interessiert unsere Aktionen stetig zu verbessern und auf ihre Wirksamkeit zu überprüfen, um Ihnen ein möglichst optimales Ergebnis anbieten zu können.

Hierfür ist auch die Befragung jeder teilnehmenden Klasse zu insgesamt 3 Zeitpunkten vorgesehen. Anbei finden Sie einige Fragebögen. Bitte lassen sie diese von jedem Schüler und jeder Schülerin der teilnehmenden Klasse **einige Tage vor unserer Aktion** ausfüllen (Dauer ca. 20 min). Die zweite Befragung erfolgt im unmittelbaren Anschluss an die durchgeführte Aktion und die dritte 6 Wochen danach.
Die Ergebnisse sind selbstverständlich anonymisiert und es ist kein Rückschluss auf einzelne Personen sowie bei den Endergebnissen auch keine auf einzelne Schulen möglich. Bei Interesse stelle ich Ihnen gerne einen Kurzbericht über die Ergebnisse Ihrer Klasse nach Abschluss der Untersuchung zur Verfügung.

Stadt Köln

Bitte legen Sie die ausgefüllten Fragebogen in den Umschlag und geben Sie diese am Tag der Aktionen dem begleitenden Coach mit.

Universität zu Köln

Ich bedanke mich ganz herzlich für Ihr Bemühen und Ihr Engagement im Bereich Gewaltprävention!
Für Rückfragen jeglicher Art können Sie gerne anrufen oder eine Email schreiben.

unterstützt von

Bitte beachten Sie die Hinweise auf der folgenden Seite.

AKtion MENSCH

Mit freundlichen Grüßen

Diakonie
Michaelshoven

Jugend- und Behindertenhilfe
■ Michaelshoven gGmbH

RheinEnergie
Stiftung | Jugend | Beruf
Wissenschaft

Centaurus Buchtipp

Ümit Koşan

**Interkulturelle Kommunikation
in der Nachbarschaft**

Analyse der Kommunikation zwischen den
Nachbarn mit türkischem und deutschem
Hintergrund in der Dortmunder Nordstadt

Gender & Diversity, Bd. 7, 2012, 248 S.,
ISBN 978-3-86226-177-2, **€ 25,80**

Die veränderten gesellschaftlichen Rahmenbedingungen beeinflussen das Zusammenleben im Quartier mehr als je zuvor. Die fundamentalen Veränderungsprozesse erzeugen heute mehr Krisen und Risiken. Diese können im konkreten Alltag zur Überforderung von Individuen, unabhängig von ihrer Herkunft, führen. Menschen in Sozialräumen werden permanent mit den Folgen der kulturbezogenen, vor allem aber auch wirtschafts- und sozialbezogenen Probleme konfrontiert. Häufig wird dabei interkulturelle Kommunikation als ein Gegenstand misslungener Kommunikationssituationen wahrgenommen und jede nicht gelungene Kommunikation auf kulturelle Unterschiede reduziert.

Das Buch untersucht das Kommunikationsverhalten von Bewohnern der Dortmunder Nordstadt in der Nachbarschaft. Dabei wird sowohl das Kommunikationsverhalten von Personen mit deutschem Hintergrund als auch von solchen mit türkischem Hintergrund erfragt, und zwar einerseits innerhalb der ethnischen Gruppen und andererseits zwischen Angehörigen beider ethnischer Gruppen.

Die Grundlage der empirischen Untersuchung bilden je einhundert Interviews mit Angehörigen beider Gruppen. Mit der Fragestellung und der Anlage der Arbeit als Vergleich des Kommunikationsverhaltens wird sowohl innerhalb dieser ethnischen Gruppen als auch über die Gruppengrenzen hinweg Neuland betreten.

www.centaurus-verlag.de

Centaurus Buchtipps

Christoph Schiefele
Die Bedeutung von Alltag- und Spielformaten für die Erweiterung sprachlich-kommunikativer Fähigkeiten
Eine empirische Vergleichsstudie über vier Kinder
Reihe Pädagogik, Bd. 46, 2012, ca. 280 S.,
ISBN 978-3-86226-200-7, **€ 24,80**

Annika Koch
Abenteuer mit Migrantinnen und Migranten
Ein erlebnisorientiertes Konzept für die Interkulturelle Arbeit
Reihe Pädagogik, Bd. 45, 2012, ca. 180 S.,
ISBN978-3-86226-190-1, **€ 20,80**

Katrin Schrenker
Vom Ich zum Du zum Wir
Perspektivenwechsel und Triangulierung in der frühen Kindheit
Reihe Pädagogik, Bd. 43, 2012, 382 S.,
ISBN978-3-86226-169-7, **€ 25,80**

Christine Dünser
Warum Schule nicht gelingen kann
Reihe Pädagogik, Bd. 42, 2012, 268 S.,
ISBN 978-386226-152-9, **€ 24,80**

Silvia von Steinsdorff, Helin Ruf-Uçar (Hrsg.)
Implementierung von Rechtsnormen
Gewalt gegen Frauen in der Türkei und in Deutschland
Reihe Sozialwissenschaften, Bd. 40, 2012, ca. 160 S.,
ISBN 978-386226-173-4, **€ 22,80**

Sayime Erben
Gewalt und Ehre
Ehrbezogene Gewalt aus Täterperspektive
Reihe Sozialwissenschaften, Bd. 39, 2012, 116 S.,
ISBN 978-3-86226-146-8, **€ 18,80**

Marlene Alshut
Gender im Mainstream?
Geschlechtergerechte Arbeit mit Kindern und Jugendlichen
Gender & Diversity, Bd. 8, 2012, 190 S.,
ISBN 978-3-86226-191-8, **€ 20,90**

Saskia Hofmann
Yes she can!
Konfrontative Pädagogik in der Mädchenarbeit
Gender & Diversity, Bd. 2, 2011, 135 S.,
ISBN 978-386226-050-8, **€ 18,80**

Informationen und weitere Titel unter **www.centaurus-verlag.de**

MIX
Papier aus verantwortungsvollen Quellen
Paper from responsible sources
FSC® C105338

If you have any concerns about our products,
you can contact us on
ProductSafety@springernature.com

In case Publisher is established outside the EU,
the EU authorized representative is:
**Springer Nature Customer Service Center GmbH
Europaplatz 3, 69115 Heidelberg, Germany**

Printed by Libri Plureos GmbH
in Hamburg, Germany